Kristine Jaath

Berlin

mit Potsdam

001be Abb.: kj

*„Vor Gott sind eigentlich
alle Menschen Berliner."*
(Theodor Fontane)

Impressum

Kristine Jaath

Berlin mit Potsdam

REISE KNOW-HOW Verlag Peter Rump GmbH
Osnabrücker Str. 79, 33649 Bielefeld

© Peter Rump 1999, 2000, 2001, 2003,
  2005, 2006, 2008, 2009, 2011
**10., neu bearbeitete und
  komplett aktualisierte Auflage 2012**
Alle Rechte vorbehalten.

Herausgeber und Gestaltungskonzept
  Klaus Werner

Gestaltung
Umschlag: M. Schömann, P. Rump (Layout)
Inhalt: A. Medvedev
Fotos: Kristine Jaath (kj), Stefan Krull (sk),
  fotolia.com ©Stefan Delle (Cover)
Karten: Ingenieurbüro B. Spachmüller,
  amundo media GmbH
Lektorat: amundo media GmbH
Druck und Bindung
  Media-Print, Paderborn

ISBN 978-3-8317-2206-8
Printed in Germany

Dieses Buch ist erhältlich in jeder Buchhandlung Deutschlands, der Schweiz, Österreichs,
Belgiens und der Niederlande. Bitte informieren Sie Ihren Buchhändler über folgende Be-
zugsadressen:

Deutschland: Prolit GmbH, Postfach 9,
  D–35461 Fernwald (Annerod)
  sowie alle Barsortimente
Schweiz: AVA Verlagsauslieferung AG,
  Postfach 27, CH–8910 Affoltern
Österreich: Mohr Morawa Buchvertrieb GmbH,
  Sulzengasse 2, A–1230 Wien
Niederlande, Belgien: Willems Adventure,
  www.willemsadventure.nl

Wer im Buchhandel trotzdem kein Glück hat,
bekommt unsere Bücher auch über unseren
Büchershop im Internet:
www.reise-know-how.de

Wir freuen uns über Kritik, Kommentare
und Verbesserungsvorschläge:
info@reise-know-how.de

Inhalt

Kartenverzeichnis 7
Verzeichnis der Exkurse 7
Verzeichnis der Spaziergänge 7
Hinweise zur Benutzung 8

Das Beste auf einen Blick 9

Berlin an einem Tag 10
Berlin an einem Wochenende 13
Berlin in fünf Tagen 15
Zur richtigen Zeit am richtigen Ort 18

Auf ins Vergnügen 21

Berlin für Citybummler 22
Berlin für Kauflustige 23
Berlin für Genießer 29
Berlin am Abend 41
Berlin für Kunst- und Museumsfreunde 57
Berlin für Architekturinteressierte 71
Berlin zum Träumen und Entspannen 72
Berlin für den Nachwuchs 74

Am Puls der Stadt 79

Das Antlitz der Metropole 80
Von den Anfängen bis zur Gegenwart 84
Leben in der Stadt 101
Tempelhofer Feld –
 Bau(m)platz der Zukunft 108

Berlin entdecken 111

Mittendrin – rund um Brandenburger Tor und Regierungsviertel 112

1 Brandenburger Tor ★ ★ ★ 113
2 Pariser Platz ★ ★ ★ 115
3 Hotel Adlon ★ ★ 116
4 Akademie der Künste ★ ★ 117
5 DZ-Bank ★ 117
6 Amerikanische Botschaft ★ 117
7 Denkmal für die
 ermordeten Juden Europas ★ ★ ★ 121
8 Sowjetisches Ehrenmal ★ 123
9 Reichstag ★ ★ ★ 123
10 Parlamentsgebäude ★ 126
11 Bundeskanzleramt ★ 126
12 Haus der Kulturen der Welt ★ ★ 126
13 Hauptbahnhof ★ ★ 127

14 **Preußens Paradestraße –
Unter den Linden ★ ★ ★ 128**
15 Unter den Linden/
 Ecke Friedrichstraße ★ 130
16 Deutsche Guggenheim Berlin ★ 130
17 Gouverneurshaus ★ 131
18 Altes Palais ★ 131
19 Staatsbibliothek ★ 131
20 Forum Fridericianum ★ ★ ★ 131
21 Humboldt-Universität –
 Prinz-Heinrich-Palais ★ ★ 132
22 Reiterstandbild
 Friedrichs des Großen ★ ★ 133
23 Alte Bibliothek ★ ★ 134
24 Versunkene Bibliothek ★ ★ 134
25 Hotel de Rome ★ 138
26 St.-Hedwigs-Kathedrale ★ ★ 138
27 Staatsoper Unter den Linden ★ ★ ★ 138
28 Opernpalais ★ ★ 138
29 Kronprinzenpalais ★ ★ 139
30 Stadtkommandantur 139
31 Schinkelsche Bauakademie ★ 139
32 Friedrichswerdersche Kirche ★ ★ ★ 140
33 Auswärtiges Amt ★ 140
34 Neue Wache ★ ★ ★ 140
35 Maxim-Gorki-Theater ★ 140
36 Palais am Festungsgraben ★ 141
37 Zeughaus/Deutsches
 Historisches Museum ★ ★ ★ 142
38 Schloßbrücke ★ ★ 143

**Museumsinsel –
die Akropolis von Spree-Athen** 144
🆚 Altes Museum ★ ★ ★ 146
⓸⓪ Lustgarten ★ ★ 147
⓸① Neues Museum ★ ★ ★ 147
⓸② Alte Nationalgalerie ★ ★ ★ 148
⓸③ Bode-Museum ★ ★ ★ 149
⓸④ Pergamonmuseum ★ ★ ★ 150

Rund um den Schloßplatz 151
⓸⑤ Berliner Dom ★ ★ ★ 151
⓸⑥ Stadtschloss – Palast der Republik –
Humboldt-Forum ★ 153
⓸⑦ Humboldt-Box ★ 156
⓸⑧ Staatsratsgebäude ★ 156

**Auferstanden aus Ruinen – von der
Spreeinsel zum Alexanderplatz** 157
⓸⑨ DomAquarée ★ 157
⓹⓪ Marx-Engels-Forum ★ 158
⓹① Rotes Rathaus ★ 158
⓹② Neptunbrunnen ★ ★ 159
⓹③ St. Marienkirche ★ ★ 159
⓹④ Fernsehturm ★ ★ ★ 160
⓹⑤ Nikolaikirche ★ ★ ★ 161
⓹⑥ Zum Nußbaum ★ 161
⓹⑦ Gerichtslaube ★ 162
⓹⑧ Knoblauchhaus ★ 162
⓹⑨ Ephraim-Palais ★ 162
⓺⓪ Märkisches Ufer ★ 163
⓺① Alexanderplatz ★ ★ ★ 164

**Südlich der Linden –
die Friedrichstadt** 166
⓺② Gendarmenmarkt ★ ★ ★ 167
⓺③ Französischer Dom ★ ★ ★ 168
⓺④ Deutscher Dom ★ ★ ★ 169
⓺⑤ Konzerthaus Berlin/Schinkelsches
Schauspielhaus ★ ★ ★ 169
⓺⑥ Friedrichstraße ★ ★ 172
⓺⑦ Quartier 207–205/
Friedrichstadtpassagen ★ ★ 172
⓺⑧ Checkpoint Charlie ★ ★ 173

⓺⑨ Jüdisches Museum ★ ★ ★ 174
⓻⓪ Topographie des Terrors ★ ★ 175
⓻① Berliner Mauer ★ ★ 176
⓻② Martin-Gropius-Bau ★ ★ 176
⓻③ Berliner Abgeordnetenhaus/
Preußischer Landtag ★ 177
⓻④ Deutscher Bundesrat/
Preußisches Herrenhaus ★ 177
⓻⑤ Anhalter Bahnhof ★ 177

**Nördlich der Linden –
Friedrich-Wilhelm-Stadt** 180
⓻⑥ Bahnhof Friedrichstraße/
Tränenpalast ★ ★ 180
⓻⑦ Admiralspalast ★ 181
⓻⑧ Berliner Ensemble ★ 182
⓻⑨ Deutsches Theater ★ 182
⓼⓪ Friedrichstadt-Palast ★ 182
⓼① Charité ★ 183
⓼② Französischer und
Dorotheenstädtischer Friedhof ★ ★ 183
⓼③ Brecht-Weigel-Gedenkstätte ★ 184
⓼④ Museum für Naturkunde ★ ★ 184
⓼⑤ Hamburger Bahnhof –
Museum für Gegenwart ★ ★ 185
⓼⑥ Gedenkstätte Berliner Mauer ★ ★ 186

**Nordöstlich der Linden –
Spandauer Vorstadt** 187
⓼⑦ Hackesche Höfe ★ ★ 189
⓼⑧ Haus Schwarzenberg ★ 190
⓼⑨ Sophienstraße ★ 191
⓽⓪ Sophienkirche ★ 191
⓽① Große Hamburger Straße ★ ★ 195
⓽② Jüdischer Friedhof ★ 195
⓽③ The Missing House ★ 195
⓽④ Auguststraße ★ 196
⓽⑤ Neue Synagoge
und Centrum Judaicum ★ ★ 197
⓽⑥ Heckmannhöfe ★ 198
⓽⑦ Postfuhramt ★ 199
⓽⑧ Künstlerruine Tacheles ★ ★ 200
⓽⑨ Potsdamer Platz ★ ★ ★ 201

100 Daimler-City ★ ★ ★   201
101 Sony Center ★ ★ ★   202
102 Beisheim Center ★   204
103 Kulturforum ★ ★   205
104 Philharmonie und
Kammermusiksaal ★ ★   206
105 Musikinstrumenten-Museum ★ ★   207
106 Staatsbibliothek ★   207
107 Neue Nationalgalerie ★ ★ ★   207
108 Kulturforum ★ ★   207
109 Bendlerblock ★   208
110 Bauhaus-Archiv/
Museum für Gestaltung ★   208

Vom Tiergarten in die West-City   212
111 Tiergarten ★ ★   212
112 Siegessäule ★ ★ ★   214
113 Schloss Bellevue ★   214
114 Rosa-Luxemburg-Denkmal ★   215
115 Neuer See ★   216
116 Laternenwald ★   216
117 Zoo/Zoologischer Garten ★ ★   216
118 Bahnhof Zoo ★   217

West-City und Charlottenburg   218
119 Tauentzienstraße ★ ★   219
120 Kaufhaus des Westens ★ ★   220
121 Europa-Center ★ ★   220
122 Kaiser-Wilhelm-
Gedächtnis-Kirche ★ ★ ★   220
123 Kranzler-Eck ★   221
124 Kurfürstendamm ★ ★   221
125 Fasanenstraße ★   225
126 Schillertheater ★   227
127 Deutsche Oper ★   228
128 Schloss Charlottenburg ★ ★ ★   229
129 Schlosspark ★ ★ ★   231
130 Museen am
Standort Charlottenburg ★ ★   231
131 Funkturm
auf dem Messegelände ★ ★   232
132 Haus des Rundfunks ★   233
133 Olympiagelände ★ ★   233

Prenzlauer Berg   **235**
134 Rund um den Kollwitzplatz ★   236
135 Synagoge ★ ★   237
136 Jüdischer Friedhof ★ ★   237
137 Kulturbrauerei ★   237
138 Zionskirche ★   242
139 Jüdischer Friedhof Weissensee ★ ★   242

Friedrichshain-Kreuzberg   **243**
140 Karl-Marx-Allee ★   243
141 Volkspark Friedrichshain ★   245
142 Eastside Gallery ★ ★ ★   247
143 Oberbaumbrücke ★ ★   247
144 Görlitzer Park ★   252
145 Oranienstraße ★   253
146 Bethanien ★   253
147 Neues Kreuzberger Zentrum ★   253
148 Kreuzberg 61 ★   254
149 Deutsches
Technikmuseum ★ ★ ★   254

Schöneberg   **255**
150 Heinrich-von-Kleist-Park ★   255
151 Rathaus Schöneberg ★   255

Berliner Außenbezirke   **257**

Dahlem   **258**
152 Jagdschloss Grunewald ★ ★   258
153 Domäne Dahlem ★   258
154 Dahlemer Museen ★ ★ ★   259
155 Botanischer Garten und
Botanisches Museum ★ ★ ★   259

Spandau   **260**
156 Altstadt Spandau ★   261
157 Zitadelle ★ ★ ★   262
158 Fort Hahneberg ★   264

Tegel   **265**

Pankow   **267**
159 Schloss Schönhausen ★ ★   267

Inhalt

Lichtenberg 267
🔴160 Forschungs- und Gedenkstätte
    Normannenstraße ★ 267
🔴161 Zentralfriedhof
    Friedrichsfelde ★★ 268
🔴162 Tierpark ★★ 268

Köpenick 269
🔴163 Altstadt Köpenick★ 270
🔴164 Strandbad Müggelsee ★ 273

**An der Havel entlang
zur Glienicker Brücke** 274
🔴165 Grunewaldturm ★ 274
🔴166 Strandbad Wannsee ★★ 275
🔴167 Liebermann-Villa ★ 278
🔴168 Haus der Wannseekonferenz ★★ 278
🔴169 Pfaueninsel ★★★ 278
🔴170 Blockhaus Nikolskoe und
    St.-Peter-und-Paul-Kirche ★ 280
🔴171 Schloss und Park Glienicke ★★★ 281
🔴172 Jagdschloss Glienicke ★ 283
🔴173 Glienicker Brücke ★ 284

Potsdam entdecken 285

Potsdam – Perle der Mark 286

**Spaziergang durch
die historische Innenstadt** 287
🔴174 Alter Markt ★★ 288
🔴175 Potdamer Stadtschloss ★★ 288
🔴176 Neuer Markt ★★ 289

🔴177 **Park Sanssouci ★★★** 293
🔴178 Schloss Sanssouci ★★★ 293
🔴179 Bildergalerie ★★★ 294
🔴180 Neue Kammern ★★★ 294
🔴181 Historische Mühle/
    Besucherzentrum ★ 294
🔴182 Obeliskportal
    und Friedenskirche ★★★ 295
🔴183 Orangerie ★★★ 295

🔴184 Drachenhaus und Belvedere ★ 296
🔴185 Neues Palais ★★★ 297
🔴186 Schloss und Park
    Charlottenhof ★★★ 297

**Vom Krongut Bornstedt zur
Russischen Kolonie Alexandrowka** 298
🔴187 Krongut Bornstedt ★ 298
🔴188 Ruinenberg ★ 299
🔴189 Russische Kolonie
    Alexandrowka ★ 299
🔴190 Belvedere
    auf dem Pfingstberg ★★★ 300

**Vom Neuen Garten bis zum
Filmpark Babelsberg** 301
🔴191 Neuer Garten ★★★ 301
🔴192 Marmorpalais ★★★ 301
🔴193 Schloss Cecilienhof ★★ 302
🔴194 Sacrow ★★ 303
🔴195 Park und Schloss
    Babelsberg ★★★ 303
🔴196 Filmpark Babelsberg ★ 305

Praktische Infos zu Potsdam 305

Praktische Reisetipps 307

An- und Rückreise 308
Barrierefreies Reisen 313
Diplomatische Vertretungen 314
Informationsquellen 315
Internet 318
Lesben 319
Notfälle 321
Post 321
Radfahren 321
Schwule 323
Sicherheit 324
Stadttouren 325
Unterkunft 330
Verkehrsmittel 337
Wetter und Reisezeit 342

Anhang **343**

Register 346
Die Autorin 354

Cityatlas **355**

Berlin, Zentrum 356
Potsdam, Überblick 372
Potsdam, Innenstadt 374
Liste der Karteneinträge 376
Berlin, Übersicht und Blattschnitt 384

Exkurse zwischendurch

Das gibt es nur in Berlin 11
Karneval an der Spree 19
Schluss mit dem blauen Dunst 30
Gaumenkitzel à la Berlin:
   Currywurst und Döner 38
Sightseeing mit den
   Buslinien 100 und 200 78
Der Flötenspieler von Sanssouci –
   Friedrich der Große 88
Die Mauer 98
Eene kleene Abschweifung zu't Jemüt
   vonne balinüsche Einjesessene . 106
Das Brandenburger Tor 114
Der Reichstag –
   dem deutschen Volke 124
Umbauarbeiten 141
Die Museen auf der Museumsinsel 145
Abschied von Erichs Lampenladen 155
Wo Lukullus in Berlin abstieg 168
Geschichtsmeile Wilhelmstraße . . 178
Die mutigen Frauen
   in der Rosenstraße 198
Mythos Potsdamer Platz 202
Staatliche Museen am Kulturforum 205
Messe Berlin 232
Gentrifizierung eines Stadtviertels . 238
Planet x-Berg 246
Der Hauptmann von Köpenick . . . 271
Stinker müssen draußen bleiben! . 308
Berlin preiswert 314
Meine Literaturtipps 318

Spaziergänge

Spaziergang 1: Durch das Zentrum
   der „Berliner Republik" 118
Spaziergang 2: Vom Brandenburger Tor
   zum Alexanderplatz 135
Spaziergang 3:
   Die Friedrichstraße hinab 170
Spaziergang 4: Kreuz und quer
   durch die Spandauer Vorstadt . . 192
Spaziergang 5: Vom Potsdamer Platz
   durch den Tiergarten zum Zoo . . 209
Spaziergang 6: Über Ku'damm
   und Tauentzien 222
Spaziergang 7: Prenzl'berg –
   zwischen Lifestyle, Kult
   und Mauerweg 240
Spaziergang 8: Kreuz und quer
   durch den Kreuzberger Kiez 249

Karten und Pläne

ÖPNV-Plan Umschlag vorn
Berlin um 1840 92
Aufteilung Berlins 1945 96
Karte I: Spandau 263
Karte II: Tegel 266
Karte III: Köpenick 269
Karte IV: Am Müggelsee 272
Karte V: Vom Wannsee
   bis zur Glienicker Brücke 276

Hinweise zur Benutzung

Cityatlas und City-Faltplan

Die im Buch beschriebenen Örtlichkeiten wie Sehenswürdigkeiten, Restaurants, Cafés, Hotels usw. sind im Kartenmaterial mit Symbol und Nummer eingetragen.

Ortsmarken mit fortlaufender Nummer, aber ohne Angabe des Planquadrats liegen außerhalb des im Buch abgebildeten Kartenmaterials. Sie können aber wie alle im Buch beschriebenen Örtlichkeiten leicht in unseren speziell aufbereiteten Internet-Karten lokalisiert werden (siehe hintere Umschlagklappe).

Vorwahlen

> Die Vorwahl für Berlin lautet 030.
> Die Vorwahl für Deutschland ist 0049.

Bewertung der Sehenswürdigkeiten

★★★ auf keinen Fall verpassen
★★ besonders sehenswert
★ wichtige Sehenswürdigkeit für speziell interessierte Besucher

Orientierungssystem

Zur schnelleren Orientierung tragen alle Hauptsehenswürdigkeiten und Lokalitäten die gleiche Nummer sowohl im Text als auch im Kartenmaterial:

❶ Die Hauptsehenswürdigkeiten werden in den Abschnitten „Berlin entdecken", „Berliner Außenbezirke" und „Potsdam entdecken" beschrieben und mit einer fortlaufenden magentafarbenen Nummer gekennzeichnet, die auch im Kartenmaterial eingetragen ist.

Stehen die Nummern im Fließtext, verweisen sie auf die jeweilige Beschreibung der Sehenswürdigkeit in den genannten Abschnitten.

> Die farbigen Linien markieren den Verlauf der Spaziergänge.

↻167 Mit Symbol und fortlaufender Nummer werden die sonstigen Lokalitäten wie Cafés, Geschäfte, Restaurants, Hotels, Theater usw. gekennzeichnet.

[K4] Die Angabe in eckigen Klammern verweist auf das Planquadrat der jeweiligen Karte, in diesem Beispiel auf das Planquadrat K4, oder auf eine spezifische Detailkarte, z. B. [Karte IV].

ÖPNV-Angaben

Zu allen Sehenswürdigkeiten sind für die bequeme Erreichbarkeit die jeweiligen S- und/oder U-Bahnlinien mit ihrer Stationen angegeben. Ist eine S-Bahnlinie ohne Liniennummer vermerkt, fährt sie auf der Stadtbahntrasse durch das Zentrum Berlins, auf der gut zwei Drittel aller Linien verkehren.

Befindet sich eine Sehenswürdigkeit weiter als fünf Minuten Fußweg von der nächsten S- oder U-Bahnstation entfernt, ist zusätzlich eine Bus- bzw. Tram-Verbindung angeben.

Das Beste auf einen Blick

002be Abb.: kj

Berlin an einem Tag

Für Berlin-Besucher, die nur wenig Zeit im Gepäck mitgebracht haben, stehen – ganz nach dem Motto: das Wichtigste zuerst – die herausragendsten Sehenswürdigkeiten zwischen „Alex" und „Ku'damm" auf dem Programm. Auf spannende Impressionen am Wegesrand muss aber selbst bei einer Besichtigung der Spree-Metropole im Turbogang niemand verzichten.

Morgens

Zum Start in den Tag bietet sich der **Alexanderplatz 61** an. Zahlreiche S- und U-Bahn-, Bus- und Tramlinien kreuzen hier und machen den Platz, dem Alfred Döblin in seinem gleichnamigen Großstadtroman von 1929 ein literarisches Denkmal setzte, zu einem der wichtigsten Knotenpunkte des öffentlichen Personennahverkehrs in der östlichen City. Überragt wird der „Alex" vom **Fernsehturm 54**, dem mit 368 Metern vom Fuß bis zur Spitze höchsten Gebäude der Stadt. Von seiner Aussichtsplattform in über 200 Meter Höhe genießt man einen grandiosen Rundumblick auf das endlose Häusermeer. Im Stockwerk darüber dreht sich in der Silberkugel ein Restaurant zweimal pro Stunde um die eigene Achse, wo man zur Fernsicht ein gepflegtes Frühstück einnehmen kann (Fernsehturm geöffnet ab 9 Uhr, in der Winterzeit ab 10 Uhr).

◀ *Vorseite: Von der Kuppel des Reichstags 9 aus kann man den Politikern bei der Arbeit im Plenarsaal zusehen*

So gestärkt geht es mit rechterhand der mittelalterlichen **St. Marienkirche 53**, linkerhand dem **Roten Rathaus 51** – Sitz des Regierenden Bürgermeisters – und vor Kopf dem sprudelnden **Neptunbrunnen 52** in Richtung **Museumsinsel.** Diese nimmt den nördlichen Teil der Spreeinsel ein und zählt mit ihren fünf weltberühmten Museen – **Altes Museum, Neues Museum, Alte Nationalgalerie, Pergamonmuseum, Bodemuseum** – zum UNESCO-Weltkulturerbe der Menschheit. Kaum weniger Aufmerksamkeit verdient der **Berliner Dom 45** in der Nachbarschaft, und wo sich gegenüber zurzeit noch eine weitläufige leere Fläche ausdehnt, wird in naher Zukunft das Berliner Stadtschloss 46 wiedererstehen.

Über die Schloßbrücke 38 hinweg eröffnet sich anschließend Berlins **Prachtboulevard Unter den Linden.** Rechts folgen auf das barocke **Zeughaus 37** mit dem Deutschen Historischen Museum die Schinkelsche **Neue Wache 34** und das **Prinz-Heinrich-Palais 21**, heute repräsentatives Hauptgebäude der Humboldt-Universität. Links fällt der Blick auf die rekonstruierte **Stadtkommandantur 30**, an die sich **Kronprinzenpalais 29**, **Opernpalais 28** und die **Deutsche Staatsoper Unter den Linden 27** anschließen.

Prinz-Heinrich-Palais, Lindenoper und außerdem das monumentale Reiterstandbild Friedrichs des Großen sind Teil des bereits im 18. Jahrhundert konzipierten **Forum Fridericianum 20**, ebenso die **Alte Bibliothek 23** und die katholische **St.-Hedwigs-Kathedrale 26**, die das Forum im Süden beschließt. Vom Gotteshaus aus lohnt ein kurzer Abstecher zum **Gendarmenmarkt** 62, den mit Französischem Dom, Schinkelschem Schauspielhaus (Konzerthaus) und Deutschem Dom schönsten Platz in Berlin. In wenigen Schritten über die Behrenstraße ist er erreicht. Und wer hier bereits Mittag machen möchte, findet rund um den Gendarmenmarkt mit „Fischers Fritz" (s. S. 31), „VAU" (s. S. 32), „Borchardt" (s. S. 33) oder „Lutter & Wegner" (s. S. 33) eine Reihe der besten und vornehmsten Restaurants in Berlin.

Mittags

Nicht ganz so teuer lassen sich leckere Happen französischer Küche an einer der Theken der Galeries Lafayette in den **Friedrichstadtpassagen** 67 probieren. Gleich um die Ecke vom Gendarmenmarkt präsentiert sich in der Friedrichstraße die Architektur des wiedervereinigten Berlin exemplarisch mit den **Quartieren 205 bis 207.** Durch die Friedrichstadtpassagen werden sie unterirdisch miteinander verbunden.

Zurück Unter den Linden sind es nur noch wenige Hundert Meter bis zum **Pariser Platz** 2 mit dem berühmtesten aller Berliner Wahrzeichen, dem **Brandenburger Tor** 1 – Symbol für die deutsche Teilung und Wiedervereinigung. Die anderen bedeutenden Gebäude am Platz, darunter die **Akademie der Künste** 4 oder das vornehme **Hotel Adlon** 3, dürfen deshalb nicht unerwähnt bleiben.

Routenverlauf im Stadtplan
Die hier beschriebene Tagestour ist mit einer farbigen Linie im Cityatlas und City-Faltplan eingezeichnet.

Das gibt es nur in Berlin

> *Badeschiff:* Schwimmen im Sommer, Saunen im Winter im/ am Pool in der Spree (s. S. 248).
> *Karneval der Kulturen:* Kunterbunte Umzugsparade von Menschen aus aller Welt daheim in Berlin, umrahmt von einem viertägigen fröhlichen Fest (immer zu Pfingsten, s. S. 19).
> *Nofretete:* Die weltberühmte Büste der ägyptischen Königin ist im Neuen Museum 41 auf der Museumsinsel zu sehen.
> *Schnellster Fahrstuhl Europas:* Mit Tempo 30 saust er am Potsdamer Platz 25 Stockwerke zur schönen Aussicht hinauf (s. S. 202).
> *Trabi-Safari:* Ob Standardstinkerchen, Cabriolet oder Stretch-Trabi – im Knattermobil auf einer geführten Tour die Hauptstadt entdecken ist Kult (s. S. 326).

Einen Katzensprung nördlich erhebt sich der **Reichstag** 9, seit 1999 Sitz des Deutschen Bundestags. Um die gläserne Reichstagskuppel zu erklimmen, von wo aus man eine kleine Einsicht in den Plenarsaal und eine großartige Aussicht über die Dächer der Hauptstadt hat, muss man sich allerdings mindestens drei Tage vorher online anmelden (s. S. 123).

Südlich vom Brandenburger Tor dehnt sich in Form eines weitläufigen Stelenfelds das **Denkmal für die ermordeten Juden Europas** 7 aus. Gleich gegenüber erheben sich das gläserne Sony Center, die Daimler-City und das Koll-

Berlin im Schnelldurchlauf

› Einen hervorragenden Einstieg in die Stadt bieten die Sightseeingtouren der Busunternehmen mit dem „City-Circle-Tour"-Logo (s. S. 325).

› Stadtfahrten mit den Bussen der Berliner Verkehrsbetriebe (BVG) **Linie 100 und 200** decken zum Preis eines Einzelfahrscheins zwischen Zoologischer Garten und Alexanderplatz ebenfalls eine große Zahl bedeutender Sehenswürdigkeiten ab, allerdings ohne ausführliche Stadtbilderklärung (s. S. 325).

› Eine weitere schöne Sicht auf die Stadt eröffnen die **Ausflugsdampfer und Grachtenboote,** die auf ein- bis anderthalbstündiger Fahrt die Berliner Innenstadt aus der Wasserperspektive erschließen (s. S. 327).

Abends

Das kulturelle Angebot ist enorm. Für Freunde der ernsten Musik kommt vielleicht eine Aufführung in einem der drei großen **Opernhäuser** (s. S. 51), im **Konzerthaus** oder in der **Philharmonie** in Betracht (s. S. 48).

Wer jedoch die leichte Muse (s. S. 52) bevorzugt, dem seien der **Friedrichstadtpalast** oder das **Theater des Westens** empfohlen.

Führend unter den Berliner **Sprechbühnen** (s. S. 53) sind das Berliner Ensemble, das Deutsche Theater, die Volksbühne und das Hebbel am Ufer. In jedem Fall sollte man aber **rechtzeitig Karten reservieren!**

hoff-Hochhaus am **Potsdamer Platz** 99, dem wohl kühnsten Bauprojekt in der Nachwendezeit.

Fünf Stationen sind es von dort mit der U-Bahn-Linie 2 bis zum Wittenbergplatz, von wo aus sich das Herz der Berliner West-City öffnet: die Kaufhausparade an der **Tauentzienstraße** 119, das **Europa-Center** 121, die **Kaiser-Wilhelm-Gedächtnis-Kirche** 122 und schließlich der **Kurfürstendamm** 124. Ein kleiner Bummel über den Ku'damm lässt sich sehr schön nur wenige Hundert Meter nördlich am Charlottenburger Savigny-Platz abschließen. Dort lädt eine große Auswahl an Lokalen zum Aufenthalt ein.

011be Abb.: kj

▸ *Das Brandenburger Tor* 1*: Symbol der deutschen Einheit und wichtigstes Wahrzeichen Berlins*

Berlin an einem Wochenende

Vom Brandenburger Tor bis zum Alexanderplatz und vom Potsdamer Platz durch den Tiergarten zum Kurfürstendamm lassen sich die wichtigsten Sehenswürdigkeiten im Stadtzentrum entspannt in zwei Tagen erwandern. Zahlreiche Schlenker hier und da vertiefen die Sicht auf die Stadt.

1.Tag

Morgens: Regierungsviertel

Im Herzen Berlins liegen im Spreebogen zwischen Brandenburger Tor ❶ und Hauptbahnhof ⓭ die eindrucksvollen Regierungsgebäude des wiedervereinigten Deutschland. Im **Regierungsviertel** mit Reichstag ❾ und Bundeskanzleramt ⑪, mit Botschaften und Medieneinrichtungen sowie mit herausragenden Orten des Erinnerns und des Gedenkens wird aber nicht nur große Politik gemacht. Auch auf der touristischen Landkarte nimmt das neue alte Areal der Macht einen Spitzenplatz unter den wichtigsten Berliner Sehenswürdigkeiten ein. Allen voran die berühmte **Glaskuppel über dem Reichstag** – das Wahrzeichen der Spreemetropole schlechthin – lockt zahlreiche Besucher aus dem In- und Ausland.

❯ **Spaziergang** durch das Viertel s. S. 118.

Nachmittags: Unter den Linden

Zwischen Pariser Platz **2** und dem Areal östlich der Spreeinsel verläuft Berlins **Paradeboulevard Unter den Linden.** Auf gut einem Flanierkilometer vereint er eine Fülle von Berlins bedeutendsten Sehenswürdigkeiten, vom Brandenburger Tor **1** über das Forum Fridericianum **20** bis hin zu den weltberühmten Museumsbauten auf der **Museumsinsel** (s. S. 144).

Daran schließt sich zum **Alexanderplatz 61** das **alte Herz Ostberlins**, ehemals Zentrum der Hauptstadt der DDR, mit zwei weitläufigen Platzanlagen, St. Marienkirche **53**, Rotem Rathaus **51** und dem romantisch-putzigen Nikolaiviertel (s. S. 160) an. Überragt wird das gesamte Areal von der silbernen Kugel des **Fernsehturms 54**, dem (noch) höchsten Gebäude Berlins, in das man hinauffahren und wo man eine atemberaubende Rundumsicht auf die deutsche Hauptstadt genießen kann.

❯ **Spaziergang** durch das Viertel s. S. 135.

Abends

Über 140 Gaststätten mit rund 7000 Sitzplätzen werden allein in der kleinen **Spandauer Vorstadt** rund um die **Hackeschen Höfe 87** gezählt. Beim Bummel durch die Nummer 1 unter den Berliner Ausgehvierteln wird deshalb bestimmt jeder sein persönliches Lieblingslokal finden.

Außerdem sind allabendlich Oper, Konzerte und Musicals, Inszenierungen der führenden Berliner Sprechbühnen, einer großen Anzahl Off-Bühnen und weiter Kabarett und Comedy angesagt. Zum Eintauchen ins Berliner Abendprogramm helfen die beiden Stadtzeitungen „Zitty" und „Tipp" weiter.

❯ **Spaziergang** durch das Viertel s. S. 192.

O12be Abb.: kj

2. Tag

Morgens: Potsdamer Platz und Tiergarten

Das rot geklinkerte Kollhoff-Hochhaus und der gläserne Sony-Turm sind die markanten Wegmarken am **Potsdamer Platz 99**. Mit dem Sony Center und der Daimler-City gehört er zu den beliebtesten Attraktionen des Neuen Berlin. Das benachbarte **Kulturforum 103**, seine Museen und die Philharmonie **104** zählen zu den kulturellen Highlights der Stadt. Davor breitet sich weitläufig der grüne **Tiergarten 111** aus. Vom Potsdamer Platz über den Großen Stern mit der Siegessäule **112** bis zum Zoologischen Garten **117** verbindet er die historische preußische Residenzstadt mit dem jüngeren Berliner Westen.

❯ **Spaziergang** durch das Viertel s. S. 209.

Nachmittags: West-City

Die spannendsten Sehenswürdigkeiten der West-City – ob Kaufhaus des Westens ⓬⓪, Kaiser-Wilhelm-Gedächtnis-Kirche ⓬⓶ oder Europa-Center – lassen sich bei einem ausgiebigen Bummel über die **Tauentzienstraße** ⓫⓽ und anschließend Westberlins Paradeboulevard, den **Kurfürstendamm** ⓬⓸, entdecken. Breite Gehwege unter Platanen und elegante Schaufensterauslagen zieren die pulsierende West-City-Lebensader. 2011 feierte der Ku'damm seinen 125. Geburtstag und zeigt mit seinen Edelmarken, Luxusdesignern und Topgalerien, dass er beileibe noch nicht zum alten Eisen gehört.

❯ **Spaziergang** durch das Viertel s. S. 222.

Abends

Nicht weniger zum Ausgehen angesagt als die Spandauer Vorstadt sind die Viertel im Prenzlauer Berg, in Charlottenburg und in Friedrichshain-Kreuzberg. Die junge Web-2.0-Boheme zieht es abends in den **Prenzlauer Berg** in den Kiez zwischen Kollwitzplatz ⓭⓸, Kulturbrauerei ⓭⓻ und Kastanienallee. Etabliert in Kunst und Kultur zeigt sich das Publikum in den Bars und Restaurants rund um den **Savignyplatz** in Charlottenburg (s. S. 226). Studentisch geht es in **Friedrichshain** im Einzugsbereich der Simon-Dach-Straße zu (s. S. 245). Und wer einmal autonome Kreuzberger Luft schnuppern möchte, sollte einen Gastwirtschaftsgang durch die **Oranienstraße** ⓮⓹ in Angriff nehmen.

Kulturell steht abends vielleicht ein Jazz- oder Popkonzert an (s. S. 50)? Oder Kabarett, Kleinkunst und Brettlbühne (s. S. 56)? Die Berliner Zwei-Wochen-Zeitschriften „Zitty" und „Tipp" geben einen Überblick über das aktuelle Programm.

Berlin in fünf Tagen

Für die Gestaltung der ersten beiden Tage siehe „Berlin an einem Wochenende".

3. Tag

An einem dritten Tag Zeit für Berlin lassen sich wahlweise die einen oder anderen Innenstadtviertel mit ihren Sehenswürdigkeiten und typischen Atmosphären erkunden: die quirlige Spandauer Vorstadt, auf den Spuren der jüngeren deutschen Geschichte die westliche Friedrichstadt, gediegen der alte Westen zwischen Zoologischem Garten und Schloss Charlottenburg, jung und kreativ der Prenzlauer Berg, zwischen realsozialistischer Architektur und Studentenleben Friedrichshain und legendär für lange Nächte, Multikulti und Kiezkultur Kreuzberg.

Spandauer Vorstadt

In der Spandauer Vorstadt, im Kiez zwischen Hackeschen Höfen ⓼⓻ und Oranienburger Straße, Torstraße und Alexanderplatz ⓺⓵, mischen sich heute **Business, Künstler, Bohemiens und Touristen.** Auch das jüdische Leben ist rund um die **Neue Synagoge** ⓽⓹ wieder zurückgekehrt. Historische Baudenkmale wie die Sophienkirche ⓽⓪, das ehemalige Postfuhramt ⓽⓻ oder die Künstler-

◀ *Moderner Erweiterungsbau des Stararchitekten I. M. Pei am preußisch-barocken Zeughaus* ⓷⓻

ruine Tachels **98** prägen das Bild ebenso wie hoch gehandelte Kunstgalerien und extravagante Modestylisten. Sie alle machen das coole Flair im ältesten, noch einigermaßen ursprünglich erhaltenen Berliner Stadtteil aus.

> Spaziergang durch das Viertel s. S. 192.

Westliche Friedrichstadt

Zwischen Bahnhof Friedrichstraße **76** und Checkpoint Charlie **68** verläuft die **Friedrichstraße 66** als **zentrale Schlagader** der Friedrichstadt. Gehobene Restaurants und spektakuläre Konsumtempel wie die Quartiere 207 – 205 **67** mit den Galeries Lafayette oder um die Ecke der Gendarmenmarkt **62**, dessen klassizistisches Ensemble von Französischem Dom, Deutschem Dom und Schinkelschem Schauspielhaus ihn zum schönsten aller Berliner Plätze macht, warten auf einen Besuch. Der Admiralspalast **77** erinnert daran, dass die Friedrichstraße einmal eine berühmte Amüsiermeile war, der Tränenpalast daran, dass am Bahnhof Friedrichstraße zur Mauerzeit für die Menschen aus Ostberlin Endstation war.

> Spaziergang durch das Viertel s. S. 170.

Schloss Charlottenburg mit Museen

Ein glanzvoller Höhepunkt des preußischen Berlin ist das Schloss Charlottenburg **128**. „Hier finde ich mein Versailles

► *Der Betonwall in der Niederkirchnerstraße gehört zu den letzten Überresten der Berliner Mauer im Zentrum der Stadt (siehe* **71***)*

wieder", hatte einst Napoleon ausgerufen. Die kostbaren Räumlichkeiten sind eine ausführliche Besichtigung wert. Anschließend bietet sich entspanntes **Lustwandeln im grünen Schlosspark** an und dort ein Blick auf das schöne Park-Meublement mit Mausoleum, Belvedere und Neuem Pavillon. Dem Schloss gegenüber dehnt sich der **Museumsstandort Charlottenburg 130** aus. Das Bröhan-Museum (Kunst des Jugendstils, Art déco und Funktionalismus), das Museum Berggruen mit der Sammlung „Picasso und seine Zeit" und das Museum Scharf-Gerstenberg mit herausragender Kunst des Surrealismus verdienen Aufmerksamkeit.

Prenzlauer Berg

Viel Atmosphäre bietet ein Spaziergang durch den Prenzlauer Berg. Wo zwischen Kollwitzplatz **134** und Kulturbrauerei **137** zu DDR-Zeiten die oppositionelle Kunst- und Kulturszene wirkte und sich nach der Wende eine junge Subkulturszene entwickelte, dehnt sich heute eines der teuersten innerstädtischen Wohnviertel aus. Zwischen Schönhauser Straße, Kastanienallee und Mauerpark hat sich das **bunte quirlige Flair**, das einmal den Ruf vom „Prenzl'berg" als alternative Kunst- und Kulturschmiede begründete, dagegen bewahrt.

Entlang der Bernauer Straße lassen sich zwischen Mauerpark und Nordbahnhof noch zahlreiche Brachen erkennen, über die früher Mauer und Todesstreifen verliefen, welche die Stadtteile Wedding und Prenzlauer Berg bzw. Mitte brutal voneinander trennten. Heute verläuft hier der Parcour der **Gedenkstätte Berliner Mauer 86**.

> Spaziergang durch das Viertel s. S. 240.

Friedrichshain-Kreuzberg

Lokal-Matadore kommen im bunten Multikultibezirk Friedrichshain-Kreuzberg auf ihre Kosten. Von der Kneipen-Parade rund um den Boxhagener Platz (s. S. 245) und der Partyszenerie am Osthafen (s. S. 248) und der Oberbaumbrücke über Görlitzer Park ⓊⓊ, Oranienstraße ⓊⓊ und Kottbusser Tor bis nach Kreuzberg 61 ⓊⓊ sind die Nächte im 160-Nationen-Bezirk immer noch lang. Sehenswürdigkeiten gibt es natürlich auch, allen voran die **Eastside Gallery** ⓊⓊ an der Spree und die **Oberbaumbrücke** ⓊⓊ, die seit dem Mauerfall die Stadtteile Friedrichain hüben und Kreuzberg drüben wieder miteinander verbindet.

❯ **Spaziergang** durch das Viertel s. S. 249.

4. Tag: Außenbezirke

Dass Berlin nicht nur Häusermeer und Steinwüste ist, lässt sich am schönsten bei einem **Tagesausflug in die grünen Außenbezirke** erkunden. Im Nordwesten wartet **Spandau** mit der Zitadelle ⓊⓊ und Fort Hahneberg ⓊⓊ auf einen Besuch. Im Südosten sind in **Köpenick** die Altstadt ⓊⓊ und Schloss Köpenick mit Kunstgewerbemuseum (s. S. 62) sowie Berlins „größte Badewanne", der Müggelsee mit dem gleichnamigen Strandbad ⓊⓊ, eine Entdeckung wert.

Im **Südwesten** dehnt sich zwischen Wannsee und Potsdam „**Preußisch Arkadien**" aus. Die berühmte Schlösser- und Gartenlandschaft mit der Pfaueninsel ⓊⓊ sowie Schloss und Park Glienicke ⓊⓊ geht nahtlos nach Potsdam über und zählt als eine der beeindruckendsten Kulturlandschaften Deutschlands zugleich zum Weltkulturerbe der Menschheit.

013be Abb.: kj

5. Tag: Potsdam

Ein Besuch der brandenburgischen Landeshauptstadt **Potsdam** bildet einen weiteren Höhepunkt im Besichtigungsprogramm – darf man doch mit Fug und Recht sagen, dass die zweite Residenz der preußischen Herrscher neben Berlin eine der schönsten Städte in Deutschland ist. Brandenburgs Kurfürsten, preußische Könige und deutsche Kaiser ließen sich prachtvolle Residenzen erbauen, darunter weltberühmt **Schloss und Park Sanssouci** ⓊⓊ, der **Neue Garten** ⓊⓊ mit seinen Schlössern und **Schloss** und **Park Babelsberg** 🔴, die alle zum UNESCO-Weltkulturerbe gehören.

Kaum weniger eindrucksvoll sind die barocke und klassizistische **historische Innenstadt** (s. S. 287) zwischen Brandenburger Tor und dem im Wiederaufbau begriffenen Stadtschloss am Alten Markt sowie die Viertel der Einwanderer, die seit 1685 als Glaubensflüchtlinge in die Preußenresidenz kamen: das **Holländische Viertel** oder die **Kolonie Alexandrowka** 🔴. Der **Pfingstberg** 🔴 mit berauschender Fernsicht, der **Filmpark Babelsberg** 🔴 oder das Krongut **Bornstedt** 🔴 sind weitere unter den zahlreichen Attraktionen, die die bildschöne Havel-Metropole zu bieten hat.

Zur richtigen Zeit am richtigen Ort

Ob Feste, Festivals oder Kulturtage, ob Straßenpartys, Umzugsparaden oder Sportgroßereignisse – der Berliner Festkalender ist prall gefüllt. Hier die wichtigsten, beliebtesten und renommiertesten Veranstaltungen.

Januar

❯ **Internationale Grüne Woche:** Größtes Fressfest in Deutschland, außerdem Leistungsschau von Ernährungswirtschaft, Landwirtschaft und Gartenbau. In den Messehallen unter dem Funkturm. Tel. 30380, www.gruenewoche.de.

❯ **Lange Nacht der Museen:** Großes Kunst- und Kulturhappening mit Konzerten, Theater, Lesungen, Speis und Trank in über 100 Museen bis 2 Uhr früh. Tel. 24749700, www.lange-nacht-der-museen.de.

Februar

❯ **Transmediale:** Festival für zeitgenössische Kunst und digitale Kultur, Ende Januar/ Anfang Februar. Tel. 24749761, www.transmediale.de.

❯ **Internationale Filmfestspiele Berlin:** Das einzige deutsche A-Festival und nach Cannes und Venedig bedeutendste Filmfestival Europas, mit viel Prominenz auf dem roten Teppich im Sony Center am Potsdamer Platz. Tel. 259200, www.berlinale.de. (Programm und Online-Ticketverkauf unter www.berlinale.de, der reguläre Kartenvorverkauf beginnt in der Regel drei Tage vor Festivalbeginn an den Kassen der Berlinale-Kinos.)

März

❯ **ITB:** Internationale Tourismusbörse und größter Reisemarkt der Welt. Tel. 30380, www.itb-berlin.de.

❯ **MaerzMusik:** Internationales Festival aktueller Musik mit Aufführungen neuer Werke der Orchester- und Kammermusik sowie experimentell und medienkünstlerisch orientierten Arbeiten. Tel. 254890, www.berlinerfestspiele.de.

April

❯ **Lange Nacht der Opern und Theater:** Stop and go mit dem Shuttlebus bis zur letzten 30-Minuten-Aufführung nachts um 1 Uhr von Theater zu Theater und Oper zu Oper tingeln. Tel. 24749700, www.kulturprojekte-berlin.de.

▶ *Multikulti, kunterbunt: Der farbenprächtige Karneval der Kulturen ist die Lieblingsparade der Berliner*

Karneval an der Spree

*Auch wenn seit dem Bonner Regierungs-umzug das närrische Februar-Treiben im märkischen Preußen allmählich Fuß fasst – der wahre Berliner Karneval, der **Karneval der Kulturen**, findet **zu Pfingsten** statt! Zur **farbenfröhlichen Umzugsparade** aller Berliner Nationalitäten versammeln sich Pfingstsonntag in Kreuzberg über eine Million Besucher, um zusammen mit indonesischen Gamelanorchestern, balinesischen Tempeltänzerinnen, bayerischen Blaskapellen, Trommlergruppen aus Kamerun, brasilianischen Samba-Formationen, Neuköllner Breakdancern und vielen mehr Weltoffenheit, Vielfalt und Toleranz zu feiern.*

*Umrahmt wird der Umzug von einem **viertägigen Straßenfest** zwischen Blücherplatz und Waterloo-Ufer, wo zwischen den Buden auf den Bühnen fast*

1000 Künstler aus aller Welt von Türkpop über Balkanbeat, Afroreggae, Limbo und Latin Berlin zum Swingen bringen.

Mai

❭ **Theatertreffen Berlin:** Zwei Wochen Gastspiele der führenden deutschsprachigen Bühnen. Tel. 254890, www.berlinerfestspiele.de.

Pfingsten

❭ **Karneval der Kulturen:** Kunterbunter Multikulti-Umzug und viertägiges Straßenfest mit viel Musik und Tanz in Kreuzberg. Tel. der Werkstatt der Kulturen 60977022, www.karneval-berlin.de.

Juni

❭ **Christopher-Street-Day-Parade:** Fantasievolle, ausgelassene Umzugsparade der Berliner Homosexuellen durch die Innenstadt. Tel. 23628632, www.csd-berlin.de.

❭ **Berlin Biennale:** Eines der wichtigsten Schaufenster für zeitgenössische Kunst, alle zwei Jahre mit Spannung erwartet (Turnus 2010, 2012 usw.). Tel. 2434590, www.berlinbiennale.de.

❭ **Fête de la Musique:** Internationaler Open-Air-Tag der Rock- und Popmusik, immer zum Sommeranfang am 21. Juni umsonst und draußen auf zahlreichen Bühnen. Tel. 41715289, www.fetedelamusique.de.

Juli

❭ **Classic Open Air:** Populäre Klassik unter dem Sternenhimmel in fünf warmen Sommernächten auf dem Gendarmenmarkt.

Höhepunkt der Berliner Open-Air-Saison klassischer Musik. Tel. 3157540, www.classicopenair.de.

August

> **Tanz im August:** Führendes Festival des zeitgenössischen Tanzes, Neuentdeckungen von jungen Choreografen und Compagnien sowie Wiederbegegnung mit Künstlern, die das internationale Tanzgeschehen entscheidend mitgeprägt haben. Tel. 25900441, www.tanzimaugust.de.

> **Lange Nacht der Museen:** Großes Kunst- und Kulturhappening mit Konzerten, Theater, Lesungen, Speis' und Trank in über 100 Museen. www.lange-nacht-der-museen.de, Tel. 24749700.

> **Internationale Funkausstellung (IFA):** Große Party der Fernsehanstalten Ende August und Anfang September unter dem Funkturm sowie Messe und Leistungsschau der Kommunikationsmedien und Unterhaltungselektronik. Tel. 30696924, www.ifa-berlin.de.

> **Young.euro.classic:** 2½-wöchiges Klassikfestival mit internationalen Jugendorchestern im Konzerthaus am Gendarmenmarkt. Tel. 01805 9690000, www.young-euro-classic.de.

> **Jüdische Kulturtage:** Ende August/Anfang September zahlreiche kulturelle Veranstaltungen der Jüdischen Gemeinde zu Berlin von internationalem Rang. Tel. 01805 570000, www.juedische-kulturtage.org.

September

> **Musikfest Berlin:** Internationale Spitzenorchester 16 Tage zu Gast in Berlin. Tel. 254890, www.berlinerfestspiele.de.

> **Internationales Literaturfestival:** Knapp zwei Wochen lang zeitgenössische Prosa und Lyrik, mit Autoren von Weltruhm und neuen internationalen Entdeckungen. Tel. 27878620, www.literaturfestival.com.

> **Berlin Music Week:** Fünf Tage Party, Clubbing, Konzerte in den angesagtesten Klubs und Musiktempeln der Stadt, www.berlin-music-week.de.

> **ISTAF:** Internationales Stadionfest und Leichtathletiktreffen im Olympiastadion, www.istaf.de.

> **Berlin Marathon:** Bei dem Großevent drängeln sich alljährlich über 40.000 Langstreckenläufer, Inlineskater, Rolli-Fahrer, Handbiker und Power-Walker durch das Brandenburger Tor. Tel. 30128810, www.bmw-berlin-marathon.com.

Oktober

> **Deutschlandfest:** Umzug mit Präsentation der deutschen Bundesländer am 3. Oktober, dem Tag der Deutschen Einheit, rund um das Brandenburger Tor.

November

> **JazzFest Berlin:** Vier Tage lang Jazzkonzerte von internationalen Gruppen und Solisten von Rang im Haus der Kulturen der Welt und an anderen Veranstaltungsorten. Tel. 254890, www.jazzfest-berlin.de.

Dezember

> **31. Dezember:** Große Silvesterparty am Brandenburger Tor.

Auf ins Vergnügen

003be Abb.: kj

Berlin für Citybummler

Berlin – das sind viele Städte. Und wenn es so etwas wie einen typischen Charakter der Spree-Metropole gibt, dann wohl den, dass sie ständig in Bewegung ist. Kaum eine Stadt der westlichen Welt hat sich innerhalb von 20 Jahren so rasant und so radikal verändert. Nicht nur dass West- und Ostberlin als zwei 40 Jahre lang getrennte Millionenstädte verschiedener Gesellschafts- und Wirtschaftssysteme quasi über Nacht wieder zusammenwuchsen, dafür doppelte Strukturen abgeschafft, neue Wege beschritten und allerlei neue Verbindungen ausprobiert werden mussten. Auch eine neue Vision von Berlin musste überhaupt erst gefunden werden – und außerdem ein neues Innenstadtzentrum.

Sollte es die City der alten Halbstadt West rund um Zoo **17** und Kurfürstendamm **124** sein? Das Marx-Engels-Forum vor „Erichs Lampenladen", dem (heute abgerissenen) Palast der Republik **46**? Der Alexanderplatz **61**, einst das Prestigeprojekt sozialistischer Metropolenarchitektur, wo im Herbst 1989 das Ende der DDR eingeläutet wurde? Oder vielleicht der Potsdamer Platz **99**, das am ehemaligen Mauerstreifen mit zwei aus dem Boden gestampften Mini-Privatstädten entstandene Symbol für das nachwendische „Neue Berlin"?

Darüber hinaus reklamieren zwölf Bezirke für sich, jeweils Stadtzentrum zu sein. Und tatsächlich verfügt ein jeder Bezirk, von der Spandauer Altstadt zur Altstadt von Köpenick, von der Berliner Straße in Pankow zur Berliner Straße in Zehlendorf, über eine eigene Innenstadt. Überdies ist mal der eine, mal der andere Kiez angesagt. War eben noch der Ha-ckesche Markt „place to be", ist es einen Augenblick später womöglich der Mauerpark oder der Wrangelkiez. Was heute beschrieben wird, ist morgen schon wieder passé, denn **Schnelllebigkeit ist Berliner Programm**.

Doch lassen sich bei allem Wandel auch Kontinuitäten ausmachen. Dazu gehört als unangefochtene Nummer 1 aller Flaniermeilen der **Prachtboulevard Unter den Linden 14** zwischen Museumsinsel und Brandenburger Tor. An der Paradestraße im Herzen Berlins sind die meisten historisch bedeutenden Bauwerke hintereinandergereiht.

Kurz vor dem Brandenburger Tor kreuzt als Nord-Süd-Achse die **Friedrichstraße 66** die Linden. Das Aushängeschild des „Neuen Berlin" wurde nach der Wiedervereinigung von einer internationalen Architekten-Elite geplant. Neben einigen Restbeständen postmoderner DDR-Baukultur zeigte sich in den 1990er-Jahren zwischen Bahnhof Friedrichstraße und dem ehemaligen innerstädtischen Grenzkontrollpunkt Checkpoint Charlie erstmals das neue Gesicht der Stadt.

Die **Bummelmeile des Westens** bilden die **Tauentzienstraße 119** und der **Kurfürstendamm 124**. Hier steht nicht so sehr die schöne Architektur und umso mehr Shopping im Vordergrund. Dazwischen erheben sich an der ehemaligen Nahtstelle zwischen West und Ost die Bürotürme am Potsdamer Platz und dehnt sich rund um den altehrwürdigen Reichstag **9** das **neue Regierungsviertel** aus.

Um diesen innersten Stadtkern lassen sich die nächstwichtigen Quartiere und Stadtviertel Schicht um Schicht von innen nach außen erkunden: nördlich der

Museumsinsel rund um die Hackeschen Höfe **87** das **schicke Leben in Mitte** und entlang der Kastanienallee [M2] der **Lifestyle im Prenzlauer Berg**. Östlich vom Alexanderplatz repräsentiert die denkmalgeschützte Architektur in der Karl-Marx-Allee **140** den Aufbruch der DDR in eine **sozialistische Zukunft**, während sich gleich in der Nachbarschaft im **Friedrichshainer Kiez** eine Kneipenparade für die bierflaschentragende Jugend des 21. Jahrhundert etabliert hat (s. S. 245).

Das **Kreuzberger Leben** findet im südlichen Wrangelkiez an der Spree, im alten „Kreuzberg 36" entlang der Oranienstraße **145** und im bessergestellten „Kreuzberg 61" **148** im Bergmannkiez statt. Im **guten alten Westen** laden die traditionsreiche Schwulenkiez rund um den Schöneberger Nollendorfplatz [H7] und gediegen zwischen Ku'damm **124** und Schloss Charlottenburg **126** alte **Gründerzeitviertel** zum Spaziergang ein.

Dabei darf man sich über die **Entfernungen** nicht hinwegtäuschen lassen. Mit einem Blick auf den Stadtplan scheinen die Sehenswürdigkeiten zwar alle relativ nah beieinander zu liegen, die Wirklichkeit sieht jedoch anders aus. **Fußmärsche** zwischen 30 Minuten und einer Stunde von A nach B, beispielsweise zwischen Museumsinsel und Brandenburger Tor, sind nicht die Ausnahme, sondern die Regel und gehören zum gängigen Besichtigungsprogramm. Die Attraktionen über weitere Distanzen hinweg kann man bequem mit U- und S-Bahnen, Bussen und Straßenbahnen erreichen, weshalb sich in jedem Fall, selbst bei einem nur ein- bis zweitägigen Aufenthalt, ein Mehrtagesticket der Berliner Verkehrsbetriebe (s. S. 339) oder ein vergleichbares touristisches Angebot lohnt.

Ganz neu im Trend ist das Erkunden der Spree-Metropole **mit dem Rad**. Ob als Fahrrad im 1-Personen-Betrieb oder als Teilnehmer einer geführten Radl-Sightseeing-Tour, die Fahrradverleiher (s. S. 322) schießen zurzeit wie die Pilze aus dem Boden. Berlin auf zwei Rädern erfreut sich immer größerer Beliebtheit, denn es ermöglicht, die Stadt binnen kürzester Zeit weiträumig erfahren zu können und sie dabei trotzdem hautnah mitzuerleben.

Berlin für Kauflustige

Ob Modelabel, Markt oder Shoppingmall, die Spreemetropole hat ihren ganz eigenen Stil. Rund 350 Designer arbeiten in der Stadt, die die UNESCO 2005 zur „Stadt des Designs" erklärt hat. Über 1300 Unternehmen und Ateliers füllen die Shops, Showrooms und In-Boutiquen mit schönen Dingen made in Berlin. In der Multikulti-Stadt findet man natürlich auch angesagte Waren aus aller Welt sowie eine riesige Auswahl an Artikeln des täglichen Bedarfs.

Einkaufsmeilen

Berlin lässt sich in **mehrere große, bezirksübergreifende Einkaufsmeilen** aufteilen, in denen jeweils Konsumtempel unterschiedlichster Couleur ihre Ladentüren geöffnet halten: Im westlichen Citybereich locken der Kurfürstendamm **124** und die Tauentzienstraße **119**, am Potsdamer Platz **99** die Potsdamer Platz Arkaden, in der östlichen City die Friedrichstraße **66** und die Warenhäuser am Alexanderplatz **61**. Sie alle verbindet die U-Bahn-Linie 2 und darüber hinaus, dass

Berlin für Kauflustige

hier in den Läden die ganze breite Palette an Konsumgütern feilgeboten wird, für die man wenige Cents bis unvorstellbare Summen ausgeben kann.

Kaufhäuser und Einkaufszentren, Bekleidungsketten, Filialgeschäfte und große Supermärkte halten in der Regel montags bis samstags 10–20 Uhr ihre Tore offen, manche bis 22 Uhr oder länger. Fachgeschäfte, Boutiquen und kleinere Läden schließen meistens nicht später als 20 Uhr. Ausnahme: In Szenevierteln mit hoher Ausgehdichte kann man abends oft noch bis 22 Uhr durch die Geschäfte bummeln, dafür öffnen sie am nächsten Tag nicht selten erst gegen Mittag.

West-City

Eindrucksvollste Shoppingattraktion in der West-City ist seit 1907 das **Kaufhaus des Westens (KaDeWe)** ⑫⓪ am Wittenbergplatz. Als größtes Warenhaus Eu-

O16be Abb.: kj

ropas bietet es im Rahmen von spektakulären Produktpräsentationen nicht nur ein überbordendes Sortiment, sondern mit seiner 7000 m² umfassenden „Fressetage" im 6. Stock darüber hinaus die größte Schlemmer- und Feinkostabteilung des Kontinents. In unmittelbarer Nachbarschaft steht gegenüber der Gedächtniskirche am Breitscheidplatz das Mitte der 1960er-Jahre hochgezogene, vielgeschossige **Europa-Center** ⑫① . Einst eines der Wahrzeichen Westberlins und neben dem KaDeWe Schaufenster der westlichen Wirtschaftskraft, ist es als eine der ältesten Malls in der BRD vor allem architekturhistorisch interessant. Auch das **Neue Kranzler Eck** ⑫③ Kurfürstendamm/Ecke Joachimstaler Straße dürfte bei Architekturkennern auf Interesse stoßen. Die Waren in den Auslagen der Geschäfte in dem 16-geschossigen Stadtquartier aus Stahl und Beton (Architekt: Helmut Jahn, Chicago) unterscheiden sich dagegen kaum von denen in der Tauentzienstraße, am Potsdamer Platz, in Prag, Brügge oder Wuppertal: H&M und Co. findet man überall.

Spannender ist der Schaufensterbummel über den **Kurfürstendamm** ⑫④ zwischen Uhlandstraße und Olivaerplatz und durch seine Nebenstraßen mit edlen Boutiquen, eleganten Minimalisten-Stylisten, hochkarätigen Juwelieren, Antiquitätenläden und Galerien neben den exklusiven Häusern von Bulgari, Escada, Versace, Gaultier u. a. Obwohl die meisten Geschäfte längst auch Filialen in der

◀ *Der Kurfürstendamm* ⑫④ *ist traditionell die erste Adresse für international bedeutende Modeschöpfer*

Friedrichstraße eröffnet haben, shoppt die Dame von Welt nach wie vor am liebsten am Kurfürstendamm. Denn der prachtvolle Platanen-Boulevard genießt mit seinen breiten Trottoirs zum Flanieren und Cafés zum „Spazierensitzen" und Kuchenkosten den unbestrittenen Vorteil nicht nur des Sehens und Einkaufens, sondern so recht auch die Garantie, mit seinen Einkäufen gesehen zu werden.

Potsdamer Platz Arkaden

Demgegenüber glänzen die Arkaden am Potsdamer Platz weniger durch das Warenangebot, das **gängige Handelsketten** beschicken, und auch nicht durch die Platzverweise, die Bettlern, Straßenmusikanten und anderen nicht salonfähigen Personen des Berliner Alltagslebens erteilt werden. Dank ihrer Lage inmitten der Daimler-City ⑩ zählen die Arkaden schlichtweg zum touristischen Besuchsprogramm.

Friedrichstraße

Die baumlose Straßenschlucht im zentralen Innenstadtbereich ist eine weitere Top-Einkaufsadresse. Mit dem französischen Bekleidungshaus **Galeries Lafayette**, dem **Quartier 206**, das exklusive Designer bevölkern, und dem **Quartier 207** mit H&M und Konsorten wurde sie nach der Wiedervereinigung als elegante Shoppingmeile konzipiert (siehe ⑥⑦). Hier trifft man auf den jungen dynamischen Businessman mit Aktentasche und Burlington-Socken und die Geschäftsfrau

017be Abb.: kj

Viele kleine Boutiquen machen den besonderen Reiz eines Einkaufsbummels zwischen Hackeschen Höfen ⑧⑦ und Alexanderplatz ⑥① aus

im Jil-Sander-Kostüm, die zwischen zwei Terminen und einem Starbucks-Kaffee gerne noch schnell eine Bluse zum Wechseln von Donna Karan oder auch eine kunstvoll gefertigte orientalische Holzskulptur mitnehmen möchten.

Scheunenviertel

Cooles und Schickes, Highstyle-Trendiges, wirklich Schönes und richtig Teures versammelt sich im **östlichen Innenstadtbereich** in den Läden zwischen dem Touristenmagnet Hackesche Höfe ⑧⑦, Rosa-Luxemburg-Platz und Alexanderplatz, insbesondere entlang der Rosenthaler,

Alten und Neuen Schönhauser, Weinmeister-, Mulack- und Münzstraße. Hier ist **Kult-Bummeln** mit Zwischenstopp in einem gepflegten Lokal angesagt.

Wer weniger dem verwirrend-kleinteiligen Boutiquenwesen und mehr einem Einkauf mit Überblick den Vorzug gibt, kommt gleich nebenan am **Alexanderplatz** ⑥ in großen Warenhäusern und Shoppingmalls auf seine Kosten.

Kreuzberg und Prenzlauer Berg

Den flippigen Gegenentwurf bieten die Boutiquen in der Kreuzberger Ausgehmeile Nummer eins, der **Oranienstraße** ⑭⑤. Von kleinen Modelabels im Selbstausbeutungsbetrieb über Streetware- und Secondhandshops bis hin zum Kunsthandwerklichen aus der Blindenanstalt herrscht zwischen Döner, Sushi und Bioburger echtes Multikulti-Design. In den bunten Läden der Kreuzberger **Bergmannstraße** findet man neben Kneipen und Restaurants Erstöbernswertes von Trödel über Originelles bis hin zum Edel-Alternativen.

Nachwuchsdesigner, Kunstläden, Hutläden, Bioläden und andere Shops zum Bummeln, Gucken und Kramen gibts am Prenzlauer Berg in der **Kastanienallee** [M2] zu entdecken. Als angesagter Laufsteg der urbanen Web-2.0-Boheme firmiert die Straße unter dem Spitznamen „Castingallee" oder wird dank ihrer vielen Cafés und Kneipen mit Frühstück bis 17 Uhr gerne auch „Latte-macchiato-Meile" genannt.

Angestammtes

Berlin wäre keine Shoppingmetropole, hätte es neben Gucci und Gaultier, Tommy Hilfinger oder Doc Martens nicht auch

traditionell Angestammtes zu bieten. Exklusiv aus der Stadt stammt das Porzellan der 1763 von Preußenkönig Friedrich dem Großen ins Leben gerufenen **Königlichen Porzellan-Manufaktur (KPM)**. In den Verkaufsgalerien auf dem Manufakturgelände und am Kurfürstendamm präsentiert die KPM ihre Porzellan-Klassiker aus allen Epochen, bereichert um ausgewählte zeitgenössische Artefakte.

Ein etwas weniger kostspieliges, dafür umso köstlicheres Berlin-typisches Mitbringsel sind die Schokoladen und Pralinenkreationen des **Traditionschocolatiers Erich Hamann**. 1916 gegründet, werden die Leckereien in den seit 1928 unveränderten Art-déco-Räumlichkeiten in der Brandenburgischen Straße angeboten.

🛍1 [F5] **KPM Manufakturverkauf**, Wegelystr. 1 (Tiergarten), S Tiergarten, Tel. 39009215, www.kpm.de. Weitere Verkaufsgalerie:

🛍2 [E7] **KPM Manufakturverkauf**, Kurfürstendamm 27 (Charlottenburg), U1 und U9 Kurfürstendamm

🛍3 [D8] **Erich Hamann Schokoladen**, Brandenburgische Str. 17 (Wilmersdorf), U7 Konstanzer Straße, Tel. 8732085, www.hamann-schokolade.de

Extravagantes

🛍4 [L3] **Calypso Shoestore**, Rosenthaler Str. 23 (Mitte), U8 Weinmeisterstraße, www.calypsoshoes.com. Schicke Originalschuhe der 1930er-, 1940er-, 1950er-Jahre bis heute, secondhand oder ungetragen.

🛍5 [K5] **Departmentstore**, im Quartier 206, Friedrichstr. 71 (Mitte), U6 Stadtmitte oder Französische Straße, www.departmentstore-quartier206.com. Ein Garten Eden für Ästheten. Alta Moda im feinsten klassischen Stil, dazu passende Hüte, Schuhe, Schmuck und andere Accessoires für Frauen und Männer. Man muss nicht kaufen, sondern darf auch einfach nur staunen.

6 [L4] **Hutgalerie Fiona Bennett,** Alte Schönhauser Str. 35 (Mitte), U8 Weinmeisterstraße, www.fionabennett.com. Exklusive Modeschöpfungen für den Kopf, von dezent elegant bis bemerkenswert ausgefallen, nach alter Hutmacherkunst von Hand gefertigt.

7 [L4] **promobo,** Hackesche Höfe (Hof 3 und 5), Rosenthaler Str. 40/41 (Mitte), S Hackescher Markt, http://shop.promobo.de. 200 junge Designer präsentieren ihre Arbeiten: von Accessoires über Schmuck und Kleidung bis hin zu ausgefallenen Möblierungsideen für ein schönes Zuhause.

8 [L3] **Sterling Gold,** in den Heckmann-Höfen, Oranienburger Str. 32 (Mitte), S1 und S2 Oranienburger Straße, www.sterlinggold.de. Traumhafte Ballkleider, exklusive Cocktailmode, Glitzer- und Paillettenfummel aus zweiter Hand aus den 1940er- bis zu den 1980er-Jahren von Valentino, Versace & Co. Änderungen nach Maß nimmt die Schneidermeisterin vor.

9 [E6] **Stilwerk,** Kantstr. 17 (Charlottenburg), U2, U9 und S Zoologischer Garten, www.stilwerk.de. Edelkaufhaus für Designermöbel und erlesene Wohnzutaten.

Fashion

10 [M4] **14 Oz,** Neue Schönhauser Str. 13 (Mitte), U8 Weinmeisterstraße, www.14oz-berlin.com. Ausgesuchte Denim- und Streetware des Berliner Modemessen-Papstes Karl-Heinz Müller, „Store of the year 2009" des Hauptverbands des Deutschen Einzelhandels.

11 [L3] **Konk,** Kleine Hamburger Str. 15 (Mitte), S1 und S2 Oranienburger Straße, U6 Oranienburger Tor, U8 Weinmeister Straße und Rosenthaler Platz, www.konk-berlin.de.

Alle wichtigsten Berliner Hip- und Avantgarde-Labels unter einem kleinen Dach.

12 [M3] **Lala Berlin,** Mulackstr. 7 (Mitte), U8 Weinmeisterstraße, www.lala-berlin.com. Designerstrick für Frauen, lässig und cool, aus edelsten Garnen.

13 [M4] **Mykita,** Rosa-Luxemburg-Str. 6 (Mitte), U8 Weinmeisterstraße, www.mykita.com. Preisgekrönter Brillengestellladen, in dem auch Hollywoodstars wie Brad Pitt und Tom Cruise gerne einkaufen.

14 [M2] **Thatchers Berlin Fashion,** Kastanienallee 21 (Prenzlauer Berg), U2 Senefelder Platz, Eberswalder Straße, Tram M1 und 12,

15 [L4] **Thatchers Berlin Fashion,** Hackesche Höfe (Hof 4), Rosenthaler Str. 40–41 (Mitte), S Hackescher Markt, www.thatchers.de. Außergewöhnliche Kollektionen für junge und jung gebliebene Frauen von 20 bis 80 made in Berlin, die auch auf Pariser Laufstegen Aufsehen erregen.

Originelles und Berlin-Souvenirs

16 [L4] **Ampelmann Shop,** in den Hackeschen Höfen, Rosenthaler Str. 40/41 (Mitte), S Hackescher Markt; außerdem:

17 [J6] **Ampelmann Shop,** Potsdamer Platz Arkaden (Tiergarten), S1, S2 und U2 Potsdamer Platz

18 [L4] **Ampelmann Shop,** im DomAquarée gegenüber der Museumsinsel, Karl-Liebknecht-Str. 1 (Mitte), S Hackescher Markt

19 [L5] **Ampelmann Shop,** Markgrafenstr. 7 nahe Gendarmenmarkt (Mitte), U6 Stadtmitte, http://ampelmannshop.com. Kult rund um das DDR-Ampelmännchen auf T-Shirts und Vasen, als Schlüsselanhänger, Bilderhalter, Buchstütze, Fruchtgummi u. v. m.

20 [K5] **Berlin Story,** Unter den Linden 40 (Mitte), Bus TXL, 100, 200, www.berlinstory.de. *Der* Berlin-Laden schlechthin. Großes

Berlin für Kauflustige

EXTRATIPP

Ave Maria
Voll im Trend: Devotionalien und Anbe-
tungsartikel von Altarkerzen über elek-
trisch beleuchtbare Marienfiguren bis hin
zu einer großen Auswahl an Rosenkrän-
zen und Weihrauchsorten – nicht nur für
gläubige Katholiken, sondern längst auch
für Klubgänger und Lifestyle-Aktivisten.
🔖28 [I7] **Ave Maria,** Potsdamer Str. 75
(Tiergarten), U1 Kurfürstenstraße,
Tel. 2652284, www.avemaria.de,
Mo.–Fr. 12–18, Sa. 12–15 Uhr

Sortiment an Artikeln mit Berlin-Bezug von
Büchern und historischen Stadtplänen über
Filme, Poster, Shirts und Souvenirs bis hin zu
Alte-Fritz-Büsten.

🔖21 [L4] **Edelramsch,** Oranienburger Str. 16
(Mitte), S Oranienburger Str. oder Hackescher Markt, www.edelramsch.de. Stöbern
nach Krimskrams vom Feinsten und dabei
unentbehrliche Nutzlosigkeiten für den modernen Menschen entdecken.

🔖22 [K6] **Schokoladenhaus Fassbender &
Rausch,** Charlottenstr. 60 (Mitte), U6 Stadtmitte, www.fassbender-rausch.de. Meet the
Sweet – am Gendarmenmarkt präsentiert
Deutschlands größtes Schokoladenkaufhaus
mit der längsten Pralinentheke der Welt über
500 verschiedene süße Träume.

Märkte

Die eigentliche Gelegenheit, sich unter
die Spree-Athener zu mischen und echte
Berliner Luft zu schnuppern, bieten die
zahlreichen Trödel- und Wochenmärkte.
Viel bewährte, langjährige Institutionen
unter ihnen sind:

🔖23 [K4] **Berliner Antikmarkt,** S-Bahnbögen
Georgenstr. 190–203 (Mitte), S und U6

Friedrichstraße, www.antikmarkt-berlin.de,
normale Geschäftsöffnungszeiten. Beliebte
touristische Stöberecke unter den S-Bahn-
Bögen an der Georgenstraße nahe S Friedrichstraße, wo sich zwischen Tinnef und
Trödel auch manche Kostbarkeit ausgra-
ben lässt.

🔖24 [Q6] **Flohmarkt am Boxhagener Platz,**
Boxhagener Platz (Friedrichshain), U5 Sama-
riterstraße, So. 10–18 Uhr. Studi-Trail, Fa-
mily-Walk, Szene-Gang – beim Stöbern an
den Ständen rund um den „Boxi" wird jeder
fündig.

🔖25 [L1] **Flohmarkt am Mauerpark,**
Bernauer Str. 63/64 (Prenzlauer Berg),
U8 Bernauer Straße, www.mauerparkmarkt.
de, So. 9–17 Uhr. Bei schönem Wetter
großes sonntägliches Freilufthappening
mit einem Angebot von Krempel bis Kunst-
handwerk, dazu viel Latte macchiato,
Hobbymusiker und Prenzl'berg-Szene.
Legendär ist das Open-Air-Karaoke im
Mauerpark-Amphitheater.

🔖26 [Q8] **Hallentrödelmarkt Treptow,**
Puschkinallee/Am Flutgraben (Treptow),
U1 Schlesisches Tor, S Treptower Park, Bus
265, Sa./So. 10–18 Uhr. In den Hallen an
der Grenze zwischen Kreuzberg und Treptow,
zwischen Flutgraben und Spree ist vom alten
Alibert-Schrank über Couchgarnituren, alte
Ölschinken, kaputte Wäschetrockner zum
Ausschlachten, PCs der ersten Generation,
Kleidung und Schuhe für alle Jahreszeiten,
gebrauchte Badezimmergarnituren und Teppiche bis zum Secondhand-Presslufthammer
mer alles zu finden. Nach dem Getümmel
empfiehlt sich ein Bierchen in den Boots-
hauscafés über dem Flutgraben und zum
Abschluss später am Abend ein Rockkonzert
in der benachbarten „Arena" (s. S. 51).

🔖27 [L5] **Kunst- und Nostalgiemarkt,** am Kupfergraben (Mitte), S Hackescher Markt, Bus
100, 200, Tram M1, 12, Sa. 11–17 Uhr, So.

10–16 Uhr. Die Buden vor der Museumsinsel bieten Hübsches, ob Hand-, Kopf- oder Wandschmuck, Touristen sind gern gesehen.

29 [F5] **Trödel- und Kunstmarkt** an der Straße des 17. Juni (Charlottenburg), S Tiergarten, www.berliner-troedelmarkt.de, Sa./So. 10–17 Uhr. Gewissermaßen die Freiluftveranstaltung des Berliner Kunst- und Antiquitätenkleingewerbes am Wochenende. Wer hier sucht, der findet auch.

30 [N8] **Türkischer Markt**, am Maybachufer (Neukölln), U8 Schönleinstraße, Di. und Fr. 11.–18.30 Uhr. Politisch korrekt müsste er eigentlich „Markt der türkeistämmigen Berliner Einwohner" heißen. Aber dieses Bandwurmwort würde ohnehin im Getümmel der zahlreichen Lebensmittel-, Gewürz- und Tuchhändler am Landwehrkanal-Ufer in „Kreuzkölln" (an der Grenze von Kreuzberg zu Neukölln) untergehen.

31 [H8] **Winterfeldtmarkt**, am Winterfeldtplatz (Schöneberg), U1, U2, U3, U4 Nollendorfplatz, Mi. 8–13 Uhr und besonders Sa. 8–16 Uhr. Nach Viktualien-Cruising und Blumeneinkauf lassen sich die Beauty-Bürger von Schöneberg rituell gegen frühen Nachmittag in einem der Cafés nieder, die den Marktplatz umgeben.

Berlin für Genießer

Mit der eingeborenen Berliner Kochkunst konnte sich über viele Jahrzehnte kein Gastwirt mit Ruhm bekleckern, höchstens mit wabbeligem Eisbein und Erbspüree, Bulette (Frikadelle) und Curryketchup in Berlin-West sowie Broiler (Hähnchen), eingebrannter Mehlsoße und Sättigungsbeilage in Berlin-Ost. Die Stadt hüben wie drüben war Feinschmecker-Notstandsgebiet, in dem nur sehr wenige geschmackvolle Essensadressen wie selige Inselchen aus der Einheitssoße herausragten.

Glücklicherweise sind **diese Zeiten inzwischen lange vorbei.** *Seit der Wiedervereinigung wurden beständig neue kulinarische Zeichen gesetzt und sogar „Hamwanich!" (Ost) und „Kannstmichma!" (West) verschwanden nahezu aus dem gastronomischen Sprachge-*

▶ *Ob Edelrestaurant, Dinner in Downtown oder Kiezküche – in Berlin ist für jeden Geschmack etwas dabei*

brauch. Ja, man kann es förmlich überall schnuppern: Die Hauptstadt kocht auf! Insgesamt 16 Michelin-Sterne funkeln mittlerweile über den spreeathenischen Kochtöpfen – womit sich Berlin auch zur **kulinarischen Hauptstadt der Republik** aufgeschwungen hat.

Vor allem die junge Generation experimentierfreudiger Küchenchefs sorgt mit ihren Restaurants für eine Revolution in den Kochtöpfen. Kreationen aus klassischer Grande Cuisine mit leichter Aromenküche, schnörkellose Melangen der französischen, deutschen und mediterranen Küche oder Liaisons von Regional und International erfreuen die Feinschmeckergaumen. Jüngst im Trend sind **Produkte aus der Umgebung:** Bärlauch und Pilze aus den brandenburgischen Wäldern, Havel-Zander und glücklich aufgewachsenes Biofleisch von Höfen in der Region, Beelitzer Spargel, Teltower Rübchen und Spreewälder Gurken werden neu komponiert.

Freilich muss man dafür wie überall, wo es keine Convenience-Produkte aus der Tiefkühltruhe sein sollen, tief in die Tasche greifen. Doch sind im Vergleich zu anderen internationalen Metropolen die Berliner **Preise** für ein Menü selbst von Meisterhand noch **vergleichsweise moderat.** Oft zahlt man hier im Spitzenrestaurant für ein 3-Gänge-Menü nur wenig mehr als in London oder Paris allein für den Nachtisch.

Auch in **Cafés und Kneipen** muss niemand verhungern, ein kräftiges Frühstück ebenso wie ein Teller leckere schwäbische Maultaschen oder Käsespätzle kostet in einer Gaststätte durchschnittlich 5–10 €.

Die meisten Cafés bieten ab morgens 9 Uhr **Frühstück** an, entweder à la carte oder vom Büfett. Nach Restaurants mit **Mittagstisch** muss man ebenfalls nicht lange Ausschau halten. In der Regel zwischen 11.30 Uhr und 14.30 Uhr servieren sie leichte Speisen für 5–10 €. Darüber hinaus halten in der Innenstadt an jeder Straßenecke mindestens zwei passable Pizzerien oft palästinensischer Provenienz sowie indische, chinesische und türkische **Schnellrestaurants,** Bistros und Hähnchengrills, Bagel-, Fritten-, Sushi- und Döner-Imbisse bis spät in die Nacht ihre Türen offen.

Ab wann am späteren Abend die Küche kalt ist, bleibt Gastwirt wie Chef de Cuisine selbst überlassen. Da es in Berlin keine Sperrstunde gibt, sind die Küchenzeiten recht unterschiedlich und werden deshalb im Folgenden bei den Gastronomietipps mit aufgeführt.

Schluss mit dem blauen Dunst

*In allen Berliner Restaurants, Bars, Cafés, Kneipen, Klubs und Diskotheken herrscht seit 2008 ein **striktes Rauchverbot**. Einzige Ausnahme: Gequalmt werden darf in einem vom Gastraum abgetrennten Rauchzimmer mit verschließbarer Tür sowie in Ein-Raum-Kneipen bis 75 Quadratmeter, in denen keine vor Ort zubereiteten Speisen serviert werden dürfen und Minderjährige keinen Zutritt haben.*

Bessere Berliner Lokale, in denen man sich unter diesen Voraussetzungen dem Rauchen in abgesonderten Zonen noch hingeben kann, finden sich unter der Adresse des Deutschen Zigarettenverbands:

› *www.smokers-guide.com.*

Gastro- und Nightlife-Areale

Bläulich hervorgehobene Bereiche in den Karten kennzeichnen Gebiete mit einem dichten Angebot an Restaurants, Bars, Klubs, Discos etc.

Von Meisterhand

①32 [J6] **Facil** €€€€, Potsdamer Str. 3, 10785 (Tiergarten), S1, S2 und U2 Potsdamer Platz, Tel. 590051234, www.facil.de, geöffnet: Mo.–Fr. 12–15 Uhr und 19–23 Uhr. Die fünfte Etage im Mandala Hotel am Potsdamer Platz ist dem Genießen im zwanglosen Understatement gewidmet. Dazu kreiert Küchenchef Michael Kempf Spitzenkochkunst wie souffliertes Bisonfilet und Thunfisch mit Pfefferkruste auf Minz-Couscous, für die der Guide Michelin einen Stern verliehen hat.

①33 [K5] **Fischers Fritz** €€€€, Charlottenstr. 49, 10117 (Mitte), U6 Französische Straße, Tel. 20336363, www.fischersfritzberlin.com, geöffnet: tgl. 12–14 Uhr und 18.30–22.30 Uhr, extra Raucherraum. Dem Chef de Cuisine Christian Lohse im Restaurant des Regent-Hotels am Gendarmenmarkt gelang 2007 die Sensation: Für seine Fisch- und Meeresfrüchtekompositionen, z. B. mit geeisten Krebstaschen gefüllter Lauch-Cannellono an schwarzer Tintenfisch-Vinaigrette, wurde Fischers Fritz vom Guide Michelin als erstes Berliner Restaurant mit zwei Sternen ausgezeichnet.

①34 [M9] **Hartmanns Restaurant** €€€€, Fichtestr. 3, 10967 (Kreuzberg), U7 Südstern, Tel. 61201003, www.hartmanns-restaurant.de, geöffnet: Mo.–Sa. 18–24 Uhr. In den Gewölberäumen am Südstern genießt man im Restaurant des Berliner Meisterkochs von 2008, Stefan Hartmann, Gaumenkitzel wie Zweierlei von der Wachtel, Spanferkelbäckchen oder Geschmortes und Gebratenes vom Frischling. 2011 wurde Hartmanns Kochkunst mit einem Michelin-Stern ausgezeichnet.

①35 [J5] **Margaux** €€€€, Unter den Linden 78 (Eingang Wilhelmstr.), 10117 (Mitte), S1, S2, U55 Brandenburger Tor, Tel. 22652611, www.margaux-berlin.de, geöffnet: Mo.–Sa. 19–22.30 Uhr. Michelin-Stern-gekürtes Feinschmeckermekka im Bundestagseinzugsbereich, wo Küchenchef Michael Hoffmann französisch inspirierte Köstlichkeiten serviert, beispielsweise Glattbutt mit geeistem Olivenöl oder Terrine aus getrüffelten grünen Bohnenkernen.

①36 [K3] **Reinstoff** €€€€, Schlegelstr. 26c, 10115 (Mitte), U6 Naturkundemuseum, Tel. 30881214, www.reinstoff.eu, geöffnet: Di.–Sa. ab 19 Uhr. Im Frühjahr 2009 eröffnet, stieg der Szene-Gourmettempel in den Edisonhöfen binnen Jahresfrist in die Berliner Spitzenrestaurant-Liga auf. Für seine regionale „essbare Kleinkunst" (Wolfram Siebeck) aus biologischem Anbau wurde Shootingstar Daniel Achilles zum „Aufsteiger des Jahres" unter den Berliner Meisterköchen, dann mit einem und 2011 schließlich mit einem zweiten Michelin-Stern gekürt.

①37 [K3] **Rutz** €€€€, Chaussestr. 8, 10115 (Mitte), U6 Oranienburger Tor, Tel. 24628760, www.rutz-weinbar.de, geöffnet: Di.–Sa., Weinbar 16–23 Uhr, Restau-

Restaurantkategorien

€€€€	über 25 €
€€€	20–25 €
€€	15–20 €
€	unter 15 €

(Preis für ein Hauptgericht)

rant 18.30–22.30 Uhr. Aufsteiger des Jahres 2005, kurz darauf 16 Punkte im Gault Millau, 2007 ein Michelin-Stern und 2011 die Kür zu „Berlins Meisterkoch" – so lautet die rasante Karriere des jungen Potsdamers Marco Müller, der im Rutz die Gaumen mit kreativer globaler Aromenküche verwöhnt. Dazu gibt es erlesene Weine aus deutschsprachigem Raum sowie kostenlos hohen Promi-Auftrieb.

38 [L5] **VAU** €€€€, Jägerstr. 54/55, 10117 (Mitte), U6 Französische Straße, Tel. 2029730, www.vau-berlin.de, geöffnet: Mo.-Sa. 12–14.30 Uhr, 19–22.30 Uhr. Nahe dem Gendarmenmarkt präsentiert Meisterkoch Kolja Kleeberg seine schnörkellose persönliche Mischung aus französischer, deutscher und mediterraner Küche. Das war den Gastro-Testern von Michelin ebenfalls einen Stern wert.

Tafelfreuden

39 [L8] **Altes Zollhaus** €€€, Carl-Herz-Ufer 30, 10961 (Kreuzberg), U1, U6 Hallesches Tor, www.altes-zollhaus-berlin.de, Tel. 6923300, geöffnet: Di.–Sa. ab 18 Uhr. Das Restaurant, untergebracht in einem Fachwerkhaus, liegt malerisch in einem kleinen Park am Landwehrkanal. Die Küche von Maître Herbert Beltle ist eine elegante Liaison

▲ *Zahlreiche Lokale laden dazu ein, Berlin zu genießen und dabei gleichzeitig auf kulinarische Weltreise zu gehen*

von regional/international, der Klassiker des Hauses: Brandenburgische Bauernente aus dem Rohr mit Wirsinggemüse und Kartoffelpuffer.

📷**41** [K5] **Lutter & Wegner** €€€, Charlottenstr. 56, 10117 (Mitte), U2, U6 Stadtmitte oder U6 Französische Straße, Tel. 2029540, www.l-w-berlin.de, geöffnet: tgl. 11–3 Uhr, Küche bis 1 Uhr, extra Raucherraum. 1811 gegründetes Traditionslokal und königlicher Wein-Hoflieferant, in dem seinerzeit E. T. A. Hoffmann und der Hofschauspieler Ludwig Devrient Stammgäste waren. Die Weinkarte verzeichnet auch heute noch gut 1000 Positionen, gespeist wird nach österreichischer Art, z. B. Tafelspitz vom Jungbullen oder Zanderstrudel, nicht zu vergessen der Klassiker Wiener Schnitzel mit lauwarmem Kartoffelsalat.

📷**42** [I4] **Paris–Moskau** €€€, Alt-Moabit 141, 10557 (Tiergarten), S Hauptbahnhof, Tel. 3942081, www.paris-moskau.de, geöffnet: Mo.–Fr. 12–15 Uhr und ab 18 Uhr, Sa./So. ab 18 Uhr, extra Raucherraum. Ein Klassiker unter den Berliner Gourmettempeln, im hübschen Fachwerkhaus anno 1898 mit Blick auf das Kanzleramt, schon zu Mauerzeiten unter Feinschmeckern gerühmt. Die neue internationale Küche kombiniert fein mit deftig, z. B. Havel-Zander an ausgebackener Blutwurst zu Rotweinschalotten und Kartoffelmus.

📷**43** [O8] **Restaurant Volt** €€€€, Paul-Linke-Ufer 21, 10999 (Kreuzberg), U8 Schönleinstraße, Tel. 16074033, www.restaurant-volt.de, geöffnet: Mo.–Sa. 18–24 Uhr. Am Landwehrkanal werden im ehemaligen Kreuzberger Umspannwerk deutsche und Berliner Traditionsgerichte von Küchenchef Matthias Gleiß leicht, modern und raffiniert neu interpretiert. Dafür ehrte ihn die Berliner Meisterkoch-Jury 2011 mit dem Titel „Aufsteiger des Jahres".

📷**44** [J6] **Vox Bar** €€€, im Hotel Grand Hyatt am Potsdamer Platz, Marlene-Dietrich-Platz 2, 10785 (Tiergarten), S1, S2 und U2 Potsdamer Platz, www.vox-restaurant.de, Tel. 25531772, geöffnet: Mo.–Fr. 12–14.30 Uhr und 18.30–0 Uhr, Sa./So. 18.30–0 Uhr, extra Raucherraum. Die offene Showküche präsentiert kulinarische Köstlichkeiten von regionalen Produkten, mit mediterranem, internationalem und gelegentlich asiatischem Touch.

Angesagt

📷**45** [L3] **Al Contadino Sotto le Stelle** €€€, Auguststr. 36, 10119 (Mitte), U8 Weinmeisterstraße oder Rosenthaler Platz, Tel. 2819023, www.alcontadino.com, geöffnet: tgl. 18–0 Uhr. Das Al Contadino ist eines der besten italienischen Restaurants in der Spandauer Vorstadt. In einer Ladenwohnung verwöhnt der „Bauer unter den Sternen" seine Gäste mit köstlicher süditalienischer Küche. Monatlich wechselnde Karte. Unbedingt reservieren!

📷**46** [K5] **Borchardt** €€€, Französische Str. 47, 10117 (Mitte), U6 Französische Straße, Tel. 81886262, geöffnet: tgl. 12–0 Uhr, extra Raucherraum. Zu Loup de Mer an Sprossengemüse treffen sich mittags Manager und Verbandsfunktionäre und abends Politprominenz. Ex-Kanzler Schröder ward auch schon gesehen.

📷**47** [E6] **Florian** €€, Grolmanstr. 52, 10623 (Charlottenburg), S Savignyplatz, Tel. 3139184, www.restaurant-florian.de, geöffnet: tgl. 18–3 Uhr. Elegant im Savigny-Kiez gelegen, stets gute klassische Küche, z. B. Märkischer Rehbraten, Saure Nierchen oder Topfenknödel. Ab 23 Uhr kommen für die Filmsterne und ihre Produzenten Nürnberger Rostbratwürstchen mit Kraut auf den Tisch.

🎧48 [K3] **Sarah Wieners Speisezimmer** €€, Chaussestr. 8, 10115 (Mitte), U6 Oranienburger Tor, www.sarahwieners.de, Tel. 814529430, geöffnet: Mo.–Fr. 12–23 Uhr, Sa./So. 18–23 Uhr. Im zweiten Hinterhof der alten Lokfabrik in der Chausseestraße kredenzt die bekannte Fernsehköchin mediterran beeinflusste österreichische Kompositionen (abends Menükarte). Wer dort kein Plätzchen mehr findet, kann ihre Zubereitungen im Hamburger Bahnhof genießen, dort befindet sich ein zweites schickes Sarah-Wiener-Restaurant:

🎧49 [J3] **Sarah Wiener im Hamburger Bahnhof**, Invalidenstr. 50–51, 10557 (Tiergarten), S Hauptbahnhof, U6 Naturkundemuseum, Bus 245, Tel. 70713650, geöffnet: Di.–Fr. 10–18 Uhr, Sa. 11–20 Uhr, So. 11–18 Uhr

Deutsch

Der eingeborene Berliner liebt seinen Döner und seine Currywurst in allen Variationen. Auf Platz drei der Gaumenkitzel knuspert der **Broiler**, auf Westdeutsch auch Grillhähnchen genannt. Und geht man weiter in die traditionelle Gerichtegeschichte zurück, stößt man auf den **Berliner Klops** (von fr. *escalope* = Schnitzel) und die **Bulette** (Frikadelle), die die Hugenotten im 17. Jahrhundert in ihrer neuen Heimat bekannt machten.

Zum deftigen **Hackepeter** (rohes Gehacktes) mit Petersilie und Zwiebeln gibts **Schrippe** (Brötchen) und **Molle mit Strippe** (Bier und Korn). Die **Berliner Weiße** (ein mit Milchsäurebakterien angesäuertes Weizenbier) versüßt man sich mit Waldmeister- oder Himbeersirup zur erfrischenden „Weiße grün" oder „Weiße rot". Nicht zu vergessen das typischste aller traditionsreichen Berliner Gerichte:

Eisbein mit Erbspüree, wozu man Salzkartoffeln und Sauerkraut reicht.

🎧50 [E7] **Diener** €, Grolmanstr. 47, 10623 (Charlottenburg), S Savignyplatz, Tel. 8815329, www.diener-tattersall.de, tgl. 18 Uhr bis ultimo. Berliner Urgewächs, 1954 vom ehemaligen deutschen Boxmeister Franz Diener eröffnet, seitdem urige Künstlerkneipe. Zum kühlen Pils vom Fass kommt deftige Hausmannskost auf den Tisch.

🎧51 [N7] **Henne** €, Leuschnerdamm 25, 10999 (Kreuzberg), U8 Moritzplatz, Bus M29, Tel. 6147730, www.henne-berlin.de, geöffnet: Di.–Sa. ab 19 Uhr, So. ab 17 Uhr. Typisch Altberliner Wirtshaus mit Originaleinrichtung von 1907. Auf der Karte steht knuspriges Hähnchen und nichts als Hähnchen, dafür eines der leckersten der Stadt, dazu gibt es Krautsalat und Klosterschwarzbier.

🎧52 [L3] **Schank- und Speisewirtschaft Sophieneck** €, Große Hamburger Str. 37, 10115 (Mitte), S Oranienburger Straße oder Hackescher Markt, U8 Weinmeisterstraße, Tel. 2834065, www.sophieneck-berlin.de, geöffnet: tgl. ab 12 Uhr, Küche Fr./Sa. bis 1 Uhr, sonst bis 0 Uhr. Urige Speisegaststätte zwischen Hackeschen Höfen und Oranienburger Straße, täglich frische regionale Küche, vom Berliner Matjessalat über Schollenfilet bis zur Kohlroulade, dazu ein umfangreiches Wein- und Fassbiersortiment.

🎧53 [M5] **Zum Nußbaum** €, Am Nußbaum 3, 10115 (Mitte), S und U2, U5, U8 Alexanderplatz, U2 Klosterstraße, Bus 100, 200, TXL, M48, Tel. 2423095, geöffnet: tgl. ab 12 Uhr, Küche bis 22 Uhr, Gastbetrieb bis ultimo. Altberliner Küche wie zu Großmutters Zeiten: z. B. Bollenfleisch, Speckpfannkuchen und „Stolzer Heinrich" (Bratwurst in Biersoße). Dazu werden gut anderthalb Dutzend verschiedene Biersorten gezapft.

Weltküche

Bereits an den althergebrachten Lecker-
bissen lässt sich erkennen, dass das
Charakteristische der Berliner Speisenkarte ihre **fortwährende Bereicherung
durch Einwanderer** ist. Neben Klops und
Bulette führten die Hugenotten im 17.
Jahrhundert auch bis dahin unbekann-
te Gemüse wie Spargel, Bohnen, Erb-
sen, Blumenkohl und Blattsalat ein. Im
18. Jahrhundert ordnete König Friedrich
der Große den Anbau der genügsamen,
aus Amerika stammenden Kartoffel auf
den kargen märkischen Böden an. Schlesier, Pommern, Ostpreußen und Polen
auf Arbeitssuche brachten im 19. Jahrhundert ihre Rezepte mit, Anfang des
20. Jahrhunderts folgten die traditionellen Gerichte der russischen Revolutions-
flüchtlinge und aus Osteuropa geflohe-
ner Juden.

In den 1970er-Jahren eröffneten türkische, italienische, griechische und spanische Gastarbeiter in Westberlin die
ersten Einkaufsläden und Restaurants,
für neue Genüsse wie Spätzle und Maultaschen sorgten außerdem westdeutsche Studenten und Bundeswehrflücht-
linge. Heute leben Menschen aus **über
180 Nationen** miteinander am Ufer der
Spree, eine einmalige Gelegenheit, sich
einmal um die ganze Welt zu futtern.

Amerikanisch

🔊**54** [D7] **Juleps New York** €€, Giesebrechtstr.
3 (Charlottenburg), U7 Adenauerplatz, Tel.
8818823, www.juleps-berlin.de, geöffnet:
tgl. ab 17 Uhr. Das All-American-styled-
Restaurant liegt in einer Seitenstraße vom
Ku'damm. Das Lokal wartet mit Steaks, Ribs,
Burgern, Cocktails und kalifornischen Wei-
nen vom Feinsten auf. 9–25 €.

Äthiopisch

🔊**55** [K8] **Blue Nile** €, Tempelhofer Ufer 6,
10963 (Kreuzberg), U1, U6 Hallesches Tor,
Tel. 25294655, www.bluenileberlin.de,
geöffnet: tgl. 15–0 Uhr. Lamm, Rind,
Huhn und Vegetarisches zum Insherabrot
(äthiopisches Fladenbrot), auf dem *Mesob,*
einem kleinen runden Basttischchen, serviert
und mit den Händen im Brotfladen verzehrt.
8–12 €.

Australisch

🔊**56** [J6] **Corroboree** €, Bellevuestr. 5 (im Sony
Center am Potsdamer Platz), 10785 (Tiergarten), S1, S2 und U2 Potsdamer Platz, Tel.
26101705, www.gustos.de, geöffnet: tgl. ab
19 Uhr. Känguru, Vogel Strauß und Krokodil. 8–18 €.

Französisch

🔊**57** [K3] **Café Nord-Sud** €, Auguststr. 87,
10117 (Mitte), U8 Weinmeisterstraße, Tel.
97005928, geöffnet: Mo.–Sa. 12–15 Uhr
und 18–23 Uhr. Nicht Grande Cuisine, sondern bodenständige französische Hausmacherküche, lecker und preisgünstig, im
einfach eingerichteten Lokal. Die drei täglich wechselnden Menüs für 7,50 € werden
nicht nur von den Franzosen in Berlin sehr
geschätzt.

🔊**58** [K6] **Entrecôte** €€, Schützenstr. 5, 10117
(Mitte), U6 Kochstraße oder Stadtmitte, Tel.
20165496, www.entrecote.de, geöffnet:
Mo.–Fr. 12–0 Uhr (Küche bis 23 Uhr), Sa./
So. 18–23 Uhr (Küche Sa. bis 23 Uhr, So.
bis 22 Uhr). Tafeln im typisch französischen
Brasserie-Ambiente. Als Vorspeise bspw.
Weinbergschnecken, gefolgt vom rosa ge-
bratenen Lammkarree oder einem – wie der
Restaurantname schon sagt – Entrecôte
(Steak aus dem Zwischenrippenstück oder
der Hochrippe des Rinds) vom Lavagrill.
12–22 €.

Indisch

59 [N7] **Amrit** €, Oranienstr. 202–203, 10999 (Kreuzberg), U1 Görlitzer Bahnhof, Tel. 28045481, www.amrit.de, geöffnet: tgl. 12–1 Uhr. Mitten im Kiez und meistens sehr voll. Zweite Filiale:

60 [K3] **Amrit** €, Oranienburger Straße 45, 10117 (Mitte), S1, S2 Oranienburger Straße, Tel. 28045481. 8–12 €.

61 [E7] **Kalkutta** €, Bleibtreustr. 17, 10623 (Charlottenburg), S Savignyplatz, Tel. 8836293, www.befo.de/calcutta, geöffnet: tgl. 12–0 Uhr. Ältestes indisches Restaurant mit dem einzigen Tandoori-Lehmofen Berlins. 11–15 €.

Italienisch

62 [K4] **Boccondivino** €–€€, Albrechtstr. 18, 10117 (Mitte), S und U6 Friedrichstraße, Tel. 28493898, www.boccondivino.de, geöffnet: Mo.–Fr. 12–0, Sa./So. erst ab 16 Uhr. Cucina italiana originale, bei Promis, Politikern und Berliner gleichermaßen beliebt. 9–17 €.

63 [G7] **Trattoria à Muntagnola** €€, Fuggerstr. 27 (Schöneberg), U1, U2, U3 Wittenbergplatz, Tel. 2116642, www.muntagnola.de, geöffnet: tgl. 17–0 Uhr, extra Raucherraum. Lieblingsitaliener vieler Berliner, zu süditalienischen Spezialitäten werden Weine aus der Basilicata und 18 verschiedene Olivenöle der Region serviert. 12–22 €.

Japanisch

64 [F7] **Daitokai** €€€, Tauntzienstr. 9–12 (in der 1. Etage im Europa-Center), 10789 (Charlottenburg), U1, U9 Kurfürstendamm, Tel. 2618090, www.daitokai.de, geöffnet: tgl. 12–15 Uhr und 18–0 Uhr (Küche bis 22 Uhr). Seit 1973 am Platz und damit der Klassiker unter den Berliner Edel-Japanern. Hummer, Ente und andere Delikatessen werden vor den Augen der Gäste zubereitet. 26–43 €.

EXTRATIPP

Schokoladig

Für Süßschnäbel und Leckermäuler serviert das erste Schokoladenrestaurant Europas mit Edelkakao und Plantagenschokolade verfeinerte Spezialitäten der Weltküche und alles rund um die süße Verführung.

> **Schokoladenrestaurant Fassbender & Rausch** (s. S. 28), Charlottenstr. 60, 10117 (Mitte), U2 Stadtmitte, www.fassbender-rausch.de, Tel. 0800 7578810, geöffnet: tgl. 11–20 Uhr, 10–20 €

65 [M4] **Goko** €€, Neue Schönhauser Str. 12, 10178 (Mitte), S Hackescher Markt, U8 Weinmeisterstraße, Tel. 27582549, www.go-ko.com, geöffnet: Mo.–Sa. 12–1 Uhr, So. 14–1 Uhr. Herausragende Sushi-Institution, die Zutaten von bester Qualität, die Röllchen meisterlich gefertigt, das Lokal Feng-Shui-gerecht ausgerichtet. 8–28 €.

Jüdisch

66 [L3] **Beth-Café** €, Tucholskystr. 40, 10117 (Mitte), S1, S2 Oranienburger Straße, U6 Oranienburger Tor, Tel. 2813135, www.adassjisroel.de, geöffnet: So.–Do. 12–20 Uhr. Das Restaurant der orthodoxen Synagogengemeinde zu Berlin bereitet koschere Speisen wie Gefillte Fisch (gefüllter Fisch) oder Tscholent (Fleisch-Bohnen-Eintopf) zu, mit lauschigem kleinen Hofgarten. 5–12 €.

67 [F7] **Gabriel's** €€, Fasanenstr. 79–80, 10623 (Charlottenburg), U1, U9 Kurfürstendamm, www.itsgabriel.de, Tel. 8826138, geöffnet: So.–Fr. 11.30–15.30 und 18.30–23 Uhr, Sa. 11.30–15.30 Uhr. Berlins ältestes jüdisches Restaurant im jüdischen Gemeindehaus serviert koschere internationale und israelische Spezialitäten. 15–22 €.

Libanesisch

68 [O3] **Qadmous** €, Am Friedrichshain 1, 10407 (Prenzlauer Berg), Tram M4, Tel. 4246255, www.qadmous.de, geöffnet: So.–Do. 12–0 Uhr, Fr./Sa. 12–1 Uhr. Stattliche Auswahl kalter und warmer *Mäsa* (Vorspeisen), z. B. Makanek (gebratene Rindfleischwürstchen) oder Sardin Meklim (gebratene Sardinen an Sesamsoße) und eine Vielfalt köstlicher orientalischer Fisch- und Fleischgerichte. Auch in Berlin eine Seltenheit: libanesische Weine. 7–15 €.

Marokkanisch

69 [L3] **Kasbah** €, Gipsstr. 2, 10119 (Mitte), U8 Weinmeisterstraße, Tel. 27594361, www.kasbah-berlin.de, geöffnet: Di.–So. 18–0 Uhr. Marokkanische Couscous-Variationen, orientalisch gefülltes Huhn und Geschmortes vom Fisch oder Fleisch im Ambiente wie aus Tausendundeiner Nacht. 11–15,50 €.

Mexikanisch

70 [L9] **Joe Peñas Cantina y Bar** €, Marheinekeplatz 3, 10961 (Kreuzberg), U7 Gneisenaustraße, Tel. 6936044, geöffnet: Mo.–Fr. ab 12 Uhr, Sa./So. ab 9 Uhr. Seit Jahren angesagter gehobener Szene-Mexikaner. 8–14 €.

Österreichisch

71 [L9] **Austria** €€, Bergmannstr. 30, 10961 (Kreuzberg), U7 Gneisenaustraße, Tel. 6944440, geöffnet: tgl. ab 18 Uhr. Einer der besten Österreicher in der Stadt. Unübertroffen das Wiener Schnitzel und immer donnerstags das Spanferkel. 14–18 €.

Russisch

72 [C4] **Samowar** €€, Luisenplatz 3 (an der Schlossbrücke), 10585 (Charlottenburg), U7 Richard-Wagner-Platz, Bus M45, X9, Tel. 3414154, www.restaurant-samowar. de, geöffnet: tgl. ab 11 Uhr. Warenikys, Borschtsch-Moskowskii mit frisch gebackenen Piroschki, Pelmenis, Blinchikys und anderen Spezialitäten. 6,50–20 €.

Spanisch

73 [M4] **Atame** €, Dircksenstr. 40, 10178 (Mitte), S Hackescher Markt, Tel. 28042560, www.atame-tapasbar.de, geöffnet: Mo.–Fr. ab 10 Uhr, Sa./So. ab 11 Uhr. Warme und kalte Tapas, Tortillas und Salate vom Feinsten, dazu eine wechselnde kleine Abendkarte und ausgewählte spanische Weine. 4–15 €.

Südafrikanisch

74 **Cape Town** €€, Schönfließer Str. 15, 10439 (Prenzlauer Berg), S und U2 Schönhauser Allee, Tram M13, 50, Tel. 40057658, www.capetown-restaurant.de, geöffnet: tgl. ab 18 Uhr. Steaks vom Krokodil, Springbock und Gnu sind selbst im multikulti-verwöhnten Berlin noch eine Seltenheit. 10–27 €.

Thailändisch

75 [N2] **Mao Thai** €, Wörther Str. 30, 10405 (Prenzlauer Berg), U2 Senefelder Platz, Tel. 4419261, www.maothai.de, geöffnet: tgl. 12–23.30 Uhr, extra Raucherraum. Beliebte Adresse, da fantastische Currys, ausgezeichnete Ente, köstlicher Grillfisch und vieles mehr. Vornehm-schlicht ausgestattet, die Einrichtung stammt original aus Thailand. 8–15 €.

Türkisch

76 [N8] **Defne** €, Planufer 92c, 10967 (Kreuzberg), U1, U8 Kottbusser Tor, Tel. 81797111, www.defne-restaurant.de, geöffnet: im Sommerhalbjahr tgl. 16–1 Uhr, Nov.–März 17–1 Uhr. Defne, zu Deutsch Lorbeer, bietet mehr als hervorragende türkische Kochkunst: Das Restaurant mit kleinem

Gaumenkitzel à la Berlin: Currywurst und Döner

Sag mir, was du isst, und ich sag dir, wer du bist … Wenn dieses Sprichwort an der Spree Gültigkeit hätte, müssten die Berliner allesamt etwas wurstig und abgebrüht, erhitzbar, gegrillt und durchgedreht sein. Rund 25.000 Kilo Dönerkebab, kurz Döner genannt, verspeisen die Hauptstädter tagtäglich. Jährlich werden etwa 100 Millionen der in Fladenbrotvierteln mit Salat und Soße über die Theke gereichten türkischen Fleischpäckchen verdrückt, gefolgt von der Currywurst im Pappdeckel auf Platz 2 in der Hitliste der Leib-und-Magen-Gerichte mit immer noch fetten 70 Millionen Portionen. Currywurst und Dönerkebab sind aus dem Berliner Kulturleben gar nicht wegzudenken.

Dabei handelt es sich sowohl als auch um relativ junge Erfindungen. Um 1970 eröffneten türkische Einwanderer in Westberlin die ersten, damals noch recht exotisch anmutenden Dönerbuden. Der Dönerkebab selbst, der übersetzt so viel wie „drehender Braten" heißt und aus Anatolien stammt, ist schätzungsweise 130 bis 160 Jahre alt. Zu jener Zeit hatte man die Idee, den traditionell am Spieß über dem Feuer gegarten Hammel gewissermaßen wieder auf die Beine zu stellen, indem man das Fleisch senkrecht der Hitze aussetzte. Doch war der Aufbau des Drehspießes so arbeitsintensiv, dass er meist nur für große Festlichkeiten vorgenommen wurde, zumal das Fleisch noch am selben Tag verzehrt werden musste.

*Heute produziert man den Drehbraten für eine riesige Fangemeinde im großen Maßstab. Bis zu 20 Tonnen Fleisch am Tag werden allein in der Produktionsstätte in Schönwalde im Norden Berlins verarbeitet. Dennoch hat sich am **Herstellungsverfahren** nicht allzu viel geändert. Der Aufbau des Drehspießes erfordert nach wie vor Zeit und Geschick: Nachdem das Fleisch vom Knochen gelöst, von den Sehnen befreit und in breite dünne Scheiben geschnitten wurde, legt man es 15 bis 20 Stunden je nach Rezept entweder in eine Zwiebel-Gewürz-Mischung oder in Milch ein und knetet es anschließend mit Kräutern, Öl und Zwiebelsaft durch. Die Gewürzmischungen bleiben dabei das Geheimnis jedes einzelnen Erzeugers. Die für den Spieß ungeeigneten kleinen Fleischstücke werden zu Hackfleisch verarbeitet, das man zwischen viele Lagen des diagonal auf dem Spieß aufgeschichteten Fleisches presst. Zusätzlich fügt man noch Schicht für Schicht Lammnetzfett hinzu, welches den Kegel oben schließlich auch abschließt. Das überstehende Fleisch wird kurzerdings abgesäbelt.*

*Um im zunehmenden Dönerboom – Ende der 1980er-Jahre gab es in Berlin 400 Verkaufsstände, heute soll die deutsche Hauptstadt mehr Dönerbuden als Istanbul zählen – Panschern das Handwerk zu legen, trat auf Initiative des Vereins türkischer Kaufleute im Juni 1989 die „Festschreibung der Berliner Verkehrsauffassung für das Fleischerzeugnis Dönerkebap" in Kraft, eine Art **Döner-Reinheitsgebot**, das 1991 bundesweit übernommen wurde und Folgendes festschreibt: Zur Herstellung darf nur Fleisch vom Kalb, Rind oder Schaf verwendet werden. Das Hackfleisch mit höchstens 20 Prozent Fett wird gewolft und gemengt, aber nicht ge-*

kuttet, und darf am Kegel höchstens 60 Prozent betragen. Brühwurstbrät und Kutterhilfsmittel wie Phosphate oder Citrate sind ebenso verboten wie Stärke oder stärkehaltige Bindemittel. Alles in allem ist ein Dönerkebab also ein ziemlich gesundes Produkt.

Davon kann bei der **Currywurst**, gleich ob mit oder ohne Darm, überhaupt keine Rede sein. Das geliebte Brühwurstbrät besteht nur zur Hälfte aus Fleisch vom Rind oder Schwein, der Rest sind 30 Prozent schieres Fett und 20 Prozent Wasser. Und wird gar eine falsche „Curry", namentlich eine Bockwurst, Wiener oder Frankfurter, in die Pfanne oder Fritteuse gesenkt, bilden sich bei der Hitze aufgrund des Nitritpökelsalzes krebserzeugende Nitrosamine. Praktischerweise muss sich ein Berliner ohnehin keine Gedanken über eine gesunde Wurstwahl machen, denn wenn er sich etwas Gebratenes gönnt, bestellt er traditionshalber stets eine „ohne", also eine in der Regel nicht gepökelte Wurst ohne Darm.

Ende der 1940er-Jahre, als in Berlin die erste Currywurst zubereitet wurde, hatte dies jedoch wenig mit Gesundheitsbewusstsein zu tun, sondern war schlicht **aus der Not geboren.** Im Nachkriegsberlin gab es kaum Därme zum Wursten, weshalb man ein Brühwurstbrät austüftelte, das auch ohne Haut seine Form nicht verliert und bei der Zubereitung obendrein nicht zusammenschrumpft, sondern sich aufbläht. Im Gegensatz zur ursprünglichen Frankfurter Brühwurst, die im 17. Jahrhundert die Hugenotten mit an die Spree brachten, ist das Brät

„ohne" also eine echte Berliner Erfindung. Den krönenden Klecks setzten schließlich die amerikanischen Alliierten auf dieses Erfolgsrezept, als sie Ketchup und asiatische Currygewürzmischungen mit nach Deutschland brachten.

Wie beim Dönerkebab die äußerste Schicht gut durchgegrillt und die Fleischstreifen schön dünn abgeschnitten werden müssen, das Brot und der Salat stets frisch sein sollten, so gibt es auch bei der Currywurst Wesentliches zu beachten: Der echte Berliner isst sie ganz - die vorgeschnittene Curry entspräche dagegen wohl eher einem hektischen Lebensstil auf der Überholspur - und wie beim Döner die Joghurt-Knoblauch- oder scharfe Soße, ist bei der Currywurst der Ketchup entscheidend. Die besten Buden machen ihn selbst, wobei auch hier die Rezeptur ein jeweils streng gehütetes Geheimnis ist. Auf jeden Fall sollte der Ketchup angewärmt (niemals kalt!) über die in viel Fett gebratene (nicht frittierte!) Wurst gegeben werden, darüber kommt dann das Currypulver, das wahlweise scharf, schön scharf oder extra scharf ausfallen darf.

Über ein halbes Jahrhundert nach ihrer Erfindung hat die Berliner Lieblingsspeise nun ein Museum bekommen. Im ersten Deutschen Currywurst Museum dreht sich alles um die leckere Wurst - natürlich inklusive Currywurst-Verkostung.

🏛**77** *[K6]* **Deutsches Currywurst Museum,** *Schützenstr. 70, 10117 (Mitte), www.currywurstmuseum.de, Tel. 88718647, tgl. 10–22 Uhr, Erw. 11€, erm. 8,50€, bis 13 Jahre 7€, unter 6 Jahre Eintritt frei*

O20be Abb.: kj

Sommergarten am Landwehrkanal ist Philosophie. Eines der besten türkischen Restaurants in Berlin! 11–16 €.

🚇**78** [N7] **Hasir** €, Adalbertstr. 10, 10999 (Kreuzberg), U1, U8 Kottbusser Tor, Tel. 6142373, www.hasir.de, geöffnet: tgl. rund um die Uhr. Döner und Sis Kebap entweder auf die Hand im kleinen, gemütlichen Gastraum oder im benachbarten stilvollen Restaurant. 5–10 €.

Vietnamesisch

🚇**79** [E8] **Lang Nuong** €, Pfalzburger Str. 20, 10719 (Wilmersdorf), U3 Hohenzollernplatz, Tel. 88667745, www.langnuong.de, geöffnet: tgl. ab 18 Uhr. Im Lang Nuong, dem „Ort, an dem gegrillt wird", untermalen Jazzklänge Leckereien wie Grillmuscheln, Lemon Chickens, Aal-Currys und Feuertöpfe. 8–14 €.

Vegetarisch/Vegan

🔴**80** [K5] **Cookies Cream** €€, Friedrichstr. 158, 10117 (Mitte), U6 Französische Straße, Tel. 27492940, www.cookiescream.com, geöffnet: Di.–Sa. ab 19 Uhr. Nicht ganz einfach zu finden: Zugang über Friedrichstraße, Innenhof zwischen Westin Grand Hotel und Komischer Oper. Cooler, morbider Betonschick trifft auf edle Veggie-Karte mit wöchentlich wechselnden Gaumenkitzeln. Für die Kompositionen aus saisonalen Zutaten, fast schon vergessen geglaubten Kräutern und Gemüsesorten vergab der Gault Millau 13 Punkte. 15–20 €.

🔴**81** [E7] **La Mano Verde** €€, Kempinski Plaza, Uhlandstr. 181, 10623 (Charlottenburg), U1 Uhlandstraße, www.lamanoverde.de, Tel. 82703120, geöffnet: Di.–Sa. 12–15.30 und 18–23 Uhr. Glutenfrei, rohköstlich, vegan. Das Restaurant brilliert mit einer kreativen, leichten Küche von saisonalen und regionalen Bioerzeugnissen. 15–19 €.

EXTRATIPP

Kulinarischer Budenzauber

Längst kein Geheimtipp mehr, sondern inzwischen weltberühmt ist die Currywurst von Konnopke. Mit dem Geburtsjahr 1930 ist der Familienbetrieb ein Urgestein unter den Berliner Wurstmaxen, seit 1960 brutzelt man in der Bude unter der Hochbahn im Prenzlauer Berg. TV-Koch Tim Mälzer und Kochrebell Anthony Bourdain verneigten sich bereits vor Konnopkes Currywurst-Kunst.

🚇**82** [M1] **Konnopkes Imbiss,** Schönhauser Allee 44a (unter der Hochbahn), 10435 (Prenzlauer Berg), U2 Eberswalder Straße, www.konnopke-imbiss.de, Mo.–Fr. 10–20, Sa. 11–20 Uhr

Berlin am Abend

„A city that never sleeps" – in Berlin ist rund um die Uhr Ausgehbetrieb. Das Veranstaltungsprogramm kann sich sehen lassen, sei es Theater, Kabarett, Kleinkunst und Varieté, sei es Oper, Philharmonie oder Musical, Pop-, Rock- und Jazzkonzert oder auch Kneipe, Bar, Disco, Klub. Für jeden Geschmack ist etwas dabei.

Es gibt **keine Sperrstunde** und stadtweit über 13.000 gastronomische Einrichtungen, unter denen ausgewählt werden kann. Man könnte es sich also wahrlich zur Lebensaufgabe machen, 24 Stunden am Tag auf die Piste zu gehen. Ein Leben wie Bacchus in Spree-Athen könnte darum wie folgt aussehen: Morgens um 8 Uhr beim Chillen im Trend-Café der vergangenen Nacht Adieu sagen, danach in einem zweiten Café bis mittags frühstücken gehen. Anschließend ein Wechsel in Kneipe und Biergarten, danach ein gepflegtes Restaurant, gefolgt von Theater, Kino, Konzert und hinterher bis weit nach Mitternacht Treffen mit Freunden in einem netten Lokal, denn das Nachtleben beginnt in der Regel sehr spät. Klub oder Disco bis zum Morgengrauen, dann zunächst ein Absacker in einer ruhigeren Bar und ab morgens um 8 Uhr beim Chillen im Trend-Café der vergangenen Nacht Adieu sagen, dann in einem zweiten Café bis mittags frühstücken gehen, anschließend der Wechsel in Kneipe oder Biergarten ...

Ausgehviertel

Die trendy Locations und „VIPstations" wechseln ebenso oft, wie das Berliner Nachtleben schnelllebig ist. Allgemein lassen sich jedoch – sofern man Klischees bemühen möchte, in denen ja meist ein Körnchen Wahrheit steckt – einige typische Ausgehviertel voneinander unterscheiden:

In **Mitte**, dem nach der Wiedervereinigung kurzzeitig „Wilden Osten", wo in Läden, Kellern und Bunkern eine kreative, schillernde Klub-Gemeinde rauschende Partys feierte und wo „Tresor" und „E-Werk" den Ruf Berlins als World-Techno-Kapitale begründeten, hat sich inzwischen eine kunterbunte Gesellschaft von groovenden Szene-VIPs, Hipsters, Kultis, Yuppies und Touris etabliert. Viele der Top-Adressen befinden sich im **Dreieck zwischen Oranienburger Tor, Rosa-Luxemburg-Platz und Alexanderplatz:** Sehr touristisch die Oranienburger Straße [K/L4], auch bei den Berlinern angesagt die Hackeschen Höfe 87 und in den kleineren Straßen und Höfen gibt es jede Menge Interessantes zu entdecken. Insgesamt wurden in diesem schnell durchschrittenen Areal Anfang des 3. Jahrtausends rund 140 Gaststätten mit knapp 7000 Sitzplätzen gezählt, womit rein statistisch fast jeder der etwa 8000 Einwohner der Spandauer Vorstadt seinen eigenen Thekenplatz besitzt.

In **Charlottenburg** im Einzugsbereich des **Savignyplatzes** [E6] trifft sich vom Maler und Schriftsteller über den Architekten in Designer-Jeans und schwarzem Kaschmir-Rolli bis zum Theatervölkchen die Kultur-Schickeria des alten Westens in unübertrieben eleganten Pinten, Bars und Restaurants.

Der **Schöneberger Nollendorf-Kiez** bietet neben den traditionell schwulen Lokalen die legendären Musiker- und schickeren Szenekneipen des alten Westens. Die alteingesessenen „Beauty-

Berger" kommen allmählich in die Jahre, ziehen aber immer noch mit.

In **Kreuzberg** pflegt man im **Multikulti-Kiez zwischen Oranienplatz, Spreewaldplatz und Schlesischem Tor** nach wie vor den trashigen Outlaw-Charme der vergangenen zwei Jahrzehnte, angereichert mit einer Prise coolem 2000er-Schick.

In **Friedrichshain,** von seinen zahlreichen studentischen Bewohnern liebevoll „Hain" genannt, eröffnet eine Gastwirtschaft nach der anderen im Einzugsbereich Boxhagener Platz und **Simon-Dach-Straße** [Q6]. Rund 150 Kneipen und Restaurants sind es dort mittlerweile geworden, mit über 3400 Außenplätzen für die im Sommer beliebte gastronomische Freiluftversorgung, die vor allem bewegte Menschen bis 25 Jahre anlockt.

Im **Prenzlauer Berg** flanieren junge Start-ups und Web-2.0-Bohemiens über die „Latte-macchiato-Meile" im kunterbunten **Kiez zwischen Kastanienallee, Mauerpark und U-Bahnhof Schönhauser Allee.** Östlich davon genießt das saturierte linksliberale Stadtbürgertum Ausgehfreuden in der Gastronomie rund um den Wasserturm und den **Kollwitzplatz** 🔢.

Cafés, Kneipen, Lounges

Mitte

🔵**83** [L3] **Barcomi's Deli,** Sophienstr. 21 (2. Hof), 10178 (Mitte), S Hackescher Markt, http://barcomis.de, geöffnet: Mo.–Fr. 9–21 Uhr, Sa./So. 10–21 Uhr. Mitten in Mitte, trotzdem abseits vom Trubel, da im 2. Hof der Sophie-Gips-Höfe gelegen, zwei Dutzend hausgeröstete Kaffeesorten und dazu köstliche Torten, Kuchen, Bagels, Quiches.

🔴**84** [M3] **Café Burger,** Torstr. 58/60, 10119 (Mitte), www.kaffeeburger.de, U2 Rosa-Luxemburg-Platz, geöffnet: Burger Bar (Rau-

chen erlaubt) tgl. ab 21 Uhr, Tanzwirtschaft Mo.–Do. ab 21/22 Uhr, Fr./Sa. ab 21 Uhr, So. ab 19 Uhr. Früher berühmtes DDR-Künstlerlokal, heute nicht weniger berühmter Salon, in dem sich u. a. Wladimir Kaminer seine ersten Sporen verdiente, außerdem Filmvorführ- und Livekonzerthaus.

🔴**85** [L4] **Eschloraque Rümschrümp,** Rosenthaler Str. 39 (2. Hinterhof), 10178 (Mitte), S Hackescher Markt, U8 Weinmeisterstraße, www.eschschloraque.de, geöffnet: tgl. ab 14 Uhr. In unmittelbarer Nachbarschaft zu den schicken Hackeschen Höfen: groovy, kunstschrottig, alternativ im selbstverwalteten Haus Schwarzenberg, nachmittags lecker Kaffee und Kuchen in der Kaffeekaschemme, abends ab 22 Uhr Turntabels und Livecombos.

🔵**86** [L3] **Nola's am Weinberg,** Veteranenstr. 9, 10119 (Mitte), U8 Rosenthaler Platz, www.nola.de, geöffnet: tgl. ab 10 Uhr. Schön zum Draußensitzen auf der Terrasse am Weinberg oder auch drinnen im 1950er-Jahre-Pavillon. Dazu gibts Schwizer Küche.

🔴**87** [L4] **Oxymoron,** in den Hackeschen Höfen, Rosenthaler Str. 40/41, 10178 (Mitte), S Hackescher Markt, U8 Weinmeisterstraße, www.oxymoron-berlin.de, geöffnet: tgl. ab 10 Uhr. Tagsüber Café/Restaurant, Fr./Sa. ab 20 Uhr nobelszeniger Club mit House, Rythm 'n' Blues, Soul und Funk.

🔴**88** [L4] **Strandbad Mitte,** Kleine Hamburger Str. 16, 10117 (Mitte), S1, S2 Oranienburger Straße, U6 Oranienburger Tor, www.strandbad-mitte.de, geöffnet: tgl. ab 9 Uhr. Entspannte gemütliche Frühstückskaffeebierkneipe, drinnen und draußen in der Sonne im Strandkorb, bei Mitte-Hipstern, Familien, Studenten und Berlin-Gästen gleichermaßen beliebt, Frühstück bis 16 Uhr.

Kreuzberg

❶89 [N7] **Bateau Ivre**, Oranienstr. 18, 10997 (Kreuzberg), U1, U8 Kottbusser Tor oder U1 Görlitzer Bahnhof, geöffnet: tgl. von Frühstück ab 9 Uhr bis Tapas nachts um 3 Uhr. Laut, sehr laut und voll, voller, am vollsten, sommers auch draußen auf dem Trottoir.

❷90 [Q8] **Freischwimmer**, Vor dem Schlesischen Tor 2, 10997 (Kreuzberg), www.freischwimmer-berlin.de, U1 Schlesisches Tor, Bus 265, geöffnet: im Sommer Di.–Fr. ab 16 Uhr, Sa./So. ab 10 Uhr, im Winter Di.–Fr. ab 16 Uhr, Sa. ab 12 Uhr, So. ab 11 Uhr. Im Bootshaus auf Stegen auf dem Seitenkanal kurz vor seiner Mündung in die Spree über dem Wasser schweben, dazu Kaffee, Wein, Bier und kleine Gerichte.

❶91 [N7] **Möbel Olfe,** im Neuen Kreuzberger Zentrum (NKZ), Eingang Dresdener Str., 10999 (Kreuzberg), U1, U8 Kottbusser Tor, www.moebel-olfe.de, geöffnet: Di.–So. ab 18 Uhr. Stets gut gefüllte, angesagte Trinkhalle im NKZ-Betonkoloss, hier und da wird geraucht.

❷92 [08] **Morena-Bar**, Wiener Str. 60, 10999 (Kreuzberg), U1 Görlitzer Bahnhof, www.cafe-morena.de, geöffnet: tgl. 9–2 Uhr. Lecker frühstücken auf der Sonnenseite am Spreewaldplatz, von morgens bis ultimo.

❷93 [N7] **Rote Harfe**, Oranienstr. 13, 10997 (Kreuzberg), U1, U8 Kottbusser Tor oder U1 Görlitzer Bahnhof, www.roteharfe.de, geöffnet: Mo.–Sa. ab 10 Uhr, So. ab 9 Uhr. Uralt-Institution am berühmt-berüchtigten Heinrichplatz, früher Saufhaus, heute schick.

❶94 [P7] **San Remo Upflamör,** Falckensteinstr. 46, 10997 (Kreuzberg), U1 Schlesisches Tor, geöffnet: tgl. ab 14 Uhr. Angesagtes zweites Wohnzimmer für Wrangelkiez-Partyläufer, dazu Livemusik von der quietschenden Hochbahn.

❶95 [N7] **Würgeengel**, Dresdener Str. 122, 10999 (Kreuzberg), U1, U8 Kottbusser Tor, www.wuergeengel.de, geöffnet: tgl. ab 19 Uhr. Cocktailschlürf-Institution fürs gepflegte Versumpfen, spätestens ab 23 Uhr großes Gedrängel, Rauchen gestattet.

Friedrichshain

❶96 [Q6] **Astro-Bar**, Simon-Dach-Str. 40, 10245 (Friedrichshain), S und U1 Warschauer Straße, geöffnet: tgl. ab 20 Uhr. Auf der Ausgehmeile Nr. 1 im „Hain", im Hinterzimmer Raumschiff-Enterprise-Schick, ab 22 Uhr kosmisches Diedschäjing, Rauchen erlaubt.

❷97 [Q6] **Cupcake**, Krossener Str. 12, 10245 (Friedrichshain), S und U1 Warschauer Straße, www.cupcakeberlin.de, geöffnet: Mo./Di. 13–19 Uhr, Mi.–So. 12–19 Uhr. Die nach amerikanischer Art hergestellten kleinen Küchlein mit viel Buttercreme obenauf haben dem Laden seinen Namen gegeben. Ob Cheese- oder Carrotcake, Schoko, Vanille, mit Erdnussbuttercreme oder vegan – wer auf Diät ist, sollte besser einen weiten Bogen um die Krossener Straße machen.

❶98 [Q6] **Dachkammer**, Simon-Dach-Str. 39, 10245 (Friedrichshain), S und U1 Warschauer Straße, www.dachkammer.com, geöffnet: tgl. ab 13 Uhr. Unten Kneipe, im 1. OG Cocktailbar mit Balkon zum Hinausgucken, gute Stube der schwul-lesbischen Nachwuchsszene, glückliche Stunde für Drinks 19 bis 20 Uhr.

Prenzlauer Berg

❷99 [M3] **8mm Bar**, Schönhauser Allee 177b, 10119 (Prenzlauer Berg), U2 Senefelder Platz, www.8mmbar.com, geöffnet: tgl. ab

20 Uhr. Rock, Garage, Punk, Indie, laut, dunkel, voll, seit Jahren angesagt, dazu gibts Kultfilmprojektionen.

⊖**100** [M1] **An einem Sonntag im August,** Kastanienallee 103, 10435 (Prenzlauer Berg), U2 Eberswalder Straße, www.an-einem-sonntag-im-august.blogspot.com, geöffnet: tgl. vom Frühstücksbüfett ab 9 Uhr bis zum letzten Cocktail nachts um 3 Uhr, Fr./Sa. open end. Café-Kneipe mit Probebühnenflair, großer Raucherbereich, kostenlos WLAN und Showgucken auf die „Castingallee".

⊖**101** [M2] **Schwarz-Sauer,** Kastanienallee 13, 10435 (Prenzlauer Berg), U2 Eberswalder Straße, geöffnet: tgl. ab 9 Uhr. Reelle Prenzl'berg-Volkskaffeekneipe, erst Frühstück, dann später am Tag Gerstensaft und schließlich Late-Night-Kampftrinken, es wird geraucht.

⊖**102** [N2] **Sowohlalsauch,** Kollwitzstr. 88, 10435 (Prenzlauer Berg), U2 Eberswalder Straße, www.tortenundkuchen.de, geöffnet: tgl. 8–2 Uhr. Kaffeehaus und Tortenkönigreich mit köstlichsten Backwaren und großer Kaffee- und Tee-Auswahl, abends warme europäische Küche.

⊖**103** [N1] **Zu mir oder zu dir,** Lychener Str. 15, 10437 (Prenzlauer Berg), U2 Eberswalder Straße, www.zumiroderzudir.com, geöffnet: tgl. ab 20 Uhr. Chillige Sessel-Sofa-Lounge, leicht retro-styled, Selbsthoster-Theke, dazu Elektro, Funk, House, Techno, Soul in so moderater Lautstärke, dass man sich noch unterhalten kann. Raucherhöhle.

Schöneberg

⊖**104** [H7] **Café Einstein,** Kurfürstenstr. 58, 10785 (Schöneberg), U1, U2, U3, U4 Nollendorfplatz, www.cafeeinstein.com, geöffnet: tgl. 8–1 Uhr. Die Jugendstilvilla mit leichter Patina ist Kultadresse bei allen, die zum Kaffeetrinken gerne schreiben und stundenlang eng bedruckte Zeitungen lesen, mit extra Raucherzimmer.

⊖**105** [H8] **Café M,** Goltzstr. 33, 10781 (Schöneberg), U1, U2, U3, U4 Nollendorfplatz und U7 Eisenacher Straße, geöffnet: Mo.–Fr. ab 8 Uhr, Sa. ab 9 Uhr, So. ab 10 Uhr. Trotz Outfit und Service einer Miniaturbahnhofshalle schon seit den 1980er-Jahren von Milchkaffee bis Martini in aller Munde. Rauchercafé.

⊖**106** [I8] **Ex'n'Pop,** Potsdamer Str. 157, 10965 (Schöneberg), U7 Kleistpark, geöffnet: tgl. ab 22 Uhr. Schon seit Anfang der 1980er-Jahre am selben Ort mit Bierflasche abstürzen und tanzen zu allem außer Techno und Punk. Lesungen und Konzerte stehen inzwischen ebenfalls auf dem Programm.

⊖**107** [I7] **Kumpelnest 3000,** Lützowstr. 23, 10785 (Schöneberg), U1 Kurfürstenstraße, www.kumpelnest3000.com, geöffnet: tgl. ab 19 Uhr. Szenig, kitschig, schwul, plüschig

Schwarzes Café

Auf zwei Etagen rund um die Uhr frühstücken, Kaffee, Bier oder Wein trinken. Mit dem Geburtsjahr 1978 ein echter Berliner Kneipen-Opa und seitdem bei Nachtschwärmern ebenso wie bei Frühaufstehern oder Spazierensitzern ungebrochen beliebt. Täglich rund um die Uhr offen, außer dienstags 6–11 Uhr.

⊖**108** [E6] **Schwarzes Café,** Kantstr. 148, 10623 (Charlottenburg), S Savignyplatz, www.schwarzescafe-berlin.de

▶ *Lauschige Biergärten haben im Hochsommer Hochsaison*

und ein irres Gedrängel im ehemaligen Puff. Rauchen erlaubt.

⑦109 [I8] **Leydicke,** Mansteinstr. 4, 10783 (Schöneberg), S1, S2 und U7 Yorckstraße, www.leydicke.com, geöffnet: tgl. ab 18 Uhr, Sa. ab 17 Uhr. Seit 1877 Destille und heute eine Legende, Spirituosen total, darunter Fruchtweine und Liköre nach überlieferten Leydicke-Rezepten, an ausgewählten Wochenendnächten begleitet von Livebands.

Charlottenburg

○110 [E7] **Café Wintergarten im Literaturhaus,** Fasanenstr. 23, 10719 (Charlottenburg), U1 Uhlandstraße, geöffnet: tgl. 9.30–1 Uhr, www.literaturhaus-berlin.de. Synthese von Literatur, Kunst, Architektur und gehobener Gastronomie, drinnen und draußen im kleinen Garten.

○111 [B5] **Dicker Wirt,** Dankelmannstr. 43, 14059 (Charlottenburg), S Westend, U2 Sophie-Charlotte-Platz, www.dicker-wirt.de, geöffnet: tgl. ab 15 Uhr. Angestammte Berliner Kneipe, mit acht Fassbier und zwölf Flaschbier als Grundlage für eine wechselnde Speisenkarte, seit 1984 im Kiez, Raucher willkommen, donnerstags Nichtrauchertag.

○112 [E6] **Zwiebelfisch,** Savignyplatz 7, 10623 (Charlottenburg), S Savignyplatz, www.zwiebelfisch-berlin.de, geöffnet: ab 12 Uhr bis ultimo. Seit über 30 Jahren Charlottenburger Kneipen-Institution – und immer noch rappelvoll. Gut gezapftes Bier, Tageskarte mit Hausmannsküche zu vernünftigen Preisen, dazu Jazz, viele Zeitungen und freie Sicht auf den Publikumsverkehr auf dem Savignyplatz. Bezahlung nur Cash, keine Kreditkarten.

021be Abb.: ki

Biergärten

◷ **113** [F6] **Schleusenkrug,** Müller-Breslau-Str. (an der Schleuse), 10623 (Tiergarten), S und U2, U9 Zoologischer Garten, www.schleu senkrug.de, geöffnet: tgl. ab 10 Uhr, im Winter Mo.–Fr. 11–18 Uhr, Sa./So. 10–19 Uhr. Biergarten plus Terrassen über der Tiergartenschleuse am Landwehrkanal. Absolut gerne besucht.

◷ **114** [G6] **Café am Neuen See,** Lichtensteinallee 2, 10787 (Tiergarten), S und U2, U9 Zoologischer Garten, Bus 200, geöffnet: tgl. ab 10 Uhr, im Winter nur Sa./So. ab 10 Uhr. Großer Biergarten im Tiergarten am Neuen See; ist dieser zugefroren, hat eine Eisbar für die Schlittschuhläufer geöffnet. Sonst mit Bootsverleih.

◷ **115** [L1] **Mauersegler,** Bernauer Str. 63, 13355 (Prenzlauer Berg), U2 Eberswalder Straße, www.mauersegler-berlin.de, geöffnet: Mai–Okt. tgl. ab 10 Uhr. Kaffeehäuschen und Biergarten für Menschen von 0 bis 100 Jahre mit Frühstück, Latte und Kuchen, BBQ, Frischgezapftem, WLAN für Workaholics; immer sonntags direkt nebenan ab 10 Uhr großer Trödelmarkt im Mauerpark.

◷ **116** [M1] **Prater,** Kastanienallee 7–9, 10435 (Prenzlauer Berg), U2 Eberswalder Straße, www.pratergarten.de, geöffnet: Biergarten April–Sept. bei schönem Wetter ab 12 Uhr, Gaststätte (Hausmacherkost nach Berliner Art) Mo.–Sa. ab 18 Uhr, So. ab 12 Uhr, Tel. 4485688 (Reservierungen nur für den Innenbereich möglich). Prenzl'berger Freiluftinstitution, seit 1837 unter Kastanien in der Kastanienallee. Keine EC- und Kreditkartenzahlung möglich.

◷ **117** **Zenner** (Eierschale), Alt-Treptow 14–17, 12435 (Treptow), S Treptower Park, Bus 265, www.eierschale-zenner.de, geöffnet: April–Ende Sept. tgl. ab 10 Uhr. Traditionsreiches Ausflugslokal mit über 400-jähriger Geschichte. Umrahmt von Kuchen-, Getränke- und Würstchenbuden walzen zu Schrammelmusik oder Dixieland-Klängen von der Omi bis zum Mini alle durch den großen Garten am Spreeufer.

Strandbars

◷ **118** [J4] **Capital Beach,** Ludwig-Erhard-Ufer, 10557 (Mitte), S Hauptbahnhof, www.capital-beach.eu, geöffnet: April–Sept. tgl. ab 10 Uhr. In Strandkörben mit Blick auf den Hauptbahnhof am Spreeufer relaxen, Do.–Sa. abends mit DJs und Open-Air-Dancing.

◷ **119** [O7] **Oststrand,** Mühlenstr. 24–26, 10243 (Friedrichshain), S Ostbahnhof oder S Warschauer Straße, www.oststrand.de, geöffnet: Mai–Sept. tgl. ab 10 Uhr. Grooven, chillen, im Liegestuhl abhängen hinter der Eastside Gallery an der Spree, mit Blick auf das gegenüberliegende Kreuzberger Ufer.

◷ **120** [L3] **Strandbar Mitte,** im Monbijoupark/Ecke Monbijoubrücke, 10178 (Mitte), S Hackescher Markt und S1, S2 Oranienburger Straße, www.strandbar-mitte.de, geöffnet: Mai–Sept. tgl. ab 10 Uhr. Im Liegestuhl unter Palmen, mit Blick auf Spree und Bode-Museum, abends Schwof unter dem Sternenhimmel.

Bars

◑ **121** [H7] **Bar am Lützowplatz,** Lützowplatz 7, 10785 (Tiergarten), U1, U2, U3, U4 Nollendorfplatz, Bus M29, 100, 187, www.baramluetzowplatz.com, geöffnet: So.–Mi. 18–2 Uhr, Do.–Sa. 18–4 Uhr. Unzählige Cocktails, Single Malt Whiskys und 120 Champagnersorten locken in Berlins most famous styled Bar mit einem der längsten Tresen der Stadt. Bis 21 Uhr Happy Hour.

122 [E6] **Gainsbourg,** Savignyplatz 5, 10623 (Charlottenburg), S Savignyplatz, www.gains bourg.de, geöffnet: tgl. ab 16 Uhr, im Winter ab 17 Uhr. Entspannte Atmosphäre mit Publikum aus Kunst und Kultur.

123 [H6] **Harry's New York Bar,** im Grand Hotel Esplanade, Lützowufer 15, 10785 (Tiergarten), U1, U2, U3, U4 Nollendorfplatz, Bus M29, 100, 187, www.esplanade.de, geöffnet: tgl. ab 18 Uhr. Sehr vornehm, sehr elegant, montags bis samstags ab 21.30 Uhr mit Livepiano, im Art-déco-Ambiente sind des Öfteren internationale Stars aus Film, Funk und Fernsehen zu Gast.

124 [K3] **Reingold,** Novalisstr. 11, 10115 (Mitte), S Hackescher Markt, U8 Weinmeisterstraße, www.reingold.de, geöffnet: Di.–Sa. ab 19 Uhr. Cocktails nippen in edlen Leder- und Samtsesseln, mit DJ-Mischung von Soul & Funk, House, Elektropop fürs jüngere Publikum.

125 [K4] **Van Gogh,** Schiffbauerdamm 6–7, 10117 (Mitte), S und U6 Friedrichstraße, www.pianobar-vangogh.de, geöffnet: Mo.–Do. 18–4 Uhr, Fr.–So. 18–5 Uhr. Stilvolle Cocktails und Live-Klaviermusik vor echten Kujau-Fälschungen.

126 [J6] **Vox Bar,** Marlene-Dietrich-Platz 2 (im Hotel Grand Hyatt), 10785 (Tiergarten), www.vox-restaurant.de, S und U2 Potsdamer Platz, geöffnet: tgl. ab 18 Uhr. Über 240 Sorten Whisky, damit eine der Bars mit der größten Whisky-Auswahl in Deutschland, Mo.–Sa. ab 22 Uhr Jazz, Soul und Blues live. 2008 und erneut 2009 vom Magazin „Feinschmecker" zu Deutschlands Bar Nr. 1 gekürt.

Klubs und Dancefloor

127 [M1] **Alte Kantine,** Knaackstr. 97 (in der Kulturbrauerei), 10435 (Prenzlauer Berg), U2 Eberswalder Straße, www.alte-kantine.de,

geöffnet: Mi.–Mo. je nach Party ab 22 oder 23 Uhr. Funky Beats zwischen massigen Gewölbebögen und Backsteinsäulen. Freitags ab 20 Uhr Improvisationstheater, samstags ab 20 Uhr Kantinenlesen mit wechselnden Autoren.

128 [L3] **Clärchens Ballhaus,** Auguststr. 24, 10117 (Mitte), S Oranienburger Straße, www.ballhaus.de, geöffnet: tgl. ab 10 Uhr. Mo. ab 22 Uhr Salsa, Di. ab 21 Uhr Tango, Mi. ab 21 Uhr Swing, Do. ab 21 Uhr Standard und Latein, Fr./Sa. ab 20 Uhr Schwof, So. ab 15 Uhr Tanztee. Ob Ökolatsche oder Designersandale, hier wird das Tanzbein geschwungen, egal ob Oldie, Tango, Swing oder Schwof. Abgetrennte Rauchmöglichkeit.

129 [P6] **Berghain,** Am Wriezener Bahnhof, 10234 (Friedrichshain), S Ostbahnhof, www. berghain.de, geöffnet: unterschiedlich je nach Programm (siehe Website). Techno, Electro, House, DJing, Vocals u. v. m. auf zwei Floors im alten Heizkraftwerk am Ostbahnhof. Im Dezember 2005 eröffnet und seither einer der Top-Tanzschuppen Europas.

130 [L3] **Delicious Doughnuts,** Rosenthaler Str. 9, 10119 (Mitte), U8 Rosenthaler Platz, www.delicious-doughnuts.de, geöffnet: tgl. ab 22 Uhr. Loungig absacken zu House, Funk, Soul, Electro-Jazz. Je näher der Morgen, desto beliebter.

131 [K3] **Hafenbar,** Chausseestr. 20, 10115 (Mitte), U6 Naturkundemuseum, http:// hafenbar-berlin.de, geöffnet: Fr./Sa. ab 21 Uhr. Eine Legende unter den Tanzgaststätten. 1967 eröffnet, seitdem unverwechselbar crazy mit Schlager-, Disco-, 80er-Jahre-Musik von den Tellern der Diskotheker, alles zum Mitschunkeln.

132 [H9] **Havanna,** Hauptstr. 30, 10827 (Schöneberg), U7 Kleistpark, Bus 104, 148, 204, www.havanna-berlin.de, geöffnet: Mi. ab 21 Uhr, Fr./Sa. ab 22 Uhr. Salsa und Latino auf mehreren Dancefloors, wer möchte jeweils mit Tanzanleitung eine Stunde vor Einlass.

⊘**133** [P7] **Magnet Club**, Falckensteinstr. 48, 10997 (Kreuzberg), U1 Schlesisches Tor, www.magnet-club.de, geöffnet: unterschiedlich je nach Programm (siehe Website). Electro und Indie, aber auch Punk, Metal, Emo, Hardrock, Livebands und Plattenteller.

⊘**134** [N6] **Sage Club**, Brückenstr. 1, 10179 (Mitte), U8 Heinrich-Heine-Straße, www.sage-club.de, geöffnet: Do. ab 19 Uhr. Vier Areas, drei Dancefloors, Lounges, Bars, Chill-Zone und Grillgarten im umgebauten U-Bahnhof Heinrich-Heine-Straße, dazu Funk, Grunge, Rock, Electro, Indie, Industrial, Freestyle, Metal, Hardrock.

⊘**135** [N6] **Tresor**, Köpenicker Straße 70, 10179 (Mitte), U8 Heinrich-Heine-Straße, http://tresorberlin.com, geöffnet: je nach Programm (siehe Website). Die Legende unter den Techno-Tempeln, 1991 im Tresorraum des ehemaligen Wertheim-Kaufhauses in Mitte eröffnet, residiert seit 2007 im ehemaligen Heizkraftwerk in der Köpenicker Straße an der Grenze zu Kreuzberg.

⊘**136** [P7] **Watergate**, Falckensteinstr. 49, 10997 (Kreuzberg), U1 Schlesisches Tor, www.water-gate.de, geöffnet: Mi./Fr./Sa. und gelegentlich Do. ab 23 oder 0 Uhr. Absolut Drum 'n' Bass, dazu der fantastische Blick auf Oberbaumbrücke und Osthafen.

Musik- und Konzerthallen, Jazzkeller und Co.

Selten war Berlin eine Stadt, die von Haus aus epocheschreibende Komponisten und Interpreten hervorbrachte. Dafür verstanden es königliche Mäzene und Kulturmanager stets umso besser, die brillantesten Sänger, Tonsetzer und virtuosesten Instrumentalkünstler an die Spreeufer zu locken. Seit den Anfängen der musikalischen Tradition Berlins mit der Einweihung der Hofoper 1742, heute Staatsoper Unter den Linden, genießt die Hauptstadt den Ruf, eine herausragende Aufführungsstätte zu sein.

Nicht zu vergessen sind die Soundkreationen **Neue Deutsche Welle** Anfang der 1980er- und **Techno** in den 1990er-Jahren sowie ein weiteres Urberliner Eigengewächs: **Paul Lincke** (1866–1946), der Hauptvertreter der Berliner Operette, aus dessen „Frau Luna" mit „Das macht die Berliner Luft, Luft, Luft" die heimliche Berlin-Hymne stammt.

Klassisch

Das Angebot an **Orchestern und Chören** ist überwältigend. Neben den großen Sinfonieorchestern konzertieren die Klangkörper der Opernbühnen, drei renommierte und unzählige kleinere, ebenfalls hervorragende Kammerorchester, zehn Profichöre und über 100 sehr gute Laienchöre. Die nachfolgende Auflistung ist deshalb nicht vollständig, die Übersicht dient lediglich als erste Orientierung durch die Berliner Orchesterlandschaft. Ausführliche, aktuelle Informationen und Programmhinweise bieten die Stadt- und Programmzeitschriften.

⓴ [I6] **Berliner Philharmoniker**, Herbert-von-Karajan-Str. 1, 10785 (Tiergarten), S1, S2 und U2 Potsdamer Platz, Bus M48, 200, 347, www.berliner-philharmoniker.de, Tel. 25488999. Das Flaggschiff unter den Klangkörpern, 1882 gegründet und Berlins berühmtestes Orchester. Die annähernd 130 Konzertmusiker und Solisten konzertieren in ihrem Stammhaus, der Philharmonie, und sind auf Gastspielreisen ebenso weltweit zu Hause. Mit Herbert von Karajan als künstlerischem Leiter von 1955 bis 1989 gelangte das Orchester endgültig zu Weltruhm. Auf Karajan folgte für die kommenden 13 Jahre Claudio Abado, den im September 2002 der Brite Sir Simon Rattle als sechster Chefdirigent in der über 100-jährigen Geschichte der Berliner Philharmoniker ablöste.

65 [K5] **Konzerthausorchester,** Gendarmenmarkt, 10117 (Mitte), U2 Hausvogteiplatz oder Stadtmitte, U6 Französische Straße oder Stadtmitte, www.konzerthaus.de, Tel. 203092101. Es wurde 1952 in Berlin/Hauptstadt der DDR gegründet und entwickelte sich zur Kapazität in Sachen russischer Musik, besonders für Schostakowitsch-Interpretationen. Nach der Wiedervereinigung wendete es sich vermehrt auch zeitgenössischen Werken zu. Stammhaus ist das 1819–1921 von Schinkel errichtete Schauspielhaus am Gendarmenmarkt, das seit 1984 als „Konzerthaus Berlin" firmiert.

137 [K5] **Deutsches Symphonie-Orchester Berlin (DSO),** verschiedene Spielstätten, Besucherservice: Charlottenstr. 56, 10117 (Mitte), U2, U6 Stadtmitte, Tel. 20298711, www.dso-berlin.de. Zweimal wurde der 1946 von den Amerikanern in ihrer Besatzungszone als RIAS-Symphonie-Orchester gegründete Klangkörper in der Zeit nach der Wende umgetauft und immer steht das Weltklasse-Orchester sehr zu Unrecht ein wenig im Schatten der Berliner Philharmoniker. Ab 1989 stand dem DSO Vladimir Ashkenazy als künstlerischer Leiter vor, ab September 2000 Kent Nagano und ab 2007 Ingo Metzmacher. Seit Herbst 2010 steht der Russe Tugan Sokhiev am Pult.

〉 **Orchester der Komischen Oper,** Behrenstr. 55–57, 10117 (Mitte), S1, S2, U55 Brandenburger Tor, U2 Französische Straße, Tel. 47997400, www.komische-oper-berlin.de. Unter seinem jungen Generalmusikdirektor Yakov Kreizberg machte sich der Klangkörper neben Opern- und Ballettaufführungen (siehe auch „Theater") hochverdient um anspruchsvolle Konzertprogramme mit großem Anteil zeitgenössischer Musik. Nachdem Kreizberg das Haus verlassen hatte, folgten ihm 2002–2007 Kirill Petrenko und anschließend Carl St. Clair. Neuer Generalmusikdirektor seit der Spielzeit 2010/11 ist Patrick Lange.

〉 **Staatskapelle Berlin,** Unter den Linden 7, 10017 (Mitte), Bus 100, 200, TXL, Tel. 20354555, www.staatsoper-berlin.de; wegen Sanierung der Staatsoper Unter den

▶ *Der Leierkasten gehört zu Berlin wie die Spree*

Linden **27** voraussichtlich bis 2013 im Charlottenburger Schillertheater **126**. Seit der Knobelsdorff-Bau 1742 eröffnete, haben dem Orchester der Staatsoper Unter den Linden im Verlauf seiner Geschichte so berühmte Namen wie Felix Mendelssohn-Bartholdy, Giacomo Meyerbeer und Richard Strauss vorgestanden. Neben Opern- und Ballettaufführungen veranstaltet die Staatskapelle regelmäßig Konzerte und Liederabende. Generalmusikdirektor ist seit 1992 Daniel Barenboim. Im Herbst 2002 wurde er von der Staatskapelle zum Chefdirigent auf Lebenszeit gewählt.

Jazz

Die Szene ist ebenso lebhaft wie vielfältig und deshalb nahezu unüberschaubar. Zu den bekanntesten und beständigsten Institutionen zählt das **JazzFest Berlin**, eines der ältesten und renommiertesten Jazzfestivals Europas, das bereits seit 1964 alljährlich die ersten grauen Novembertage mit heißen Rhythmen erfüllt. Etablierte Stars, illustre experimentelle Insider-Acts und zunehmend Cross-overs zwischen lokalen Folks und globalen Klängen von Künstlern aus allen fünf Kontinenten verwandeln Berlin jedes Jahr im November in eine Hauptstadt des Jazz.

> **Infos** zu Programmen und Aufführungsorten: Berliner Festspiele, Schaperstr. 24, 10719 (Wilmersdorf), U3, U9 Spichernstraße, Tel. 254890, www.jazzfest-berlin.de

Über das ganze Jahr spielen eine Reihe von Klubs eine feste Rolle im Berliner Jazzleben. Von Dixie und Mainstream bis Avantgarde und Experimentellem bieten sie eine Bühne für die unterschiedlichsten Gigs und Konzerte. Die beliebtesten Adressen sind:

138 [E6] **A-Trane**, Bleibtreustr. 1, 10625 (Charlottenburg), S Savignyplatz, Tel. 3132550, www.a-trane.de

139 [F9] **Badenscher Hof**, Badensche Str. 29, 10715 (Wilmersdorf), U7 Blissestraße oder Berliner Straße, Bus 104, Tel. 8610080, www.badenscher-hof.de

140 [L3] **b-flat**, Rosenthaler Str. 13, 10119 (Mitte), U8 Weinmeisterstraße, Tel. 2833123, www.b-flat-berlin.de

141 [K3] **Kunstfabrik Schlot**, Chausseestr. 18, 10115 (Mitte), S Nordbahnhof, U6 Naturkundemuseum, Tel. 4482160, www.kunstfabrik-schlot.de

142 [F6] **Quasimodo**, Kantstr. 12a, 10623 (Charlottenburg), S und U2, U9 Zoologischer Garten, Tel. 3128086, www.quasimodo.de

143 [J8] **Yorckschlösschen**, Yorckstr. 15, 10965 (Kreuzberg), U6, U7 Mehringdamm, Tel. 2158070, www.yorckschloesschen.de

Experimentierfelder, Künstlerische Cross-overs

An der Schnittstelle von U- und E-Musik, alter und neuer Musik, Minimalmusik und Worldtronic mit choreografischen Konzerten, Tanz, Theater und Literatur bieten das Haus der Kulturen der Welt am Tiergartenrand und das Radialsystem im alten Pumpwerk an der Spree in Friedrichshain internationale Programme und Veranstaltungsreihen von außergewöhnlichem Format.

12 [I4] **Haus der Kulturen der Welt**

144 [O6] **Radialsystem**, Holzmarktstr. 33, 10243 (Friedrichshain), S Ostbahnhof, Tel. 288788588, www.radialsystem.de

Rock, Pop, Folk, Funk, House, Electro, Hip-Hop, Techno ...

Ob Garage-Punk im S-Bahn-Bogen oder Wildecker Herzbuben auf der Bühne im Volkspark Friedrichshain, ob Rolling Stones im Olympia-Stadion oder Soundsystem-Tunes auf dem Müggel-spree-Dub-Dampfer, die Auswahl ist mit mehreren Hundert Veranstaltungen an einem durchschnittlichen Wochenende riesig. Bitte in den Stadt- und Programm-zeitschriften nachschlagen, Flyer einfangen und Prospekte und Plakatanschläge beachten! Wichtige Veranstaltungsorte:

⊕**145** [Q6] **Astra,** Revaler Str. 99, RAW-Tempel, 10245 (Friedrichshain), S und U1 Warschauer Straße, Tel. 61101313, www.astra-berlin.de

⊕**146** [Q8] **Arena,** Eichenstr. 4, 12435 (Treptow), U1 Schlesisches Tor, Bus 265, Tel. 5332030, www.arena-berlin.de

⊕**147** [Q6] **Cassiopeia,** Revaler Str. 99, RAW-Tempel Tor II, 10245 (Friedrichshain), S und U1 Warschauer Straße, Tel. 47385949, www.cassiopeia-berlin.de

⊕**148** [K10] **Columbiahalle,** Columbiadamm 13, 10965 (Kreuzberg), U6 Platz der Luftbrü-cke, www.c-halle.com

⊕**149** [K9] **Junction-Bar,** Gneisenaustr. 18, 10961 (Kreuzberg), U7 Gneisenaustraße, www.junction-bar.de

137 [M1] **Kulturbrauerei,** Knaackstr. 97, 10435 (Prenzlauer Berg), U2 Eberswalder Straße, www.kulturbrauerei.de, Tel. 443151-51 und -52

⊕**150** [N7] **SO 36,** Oranienstr. 190, 10999 (Kreuzberg), U1 Kottbusser Tor oder Görlitzer Bahnhof, www.so36.de

Musiktheater

Oper

Berlin ist Opernstadt. Weltweit ein-malig, verfügt die Stadt gleich über vier bedeutende Opernhäuser, in denen all-abendlich über 4500 Plätze für Musik-theater- und Ballettvorstellungen sowie Sinfoniekonzerte reserviert sind.

127 [D5] **Deutsche Oper,** Bismarckstraße 35, 10627 (Mitte), U2 Deutsche Oper, Tel. 34384343, www.deutscheoperberlin.de. Unter dem langjährigen, im Dezember 2000 verstorbenen Generalintendant Goetz Friedrich profilierte sich die Westberliner Oper in der Bismarckstraße mit Programmschwer-punkten auf klassischen Werken italienischer und französischer Meister sowie Wagners „Ring der Nibelungen". Seit August 2009 ist der Wagner- und Strauss-Experte Donald Runnicles neuer Generalmusikdirektor.

⊕**151** [K5] **Komische Oper,** Behrenstr. 55–57, 10017 (Mitte), S Unter den Linden, U6 Französische Straße, Tel. 47997400, www.komische-oper-berlin.de. 1947 von Wal-ter Felsenstein (1901–1975) gegründet. Fast 28 Jahre leitete der berühmte österrei-chische Regisseur das Musiktheater in der Tradition der französischen Opéra Comique. 2007 wurde das Haus zur „deutschen Oper des Jahres" gewählt. Zu den Konzerten des Orchesters der Komischen Oper siehe auch unter „Musik- und Konzerthallen, Jazzkel-ler & Co".

⊕**152** [P11] **Neuköllner Oper,** Karl-Marx-Straße 131–133, 12043 (Neukölln), U7 Karl-Marx-Straße, www.neukoellneroper.de, Tel. 68890777. Der Benjamin unter den Berliner Opernbühnen (Geburtsjahr 1977) spielt von klassisch über volkstümlich bis experimentell. Infolge der begrenzten Räum-lichkeiten, die eine Einrichtung der Stücke für vergleichsweise kleine Instrumental-ensembles erzwingen, wird die Aufführung zum hautnahen Erlebnis.

27 [L5] **Staatsoper Unter den Linden,** Unter den Linden 7, 10117 (Mitte), Bus 100, 200, TXL, Tel. 20354555, www.staatsoper-berlin.de; wegen Sanierung der Staatsoper ab Oktober 2010 bis voraussichtlich 2013 im Charlottenburger Schillertheater **126**. Das 1742 eingeweihte, nach Plänen des Bau-

023be Abb.: kj

meisters Knobelsdorff erbaute Haus ist gleichermaßen das Schmuckkästchen wie der Uropa der Berliner Musikbühnen. Weltberühmte Tonkünstler wie Giacomo Meyerbeer, Felix Mendelssohn-Bartholdy und Richard Strauss wirkten hier. Unter der Musikdirektion von Daniel Barenboim bilden neben dem klassischen Repertoire die Werke von Richard Wagner sowie vormozartäische Opern einen Schwerpunkt.

Leichte Muse

Für die Verbreitung von Pop-Musicals wurde manche vormals schwer subventionierte staatliche Berliner Bühne veräußert und umfunktioniert. Jedoch besitzt Berlin keine Musicaltradition, Thalias historische Wurzeln liegen an der Spree vielmehr in **Kabarett, Varieté, Kleinkunst und Satire.** Musikalisch sind sie in den 1920er-Jahre-Revuen sowie den Liedern und Couplets von Paul Lincke (1866–1946), Walter Kollo (1878–1940) oder Friedrich Hollaender (1896–1976) zu finden, an die heute vorzugsweise die Kleinkunstszene wieder anknüpft. Folgende Tempel der leichten Muse finden sich in Berlin:

🔟 [K4] **Friedrichstadt-Palast,** Friedrichstr. 107, 10117 (Mitte) , S Friedrichstraße oder U6 Oranienburger Tor, Tel. 2326 2326 , www.show-palace.eu. In Europas größtem Revuetheater glänzt neben einer farbenfrohen Ausstattung und schillernden Kostümen besonders die steppende, Jazztanz und klassisches Ballett aufführende Girlreihe, die einen Abend im Friedrichstadtpalast zum Augenschmaus macht.

⊕**153** [J6] **Musicaltheater am Potsdamer Platz,** Marlene-Dietrich-Platz 1 (Daimler-City am Potsdamer Platz), 10785 (Tiergarten), S und U2 Potsdamer Platz, Tel. 0180 54444, www.stage-entertainment.de. Im Juni 1999 wurde das Musiktheater im Daimler-Areal mit dem Musical „Der Glöckner von Notre Dame" eröffnet. Das Haus bietet 1800 musicalbegeisterten Besuchern Platz.

⊕**154** [F6] **Theater des Westens,** Kantstraße 12, 10623 (Charlottenburg), S und U2, U9 Zoologischer Garten, Tel. 0180 54444, www.stage-entertainment.de. Just reif für das Altenteil, kam der Erfolg am 65. Geburtstag 1961 mit der deutschsprachigen Erstaufführung von „My Fair Lady". Neben dem Musicaltheater am Potsdamer Platz dient das prunkvoll ausgestattete Haus an der Kantstraße heute als zweiter Berliner Auftrittsort für die Produktionen der Stage Entertainment Company.

Theater

Über das **aktuelle Theaterprogramm** sowie die Veranstaltungen der Berliner Sprech-, Musik-, Kabarett- und Kleinkunstbühnen, von Varieté, Comedy, Zirkus und anderem mehr kann man sich in zahlreichen Magazinen und Prospekten informieren. In den Touristinformationen (s. S. 315) und in vielen Hotels liegen

kostenlose Stadtmagazine, Programmprospekte verschiedener Bühnen und Veranstaltungsflyer aus. Detaillierte Auskünfte über das tägliche Programmangebot von A bis Z findet man darüber hinaus in den am Kiosk erhältlichen **Stadtzeitschriften „Zitty" und „Tip".**

Sprechtheater

Berlin blickt auf eine **lange, glänzende Theatertradition** zurück, die mit dem 1786 gegründeten **Deutschen Nationaltheater** am Gendarmenmarkt ihren Anfang nahm. Unter der Leitung des Schauspielers, Dramatikers und Theaterprinzipals **August Wilhelm Iffland** (1759–1814) entwickelte sich das Deutsche Nationaltheater rasch zu einer der bedeutendsten deutschsprachigen Bühnen.

Ende des 19. Jahrhunderts zählte die Stadt über 400 Theater, darunter manche Bühne von legendärem Ruf, wie die 1914 gegründete Volksbühne oder das bereits 1883 in der Schumannstraße 13a festlich eröffnete **Deutsche Theater.** 1905 übernahm **Max Reinhardt** (1873–1943) die Leitung des Deutschen Theaters und machte es mit seinen bahnbrechenden Neugestaltungen der antiken Dramen, Shakespeare-Inszenierungen und Aufführungen zeitgenössischer Autoren zum viel diskutierten Mittelpunkt der internationalen Theatergemeinde.

Erwin Piscator (1893–1966) gründete 1922 das Proletarische Theater und wirkte 1924–1927 ebenso kurz wie umstritten erst an der Volksbühne am Rosa-Luxemburg-Platz und 1962–1966 dann an der Freien Volksbühne im Westteil der Stadt. 1954 gründete **Bertolt Brecht** (1898–1956) im Haus am Schiffbauerdamm in Ostberlin das weltberühmte

◄ Open-Air-Veranstaltung der Staatsoper Unter den Linden ㉗ auf dem Bebelplatz

Berliner Ensemble. Die große Zeit der Schaubühne begann 1970 mit **Peter Stein.**

Heute werben rund 30 große Bühnen und über 500 freie Theatergruppen, Klein- und Off-Theater um die Gunst des Publikums. Von Schauspiel über Kabarett, Kleinkunst und Revue, von Avantgarde bis Boulevard, von experimentell bis traditionell und spartanisch bis opulent reicht das Spektrum im Programmangebot.

78 [K4] **Berliner Ensemble,** Bertolt-Brecht-Platz 1, 10117 (Mitte), S Friedrichstraße, Tel. 28408155, www.berliner-ensemble.de. Die 1954 nach der Rückkehr aus dem Exil von Bertolt Brecht im Theater am Schiffbauerdamm gegründete renommierte Staatsbühne wurde 1991 in eine GmbH umgewandelt, an der zunächst ein Fünfer-Direktorium das Sagen hatte, später Heiner Müller bis zu seinem Tod allein verantwortlich zeichnete. Seit 1999 ist Claus Peymann Intendant.

79 [J4] **Deutsches Theater** und Kammerspiele, Schumannstr. 13a, 10117 (Mitte), S und U6 Friedrichstraße, Bus 147, Tel. 28441225, www.deutschestheater.de. Das 1883 in der Schumannstraße eröffnete Theater ist Inbegriff der Regie- und Schauspielkunst von internationalem Rang. Ab 1905 feierte es erstmals unter Max Reinhardt Erfolge. Unter der Leitung von Thomas Langhoff 1991–2001 wurde es zweimal zum „Theater des Jahres" gewählt.

155 [G4] **Grips Theater,** Altonaer Str. 22, 10557 (Moabit), U9 Hansaplatz, www.grips-theater.de, Tel. 39747477. Seit dreißig Jahren ist der Klassiker unter den Kindertheatern immer wieder pfiffig und aktuell. Der konsequente Spielplan wie die hohe künstlerische Qualität der Inszenierungen wurden vielfach ausgezeichnet.

156 [K7] **Hebbel am Ufer (HAU),** drei Spielstätten: HAU 1: Stresemannstr. 29, HAU 2: Hallesches Ufer 32, HAU 3: Tempelhofer Ufer 10, alle in 10963 (Kreuzberg), U1 Mö-

014:be Abb.: kj

ckernbrücke oder U1, U6 Hallesches Tor, Tel. 25900427, www.hebbel-theater.de, Theaterkasse im HAU 2. Mit internationalen zeitgenössischen Koproduktionen und Avantgarde-Gastspielen hat sich das Hebbel-Theater seit seiner Wiedereröffnung 1989 zu einer der führenden europäischen Bühnen für modernes Sprech- und Tanztheater entwickelt.

35 [L4] **Maxim-Gorki-Theater und Studiobühne,** Am Festungsgraben 2, 10117 (Mitte), S Hackescher Markt, Tel. 20221115, www.gorki.de. Im 1823–1827 von Karl Friedrich Schinkel geplanten und von Karl Theodor Ottmer errichteten Gebäude der Berliner Singakademie bilden Autoren des 20. Jahrhunderts sowie russische Dramatiker den Schwerpunkt im Spielplan.

157 [E6] **Renaissance-Theater,** Knesebeckstr. 100, 10623 (Charlottenburg), U2 Ernst-Reuter-Platz, www.renaissance-theater.de, Tel. 3124202. Im 1922 eröffneten Theater wird von glänzenden Schauspielern überwiegend leichtere Bühnenkost präsentiert.

158 [P1] **Die Schaubude Berlin,** Greifswalder Str. 81–84, 10450 (Prenzlauer Berg), S Greifswalder Straße, Tel. 4234314, www. schaubude-berlin.de. Das 1954 gegründete Puppentheater spielt morgens Puppen- und Figurentheater für Kinder ab 4 Jahre, abends gibt es für Erwachsene im Marionetten- und Handpuppenspiel Klassisches wie Goethes „Faust" und Puppenopern sowie zeitgenössische Stücke.

159 [C7] **Schaubühne am Lehniner Platz,** Kurfürstendamm 153, 10709 (Wilmers-

EXTRATIPP

Lange Nacht der Opern und Theater
60 Bühnen in einer Nacht, vom Admiralspalast bis zum Zimmertheater, laden zum Reinschnuppern, Entdecken und Ausprobieren ein. Ob Sprechbühnen oder Opernhäuser, Kinder-, Off- oder Kieztheater, ob Musical, Show oder Varieté, Puppenbühne oder Kleinkunst und Comedy – auf acht Routen geht es stop and go mit dem Shuttlebus zu jeweils 30-minütigen Aufführungen, vom ersten Akt um 19 Uhr bis zum letzten Szenenapplaus nachts um eins.

❯ Termin: an einem Samstag im April, **Info:** www.kulturprojekte-berlin.de, Tel. 24749700

dorf), U7 Adenauerplatz, Bus M19, M29, Tel. 890023, www.schaubuehne.de. Unter Peter Stein feierte das Haus in den 1970er-Jahren erstmals Triumphe, an die nach dem Umzug vom Halleschen Tor an den Kurfürstendamm 1981 insbesondere mit Inszenierungen von Botho-Strauß-Stücken durch Regiestars wie Luc Bondy, Peter Stein und Robert Wilson angeknüpft werden konnte.

160 **Theater an der Parkaue,** Parkaue 29, 10367 (Lichtenberg), S und U5 Frankfurter Allee, Tel. 55775252, www.parkaue.de. Größtes Kinder- und Jugendtheater Deutschlands. Neben Märchen und klassischen Kinderstücken stehen zahlreiche neue Inszenierungen auf dem Spielplan, viele davon sind Ur- oder deutsche Erstaufführungen.

161 [E7] **Theater und Komödie am Kurfürstendamm,** Kurfürstendamm 206–209, 10719 (Charlottenburg), U1 Uhlandstraße, www.theater-am-kurfuerstendamm.de, Tel. 88591188. 1921 gegründet, 1928–1932 unter der Leitung von Max Reinhardt, 1971–

◀ *Das Angebot der Berliner Bühnen ist attraktiv und abwechslungsreich*

1974 vom Betonkloß des Ku'damm-Karrees umbaut, sind die beiden Urgesteine unter den Berliner Boulevardtheatern die Heimspielstätten von Winfried Glatzeder, Herbert Herrmann oder auch Johannes Heesters und – unvergessen – Brigitte Mira und Harald Juhnke.

☼**162** [M3] **Volksbühne am Rosa-Luxemburg-Platz**, Linienstr. 227, 10178 (Mitte), U2 Rosa-Luxemburg-Platz, Tel. 24065777, www.volksbuehne-berlin.de. 1914 mit den Spargroschen von Mitgliedern des Volksbühnenvereins gegründet, sieht sich das Theater unter der Intendanz Frank Castorfs in der Tradition Erwin Piscators als Ort des politischen Denkens, der Kontroverse und der Innovation.

Kabarett, Kleinkunst und Varieté

In den Goldenen Zwanzigern des letzten Jahrhunderts stand die **Brettlbühne als ureigenes Berliner Gewächs** in voller Blüte. Stolze 167 Varieté-Theater zählte man in der Stadt. Für Max Reinhardts berühmtes literarisches Kabarett „Schall und Rauch" und die avantgardistische „Tribüne" spitzten Autoren wie Kurt Tucholsky, Erich Kästner und Walter Mehring die Feder. Im bereits 1887 als „vornehmstes Etablissement" Berlins im Hotel Central am Bahnhof Friedrichstraße eröffneten „Wintergarten" gaben sich Akrobaten, Schlangenmenschen und Clowns ein Stelldichein, darunter der „Akrobat schööön" Charlie Rivel. Im Kabarett „Linden" trällerte die „kesse Röhre" Claire Waldoff die Großstadtchansons von Tucholsky. Trude Hesterbergs „Wilde Bühne", Rosa Valettis „Größenwahn" und die Haller-Revuen im „Admiralspalast" standen an Verruchtheit dem „Kit Cat Club" nicht nach, der berühmtberüchtigten Varieté-Bühne, der mit dem

Musical „Cabaret" und ganz besonders in dessen Verfilmung mit Liza Minelli ein Denkmal gesetzt wurde.

In der bald nach dem Krieg geteilten Stadt stichelte im Osten die „Distel" gegen die Herrschenden an. Im Westen wurde das Nachkriegskabarett von der „Dachluke", den „Stachelschweinen" und den „Wühlmäusen" geprägt, nicht zu vergessen das legendäre Funkkabarett „Die Insulaner", das der Rundfunksender RIAS Berlin bis weit in die „Zone" hinein ausstrahlte, und den „Mann mit der Pauke", den satirischen Anarcho-Kabarettisten Wolfgang Neuss.

Nach der Wiedervereinigung erlebte die Stadt dann weit mehr als nur eine Renaissance, nämlich geradezu einen Siegeszug der urberlinschen Brettlkunst, dieser Mischung von Artistik und Akrobatik, Tanz und Revue, Couplet und Chansons, Klugem, Frechem und Frivolem mit einer ordentlichen Portion politisch-satirischer Berliner Schnauze und Herz.

⑰ [K4] **Admiralspalast**, Friedrichstraße 101, 10117 (Mitte), S und U6 Friedrichstraße, Tel. 47997499, www.admiralspalast.de. Ab 1873 erbaut, 1922 zum illustren „Welt-Varieté" im Art-déco-Stil umgestaltet, seit 1953 Spielstätte des Kabaretts „Die Distel" und nach der Wende Spielball verschiedener Investoren, wurde das Traditionshaus der leichten Muse nach denkmalgerechter Sanierung 2006 feierlich neu eröffnet. Gezeigt wird ein buntes Programm aus Revue, Comedy, Musik- und Theatershow.

☼**163** [F7] **Bar jeder Vernunft**, Schaperstr. 24, 10719 (Wilmersdorf), U9 Spichernstraße, www.bar-jeder-vernunft.de, Tel. 8831582. Seit 1992 ist das Spiegelzelt in der Schaperstraße eine der ersten Adressen für Kleinkunst und Kabarett. Anspruchsvolles und Innovatives geben sich mit Comedy, Quatsch und Klimbim ein Stelldichein. Die Berliner Lieblingsgeschwister Pfister sind hier zu Hause und auch Max Raabe mit seinem Palastorchester sowie die begnadete, champagnertrunkene Diseuse Georgette Dee feiern im Spiegelzelt ihre Heimspiele.

⏱**164** [K8] **Berliner Kabarett Anstalt (BKA),** Mehringdamm 34, 10961 (Kreuzberg), U6, U7 Mehringdamm, Tel. 2022007, www.bka-luftschloss.de. Unter einem Kreuzberger Dach seit 1971 der Spielort der Satire- und Komödiantenelite.

⏱**165** [K4] **Die Distel,** Friedrichstr. 101, 10117 (Mitte), S und U6 Friedrichstraße, Tel. 2044704, www.distel-berlin.de. Der Stachel am Regierungssitz mit aktuellem politisch-satirischen Kabarett am Bahnhof Friedrichstraße im Admiralspalast (siehe unter Admiralspalast).

⏱**166** [F6] **Die Stachelschweine,** Tauentzienstr. 6–9 (Europa-Center), 10789 (Charlottenburg), S und U2, U9 Zoologischer Garten oder U1, U2, U3 Wittenbergplatz, Tel. 2614795, www.die-stachelschweine.de. 1949 gegründetes politisches Kabarett rund um den Multimeckerer Wolfgang Gruner, der 2002 verstarb.

⏱**167** [I4] **TIPI am Kanzleramt,** Große Queralee 1 (zwischen Kanzleramt und Haus der Kulturen der Welt), 10557 (Tiergarten), S Hauptbahnhof, U55 Bundestag, Bus 100, Tel. 39066550, www.tipi-am-kanzleramt.de. Zum zehnten Geburtstag der Bar jeder Vernunft Mitte 2002 eröffnete Dependance nahe dem Kanzleramt: Brettln im Schatten der Macht.

⏱**168** **Die Wühlmäuse,** Pommernallee 2–4, 14052 (Charlottenburg), U2 Theodor-Heuss-Platz, www.wuehlmaeuse.de, Tel. 30673011. Das Kabaretttheater von Didi Hallervorden ist Spielort der deutschen Satirepromenenz, z. B. von Hans Scheibner, Ingo Apelt, Bruno Jonas und Mathias Richling.

Berlin für Kunst- und Museumsfreunde

Eine auf den ersten Blick verwirrende Vielfalt prägt die Berliner Museumslandschaft. Über 170 Museen und rund 500 Galerien können besucht und besichtigt werden. Unbedingt einplanen sollte man einen Besuch in den wichtigsten **Staatlichen Museen zu Berlin,** die rund 6000 Jahre Kunst und Kulturgeschichte der Menschheit präsentieren. Mehr als 1,5 Milliarden Euro kostet allein die aufwendige Restaurierung der Museumsinsel im Herzen der Stadt bis zum Jahr 2019. Im Dezember 1999 wurde das Glanzstück der Berliner Museumslandschaft von der UNESCO zum Weltkulturerbe der Menschheit erklärt.

Nicht weniger spektakulär sind z. B. das Deutsche Historische Museum, das Jüdische Museum oder das Deutsche Technikmuseum. Und wer sich für die Berliner Stadt- und Kulturgeschichte in-

EXTRATIPP

Kultur-Nacht

Ein einzigartiges Erlebnis für Museumssurfer ist seit 1997 die **Lange Nacht der Museen.** Einmal im Winter und einmal im Sommer halten über 100 bedeutende Museen von 18 bis 2 Uhr für Nachtschwärmer ihre Tore offen. Dabei wird ein Rahmenprogramm von Führungen, Lesungen, Musik und Tanz geboten. In diesen zwei festlichen, nicht ausschließlich musealen Nächten sind Shuttlebusse der BVG und eine Schiffslinie auf den Museumsrouten eingerichtet.

❯ **Aktuelles Programm:** Tel. 24749700, www.lange-nacht-der-museen.de

teressiert, darf auf keinen Fall die Museen unter dem Dach der Stiftung Stadtmuseum Berlin verpassen.

Stiftungen/Informationen

Die berühmten Häuser auf der Museumsinsel – das Alte Museum, die Alte Nationalgalerie, das Bode-Museum, das Pergamonmuseum und das Neue Museum – gehören zu den **Staatlichen Museen zu Berlin (SMB)**, die in der **Stiftung Preußischer Kulturbesitz** zusammengefasst sind. Neben der Museumsinsel im Stadtzentrum sind die Staatlichen Museen an vier weiteren Standorten zu finden: am Kulturforum Potsdamer Platz/ Tiergarten, in Charlottenburg rund um das Schloss Charlottenburg, im Südwesten Berlins im Ortsteil Dahlem sowie im Südosten in der Altstadt von Köpenick.

Die Vielzahl großer und kleiner Landesmuseen sowie die Museen der Berliner Stadt- und Kulturgeschichte haben unter dem Dach der **Stiftung Stadtmuseum Berlin** eine Heimat gefunden.

Schaulustig

Um nicht für jedes Museum bzw. jeden Museumsstandort erneut eine Eintrittskarte lösen zu müssen, bietet der **Museumspass Berlin** für 19 € (ermäßigt 9,50 €) eine praktische und preiswerte Alternative. An drei aufeinanderfolgenden Tagen gewährt er freien Eintritt in rund 60 Berliner Museen und Sammlungen, darunter die Berliner Stadtmuseen, das Deutsche Technikmuseum, das Jüdische Museum und die Staatlichen Museen zu Berlin auf der Museumsinsel.

In der **Stiftung Staatliche Schlösser und Gärten** sind die meisten Berliner und Potsdamer Schlösser und Parks vereint, darunter Schloss Sanssouci und Schloss Charlottenburg.

Informationen zu mehr als 200 Berliner und Brandenburger Museen, Gedenkstätten und Archiven, zu Ausstellungen, Führungen, Programmen, Museumsfesten und Veranstaltungen, Öffnungszeiten und Eintrittspreisen gibt es kostenlos bei der **MuseumsInformation Berlin:**

❯ **MuseumsInformation Berlin,**
Tel. 24749888, Mo.–Fr. 9–16, Sa./So. 9–13 Uhr, www.museumsportal-berlin.de

Das **MuseumsJournal** berichtet vierteljährlich über die Berliner und Potsdamer Schlösser und Museen und informiert seine Leser über Sonderausstellungen und Veranstaltungen, Neuerwerbungen und den aktuellen Forschungsstand. Dem Journal angehängt ist ein Info-Kalender mit den aktuellen Terminen, Angeboten, Adressen und Öffnungszeiten. Es ist für 6,90 € im Buchhandel und in den großen Berliner Museen erhältlich.

Staatliche Museen zu Berlin

An fünf Standorten befinden sich die Staatlichen Museen zu Berlin (SMB) mit ihren bedeutenden Kunstschätzen.

❯ **Informationen:** Tel. 266424242 (Mo.–Fr. 9–16 Uhr), **www.smb.museum**
❯ **Tickets: Hauskarten** kosten zwischen 5 € und 12 €, ermäßigt 2–6 €. Günstiger sind **Standortkarten** zwischen 8 € und 14 €, ermäßigt 4–8 €, die mit wenigen Ausnahmen für alle Museen an einem Standort am Tag des Besuchs gelten (nicht für Sonderausstellungen). Für Menschen unter 18 Jahre, Sozialgeld- und ALG-II-Bezieher ist der Eintritt frei.

Standort Museumsinsel

> **Adresse und Verkehrsanbindung:** Bodestr. 1–3, 10178 (Mitte), S Hackescher Markt, Bus TXL, 100, 200

39 [L4] **Altes Museum,** Museumseingang: Am Lustgarten, geöffnet: tgl. 10–18, Do. 10–22 Uhr. Nach Plänen Karl Friedrich Schinkels erbaut, 1830 als erster Musentempel auf der Museumsinsel eröffnet. Weltweit bedeutende Antikensammlung mit Skulpturen, Schmuck, Bronzen, Vasen der griechischen, etruskischen und römischen Epoche.

42 [L4] **Alte Nationalgalerie,** Museumseingang: Am Lustgarten, geöffnet: Di.–So. 10–18, Do. 10–22 Uhr. Das 1866–1876 von Friedrich August Stüler geschaffene Bauwerk birgt deutsche und europäische Malerei und Skulptur des 19. Jahrhunderts.

43 [L4] **Bode-Museum,** Museumseingang: Monbijoubrücke, geöffnet: tgl. 10–18, Do. 10–22 Uhr. 1897–1904 unter Ernst Eber-

▲ *Das Alte Museum* **39** *bildet den baulichen Auftakt der weltberühmten Museumsinsel*

Besondere Einlass-Regelungen

Bei spektakulären **Sonderausstellungen** mit großem Andrang können je nach Museum unterschiedliche **Zeitfenster-Verfahren** zur Anwendung kommen. Beispielsweise wird mit dem Ticketerwerb an der Tageskasse eine individuelle Einlassnummer vergeben, deren Fortschritt man in der „virtuellen Schlange" im Internet mitverfolgen kann. Oder es wird rechtzeitig per SMS-Service über die persönliche Einlasszeit informiert. Oder der Kauf einer Eintrittskarte ist nur online für einen ausgewählten Tag mit einem bestimmten Einlass-Zeitfenster möglich. Welches Verfahren zur Anwendung kommt, hängt letztlich vom Museum, der Ausstellung und dem Publikumsandrang ab. Deshalb ist es in jedem Fall ratsam, sich rechtzeitig zu informieren.

> **Info-Tel.** 266424242 (Mo.–Fr. 9–16 Uhr), www.smb.museum

hard von Ihne errichtet, beherbergt es neben dem Münzkabinett und dem Museum für Byzantinische Kunst mit einer hochrangigen Sammlung spätantiker und byzantinischer Werke eine Skulpturensammlung, die weltweit zu den größten Sammlungen für ältere Plastik zählt.

41 [L4] **Neues Museum,** Museumseingang: Am Lustgarten, geöffnet: So.–Mi. 10–18, Do.–Sa. 10–20 Uhr. Seit Spätherbst 2009 ist der Mitte des 19. Jahrhunderts errichtete Stüler-Bau die Heimat des Ägyptischen Museums mit Kunstwerken des alten Ägypten inklusive Papyrussammlung, besonders sehenswert ist die berühmte Büste der Nofretete; außerdem im Neuen Museum: das Museum für Vor- und Frühgeschichte mit archäologischen Sammlungen der Alten Welt von der Steinzeit bis ins Mittelalter, darunter Heinrich Schliemanns Troja-Ausgrabungen.

44 [L4] **Pergamonmuseum,** Museumseingang: Am Kupfergraben, geöffnet: tgl. 10–18, Do. 10–21 Uhr. Unter dem Dach des nach Entwürfen von Alfred Messel erbauten, 1930 eröffneten und damit jüngsten Museumsbaus auf der Museumsinsel befinden sich die Antikensammlung mit griechischen und römischen Skulpturen sowie, besonders eindrucksvoll, dem Pergamonaltar und dem römischen Marktor von Milet. Zum Pergamonmuseum gehören außerdem das Vorderasiatische Museum mit dem Ischtartor und der Prozessionsstraße von Babylon als den Hauptattraktionen und das Museum für Islamische Kunst, in dem die Prunkfassade des jordanischen Wüstenschlosses „Mschatta"

bestich. Wegen abschnittsweiser Sanierung kann es bis 2019 zur zeitweiligen Schließung einzelner Abteilungen kommen.

32 [L5] **Friedrichswerdersche Kirche,** Werderscher Markt, geöffnet: tgl. 10–18 Uhr. Deutsche Bildhauerkunst des frühen 19. Jahrhunderts, insbesondere Werke der Berliner Meister Johann Gottfried Schadow und Christian Daniel Rauch; außerdem eine Dokumentation zu Leben und Werk von Karl Friedrich Schinkel, der mit der Friedrichswerderschen Kirche ein Hauptwerk der deutschen Neugotik schuf.

Standort Kulturforum Potsdamer Platz/Tiergarten

> **Adresse und Verkehrsanbindung:** Matthäikirchplatz, 10785 (Tiergarten), S1, S2 und U2 Potsdamer Platz, Bus M48, M85 Kulturforum, 200, 347 Philharmonie

169 [I6] **Gemäldegalerie,** geöffnet: Di.–So. 10–18, Do. 10–22 Uhr. Eine der weltweit bedeutendsten Sammlungen europäischer Malerei vom 13. bis 18. Jahrhun-

O26be Abb.: kj

▶ *Die Neue Nationalgalerie* **107** *: Heimstatt für die Moderne Kunst und spektakuläre Wechselausstellungen*

dert, darunter Meisterwerke von Bruegel, Caravaggio, Dürer, Gainsborough, Pesne, Raffael, Rubens, Rembrandt u. a., auf rund 7000 Quadratmetern in 72 Sälen und Kabinetten.

85 [J3] **Hamburger Bahnhof – Museum für Gegenwart,** geöffnet: Di.–Fr. 10–18, Sa. 11–20, So. 11–18 Uhr. Mit der berühmten Sammlung von Erich Marx als Grundstock glänzt das um viele Exponate der Staatlichen Museen erweiterte Museum für Gegenwartskunst. In den Räumen des Hamburger Bahnhofs sowie in den benachbarten Rieck-Hallen ist außerdem die umstrittene „Flick Collection" zu sehen, die umfangreiche Privatsammlung von Kunst des 20. und 21. Jahrhunderts des NS-Großindustriellen-Erben Friedrich Christian Flick.

170 [I6] **Kunstbibliothek,** geöffnet: Di.–So. 10–18 Uhr. Rund 400.000 Schriften zur bildenden Kunst und Architektur von der Spätantike bis in die Gegenwart.

171 [I6] **Kunstgewerbemuseum.** Europäisches Kunsthandwerk aller nachantiken Stilepochen im ältesten deutschen Museum seiner Art. 2012 wegen Sanierungs- und Umbauarbeiten geschlossen.

172 [I6] **Kupferstichkabinett,** geöffnet: Di.–Fr. 10–18, Sa./So. 11–18 Uhr. Über 110.000 Zeichnungen, Aquarelle, Pastelle, Ölskizzen und nicht weniger als 500.000 Druckgrafiken von Botticelli und Dürer über Picasso bis Andy Warhol.

105 [I6] **Musikinstrumenten-Museum,** geöffnet: Di./Mi./Fr. 9–17, Do. 9–22, Sa./So. 10–17 Uhr. 3500 Musikinstrumente und Objekte vom 16. bis zum 20. Jahrhundert. Immer samstags im Rahmen der Führung ab 11 Uhr erklingt Punkt 12 Uhr die „Mighty Wurlitzer", eine beeindruckende Theaterorgel aus den 1920er-Jahren.

107 [I6] **Neue Nationalgalerie,** geöffnet: Di./Mi./Fr. 10–18, Do. 10–22, Sa./So. 11–18 Uhr, bei stark frequentierten Wechselausstellungen erweiterte Öffnungszeiten. Nach Plänen Ludwig Mies van der Rohes 1968 als erstes Museum am Kulturforum eröffnet. Gezeigt werden weltweit bedeutende Werke von der klassischen Moderne bis zur Kunst der 1960er-Jahre von Dalí, Dix, Fei-

Berlin für Kunst- und Museumsfreunde

ninger, Grosz, Kandinsky, Kirchner, Klee, Kokoschka, Miro u. a. sowie spektakuläre Wechselausstellungen.

Standort Charlottenburg

130 [C4] **Museum Berggruen,** Schloßstr. 1 (im westlichen Stülerbau gegenüber vom Schloss Charlottenburg), 14059 (Charlottenburg), S41, S42 Westend, U2 Sophie-Charlotte-Platz, U7 Richard-Wagner-Platz, Bus M45, 109, 309, geöffnet: Di.–So. 10–18 Uhr (wegen Umbau- und Erweiterungsarbeiten bis Sommer 2012 geschlossen). Hochkarätige Werke der Klassischen Moderne mit über 100 Exponaten des Schaffens Picassos und rund sechzig Bildern von Paul Klee, die der 2007 verstorbene Kunstsammler und Mäzen Heinz Berggruen der Stiftung Preußischer Kulturbesitz übereignete.

130 [C4] **Museum Scharf-Gerstenberg,** Schloßstr. 70 (im östlichen Stülerbau und im Marstall gegenüber vom Schloss Charlottenburg), 14059 (Charlottenburg), S41, S42 Westend, U2 Sophie-Charlotte-Platz, U7 Richard-Wagner-Platz, Bus M45, 109, 309, geöffnet: Di.–So. 10–18 Uhr. Hervorragende Gemälde, Skulpturen und Arbeiten auf Papier, Surrealismus von Piranesi, Goya und Redon bis zu Dalí, Magritte, Max Ernst und Dubuffet.

173 [B4] **Gipsformerei,** Sophie-Charlotte-Str. 17–18, 14059 (Charlottenburg), S41, S42 Westend, Bus M45, 309, 139, geöffnet: Mo.–Fr. 9–16, Mi. 9–18 Uhr. Gips- und Bronzeabgüsse von berühmten Werken der Antike, des Mittelalters, der Neuzeit und der Moderne.

174 [F6] **Museum für Fotografie – Helmut Newton Stiftung,** Jebenstr. 2, 10623 (Charlottenburg), S und U2, U9 Zoologischer Garten, geöffnet: Di.–So. 10–18, Do. 10–22 Uhr. Weltberühmte Sammlung des 2004 verstorbenen Fotokünstlers Helmut Newton, außerdem Fotografie vom 19. bis zum 21.

Jahrhundert; in der ehemaligen Kunstbibliothek am Bahnhof Zoo.

Standort Dahlem

❯ **Adresse und Verkehrsanbindung:** Lansstr. 8, 14195 (Dahlem), U3 Dahlem-Dorf, Bus X11, X83, 101, 110

154 [B12] **Ethnologisches Museum,** Di.–Fr. 10–18, Sa./So. 11–18 Uhr. Aus dem Kunst- und Raritätenkabinett der brandenburgischen Kurfürsten hervorgegangene Sammlung außereuropäischer Kunst- und Kulturerzeugnisse von der Vorgeschichte bis in die Gegenwart. In einem Teil des Museums haben blinde Menschen die Möglichkeit, die fernen Kulturen zu ertasten. Kleine Entdecker des Ethnologischen Museums gehen im Juniormuseum auf Forschungsreise.

154 [B12] **Museum für Asiatische Kunst,** Di.–Fr. 10–18, Sa./So. 11–18 Uhr. Kunstsammlungen Süd-, Südost- und Zentralasiens mit Werken des indo-asiatischen Kulturraums vom 4. Jahrtausend v. Chr. bis in die Gegenwart; ostasiatische Sammlung mit Kunstwerken Chinas, Japans und Koreas.

154 [B12] **Museum Europäischer Kulturen,** Eingang: Arnimallee 25, geöffnet: Di.–Fr. 10–18, Sa./So. 11–18 Uhr. Rund 275.000 Ausstellungsstücke widmen sich den europäischen Alltagskulturen vom 18. Jh. bis zur Gegenwart.

Standort Köpenick

175 [Karte III] **Kunstgewerbemuseum Schloss Köpenick,** Schloßinsel 1, 12557 (Köpenick), S3 Köpenick, Bus 164, 167, Tram 60, 61, 62, 67, geöffnet: Sa./So. 10–18 Uhr. Repräsentationskultur des 16. bis 18. Jh., darunter das Spiegelkabinett aus Schloss Wiesentheid, ein Turiner Chinesenzimmer, vertäfelte Salons, Tapisserien und vieles mehr im prachtvoll restaurierten Barockschloss Köpenick im Südosten Berlins.

Museen der Stiftung Stadtmuseum Berlin

> **Informationen:** Info-Tel. 24002162, www.stadtmuseum.de, Museen geöffnet: Do.–So. und Di. 10–18 Uhr, Mi. 12–20 Uhr

59 [M5] **Ephraim-Palais,** Poststr. 16 (im Nikolaiviertel), 10178 (Mitte), S und U2, U5, U8 Alexanderplatz, U2 Klosterstraße, Bus M48, Erw. 5 €, erm. 3 €, jeden 1. Mittwoch im Monat freier Eintritt. Interessante Wechselausstellungen zur Berliner Kunst- und Kulturgeschichte im 1762–1766 erbauten Rokokopalais.

58 [M5] **Knoblauchhaus,** Poststr. 23 (im Nikolaiviertel), 10178 (Mitte), S und U2, U5, U8 Alexanderplatz, U2 Klosterstraße, Eintritt frei. Berliner Wohnkultur des Biedermeier im großbürgerlichen, im 18. Jahrhundert errichteten Haus der Familie Knoblauch sowie Wechselausstellungen zur Kulturgeschichte des 19. Jahrhunderts.

176 [M5] **Märkisches Museum,** Am Köllnischen Park 5, 10179 (Mitte), U2 Märkisches Museum, Di.–So. 10–18 Uhr, Erw. 5 €, erm. 3 €, jeden 1. Mi. im Monat freier Eintritt. Berlins Stadt- und Kulturgeschichte von 60.000 v. Chr. bis Anfang des 20. Jahrhunderts im Haupthaus der Stadtmuseen. Besondere Attraktionen sind die Gotische Kapelle mit einer Sammlung mittelalterlicher Skulpturen, der Zunftsaal und die Waffenhalle.

55 [M5] **Nikolaikirche,** Nikolaikirchplatz (im Nikolaiviertel), 10178 (Mitte), S und U2, U5, U8 Alexanderplatz sowie U2 Klosterstraße-Bus M48, geöffnet: tgl. 10–18 Uhr, Erw. 5 €, erm. 3 €. Informationen über die Bau- und kirchengeschichtliche Bedeutung der Nikolaikirche sowie über berühmte Persönlichkeiten, die im ältesten Berliner Gotteshaus wirkten.

Weitere bedeutende Museen

177 **Alliierten-Museum,** Clayallee 135, 14195 (Zehlendorf), U3 Oskar-Helene-Heim, Bus X83 und 115, www.alliiertenmuseum.de, Tel. 8181990, geöffnet: Do.–Di. 10–18 Uhr, Eintritt frei. Kriegsgerät sowie Fotos, Filme, Alltagsgegenstände und andere Dokumente zum Leben der alliierten Truppen in Berlin. 1998 zum 50. Jubiläum der Berliner Luftbrücke im ehemaligen Kino der Amerikaner „Outpost" eröffnet.

110 [H6] **Bauhaus-Archiv/Museum für Gestaltung,** Klingelhöferstr. 14, 10785 (Tiergarten), Bus M29, 100, 106, 187, Tel. 2540020, www.bauhaus.de, geöffnet: Mi.–Mo. 10–17 Uhr, Erw. Mi.–Fr. 6 €, Sa.–Mo. 7 €, erm. Mi.–Fr. 3 €, Sa.–Mo. 4 €. Dokumente und Werke der bedeutenden Architektur- und Designgruppe von 1919–1933 sowie ein Teil des Walter-Gropius-Nachlasses.

178 [L7] **Berlinische Galerie – Landesmuseum für Moderne Kunst, Architektur und Fotografie,** Alte Jakobstr. 124–128, 10969 (Kreuzberg), U1, U6 Hallesches Tor, U6 Kochstraße, Bus M29, 248, Tel. 78902600, www.berlinischegalerie.de, geöffnet: Mi.–Mo. 10–18 Uhr, Erw. 8 €, erm. 5 €, jeden 1. Mo. im Monat 4 €, bis 18 Jahre freier Eintritt. Hier finden sich Sammlungen der Berliner Sezession, des abstrakten Expressionismus, Dada und Fluxus bis hin zu Werken der Gegenwart von Baselitz, Libuda u. a. in einer ehemaligen Glaslagerhalle in Kreuzberg.

155 [B12] **Botanischer Garten und Botanisches Museum,** Königin-Luise-Str. 6–8, Eingänge: Unter den Eichen 5–10, 14191 (Dahlem), www.botanischer-garten-berlin.de, Tel. 83850100, S1 Botanischer Garten, Bus M48, sowie Königin-Luise-Platz, Bus X83, 101; der Garten ist geöffnet: tgl. Mai–Juli 9–21 Uhr, April/Aug. 9–20 Uhr,

Sept. 9–19 Uhr, März/Okt. 9–18 Uhr, Nov.–
Jan. 9–16 Uhr, Feb. 9–17 Uhr, das Museum
tgl. 10–18 Uhr, die Gewächshäuser schließen jeweils eine halbe Stunde früher; Erw.
6 €, erm. 3 €. Ursprünglich ein Lust- und
Kräutergarten am Stadtschloss der preußischen Kurfürsten, wurde der Garten zunächst an den heutigen Kleistpark und 1910
schließlich nach Dahlem verlegt. Auf 43 Hektar geht es gewissermaßen in Concorde-Geschwindigkeit aus der afrikanischen Savanne
über die Lüneburger Heide ins Gebirge. Dioramen im Botanischen Museum präsentieren die prähistorische Welt sowie gegenwärtige Pflanzengemeinschaften vom inneren
tropischen Regenwald auf Sumatra über die
Atlantikküste bis hin zur Vegetationszone an
einem märkischen See.

130 [C4] **Bröhan-Museum,** Schloßstr. 1a,
14059 (Charlottenburg), S41, S42 Westend, U2 Sophie-Charlotteplatz, U7 Richard-
Wagner-Platz, Bus M45, 109, 309, Tel.
32690600, www.broehan-museum.de, geöffnet: Di.–So. 10–18, Do. 10–20 Uhr, Erw.
6 €, erm. 4 €, jeden 1. Mi. im Monat kostenlos, bis 18 Jahre freier Eintritt. Kunsthistori-

sche Sammlung Prof. Karl Bröhans mit Glas,
Keramik, Gemälden, Möbeln des Jugendstils, Art déco und Funktionalismus.

179 **Brücke-Museum,** Bussardsteig 9,
14195 (Dahlem), Bus 115, Tel. 8312029,
www.bruecke-museum.de, geöffnet: Mi.–
Mo. 11–17 Uhr, Erw. 5 €, erm. 3 €. Werke
der expressionistischen Künstlergruppe
„Die Brücke“.

180 [J6] **Dalí-Museum,** Leipziger Platz 7,
10117 (Tiergarten), S1, S2 und U2 Potsdamer Platz, www.daliberlin.de, Tel. 0700
3254237546, geöffnet: Mo.–Sa. 12–20,
So. 10–20 Uhr, Erw. 11 €, erm. 9 €, Kinder
bis 6 Jahre frei. 400 Werke, überwiegend
Grafiken, Illustrationen, Skulpturen und Ar-
beitsmappen des berühmten spanischen
Surrealisten.

181 [L4] **DDR-Museum,** Karl-Liebknecht-
Str. 1 (im Souterrain DomAquarée gegenüber vom Berliner Dom), 10178 (Mitte), S
Hackescher Markt, Bus TXL, 100, 200, Tel.
847123731, www.ddr-museum.de, geöffnet: So.–Fr. 10–20, Sa. 10–22 Uhr, Erw.
6 €, erm. 4 €. So war die DDR, vom Sand-
mann über Pionierausweis, Trabi und Brigadearbeiterschrank bis zum Campingglück an
der Ostsee, von Plaste & Elaste über Intershops bis zum Überwachungssystem, alles
auf engstem Raum im DDR-Museum zum
Anfassen, Auffassen, Erleben. Der Großteil
der über 10.000 Exponate wurde von ehemaligen DDR-Bürgern gespendet.

182 [J6] **Deutsche Kinemathek – Museum
für Film und Fernsehen,** Potsdamer Str. 2
(im Filmhaus im Sony Center am Potsdamer
Platz), 10785 (Tiergarten), S1, S2 und U2
Potsdamer Platz, Tel. 3009030, www.deut
sche-kinemathek.de, geöffnet: Di.–So. 10–
18, Do. 10–20 Uhr, Erw. 6 €, erm. 4,50 €,
Schüler 2 €. Hundert Jahre deutsche Filmgeschichte in Kulissen, Dokumenten, Objekten,
dazu rund tausend Filme, der Nachlass von

027be Abb.: kj

Fritz Lang, Heinz Rühmann und – besondere Attraktion – von Marlene Dietrich, außerdem in der „Ausstellung Fernsehen" die Sternstunden der deutschen TV-Geschichte.

37 [L5] **Deutsches Historisches Museum,** Unter den Linden 2, 10117 (Mitte), S Hackescher Markt, Bus 100, 200, TXL, Tel. 203040, www.dhm.de, geöffnet: tgl. 10–18 Uhr, Erw. 6 €, unter 18 Jahre freier Eintritt. In den Räumlichkeiten des 1695–1730 errichteten Zeughauses zeigt das Deutsche Historische Museum die Dauerausstellung „Deutsche Geschichte in Bildern und Zeugnissen". Mit über 8000 ausgewählten Exponaten wird ein lebendiges Bild von 2000 Jahren deutscher Geschichte gezeichnet. Der angeschlossene Neubau des chinesisch-amerikanischen Stararchitekten I. M. Pei beherbergt Wechselausstellungen.

149 [J8] **Deutsches Technikmuseum,** Trebbiner Str. 9, 10963 (Kreuzberg), U1, U2 Gleisdreieck, Tel. 902540, www.sdtb.de, geöffnet: Di.–Fr. 9–17.30, Sa./So. 10–18 Uhr, Erw. 6 €, erm. 3,50 €, ab 15 Uhr bis unter 18 Jahre freier Eintritt. Alte Automobile, Lokomotiven, Dampfmaschinen, Schiffsmodelle, Flugzeuge, Roboter u. v. m. am ehemaligen Anhalter Güterbahnhof, außerdem Ausstellungen zu Schienen- und Straßenverkehr, Schiff- und Luftfahrt, Film-, Foto-, Nachrichten-, Haushalts- und Textiltechnik. Im „Spectrum" warten 250 Experimente darauf, spielerisch-technisch begriffen zu werden. Im Museumspark: Lokschuppen und Energiepark mit alter Hammerschmiede, Windmühlen, Windrädern und moderner Solaranlage. Die Museumsanlage ist behindertengerecht ausgestattet. Ein integratives Leitsystem ermöglicht auch blinden und sehbehinderten Menschen den Besuch des Freigeländes.

183 [M5] **Historischer Hafen,** Märkisches Ufer/Ecke Inselstr., 10178 (Mitte), S und U8 Jannowitzbrücke, U2 Märkisches Museum,

www.historischer-hafen-berlin.de, geöffnet: Hafen tgl. Mai–Oktober, Ausstellungskahn Di.–So. 11–18 Uhr. Zahlreiche immer noch fahrtüchtige historische Binnenschiffe im größten Museumshafen Deutschlands legen Zeugnis von 200 Jahren märkischer Binnenschifffahrt ab. Wechselausstellungen auf dem Kahn Renate-Angelika.

69 [L7] **Jüdisches Museum,** Lindenstr. 9–14, 10969 (Kreuzberg), U1, U6 Hallesches Tor, Bus M29, M41, 248, Tel. 25993300, www.juedisches-museum-berlin.de, geöffnet: Mo. 10–22, Di.–So. 10–20 Uhr, Erw. 5 €, erm. 2,50 €, unter 6 Jahre freier Eintritt. 2001 eröffneter, von Architekturkennern aus aller Welt gefeierter Museumsneubau des Architekten Daniel Libeskind. In 14 Abschnitten wird die jüdische bzw. deutsch-jüdische Geschichte und Kultur von der Vertreibung aus Judäa über das Mittelalter bis in die Gegenwart vorgestellt.

184 [E7] **Käthe-Kollwitz-Museum,** Fasanenstr. 24, 10719 (Charlottenburg), U1 Uhlandstraße, www.kaethe-kollwitz.de, Tel. 8825210, geöffnet: tgl. 11–18 Uhr, Erw. 6 €, erm. 3 €. Das Museum bietet einen Überblick über das Schaffen von Käthe Kollwitz und stellt das bildhauerische Werk der Künstlerin aus.

185 **Kindermuseum Labyrinth,** Osloer Str. 12, 13359 (Wedding), S Bornholmer Straße, U8, U9 Osloer Straße, Tel. 800931150, www.kindermuseum-labyrinth. de, geöffnet: Fr./Sa. 13–18, So. 11–18 Uhr. Wechselnde Ausstellungen für Kinder zum Anfassen, Ausprobieren und spielend Neues entdecken in der Fabrik Osloer Straße. Bitte Socken oder Hausschuhe mitbringen.

◀ *Deutsche Geschichte in Bildern und Zeugnissen ist im barocken Zeughaus Unter den Linden* **37** *zu sehen*

Berlin für Kunst- und Museumsfreunde

🚋 **186** [N1] **Machmit! Museum für Kinder,** Senefelder Str. 5, 10437 (Prenzlauer Berg), S Prenzlauer Allee, U2 Eberswalder Straße, Tram M10, www.machmitmuseum.de, Tel. 74778200, geöffnet: Di.–So. 10–18 Uhr, Erw. 4,50 €, erm. 3 €. Unter dem Motto „Gegenstände zum Anfassen und Ausprobieren" erarbeiten Kinder und Jugendliche in Projektwochen ihre eigenen Ausstellungen.

72 [J6] **Martin-Gropius-Bau,** Niederkirchnerstr. 7/Ecke Stresemannstr. 110, 10963 (Kreuzberg), S1, S2 Potsdamer Platz oder Anhalter Bahnhof, U2 Potsdamer Platz, Bus M41, Tel. 254860, www.gropiusbau.de, geöffnet: Mi.–Mo. 10–20 Uhr, Ticketpreise je nach Ausstellung. Herausragende Wechselausstellungen.

🚋 **187** [K6] **Mauermuseum am Checkpoint Charlie,** Friedrichstr. 43–45, 10969 (Kreuzberg), U6 Kochstraße, Tel. 2537250, www.mauer-museum.de, geöffnet: tgl. 9–22 Uhr, Erw. 12,50 €, erm. 9,50 €, bis 10 Jahre 5,50 €, bis 6 Jahre freier Eintritt. Geschichte und Ereignisse an der Mauer, Zeugnisse gelungener DDR-Fluchten.

🚋 **188** [K6] **Museum für Kommunikation Berlin,** Leipziger Str. 16, 10117 (Mitte), U2 Mohrenstraße, U2 und U6 Stadtmitte, Tel. 202940, www.museumsstiftung.de, geöffnet: Di. 9–20, Mi.–Fr. 9–17, Sa./So. 10–18 Uhr, Erw. 3 €, erm. 1,50 €, bis 15 Jahre freier Eintritt. Das 1872 als „Erstes Postmuseum der Welt" gegründete Haus zeigt Ausstellungen zur Geschichte, Gegenwart und Zukunft der Kommunikation, eine Medienwerkstatt und Kommunikationsgalerie sowie in der Schatzkammer die wohl berühmteste Briefmarke der Welt, die „Blaue Mauritius".

84 [J3] **Museum für Naturkunde,** Invalidenstr. 43, 10115 (Mitte), U6 Naturkundemuseum, www.naturkundemuseum-berlin.de, Tel. 20938550, geöffnet: Di.–Fr. 9.30–18, Sa./So. 10–18 Uhr, Erw. 6 €, erm. 3,50 €. 1810 gegründet und mit über dreißig Millionen Objekten das älteste, größte und bedeutendste naturhistorische Museum Deutschlands. Umfangreiche mineralogische, geologische, paläontologische und zoologische Sammlungen. Im Sauriersaal ist das mit 13,27 Metern weltweit höchste Skelett eines *Brachiosaurus brancai* ausgestellt.

95 [L4] **Neue Synagoge Berlin – Centrum Judaicum,** Oranienburger Str. 28–30, 10117 (Mitte), S1, S2 Oranienburger Straße, U6 Oranienburger Tor, Tel. 88028300, www.cjudaicum.de, geöffnet: April–Sept. So./Mo. 10–20, Di.–Do. 10–18, Fr. 10–17 Uhr, März und Okt. So./Mo. 10–20, Di.–Do. 10–18, Fr. 10–14 Uhr, Nov.–Feb. So.–Do. 10–18, Fr. 10–14 Uhr, Erw. 3,50 €, erm. 3 €. Die ständige Ausstellung in der Neuen Synagoge zeichnet die Geschichte des Hauses und die mit ihm verbundenen mannigfaltigen Formen des Berliner jüdischen Lebens nach. Die Ausmaße des ehemaligen Synagogenhauptraums lassen sich auf der Freifläche hinter den restaurierten Gebäudeteilen im Rahmen einer Führung entdecken.

🚋 **189** [P11] **Puppentheater-Museum,** Karl-Marx-Str. 135, 12043 (Neukölln), U7 Karl-Marx-Straße, Tel. 6878132, www.puppentheater-museum.de, geöffnet: Mo.–Fr. 9–15, So. 11–16 Uhr, 3 €, erm. 2,50 €. Fantastische Märchenwelt in Berlins einzigem Puppentheater-Museum mit über 300 Handpuppen und Marionetten, Stab-, Flach- und Schattentheaterfiguren aus verschiedenen Kulturkreisen Europas, Afrikas und Asiens.

🚋 **190** [E7] **The Story of Berlin,** Kurfürstendamm 207–208 (im Ku'damm-Karree), 10719 (Wilmersdorf), U1 Uhlandstraße, Tel. 88720100, www.story-of-berlin.de, tgl. 10–20 Uhr, Erw. 10 €, erm. 8 €, 6–13 Jahre 5 €, unter 6 Jahre freier Eintritt. Multimediale Erlebnisausstellung zur Geschichte Berlins.

191 [M5] **Zille-Museum,** Propststr. 11, 10178 (Mitte), U2 Klosterstraße, Bus M48, Tel. 24632500, www.zillemuseum-berlin. de, geöffnet: tgl. 11–18 Uhr (April–Okt. bis 19 Uhr), Erw. 5 €, erm. 4 €. Skizzen, Lithografien und Entwürfe sowie sozialkritische dokumentarische Fotografien des berühmten „Milljöh"-Zeichners Heinrich Zille.

Gedenkstätten

7 [J5] **Denkmal für die ermordeten Juden Europas,** Stelenfeld, rund um die Uhr frei zugänglich: südlich vom Brandenburger Tor zwischen Cora-Berliner-, Hannah-Arendt- und Ebertstraße, S1, S2, U55 Brandenburger Tor, Bus M41, Ort der Information: Cora-Berliner-Str. 1, 10117 (Mitte), Tel. 26394336, www.holocaust-mahnmal.de, April–Sept. geöffnet: Di.–So. 10–20 Uhr, Okt.–März Di.–So. 10–19 Uhr, Eintritt frei. Im Herzen der Hauptstadt dehnt sich auf 19.000 Quadratmetern das Stelenfeld der zentralen Holocaust-Gedenkstätte Deutschlands aus. Es erinnert an die sechs Millionen jüdische Opfer des nationalsozialistischen Terrors. Dem offenen Gelände angeschlossen ist ein unterirdischer Ort der Information (kostenloser Eintritt), der sich der Herkunft, dem Leben und dem Schicksal der Opfer widmet.

86 [K2] **Gedenkstätte Berliner Mauer,** Bernauer Str. 111/119, 13355 (Mitte), S1, S2, S86 Nordbahnhof, U8 Bernauer Straße, Bus 245, Tram M10, Tel. 467986666, www.berliner-mauer-gedenkstaette.de, geöffnet: Gedenkstättengelände auf dem ehemaligen

▶ Das Denkmal für die ermordeten Juden Europas ist Mahnmal und Zeichen der Versöhnung zugleich

Grenzstreifen rund um die Uhr, Besucherzentrum und Dokumentationszentrum April–Okt. tgl. 9.30–19 Uhr, Nov.–März tgl. 9.30–18 Uhr, Eintritt frei. Die an der Grenze zwischen dem ehemaligen Ost-Bezirk Mitte und dem ehemaligen West-Bezirk Wedding liegende Gedenkstätte wurde 1998, am 37. Jahrestag des Mauerbaus, an der Bernauer Straße eingeweiht und erinnert seitdem an die Opfer kommunistischer Gewaltherrschaft. Im November 1999 wurde der auf gut 200 Metern erhaltene Mauerrest um ein Dokumentationszentrum ergänzt. Bis zum 50. Jahrestag des Mauerbaus 2011 wurde die Anlage auf 1,5 Kilometer Länge erweitert, um als zentrale Gedenkstätte die Geschichte der Mauer und der Teilung Berlins zu erzählen.

160 **Forschungs- und Gedenkstätte Normannenstraße,** Ruschestr. 103, 10365 (Lichtenberg), U5 Magdalenenstraße, Tel. 5536854, www.stasi-museum.de, geöffnet: Mo.–Fr. 11–18 Uhr, Sa./So. 14–18 Uhr, Erw. 5 €, erm. 4 €. In der ehemaligen Kommandozentrale der DDR-Staatssicherheit wird geforscht und dokumentiert. Im Stasi-Museum im Haus 1 werden die original erhaltene Mielke-Etage sowie Ausstellungen zur Arbeit der Staatssicherheit und über die DDR-Opposition gezeigt.

192 **Gedenkstätte Berlin-Hohenschönhausen,** Genslerstr. 66, 13055 (Hohenschönhausen), Bus 256, Tram M5, M6, Tel. 98608230, www.stiftung-hsh.de, Besichtigung der Gefängnisanlage nur im Rahmen einer Führung: Mo.–Fr. 11, 13, 15 Uhr, Sa./So. stdl. 10–16 Uhr ab Besucherservice in der Genslerstraße 13a (gegenüber der Gedenkstätte), Erw. 5 €, erm. 2,50 €, Schüler 1 €. Nach Ende des Zweiten Weltkriegs befand sich hier das sowjetische Internierungslager „Speziallager Nr. 3", ab 1946 das zentrale sowjetische Untersuchungsgefängnis in der SBZ/DDR und 1951–1989 die zentrale

Untersuchungshaftanstalt des Ministeriums für Staatssicherheit (MfS) der DDR. Heute mahnt der Ort eindrucksvoll diesen Teil unserer Geschichte an.

109 **[16] Gedenkstätte Deutscher Widerstand,** Stauffenbergstraße 13–14 (Eingang über den Ehrenhof), 10785 (Tiergarten), S1, S2 und U2 Potsdamer Platz, U1 Kurfürstenstraße, Bus M29, M48, Tel. 26995000, www.gdw-berlin.de, geöffnet: Mo.–Mi./Fr. 9–18 Uhr, Do. 9–20 Uhr, Sa./So. 10–18 Uhr, Führungen Sa./So. 15 Uhr, Eintritt frei. Am historischen Ort des missglückten Umsturzes vom 20. Juli 1944 befindet sich im „Bendler-Block", dem ehemaligen Oberkommando der Wehrmacht, die Gedenkstätte und Ausstellung „Widerstand gegen den Nationalsozialismus".

188 **[Karte V] Gedenkstätte Haus der Wannseekonferenz,** Am Großen Wannsee 56–58, 14109 (Zehlendorf), Bus 114 ab S-Bahnhof Wannsee, Tel. 8050010, www.ghwk.de, geöffnet: tgl. (außer an gesetzlichen Feiertagen) 10–18 Uhr, Eintritt frei. Im Januar 1942 fand in der Villa am Wannsee die berüchtigte Wannseekonferenz statt, auf der die organisatorische Durchführung der sogenannten „Endlösung der Judenfrage" verhandelt wurde. Eine Ausstellung dokumentiert die Konferenz und den Völkermord an den Juden.

193 **[E1] Gedenkstätte Plötzensee,** Hüttigpfad, 13627 (Charlottenburg), www.gedenkstaette-ploetzensee.de, S41, S42, S46 Beusselstraße, Bus 123, März–Okt. tgl. 9–17 Uhr, Nov.–Feb. tgl. 9–16 Uhr, Eintritt frei. Ort des Gedenkens für die Opfer des Nationalsozialismus in der ehemaligen Hinrichtungsstätte auf dem Gelände der früheren Strafanstalt Plötzensee.

194 **Gedenkstätte und Museum Sachsenhausen,** Straße der Nationen 22, 16515 (Oranienburg), Tel. 03301 2000, www.stiftung-bg.de, geöffnet: 15. März–14.

Okt. tgl. 8.30–18 Uhr, 15. Okt.–14. März tgl. 8.30–16.30 Uhr, Eintritt frei, Verkehrsverbindung ab Berlin-Zentrum: Regionalbahn RE 5 ab Berlin-Hbf. bis Bahnhof Oranienburg bzw. RB 12 ab Berlin–Bhf. Lichtenberg oder S1 (Wannsee–Oranienburg) bis Bahnhof Oranienburg, von dort Bus 804 (fährt stdl.) oder zwanzig Minuten ausgeschilderter Fußweg. Rund 30 Kilometer nordwestlich von Berlin liegt bei Oranienburg das ehemalige Konzentrationslager Sachsenhausen, in dem zwischen 1936 und 1945 mehr als die Hälfte von über 200.000 Häftlingen ums Leben kam. Die meisten Gebäude wurden in den 1950er-Jahren abgerissen, eine Ausstellung und zahlreiche verbliebene authentische Zeugnisse mahnen die Schrecken an.

70 [K6] **Topographie des Terrors,** Niederkirchnerstr. 8, 10963 (Kreuzberg), S1, S2 Anhalter Bahnhof oder Potsdamer Platz, U2 Potsdamer Platz, U6 Kochstraße, Bus M29, M41, Tel. 25450950, www.topographie. de, geöffnet: Dokumentationszentrum tgl. 10–20 Uhr, Außengelände tgl. ab 10 Uhr bis Einbruch der Dunkelheit (spätestens 20 Uhr), Eintritt frei. Auf dem „Prinz-Albrecht-Gelände", ehemals Sitz von Gestapo, SS und Reichssicherheitshauptamt, wird der Terror der NS-Zeit mit ihren Überwachungs- und Verfolgungsapparaten aufgezeigt, sowohl *open air* im Ausstellungsgraben und entlang freigelegter Gebäudereste auf dem Gelände als auch im neu erbauten, am 6. Mai 2010 eröffneten Dokumentationszentrum.

Kunstgalerien

Schätzungsweise 500 Kunstgalerien gibt es zurzeit in Berlin. Damit zählt die deutsche Hauptstadt nach New York, London und dem Newcomer Peking international zu den wichtigsten Märkten für die zeitgenössische Kunstproduktion.

Eine Reihe renommierter Galerien sind im **Landesverband Berliner Galerien** zusammengeschlossen, dessen Internetseiten einen entsprechenden Ausschnitt der Berliner Galerienlandschaft präsentieren:

❭ www.berliner-galerien.de

Auch außerhalb der Kunstszene haben sich beispielsweise folgende Galerien für zeitgenössische bildende Kunst als Besucherlieblinge etabliert:

195 [L4] **Contemporary Fine Arts (CFA),** Am Kupfergraben 10, 10117 (Mitte), S Hackescher Markt, Bus 100, 200, TXL, Tel. 2887870, www.cfa-berlin.de, geöffnet: Di.–Fr. 11–18 Uhr, Sa. 11–16 Uhr. Die prominente Kunstinstitution mit Blick auf die Museumsinsel ist seit November 2007 im vom Stararchitekten David Chipperfield erbauten Galeriehaus am Kupfergraben erste Adresse.

196 [N7] **Kunstraum Kreuzberg/Bethanien,** Mariannenplatz 2, 10997 (Kreuzberg), U1 Kottbusser Tor, Tel. 902981455, www.kunstraumkreuzberg.de, geöffnet: tgl. 12–19 Uhr. Exzeptionelle, nicht-kommerzielle kommunale Galerie im Bethanien-Haus mitten im Kreuzberger Kiez, gezeigt werden Gruppen- und Themenausstellungen zeitgenössischer Kunst von internationalem Rang.

197 [L3] **KW Institute for Contemporary Art,** Auguststr. 69, 10117 (Mitte), S1, S2 Oranienburger Straße, U6 Oranienburger Tor, Tel. 2434590, www.kw-berlin.de, geöffnet: Di.–So. 12–19, Do. 12–21 Uhr. Präsentation diskursorientierter Kunst am Puls der Zeit, aktuelle Entwicklungen in der nationalen und internationalen Kunst- und Kulturszene. Die Kunst-Werke (KW) Berlin sind außerdem Gründer und Organisator der gefeierten Berlin Biennale für zeitgenössische Kunst.

O29be Abb.: kj

Berlin für Architekturinteressierte

Von der Zeit der großen preußischen Baumeister wie Knobelsdorff, Langhans, Schinkel und Stüler an bis hin zur zeitgenössischen internationalen Stararchitektengilde, deren Namen von Alvar Aalto über Hilmer & Sattler bis Franco Stella Berliner Bauwerke schmücken, war die Stadt stets ein Tummelplatz für planerische wie architektonische Experimente. Seit Jahrhunderten wird an der Spree aufgebaut, umgebaut, abgerissen und wieder neu gebaut.

Permanent wurden neue Visionen einer anderen Metropole entwickelt, sei es die preußische Residenzkultur oder wilhelminische Kaiserarchitektur, sei es die Stadt der Moderne oder Hitlers „Germania" und schließlich – weltweit einzigartig – das durch eine tödliche Mauer getrennte **Nachkriegsnebeneinander zweier Millionenstädte:** Westberlin als Schaufenster des kapitalistischen Westens und Ostberlin, Hauptstadt der DDR, als steingewordene Manifestation des sozialistischen Aufbruchs. Immer war die Berliner Architektur auch ein Spiegel der Stadtgeschichte – und ist es bis heute noch.

Viele der älteren Schichten Berlins hat der **Zweite Weltkrieg mit seinen immensen Zerstörungen** allerdings zum Verschwinden gebracht. Anders als beispielsweise in London, Paris oder Rom kann man an der Spree kaum noch irgendwo durch authentische historische Gemäuer wandeln. Bei fast allen bedeutenden historischen Bauwerken, die man heute zwischen Brandenburger Tor und Museumsinsel zu sehen bekommt, handelt es sich um **Rekonstruktionen.** Preußens Glanz und Gloria, so wie es sich heute vom Gendarmenmarkt und der Straße Unter den Linden bis hin zur Museumsinsel und dem Berliner Dom präsentiert, verdankt sich der großartigen Wiederaufbauleistung – ausgerechnet der sozialistischen DDR.

Rund um den historischen Stadtkern entstand ab Mitte des 19. Jahrhunderts, als Berlin infolge der Industrialisierung innerhalb weniger Jahre zur Millionenstadt aufstieg, ein **Ring gründerzeitlicher Wohnquartiere:** im Westen gutbürgerlich sowie von Nord über Ost bis Südost mit Wedding und Moabit, Prenzlauer Berg, Friedrichshain und Kreuzberg in Form proletarischer Mietskasernen.

Nach den Eingemeindungen 1920, mit denen Berlin auf knapp 880 Quadratkilometer Fläche anwuchs, bot sich die Möglichkeit, der dunklen Enge und Stickigkeit dieser Kasernenwohnblöcke zu entkommen und ihnen einen hellen, lichten, grünen **Reformwohnungsbau** entgegenzusetzen. Sechs solcher Reformsiedlungen zählen heute, wie die Museumsinsel in Mitte, zum Weltkulturerbe.

Die **totalitäre Planung der Nationalsozialisten** schlug anschließend gewaltige Schneisen in die Innenstadt. Nach dem Zweiten Weltkrieg entwickelte sich in der Teilungszeit dort, wo einst das städtische Leben pulsierte, am Mauerstreifen entlang Biotope, während links und rechts davon die neuen Zentren von Berlin-Ost und Berlin-West aufgebaut wurden.

◀ *Mit ihrer Mischung aus Gastronomie, Shopping, Theater und Kinos zählt die Daimler-City am Potsdamer Platz* 99 *heute zu den Attraktionen des Neuen Berlin*

Nach der Wiedervereinigung war dann die „**Kritische Rekonstruktion**" das Stichwort der Stunde. Vom Potsdamer Platz über den neu gestalteten Pariser Platz auf dem einstigen Todesstreifen am Brandenburger Tor bis hin zur Friedrichstraße entstand in diesem Sinne das „Neue Berlin", im Spreebogen komplettiert durch einen neuen Hauptbahnhof ⓭ und rund um den Reichstag ❾ mit seiner weithin sichtbaren Glaskuppel ein neues Regierungsviertel. So werden Architekturliebhaber auf der relativ kurzen Strecke zwischen Potsdamer Platz ⓿ und Alexanderplatz ⓺ ein spannendes Defilee von städtebau-, architektur- und herrschaftspolitischen Vorstellungen der vergangenen 200 Jahre in Deutschland in Stein begutachten können.

Jenseits dieser zentralen Berliner Wege sei außerdem noch auf die – nach den preußischen Schlössern und Gärten des 18. und der Museumsinsel aus dem 19. Jahrhundert – seit 2008 dritten Berliner UNESCO-Weltkulturerbestätten hingewiesen: die bereits erwähnten, zwischen 1913 und 1934 von Architekten der Klassischen Moderne wie Bruno Taut, Hans Scharoun und Walter Gropius erbauten **Reformsiedlungen** („**Siedlungen der Berliner Moderne**"). Als neuer Typ des sozialen Wohnungsbaus, raus aus den düsteren Hinterhöfen hin zum Wohnen mit viel Luft, Licht und Sonnenschein zu bezahlbaren Mieten auch für ärmere Bevölkerungsschichten, wurden die Siedlungen zu **Wegweisern für eine moderne Stadtarchitektur.**

▶ *Sogar in der Innenstadt findet sich noch ein einsames Plätzchen: Tiergarten-Idylle im Rhododendronwäldchen*

● **198** **Gartenstadt Falkenberg**, 1913–1916 von Bruno Taut, im Bezirk Treptow-Köpenick, Ortsteil Bohnsdorf (S8 Grünau)

● **199** **Siedlung Schillerpark**, 1924–1930 von Bruno Taut, im Bezirk Mitte, Ortsteil Wedding (U6 Rehberge)

● **200** **Hufeisensiedlung**, 1925–1930 von Bruno Taut, im Bezirk Neukölln, Ortsteil Britz (U7 Blaschkoallee und Parchimer Allee)

● **201** **Wohnstadt Carl Legien**, 1928–1930 von Bruno Taut, im Bezirk Pankow, Ortsteil Prenzlauer Berg (S Prenzlauer Allee)

● **202** **Weiße Stadt**, 1929–1931 unter der Leitung von Stadtbaurat Martin Wagner von den Architekten Otto Rudolf Salvisberg, Bruno Ahrends und Wilhem Büning geplant, im Bezirk Reinickendorf (U8 Paracelsus-Bad)

● **203** **Großsiedlung Siemensstadt**, 1929–1934 unter der Leitung von Martin Wagner, städtebaulicher Entwurf: Hans Scharoun; Architekten: Hans Scharoun, Walter Gropius, Otto Bartning, Fred Forbat, Hugo Häring und Paul R. Henning, in den Bezirken Charlottenburg-Wilmersdorf und Spandau, Ortsteil Siemensstadt (U7 Siemensstadt)

Berlin zum Träumen und Entspannen

Niemand wird ernsthaft erwarten, in einer Millionenmetropole außerhalb seiner eigenen vier Wände ein ruhiges Plätzchen für sich zu haben. Trotzdem lassen sich selbst in der Berliner Innenstadt ein paar verkrautete, zugewachsene Winkel finden, die einen, aus der Großstadt fort, in andere Welten entführen.

So beispielsweise das **Rhododendron-Wäldchen im westlichen Tiergarten** ⓫ nahe dem Neuen See, wo man im späten Frühling auf einer Parkbank mitten im mannshohen Blütenmeer die Seele baumeln lassen kann. Eine kontemplative Sicht auf die Stadt verspricht der **Blick vom Berliner Dom** 🔴. Der Aufstieg in die Kuppel ist im letzten Abschnitt im Gebälk steil und eng, weswegen sich nur wenige Menschen dort hinauf in die Höhe verirren.

Jüngstes innerstädtisches Naherholungsgebiet der Berliner, noch völlig unentwickelt, ist der im Herbst 2008 stillgelegte **Flughafen Tempelhof** (s. S. 108). Mitten in der Stadt steht das fast 400 Hektar große Flughafengelände seit Mai 2010 in weiten Teilen Spaziergängern, Radfahrern, Skatern und Grillern offen. Der neue, größte öffentliche Park in der Stadt ist gleichwohl ein Park der anderen Art. Kein Baum zu sehen, kein Blumenbeet, keine gepflegte Rasenfläche. Nur wilde Wiese zwischen den Start- und Landebahnen – und erst 2013 sollen die Bagger anrollen, um aus dem Gelände teils Wohn- und Gewerbeviertel, teils echte gewöhnliche Parklandschaft zu machen. Bis dahin sind den Flügen der Fantasie auf dem weiten Tempelhofer Feld keine Grenzen gesetzt.

Auf ausgedehnte Spaziergänge durch die **Gärten der Welt** lädt im Osten Berlins der **Erholungspark Marzahn** ein. Auf 21 Hektar bietet die grüne Oase im Bezirk Marzahn-Hellersdorf weite Spiel- und Liegewiesen inmitten einer jahreszeitlich wechselnden Blütenpracht sowie **acht Themengärten**, die auf weiten Flächen die Gartenbaukunst Europas, des Orients und Asiens präsentieren. So den „Gartens der wiedergewonnenen Mondes", nach chinesischer Planung in enger Zusammenarbeit mit Berlins Partnerstadt Peking gestaltet und auf knapp drei Hektar zugleich der größte Chinesische

Garten Europas, den japanischen „Garten der zusammenfließenden Wasser", den balinesischen „Garten der drei Harmonien", den orientalischen „Garten der vier Ströme", den koreanischen „Seouler Garten", ein Geschenk der Stadt Seoul an Berlin, oder auch den italienischen Renaissancegarten „Giardino della Bobolina", der den florentinischen Boboli-Gärten des 16. Jahrhunderts nachempfunden ist. Im Mai 2010 wurden die Gärten der Welt im Erholungspark Marzahn, diese Pilgerorte für Liebhaber der Gartenbaukunst, mit dem renommierten britischen „Green Flag Award", dem „Park- und Garten-Oscar", geadelt.

● **204 Gärten der Welt/Erholungspark Marzahn**, Eisenacher Str. 99, 12685 (Marzahn), S7 Marzahn, U5 Hellersdorf, Bus 195, Tel. 700906699, www.gruen-berlin.de, geöffnet: tgl. ab 9 Uhr, April–Sept. bis 20 Uhr, März und Okt. bis 18 Uhr, Nov.–Feb. bis 16 Uhr, Erw. 3 €, erm. 1,50 €, im Winter 2 € bzw. 1 €

030be Abb.: k)

O31be Abb.: kj

Berlin für den Nachwuchs

Deutsche Hauptstadt, quirlige Kultur-metropole, buntes Szene-Mekka und schnelle Weltstadt mit Schnauze und Herz – so rühmt sich Berlin und so wird es auch von den meisten Menschen er-lebt. Als pulsierende Millionenstadt, als Häusermeer und Asphaltdschungel. Kann das mit Kindern zusammengehen? Die Antwort ist ein lautes und klares Ja! Großstadt und Kinder müssen kein Wi-derspruch sein. Während Städtereisen Familien oft vor grundsätzliche Prob-leme stellen, verfügt besonders Berlin über viele abwechslungsreiche und un-terhaltsame Angebote gemeinsam für Groß und Klein.

Über die umfangreichen Programme und Veranstaltungen tagtäglich vor Ort informieren die Stadtmagazine „Zitty" und „Tip".

Sehenswertes

Auch ohne weiterführendes Info-Futter sind zahlreiche Sehenswürdigkeiten in der **Innenstadt** von Alexanderplatz bis Zoologischer Garten für kleine Menschen spannend genug zu entdecken: durch den Zoo ⑰ und den Tiergarten ⑪ spa-zieren, von der Brücke über die Tiergar-tenschleuse herab den Fahrgästen auf den Ausflugsdampfern auf den Kopf spucken und die Siegessäule ⑫ erklimmen, mit dem schnellsten Personenaufzug Europas im Kollhoff-Gebäude am Potsdamer Platz ⑨⑨ in 90 Meter Höhe brausen, sich vom Duft der Bratwürstchenstände verführen lassen und anschließend mit der Rikscha umherfahren (s. S. 338), zur Leierkastenmusik im Opernpalais Unter den Linden Eis und Kuchen wegputzen, danach zwischen den steinernen Meeresgottheiten im Neptunbrunnen ⑤② ein erfrischendes kurzes Kneipp-Bad nehmen, schließlich mit dem Fahrstuhl zur Aussichtsplattform des Fernsehturms ⑤④ hinaufsausen und durch das Fernrohr auf Berlin hinunterschauen, das einem in allen vier Himmelsrichtungen zu Füßen liegt. Das ist so recht etwas für kleine Stadtindianer, ebenso wie für ihre Erwachsenen und am besten auf großer Fahrt mit den **Doppeldeckerbussen der Linien 100 und 200** (s. S. 325) zu erleben.

Alles zum Sehen und Staunen aus der Spree-Perspektive bieten die **Berliner Wassertaxis** (s. S. 329) ihren großen und kleinen Passagieren auf original Amsterdamer Grachtenbooten in einstündiger Wasserrundfahrt, vorbei an Museumsinsel, Schiffbauerdamm und Reichstag zum Haus der Kulturen der Welt und retour. Unterwegs werden die Attraktionen jenseits jeglichen Kunsthistorikerchinesischs lebhaft, live und mit viel Spaß dabei von einem Fremdenführer erläutert. Wenn der Kapitän gute Laune hat, beantwortet er den jüngeren Fahrensleuten, die ihn auf der Brücke besuchen, sämtliche Fragen und lässt sie – wenn er besonders gute Laune hat – auch einmal ans Steuer.

Darüber hinaus gibt es viele faszinierende Dinge in den **Außenbezirken** zu

entdecken: die Zitadelle und das Fort Hahneberg in Spandau, die Märchenschlösser an Havel und Spree und vieles andere mehr, das weiter hinten im Reiseführer in den Stadtspaziergängen ausführlich beschrieben ist.

Besondere Attraktionen

Dschungelexpedition, Feenschloss, Mini-Berlin mit Brandenburger Tor, Reichstag und Dom und vieles mehr aus Millionen von kleinen Legosteinchen zeigt auf 3500 Quadratmetern das **Legoland Discovery Center** im Sony Center am Potsdamer Platz.

● **205** [J6] **Legoland Discovery Center Berlin**, Potsdamer Str. 4, 10785 (Tiergarten), S1, S2, U2 Potsdamer Platz, Tel. 01805 66690110, www.legolanddiscoverycentre. com, geöffnet: tgl. 10–19 Uhr, letzter Einlass 17 Uhr, Eintrittspreise ab 7 €

Tierisch geht es zu, von Ameisenbär über Tierfütterung und Tierkinder bis Wiesel und Zebra, mitten im Stadtzentrum im **Zoo Berlin** ⑰ und östlich im Bezirk Lichtenberg in Europas größtem Landschaftstiergarten, dem **Tierpark Berlin** ⑯②.

Auf Unterwasserreise zu rund 4000 Meeresbewohnern von den Spreequellen über den Atlantik bis in tropische Gewässer geht es im **Sea Life Berlin** mit dem **AquaDom**, dem weltweit größten frei stehenden Aquarium.

◀ *Mit Kind und Kegel unterwegs in Berlin. Der Neptunbrunnen ⑤② bildet dabei an heißen Sommertagen eine willkommene Erfrischung.*

● **206** [L4] **AquaDom & Sea Life Berlin,**
Spandauer Str. 3 (gegenüber vom Berliner
Dom), 10178 (Mitte), S Hackescher Markt,
Bus 100, 200, TXL, Tel. 01805 66690101,
www.sealifeeurope.com, tgl. 10–19 Uhr,
Erw. ab 16,95 €, Kinder ab 11,95 €

Eine ganze Stadt nur für Kinder auf
13.000 Quadratmetern und zugleich **Europas größtes Kinder-, Jugend- und Fa-
milienzentrum** ist das **FEZ** in der Wuhlheide. Badesee, Schwimm- und Sporthal-
le, Theater- und Konzertsäle, Kunstlabor,
Kindermuseum, Kino und zahlreiche
Spielplätze sowie ein kunterbuntes Mit-
machangebot, nicht zu vergessen die
Kinder-Parkeisenbahn, laden zu Spiel,
Spaß und Freizeitvergnügen ein.

● **207 FEZ,** Straße zum FEZ 2, 12459
(Köpenick), S3 Wuhlheide, Tel. 530710,
www.fez-berlin.de, in der Schulzeit Di.–Fr.
9–22, Sa. 13–19, So. 12–18 Uhr, in den
Sommerferien Do./Fr. 11–18, Sa./So. 12–
18 Uhr, in den Herbst-, Winter- und Osterfe-
rien Mo.–Fr. 10–18, Sa. 13–19, So. 12–18
Uhr, Eintritt frei

Einmal hinter die Kulissen einer Traum-
fabrik schauen kann man im **Filmpark
Babelsberg** ❶⁹⁶ in Potsdam, wo Europas
älteste Filmstudios stehen. Zum fünf- bis
sechsstündigen Besichtigungsprogramm
zählen zahlreiche Attraktionen wie Stunt-
shows, eine Filmtiershow und für die
ganz Kleinen das Sandmannhaus.

Essen und Trinken

Auch am Ausgehen soll es nicht fehlen. Das **Theater & Restaurant Charlottchen** bietet neben Schauspiel- und
Kleinkunstaufführungen fröhliche Gastronomie für die Familie. Es ist Theater

mit Restaurant sowie Kultur- und Begegnungsstätte für Alte und Junge, Un-
versehrte und Behinderte zugleich. Die
Kinderspeisekarte verzeichnet Gaumen-
freuden wie Schnitzel, Pommes, Spa-
ghetti und Tomatenketchup und wenn
die Erwachsenen am Tisch langweilige
Gespräche führen, kann sich der Nachwuchs in den Spielraum mit Klötzen, großer Burg und Rutsche zurückziehen. Auf
der Bühne gibt es für die Kleinen vom
„Dinosaurier im Kühlschrank" über bunte Liederprogramme, Zauberer, Clowns
und Puppenspieler bis hin zum Mitspiel-
theater allerlei zu erleben.

● **208** [C7] **Theater & Restaurant
Charlottchen** €, Droysenstr. 1, 10629
(Charlottenburg), S Charlottenburg,
U7 Wilmersdorfer Straße, Tel. 3244717,
www.charlottchen-berlin.de, geöffnet: Mo.–
Fr. ab 15 Uhr, Sa./So. ab 10 Uhr. Der wech-
selnde Spielplan ist stets aktuell auf der
Homepage nachzulesen.

Kulturelles

Das eigens auf Kinder zugeschnittene
kulturelle Angebot ist erstaunlich. Mehrere speziell nur für Kinder eingerichtete
Museen laden zu einem spannenden Besuch ein: das Kindermuseum Labyrinth
(s. S. 65) in der Fabrik Osloer Straße, das
Machmit! Museum für Kinder im Prenzlauer Berg (s. S. 66) und das JuniorMuseum im Ethnologischen Museum Dahlem
(siehe ❶⁵⁴).

Spannendes aus Natur- und Technik bieten das Deutsche Technikmuseum ❶⁴⁹, die Nr. 1 bei Kids, die Eisenbah-
nen, Oldtimer und alte Flugzeuge lieben,
das Museum für Naturkunde ❽⁴ mit dem
größten Dino der Welt und der Historische Hafen (s. S. 65).

Museen, die in Uropis Zeiten oder in märchenhafte Zauberwelten entführen, sind die Sammlung Kindheit und Jugend des Stadtmuseums Berlin und das Puppentheater-Museum (s. S. 66).

Kindertheater mit Menschen veranstalten das Theater an der Parkaue, das Grips Theater, das bereits erwähnte Theater & Restaurant Charlottchen und viele andere (s. S. 53).

Kindertheater mit Puppen und Marionetten führen neben der Schaubude Berlin (s. S. 55) u. a. DAS WEITE THEATER und das Theater Mirakulum auf. Bei Hans Wurst Nachfahren sind Märchenbearbeitungen und literarische Stoffe, aber auch aktuelle Stücke für Hand-, Stab- und Klappmaulpuppen, Rollwagenpuppen und Marionetten fest im Programm. Im Puppentheater Berlin verzaubert mit Marionetten-, Schatten- und Puppenspiel, Masken, Papiertheater und Erzählungen die Puppenspielkunst von Hella und Ulrich Treu.

🕓**209** DAS WEITE THEATER, Parkaue 23, 10367 (Lichtenberg), S und U5 Frankfurter Allee, www.das-weite-theater.de, Tel. 9917927

🕓**210** [L2] Theater Mirakulum, Brunnenstr. 35, 10115 (Mitte), U8 Bernauer Straße oder Rosenthaler Platz, www.mirakulum.de, Tel. 4490820

🕓**211** [H8] Hans Wurst Nachfahren, Gleditschstr. 5, 10781 (Schöneberg), U1, U2, U3, U4 Nollendorfplatz, Tel. 2167925, www.hans-wurst-nachfahren.de

🕓**212** [C5] Puppentheater Berlin, Gierkeplatz 2, 10585 (Charlottenburg), U7 Richard-Wagner-Platz, www.puppentheater-berlin. de, Tel. 3421950

Zauberkünstler unterschiedlichster Art bevölkern die Stadt. Darunter existiert für die Kleinen seit mehr als zwei Jahrzehnten Addis Zaubärbühne, die sich mit dem magischen Zauber-Mitmach-Theater von Addi und seinem einzigen zaubernden und schwebenden Bären der Welt, Erwin, an Kinder ab drei Jahre und ihre Erwachsenen wendet.

Verwunschene Grüße sendet auch das Zaubertheater Igor Jedlin mit „Zauberhits für Kids", wo Häschen unter dem Umhang des Magiers hervorhopsen, Tauben und manchmal sogar die Kinder in die Luft fliegen.

❯ Addis Zaubärbühne (verschiedene Aufführungsorte), www.rolf-barth.de

🕓**213** [C7] Zaubertheater Igor Jedlin, Roscherstr. 7, 10629 (Charlottenburg), U7 Adenauerplatz, Bus M19, M29 Lehniner Platz, www.zaubertheater.de, Tel. 3233777

◤ *Der größte Dino der Welt steht im Berliner Naturkundemuseum* 🔴**84**

Sightseeing mit den Buslinien 100 und 200

Start der ***Linie 100*** *ist der Hardenbergplatz vor dem* ***Bahnhof Zoologischer Garten*** *(118). Sobald der Bus seine Türen öffnet, empfiehlt es sich, rasch die Treppe zum Oberdeck hinaufzusteigen und die besten Plätze vorn am Panoramafenster zu besetzen. Sie garantieren einen einmaligen Ausblick. Vom Bahnhof aus fährt der Bus mit Blick auf die Ruine der* ***Kaiser-Wilhelm-Gedächtnis-Kirche*** *(122), das vielgeschossige* ***Europa-Center*** *(121) und das chinoise Elefantentor am* ***Zoo Berlin*** *(117) in den Tiergarten hinein. An der goldenen* ***Siegessäule*** *(112) am Großen Stern, dem Bundespräsidialamt, dem* ***Schloss Bellevue*** *(113) als Sitz des Bundespräsidenten und dem geschwungenen Dach der alten Kongresshalle, heute* ***Haus der Kulturen der Welt*** *⑫, vorbei, geht die Fahrt quer durch den Tiergarten zum* ***Reichstag*** *⑨, dem von Norman Foster mit einer gewaltigen Glaskuppel überwölbten Sitz des Bundestags, und zum* ***Brandenburger Tor*** *①.*

Das in seiner jetzigen Form Ende des 18. Jahrhunderts errichtete Tor, einst eines von vierzehn Stadttoren und ab 1961 wie kein anderes Bauwerk Symbol für die tödliche deutsch-deutsche Grenze, ist heute das Wahrzeichen schlechthin für das ungeteilte Berlin. Obenauf thront die Quadriga mit der Siegesgöttin Viktoria. Den Reichstag zu ihrer nördlichen Seite, ruht der Blick der geflügelten Dame auf der östlichen ***Prachtstraße Unter den Linden.*** *Ein Schüler des Baumeisters Schadow fertigte das Reiterstandbild Seiner preußischen Majestät, das vor der* ***Humboldt-Universität*** *㉑ steht. Es folgen Baumeister Knobelsdorffs 1741–43 errichtete* ***Staatsoper Unter den Linden*** *㉗, Schinkels* ***Neue Wache*** *㉞, seit 1969 Mahnmal für die Opfer von Faschismus und Gewaltherrschaft, sowie das prachtvolle* ***Zeughaus*** *㊲, einer der wenigen Barockbauten Berlins.*

Hat der Bus die Schloßbrücke passiert, schließen sich Lustgarten und ***Museumsinsel*** *an sowie der gründerzeitliche* ***Berliner Dom*** *㊺. Dahinter erheben sich am östlichen Spreeufer kurz vor dem Alexanderplatz der Turm der* ***St. Marienkirche*** *(53), ihr zur Seite der Backsteinturm des* ***Roten Rathauses*** *(51), Sitz des Berliner Senats, und dahinter die silberne Kugel des* ***Fernsehturms am Alexanderplatz*** *(54). Das mit 365 Metern höchste Bauwerk der Stadt verfügt über ein Café-Restaurant und eine Aussichtsplattform in 200 m Höhe. Am Alexanderplatz endet die Route der Linie 100.*

Die Doppeldecker der ***Linie 200*** *starten ebenfalls am Hardenbergplatz vor dem Bahnhof Zoo. Vorbei an der Kaiser-Wilhelm-Gedächtnis-Kirche, Europa-Center und Zoo Berlin geht die Fahrt Richtung* ***Botschaftsviertel, Kulturforum*** *(103) mit Neuer Nationalgalerie und Gemäldegalerie über die gelb leuchtende* ***Philharmonie*** *(104) zum* ***Potsdamer Platz*** *(99), leicht anhand der markanten Glas-Stahl-Konstruktion des Sony Centers und des orangefarbenen debis-Turms in der Daimler City zu erkennen. Von dort schwenkt der Bus ein via Brandenburger Tor und folgt fortan wie die Linie 100 der Prachtstraße Unter den Linden.*

Am Puls der Stadt

004be Abb.: kj

Das Antlitz der Metropole

Berlin ist eine der faszinierendsten Städte Europas. Hochkarätige Kulturmetropole, kunterbuntes Szene-Mekka und Weltstadt mit Schnauze und Herz, die in jeder Beziehung ein atemberaubendes Tempo vorlegt. So rühmt sich die Spree-Metropole und so wird sie auch von den meisten Menschen erlebt: als Häusermeer, als Asphaltdschungel und pulsierende Millionenstadt, die einen ziemlich ruppigen Charme an den Tag legen kann.

Der Reiz von Berlin liegt nicht im Alltäglichen, sondern vielmehr **im Eckigen, Kantigen, Widersprüchlichen.** An der Spree paart sich Urbanität und Weltläufigkeit mit Piefkes geballter Gemütlichkeit, ein Vier-Sterne-Gourmettempel steht neben Currybude und Kiezküche, ein Schlosspark grenzt unmittelbar an ein Arme-Leute-Quartier. Multikulti und Laubenpieper, Berliner Schnauze und internationales Sprachengewirr, Luxusherbergen und Notunterkünfte – das alles beinhaltet diese wunderbare, schwierige, spannende Großstadt Berlin.

Preußische Residenzstadt, Hauptstadt des deutschen Kaiserreichs, Hauptstadt des Dritten Reichs, Trümmerstadt, Frontstadt, Mauerstadt und nun abermals deutsche Hauptstadt und Regierungssitz – Berlins Tradition ist der rasche Wandel, gelegentlich auch der radikale Umbruch, aus dem stets Neues entsteht. Seit dem Mauerfall und der Wiedervereinigung hat sich das Stadtbild völlig verändert und tut es immer noch, nicht nur am ehemaligen Mauerstreifen oder am Potsdamer Platz, wo komplett neue Citys entstanden sind. Zu Gründerzeitviertel, Platte und Zuckergussbau haben sich Glaspaläste gesellt und über immer wieder neuen gigantischen Baugruben wird einmal etwas noch Größeres, Moderneres, Spektakuläreres emporwachsen. Nunmehr im dritten Jahrzehnt gibt sich ein Reigen internationaler Stararchitekten an der

033be Abb.: k)

▶ *Im Berliner Häusermeer ist der Fernsehturm* **54** *am Alexanderplatz mit seiner silbernen Kugel einsame Spitze*

Spree die Klinke in die Hand, um, je nach Blick auf die Dinge, kühne oder zu wenig mutige, aber in jedem Fall stets heiß umstrittene Projekte zu realisieren.

Kurzum, es ist eine unerschöpfliche Passion, Berlin zu entdecken, und es kommt sogar einer Lebensaufgabe gleich, es tatsächlich kennenzulernen. Deshalb auch gleich eine Warnung vorweg: Die Stadt ist ansteckend! Wer einmal die berühmte Berliner Luft, Luft, Luft geschnuppert hat, wird fortan stets einen Koffer in Berlin haben – dieser viel gehäuteten, schönsten, hässlichen, spannendsten Metropole Europas.

Geografisches

Größe

„Berlin ist schön, Berlin ist groß.“ So sah der Schriftsteller und Theaterkritiker Alfred Kerr die deutsche Hauptstadt im Jahr 1896. Das darauf folgende Jahrhundert brachte zwei Weltkriege, Teilung, Wiedervereinigung und zahlreiche städtebauliche Experimente. So lässt sich heute trefflich darüber streiten, ob Berlin das Prädikat „schön“ noch verdient. Aber groß ist es in der Tat. **3,46 Millionen Menschen** leben in der Stadt, die zugleich ein Bundesland ist.

Bei maximal 38 Kilometern Länge und 45 Kilometern Breite dehnt es sich auf rund **890 Quadratkilometern** aus. Zusammen mit dem brandenburgischen Speckgürtel jenseits der 234 Kilometer langen Stadtgrenze bildet die deutsche Bundeshauptstadt einen der größten europäischen Ballungsräume.

Lage

Geografisch liegt Berlin mit den Koordinaten des Roten Rathauses **61** auf 52°31'12" nördlicher Breite und 13°24'23" östlicher Länge. Die Ortszeit liegt nur 6 Minuten 22 Sekunden hinter der Mitteleuropäischen Zeit (MEZ), die quasi einen Katzensprung von der Spree-Metropole entfernt im polnischen Trzęsacz auf dem 15. Meridian östlicher Länge eingestellt wird.

Administratives und Städtebauliches

Bezirke

Berlin ist in Ausdehnung und Einwohnerzahl die größte Stadt Deutschlands. Sie ist in **zwölf politisch und administrativ relativ eigenständige Bezirke** aufgeteilt, deren Grenzen im Wesentlichen auf das „Gesetz über die Bildung einer neuen Stadtgemeinde Berlin" im Jahr 1920 zurückgehen. Seinerzeit wurden die Städte Charlottenburg, Köpenick, Lichtenberg, Neukölln, Schöneberg, Spandau und Wilmersdorf sowie 59 Landgemeinden und 27 Gutsbezirke mit Berlin zum damals 878,35 Quadratkilometer zählenden Groß-Berlin zusammengelegt.

Ein jeder Bezirk ist eine selbstständige Stadt, die jeweils über ein Rathaus, Bürgermeister, Dezernenten und Bezirks-

parlament, Behörden, Schulen, Krankenhäuser, Dienstleistungszentren, Einkaufsboulevards und zentrale Märkte verfügt. Wenn beispielsweise der Spandauer sagt, er fährt in „die Stadt", hat er damit nicht etwa den Ku'damm oder die Friedrichstraße im Sinn, sondern die Spandauer Altstadt, ebenso wie der Schöneberger seine Hauptstraße oder der Neuköllner seine Karl-Marx-Straße meint.

Die Berliner Bezirke müssen den Vergleich mit anderen deutschen Großstädten nicht scheuen. So nimmt Pankow, wo über 373.000 Menschen leben, nach Bochum und Wuppertal Rang 18 unter den deutschen Großstädten ein, gefolgt von den Bezirken Mitte (344.000 Ew.) und Tempelhof-Schöneberg (336.000 Ew.), der Stadt Bielefeld (325.000 Ew.) sowie den Bezirken Charlottenburg-Wilmersdorf (321.000 Ew.) und Neukölln (314.000 Ew.) als den letzten beiden deutschen Großstädten oberhalb der 300.000-Einwohner-Marke. Mit seinen 225.000 Einwohnern ist Spandau als kleinster Berliner Bezirk etwas größer als die rheinland-pfälzische Landeshauptstadt Mainz oder die thüringische Landeshauptstadt Erfurt.

Am dichtesten ist die Besiedlung in Friedrichshain-Kreuzberg, wo sich 134 Menschen auf einem Hektar drängeln, gefolgt von Mitte mit statistisch 83,5 Köpfen pro Hektar und an dritter Stelle Neukölln mit 69 Einwohnern pro Hektar. Den größten Freiraum genießen die Spandauer im grünen Nordwesten (24,4 Einwohner/ha) und noch mehr die Köpenicker im grünen Südosten, die mit nur 14,2 Menschen je Hektar die Gegend rund um den Großen Müggelsee bevölkern.

Kiez

Nach Bezirk, Stadtteil und Ortsteil ist der Kiez die kleinste berlinerische Einheit, das **Wohnviertel** mit dem Einkaufsladen, dem Wochenmarkt und der Stammkneipe um die Ecke, in dem man zu Hause ist, wo man fast jeden kennt und das man deshalb nur notwendigerweise verlässt. Oder würde ein Frankfurter etwa unaufgefordert nach Wiesbaden fahren?

Städtebauliche Zonen

Entsprechend der geschichtlichen Stadtentwicklung lassen sich trotz Teilung und Wiedervereinigung bis heute drei städtebauliche Zonen voneinander unterscheiden: die **Innenstadt** mit dem Tiergarten und dem historischen Stadtkern Altberlin/Alt-Cölln sowie den ihn ringsum umgebenden, bis Mitte des 19. Jahrhunderts erbauten Vorstädten. Hier befindet sich der größte Teil der Berliner Sehenswürdigkeiten.

Die Innenstadt wird umschlossen von einem in wilhelminischer Zeit in Form von Mietskasernen nahezu kreisförmig entstandenen **Großstadtgürtel** mit den ehemaligen Arbeitervierteln Wedding und Prenzlauer Berg im Norden, Friedrichshain im Osten, Kreuzberg und Schöneberg im Süden sowie den überwiegend gutbürgerlichen Bezirken Wilmersdorf und Charlottenburg im Westen.

Um den Großstadtgürtel legt sich wiederum das grüne Band der **Außenbe**zirke mit Villenvierteln, Gartenstädten, Dörfern, Wäldern und Seen, wie etwa in Reinickendorf, Steglitz-Zehlendorf oder Köpenick.

Natur

Reichlich die Hälfte Berlins ist mit Häusern, Betriebs- und Verkehrsflächen versiegelt, bei den anderen fünfzig Prozent Fläche handelt es sich um Parks und Grünanlagen, Felder, Wälder, Flüsse und Seen. Allein ein knappes Fünftel der Berliner Gesamtfläche ist von Wald bedeckt und jeder, der einmal mit dem Flugzeug von den Airports in Tegel oder Schönefeld gestartet oder gelandet ist, wird bestätigen, dass es kaum eine andere vergleichbar **grüne europäische Metropole** gibt.

Von den Berliner **Flüssen** ist die bei Spandau in die Havel mündende **Spree** mit 45 Kilometern der längste Fluss im

034be Abb.: kj

▶ *Die Grünstreifen an beiden Seiten des Urbanhafens [M8] sind ein beliebter Treffpunkt der Kreuzberger*

Stadtgebiet, gefolgt von der Havel mit gut 27 Kilometern, der Panke mit 21 Kilometern sowie der Dahme und der Wuhle mit 16 bzw. 15 Kilometern.

Spree und Dahme folgen dem Verlauf des **Warschau-Berliner-Urstromtals**, einem gewaltigen Flussbett, das mit dem Abschmelzen der Gletschergebirge am Ende der letzten Eiszeit vor über 10.000 Jahren entstand und in jener fernen Zeit auch die Wassermassen von Oder und Weichsel zur Elbe führte. Als die beiden großen östlichen Ströme später einen weniger umständlichen Weg nach Norden hin fanden, hinterließen sie in dem trockengefallenen Bett neben einigen Dünen vor allem Sümpfe und riesige Sandflächen. Die gesamte heutige Berliner Innenstadt liegt im Urstromtal und ist bei einem extrem hohen Grundwasserspiegel überwiegend auf Sand gebaut.

Neben einigen Grundwasserseen bilden Havel, Dahme und Spree mit ihren Ausbuchtungen den größten Teil der Berliner **Seen.** Nach dem Müggelsee folgen der Tegeler See, der Lange See und an vierter Stelle der viel besungene Wannsee als die größten Gewässer im Stadtgebiet. Sie sind weitgehend von Wäldern umgeben, meist in Form einer **Kiefernheide**, einem auf den Sandböden gedeihenden, mit Birken und Eichen durchsetzten, sehr lichten, knorrigen Kiefernwald, dessen wundervoll duftender, dichter Nadelteppich bis auf Wacholder oder das bedürfnislose Heidekraut kaum Unterholz hochkommen lässt.

Größere Buchenbestände finden sich auf den ton- und kalkhaltigen Mergelböden der beiden **Hochflächen**, die im Norden und Süden sanft gewellt das Urstromtal begrenzen: nördlich der Barnim mit einer Höhe zwischen 50 und 60 Metern sowie südlich der 45 bis 55 Meter hohe Teltow. Die Hochebene und auch die höchsten natürlichen Erhebungen – die Müggelberge (114,7 m), der Schäferberg (103 m) und der Havelberg (97 m) – tragen wesentlich dazu bei, dass Berlin insgesamt auf einen stattlichen Durchschnitt von immerhin 35 Metern über dem Meeresspiegel kommt.

Von den Anfängen bis zur Gegenwart

Präludium

Erste Siedler

Um die Zeitenwende siedelt im Gebiet zwischen mittlerer Elbe und Oder der **germanische Stamm der Semnonen**. Nach 178 n. Chr. verlieren sich seine Zeugnisse für diesen Raum, denn während der **Völkerwanderung** verlassen die Germanen die Regionen östlich der Elbe. In diese menschenleeren Gebiete wandern etwa ab Mitte des 6. Jahrhunderts slawische Völker ein: ins Havelland westlich von Berlin vor allem **Heveller**, die Brennabor (Brandenburg) zu ihrem Hauptort machen, und östlich **Sprewanen**, deren Stammesfürst in einer um 825 erbauten Burg auf der Schlossinsel Köpenick residiert. Bereits anno 750 wird die vermutlich hevellische Burg Spandow (Spandau) errichtet, wohingegen von einem Ort namens „Berlin" zu dieser Zeit noch nirgends die Rede ist. Mit großer Wahrscheinlichkeit ist „Berlin" jedoch ebenfalls ein ursprünglich elbslawischer Name, genauer ein Gewässer- oder Flurname, der auf ein feuchtes, sumpfiges Gelände hindeutet.

Sieg über die Slawen

928/29 zieht der deutsche König Heinrich I. (um 875–936) mit seinem Heer gegen die Elbslawen, erobert Brennabor und weitere slawische Gebiete im Osten. Sein Sohn Otto der Große (912–973) richtet 936/37 zwei Grenzmarken gegen die Besiegten ein, macht sie bis zur Oder hin zinspflichtig und leitet ihre Christianisierung ein. Nur wenig später, im Jahr 948, werden die **Bistümer Havelberg und Brandenburg** gegründet, ab 968 sind sie dem Erzbistum Magdeburg unterstellt. Die slawischen Stämme antworten mit Aufständen.

Insgesamt wird über drei Jahrhunderte um das karge, sumpfige Sandland gerungen, bis im 12. Jahrhundert unter **Albrecht dem Bären** (1100–1170) aus dem Haus der Askanier die **Ost-Kolonisierung** ihren Anfang nimmt. 1134 belehnt Kaiser Lothar III. den Bären mit der Nordmark (der heutigen Altmark). 1136 gewinnt Albrecht die Prignitz hinzu und sichert sich durch eine freundschaftliche Verbindung mit dem Hevellerfürsten Pribislav von Brandenburg außerdem die Erbfolge im Havelland. Ein Waffengang nach Pribislavs Tod bleibt dennoch nicht aus: 1157 nimmt Albrecht die Brandenburg ein und nennt sich fortan Markgraf von Brandenburg.

Stadtluft macht frei

Entstehung von Cölln und Berlin

Die genauen Gründungsjahre der Orte Berlin und Cölln zu beiden Seiten der Spree (auf Höhe der heutigen Mühlendammbrücke) sind unbekannt. Lange Zeit nahm man an, dass diese Ereignisse um das Jahr 1230 stattfanden. Doch dann gruben Archäologen Anfang 2008 auf der südlichen Spreeinsel, einem der ältesten Orte Berlins, eine auf 1192 datierende Eichenbohle aus. Der Fund war eine kleine Sensation, denn er beweist: Die Stadt ist älter als bisher gedacht. 1237 wird **Cölln** auf der Spreeinsel erstmals in einer Urkunde erwähnt, sieben Jahre später taucht der Name **Berlin** das erste Mal in einem Schriftstück auf.

Ab 1251 genießt Berlin Zollfreiheit und „andere gewöhnliche Rechte unserer Städte", Cölln wird 1261 erstmals als

Mit Albrecht dem Bären beginnt die Geschichte der Mark Brandenburg

O34be Abb.: kj

„civitas", als Stadt bezeichnet. Gemeinsam kontrollieren sie die Spree-Furt und fungieren als Handelskontor am Kreuzpunkt wichtiger Handelsstraßen zwischen Flandern und Polen, der Ostsee und dem Mittelmeerraum.

Weitere Entwicklung

Kommunale Selbstverwaltung, die Freiheit der Bürger von der Fron und nicht zuletzt die Einrichtung einer Münzprägeanstalt 1280 fördern das **Wachstum**. Ende des 13. Jahrhunderts ist Berlin/Cölln der Hauptstapel- und Handelsplatz in der Mark und mit 3000 bis 4000 Einwohnern bereits größer als die älteren Nachbarstädte Spandau oder Köpenick.

1307 kommt es mit Verbindungen im Gerichtswesen, der kirchlichen Organisation sowie einer gemeinsamen Landesverteidigung zur **Union zwischen Cölln und Berlin**. Nur die Verwaltung der jeweils inneren Angelegenheiten und auch das jeweilige Stadtsiegel bleiben weiter eigenständig bestehen.

Brandenburgische Kurfürsten

Friedrich I.

Nach dem Aussterben der Askanier gerät die Mark Brandenburg 1320 als „erledigtes Reichslehen" zunächst an die bayerischen Wittelsbacher und danach an das luxemburgische Herrschergeschlecht. Dessen herausragender Exponent, König Sigismund, in Personalunion zugleich Markgraf von Brandenburg, bestellt 1411 den Nürnberger Burggrafen **Friedrich VI. von Hohenzollern** (1371–1440) zum „rechten obersten und gemeinen Verweser und Hauptmann" in der Mark. 1415 ernennt er ihn zum Kurfürsten und zwei Jahre später erfolgt mit

viel Pomp und Zeremoniell Friedrichs feierliche Belehnung. Als **Friedrich I. von Brandenburg** wird er der **Stammvater** aller brandenburgischen Markgrafen und Kurfürsten, preußischen Herzöge, Könige und deutschen Kaiser bis 1918.

Friedrich II., „Eisenzahn"

Um ihre bürgerlichen Freiheiten gegen die neuen Landesherren zu wahren, kommt es 1432 zur **Vereinigung der beiden Städte Berlin und Cölln**. Indes, schon Friedrich II. (1413–1471), „Eisenzahn" genannt und entschlossen, die Privilegien der Bürger zu schleifen, kann die Berlin-Cöllner Ratsmitglieder entmachten. Die Bürger antworten 1447/48 mit dem **Berliner Unwillen**, doch der „Eisenzahn" kann den Aufstand niederwerfen. Zum Zeichen seines Herrschaftsanspruchs veranlasst er auf der Cöllner Seite der Spree den Bau eines Schlosses.

Um 1450 zählt Berlin 724 Häuser und Hausbuden und Cölln 312 Wohngebäude plus besagtes im Bau befindliches **Schloss**, das der Kurfürst 1451 bezieht. 1470 wird Berlin zur Residenzstadt der brandenburgischen Kurfürsten.

Joachim II.

Gut achtzig Jahre später, unter der Regentschaft Joachims II. Hektor (1505–1571), gehören zur **Residenzstadt Berlin-Cölln** bereits 1322 Feuerstellen. Der Kurfürst mit Hang zu Prunk und Festlichkeit lässt das alte Schloss seiner Vorgänger niederreißen und durch Baumeister Kaspar Theiß einen **prachtvollen Neubau** errichten. Dieses Schloss wird später noch vielmals umgebaut und erweitert und erst 1950 als Kriegsruine abgerissen werden. 1539 erfolgt der Übertritt Joachims II. zum protestantischen Glaubensbekenntnis. Zahlreiche **Gotteshäuser** entstehen, darunter St. Nikolai und die Marienkirche. 1569 wird Joachim II. mit dem Herzogtum Preußen (dem späteren Ostpreußen) mitbelehnt, 1618 erlangen die brandenburgischen Kurfürsten offiziell den Titel „Herzog von Preußen".

Im selben Jahr beginnt der **Dreißigjährige Krieg,** der erste furchtbare Krieg der Neuzeit, der vor allem die Nordhälfte Deutschlands in ein riesiges Schlachtfeld verwandelt. Die Verheerungen sind fürchterlich. Berlin-Cölln beklagt den Verlust der Hälfte seiner Einwohnerschaft. Nunmehr leben wieder nur 6000 Menschen im Residenzdorf an der Spree.

Friedrich Wilhelm

1640, acht Jahre vor Kriegsende, tritt der „Große Kurfürst" Friedrich Wilhelm (1620–1688) die Regentschaft an. Er zentralisiert die Verwaltung, schafft ein stehendes Heer und legt damit den Grundstein für den Aufstieg Brandenburg-Preußens zur europäischen Großmacht. In seine Zeit fällt die **erste große Erweiterung Berlins.** Die Straße Unter den Linden und der Marstall entstehen, vor der Stadt wird der Tiergarten angelegt.

Unter Leitung Gregor Memhardts (von dem auch der erste bekannte Berliner Stadtplan stammt) wird Berlin nach den leidvollen Erfahrungen des Dreißigjährigen Krieges ab 1658 **zur Festung ausgebaut.** Sogar Friedrichswerder, die erste der kurfürstlichen, von Berlin-Cölln unabhängigen Neustädte, wird in das Befestigungswerk mit einbezogen.

1685 erlässt Friedrich Wilhelm das **Edikt von Potsdam,** das Glaubensflüchtlingen aus aller Welt ein Niederlassungsrecht und freie Religionsausübung in Brandenburg gewährt. Die in Frankreich verfolgten Hugenotten stellen bald darauf ein Fünftel der Berliner Bevölkerung. Bereits 1671 wird die Jüdische Gemeinde gegründet. Insgesamt wächst die Stadt ab 1650 von 6000 auf stolze 55.000 Einwohner im Jahr 1700 (zum Vergleich: London zählt in jener Zeit über 700.000 Menschen).

Preußische Könige

Erste Krönung

Der Friede von Oliva 1660 bestätigt die Souveränität des brandenburgischen Kurfürsten im Herzogtum Preußen, womit die Geschichte Preußens und damit der **Aufstieg Berlins zur europäischen Metropole** ihren Anfang nimmt. 1696 wird die Akademie der Künste gegründet, 1700 die Societät der Wissenschaften, 1701 beginnt man mit dem Bau des Deutschen und des Französischen Doms.

Im selben Jahr krönt sich Friedrich III. (1657–1713), Sohn des Großen Kurfürsten, in Königsberg eigenhändig zu **Friedrich I., König in Preußen.** Da die ostpreußische Hauptstadt formal nicht zum Deutschen Reich gehört, kann der Kaiser in Wien gegen die Krönung keinen Widerspruch einlegen.

1709 geht aus Berlin-Cölln und den Neugründungen Friedrichswerder, Dorotheenstadt und Friedrichstadt die zentralisierte Einheitsgemeinde und **königlich-preußische Residenzstadt Berlin** hervor.

Soldatenkönig

König Friedrich Wilhelm I. (1688–1740), der „Soldatenkönig", vollendet den Aufbau Brandenburg-Preußens zum effizient verwalteten **Militär- und Beam-**

Der Flötenspieler von Sanssouci – Friedrich der Große

*Im armen Preußen, einem der zu jener Zeit rückständigsten deutschen Staaten, erblickt am 24. Januar 1712 in Berlin, der Residenzstadt dieses erst elf Jahre vorher gegründeten Königreichs, Baby Friedrich von Hohenzollern das Licht der Welt. Im Jahr darauf, 1713, besteigt sein Vater als König Friedrich Wilhelm I. den preußischen Thron. Fortan auch Landesvater, lehrt der „Soldatenkönig", wie man ihn bald nennt, den Sohn wie das Volk gleichermaßen „Zucht und Ordnung" sowie „unbedingten Gehorsam" und baut das kleine Preußen zur viertstärksten Militärmacht Europas auf. Um seinen Sohn Friedrich in „wahrer Liebe zum Soldatenstand" zu erziehen, ehrlich, reinlich und mit der Gesinnung, dass ein König „der erste Diener seines Staates" sei, hagelt es zu jeder Gelegenheit Hiebe. Das ist oft mit größten Demütigungen verbunden, da der Vater es bevorzugt, Stockschläge und Beschimpfungen öffentlich vor Ministern, Generälen und Diplomaten auf den Kronprinzen niedergehen zu lassen. Dieser entwickelt sich indes zum **zartgliedrigen Schöngeist,** der sich dem Spiel auf der Querflöte, der Philosophie, der Literatur und der französischen Sprache verschreibt. Die Vater-Sprache, das Deutsche, beherrscht er zeitlebens nur „wie ein Kutscher".*

*1730 misslingt dem mittlerweile 18-jährigen Thronfolger eine mithilfe seiner Freunde Katte und Keith geplante **Flucht** nach England. Er wird verhaftet und auf Befehl seines Vaters als Deserteur in die Festung Küstrin verbracht. Keith kann entkommen, für den geliebten Katte gibt es dagegen kein Pardon. Vor den Augen Friedrichs wird er in Küstrin hingerichtet.*

*Der Widerstand gegen den brutalen Vater ist damit gebrochen, Friedrich schwört, künftig „blindlings den väterlichen Willen zu befolgen". Auf dessen Befehl hin erfolgt 1732 die Verlobung mit Elisabeth Christine von Bevern-Braunschweig, welche ihm die Entlassung aus der Küstriner Verbannung einbringt, und ein Jahr später die Heirat, wobei Friedrich zu diesem Zeitpunkt schon entschlossen ist, die ungeliebte Prinzessin nach dem Tode des Vaters zu verstoßen. Die Jahre von 1736 bis 1740 verlebt er unbeschwert im Freundeskreis auf Schloss Rheinsberg in der nördlichen Mark, wo auch die von einem vierzigjährigen Briefwechsel begleitete **Freundschaft mit dem französischen Dichter und Philosophen Voltaire** beginnt.*

*1740 stirbt der Soldatenkönig und hinterlässt seinem Sohn neben einer schlagkräftigen Armee ein effizientes, geordnetes Staatswesen mit randvoll gefüllten Truhen. Friedrich, nun König Friedrich II. von Preußen, führt das gestrenge Aufbauwerk seines Vaters fort, fortan um die **Ideen der Aufklärung und die schönen Künste** bereichert. Freund Knobelsdorff beauftragt er mit dem Bau eines Opernhauses Unter den Linden und ruft Gelehrte aus aller Welt nach Berlin. Die Todesstrafe wird abgeschafft und die Zensur aufgehoben. In religiösen Fragen herrscht Toleranz, „denn hier muss ein jeder nach seiner Fasson selig werden", wie Friedrich erklärt.*

Im gleichen Jahr stirbt in Wien der deutsche Kaiser Karl VI. ohne männlichen Nachfolger und halb Europa schickt sich an, seiner Tochter Maria Theresia

Der Flötenspieler von Sanssouci – Friedrich der Große

die habsburgische Erbfolge streitig zu machen. Ohne Not und bar jeder Rechtsgrundlage marschiert Friedrich mit seinen Truppen in die Habsburgerprovinz Schlesien ein und entfesselt mit diesem Ersten Schlesischen Krieg (1740-1742) die **österreichischen Erbfolgekriege.** Im Zweiten Schlesischen Krieg (1744/45) verteidigt der König seine Eroberung mit Erfolg. Preußen unter Friedrich dem Großen, wie man ihn nun nennt, ist dank dieser Siege **als europäische Militärmacht anerkannt.**

Die folgenden zehn Friedensjahre gehören der Innenpolitik und der **Kultivierung des Landes.** Friedrich befiehlt den Anbau der Kartoffel, lässt die Sümpfe entwässern, Deiche und Kanäle bauen, das Land urbar machen und Dörfer errichten. Nach einer selbst gefertigten Skizze entsteht unter der Leitung von Knobelsdorff in Potsdam das verspielte **Sommerschloss Sanssouci,** „ohne Sorge", in dem sich der König dem vertrauten Gespräch mit Voltaire, dem Flötenspiel, Komponieren und Verseschmieden hingibt. 1756, am Morgen des Siebenjährigen Kriegs, hat er seine eleganten Röcke nach neuestem Pariser Schick seit Jahren längst abgelegt und durch einen „Sterbekittel", eine schlichte blaue Uniform, ersetzt, wie sie ähnlich schon der Vater trug. Der Krückstock ist der ständige Begleiter des 1,65 m kleinen Mannes aus Berlin, der inzwischen europaweit ein mächtiger und gefürchteter Herrscher ist.

Um dem Angriff seiner Feinde auf Preußen zuvorzukommen, marschiert Friedrich ohne Kriegserklärung 1756 völlig überraschend in Sachsen ein. Der **Siebenjährige Krieg** gegen Frankreich, Österreich und Russland beginnt, der Preußen

nach anfänglichen Siegen endlich an den Rand des Untergangs führt. Das „Wunder von Preußen" geschieht, als nach dem Tod der Zarin Elisabeth der glühende Friedrich-Verehrer Peter von Holstein-Gottorf als Peter III. den russischen Thron besteigt und zugunsten Preußens das Bündnis wechselt. Nach dem Frieden von Hubertusburg 1763 ist **Preußen endgültig Großmacht.**

Den letzten ungeheuerlichen Landraub begeht König Friedrich II. neun Jahre später gemeinsam mit Russland und Österreich. Mit Zarin Katharina II. und seiner ehemaligen Erzfeindin Maria Theresia im Bund verleibt er sich im Zuge der Ersten Polnischen Teilung 1772 Westpreußen, das Ermland und den Netzedistrikt ein.

„Fridericus Rex", der große Friedrich, ist mit 51 Jahren **einer der populärsten Herrscher Europas.** Insgesamt 350.000 Menschen aus aller Herren Länder wandern während seiner Regentschaft nach Preußen ein, in diesen in jener Zeit beispiellos aufgeklärten, modernen und zugleich merkwürdig altertümlichen Staat, der sich innerhalb eines Menschenlebens aus völliger Bedeutungslosigkeit zur europäischen Großmacht erhoben hat.

Zugleich ist Friedrich der Große auch zum **störrischen, misanthropen „Alten Fritz"** geworden. Von greisenhafter Statur und auf den Krückstock gestützt, die Uniform abgewetzt, die Weste vom Priemen bekleckert und der Zopf bis fast auf den Allerwertesten gewachsen, zeigt sich dieser verlotterte, früh gealterte Mann seinem Volk nur noch selten.

Einsam stirbt der kinderlose Friedrich, mit einer verschlissenen Uniform bekleidet, am 17. August 1786 in den Armen seines Dieners Strützki in Sanssouci.

tenstaat. Calvinistisch-fromm, streng und sparsam, saniert er in rastloser Arbeit die Staatsfinanzen und erzieht seine Untertanen zu unbedingtem Gehorsam. 1717 wird die Schulpflicht eingeführt und der Tiergarten für die Öffentlichkeit zugänglich gemacht. Drei Jahre später findet erstmals eine Volkszählung statt: Berlin hat 64.000 Einwohner. Abermals wandern Flüchtlinge ein, nun vor allem böhmische Protestanten.

Erste Textilmanufakturen entstehen und die sechs Meter hohe **Akzisemauer** (Zollmauer) wird errichtet, die nicht nur die Zollabgaben gewährleisten soll, sondern auch das Desertieren von Soldaten verhindert. Im Todesjahr Friedrich Wilhelms I. 1740 zählt Berlin 100.000 Einwohner, ein Fünftel davon sind Soldaten mit ihren Familien.

Friedrich der Große

Des Soldatenkönigs Sohn Friedrich der Große (1712–1786) zieht kurz nach seinem Regierungsantritt 1740 in den Krieg gegen Schlesien, die reichste Provinz der österreichischen Habsburger. Nach einem Zweiten Schlesischen Krieg 1744/45 und anschließend dem Siebenjährigen Krieg (1756–1763) ist das Haus Habsburg entschieden geschwächt und Preußen endgültig **Großmacht.**

Friedrich II., der Große, ist **Feldherr, Staatsmann und Schöngeist zugleich,** betrachtet sich als „erster Diener des Staates" und führt das Land im Sinne eines auf das Heer gegründeten, aufgeklärten Absolutismus. Die brandenburgischen Sümpfe werden urbar gemacht, Straßen und Kanäle gebaut und rund 300.000 Menschen neu angesiedelt.

1742 eröffnet in Berlin das Opernhaus Unter den Linden als der erste Bau des vom König und seinem Architekten Knobelsdorff geplanten **Forum Fridericianum,** zu dem sich bis 1780 noch die Hedwigskirche, die Alte Bibliothek und das Prinz-Heinrich-Palais hinzugesellen. Ab 1770 wird die Straße Unter den Linden mit vornehmen Herrenhäusern zum Prunkboulevard ausgebaut.

035be Abb.: kj

◀ *Das Reiterstandbild* 🎴 *vor der Alten Nationalgalerie zeigt König Friedrich Wilhelm IV.*

Die **sozialen Spannungen** nehmen zu. 1774 öffnet das Berliner Armenhaus seine Tore. In den Seidenmanufakturen kommt es zu Streiks. Im Todesjahr Friedrichs II. zählt Berlin 147.388 Einwohner.

Reformen

In die Regierungszeit Friedrich Wilhelms II. (1744–1797), seit 1786 König von Preußen, fällt der Bau des Brandenburger Tors, heute Wahrzeichen par excellence von Berlin, die Inbetriebnahme der ersten Berliner Dampfmaschine und die Französische Revolution, die 1789 mit dem Sturm auf die Pariser Bastille beginnt. 1806 besetzt **Napoleon** mit seinen Truppen die preußische Hauptstadt, in der ein Jahr darauf der liberale Freiherr Karl von und zum Stein weitgreifende Reformen für Preußen einleitet. Darunter fällt auch die **Bauernbefreiung**, die eine massive Landflucht und ungebremste Ausdehnung Berlins nach sich zieht.

Unter Steins Nachfolger Fürst von Hardenberg erfolgt 1810 die Eröffnung der **Berliner Universität**, 1812 die **Judenemanzipation**, mit der die jüdischen Einwohner Preußens zu preußischen Staatsbürgern erklärt werden, und 1814 die Einführung der allgemeinen Wehrpflicht.

Sieg über Napoleon

1813 wird Berlin zum Brennpunkt der „**nationalen Erhebung**" gegen die Besetzung Preußens durch napoleonische Truppen. Im März ziehen russische Soldaten in die Stadt und verjagen die bereits versprengte französische Nachhut. Generalleutnant Blücher bringt die von Napoleon **geraubte Quadriga** aus Paris nach Berlin an ihren angestammten Platz auf dem Brandenburger Tor zurück, nun um den preußischen Adler und das

von Baumeister Schinkel entworfene Eiserne Kreuz bereichert.

Die europäischen Großmächte beschließen 1814/15 auf dem Wiener Kongress die Neuordnung des nachnapoleonischen Europas, die vornehmlich aus der Wiederherstellung der alten Ordnung besteht. Die **Restaurationspolitik** mit Pressezensur, Überwachung, Vereins- und Versammlungsverbot bringt eine Zeit äußerer Ruhe (Biedermeierzeit).

Architektur und Wirtschaft

1818 stellt der große Baumeister Preußens, **Karl Friedrich Schinkel** (1781–1841), mit der Neuen Wache Unter den Linden sein erstes bedeutendes Berliner Bauwerk fertig. Es folgen nach seinen Plänen das Schauspielhaus, das Alte Museum, die Bauakademie, die Werdersche Kirche u. v. m. Der berühmte Park- und Gartenarchitekt **Peter Joseph Lenné** (1789–1866) zeichnet verantwortlich für zahlreiche Grünanlagen, darunter 1819 für die Neugestaltung des Tiergartens.

Bereits 1816 wird in Berlin die **erste deutsche Lokomotive** fertiggestellt. Im selben Jahr findet auf der Spree die Jungfernfahrt des ersten deutschen **Dampfschiffs** statt. 1820 werden vor dem Hamburger und dem Oranienburger Tor außerhalb der Stadtmauern Berlins erste **Mietskasernen** hochgezogen. 1844 eröffnet der Zoologische Garten, 1845–1850 wird nach Lennés Planung der Landwehrkanal erbaut, 1846 geht die erste **Pferde-Omnibuslinie** in Betrieb.

Berlin hat inzwischen über 400.000 Einwohner, nach den Eingemeindungen von Wedding, Gesundbrunnen, Moabit sowie dem Norden von Schöneberg und Tempelhof 1861 sind es schließlich über eine halbe Million.

Berlin um 1840

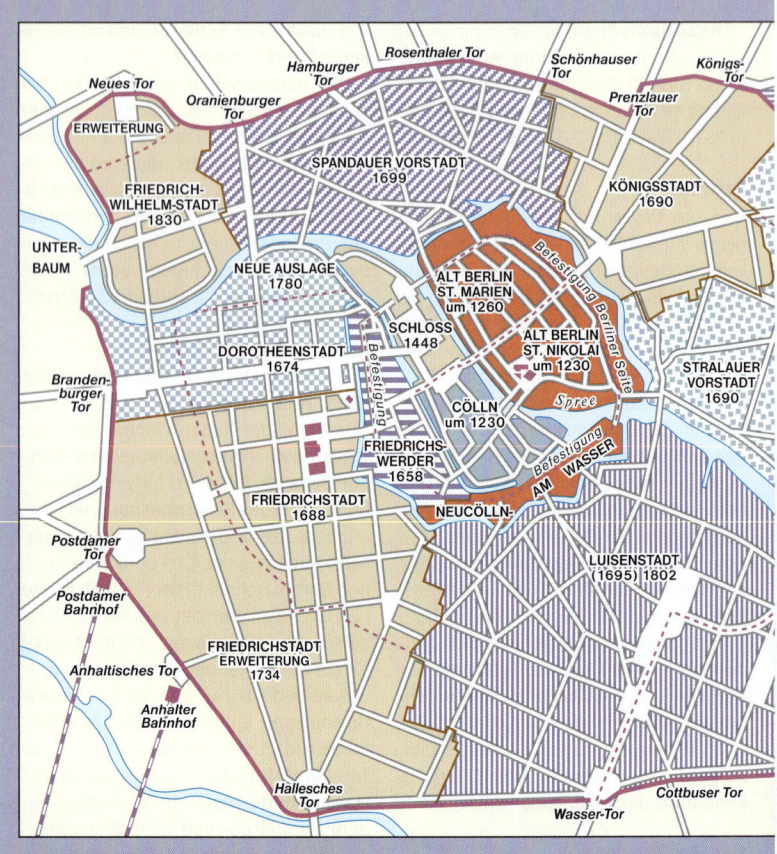

Revolutionen

Infolge der **Julirevolution 1830** in Paris kommt es auch in Berlin zu Ausschreitungen, woraufhin 1831 eine Städteordnung „zur Erhaltung der Ruhe in Deutschland" in Kraft tritt.

Im Revolutionsjahr 1848 wird Berlin zum Zentrum der **Märzrevolution**. Nach einem heißen Sommer zieht General von Wrangel am 10. November mit seinen Truppen in die preußische Hauptstadt ein. Zwei Tage später wird für die nächsten acht Monate der Belagerungszustand verhängt. Die Reaktion gewinnt wieder die Oberhand. Das allgemeine Wahlrecht wird im Jahr 1850 wieder abgeschafft und durch ein Dreiklassenwahlrecht ersetzt.

1 cm = 350 m
500 m   1 km

FRIEDRICHSHAIN

Landsberger Tor

ERWEITERUNG
1802

Frankfurter Tor

ERWEITERUNG
1802

Niederschlesischer
Bahnhof

LUISENSTADT
ERWEITERUNG
1840

Stralauer
Tor

OBERBAUM

Schlesisches
Tor

Köpenicker
Tor

© REISE KNOW-HOW 2012

Deutsche Kaiser

Gründerjahre

1862 wird der erzkonservative Altmär-
ker Otto von Bismarck (1815–1898)
zum preußischen Ministerpräsidenten
ernannt. Nach dem letzten der Deutschen Einigungskriege, 1870/71 gegen
Frankreich, erfolgt am 18. Januar 1871
in Versailles die **Proklamation des Deutschen Reichs** mit dem preußischen König Wilhelm I. (1797–1888) als deutschem Kaiser an seiner Spitze. Das fast
830.000 Einwohner zählende Berlin wird
Hauptstadt des Deutschen Reichs.

Beschleunigt durch die milliardenho-
hen „Kriegsschuldzahlungen" Frank-
reichs brummt die deutsche Wirtschaft in
den Gründerjahren. **Berlin boomt.** Hunderte neuer Firmen und ganze Stadtviertel mit Mietskasernen entstehen. 1873
wird die Siegessäule auf dem Königsplatz
(Platz der Republik) aufgestellt. 1877
überschreitet Berlin, auch durch den starken Zuzug aus dem verarmten Schlesien,
die Millionenmarke. Die erste elektrische
Straßenbahn der Welt, von Siemens &
Halske entwickelt, unternimmt ihre Jungfernfahrt 1879 in Berlin. Drei Jahre später nimmt die Stadtbahn auf ihrer Haupt-
strecke zwischen Charlottenburg und
dem Schlesischen Bahnhof den regelmäßigen Verkehr auf und 1886 wird der Kurfürstendamm zum Prachtboulevard ausgebaut. Seit dem Austritt aus der Provinz
Brandenburg 1883 ist Berlin ein selbst-
ständiger Verwaltungsbezirk.

Im „Dreikaiserjahr" 1888 übernimmt
nach dem Tod Wilhelms I. und Friedrichs
III. schließlich Wilhelm II. (1859–1941)
die Regierungsgeschäfte. Die pompöse
Epoche des **Wilhelminismus** spiegelt sich
im Bau des Berliner Doms (1893–1905),
der 1895 eingeweihten Kaiser-Wilhelm-
Gedächtnis-Kirche und nicht zuletzt im
1894 nach dem Entwurf Paul Wallots fertiggestellten Reichstags wider.

Groß-Berlin

1902 eröffnet die erste U-Bahn-Linie
ihren Betrieb, 1905 zählt die Hauptstadt
zwei Millionen Einwohner, sie ist nun die

am dichtesten besiedelte Metropole Europas. Am 1. April 1912 tritt das Gesetz zur Schaffung des „Zweckverbandes Groß-Berlin" in Kraft, zu dem neben Berlin die Städte Charlottenburg, Wilmersdorf, Neukölln, Lichtenberg und Spandau sowie die Landkreise Niederbarnim und Teltow mit nun insgesamt 4,1 Millionen Einwohnern gehören.

Im Sommer 1914 beginnt der **Erste Weltkrieg,** an dessen Ende 1918 der Zusammenbruch des deutschen Kaiserreichs steht.

Republikaner und Nationalsozialisten

Novemberrevolution

Im November 1918 kommt es zur Revolution. Der Kaiser dankt ab, Philipp Scheidemann (1865–1939) ruft vom Balkon des Reichtags die **Republik** aus, während Karl Liebknecht (1871–1919) vom Stadtschloss eine „Freie sozialistische Republik" proklamiert. **Unruhen und Arbeitsniederlegungen** sind an der Tagesordnung, Arbeiter- und Soldatenräte bilden sich. Wegen der zahlreichen Ausschreitungen auf den Berliner Straßen eröffnet im Februar 1919 die Nationalversammlung in Weimar.

Zwanzigerjahre

1920 wird die Hauptstadt durch das „Gesetz über die Bildung einer neuen Stadtgemeinde Berlin" mit den Städten Charlottenburg, Köpenick, Lichtenberg, Neukölln, Schöneberg, Spandau, Wilmersdorf sowie 59 Landgemeinden und 27 Gutsbezirken zur 878,35 km² großen **Stadtgemeinde Groß-Berlin** zusammengelegt. In 20 Bezirken leben nun insgesamt 3,85 Millionen Menschen.

Es folgen die Jahre einer kurzen, aber nachhaltigen kulturellen Blüte: die **Goldenen Zwanziger.** Währenddessen steuern Wirtschaftskrise und Inflation auf ihren Höhepunkt zu. 1923, als der Flughafen Tempelhof in Betrieb geht und im Vox-Haus die erste Sendung des Berliner Rundfunks erklingt, kostet 1 Dollar 40 Milliarden Mark. Trotz **galoppierender Inflation** findet 1924 die erste „Große Deutsche Funkausstellung Berlin" in den Messehallen statt und eine Volkszählung ergibt 4.024.165 Berliner, davon 2,3 Millionen Berufstätige.

Nazis an der Macht

Mit dem Ausbruch der **Weltwirtschaftskrise** 1929 verschärfen sich die Zusammenstöße und Schießereien zwischen Rechts- und Linksradikalen und der Polizei. 1932 sind in Berlin 636.000 Arbeitslose registriert, jeder dritte Berliner lebt von öffentlichen Zuwendungen.

Bei den Reichstagswahlen erhält die faschistische NSDAP knapp 38 Prozent der Stimmen. Ende Januar 1933 wird Adolf Hitler von Reichspräsident Hindenburg zum Reichskanzler ernannt. Am 27. Februar brennt der Reichstag, am 15. März wird in Oranienburg-Sachsenhausen wenige Kilometer nördlich von Berlin das erste Konzentrationslager eingerichtet. Neun Tage später erfolgt mit dem Ermächtigungsgesetz die **nationalsozialistische Gleichschaltung** Deutschlands. Der Boykott jüdischer Geschäfte beginnt. Auf dem Opernplatz verbrennt die SA „undeutsche Bücher". Im Sommer 1936 eröffnen auf dem eigens dafür angelegten Reichssportfeld die XI. Olympischen Sommerspiele. Kurz nach der von Goebbels organisierten Pogromnacht am 9. November 1938 (Reichskristallnacht) erfolgt die Beschlagnahmung allen jüdischen Eigentums.

Mit dem Einmarsch der deutschen Wehrmacht in Polen beginnt am 1. September 1939 der **Zweite Weltkrieg.** Zu diesem Zeitpunkt hat Berlin mit rund 4.354.000 Menschen seine jemals höchste Einwohnerzahl erreicht. Zwei Jahre später beginnen die Massendeportationen der Berliner Juden in die Konzentrations- und Vernichtungslager. Ende Januar 1942 organisieren NS-Spitzenvertreter auf der Wannseekonferenz die „Endlösung der Judenfrage".

Den Aufruf Goebbels im Berliner Sportpalast im Februar 1943 zum „Totalen Krieg" beantworten die Alliierten mit verstärkten Luftangriffen. Mit Unterbrechungen hält „The Battle of Berlin", die **Flächenbombardierung** der Hauptstadt des Dritten Reichs, bis zum Frühjahr 1945 an. Am 2. Mai 1945 kapituliert das von sowjetischen Truppen besetzte, zerstörte Berlin.

Frontstadt – Geteilte Stadt

Teilung der Stadt

Während der **Potsdamer Konferenz** im Sommer 1945 im Schloss Cecilienhof teilen die Siegermächte Deutschland in vier Besatzungszonen und Berlin in **vier Sektoren** auf: französisch der Nordwesten der Stadt, britisch der Westen, amerikanisch der Südwesten und sowjetisch der Osten. Der **Kalte Krieg** beginnt. 1946 vereinigen sich in der sowjetischen Besatzungszone SPD und KPD zur Sozia-

listischen Einheitspartei Deutschlands (SED), die bei den Gesamt-Berliner **Wahlen** knapp 20 Prozent der Stimmen erhält. Die SPD gewinnt diese Wahl mit beinahe 49 Prozent aller Stimmen. 1947 wird der Sozialdemokrat Ernst Reuter (1889–1953) zum Oberbürgermeister gewählt, der sein Amt jedoch erst 1948 antreten kann, da der sowjetische Stadtkommandant sein Veto einlegt.

Wenige Tage nach der **Währungsreform** in den drei Westzonen Deutschlands und den drei Westsektoren Berlins im Juni 1948 führen die Sowjets in ihrer Zone die Ost-Mark ein und riegeln sämtliche Zufahrtswege nach Westberlin ab. Die **Blockade** beginnt, während der die Westberliner Bevölkerung bis Mitte Mai 1949 von den „Rosinenbombern" aus der Luft versorgt wird.

Am 23. Mai 1949 erfolgt die Gründung der **Bundesrepublik Deutschland** mit

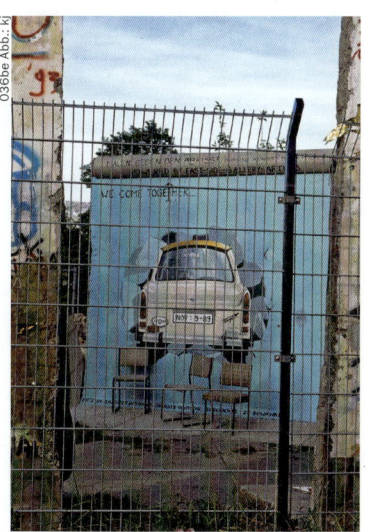

036be Abb.: kj

▶ *Nur noch wenige erhaltene Mauerreste erinnern an die fast 30 Jahre währende Teilung der Stadt*

Aufteilung Berlins 1945

© REISE KNOW-HOW 2012

Reinickendorf
Pankow
Staaken
Weißensee
Wedding
Spandau
Brandenburger Tor
Charlottenburg
Lichtenberg
Wilmersdorf
Havel
Zehlendorf
Steglitz
Tempelhof
Neukölln
Treptow
Spree
Köpenick

Britischer Sektor
Sowjetischer Sektor
Amerikanischer Sektor
Französischer Sektor
Berliner Mauer ab 1961

(West-)Berlin als einem Bundesland unter maßgeblichem Vorbehalt durch die Alliierten, am 7. Oktober gründet sich die **Deutsche Demokratische Republik mit (Ost-)Berlin** als Hauptstadt der DDR. Vier Jahre später wird Ostberlin am 17. Juni 1953 zum Zentrum des Volksaufstands gegen das SED-Regime. Sowjetisches Militär schlägt ihn nieder. Der UdSSR-Ministerpräsident Nikita Chruschtschow stellt 1958 das „Berlin-Ultimatum" mit der Forderung, Westberlin zu einer „Freien Stadt" zu erklären. Im August 1961 beginnt die DDR mit dem **Bau der Mauer,** die Berlin (West) bis auf wenige kontrollierte Übergänge hermetisch einschließt.

Jahre mit der Mauer

1967 wird in Berlin (West) bei Protesten gegen den Besuch des Schahs von Persien (Iran) der Student Benno Ohnesorg erschossen, 1968 wird der Anführer der **Außerparlamentarischen Opposition,** Rudi Dutschke, durch ein Attentat von einem Rechtsextremisten schwer verletzt.

Am Alexanderplatz entsteht 1969 mit dem Fernsehturm in der DDR das seinerzeit höchste deutsche Gebäude (368 m).

Das **Viermächteabkommen** 1971 bringt Einreiseerleichterungen von Berlin (West) nach Berlin (Ost) und Erleichterungen im zivilen Transitverkehr von der Bundesrepublik nach Berlin (West), betont gleichzeitig aber auch, dass der Westteil der Stadt kein „konstitutiver Teil" der Bunderrepublik Deutschland sei.

1976 wird anstelle des 1950 abgerissenen Stadtschlosses der **Palast der Republik** als Tagungsort der DDR-Volkskammer eingeweiht. Neue Berliner Bezirke entstehen im Osten der Stadt: Ab 1979 bildet Marzahn den 21. Berliner Bezirk, 1986/87 kommen Hohenschönhausen und Hellersdorf als 22. und 23. Bezirk hinzu. 1987 findet in beiden Hälften der geteilten Stadt jeweils eine 750-Jahr-Feier statt.

Nach den **Wahlfälschungen** durch die SED bei der Kommunalwahl im Spätfrühling 1989 kommt es in der Hauptstadt der DDR verstärkt zu Protesten. Ungarn reißt seine Grenzzäune nieder. Viele DDR-BürgerInnen stimmen mit den Füßen ab und setzen sich in den Westen ab. Elf Tage nach den Feierlichkeiten zum 40. Jahrestag der DDR am 7. Oktober 1989 tritt Erich Honecker als Staatsoberhaupt von allen seinen Ämtern zurück.

Am 4. November 1989 strömen auf dem Alexanderplatz rund eine halbe Million Menschen zur größten nicht-staatlich gelenkten Demonstration seit Bestehen der DDR zusammen. Am **9. November 1989** fällt die Berliner Mauer.

Wiedervereinigung

Das Ende der DDR

Am Tag der Einführung der D-Mark in der DDR am 1.7.1990 werden die Grenzkontrollen zwischen den beiden deutschen Staaten und den beiden Teilen Berlins eingestellt. Am 2. Oktober erfolgt die Suspendierung der alliierten Hoheitsrechte und am **3. Oktober der Beitritt der DDR** in den Geltungsbereich des Grundgesetzes. Das auf einer Fläche von rund 890 km² somit wiedervereinigte Berlin zählt 3,46 Millionen Einwohner, die in insgesamt 23 Bezirken leben.

Berlin wird Regierungssitz

Im Juli 1991 beschließt der Deutsche Bundestag mit hauchdünner Mehrheit den Umzug des Bundestags, des Bundesrats und der Bundesregierung mit den wichtigsten Ministerien von Bonn nach Berlin. Das **Umzugsgesetz Berlin-Bonn** tritt am 10. März 1994 in Kraft, womit die Hauptstadt zum Regierungssitz im Wartezustand und ihr Zentrum in die größte Baustelle Europas verwandelt wird.

Nach jahrelangen hitzigen Debatten verpacken der Künstler Christo und seine Frau Jeanne-Claude 1995 den Reichstag, auf dem Kurfürstendamm findet mit rund 300.000 Ravern die erste **Love-Parade** statt. Im Jahr darauf sind es schon 750.000, die fröhlich durch den Tiergarten tanzen.

1998 beschließt das Berliner Abgeordnetenhaus umfangreiche Reformen, darunter die Verringerung der Bezirke von 23 auf 12 ab 2001. Ein Jahr später wird die Bundeshauptstadt mit dem Zusammentreten der Bundesversammlung zur Wahl des Bundespräsidenten am 50. Jahrestag des Grundgesetzes, dem 23. Mai 1999, **Regierungssitz.** Bundestag, Bundesregierung und Bundesrat nehmen in Berlin ihre Arbeit auf, knapp zwei Jahre später wird am 20. April 2001 feierlich das neue Bundeskanzleramt im Tiergarten eingeweiht.

Die Mauer

Auf rund 155 Kilometern verlief die unüberwindbare innerstädtische Grenze, die aus zirka 45.000 Betonelementen à 1,20 Meter Breite und 3,60-4,10 Meter Höhe aufgebaut war. Hinter der auf Westberliner Seite mit allerlei Malereien verzierten und verhältnismäßig **harmlos wirkenden Vorlandmauer** erstreckten sich auf der DDR-Seite die **tödlichen Sperranlagen:** der Todesstreifen mit Metallgitterzäunen, Signaldrähten und Beobachtungstürmen, ein etwa zehn Meter breiter, hell erleuchteter Kontrollstreifen mit Hundelaufanlagen, auf dem bewaffnete Grenzsoldaten in Jeeps patrouillierten und gelegentlich auch Panzer postiert wurden, dahinter die zweite, kleinere Hinterlandmauer sowie ein gut 100 m breiter Sperrgürtel.

So präsentierte sich der sogenannte **„Antifaschistische Schutzwall"**, den die DDR-Regierung mit dem Einverständnis der Warschauer-Pakt-Staaten gegen die von ihr ausgemachten westlichen Störaktionen 1961 hatte errichten lassen und der auch der bis dato anhaltenden Massenauswanderung aus der DDR einen Riegel vorschob. Seit der zunehmenden Sicherung der DDR-Grenzen zur BRD ab 1952 war Berlin zu einem „Fluchtloch" geworden. Gemäß dem Viermächtestatus musste die innerstädtische Sektorengrenze offen gehalten werden, was bis zum 13. August 1961 knapp anderthalb Millionen Menschen zur Flucht über Berlin in den Westen nutzten.

Sonntag um 2 Uhr am 13. August sperrten Einheiten der Volkspolizei und Nationalen Volksarmee die Sektorengrenze nach Westberlin ab. Panzer, Soldaten und bewaffnete Betriebskampfgruppen bezogen Stellung. Im Morgengrauen waren bereits Straßensperren mit Stacheldraht und Spanischen Reitern errichtet, die Pflaster aufgerissen, Gräben gezogen und Betonpfähle aufgestellt. Den Bewohnern Ostberlins und der DDR wurde das Betreten Westberlins untersagt, binnen weniger Stunden wurden Familien und Freunde für die kommenden fast dreißig Jahre voneinander getrennt. Man unterbrach unverzüglich den U- und S-Bahn-Verkehr, ab 15. August wurden neben provisorischen Ziegelmauern die ersten Betonplatten aufgestellt und ab 21. August die Eingänge und Fenster der unmittelbar an Westberliner Gebiet angrenzenden Häuser zugemauert. Vorher war es **zu spektakulären Fluchtaktionen** gekommen: Mit zusammengebundenen Laken seilten sich die Menschen aus den Fenstern zum „Sprung in die Freiheit" ab, schwammen durch die Flüsse und Kanäle, nutzten unterirdische Versorgungsverbindungen oder gruben sich einen Tunnel.

Fortan waren die Westberliner eingemauert, wurden aber moralisch und finanziell aus dem Westen unterstützt, wie die nicht eingemauerten Ostberliner Hauptstädter der DDR durch den Osten moralische und finanzielle Unterstützung erfuhren. Schon ein gutes Jahrzehnt später spielte die Mauer keine bemerkenswerte Rolle mehr. **Die Tragödie war der Gewohnheit gewichen.** Für die Hauptstädter war Westberlin mittlerweile wörtlich zu einem weißen Fleck auf der Landkarte geworden, Ostberlin für die Einwohner des Westteils der Stadt zur Hauptstadt der belächelten „Täterä", wie man die DDR nannte, und der man seit 1971 - mit den entschiedenen Reiseerleichterungen durch das Viermächte- und Transit-Abkommen - auf seiner Fahrt nach „Wessiland" demonstrativ seine Rücklichter zeigte.

Spätestens Anfang der 1970er-Jahre vollzog sich die **Teilung** über das Räumliche hinaus auch **psychologisch und kulturell.** Während es im Westteil der Stadt seit den Studentenunruhen 1968 schrittweise zum Aufbruch der verkrusteten politischen und gesellschaftlichen Verhältnisse gekommen war, erfüllten sich auf der anderen Seite der Mauer die Hoffnungen nicht, die viele DDR-Bürger 1971 an den Wechsel vom Mauerbauer Walter Ulbricht zu Erich Honecker als Erster Sekretär des Zentralkomitees der SED geknüpft hatten. Anschließend igelte man sich ein in Ostberlin, zog sich in die „Innerlichkeit" zurück, wogegen die Westberliner „Insulaner" als üppig alimentierter Vorposten der freien Welt immer eingebildeter wurden und ihre Maueridylle wie den Umstand genossen, dabei gleichzeitig eine berühmte Weltstadt zu sein. Ja, dank dieser in der Tat einmaligen Wohnsituation galt man als Westberliner in aller Welt automatisch als Attraktion. Zumal: In keiner Stadt lebte es sich vergleichsweise ungeniert und frei wie im eingemauerten Westberlin.

Dann öffneten sich nach dem Sommer 1989, als Zehntausende von DDR-Bürgern über Ungarn und die Tschechoslowakei in den Westen geflohen waren, am 9. November nach 28 Jahren plötzlich die innerstädtischen Grenzen. Über eine halbe Million Ostdeutsche erstürmten in den darauffolgenden Tagen den Westteil der Stadt. „Wahnsinn" war das Wort der Stunde, das die Ereignisse zwar in keiner Weise darstellen konnte, aber sie dennoch mit Abstand am besten beschrieb. Die Sektkorken knallten, die Tränen flossen in Strömen und Westberliner und Ostberliner lagen einander in den Armen.

In dieser Situation bestand keine Zeit mehr, die Mauer, dieses heillose Bauwerk, gebührend zu würdigen. Nicht nur ihre Öffnung, auch der **Abriss** der Mauer geschah wie ihr Bau über Nacht. „Berlin, nun freue dich!", lautete der Imperativ, und welcher Berliner hätte angesichts der weltbewegenden Ereignisse gewagt, um der Erinnerung halber für ein kleines Stückchen Mauer und Todesstreifen zu bitten?

Ebenso rasch, wie er damals errichtet wurde, verschwand der Betonwall wieder. Nur in der Niederkirchnerstraße am Martin-Gropius-Bau erheben sich, streng geschützt, noch wenige Hundert Meter **original und unverfälscht erhaltene Vorderlandmauer** (siehe ❼), an der Spree in Friedrichshain stehen noch 1300 Meter 1990 nachträglich angemalte Hinterlandmauer, die „Eastside Gallery" ⓵⓶. Am Mauerpark Bernauer Straße/Ecke Eberswalder Straße haben nach 1989 Graffitikünstler hinter der Grünanlage auf dem ehemaligen Todesstreifen einen kleinen Betonrest besprüht und ebenfalls in der Bernauer Straße/Höhe Ackerstraße wurde zum 37. Jahrestag des Mauerbaus 1998 die „Gedenkstätte Berliner Mauer" ⓼⓺ eingeweiht. Zusätzlich begann man an stark von Fußgängern frequentierten Straßen zwischen den Bezirken Mitte und Kreuzberg mit der **Markierung des ehemaligen Mauerverlaufs durch doppelläufige Großsteinpflasterreihen.** In Abständen sind gusseiserne Platten mit der Inschrift „Berliner Mauer 1961-1989" in das Pflaster eingelassen, die auf der Spurensuche behilflich sein sollen. Damit dieses obszöne Bauwerk nicht vollends in Vergessenheit gerät und mehr bleibt als nur der Gedanke: Stimmt ja, da war doch mal was.

037be Abb.: kj

Auf dem Weg in die Zukunft

Weitere wegweisende Bauwerke werden im ersten Jahrzehnt nach der Jahrtausendwende eröffnet, so im Mai 2006 der Tiergartentunnel und der neue **Hauptbahnhof** im Herzen der Spree-Metropole. Rechtzeitig vor der **Fußball-WM im Sommer 2006** geht der zentrale Bahnhof ans Netz, um Fußballfans aus allen vier Himmelsrichtungen zum WM-Finale im Berliner Olympiastadion zu transportieren.

Überall in der Hauptstadt wird gebaut und gebuddelt. Neben den Herausforderungen, die der längst noch nicht abgeschlossene Bundesumzug mit sich bringt, stehen für das Land Berlin weitere zentrale **Zukunftsprojekte** an. Dazu zählen der umstrittene Wiederaufbau des riesigen Berliner Stadtschlosses (siehe **46**) und parallel der U-Bahn-Bau Unter den Linden, die stadt- und landschaftsplanerische Entwicklung der ausgedehnten Areale der stillgelegten Flughäfen Tegel und Tempelhof sowie darüber hinaus noch eine weitere Wiedervereinigung: die für eine fernere Zukunft angestrebte Länderfusion von Brandenburg und Berlin.

▲ *Fotoausstellung an der Gedenkstätte Berliner Mauer* **86** *an der Bernauer Straße*

Leben in der Stadt

Die Berliner

Einwohnerzahl

Rund **3,46 Millionen** offiziell gemeldete Menschen leben in der Spree-Metropole, womit sie mehr Einwohner als Schleswig-Holstein oder Sachsen-Anhalt zählt, ein bisschen weniger als Rheinland-Pfalz und etwa die Hälfte der Bevölkerung Niedersachsens. Bis 2005 sank die Einwohnerzahl entgegen allen früheren Annahmen beständig und trotz Berlin-Hype und Regierungsumzug ging man von einem auch in Zukunft anhaltenden Bevölkerungsschwund aus. Wer es sich leisten konnte, zog hinaus aus der Stadt ins brandenburgische Umland. Auch die „Bonner" bevorzugten ein Häuschen im Grünen.

Seit 2006 wendet sich nun das Blatt, die Zahl der Berliner steigt wieder. Zu verdanken ist das vor allem der **Zuwanderung ausländischer Mitbürger**, außerdem dem **Babyboom der Jungakademiker** in den Stadtteilen Charlottenburg, Friedrichshain und Prenzlauer Berg, die als Studenten vor zehn Jahren kamen und mittlerweile die neue urbane Mittelschicht bilden.

Insgesamt verließen seit dem Mauerfall fast 1,7 Millionen Menschen die Stadt. Ebenfalls 1,7 Millionen – und damit jeder Zweite, der heute in Berlin mit erstem Wohnsitz gemeldet ist – zogen nach der Wiedervereinigung an die Spree. In keiner anderen deutschen Stadt hat es seit 1990 einen so **massiven Bevölkerungsaustausch** gegeben. Fast die Hälfte aller Berliner sind gerade mal zwanzig Jahre Berliner.

Bevölkerungsstruktur

Insgesamt ist Berlin eine **Stadt der jungen bis mittelalten Erwachsenen.** Die Altersgruppe der 20- bis unter 45-Jährigen ist mit 38 % Bevölkerungsanteil am stärksten vertreten. Die 45- bis unter 60-Jährigen schließen sich mit rund 27 % als zweitgrößte Gruppe an. Jüngster aller Berliner Bezirke ist Friedrichshain-Kreuzberg mit einem Durchschnittsalter von 37,3 Jahren.

Zur Freude des starken Geschlechts überwiegt der Anteil der holden Weiblichkeit, die zumal öfter geschieden oder verwitwet ist. Bei den Ledigen dominieren die Männer, womit auf dem Heiratsmarkt insgesamt pari herrscht.

Einwanderungen

Zwölf Jahre nationalsozialistischer Terror 1933–1945 mit Vernichtungskrieg und dem Völkermord an den Juden wollen so gar nicht zu den Spree-Athenern passen, die **traditionell eher tolerant und multikulti** eingestellt sind, da von Haus aus selbst ein kunterbuntes Bevölkerungsgemisch.

Im Jahre 1685 strömten nach dem „Edikt von Potsdam" (s. S. 87) Glaubensverfolgte aus halb Europa in das unfruchtbare östliche Sandland, in welchem ein im europäischen Machtpoker äußerst unwichtiger Kurfürst „jottwede" (janz weit draußen) über eine Handvoll Menschen regierte: Es kamen Böhmer und Holländer, Salzburger und französische Hugenotten. Die in Frankreich verfolgten **protestantischen Glaubensflüchtlinge** machten um 1700 ein Fünftel der Berliner Bevölkerung aus, d. h. jeder fünfte Berliner war ein Franzose. Bereits 1671 wurde die Jüdische Gemeinde gegründet.

Im Zeitalter der Industrialisierung bereicherten diese märkische Melange ungezählte deutsche und polnische Arbeitskräfte aus Pommern, Ostpreußen und insbesondere aus Schlesien sowie im Zuge der Russischen Revolution Emigranten aus dem entstehenden Sowjetreich. Nach dem Ersten Weltkrieg zählte die **russische Gemeinde** mit ihrem Brennpunkt in „Charlottengrad" annähernd 300.000 Menschen. Zur Zeit der deutschen Teilung wanderten nach Westberlin vornehmlich Südeuropäer, Kurden, Palästinenser und vor allem Türken und Schwaben ein, in Ostberlin kamen Thüringer, Vietnamesen und Sachsen hinzu.

Berliner heute

Heute leben **über 470.000 ausländische Mitbürger** aus mehr als 180 Staaten der Welt in der Bundeshauptstadt. Jeder vierte Berliner hat einen Migrationshintergrund, davon besitzen 42 % die deutsche Staatsangehörigkeit. Den Löwenanteil unter den internationalen Berlinern stellen die türkischstämmigen Einwohner, gefolgt von Menschen aus dem ehemaligen Jugoslawien und auf Platz 3 den polnischen Mitbewohnern. Stark vertreten sind außerdem Italiener, Russen, US-Amerikaner, Franzosen, Griechen und Briten.

Summa summarum gibt es in Berlin also sehr viele Berliner. Gebürtige Berliner, echte Berliner, Neuberliner, Wahlberliner und Berliner mit oder ohne Wahlrecht, genau so, wie sie Wilhelm Lehmann in seiner mutigen Charakterstudie „Die schrecklichen Berliner" beschreibt: Geborene, Gestorbene, Hiesige, Auswärtige und Sonstige. Sie alle eint der Glaubenssatz, dem schon Präsident John F.

Kennedy 1963 erlag: „Vor zweitausend Jahren", bemerkte er, „war der stolzeste Satz, den ein Mensch sagen konnte: Ich bin ein Bürger Roms. Heute ist der stolzeste Satz, den jemand in der freien Welt sagen kann: Ich bin ein Berliner."

Politisches

Berlin ist ein **Bundesland,** zugleich **Hauptstadt** der Bundesrepublik Deutschland und **Sitz des Bundespräsidenten.** Seit dem Zusammentreten der Bundesversammlung zur Wahl des Bundespräsidenten am 50. Jahrestag des Grundgesetzes, dem 23. Mai 1999, ist die Hauptstadt **Regierungssitz.** Bundestag, Bundesregierung und Bundesrat arbeiten in Berlin.

Die **Verfassung des Landes Berlin** aus dem Jahr 1950 gilt seit dem 1. Januar 1991 nicht mehr nur für West-, sondern für ganz Berlin. Sie wurde 1995 überarbeitet und per Volksabstimmung mit 75,1 % Zustimmung bestätigt. Zu den wesentlichen Neuerungen gehören u. a. die Möglichkeit der Bürger zum Volksbegehren und die Gleichstellung der Frau.

Die Berliner Volksvertretung ist das **Abgeordnetenhaus** von Berlin mit mindestens 130 Abgeordneten. Die Ausschüsse tagen öffentlich. Das Abgeordnetenhaus wählt den **Regierenden Bürgermeister** (RBm) – Oberbürgermeister der Stadt und zugleich Ministerpräsident des Landes –, der die Richtlinien der Politik bestimmt. Er ernennt und entlässt die Senatsmitglieder, deren Anzahl durch die Berliner Verfassung vorgegeben und seit der 14. Legislaturperiode neun Senatoren einschließlich RBm beträgt. Die Senatoren führen ihre Ressorts als Landesminister.

O38be Abb.: kj

Bis Ende 2000 oblag dem Senat die ständige „Fachaufsicht" über die Bezirke. Seit Inkrafttreten der **Verwaltungsreform 2001,** mit der eine Zusammenlegung der 23 Berliner Bezirke auf nunmehr zwölf selbstverwaltete Großbezirke einherging, besitzt der Senat nur noch ein „Eingriffsrecht" bei Beeinträchtigung der Gesamtinteressen Berlins. Die **zwölf Bezirke** arbeiten mit eigenem Teilhaushalt und eigener Verwaltung. Die Bezirksverordnetenversammlungen (Bezirksparlamente) wählen ihre Bezirksbürgermeister und Dezernenten.

Das Berliner Wappen ist der **Bär.**

▲ *Auch die Berliner Bären brauchen manchmal eine Verschnaufpause*

Wirtschaft, Arbeit und Soziales

Wohl nirgends sind das Ausmaß und die Widersprüche des oft dramatischen **Strukturwandels,** den die Wirtschaft seit der Wiedervereinigung durchlaufen hat, besser und eindringlicher zu studieren als in der „Werkstatt der Einheit", wie Politiker in ihren Sonntagsreden die deutsche Bundeshauptstadt gerne nannten.

War Berlin vor dem Zweiten Weltkrieg einer der wichtigsten Wirtschaftsstandorte und die größte Industriemetropole Deutschlands und war später Ostberlin das bedeutendste Industriezentrum der DDR, so erwischte es nach der Wiedervereinigung vor allem das verarbeitende Gewerbe. Seit dem Mauerfall war ein drastischer **Abbau von Produktionskapazitäten und Arbeitsplätzen** in der Industrie zu beklagen, nicht nur in der ehemaligen Hauptstadt der DDR, sondern gleichermaßen hüben wie drüben.

Die Gründe für den ökonomischen Abbau Ost sind sattsam bekannt: Wegfall der osteuropäischen Absatzmärkte nach der Einführung der D-Mark, steinalte Fertigungsanlagen und nicht konkurrenzfähige Produkte. In nur einem Jahrzehnt wurden über 150.000 Arbeitsplätze im Ostteil der Stadt von vormals 187.000 Industriearbeitsplätzen abgebaut.

Die Ursachen für den Abbau West sind in der jahrzehntelangen isolierten Lage zu suchen. Infolge des Funktionsverlusts der eingemauerten Teilstadt bei gleichzeitig unsicherer Insellage mitten im kommunistischen „Roten Meer", wanderten die großen Betriebe nach Westdeutschland ab. Dem versuchte die BRD mit Steuervorteilen für Westberliner Unternehmen und Beschäftigte zu begegnen, ein letztes Mal 1990 mit 13 Milliarden DM Bundeshilfe und 9 Milliarden DM Berlinförderung – wodurch die Mauerstadt allmählich zur „verlängerten Werkbank" Westdeutschlands wurde, d.h., hier ließ man, oft mittels vorsintflutlicher Technologie, nur schrauben und löten, sofern saftige Prämien winkten. Nach dem **Wegfall der Westberlin-Subventionen** verlagerten viele Firmen ihre Herstellung folgerichtig in billiger produzierende europäische Regionen oder wanderten auch nur zu den neuen Fördertöpfen nach Ostberlin oder ins brandenburgische Umland ab. So halbierte sich von 1991 bis 2001 die Zahl der Beschäftigten im verarbeitenden Gewerbe. Dazu gesellte sich ein anhaltender Stellenabbau in Behörden, Ämtern und Dienststuben.

Die durchschnittliche **Erwerbslosenquote** 2006 lag bei knapp 18 %, im Oktober 2011 standen immer noch 12,7 % der Berliner außer Lohn und Brot. Insbesondere an den rund 700.000 Erwachsenen und 179.000 Kindern, die auf staatliche Sozialleistungen angewiesen sind, geht jeder zaghafte wirtschaftliche Aufschwung vorbei. Über die Hälfte von ihnen ist langzeitarbeitslos, darüber hinaus muss bei zahlreichen Erwerbstätigen ungeachtet ihrer vierzigstündigen Arbeitswoche das Einkommen mit Hartz IV-Leistungen aufgestockt werden. Jedes dritte Berliner Kind lebt an der Armutsgrenze, denn es stammt aus einem Haushalt, der ohne staatliche Hilfen seinen Lebensunterhalt nicht bestreiten kann.

So fließt der überwiegende Teil des Landeshaushalts denn auch in die Sozialtransfers. Gleichzeitig hat die Stadt sagenhafte **63,8 Milliarden Euro Schulden** angehäuft und „Sparen bis es quietscht", wie es der Regierende Bürgermeister Klaus Wowereit formulierte, wurde zum geflügelten Wort.

Die **harte Sparpolitik** des Senats spüren besonders schmerzlich die Bezirke, die die bürgernahen Dienstleistungen erbringen, die Parks und Grünflächen pflegen, öffentliche Gebäude und das Straßenland unterhalten, für Gesundheit und Soziales, für Volkshochschulen und Bibliotheken, Kitas, Schulen und Jugendeinrichtungen zuständig sind und wegen fehlender Finanzmittel ihren Aufgaben inzwischen teils nicht mehr nachkommen können. Schwarz auf weiß verdeutlichen die Situation der „Sozialstrukturatlas" und der Bericht „Monitoring Soziale Stadtentwicklung", die der Berliner Senat in regelmäßigen Abständen in Auftrag geben: Die Hauptstadt zerfällt immer weiter in arme und reiche Quartiere. Die Gegensätze verschärfen sich.

Nun aber zu den guten Nachrichten: Es gibt sie noch, die **traditionsreichen Unternehmen** des Berliner Maschinen- und Schienenfahrzeugbaus, der Elektrotechnik und chemischen Industrie. Namen wie Siemens und Borsig, DeTeWe, Schering und Schwartzkopff, wenn manche von ihnen auch nicht mehr unter dem angestammten Firmennamen und nur noch mit erheblich geschrumpfter Belegschaft produzieren. Insbesondere in den forschungsintensiven Industriezweigen wie Pharmazie und Biotechnologie, Elektro-, Medizin- und Nachrichtentechnik sind zahlreiche neue Unternehmen mit einem hohen Anteil an Forschungsarbeitsplätzen entstanden.

Ebenfalls günstig verläuft die Entwicklung in den produktionsnahen **Dienstleistungsbranchen,** die gegenüber 1991 heute rund zwei Drittel mehr Menschen beschäftigen. Dazu gesellten sich über 100.000 Gewerbeneugründungen seit 1990, von denen sich manche am ruppigen Markt zu behaupten verstanden, von der Imbissbude bis zur Softwareschmiede.

Als **Wissenschaftsstandort** kann die Stadt neben 16 Hochschulen mit über 140.000 Studenten auf rund 250 Forschungs- und Entwicklungseinrichtungen verweisen. 2007 wurde die Freie Universität Berlin im Rahmen der Exzellenzinitiative zur deutschen Elite-Uni gekürt. Gesundheitswirtschaft und Medizintechnik, Verkehrssystem-, Informations- und Kommunikationstechnik, Bio- und Umwelttechnologie made in Berlin sind weltweit führend. Internationale Spitzenunternehmen verlagerten ihre Deutschland- bzw. Europazentralen nach der Wiedervereinigung an die Spree, womit das Big Business Einzug hielt. Und auch

als **Medienstandort** bietet die Hauptstadt Superlative: Nirgends werden deutschlandweit mehr Rundfunk- und Fernsehsender gezählt. Mit knapp 400 Verlagen ist Berlin nach München darüber hinaus die zweitgrößte deutsche Verlagsmetropole.

Berlin holt also auf und hat sich zum Ziel gesetzt, in den kommenden Jahren zum Kraftzentrum einer wissensbasierten Ökonomie der Zukunft zu werden. Drei „Ts" bringt die Stadt dafür ein: **Talente, Technologie, Toleranz;** das bedeutet Wissenschaft, kulturelle Vielfalt und kreative Menschen aus aller Welt. Als besonders groß wird das Entwicklungspotenzial in der Kreativwirtschaft eingeschätzt. Kunst und Kultur, Film und Musik, Mode, Design und andere Unternehmen der „Creative Industry" erwirtschafteten 2009 einen Umsatz von 22,5 Mrd. Euro, das ist beinahe doppelt so viel wie in der restlichen Bundesrepublik.

Für die anderthalb Millionen Berliner Beschäftigten, von denen stattliche 80 % im Handel und Dienstleistungsbereich tätig sind (bei 15 % im produzierenden Gewerbe), waren bis 2006 150.000 neue Arbeitsplätze entstanden. **Dienstleistung** lautet das Zauberwort. Im bundesweiten Vergleich expandiert dieser Sektor überdurchschnittlich und macht zwischenzeitlich drei Viertel der gesamten Berliner Wertschöpfung aus. Nicht zu vergessen die zahlreichen neuen Tätigkeitsfelder bei Verbänden und Institutionen, die im Windschatten des Regierungsumzugs von Bonn an die Spree wechselten. Und auch die zahllosen Fenster der neuen Bürotürme wollen geputzt werden.

Boomsektor und Jobmotor Nummer eins aber ist der **Tourismus,** der bereits

Eene kleene Abschweifung zu't Jemüt vonne balinüsche Einjesessene

„Es lebt aber [...] in Berlin ein so verwegener Menschenschlag beisammen, dass man mit der Delikatesse nicht weit reicht, sondern dass man Haare auf den Zähnen haben und mitunter etwas grob sein muss, um sich über Wasser zu halten."

Nee, hamwa det mit Bejeisterung uffjenommen, watter olle Joethe da üba uns Einjeborne vazappt hat!!! Nich dass wa mit unsere jottjejebene Muttawitz desterwejen gleich von Balin zu Prahlin übajewechselt wärn. Aba et schmeichelt doch zurückblicklich uff det Scheniale, wat wa nu ehmt ma ham. Un wie de Burchtheatadirex Laube anno 1837 noch eens drufforjelt mit die Aussaache „der Berliner ist grob", sachta, „zanksüchtig, ohne Sentimentalität, eitel," - da musset eem doch vor lauta Komplimentiererei direkt de Schamesröte inne Oochen treibn.

Nu, ohne det Eijenlob schtinkt, möcht ick doch saachen, de Balina träächt schließlich allet Menschenmöchliche mit bei, um sein miesen Charakta zu vafestijen. Woruff, wenn ick mir so zu behauptn erlaubn derf, zujejeben de janze Erdkujel neidisch uff unsaeens is. Wat ja janz im Eijentlichen vonne wahre balinüsche Jrööße zeucht ... un wat bloß die uffällig jeistetzerüttete Indewiedjums nich direktemang inne Bulljongjlocke jehn will.

Ehr'nsache, uns kann keena! Oda, um mir vaständlich uff jut deutsch auszedrickn:

*„Ick sitz am Tisch un esse Klops.
Uff eenmal klopt's.
Ick staune und verwundre mir.
Uff eenmal jeht se uff, de Dier.
Ick stehe uff un denk: nanu?*

Jetzt isse uff, erst war se zu.
Ick jehe raus un kieke.
Wer steht draußen: Icke!"

Wat unsre olle Muse Berolina hia damit „unta Jänsekrätzchen" auseinanderposamentiern will, meint nüscht jeringeret als unsre uffet balinüsche Jemüt bezüchliche Filosofie: „Erst komm icke. Denn komm ick nochma. Denn kommt ne janze Weile jar nüscht, un denn kommste noch lange nich", wie et unlängst oochn Vizeprotokollheini von et Auswärtije Amt unta seine entzündeten Oochen jetreten is. „Ich erlebe es", sachta mitn vaärjerten Jesichtsfaltenwurf bein Besuch von sone ausländischen Staatskopp, wofür se disswejens eijens 'n Damm für abjesperrt ham, sachta: „dass Berliner Autofahrer, die durch unsere protokollarischen Wagenkolonnen gestoppt werden, mit Hupkonzerten reagieren oder schimpfend aussteigen. Das geht doch nicht!" Echt knorke!

Wat üban Daumen jepeilt vonne Welt nu aba die jrößte Lobdudelei an uns Balina is, is von die italienische Aasgeige Cagliostro: „Berlin - ekelhafte Stadt! Kein Mensch glaubt einem was."

Nee, Jott, die Freude! Bei soville Blümekins wird eem ja jleich zweema menschenfreundlicha umme Zwirbeldrüse. Oda, wie wia jerüat uff balinüsch zu saachen pflejen: Da wirds eem janz melanchlöterisch inne Herzjejend.

Sehnse, all det is Balin. Se müssn nur ma den Kaviar aus Ihre Oochen puhlen un orntlich hinkieken un denn wer'n Se mit sehr jroßer Jewißheit ebenfalls zu diese oben anjeführten vaninftije Übazeujungen jelangen.

> **Buchtipp:** Entdecken Sie die erfrischende, humorvolle Mentalität der Berliner mit dem Kauderwelsch-Band 139 **„Berlinerisch – das Deutsch der Hauptstadt"** aus dem Reise Know-How Verlag.

fast ein Zehntel des gesamten Berliner Bruttosozialprodukts erwirtschaftet. Die Hotellerie brummt, sie verzeichnete selbst im Krisenjahr 2009 die größten Zuwächse in ganz Europa. Und hatte man bereits vor ein paar Jahren Rom vom dritten Platz auf der Beliebtheitsskala europäischer Reiseziele verdrängt, setzt man nun an, Paris den zweiten Rang streitig zu machen. Mit 20 Millionen Übernachtungen 2010 verzeichneten die Berliner Hotels gegenüber den Rekordjahren 2008 und 2009 eine weitere satte Steigerung. Und der Boom reißt nicht ab. Weltweit hat sich die Spree-Metropole als „Place to be" etabliert. Jedes Jahr erweist sich

von Neuem als das erfolgreichste Berliner Tourismusjahr aller Zeiten.

Über 22 Millionen Übernachtungen wurden zum Jahresabschluss 2011 gezählt, weshalb die Berliner Touristiker und Marketingexperten nun kühn bis zum Jahr 2020 die 30-Millionen-Marke anpeilen. Eine im November 2011 erschienene Studie der Investitionsbank Berlin prognostiziert das Überschreiten der 30-Millionen-Grenze allerdings schon für das Jahr 2016.

◀ *Bei allen beliebt:*
Berlin als Touristenziel

Tempelhofer Feld – Bau(m)platz der Zukunft

Wo noch vor wenigen Jahren, mitten in der Stadt, auf dem Flughafen Tempelhof Flugzeuge abhoben, werden neuerdings diesseits und jenseits der Rollbahn Würstchen gegrillt. Die Start- und Landebahnen dienen dem Skater- und Radler-Vergnügen und über dem stillgelegten Flugfeld steigen statt Düsenmaschinen bunte Drachen am Himmel auf.

Von 1923 bis 2008 war der Flughafen Tempelhof in der südlichen Innenstadt mit Unterbrechungen Verkehrsflughafen. Und wie sonst keiner der drei Berliner Flughäfen ist er mit der wechselvollen Stadtgeschichte Berlins im 20. Jahrhundert verknüpft.

Die Namen der Flugpioniere Gustav und Otto Lilienthal sowie Orville Wrights sind mit dem 386 Hektar großen Gelände verbunden, dessen Karriere als Exerzierfeld sogar schon auf das 18. Jahrhundert zurückgeht. 1923 eröffnete der erste Berliner Zentralflughafen und nahm den Linienverkehr auf. 1927 waren die ersten Flugzeughallen, ein Scheinwerferturm und ein Abfertigungsgebäude fertiggestellt – seinerzeit weltweit einzigartig mit U-Bahn-Anschluss. Es folgten Erweiterungen, die von der rasanten Entwicklung im Flugverkehr jedoch gleich wieder eingeholt wurden, sodass man 1930 schließlich einen Neubau ins Auge fasste. Nach Entwürfen des Architekten Ernst Sagebiel entstand 1936–1941 das **nach dem Pentagon flächengrößte Gebäude der Welt**. In seiner Monumentalität war es zweifelsfrei Ausdruck des nationalsozialistischen Herrschaftswillens, in der Funktionalität seiner Anlage gleichzeitig aber auch der Prototyp eines Großflughafens moderner Prägung.

1947 wurde Tempelhof unter dem Namen „Tempelhof Air Base" amerikanischer Militärstützpunkt. Die **Berlin-Blockade** 1948/49, während der die US-„Rosinenbomber" mit Care-Paketen für die eingesperrte Westberliner Bevölkerung zeitweise im 90-Sekunden-Takt in Tempelhof landeten, machte den Flughafen weltweit bekannt. Ab 1950 durfte neben der militärischen Nutzung auch zivil geflogen werden und in dieser Funktion bildete Tempelhof bis zum Mauerbau 1961 ein Ausfalltor für DDR-Flüchtlinge in den Westen. 1975 wurde der Westberliner Zivilflugverkehr auf den neuen Airport Berlin-Tegel verlegt.

Ein letztes Mal diente Tempelhof dem zivilen Transport von 1985 bis 2008. Längst eigneten sich die zu kurzen Start- und Landebahnen nur noch für Standardrumpfflugzeuge auf Kurzstreckenflügen. Für Großraumflugzeuge mit höheren Passagierkapazitäten reichte der dienstalte Flughafen nicht mehr. Darüber hinaus intensivierte sich die Kritik hinsichtlich seiner Innenstadtlage mitten im Häusermeer und den damit verbundenen Gefahren im Notfall für die Bevölkerung. Zuletzt verbuchte Tempelhof ein jährlich zweistelliges Millionendefizit und nur noch vier kleine Airlines steuerten ihn an.

1996 erfolgte der Beschluss des Bundesverkehrsministers, Berliner Regierenden Bürgermeisters und Brandenburger Ministerpräsidenten zum Ausbau des Flughafen Schönefeld im Südosten der Bundeshauptstadt zum neuen **Großflughafen Berlin-Brandenburg Willy Brandt (BER)**. Damit verbunden war die Schließung der innerstädtischen Flughäfen

Tempelhofer Feld – Bau(m)platz der Zukunft

Tegel und Tempelhof. Klagen der Fluggesellschaften und 2008 ein von der Interessengemeinschaft City-Airport Tempelhof (ICAT) initiierter Volksentscheid im Frühjahr 2008 schlossen sich an. Sie scheiterten beide: hier an Gerichtsurteilen, dort am Votum der Berliner Bevölkerung. Am 30. Oktober 2008 beendete der Flughafen Berlin-Tempelhof seinen Betrieb. Und mit ihm schloss sich eines der letzten Kapitel in der Berliner Nachkriegsgeschichte.

Seitdem wird um die Nachnutzung des riesigen Flughafengeländes gerungen. Zwar sind sich alle Parteien einig, dass auf die besondere Historie des Areals eingegangen werden muss. Aber wie das im Einzelnen aussehen soll, darüber streiten der Berliner Senat, Investoren, Aktivisten und Anrainer.

Seitens der Senatsverwaltung für Stadtentwicklung sieht das **Folgenutzungskonzept** für das fast 400 Hektar große ehemalige Flughafengelände folgendermaßen aus: Geplant sind ein Forum für Kultur-, Medien- und Kreativwirtschaft in den ehemaligen Flughafengebäuden. An den Rändern des Areals sollen westlich bis südlich in Tempelhof, östlich in Neukölln und nordöstlich nahe der Grenze zu Kreuzberg neue Wohnquartiere und im Süden Gewerbeflächen entstehen. Dazwischen werden

▲ *Hinweisschilder auf den Wiesen zwischen den Rollbahnen weisen auf die brütende Feldlerche hin – ein gern gesehener Vogel auf dem Gelände des ehemaligen Flughafens Tempelhof mitten im Zentrum*

sich bis auf Weiteres etwa 220 Hektar unbebaute wilde Grünfläche zwischen den Rollfeldern ausdehnen, zunächst – typisch für die Spree-Metropole seit der Wiedervereinigung – in Form einer Zwischennutzung.

Seit Mai 2010 ist das umzäunte Tempelhofer Feld unter dem Namen „**Tempelhofer Park**" als größte innerstädtische Freifläche auch für den Publikumsverkehr wieder zugänglich. Vorher hatte die Initiative „Squat Tempelhof" vergeblich versucht, gegen den mannshohen Zaun, der das Gelände umgibt, anzustürmen. Denn ob der künftige Park als öffentlicher „Erkundungsraum" durch Zäune gesichert sein soll oder nicht, ist in der Stadt heiß umstritten. Darüber hinaus werden in den Wohnvierteln rundum, die wegen des jahrzehntelangen Fluglärms bis vor Kurzem noch zu den ärmsten zählten, massive Bevölkerungsaustauschprozesse erwartet, und das Bündnis „Squat Tempelhof" demonstriert dagegen.

Gleichzeitig wird auf dem Tempelhofer Feld der Versuch unternommen, den Planungsprozess einigermaßen offen zu gestalten und möglichst viele kreative Impulse mit einzubeziehen, damit nachbarschaftliche Nutzungen, Freizeit, Erholung, Sport und Kultur besser mit neuen unternehmerischen Ideen zusammengehen.

Zunächst jedoch sind die Berliner dabei, das riesige Wiesenmeer zu erobern, mit Imbiss und Biergarten, Liegestuhlgarten, Picknick, Grillen, Skaten, Radeln oder einfach Spazierengehen, wo immer man auf der Fläche auch seinen Platz finden möchte. Dazu schweift der Blick weit über Rasen und Rollbahnen hinweg. Kaum ein Baum ist zu sehen, nur Gras und Asphalt – und im Hintergrund die zweitgrößte zusammenhängende Gebäudefläche der Welt.

Die Bagger, die das Tempelhofer Feld neu gestalten, werden erst 2013 anrollen. Im Jahr 2017 soll auf dem Gelände dann die Internationale Gartenschau stattfinden. Bis dahin steht dem normalen Berliner und seinen Besuchern das Flugfeld mit seiner eigentümlichen Weite mitten in der Stadt als Freizeitraum zur Verfügung.

● **220** [L11] **Flughafengelände Tempelhof**, geöffnet: tgl. 6–21.30 Uhr, Eingänge in das umzäunte Gelände: im Norden Columbiadamm, U6 Platz der Luftbrücke oder U8 Boddinstraße, Bus 248, 104; im Nordosten: Oderstraße, U8 Boddinstraße; im Südwesten Tempelhofer Damm, S und U6 Tempelhof

Berlin entdecken

005be Abb.: kj

Mittendrin – rund um Brandenburger Tor und Regierungsviertel

An der ehemaligen Nahtstelle zwischen West und Ost erhebt sich Berlins Wahrzeichen par excellence – früher Symbol für die Teilung der Welt, heute für die Überwindung von Grenzen. Rund um das Brandenburger Tor hat sich zwischen Spreebogen und der Straße Unter den Linden die wiedervereinigte Bundesrepublik Deutschland ihre neuen Paläste gebaut.

Überblick

Im **Stadtteil Mitte** schlägt das Herz Berlins. Hier befinden sich die historischen, politischen und kulturellen Brennpunkte der Spree-Metropole. An seinen Achsen vom Brandenburger Tor bis zum Alexanderplatz, von der Oranienburger Straße bis zur südlichen Friedrichstraße reiht sich auf engstem Raum eine Fülle bedeutender Sehenswürdigkeiten dicht an dicht aneinander.

In Mitte liegt die **Keimzelle Berlins.** Auf der Spreeinsel und gegenüber am östlichen Flussufer begann im 13. Jahrhundert mit den Städten Cölln und Berlin die Geschichte der Stadt. Diesseits und jenseits einer Furt durch die Spree bildeten sie den innersten Kern, um den sich im Verlauf der Jahrhunderte eine in unregelmäßigen Sprüngen beinahe

ringförmig wachsende Stadt legte: zunächst im Westen die kurfürstlichen Neugründungen **Friedrichswerder** unmittelbar westlich der Spreeinsel, **Dorotheenstadt** rund um die Straße Unter den Linden und **Friedrichstadt** im Einzugsbereich der Friedrichstraße südlich der Linden. Sie wurden 1709, acht Jahre nach der Gründung des Königreichs Preußen, von Friedrich I. (1657–1713) mit der Doppelstadt Berlin-Cölln zur königlich-preußischen Residenzstadt Berlin zusammengefasst.

Außerhalb der Stadtmauern wuchsen derweil die **Vorstädte:** im Norden Berlin-Cöllns die Spandauer Vorstadt und, weiter im Uhrzeigersinn, nordöstlich die Königsstadt, östlich die Stralauer Vorstadt sowie südöstlich die Köpenicker Vorstadt (Luisenstadt). Zusammen mit Friedrichswerder, Dorotheen- und Friedrichsstadt im Westen schlossen sie den ersten Ring um den Altberliner Stadtkern.

Der Soldatenkönig Friedrich Wilhelm I. (1688–1740) ließ ihn 1734–1736 unter Einbeziehung weiter unbebauter Flächen von einer sechs Meter hohen Zollmauer, einer „Akzisemauer" umziehen. Diese aus Ziegelsteinen aufgebaute Besteuerungslinie beschrieb noch bis weit ins 19. Jahrhundert hinein die Berliner Stadtgrenze: Sie verlief vom Brandenburger Tor über das Rosenthaler und Schönhauser Tor im Norden der Stadt nach Osten zum Frankfurter Tor und von dort weiter nach Süden zum Schlesischen und Halleschen Tor, um über das Potsdamer Tor zum Ausgangspunkt zurückzukehren. Ihr Verlauf deckt sich größtenteils

◀ *Vorseite: Am Gendarmenmarkt* **62** *– Konzerthaus und Schillerdenkmal*

Mittendrin – rund um Brandenburger Tor und Regierungsviertel

mit den derzeitigen Stadtteilgrenzen von **Alt-Mitte** (nicht zu verwechseln mit dem Großbezirk Mitte, zu dem außerdem die Stadtteile Tiergarten und Wedding gehören). Abgesehen vom Westen Friedrichshains und dem Norden von Kreuzberg entspricht Alt-Mitte in seiner Ausdehnung mithin etwa der historischen kurfürstlichen, später königlich-preußischen Residenzstadt Berlin. Bis 1861 war die Mitte von heute identisch mit ganz Berlin. Erst danach legte sich mit den Eingemeindungen der Orte Wedding, Gesundbrunnen, Moabit, dem Norden Schönebergs und Tempelhofs ein zweiter Ring um den ersten.

Es wundert daher nicht, dass es im alten Herzen der Stadt den **größten Reichtum an Sehenswertem** und Interessantem zu entdecken gibt, an historischen Sehenswürdigkeiten ebenso wie an momentan im Entstehen Begriffenem, an klassischer Hochkultur wie Avantgardistischem oder Szenigem, an geballter Scheußlichkeit wie formvollendeter Schönheit, an Vergangenem ebenso wie an Zukünftigem, das im zweiten Jahrzehnt des dritten Jahrtausends gerade Gestalt annimmt. Weshalb es sich zum Berlin-Kennenlernen auf jeden Fall lohnt, direkt *in medias res,* mittenmang in die Dinge hineinzugehen.

🔴 Brandenburger Tor ★★★   [J5]

Auch wenn es mittlerweile nur noch eines unter zahlreichen Bauwerken am Pariser Platz ist – die erste Erwähnung gebührt dem Brandenburger Tor, weltweit bekanntes Wahrzeichen der Spree-Metropole, Symbol für die Teilung und Wiedervereinigung der Stadt, des Lands und des ganzen Kontinents.

Das einzige noch vorhandene Stadttor Berlins entstand zwischen 1788 und 1791 in der Form, wie wir es heute sehen: als ein von zwei Flügelbauten begleiteter **frühklassizistischer Sandsteinbau** mit fünf Tordurchfahrten, entworfen nach Art der Propyläen auf der Athener Akropolis – das bedeutendste Werk des Baumeisters Carl Gotthard Langhans (1732–1793).

Das Dach auf dem Torbau wird von der **Quadriga** gekrönt, dem in Kupfer getriebenen Viergespann und der Siegesgöttin

🔺 *Die Quadriga mit der Siegesgöttin Viktoria als Wagenlenkerin krönt das Brandenburger Tor*

Viktoria als Wagenlenkerin, das 1789 der große Bildhauer des preußischen Klassizismus, Johann Gottfried Schadow, entwarf. 1790–1793 vom Kupferschmied Emanuel Jury ausgeführt, fand die fünf Meter hohe Skulpturengruppe anschließend ihren Platz auf dem Tor. Nach der Zerstörung im Zweiten Weltkrieg wurde das Brandenburger Tor 1956–1958 originalgetreu wieder aufgebaut und die Quadriga mithilfe eines Gipsabgusses des Originals rekonstruiert.

Das Brandenburger Tor

Dank seiner bevorzugten Lage zwischen der Straße Unter den Linden und dem Tiergarten war das Brandenburger Tor - das einzig erhaltene von ursprünglich 18 Berliner Stadttoren - schon immer nicht nur von hervorragender städtebaulicher Funktion, sondern hatte stets auch eine **immense symbolhafte Bedeutung.** *„Friedenstor" nannte man es nach seiner Fertigstellung 1791 und krönte es 1793 mit der* **Quadriga,** *Johann Gottfried Schadows ehernem, von einer Friedensgöttin gelenktem Viergespann. Den Blick ostwärts zum Stadtschloss gewandt, wachte die Wagenlenkerin über die Linden und den betriebsamen Verkehr zu ihren Füßen, wo, von zwei Flügelhäuschen für Wache und Zoll eingerahmt, die Fuhrwerke der Händler ebenso wie die Equipagen der feinen Gesellschaft links und rechts durch die vier Durchfahrten zwischen den dorischen Säulen hindurchrollten. Die mittlere, fünfte, etwas breitere Durchfahrt war ausschließlich der königlichen Familie vorbehalten.*

Der Frieden sollte jedoch nicht lange währen. Nach der Eroberung Berlins durch napoleonische Truppen wurde Madame samt Gespann 1806 als Siegesbeute nach Paris entführt und kehrte erst 1814, nach der Niederlage Napoleons, auf ihren angestammten Platz zurück - berei-

chert um einen Preußischen Adler und das von Karl Friedrich Schinkel entworfene Eiserne Kreuz als den beiden Insignien, die rasch zum Inbegriff des preußisch-deutschen Militarismus aufstiegen. Die wohlgesonnene Friedensgöttin war zu einer Siegesgöttin mutiert - der stolzen Viktoria.

Vor den Augen Viktorias spielten sich **zahlreiche Höhepunkte und ebenso die finstersten Stunden deutscher Geschichte** *ab: Truppen paradierten zur Reichsgründung, zu Kaisers Geburtstag und marschierten unter dem Jubel der Bevölkerung 1914 in den Ersten Weltkrieg hinaus. Am 30. Januar 1933 zogen anlässlich Hitlers Ernennung zum Reichskanzler braune SA-Horden im Gleichschritt mit brennenden Fackeln durch das Brandenburger Tor. Der Maler Max Liebermann (1847-1935), der das nördlich an das Tor grenzende Palais bewohnte und dem gespenstischen Spektakel von seinem Atelierfenster aus beiwohnte, kommentierte: „Ich kann gar nicht so viel fressen, wie ich kotzen möchte", zog die Vorhänge zu und öffnete sie bis zu seinem Tod zwei Jahre später nicht mehr.*

Schon 1942 machte man vorsorglich einen Gipsabguss von der Quadriga, mit dessen Hilfe man 1956-1958 das im Krieg zerstörte Original neu in Kupfer treiben konnte. Wie die meisten historischen Bauwerke im Herzen Berlins ist auch die Quadriga eine Rekonstruktion. 1958 wurde die

Mittendrin – rund um Brandenburger Tor und Regierungsviertel

Im südlichen Torhaus ist ein **Info-store** von visitBerlin für Berlin-Besucher untergebracht, im nördlichen Torhaus bietet der **Raum der Stille** einen Platz der Einkehr und des besinnungsvollen Verweilens.

❯ S1, S2, U55 Brandenburger Tor
❯ **Infostore,** tgl. 10 – 19 Uhr
❯ **Raum der Stille,** März–Okt. 11 – 18 Uhr, Nov./Feb. 11 – 17 Uhr, Dez./Jan. 11 – 16 Uhr

❷ Pariser Platz ★★★   [J5]

Der rund anderthalb Hektar große, quadratische Platz gehört zu den herausragenden repräsentativen Orten des historischen wie des neuen Berlin.

neue alte Dame auf das wiederaufgebaute Brandenburger Tor verbracht – ohne Eisernes Kreuz und Preußischen Adler.

Drei Jahre später wurde die Mauer gebaut. Mitten im Todesstreifen, vom Tiergarten durch das Betonmauermonster abgesperrt und der gesamte Pariser Platz rundum in Schutt und Asche versunken, avancierte das Brandenburger Tor in dieser Erscheinung 1961 innerhalb weniger Wochen für die nächsten 28 Jahre zum Symbol für die tödliche deutsch-deutsche Grenze, für die Teilung Deutschlands, ja für die Teilung der Welt überhaupt.

Seit dem Mauerfall gilt es umgekehrt wie kein anderes Bauwerk als das Wahrzeichen schlechthin für das ungeteilte Berlin. Die Bilder der im November 1989 vor dem Brandenburger Tor auf der Vorlandmauer tanzenden Menschen gingen rund um den Erdball. Und am 3. Oktober 1990 fanden hier die Feierlichkeiten zur Wiedervereinigung statt. Dabei entgingen der wagenlenkenden Kupferlady zwar die dicken Krokodilstränen, die der damalige deutsche Kanzler dazu vergoss – sie befand sich bis 1991 in Restaurierung –, doch hat die Viktoria seitdem viele weitere bunte Feste und grandiose Feuerwerke gesehen. Sie trägt auch wieder den Preußischen Adler und den Siegerkranz mit Schinkels Eisernem Kreuz. Wollen wir hoffen, dass sie diesmal besser damit umzugehen versteht.

Im Rahmen der zweiten barocken Stadterweiterung 1734–1736 ließ König Friedrich Wilhelm I. (1688–1740) das damals „**Quarré**" genannte Geviert zusammen mit dem weiter südlich gelegenen achteckigen „Oktogon" (Leipziger Platz) und dem runden „Rondell" (Mehringplatz) anlegen und ganz Berlin von einer sechs Meter hohen Zollmauer umziehen. Wer sich der Stadt von Westen oder Südwesten näherte und fortan durch das Hallesche Tor, das Potsdamer Tor oder das Brandenburger Tor nach Berlin einzog, dem eröffneten sich die Plätze Rondell, Oktogon oder Quarré als **würdevolle Entrées** in die preußische Residenzstadt.

Ursprünglich umgab das Quarré eine einheitliche barocke Umbauung, wobei das Brandenburger Tor, das den Platz nach Westen hin zum Tiergarten abschloss, in jener Zeit nicht mehr als ein schmuckloses Loch in der Zollmauer war. Die monumentale klassizistische Toranlage, die später zu Berlins bekanntestem Wahrzeichen wurde, sollte erst ein halbes Jahrhundert später ab 1788 erstehen.

> **Verkehrsanbindung Pariser Platz**
> ❯ S1, S2, U55 Brandenburger Tor

Mittendrin – rund um Brandenburger Tor und Regierungsviertel

In den Befreiungskriegen gegen Napoleon wurde der quadratische Platz nach der Eroberung von Paris 1814 durch preußische Truppen in „Pariser Platz" umbenannt. Längst war er zur **schicken Adresse für Adel und hohe Militärs** avanciert. Wer etwas auf sich hielt, baute an diesem exponierten Ort und beschäftigte die berühmtesten preußischen Baumeister. Bis zur Zerstörung im Zweiten Weltkrieg umgaben die geschlossene Anlage, die die Berliner schlicht **„Gute Stube"** nannten, prachtvolle Botschaften und Adelspalais.

Nach der Teilung Berlins 1945 und der Gründung der DDR 1949 wurden die verbliebenen Kriegsruinen auf dem Geviert abgerissen. Nur das Brandenburger Tor wurde rekonstruiert und lag, wie der gesamte nun öde Pariser Platz, seit dem Mauerbau 1961 im Todesstreifen.

Nach der Wiedervereinigung 1990 entbrannte eine heiße **Debatte über die Neugestaltung des Platzes** an der Nahtstelle zwischen West und Ost im Herzen Berlins. Originalgetreue Rekonstruktion oder zeitgenössische Neubebauung hießen die beiden Pole der Auseinandersetzung. Schließlich entschied man sich für den Mittelweg einer „kritischen Rekonstruktion". Angelehnt an das historische Vorbild sollte ein moderner **„Salon der Republik"** entstehen.

Mitte der 1990er-Jahre begannen die Bauarbeiten, die Namen der Beteiligten lesen sich wie eine VIP-Liste der **international renommierten Architektengilde:** Frank O. Gehry, Günter Behnisch, Meinhard von Gerkan, Josef Paul Kleihues und andere mehr entwarfen unter der Knute der gestrengen Berliner Bauvorgaben – zentimetergenauer Aufbau und Höhe der Gebäude, Lochfassade mit maximal 50 Prozent Fenster- und Türenanteil, Fassadenfarbe u.v.m. – ein jeder sein eigenes Schlösschen. Nichts mag sich recht in das andere fügen. Gleichwohl sind viele voll des Lobs über die am Pariser Platz gelungene Balance zwischen Tradition und Moderne, während die Kritiker dieser „kritischen Rekonstruktion" heute schon wieder von den „Bausünden der 1990er-Jahre" sprechen.

So steht sie da, eine insgesamt doch **recht nüchtern wirkende Banken- und Botschaftenansammlung** am Brandenburger Tor, ein „Salon", der in der Planung wohl eher die Vorstellung von Politik und Finanzwelt spiegelte, als dass er der Vielfalt einer zivilgesellschaftlichen Republik Ausdruck verlieh. „Hier und nicht am Stadtschloss", schrieb die Fachzeitschrift „Bauwelt" 1995 zum Baubeginn, „werden die Grundsteine für das Bild dieser Stadt zwischen gestern und morgen gelegt." Und folgt man diesem Gedanken, lässt sich mit Freude feststellen, dass das weite Kopfsteinpflaster zwischen den Bauwerken – gewissermaßen das Parkett im Salon – kunterbunte Menschenscharen aus aller Welt längst zu ihrem **People's Place** gemacht haben.

❸ Hotel Adlon ★★   [J5]

Die **legendäre Luxusherberge** ist beinahe originalgetreu wiedererstanden. 1905 erfolgte in der Südostecke des Pariser Platzes der erste Spatenstich, zwei Jahre und 20 Millionen Goldmark später war das mondäne Hotel des Gastronomen Lorenz Adlon fertiggestellt und sorgte fortan für die standesgemäße Unterbringung der Vornehmen, Schönen und Reichen der Welt zu Gast in Berlin. Zur feierlichen Eröffnung 1907 berichtete

Mittendrin – rund um Brandenburger Tor und Regierungsviertel

die „Vossische Zeitung": „Während des gestrigen Tages hatten Kaiser, Kaiserin, Prinzessinnen und Prinzen den prächtigen Hotelbau besichtigt und Herrn Adlon ihre Anerkennung des hier Geschaffenen in ehrendster Weise ausgesprochen."

Das wiedererrichtete Adlon setzt diese Tradition mit großem Erfolg fort. Genau 90 Jahre nach seiner Eröffnung wurde es 1997 am historischen Ort vom Bundespräsidenten neu eingeweiht. 2005 kürte es die Vereinigung „The Leading Hotels of the World" zum besten Hotel in Europa, 2007 folgte der ruhmreiche dritte Platz unter den 100 besten Hotels auf der Welt. Ein Blick in die Lobby, ein Drink an der Bar oder ein Imbiss im Restaurant liegt aber auch für normalsterbliche Einkommensbezieher im Bereich ihrer Möglichkeiten und lohnt zum Atmosphäre-Schnuppern auf jeden Fall.

④ Akademie der Künste ★★   [J5]
Unmittelbar an das Adlon schließt sich die **Glasfront** der neuen Akademie der Künste an. Am Ort der kriegszerstörten alten Akademie der Künste errichtete der Stuttgarter **Günter Behnisch** (1922–2010) den Neubau im Sinne einer „antiberlinischen Störung". Was auch immer der Stararchitekt damit gemeint hatte – ob die altertümliche Berliner Traufhöhenregel oder die gestrengen Vorgaben der Berliner Planungsbehörden, die jedem fantasievollen Entwurf unverzüglich ein enges Korsett anlegen. Indem Behnisch der Akademie eine nahezu durchgehende Glasfront verpasste, setzte er sich einfach über die Vorschriften hinweg. Und der volkstümliche Berliner findet zumindest, mit der luftig-transparenten Akademie sei dem Architekt eines der hübscheren Häuser am Platz gelungen.

Im Mai 2000 war Grundsteinlegung, im Mai 2005 übergab man das Bauwerk mit großem Staatsakt seiner Bestimmung, die schöne Kunst zu fördern und zu unterstützen. Dem Publikum stehen Passage, Bistro, Buchhandlung, Lesesaal und Ausstellungshallen offen.
> Tel. 200570, www.adk.de, Di.–So. 11–20 Uhr, die Passage zur Behrenstraße tgl. 10–22 Uhr

⑤ DZ-Bank ★   [J5]
Das Bankgebäude wurde 1996–1999 nach Entwürfen des gefeierten kalifornischen Architekten **Frank O. Gehry** errichtet. Die für Gehrys Entwürfe außergewöhnlich schlichte Außenfassade ist ebenfalls den konservativen Berliner Bauvorschriften geschuldet. Sein spektakuläres Schaffen verlegte der Architekt deshalb ins Innenleben.

Im glasgedeckten Innenhof verbinden sich über hundert Edelstahlplatten und formen über mehrere Geschosse hinweg eine Skulptur, die die Halle des Geldinstituts wie einen riesigen Wal aussehen lässt.

⑥ Amerikanische Botschaft ★   [J5]
Die letzte Lücke in der Häuserfront am Brandenburger Tor schloss mit Bauende im Frühjahr 2008 die Amerikanische Botschaft. 75 Jahre nach dem Grundstückskauf und 13 Jahre nach Planungsbeginn kehrte die US-Vertretung damit an den Pariser Platz zurück. 1957 war die kriegszerstörte alte US-Botschaft abgerissen worden und bis zum Mauerfall lag das Grundstück im Todesstreifen. 1995 gewann das kalifornische Architektenbüro Moore, Rubel, Yudell Architects & Planners mit seiner Idee einer gläsernen Kuppel auf dem Dach,

Spaziergang 1: Durch das Zentrum der „Berliner Republik"

Direkt an der Spree im Herzen der Stadt erstrecken sich eindrucksvoll die Regierungsbauten des wiedervereinigten Deutschland. Doch wird im Epizentrum der „Berliner Republik" nicht nur Politik gemacht. Das **Parlaments- und Regierungsviertel** mit Reichstag und Bundeskanzleramt, mit Botschaften und Presseorganen ebenso wie mit seinen Orten des Erinnerns und des Gedenkens hat sich längst zum Besuchermagnet entwickelt.

Ausgangspunkt für den Spaziergang ist der **Pariser Platz** ❷, der von Banken und Botschaften umkränzte „Salon der Republik", den das **Brandenburger Tor** ❶ im Westen beschließt. Mit Blick auf das berühmteste Wahrzeichen aller Berliner Wahrzeichen liegen linkerhand, grünspanbedacht, das Luxushotel Adlon ❸ und die gläsern-luftige Akademie der Künste ❹, gefolgt von der DZ-Bank ❺ und schließlich der Amerikanischen Botschaft ❻. Auf der rechten Seite am Platz ist mit der Französischen Botschaft ein weiterer ehemaliger Alliierter an seinen historischen Standort vor dem Zweiten Weltkrieg zurückgekehrt.

Die Briten als die dritten Westalliierten im Bunde haben ihre neue Botschaft zwischen 1998 und 2000 – ebenfalls am historischen Ort – um die Ecke in der Wilhelmstraße errichtet. Einmal kurz den Blick nach Osten auf den Boulevard Unter den Linden ❶❹ und im Hintergrund die Silberkugel des Fernsehturms ❺❹ gewandt, geht der Spaziergang gleich rechts vom Pariser Platz in die **Wilhelmstraße** [J5] hinein. Vom 19. Jahrhundert an bis zum Ende des Hitler-Reichs war die Straßenschlucht von Regierungsbehörden, Diplomaten- und Adelspalais geprägt und stieg in dieser Form zum Synonym für Regierungsmacht auf. Im Zweiten Weltkrieg dem Erdboden gleich gemacht, präsentiert sie sich heute als spannende **Geschichtsmeile** (s. S. 178). Der Abschnitt der Wilhelmstraße hinunter zur Behrenstraße ist wegen Sicherheitsbedürfnissen der Britischen Botschaft für den Autoverkehr gesperrt. So hat man als Fußgänger für wenige Meter einmal eine ganze Straßenbreite für sich, um kurz darauf an der **Behrenstraße**, der historischen „Bankermeile", gleich wieder rechts abzubiegen.

An der Behrenstraße liegt vor dem Tiergartenrand die nächste Station auf dem Parcours: das **Denkmal für die ermordeten Juden Europas** ❼. Auf 19.000 Quadratmetern dehnen sich die unterschiedlich hohen Betonstelen der auch kurz „Holocaust-Denkmal" genannten Gedenkstätte aus. Im Süden wird das Stelenfeld durch die **Ministergärten** begrenzt, die Landesvertretungen der deutschen Bundesländer. Südwestlich klettern der Sony-Tower und das Kollhoff-Hochhaus am **Potsdamer Platz** ❾❾ in den Himmel empor.

Rechts in die Ebertstraße hinein ist wenige Minuten später der Platz des 18. März westlich vor dem Brandenburger Tor erreicht. Nur einen Steinwurf von dort entfernt ragt mächtig die gläserne Kuppel über dem Reichstagsgebäude auf. Der Schwarze-Limousinen-Park an seiner Ostflanke zeigt an, ob gerade Sitzungswoche des Bundestags ist. In der Nachbarschaft direkt an der Spree bietet das neubarocke ehemalige Reichstagspräsi-

Spaziergang 1: Durch das Zentrum der „Berliner Republik"

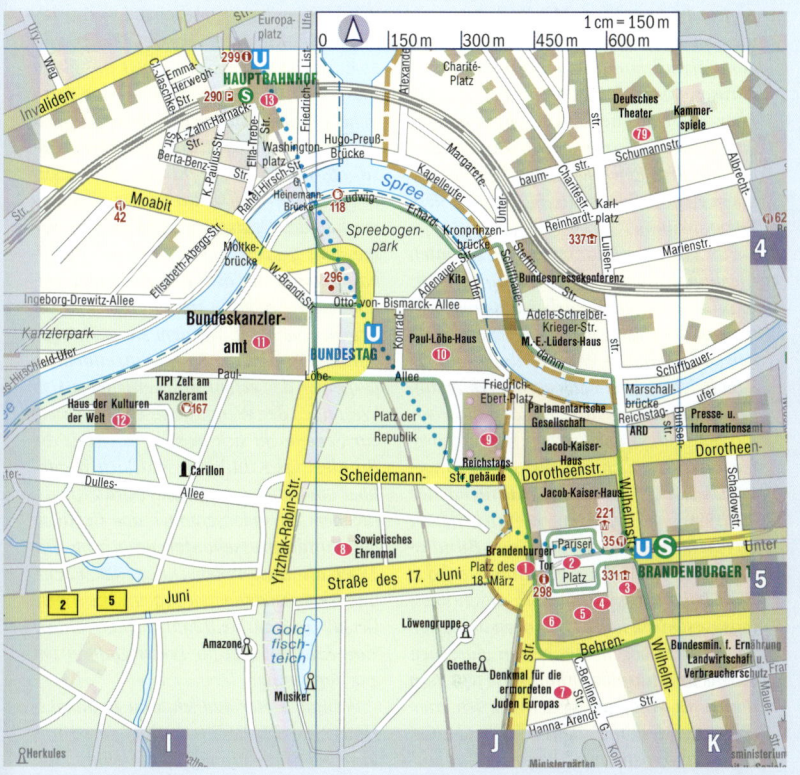

❶	[J5] Brandenburger Tor S. 113	❽	[J5] Sowjetisches Ehrenmal S. 123
❷	[J5] Pariser Platz S. 115	❾	[J5] Reichstag S. 123
❸	[J5] Hotel Adlon S. 116	❿	[J4] Parlamentsgebäude S. 126
❹	[J5] Akademie der Künste S. 117	⓫	[I4] Bundeskanzleramt S. 126
❺	[J5] DZ-Bank S. 117	⓬	[I4] Haus der Kulturen der Welt S. 126
❻	[J5] Amerikanische Botschaft S. 117	⓭	[I4] Hauptbahnhof S. 127
❼	[J5] Denkmal für die	⓻	[J4] Deutsches Theater S. 182
	ermordeten Juden Europas S. 121		Alle weiteren Karteneinträge s. S. 376.

dentenpalais seit 1999 als **Parlamentarische Gesellschaft** Raum für ungestörte Abgeordnetentreffen. Mit Blick rechts in die Dorotheenstraße hinein, sieht man den Gebäudekomplex des **Jakob-Kaiser-Hauses.** Oberirdisch durch zwei Brücken über die Dorotheenstraße miteinander verbunden und unterirdisch darüber hinaus mit dem Reichstag, beherbergt es vor allem Abgeordnetenbüros und außerdem Sitzungsräume.

Für die Besichtigung der berühmten Glaskuppel über dem **Reichstag** ❾ muss man sich wegen Besucherandrang spätestens drei Tage vorher online anmelden (s. S. 123). Der Wartecontainer ist vor dem Reichstag am Platz der Republik aufgebaut, und die Wartezeit lässt sich verkürzen, indem man seinen Blick schweifen lässt: westlich auf das geschwungene Dach vom **Haus der Kulturen der Welt** ⓬ im Tiergarten, nördlich davon auf den mächtigen Klotz des **Bundeskanzleramts** ⓫, ihm gegenüber auf das **Paul-Löbe-Haus** ❿, in dem die Bundestagsausschüsse tagen, und oben am Scheitel des Spreebogens die beiden gläsernen Türme des **Hauptbahnhofs** ⓭. Folgt man diesen als Wegmarke nach Norden, zwischen Bundeskanzleramt und Paul-Löbe-Haus das so genannte „Band des Bundes" (s. S. 126) durchschreitend, fällt der Blick links am Rande des Spreebogenparks auf die **Schweizerische Botschaft.** Bereits seit 1919 dient das gründerzeitliche Stadtpalais den Eidgenossen als diplomatische Vertretung. Als einziges am Platz überstand es unbeschadet den Zweiten Weltkrieg und erhielt 1995 einen modernen Erweiterungsbau. Vorne am Spreeufer bietet sich in der schönen Jahreszeit der

Capital Beach (s. S. 46) mit Liegestühlen, Snacks und Erfrischungsgetränken für einen kleinen Zwischenstopp an.

Zurück Richtung Pariser Platz geht es anschließend ein Stückweit am Flussufer entlang. Entweder über das westliche Reichstagsufer, der Spree folgend zwischen Paul-Löbe-Haus und **Marie-Elisabeth-Lüders-Haus** hindurch - allerdings ist der Weg während der Sitzungswochen des Deutschen Bundestags leider meistens gesperrt. Oder über den Schiffbauerdamm am östlichen Spreeufer entlang. Hierfür kann man zwischen zwei Brücken wählen: Mit dem Einweihungsdatum 1994 ist die **Kronprinzenbrücke** [J4] einer der ersten Brückenschläge Ost-West nach der Wende gewesen. Ihr rechts zur Seite duckt sich in lichtem Türkis die **Bundestags-Kita,** während sich gegenüber am Ostufer mit schwarz-grau-türkisfabenem Fassadenschmuck das Gebäude der **Bundespressekonferenz** erhebt. Die 1949 als Zusammenschluss der Parlamentskorrespondenten gegründete Vierte Gewalt im Staat stellt Journalisten Räume zum Arbeiten und für Pressekonferenzen zur Verfügung.

Wenige Meter südlich sind Paul-Löbe-Haus und Marie-Elisabeth-Lüders-Haus über die Spree hinweg durch einen Fußgängersteg miteinander verbunden. Spätestens hier sollte man, sofern das Reichstagsufer gesperrt ist, die Flussseite wechseln. Von dort führt der Weg weiter zur Marschallbrücke. Diese nach Süden hin überquert und schnell noch einen Blick auf das **ARD-Hauptstadtstudio** geworfen, gelangt man binnen weniger Minuten die Wilhelmstraße hinunter zum Pariser Platz zurück.

die nachts weithin leuchten sollte, den Architektenwettbewerb.

Die folgenden Jahre rangen Amerikaner und Berliner Senat um die vom Foreign Office eingeforderten **exorbitanten Sicherheitsvorkehrungen**. Diese wurden nun für die Öffentlichkeit **nahezu unsichtbar installiert**, z. B. versenkbare Betonpoller rund um das Gebäude, damit der Pariser Platz, entgegen dem ursprünglichen Wunsch der Amerikaner, auf seiner gesamten Fläche weiter frei zugänglich bleibt. 2006 wurde Richtfest gefeiert, am 4. Juli 2008 folgte die Botschaftseinweihung.

Weitere Gebäude am Pariser Platz

Die Zwillingsgebäude, die rechts und links das Brandenburger Tor flankieren, entstanden 1992 bis 1999 unter der Ägide des Berliner Architekten Josef Paul Kleihues in Anlehnung an die 1945 zerstörten klassizistischen Vorgängerbauten: das südliche **Haus Sommer** befindet sich im Besitz der Rheinischen Hypothekenbank, das nördliche **Haus Liebermann**, in dessen Vorgänger der Maler Max Liebermann wohnte, beherbergt die Stiftung „Brandenburger Tor".

Im Nordwestwinkel, in Richtung Reichstag, beschließt das **Palais am Pariser Platz** das alte Quarré. Ihm folgen auf der Nordflanke die von Meinhard von Gerkan entworfene **Dresdner Bank**, die **Französische Botschaft** sowie Büro- und Geschäftshäuser. Unter der Adresse Pariser Platz 4a ist im Erdgeschoss das **Kennedy-Museum** untergebracht, das Fotos, Dokumente und Memorabilien der Kennedy-Familie zeigt.

🏛 **221** [J5] **Kennedy-Museum**, tgl. 10–18 Uhr, www.thekennedys.de, Erw. 7,50 €, erm. 3,50 €

❼ Denkmal für die ermordeten Juden Europas ★★★   [J5]

Wenige Fußminuten südlich vom Brandenburger Tor dehnt sich mitten im Herz der Hauptstadt der Bundesrepublik Deutschland auf 19.000 Quadratmetern das Denkmal für die ermordeten Juden Europas aus. Das Stelenfeld des New Yorker Architekten Peter Eisenman, kurz auch „Holocaust-Mahnmal" genannt, dient als zentraler Ort der Erinnerung und des Gedenkens an die sechs Millionen jüdische Opfer des nationalsozialistischen Terrors.

Von der ersten Idee, ein zentrales Mahnmal zu errichten, das die Journalistin Lea Rosh 1988 öffentlich anregte, gingen seiner Erbauung **viele Jahre der Diskussionen und hitzigen Debatten** um Form und Gestaltung voraus. Im Juni 1999 entschied der Bundestag schließlich, den mittlerweile mehrfach überarbeiteten Entwurf Peter Eisenmans zu verwirklichen. Im April 2003 war Baubeginn, im Mai 2005 wurde das Denkmal mit einer feierlichen Zeremonie eingeweiht.

2711 unterschiedlich hohe Betonstelen sind auf dem ungleichmäßig abgesenkten Gelände im Raster angeordnet, in ihrer wellenförmigen Gestalt von jedem Standort aus anders wahrnehmbar. Ohne Eingang, ohne Ausgang, als Erfahrungsraum von allen vier Seiten begehbar. Schlicht, nicht überwältigend und ohne jede Erklärung. Denn „Ausmaß und Maßstab des Holocaust machen jeden Versuch, ihn mit traditionellen Mitteln zu repräsentieren, unweigerlich zu einem aussichtslosen Unterfangen", so Eisenman 1998.

Ergänzend widmet sich in der südöstlichen Ecke des Areals der unterirdische

042be Abb.: kj

Ort der Information der Herkunft, dem Leben und dem Schicksal der Opfer. Um die unfassbare Anzahl von sechs Millionen ermordeten Menschen in den Bereich des Vorstellbaren zu rücken, werden im „Raum der Dimensionen" mithilfe eines umlaufenden Bands die jüdischen Opferzahlen aller Länder Europas zum Ausdruck gebracht. Der „Raum der Familien" zeichnet 15 jüdische Familienschicksale nach. Der „Raum der Orte" führt den Betrachter anhand historischer Filmdokumente und Fotografien zu über 200 Vernichtungsstätten des NS-Terrors – Gettos, Konzentrations- und Vernichtungslager –, während im „Raum der Namen" Kurzbiografien der Opfer verlesen und zeitgleich ihre Namen und Lebensdaten an die Wand projiziert werden. Könnte an alle sechs Millionen Holocaust-Opfer in dieser Weise erinnert werden, würde die Lesung sechs Jahre, sieben Monate und siebenundzwanzig Tage andauern. Die Liste der Namen stellte die Jerusalemer Gedenkstätte Yad Vashem zur Verfügung.

❯ **Stelenfeld** (rund um die Uhr frei zugänglich): südlich vom Brandenburger Tor zwischen Cora-Berliner-, Hannah-Arendt- und Ebertstraße, S1, S2, U55 Brandenburger Tor, Bus M41

❯ **Ort der Information:** Cora-Berliner-Str. 1, 10117 (Mitte), www.holocaust-mahnmal.de, Tel. 26394336, geöffnet: April–Sept. Di.–So. 10–20 Uhr, Okt.–März Di.–So. 10–19 Uhr, freier Eintritt

▲ *Viele Jahre wurde um seine Gestaltung gerungen, heute ist das Denkmal für die ermordeten Juden Europas einer der größten Anziehungspunkte in Berlin*

8 Sowjetisches Ehrenmal ★ [J5]

Unmittelbar westlich vom Brandenburger Tor erhebt sich an der Straße des 17. Juni das aus Gesteinstrümmern der Hitlerschen Reichskanzlei erbaute, im Oktober 1945 eingeweihte Sowjetische Ehrenmal. Es gedenkt der vielen Millionen Menschen, die durch den deutschen Eroberungskrieg in der UdSSR ums Leben kamen, und ehrt die 20.000 Soldaten der Roten Armee, die im Kampf um Berlin fielen. Im grimmigen Blutvergießen wurde das Gelände zwischen Reichstag, Brandenburger Tor und Wilhelmstraße als Letztes erobert, danach war das grausige Morden, war der Zweite Weltkrieg vorbei.

Schätzungsweise 2500 Rotarmisten begrub man hinter dem Ehrenmal auf dem Areal, das lange Zeit nur von Staatsangehörigen der UdSSR betreten werden durfte. Es handelte sich um **exterritoriales Gelände**, eine sowjetische Exklave im britischen Sektor in Westberlin, vor der es insbesondere nach dem Mauerbau 1961 immer wieder zu **Übergriffen von erbosten Westberlinern** auf das russische Wachbataillon kam. Nachdem 1970 sogar Schüsse abgegeben worden waren, wurde die Straße des 17. Juni in ihrem letzten Abschnitt vor der Mauer für den Kraftfahrverkehr gesperrt und weiträumig gesichert. Nach dem Abzug der Roten Armee 1994 wurde das Ehrenmal an Berlin übergeben.
❯ S1, S2, U55 Brandenburger Tor

9 Reichstag ★★★ [J5]

Seit dem Umzug des **Deutschen Bundestags** im Mai 1999 vom Rhein an die Spree finden die Plenarsitzungen der Bundestagsabgeordneten im Berliner Reichstagsgebäude statt. Den Grundstein zur Errichtung des von Paul Wallot (1841–1912) entworfenen, rechteckigen Neorenaissancepalasts legte 1884 Kaiser Wilhelm I. persönlich. Zehn Jahre später eröffnete der mit einer mächtigen Kuppel geschmückte Parlamentsbau und erlebte fortan eine wechselvolle Geschichte: 1918 proklamierte Philipp Scheidemann von einem Fenster des Reichstags aus die Republik, im Februar 1933 ging das Gebäude einen Monat nach Hitlers Ernennung zum Reichskanzler in Flammen auf, in der Nachkriegszeit verlief seit der Teilung Berlins an seiner Ostseite die Mauer, 1954 sprengte man die kriegsbeschädigte Kuppel, am 3. Oktober 1990 fanden hier die Feierlichkeiten zur Wiedervereinigung statt.

Zwischen 1995 und 1999 wurde das Gebäude nach einem Entwurf des britischen Architekten Lord Norman Foster innen vollständig umgebaut und außen mit einer **weithin sichtbaren gläsernen Kuppel** versehen. Am 23.05.1999 nahm der Deutsche Bundestag zur Wahl des Bundespräsidenten im Reichstagsgebäude zu Berlin seine Arbeit auf – mit

EXTRATIPP
Besuch der Reichstagskuppel rechtzeitig anmelden!
Um die Reichstagskuppel zu besichtigen, ist eine vorherige Anmeldung zwingend nötig. Sie muss mindestens drei Tage vorher getätigt werden und ist ausschließlich online möglich unter www.bundestag.de/anfrageformulare.
Die Kuppel-Besuchszeiten sind tgl. 8–0 Uhr, letzter Einlass 23 Uhr, der Eintritt ist kostenlos.

Der Reichstag – dem deutschen Volke

„SM" Wilhelm II. fand es gar nicht lustig, dass er als Monarch mit absolutem, göttlichem Herrschaftsanspruch 1894 der Eröffnung des deutschen Parlamentsgebäudes beiwohnen musste. Zehn Jahre vorher hatte sein Großvater, Kaiser Wilhelm I., den Grundstein für den von Paul Wallot entworfenen Reichstag gelegt. Zwanzig Jahre später, 1914, schickte Wilhelm II. seine stolzen Soldaten auf die Felder der Ehre zum Totschießen und Sichtotschießenlassen und 1916, als das Töten noch immer kein Ende nahm, wurde zur Aufmunterung und als Dankeschön die Inschrift „Dem deutschen Volke" am Giebel über dem Säulenportal des Reichstagsgebäudes angebracht. Am 9. November 1918 - Wilhelm II. brach gerade zu seiner Flucht nach Holland auf - proklamierte der Sozialdemokrat Philipp Scheidemann (1865-1939) von einem Fenster des Reichstags aus die Republik, welche nach heillosen Wirren jedoch nur 15 Jahre später schon wieder unterging.

Einen Monat nach Hitlers Ernennung zum Reichskanzler brannte am 27. Februar 1933 das Reichstagsgebäude. Der in den Geschichtsbüchern sogenannte „Reichstagsbrand" lieferte den Nationalsozialisten den Vorwand für das Außerkraftsetzen zahlreicher Grundrechte der Weimarer Verfassung. Die Ereignisse der darauf folgenden zwölf Jahre sind zur Genüge bekannt: Ermächtigungsgesetz, Gleichschaltung, Liquidierung des Rechtsstaats, Aufbau des diktatorischen Terrorregimes, Anzetteln des Zweiten Weltkriegs, millionenfacher Völkermord, Holocaust, schließlich der eigene Untergang.

Am 30. April 1945 wurde auf der Kuppel des Reichstags nach erbitterten Kämpfen die Rote Fahne der Sowjetunion gehisst. Damit war der Zweite Weltkrieg zu Ende, Nazideutschland besiegt.

„Ihr Völker der Welt", appellierte der Westberliner Bürgermeister Ernst Reuter während der sowjetischen Blockade drei Jahre später im Angesicht von 350.000 Menschen vor dem zerbombten Reichstagsgebäude. „Schaut auf diese Stadt und erkennt, dass ihr diese Stadt und dieses Volk nicht preisgeben könnt!"

1954 wurde die marode Reichstagskuppel gesprengt und 1957 der Wiederaufbau des kriegszerstörten Gebäudes beschlossen - jedoch ohne Kuppel und im Inneren in deutlich schlichterer Form - als Sitz eines gesamtdeutschen Parlaments für den Fall einer möglichen deutschen Wiedervereinigung.

1971 war der neue alte Reichstag fertiggestellt, in dem man jedoch bis auf wenige Fraktions- und Ausschusssitzungen den parlamentarischen Betrieb nicht aufnahm. Einerseits durften die BRD-Abgeordneten in den Räumlichkeiten in Westberlin ohnedies keine Beschlüsse von bundespolitischer Relevanz fassen, andererseits hatte die „Ostseite" den Reichstag, so unmittelbar vor der Mauer gelegen, vom Gebälk bis zu den Fundamenten verwanzt. So brachte man unter seinem Dach die permanente Bundesausstellung „Fragen an die deutsche Geschichte" unter, die zu Mauerzeiten fester Bestandteil jeder Westberliner Sightseeingtour war. 1996 zog sie in leicht veränderter Konzeption in den Deutschen Dom am Gendarmenmarkt um.

043be Abb.: k

Am 3. Oktober 1990 fanden im altehrwürdigen Wallot-Bau die Feierlichkeiten
zur deutschen Wiedervereinigung statt,
womit sich die Konturen seiner zukünfti-
gen Bestimmung bereits abzeichneten: Ein
Dreivierteljahr später, im Juni 1991, erfolgte mit knapper Mehrheit der Bundestagsbeschluss, den Regierungssitz nach
Berlin zu verlegen. Ein letztes Mal war
es „Dem deutschen Volke" bis Mitte der
1990er-Jahre vergönnt, vor dem Reichstag auf dem weitläufigen Platz der Republik Würstchen zu grillen und Fußball zu
spielen.

Zu Christos spektakulärer Reichstags-
verhüllung 1995 feierten die Berliner mit
Gästen und Besuchern aus aller Welt noch
einmal einen ganzen Sommer lang, bis
sich das Hohe Haus im Herbst selben Jahres, von des Künstlers Silberhaut wieder
befreit, in eine gigantische Baustelle verwandelte.

Der Reichstag wurde vollständig ent-
kernt und nach dem Entwurf des britischen Architekten Norman Foster als Sitz
des deutschen Bundestags komplett neu
aufgebaut. Dieses Mal wieder mit einer
Kuppel, die als Reminiszenz an den alten
Wallot-Entwurf entstand und seit 1998
den neuen deutschen Bundestag und historischen Reichstag krönt. Es ist eine gläserne Kuppel, lichtdurchflutet und durch-
sichtig, unter der sich das Bundestagsple-
num versammelt, eine weithin sichtbare,
futuristische Glashaube, die sich über dem
alten Reichstagsgemäuer erhebt und mittlerweile längst ein Berliner Wahrzeichen
ist.

der beeindruckenden Foster-Kuppel, unter der sich das Plenum des deutschen Bundestags versammelt, als einem der neuen Wahrzeichen Berlins.

Ein Besuch der **Reichstagskuppel** (nur mit Voranmeldung, s. S. 123) zählt darum gleich in doppelter Hinsicht zu den Sightseeing-Höhepunkten. In luftiger Höhe genießt man einen **fantastischen Rundumblick** auf die Dächer der Spree-Metropole. Die ganze Stadt liegt einem zu Füßen – ebenso wie die Volksvertreter, die unterhalb sichtbar im Plenarsaal ihre Debatten austragen.

> Reichstagsgebäude/Deutscher Bundestag, Platz der Republik, U55 Bundestag oder Brandenburger Tor, Bus 100, tgl. 8–24 Uhr, letzter Einlass 22 Uhr, freier Eintritt

⑩ **Parlamentsgebäude** ★ [J4]

In Nachbarschaft zum Reichstagsgebäude entstanden bis Ende 2003 drei große Blöcke mit Arbeitsräumen für Bundesverwaltung, Ausschüsse und Abgeordnete: östlich des Reichstags das **Jakob-Kaiser-Haus,** am jenseitigen Spreeufer das **Marie-Elisabeth-Lüders-Haus** und nördlich das **Paul-Löbe-Haus.** Die Gebäude sind unterirdisch miteinander verbunden, um den Volksvertretern den raschen Wechsel vom Plenarsaal in die Ausschüsse und ihre Büros zu ermöglichen. Überirdisch sind Marie-Elisabeth-Lüders- und Paul-Löbe-Haus Bestandteile des 1992 von den Berliner Architekten Axel Schultes und Charlotte Frank so konzipierten „**Band des Bundes**". Über die Spree und den ehemaligen Mauerverlauf hinweg verbindet es West und Ost miteinander und beginnt mit dem Bundeskanzleramt als westlichstem Punkt.

> U55 Bundestag, Bus M85, 100

⑪ **Bundeskanzleramt** ★ [I4]

2001 war Schlüsselübergabe, und schnell hatte der von Schultes und Frank entworfene **Monumentalkubus** bei den Berlinern seinen spöttischen Spitznamen weg: „Waschmaschine", „Elefantenklo" oder auch, in Anspielung auf seinen Bauherrn Helmut Kohl, schlicht „Kohlosseum".

Zum Zeitpunkt der Einweihung war der Einheitskanzler bereits seit drei Jahren abgewählt und sein Nachfolger Gerhard Schröder zog in die Dienstwohnung im Kanzleramt ein. Neben dieser sowie den Büros für den Bundeskanzler beherbergt das Leitungsgebäude, das 36 Meter hoch zwischen zwei niedrigeren Trakten für die Verwaltung aufragt, außerdem die Büros der Staatsminister, den Kabinettssaal sowie Konferenzräume. Kanzlerin Angela Merkel mochte sich mit der Dienstwohnung so nah am Arbeitsplatz nicht so recht anfreunden und wohnt weiterhin in einem hübschen klassizistischen Gebäude gegenüber der Museumsinsel.

> U55 Bundestag, Bus M85, 100

⑫ **Haus der Kulturen der Welt** ★★ [I4]

Wenige Schritte südwestlich vom Bundeskanzleramt spiegelt sich das kühn geschwungene Dach der alten Kongresshalle, heute Haus der Kulturen der Welt, im Wasser der Spree. Das einer nach vorne weit geöffneten Riesenmuschel gleichende und deshalb auch „**Schwangere Auster**" genannte Bauwerk des Architekten Stubbins war der amerikanische Beitrag zur Internationalen Bauausstellung 1957. Es galt aufgrund der **bautechnisch** gewagten Dachkonstruktion als richtungsweisend in der modernen Architektur. 1980 stürzte das Spannbetondach kurz vor einer Veranstaltung ein und begrub einen Redakteur des Senders Freies Berlin unter sich. Eine Gedenktafel erinnert an ihn.

Nach dem Wiederaufbau wurde die Schwangere Auster 1989 ihrer neuen Bestimmung als Haus der Kulturen der Welt übergeben. Seitdem finden genau an dem Ort, an dem sich die Berliner zur Kaiserzeit „In den Zelten" amüsierten, unter dem geschwungenen Dach **multikulturelle Veranstaltungen** statt: Musik und Literatur, Tanz, Theater und Ausstellungen aus aller Welt zu Gast in Berlin. Als Podium für zeitgenössische internationale Produktionen ist das Haus der Kulturen der Welt heute ein weltweit anerkanntes Zentrum des globalen Kunst- und Kulturaustauschs.

Vor dem Gebäude wurde 1987 zur 750-Jahr-Feier Berlins die zehn Tonnen schwere Bronzeskulptur **Large Divided Oval: Butterfly** aufgestellt, die letzte große Arbeit des britischen Bildhauers Henry Moore (1898–1986). Ebenfalls seit der 750-Jahr-Feier erklingt nebenan im 42 m hohen Turm an der John-Foster-Dulles-Allee täglich um 12 und um 18 Uhr das **Carillon**. Mit 68 Glocken, die einen Tonumfang von fünfeinhalb Oktaven umfassen, zählt es zu den größten Glockenspielen dieser Art in Europa. Von Mai bis September erschallen immer sonntags um 15 Uhr vom Turm herab Glockenkonzerte im Park. Im Anschluss an die Konzerte finden Turmführungen statt (Erw. 6 €, erm. 3 €).

❯ **Haus der Kulturen der Welt,** John-Foster-Dulles-Allee 10, Tel. 39787175, www.hkw.de, tgl. 10–19 Uhr, S Hauptbahnhof, U55 Bundestag, Bus 100

⓭ Hauptbahnhof ★★   [I4]

Seit Ende Mai 2006 bildet der neue Hauptbahnhof Berlins Tor zur Welt. Als **größter Kreuzungsbahnhof Europas** liegt er nur wenige Schritte vom Reichstagsgebäude und Kanzleramt entfernt und ist durch seine beiden 46 m hohen Bügelbauten schon aus der Ferne leicht auszumachen. Zwischen den Bügeln spannt sich die 321 m lange gläserne Halle der in Ost-West-Richtung verlaufenden Stadtbahn, die auf 180 m Länge wiederum die Bahnhofshalle in Nord-Süd-Richtung kreuzt. Die flache Kuppel am Schnittpunkt der beiden Dächer stellt bei aller Größe – die ambitionierten Bügelbauten der Deutschen Bahn überragen das Bundeskanzleramt um zehn Meter – immerhin die Reichstagskuppel nicht in den Schatten. Insgesamt wurden für den gläsernen Eisenbahntempel, den Meinhard von Gerkan entwarf, rund zehn Milliarden Euro verbaut. Ihm zur Seite werden in den kommenden Jahren am Humboldt-Hafen neue Stadtquartiere entstehen.

❯ **Infostore im Hauptbahnhof,** Eingang Europaplatz, im Erdgeschoss, S und U55 Hauptbahnhof, tgl. 8–22 Uhr

KLEINE PAUSE

Capital Beach

Unter Palmen mit Blick auf den Hauptbahnhof am Spreeufer lunchen, chillen und dabei exotische Cocktails schlürfen, während die Ausflugsdampfer auf dem Wasser vorüberziehen – am Ludwig-Ehrhardt-Ufer ist in der schönen Jahreszeit Faulenzen angesagt, abends auch mit DJs und Tanz (s. S. 46).

⑭ Preußens Paradestraße – Unter den Linden ★★★ [K5]

„Solang noch Untern Linden die alten Bäume blühn, kann nichts uns überwinden. Berlin bleibt doch Berlin!" Diesen Gassenhauer nach einer Weise von Walter Kollo aus der Revue „Drunter und drüber" sang man Mitte der 1920er-Jahre, während man hutlüpfend und kopfnickend den repräsentativen Prachtboulevard im Schatten der Lindenbäume hinauf- und hinabflanierte.

Dabei hätten es ursprünglich eigentlich Nussbäume sein sollen! 1647 ließ der Große Kurfürst den schmalen Reitweg, der damals vom Stadtschloss durch den urwaldähnlichen Tiergarten über die Feldmark Lietzow (Charlottenburg) zur Festung Spandau führte, mit mehreren Reihen Nussbäumen und Linden bepflanzen. Doch mit „Unter den Nüssen" wollte es nichts Rechtes werden. Die Nussbäume vertrugen den märkischen Sandboden nicht und gingen bald darauf ein, nur die Linden gediehen.

Nach der Konstituierung des Königsreichs Preußen 1701 machte man sich dann daran, die Straße für den königlichen Pendelverkehr auszubauen, denn eine Preußische Meile (rund 7,5 Kilometer) entfernt von Berlin entstand in Lietzow das großartige Schloss, das König Friedrich I. für seine Frau Sophie Charlotte in Auftrag gegeben hatte. Im Zuge dessen entwickelte sich rund um die Linden die Dorotheenstadt (benannt nach der zweiten Gemahlin des Großen Kurfürsten) zum „Quartier des Nobles", dem **vornehmen Wohnviertel des Adels.**

Unter Friedrich II. (reg. 1740–1786) begann schließlich der Ausbau der Straße Unter den Linden zum prunkvollen Boulevard. Ein **beeindruckender Reigen preußischer Architektur** entstand, der im Verlauf der nächsten Jahrhunderte vom Barock über den Schinkelschen Klassizismus bis hin zum wilhelminischen Historismus der Gründerzeit alle möglichen Baustile in sich vereinte.

Die **Reichsgründung** 1871 zog einen **hektischen Bauboom** nach sich. Man mauerte und zimmerte, was die Statik und der Berliner Sandboden hielten, stockte auf oder baute gleich neu, größer, höher, pompöser. Rund um die Leipziger Straße und die südliche Friedrichstraße entstanden großzügige Kaufläden, Passagen und Warenhäuser, südlich der Linden und dort vornehmlich in der Behrenstraße wuchsen die Bankpaläste in Windeseile in den Himmel empor, in der nördlichen Friedrichstraße und Unter den Linden reihten sich Cafés und vornehme Hotels. Der Verkehr brauste, das Leben pulsierte tagsüber und auch in den Abend- und Nachtstunden, wenn sich in den Amüsierbetrieben ein reges Vergnügungsleben entfaltete.

▶ *Blick vom Berliner Dom ㊺ auf die Straße Unter den Linden, im Hintergrund die Türme am Potsdamer Platz*

O44be Abb.: kj

Der Emporkömmling Berlin schickte sich an, zu den traditionsreichen Weltstädten aufzuschließen – und die Linden/Ecke Friedrichstraße wurden zum Sinnbild dafür. „Hier ist der Brennpunkt des vornehmen Verkehrs in Berlin. Zwischen den zwei Ufern von prachtvollen Häusern, Palästen und Hotels, auf der eigentlichen Promenade in der Mitte, auf den Reit- und Fahrwegen und den beiden Trottoirs treibt die heitere Muße der Bevölkerung in unaufhaltsamem Strome dahin", beschrieb 1876 Robert Springer die quecksilbrige Atmosphäre.

Nach der Zerstörung im Zweiten Weltkrieg wurde der Prachtboulevard mit seinen bedeutendsten Bauwerken in einer **unglaublichen Aufbauleistung der DDR** in den 1950er- und 1960er-Jahren rekonstruiert – damals ergänzt um eine sozialistische Spielart und heute eine zeitgenössische Architektur unse-

rer Tage. Ein Bummel Unter den Linden bedeutet also nicht nur, anderthalb Kilometer Großstadtboulevard zwischen Pariser Platz und Museumsinsel in Augenschein zu nehmen. Es ist zugleich ein Defilee vorbei an 300 Jahren preußischer bzw. deutscher und vor allem Berliner Geschichte und Baugeschichte.

Vom Pariser Platz zum Forum Fridericianum

Den Abschnitt zwischen Wilhelm- und Glinkastraße [K5] dominiert auf der Südseite der Linden die **Botschaft der Russischen Föderation.** Anstelle der alten, 1765 erbauten und im Krieg zerstörten Russischen bzw. Sowjetischen Botschaft wurde sie 1950–1953 im typischen stalinschen Zuckerguss-Stil von einem Architektenkollektiv um Anatoli Stryshewski errichtet.

Verkehrsanbindung
> S1, S2, U55 Brandenburger Tor,
Bus TXL, 100, 200

Von dort nur ein paar Schritte in die Glinkastraße hinein, ist die **Komische Oper** (s. S. 51) erreicht. Von der schlichten Nachkriegsfassade darf man sich nicht über ihr elegantes Inneres hinwegtäuschen lassen. Eine Gedenktafel erinnert an einen der großen Theatermacher des 20. Jahrhunderts: Walter Felsenstein, der die Komische Oper 1947 gründete und ihr bis 1975 als Intendant und Chefregisseur vorstand.

Gegenüber der Russischen Botschaft nimmt der Neubaukomplex des **Deutschen Bundestags** (Sitzungssäle, Abgeordnetenbüros, Verwaltung) die gesamte nördliche Straßenfront Unter den Linden zwischen Schadowstraße [K5] und Neustädtischer Kirchstraße ein. In der Schadowstraße lebte im Haus Nr. 10/11 der Berliner Bildhauer und Meister des preußischen Klassizismus, Johann Gottfried Schadow (1764–1850), von dessen Hand u. a. die Quadriga mit Siegesgöttin Viktoria auf dem Brandenburger Tor ❶ stammt.

An der Neustädtischen Kirchstraße/Ecke Unter den Linden schließt sich an das **Haus Pietsch** mit dem sachlich designten Café Einstein der 1910/11 errichtete **Zollernhof** mit dem ZDF-Hauptstadtstudio und den Verkaufsräumen der Berlin Story (s. S. 27) an. Zwischen 3000 Berlin-Titeln, einer Ausstellung zur Stadtgeschichte und unzähligen Berlin-Souvenirs werden dort alle fündig, die gerne ein Stückchen Hauptstadt mit nach Hause nehmen möchten.

⓯ Unter den Linden/ Ecke Friedrichstraße ★ [K5]

Von den Vorkriegsbauten hat Unter den Linden/Ecke Friedrichstraße als Einziges das 1936 erbaute **Haus der Schweiz** unbeschadet die Zeit überstanden. Es zählt somit zu den wenigen noch originalen Gebäuden am Boulevard.

Ihm auf der Südostseite quer gegenüber erhebt sich das **Lindencorso**. 1877 wurde dort das legendäre Café Bauer eröffnet, in dem zum Mokka nach türkischer Art sage und schreibe 600 europäische Tageszeitungen auslagen, so erzählt man es sich jedenfalls. An der Stelle des kriegszerstörten Gebäudes entstand 1964–1966 das DDR-Lindencorso, das mit fast 1000 Plätzen in Restaurants, Cafés und Tanzbars an die Gastronomietradition anknüpfte. 1993 wurde es abgerissen, um einem zeitgenössischen BRD-Lindencorso mit Raum für eine Autopräsentation, Büros und Geschäften zu weichen.

Wo sich das 1828 vom österreichischen Zuckerbäcker Kranzler eröffnete Tortenparadies Café Kranzler befand, schmückt das prominente **Luxushotel Westin Grand** seine bis 1987 errichtete, historisierende DDR-Platte mit den typischen Accessoires weltläufiger Nobelherbergen.

> S1, S2, U55 Brandenburger Tor, S und U6 Friedrichstraße, Bus TXL, 100, 200

⓰ Deutsche Guggenheim Berlin ★ [K5]

Unter dem Dach des 1920 aus Sandstein errichteten Gebäudekomplex der Deutschen Bank präsentiert das Geldhaus in Kooperation mit der New Yorker Guggenheim Foundation seit 1997 **hochkarätige Wechselausstellungen** internationaler zeitgenössischer Kunst. Dafür wurde eigens eine 510 Quadratmeter große Galerie nach Plänen des amerikanischen Architekten Richard Gluckman realisiert.

Die Kooperation der von den jüdischen Guggenheims gegründeten Stiftung ausgerechnet mit der Deutschen Bank mag einen je nach Betrachtung überraschen oder erfreuen, war das Bankhaus doch tief in die Verbrechen des Dritten Reichs verstrickt. Es beteiligte sich an der „Arisierung" jüdischer Geschäfte und vor allem an der Abwicklung von jüdischen Großunternehmen mit internationalen Kontakten. 1980 stellte sich die Deutsche Bank als erste deutsche Großbank ihrer historischen Verantwortung für die Verbrechen. Und mit der Berliner Galerie kehrte die Guggenheim-Stiftung 1997 sogar zu ihren Wurzeln zurück – wenn auch nur im weitesten Sinne. Die Begründerin des New Yorker Guggenheim Museums, die Malerin Hildegard „Hilla" Rebay von Ehrenwiesen (1890–1967), emigrierte 1927 aus Berlin in den Big Apple.

❯ Unter den Linden 13–15, www.deutsche-guggenheim.de, S1, S2, U55 Brandenburger Tor, S und U6 Friedrichstraße, Bus TXL, 100, 200, tgl. 10–20 Uhr

⑰ Gouverneurshaus ★   [K5]

Auf die Deutsche Guggenheim folgt das 1721 fertiggestellte, ursprünglich in der Rathausstraße beheimatete Gourverneurshaus. Dort wurde es 1963/64 abgetragen und in die Kriegslücke eingefügt, die das zerstörte Niederländische Palais 1945 Unter den Linden hinterlassen hatte. In der Vergangenheit fungierte das Haus unter anderem als Gouverneurssitz, daher der Name. Heute sind in seinen Mauern Einrichtungen der Humboldt-Universität untergebracht.

⑱ Altes Palais ★   [K5]

Das nach Plänen von Carl Ferdinand Langhans errichtete klassizistische Stadtpalais schließt sich ans Gouverneurshaus an. Es entstand 1834–1837 für den damaligen preußischen Prinzen und später ersten deutschen Kaiser Wilhelm I. (1797–1888). In den 1880er-Jahren zeigte sich seine Majestät gerne am Fenster, was das **elegante zweigeschossige Stadtpalais** in ganz Preußen bei den Untertanen bekannt machte. Im Kriegsjahr 1943 zerstört und danach wieder aufgebaut, dient es seither der Humboldt-Universität als Stätte des Wissens.

⑲ Staatsbibliothek ★   [K5]

Gegenüber thront auf der Nordseite der Linden die 1903–1914 von Ernst von Ihne errichtete ehemalige Preußische Staatsbibliothek. Mit den Beständen der Neuen Staatsbibliothek West am Kulturforum ⑩⑤ zur „Staatsbibliothek zu Berlin – Preußischer Kulturbesitz" vereint, bildet sie heute die größte wissenschaftliche Bibliothek im deutschsprachigen Raum.

❯ Tel. 2660, http://staatsbibliothek-berlin.de, Mo.–Fr. 9–21 Uhr, Sa. 9–17 Uhr, Führungen jeden 1. Sa. im Monat um 10.30 Uhr

⑳ Forum Fridericianum ★★★   [L5]

Rund um den Bebelplatz sollte nach dem Willen von König Friedrich dem Großen (reg. 1740–1786) ab 1741 ein **neues Geisteszentrum und künstlerischer Mittelpunkt Preußens** mit zahlreichen Prunkbauten entstehen. Wenn das monumentale Projekt auch ein Torso blieb, vier Gebäude wurden in der 46-jährigen Regierungszeit Friedrichs verwirklicht,

045be Abb.: kj

die seither zu den schönsten Sehenswürdigkeiten Unter den Linden zählen: zunächst die Staatsoper, auf die als weitere Bauten des Forum-Ensembles die St.-Hedwigs-Kathedrale, die Alte Bibliothek und schließlich das Prinz-Heinrich-Palais, heute Hauptgebäude der Humboldt-Universität, folgten.

❭ Bus TXL, 100, 200

㉑ Humboldt-Universität – Prinz-Heinrich-Palais ★★ [L5]

Das heutige Hauptgebäude der Humboldt-Universität entstand ab 1748 als Stadtresidenz für den Bruder Friedrichs des Großen, Prinz Heinrich von Preußen. Die Pläne dafür, die möglicherweise auf ersten Entwürfen Knobelsdorffs fußen, lieferte Johann Boumanns d. Ä., der auch

die Bauleitung übernahm. Nach Unterbrechung der Arbeiten während des Siebenjährigen Kriegs konnte das spätbarocke Prinzendomizil 1766 fertiggestellt werden. Kaum ein halbes Jahrhundert später diente es bereits der frisch gegründeten Berliner Universität.

Im Jahr 1809 wurde die Gelehrtenstätte auf Initiative des liberalen preußischen **Bildungsreformers und Sprachwissenschaftlers Wilhelm von Humboldt** (1767–1835) ins Leben gerufen. Nach ihrem Stifter, König Friedrich Wilhelm III., erhielt sie den Namen Friedrich-Wilhelm-Universität. Erster Direktor war der große Philosoph des deutschen Idealismus, Johann Gottlieb Fichte (1762–1814). Zahlreiche weitere berühmte Gelehrte und Wissenschaftler wirkten hier, darunter die Philosophen Hegel, Schelling und Schleiermacher, die Mediziner Rudolf Virchow, Robert Koch und Ferdinand Sauerbruch oder die Physiker Max Planck, Lise Meitner und Albert Einstein.

▲ *Der Bebelplatz mit Staatsoper* ㉗ *und St.-Hedwigs-Kathedrale* ㉖

Die Wiedererrichtung des traditionsreichen Universitätsgebäudes nach dem
Krieg erfolgte ab 1946, anschließend
wurde die Alma Mater Berolinensis nach
ihrem Gründer in Humboldt-Universität
umbenannt. Als Antwort auf die fortan
streng marxistisch-leninistische Ausrichtung eröffnete zwei Jahre später in Dahlem die Freie Universität.

1990 wurden Ideologie und führende
Köpfe abermals ausgetauscht und die
Humboldt-Uni stieg – nicht zuletzt dank
ihrer zentralen Innenstadtlage – zur **beliebtesten Berliner Hochschule** auf. Derzeit studieren rund 35.000 Studenten an
der ältesten der insgesamt vier Berliner
Universitäten, bewacht von den Standbil-
dern der Brüder Alexander und Wilhelm
von Humboldt an ihrem Haupteingang.

❯ www.hu-berlin.de, Führungen buchbar auf
http://www.humboldt-fuehrungen.de oder
persönlich im HumboldtStore im Uni-Haupt-
gebäude, Tel. 20932349, Mo.–Fr. 9.30–
18.30 Uhr, Sa. 10–18 Uhr

**㉒ Reiterstandbild
Friedrichs des Großen** ★★   [K5]

Zwischen Prinz-Heinrich-Palais und
gegenüber Altem Palais und Alter Bibliothek steht mitten auf der Straße Unter den Linden verkehrsumtost das 13,5
Meter hohe **Hauptwerk von Christian Daniel Rauch** (1777–1857). 1830 begann
der große Bildhauer des preußischen
Klassizismus mit den Planungen für das
Reiterstandbild Friedrichs des Großen.
Von 1839 bis zur Enthüllung 1851 dauerte die Realisierung.

Seitdem machte der „Alte Fritz", mit
Krückstock auf seinem Lieblingspferd
reitend, allerlei mit: Die Taubenwelt erwies Seiner Majestät nicht den gerings-
ten Respekt und bekleckerte munter seinen ehernen Dreispitz, die Steigbügel

▲ *Berühmte Zeitgenossen Friedrichs
des Großen umziehen den Sockelbereich
des Reiterstandbilds*

046be Abb.: kj

23 Alte Bibliothek ★★ [K5]

Dass die Alte Bibliothek an der Westflanke des Bebelplatzes wie der Michaelertrakt der Wiener Hofburg aussieht, ist kein Zufall. Das Gebäude – von den Berlinern **wegen der geschwungenen Form seinerzeit „Kommode" genannt** – wurde 1775–1780 nach einem Entwurf aus der Feder von Georg Christian Unger errichtet, und zwar auf der Grundlage eines bereits um 1725 geschaffenen Plans des österreichischen Baumeisters Fischer von Erlach. Kurioserweise war die Berliner Kopie sogar weitaus früher fertiggestellt als das Wiener Original.

Das Haus beherbergte die über 150.000 Bände umfassende Preußische Staatsbibliothek, die, bevor sie aus allen Nähten zu platzen drohte, 1914 nach gegenüber die neu eröffnete Staatsbibliothek umzog. Heute ist unter dem Dach der „Kommode" die Juristische Fakultät der Humboldt-Universität untergebracht.

klaute man ihm und 1950 landete Friedrich schließlich, samt Pferd in Einzelteile zerlegt, im Potsdamer Schlosspark von Sanssouci. Erst im Zuge der Rückbesinnung der DDR-Führung auf Berlins preußische Tradition fand die Figur 1980 auf seinen dann um einige Meter verschobenen Sockel zurück und steht, in den 1990er-Jahren frisch restauriert und abermals um acht Meter versetzt, nun wieder an ihrem ursprünglichen Ort. Dem 600 Kilogramm schweren Reiterstandbild zu Hufen bevölkern vorneweg des Königs Generäle das Postament – die preußischen Dichter und Denker jener Zeit, darunter Lessing und Kant, müssen dagegen mit einem Platz unter dem Pferdeschweif Vorlieb nehmen.

24 Versunkene Bibliothek ★★ [L5]

Inmitten des kopfsteingepflasterten Bebelplatzes befindet sich seit 1995 die Versunkene Bibliothek des israelischen Künstlers Micha Ullmann. Eine in den Boden eingelassene, einen Quadratmeter große Glasscheibe und darunter ein leerer weißer Raum mit leeren weißen Regalen, in denen 20.000 Bücher Platz finden könnten, **erinnern an die unheilvolle Bücherverbrennung**, die die SA und die nationalsozialistische Studentenorganisationen am 10. Mai 1933 auf dem damals noch „Opernplatz" genannten Geviert abhielten. Die Werke von Alfred Döblin, Sigmund Freud, Heinrich Heine, Erich Kästner, Heinrich und Thomas Mann, Karl Marx, Carl von Ossietzky, Erich Maria Remarque, Kurt Tucholsky, Arnold Zweig

▲ *Altehrwürdige Alma Mater Berolinensis: Das Prinz-Heinrich-Palais dient bereits seit Anfang des 19. Jahrhunderts als Hauptgebäude der Humboldt-Universität* 21

Spaziergang 2: Vom Brandenburger Tor zum Alexanderplatz

*Östlich vom Pariser Platz ❷ beginnt Berlins **Paradeboulevard Unter den Linden.** Auch wenn der Spaziergang vom Brandenburger Tor ❶ bis zum „Alex" zurzeit eher einem Bummelparcours „Über den Baustellen" gleicht, lohnt sich der Weg allemal. Denn er vereint eine große Zahl herausragender Berliner Sehenswürdigkeiten auf engem Raum.*

*Die ersten Meter Unter den Linden in Richtung Alexanderplatz sind von Bundestagsgebäuden gerahmt, an die sich unübersehbar in stalinscher Zuckergussarchitektur die **Russische Botschaft** (s. S. 129) anschließt. Am Zollernhof mit dem ZDF-Hauptstadtstudio vorbei sind die Linden/Ecke Friedrichsstraße schnell erreicht ⑮. Auf dem Mittelstreifen wird gerade der Tunnel für die U-Bahnlinie 55 gegraben, die **„Kanzlerlinie",** wie sie auch heißt, weil Bundeskanzler Kohl ihren Bau damals trotz großem Widerstand durchgesetzt hat.*

*Kunstliebhaber wissen die Deutsche Guggenheim ⑯ Ecke Charlottenstraße zu schätzen. Danach folgen die Sehenswürdigkeiten Schlag auf Schlag: Gouverneurshaus ⑰, Altes Palais ⑱, gegenüber die Staatsbibliothek ⑲ und schließlich das **Forum Fridericianum** ⑳ mit St.-Hedwigs-Kathedrale ㉖, Alter Bibliothek ㉓, Reiterdenkmal Friedrichs des Großen ㉒, Humboldt-Universität ㉑ und Staatsoper Unter den Linden ㉗.*

Die nördliche Straßenseite zwischen Forum und Spreekanal füllen die Schinkelsche Neue Wache ㉞ und das Zeughaus ㉟ mit dem Deutschen Historischen Museum. Die südliche Straßenseite zieren

das Opernpalais ㉘, das Kronprinzenpalais ㉙ und schließlich die Stadtkommandantur ㉚. Im Hintergrund erhebt sich am Kupfergraben die Musterfassade der Schinkelschen Bauakademie ㉛, dahinter die beiden grazilen Türmchen der Friedrichswerderschen Kirche ㉜, und auch die Glasfront des Auswärtigen Amts ㉝ lässt sich in der Ferne erkennen.

*An der Schloßbrücke ㉟ angelangt, dehnt sich vor den Augen des Spaziergängers die **Spreeinsel** aus. Ihren nördlichen Teil nimmt die **Museumsinsel** ein, deren Ensemble aus Altem Museum ㊴, Neuem Museum ㊶, Alter Nationalgalerie ㊷, Pergamonmuseum ㊸ und Bode-Museum ㊸ seit 1999 Weltkulturerbe der Menschheit ist. Überragt wird es vom imposanten **Berliner Dom** ㊺, während sich südlich davon der weite leere Schloßplatz erstreckt. Auf diesem soll bis 2018 das Berliner Stadtschloss ㊻ wiedererstehen. Bis es fertiggestellt ist, wird die Humboldt-Box ㊼ mit Informationen, Café und Aussichtsterrasse dem Baugeschehen zur Seite stehen.*

*Über die Spreebrücke und am **Marx-Engels-Forum** ㊿ vorbei dehnt sich östlich der Spandauer Straße der große **Platz ohne Namen** aus. Hier befand sich die kriegszerstörte Berliner Altstadt, an die die St. Marienkirche ㊾ als eines der ältesten Berliner Gotteshäuser noch erinnert. Davor plätschert der Neptunbrunnen ㊼. Möchte man noch einen Blick auf die Nikolaikirche ㊻, Berlins ältesten Sakralbau, werfen, lohnt sich ein kurzer Abstecher rechts am Roten Rathaus ㊿ vorbei ins **Nikolaiviertel** (s. S. 160).*

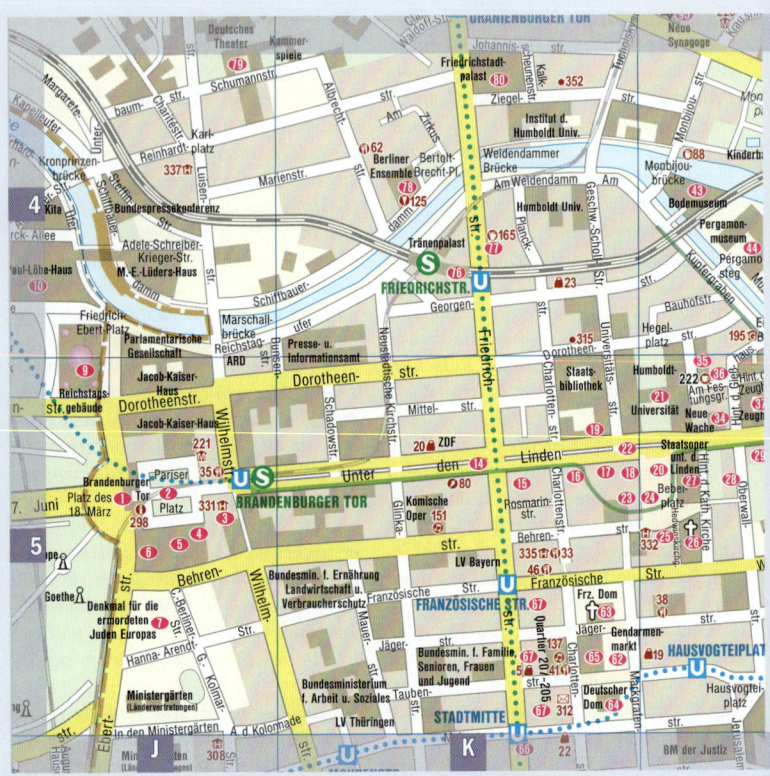

Über allem ragt die silberne Kugel des
Fernsehturms 🔴**54** *auf. Von ihrer Aus-*
sichtsplattform in 200 Meter Höhe ge-
nießt man eine atemberaubende Sicht auf
die Stadt. Vom Fernsehturm aus heißt es
nur noch den Stadtbahnbogen zu queren,
schon ist man am ***Alexanderplatz*** 🔴**61***,*
dem Ziel des Spaziergangs, angelangt.

🔴**14** [K5] Preußens Paradestraße –
Unter den Linden S. 128

🔴**15** [K5] Unter den Linden/Ecke
Friedrichstraße S. 130

🔴**16** [K5] Deutsche Guggenheim
Berlin S. 130

🔴**17** [K5] Gouverneurshaus S. 131

🔴**18** [K5] Altes Palais S. 131

⑲ [K5] Staatsbibliothek S. 131

⑳ [L5] Forum Fridericianum S. 131

㉑ [L5] Humboldt-Universität –
Prinz-Heinrich-Palais S. 132

㉒ [K5] Reiterstandbild
Friedrichs des Großen S. 133

㉓ [K5] Alte Bibliothek S. 134

㉔ [L5] Versunkene Bibliothek S. 134

㉕ [L5] Hotel de Rome S. 138

㉖ [L5] St.-Hedwigs-Kathedrale S. 138

㉗ [L5] Staatsoper Unter den
Linden S. 138

㉘ [L5] Opernpalais S. 138

㉙ [L5] Kronprinzenpalais S. 139

Alle weiteren Karteneinträge s. S. 376.

und vieler anderer als „undeutsch" verfemter Autoren gingen in Flammen auf. Rohheit und Barbarei hatten damit nicht nur symbolhaft Einzug gehalten.

㉕ Hotel de Rome ★ [L5]

Seit 1889 beschließt die Fassade der ehemaligen Dresdner Bank im Süden den Bebelplatz. Die 1923 auf das Bankgebäude aufgesetzten Geschosse entfernte man bei der Rekonstruktion nach dem Zweiten Weltkrieg wieder, anschließend zog die DDR-Staatsbank in das Haus ein. Ab 2004 in zweijähriger Arbeit aufwendig umgebaut und luxussaniert, eröffnete 2006 in seinen Mauern das 5-Sterne-Edelhotel de Rome. Der alte Tresorraum nun Wellnessbereich mit Swimmingpool, die ehemalige Kassenhalle ein Ballsaal und in der Vorstandsetage vornehme Suiten, ist das Haus heute eine **innenarchitektonische Augenweide**. Das elegante Restaurant, die stylische Bebel Bar und der samtbezogene Velvet Room stehen auch Nicht-Hotelgästen offen.

❯ Tel. 4606090, www.hotelderome.com

㉖ St.-Hedwigs-Kathedrale ★★ [L5]

Am Bebelplatz förmlich in die Ecke gedrängt, ist das Gotteshaus dennoch unschwer an seiner **imposanten, 40 Meter im Durchmesser messenden Kuppel** zu erkennen. Johann Boumann d. Ä. erbaute es 1747–1773 nach Knobelsdorff-Plänen im Stil des römischen Pantheons für die nach den Schlesischen Kriegen einwandernden katholischen Schlesier. St. Hedwig ist seit 1930 Kathedrale des Erzbistums Berlin. Das schlichte Innere stammt aus der Zeit nach dem Wiederaufbau 1952–1963.

❯ www.hedwigs-kathedrale.de

㉗ Staatsoper Unter den Linden ★★★ [L5]

Es ist das älteste Bauwerk des Forums Fridericianum – und mit dem Musentempel, der damals noch „Königliche Oper" hieß, schuf Georg Wenzeslaus von Knobelsdorff (1699–1753) in dreijähriger Bautätigkeit 1741–1743 sogleich einen Superlativ: Das **einem korinthischen Tempel nachempfundene Opernhaus** war die erste nicht in ein Schloss integrierte, sondern als Baukörper frei stehende Spielstätte Deutschlands. Darüber hinaus wurde die Oper als **eine der größten und modernsten jener Zeit** in Europa gerühmt. Zahlreiche große Namen standen den Orchestern vor, von Felix Mendelssohn Bartholdy über Giacomo Meyerbeer und Richard Strauss bis heute Daniel Barenboim. Doch zunächst ereilte das Haus das Schicksal vieler anderer Theaterstätten jener Zeit vor der Erfindung des elektrischen Lichts. Genau 100 Jahre nach ihrer Errichtung brannte die Linden-Oper 1843 bis auf die Grundmauern nieder. Anschließend wurde sie von Carl Ferdinand Langhans (1782–1869) wieder aufgebaut. Im Zweiten Weltkrieg restlos zerstört, wurde sie 1952–1955 originalgetreu rekonstruiert.

Achtung: Bis voraussichtlich 2013 sind die Heiligen Hallen für eine **grundlegende Sanierung** geschlossen und der Spielbetrieb findet währenddessen im Charlottenburger Schillertheater ⑫⑥ statt.

❯ www.staatsoper-berlin.org

㉘ Opernpalais ★★ [L5]

Das **ehemalige Prinzessinnenpalais** entstand 1733 durch die Zusammenlegung zweier drei Jahre vorher erbauten Häuser. 1810/11 ließ es König Friedrich Wilhelm III. vom Architekten Heinrich Gentz um einen Kopfbau mit repräsentativer Fassade erweitern und durch einen Übergang über die Oberwallstraße hinweg mit dem Kronprinzenpalais verbinden. Nach der Zerstörung im Zweiten Weltkrieg wurde das Bauwerk zwischen 1962 und 1964 von Richard Paulick komplett rekonstruiert und erlangte unter dem Namen „Opernpalais" und vor allem mit dem darin untergebrachten **Operncafé** einen sehr hohen Bekanntheitsgrad über die Hauptstadt-der-DDR-Grenzen hinaus.

❯ Bus 100, 200

㉙ Kronprinzenpalais ★★　　[L5]

In dem 1663 als Wohnsitz für den Kabinettssekretär Maritz erbauten, 1733 für Kronprinz Friedrich, den späteren König Friedrich II. den Großen, zur Stadtresidenz umgewandelten Gebäude wurde **mehrfach deutsche Geschichte geschrieben.** 1856/57 von Johann Heinrich Strack ein letztes Mal umgebaut und aufgestockt, kam hier 1859 der letzte deutsche Kaiser, Wilhelm II., zur Welt. 1919 zog die Abteilung Moderne Kunst der Nationalgalerie in die ehemals königlichen Gemäuer ein.

Da vom Kronprinzenpalais, im Zweiten Weltkrieg völlig zerstört, keine Baupläne mehr existierten, wurde es 1968/69 von Richard Paulick nach alten Stichen **mühevoll rekonstruiert** und diente im Anschluss an seinen Wiederaufbau als Gästehaus des DDR-Ministerrats. 1990 erfolgte im Kronprinzenpalais die Unterzeichnung des deutsch-deutschen Einigungsvertrags. Heute bietet es Räume für Theateraufführungen und Wechselausstellungen.

❯ Bus 100, 200

㉚ Stadtkommandantur ★　　[L5]

Kein einziger Stein war 1945 vom Haus mit der vornehmen Adresse Unter den Linden 1 übrig geblieben. Jahrzehntelang klaffte anstelle der gegen 1650 errichteten, später klassizistisch umgestalteten Stadtkommandantur eine Lücke. An der Jahrtausendwende begannen dann im Auftrag der Bertelsmann AG die Bauarbeiten zur neuen alten Kommandantur. **Innen modern und äußerlich mit der klassizistischen Hülle** des letzten Umbaus von 1873/74 wiedererrichtet, konnte die Berlin-Repräsentanz des Gütersloher Medienkonzerns 2003 eingeweiht werden.

❯ Bus 100, 200

㉛ Schinkelsche Bauakademie ★　　[L5]

In seiner Verbindung von Funktionalität, Konstruktion und Materialästhetik war das von Karl Friedrich Schinkel entworfene Backsteingebäude **wegweisend für die moderne Architektur.** 1832–1836 errichtet und im Zweiten Weltkrieg stark beschädigt, musste es 1962 dem Neubau des DDR-Außenministeriums weichen. Dieser wurde 1995 ebenfalls wieder abgerissen und Fördervereine engagieren sich seitdem für die Wiedererrichtung der Bauakademie am historischen Ort.

Als Werbung für die originalgetreue Rekonstruktion ließ der „Bildungsverein Bauwerk" an der ehemaligen Nordostecke der Bauakademie im Herbst 2002 eine **Musterfassade** wiedererstehen. Auf Initiative des „Fördervereins Bauakademie" ist sie seit Sommer 2004 um eine komplette Attrappe des historischen Gebäudes ergänzt, die eindrucksvoll doku-

mentiert, um welches Stück glänzende Architektur Berlin heute reicher sein könnte.
> www.schinkelsche-bauakademie.de,
  Bus 100, 200

32 Friedrichswerdersche Kirche ★★★ [L5]

Das einschiffige, 1824–1830 im neugotischen Stil errichtete und 1982–1987 rekonstruierte Gotteshaus war die erste neugotische Kirche der Stadt. Als Teil des Museumsstandorts Museumsinsel beheimatet sie heute **bedeutende deutsche Bildhauerkunst des frühen 19. Jahrhunderts,** insbesondere Werke der Berliner Meister Johann Gottfried Schadow und Christian Daniel Rauch. Im Emporengeschoss ist eine **Dokumentation zum Leben und Werk Karl Friedrich Schinkels** zu sehen, der mit der Friedrichswerderschen Kirche zugleich ein Hauptwerk der deutschen Neugotik schuf.
> Bus 100, 200, tgl. 10–18 Uhr

33 Auswärtiges Amt ★ [L5]

Der Friedrichswerderschen Kirche gegenüber befindet sich südlich am Werderschen Markt das mit Natursteinplatten verkleidete **alte Reichsbankgebäude.** 1934–1939 für die Reichsbank erbaut, diente es ab 1958 als Sitz des Zentralkomitees der SED. **Um einen davorgesetzten Neubau erweitert,** beherbergt es seit dem Regierungsumzug das Auswärtige Amt der Bundesrepublik Deutschland. Das neue Gebäude nach Plänen der Architekten Thomas Müller und Ivan Reimann entstand in zweijähriger Bauzeit für umgerechnet etwa 85 Millionen Euro und ist der größte Ministeriumsneubau.
> Bus 100, 200

34 Neue Wache ★★★ [L5]

Die Nordseite der Linden ziert gegenüber von Staatsoper und Opernpalais Karl Friedrich Schinkels 1816–1818 nach dem Vorbild eines römischen Kastells entstandene Neue Wache. Sie ist das früheste Berliner Werk des großen Baumeisters Preußens und zugleich ein **Hauptwerk des deutschen Klassizismus.** Bis zum Ende der Monarchie 1918 war in dem grazilen Gebäude mit den sechs dorischen Säulen genau 100 Jahre lang die königliche Wache untergebracht.

Danach begann seine **Karriere als Mahnmal:** zunächst Ehrenmal der Gefallenen im Ersten Weltkrieg, ab 1960 Mahnmal für die Opfer des Faschismus und Militarismus und seit 1993 Zentrale Gedenkstätte der Bundesrepublik für die Opfer von Krieg und Gewaltherrschaft. Seitdem nimmt das Zentrum des leeren Raumes eine große Kopie der berühmten „Pietà" von Käthe Kollwitz ein. Zwei 1969 in den Boden eingelassene Urnen enthalten die sterblichen Überreste eines unbekannten Soldaten und eines unbekannten Antifaschisten.
> Bus 100, 200, tgl. 10–18 Uhr

35 Maxim-Gorki-Theater ★ [L5]

Hinter der Neuen Wache und zusätzlich vom Kastanienwäldchen verdeckt, steht die ehemalige „Singakademie". Goethefreund Carl Friedrich Zelter, seit 1800 Leiter der Singakademie, veranlasste den Bau des **klassizistischen Musentempels** nach einem Schinkel-Entwurf. 1827 eröffnet, stieg der Konzertsaal schnell zu einem **Mittelpunkt des preußischen Kultur- und Geisteslebens** auf. Die Pianistin Clara Schumann und der Teufelsgeiger Paganini gastierten, Mendelssohn-Bartholdy und Liszt konzertierten, Schlegel hielt in hier Vorlesungen ab und Alexander von Humboldt berichtete von seinen Forschungsreisen. Seit dem Wiederaufbau 1952 ist das Haus Spielstätte des Maxim-Gorki-Theaters. Hier werden Stücke von Autoren des 20. Jh. und russischer Dramatiker aufgeführt.

❯ Am Festungsgraben 2, Bus 100, 200, Tel. 20221115, www.gorki.de

🕑 Palais am Festungsgraben ⭐   [L5]

Von der Straße Unter den Linden aus kaum zu erkennen, liegt hinter der Neuen Wache außerdem das 1751–1753 erbaute, später klassizistisch umgestaltete und nach dem 2. Weltkrieg wiedererrichtete Palais am Festungsgraben. Es diente als **Wohnstätte des preußischen Finanzministers.** Auch der große Staatsmann

Umbauarbeiten

Eigentlich hätte schon alles zur Fußball-WM 2006 fertig sein sollen. Aber Berlin wäre nicht Berlin und seine Gäste würden die Stadt womöglich gar nicht mehr wiedererkennen, würde sie sich ihnen auf einmal so ganz ohne Großbaustelle präsentieren. Also entschloss man sich, für das nächste Jahrzehnt den Spaten gleich dort anzusetzen, wo sich die allermeisten Berlin-Besucher bewegen: Unter den Linden.

2004/05 wurde der Bebelplatz aufgewühlt, um rund um die Versunkene Bibliothek Autostellplätze unter die Erde zu legen. Diese Arbeiten sind heute längst abgeschlossen, doch der Umbau geht weiter. Bis 2006 wurden vor dem Forum Fridericianum unter den Augen des „Alten Fritz" der Fahrdamm verengt, die Bürgersteige auf bis zu elf Meter verbreitert und auch der Mittelstreifen komplett umgestaltet. Für eine grundlegende Sanierung ist die Staatsoper Unter den Linden seit Ende 2010 bis wahrscheinlich 2013 eingerüstet, der Spielbetrieb findet solange im Charlottenburger Schillertheater statt. Wo nicht weit entfernt im Herzen der Stadt auf dem Schloßplatz noch bis 2008 der Palast der

Republik stand und gegenwärtig archäologische Grabungsarbeiten stattfinden, rücken voraussichtlich im Frühjahr 2014 die Baukräne für die Errichtung des riesigen Humboldt-Forums an.

Unter dem Asphalt gräbt man zurzeit die „Kanzler-U-Bahn" Unter den Linden ins Erdreich ein. Damals noch von Bundeskanzler Kohl als Projekt durchgesetzt, wird die U55 in einer 2,2 km langen Tunnelröhre ab 2019 den Hauptbahnhof am Spreebogen mit dem Alexanderplatz verbinden. Der erste Abschnitt vom Hauptbahnhof über den Reichstag zum Brandenburger Tor ging im August 2009 in Betrieb. 2012 ist Baubeginn für die Stationen Unter den Linden/Friedrichstraße und Museumsinsel. Bereits seit September 2010 wird auf dem östlichen Abschnitt zwischen Schloßplatz und Marx-Engels-Forum gebuddelt. Die Bronzestandbilder der sozialistischen Vordenker Karl Marx und Friedrich Engels, die den Platz bisher zierten, wurden dafür an die Karl-Liebknecht-Straße, Ecke Liebknechtbrücke, umgesetzt und kehren frühestens 2016 an ihren ursprünglichen Standort zurück.

Teatime auf Zentralasiatisch

Mitten im preußisch-klassizistischen Berlin lädt die Tadschikische Teestube im traditionellen zentralasiatischen Ambiente zum Teegenuss ein. Seit 1976 ist sie im 1. Stock des Palais am Festungsgraben untergebracht und serviert zum russischen Rauchtee oder chinesischen Rosentee Blinis, Piroggen, Soljanka.

↻222 [L5] **Tadschikische Teestube,** Am Festungsgraben 1, Mo.–Fr. 17–24 Uhr, Sa./So. 15–24 Uhr

und Reformer Preußens, Freiherr von und zum Stein (1757–1831), lebte hier vier Jahre ab 1804. Zu DDR-Zeiten beherbergte das Palais das Haus der Deutsch-Sowjetischen Freundschaft. Heute fungiert es als Event-Location.

› Am Festungsgraben 1, Bus 100, 200

37 Zeughaus/Deutsches Historisches Museum ★★★ [L5]

Es ist das **schönste erhaltene Barockgebäude Berlins.** Sein Bau 1695–1730 wurde von den seinerzeit wichtigsten preußischen Architekten geplant und beaufsichtigt: Johann Arnold Nehring, der zugleich für den Schlossbau in Lietzow (Charlottenburg) zuständig war, nach dessen Tod Martin Grünberg, dann der berühmte Baumeister und Bildhauer Andreas Schlüter (um 1660–1714) – den man nach einem Jahr Bautätigkeit allerdings wieder hinauswarf, nachdem nahebei der von ihm entworfene Münzturm am Stadtschloss eingestürzt war – und schließlich ab 1706 Jean de Bodt.

Vom glücklosen Andreas Schlüter stammen die **22 Masken sterbender Krieger** im Zeughaus-Lichthof, deren Gesichtszüge so schmerzlich die Verwundbarkeit des Menschen anmahnen. Dabei versetzen sie einen gleichzeitig in Staunen. Denn derart den Krieg anklagende Bauplastiken ausgerechnet in einem Zeughaus zu finden, das von seinen ersten Tagen bis zur Reichsgründung 1871 durchgehend ein Waffen- und Munitionsdepot war, ist bestimmt nicht der Regelfall. Von Berliner Bürgern während der Märzrevolution 1848 gestürmt, wurde die Waffenkammer im Anschluss an die Reichsgründung im Auftrag Kaiser Wilhelms I. in eine „Ruhmeshalle der brandenburgisch-preußischen Armee" umgewandelt, später ließ Hitler seine braunen Horden im Hof aufmarschieren. 1944/45 ging das Gebäude bei alliierten Bombenangriffen in Flammen auf.

Mit der Vollendung des Wiederaufbaus im Jahre 1952 erhielt das Zeughaus seine neue Bestimmung. Das Museum für Deutsche Geschichte zog ein und erklärte die Geschichte der Deutschen im marxistisch-leninistischen Lichte. Pünktlich zur Wiedervereinigung 1990 übernahm die bundesrepublikanische Interpretation der Ereignisse, das **Deutsche Historische Museum,** die Räumlichkeiten. Nach jahrelangen Um- und Restaurierungsarbeiten zeigt es seit Juni 2006 die viel besuchte **Dauerausstellung „Deutsche Geschichte in Bildern und Zeugnissen",** die mit über 8000 ausgewählten Exponaten ein lebendiges Bild von 2000 Jahren deutscher Geschichte nachzeichnet.

An der Zeughaus-Nordflanke erhebt sich zwischen Zeughaus und Palais am

▶ *Ältestes Gebäude Unter den Linden mit modernem Anbau: das Zeughaus*

Festungsgraben der **lichtdurchflutete Erweiterungsbau** des chinesischstämmigen New Yorker Stararchitekten **Ieoh Ming Pei** (*1917), zu dessen spektakulären Arbeiten beispielsweise die Glaspyramide im Hof des Louvre zählt. 2003 eröffnet, ergänzt der Neubau die Dauerausstellung im Zeughaus um weitere 2700 Quadratmeter für Sonderausstellungen.

Vor dem Zeughaus findet am Kupfergraben samstags und sonntags ein touristischer **Kunst- und Nostalgiemarkt** statt.

❯ **Deutsches Historisches Museum** (Zeughaus und Pei-Bau), www.dhm.de, Tel. 203040, tgl. 10–18 Uhr, Erw. 6 €, unter 18 Jahre freier Eintritt. Der Lichthof (Schlüter-Hof) kann kostenlos besichtigt werden. Zum Pei-Bau gelangt man entweder über das Zeughaus oder durch den Haupteingang der neuen Ausstellungshalle, Hinter dem Gießhaus 3.

❯ S Hackescher Markt, Bus 100, 200

38 Schloßbrücke ★★   [L5]

„Hundebrücke" hieß die hölzerne Zugbrücke zwischen Spreeinsel und Festland in den Tagen des Großen Kurfürsten im 17. Jh., weil man hier die Hundemeute für die herrschaftliche Jagd im Tiergarten versammelte. „Hundebrücke" wurden auch ihre Nachfolgebauten genannt, bis 1822 die Grundsteinlegung zur steinernen neuen Brücke nach Schinkel-Plänen stattfand. 1824 war sie fertiggestellt und heißt seitdem Schloßbrücke.

Die acht von Schinkel entworfenen **Figurengruppen aus weißem Carrara-Marmor,** die Götter und Helden des klassischen griechischen Altertums darstellen und auf hohen Sockeln über den steinernen Brückenpfeilern stehen, wurden ab 1842 geformt und 1857 vollendet.

❯ Bus 100, 200

050be Abb.: kj

Museumsinsel – die Akropolis von Spree-Athen

Den nördlichen Teil der Spreeinsel im Herzen Berlins bildet die berühmte Museumsinsel. In über 100 Jahren, von 1823 bis 1930, entstanden auf der von König Friedrich Wilhelm IV. zur „Freistätte für Kunst und Wissenschaft" ausgerufenen Inselhälfte fünf herausragende Museumsbauten – eine Tempelstadt für die Musen, deren Mauern 6000 Jahre Kunst und Kultur der Menschheitsgeschichte beherbergen und die heute zum Weltkulturerbe zählt.

Nachdem 1830 das von Karl Friedrich Schinkel entworfene **Alte Museum** eröffnet hatte, entwickelte 1841 dessen Schüler Friedrich August Stüler auf königlichen Geheiß eine erste Gesamtkonzeption für die Inselbebauung. Bis 1876 waren nach Stülers Plänen das **Neue Mu-**

seum und die **Alte Nationalgalerie** fertiggestellt. Durch den Bau der Stadtbahntrasse 1882, die man über die nördliche Inselspitze führte, ergab sich eine neue räumliche Situation, an der sich in der Folge die Entwürfe für das 1904 eingeweihte **Bode-Museum** und zuletzt 1930 das **Pergamonmuseum** orientierten. So entstand in einem Jahrhundert ein **einmaliges Museumsensemble, eine Verbeugung vor der Kunst**, an dem jede Generation jeweils mit ihren eigenen Vorstellungen und wesentlichen Stilmitteln mitwirkte.

Bereits Anfang des Zweiten Weltkriegs 1939 begann man mit der Auslagerung der enormen Kunstschätze. Bis 1944 waren die Sammlungen zum Schutz vor den Bombenangriffen deutschlandweit in Bunkern und Salzstöcken verschwunden. Sie blieben infolge der deutschen Teilung für die nächsten 40 Jahre auseinandergerissen. Zwar veranlasste die

▲ *Das Alte Museum* 39 *mit Lustgarten*

Die Museen auf der Museumsinsel

❯ **Altes Museum:** weltweit bedeutende Antikensammlung mit Skulpturen, Schmuck, Bronzen, Vasen der griechischen, etruskischen, römischen Epoche; geöffnet: tgl. 10–18 Uhr, Do. 10–22 Uhr

❯ **Neues Museum:** Ägyptisches Museum und Papyrussammlung mit Kunstwerken des alten Ägyptens, darunter die Büste der Nofretete; Museum für Vor- und Frühgeschichte mit archäologischen Sammlungen der Alten Welt von der Steinzeit bis ins Mittelalter, darunter Heinrich Schliemanns Troja-Ausgrabungen; geöffnet: So.–Mi. 10–18 Uhr, Do.–Sa. 10–20 Uhr

❯ **Alte Nationalgalerie:** ebenso umfangreiche wie wertvolle Sammlung internationaler und deutscher Malerei und Skulptur des 19. Jahrhunderts; geöffnet: Di.–So. 10–18 Uhr, Do. 10–22 Uhr

❯ **Bode-Museum:** Museum für Byzantinische Kunst mit einer hochrangigen Sammlung spätantiker und byzantinischer Werke; einzigartige Skulpturensammlung mit Objekten vom frühen Mittelalter bis Ende 18. Jahrhundert; Münzkabinett; geöffnet: tgl. 10–18 Uhr, Do. 10–22 Uhr

❯ **Pergamonmuseum:** Antikensammlung mit griechischen und römischen Skulpturen sowie herausragend dem Pergamonaltar und dem römischen Markttor von Milet; Vorderasiatisches Museum mit dem Ischtartor und der Prozessionsstraße von Babylon; Museum für Islamische Kunst mit der Prunkfassade des jordanischen Wüstenschlosses „Mschatta"; wegen Sanierung kann es bis 2015 zur zeitweiligen Schließung einzelner Abteilungen kommen; geöffnet: tgl. 10–18 Uhr, Do. 10–21 Uhr

❯ **Adresse:** Bodestraße 1–3, 10178 (Mitte)

❯ **Verkehrsanbindung:** S Hackescher Markt, Bus TXL, 100, 200

❯ **Infos:** Tel. 266424242 (Mo.–Fr. 9–16 Uhr), www.smb.museum

❯ **Hauskarten** für ein Museum kosten 10 €, ermäßigt 5 € (Bodemuseum, Alte Nationalgalerie 8 €, erm. 4 €). Möchte man mehrere Museen auf einmal besuchen, sind **Bereichskarten** günstiger, die mit wenigen Ausnahmen für alle Museen der Stiftung Preußischer Kulturbesitz (s. S. 58) an einem der berlinweit fünf Standorte am Tag des Besuchs gelten. Für Menschen unter 18 Jahre, Sozialgeld- und Arbeitslosengeld-II-Bezieher ist der Eintritt kostenlos.

❯ **Besondere Einlass-Regelungen:**
Bei spektakulären **Sonderausstellungen** mit großem Andrang können je nach Museum unterschiedliche **Zeitfenster-Verfahren** zur Anwendung kommen. Beispielsweise wird mit dem Ticketerwerb an der Tageskasse eine individuelle Einlassnummer vergeben, deren Fortschritt man in der „virtuellen Schlange" im Internet mitverfolgen kann. Oder es wird rechtzeitig per SMS-Service über die persönliche Einlasszeit informiert. Oder der Kauf einer Eintrittskarte ist nur online für einen ausgewählten Tag mit einem bestimmten Einlass-Zeitfenster möglich. Welches Verfahren zur Anwendung kommt, hängt letztlich vom Museum, der Ausstellung und dem Publikumsandrang ab. Deshalb ist es in jedem Fall ratsam, sich rechtzeitig zu informieren.

❯ **Info-Tel.** 266424242 (Mo.–Fr. 9–16 Uhr), www.smb.museum

Museumsinsel – die Akropolis von Spree-Athen

DDR-Führung schon in den 1950er-Jahren die Wiedererrichtung von vier der fünf kriegszerstörten Museumsbauten. Doch die **Zusammenführung der Kunstschätze** konnte erst nach der Wiedervereinigung ins Rollen gebracht werden, erschwert durch den Umstand, dass sich kostbare Bestände wie Teile der Ausgrabungen Heinrich Schliemanns in Troja oder der Schatz von Eberswalde noch als „Beutekunst" in Russland befinden.

1999 beschloss der Stiftungsrat der Stiftung Preußischer Kulturbesitz einen **Masterplan Museumsinsel** für die aufwendige Restaurierung und Modernisierung der „Berliner Akropolis". Für über 1,5 Milliarden Euro werden unter der Gesamtleitung des Architekten David Chipperfield bis zum Jahr 2019 die Bauwerke auf der Insel saniert und nach dem Vorbild des Pariser Louvre und der Vatikanischen Museen in Rom räumlich und thematisch zu einem gemeinsamen Museumskomplex zusammengefasst. Eine unterirdische „**Archäologische Promenade**" wird die einzelnen Museen miteinander verbinden, bereichert um ein **zentrales Eingangsgebäude** vor dem Neuen Museum am Kupfergraben, das nach Chipperfields Entwürfen entsteht. Der neue Hauptzugang mit Kassen, Cafés, Shops und Vortragsräumen soll den Namen **James-Simon-Galerie** tragen, nach dem großzügigsten Mäzen, den die Staatlichen Museen zu Berlin jemals hatten. Zahlreiche Kunstwerke und Sammlungen sind dem finanziellen Engagement von James Simon (1851–1931) zu verdanken, darunter die weltberühmte Büste der ägyptischen Königin Nofretete (Teil der Sammlung des Ägyptischen Museums, heute im Neuen Museum untergebracht).

Noch im Jahr 1999 wurde die Berliner Museumsinsel, unter Berücksichtigung des Masterplans für die Sanierung, von der UNESCO als „einzigartiges Ensemble von Museumsbauten" gewürdigt und zum **Weltkulturerbe der Menschheit** erklärt.

39 Altes Museum ★★★ [L4]

Das **erste und älteste Bauwerk des Museenensembles** ist das mit 18 ionischen Säulen der Straße Unter den Linden zugewandte Alte Museum. Ab 1823 wurde es nach Plänen Karl Friedrich Schinkels erbaut und war zu seiner Eröffnung 1830 neben dem Kasseler Fridericianum und der Münchner Pinakothek einer der ersten der Öffentlichkeit zugänglichen Museumsbauten in Deutschland. Damals „Königliches Museum" und vom Volksmund schlicht „Museum" genannt, erhielt es seinen Namen „Altes Museum" erst nach dem Neubau des Neuen Museums ab Mitte des 19. Jahrhunderts.

Mit seiner **säulengeschmückten weitläufigen Vorhalle**, seiner an das römische Pantheon angelehnten großen **Rotunde** und der repräsentativen Treppenanlage, die man in solcher Form bisher nur in Herrschaftsbauten antraf, zählt das Alte Museum zu den Meisterwerken des Klassizismus und bildet zugleich einen **Höhepunkt im Schaffen Karl Friedrich Schinkels**.

Den Zweiten Weltkrieg überdauerte es ausgebrannt und schwer beschädigt. 1958 begannen die Rekonstruktionsarbeiten, 1966 war der Wiederaufbau vollbracht. Derzeit wird es bei laufendem Betrieb, unter der Leitung des Architektenbüros Hilmer & Sattler, behutsam für die Besucherströme des 21. Jahrhun-

Museumsinsel – die Akropolis von Spree-Athen

051 be Abb.: kj

der Garten?" – Er feierte seine Wiederauferstehung nach der Fertigstellung des
Alten Museums, nun als streng geomet-
rische Anlage nach Plänen des Garten-
baumeisters Peter Joseph Lenné (1789–
1866). Ein knappes Jahrhundert später
wurde sie abermals abgeräumt, seinerzeit von den Nazis, die das Lustgartenge-
lände für pompöse Aufmärsche benötig-
ten. 1998 rollte man dann wieder Rasen
aus und seither gedeiht in Anlehnung an
den alten Lenné-Entwurf anstelle von
Pflasterstein zum dritten Mal Grün.

Die **Granitschale** mit fast sieben Meter Durchmesser vor der Museums-Frei-
treppe wurde bis 1834 in siebenjähriger
Arbeit von Gottlieb Christian Cantian aus
einem Findling gehauen.

🔴41 Neues Museum ★★★　[L4]

Nachdem das Alte Museum bereits ein
Jahrzehnt nach seiner Eröffnung vor
Kunst aus allen Nähten platzte, machte man sich Anfang der 1840er-Jahre
an die Planung eines neuen Museums.
König Friedrich Wilhelm IV. beauftragte
damit seinen Hofbaurat, den Schinkel-
Schüler **Friedrich August Stüler** (1800–
1866). Im Herbst 1841 wurden die ersten Gründungspfähle gerammt, im Frühjahr 1843 war Grundsteinlegung. Ab
Mitte 1847 erfolgte die Innenausmalung
durch Wilhelm von Kaulbach und andere

derts aufpoliert. Gezeigt wird die **Antikensammlung** mit griechischer Kunst
und Kultur von der kretischen und my-
kenischen Epoche bis in hellenistische
Zeit sowie Kunst der Etrusker und antiken Römer.

🔴40 Lustgarten ★★　[L5]

Vor der 87 Meter langen Südfront des Alten Museums dehnt sich der Lustgarten
aus. **Ursprünglich ein Küchen- und Kräutergarten** am Stadtschloss, wurde die
Grünanlage erstmals auf Befehl des Soldatenkönigs Friedrich Wilhelm I. (1688–
1740) eingeebnet und zum öden Exerzierplatz umfunktioniert. Noch 1822,
ein Jahr vor Baubeginn des Alten Museums, fragte Heinrich Heine angesichts
der kahlen Fläche ironisch: „Wo aber ist

◀ *Wertvolle antike Skulpturen
haben im Kuppelsaal im Zentrum des
Alten Museums ihren Platz*

bedeutende Künstler des Berliner Klassizismus. 1854 war das Bauwerk als zweiter Tempel für die Künste auf der Museumsinsel vollendet.

Gegen Ende des Zweiten Weltkriegs zerstörten es Feuer- und Sprengbomben so stark, dass es die nächsten vierzig Jahre als Ruine verblieb und nicht wieder hergestellt wurde. Erst 1985 begannen die Sicherungsarbeiten. Darüber hinaus mussten die alten Gründungspfähle ersetzt werden – eine ungemein schwierige Arbeit, die insgesamt bis 1994 andauerte. Drei Jahre darauf beauftragte die Stiftung Preußischer Kulturbesitz den Londoner Architekten **David Chipperfield** mit dem **233 Millionen Euro teuren Wiederaufbau.** 2003 begannen die Bauarbeiten und im September 2007 wurde, heiß umstritten, das Richtfest gefeiert.

In Anbetracht der großen Zerstörung – teils fehlen komplette Gebäudeabschnitte – lautete die strittige Frage: **Historische Rekonstruktion oder zeitgenössische Architektur?** Viele Berliner wünschten sich eine originalgetreue Kopie des Stülerschen Bauwerks. Denn dieses war weit mehr als nur ein Dach über dem Kopf für die Kunst, sondern selbst ein Gesamtkunstwerk. Es stellte nicht nur Kunst des Altertums aus, sondern bettete sie durch eine von antik bis exotisch anmutende Innengestaltung in einen sinnlich erlebbaren Rahmen ein. Vor allem dass Stülers berühmter Treppenaufgang und die ihn begleitenden Wandbilder Kaulbachs nicht wieder original hergestellt wurden, löste Verärgerung aus. Sogar eine Bürgerinitiative mit Prominenten aus Film, Funk und Fernsehen gründete sich.

Doch es blieb dabei, die Wiederherstellung des Neuen Museums erfolgte ohne Nachbildungen. Die Wunden, die der Krieg schlug, sollen sichtbar bleiben. Vorhandenes wurde restauriert, Fragmente, wie sie die Zeit überdauerten, wurden gewürdigt und die Tausende von Bausteinen, die jahrzehntelang vielerorts lagerten, wurden sorgfältig wieder integriert. Einen „**harten baulichen Dialog zwischen Vergangenheit und Gegenwart**" nannte die taz Chipperfields Wiederaufbau.

Seit der Wiedereröffnung im Herbst 2009 präsentiert das Neue Museum das **Ägyptische Museum und Papyrussammlung** mit Werken des alten Ägyptens vorwiegend aus der Zeit um 1400 v. Chr. und im südlichen Kuppelsaal dem Star der Sammlung: der **weltberühmten Büste der Königin Nofretete.** Außerdem beherbergt das Haus das **Museum für Vor- und Frühgeschichte**, das über 100.000 archäologische Zeugnisse der Alten Welt von der Steinzeit bis ins Mittelalter ausstellt.

🔴42 Alte Nationalgalerie ★★★ [L4]

Als drittes Gebäude auf der Museumsinsel schloss sich nach Altem und Neuem Museum mit zehnjähriger Bauzeit 1866–1876 die Alte Nationalgalerie an. Abermals zeichnete Friedrich August Stüler für die Entwürfe verantwortlich. In **Form eines korinthischen Tempels** sollte das Museum entstehen. Doch seine Verwirklichung durfte der Baumeister nicht mehr erleben, er verstarb im Jahr vor dem ersten Spatenstich.

▶ *Giebelschmuck auf dem Dach der Alten Nationalgalerie*

Bis zum nationalsozialistischen Bildersturm beherbergte die Alte Nationalgalerie neben Malerei des 18. und 19. Jahrhunderts eine der weltweit bedeutendsten Sammlungen der Moderne. Deren Exponate wurden teils zur unheilvollen Ausstellung „Entartete Kunst" nach München fortgebracht und anschließend verschleudert, ein anderer Teil ging während der Auslagerung im Zweiten Weltkrieg in Flammen auf. Der große Bestand deutscher und internationaler **Malerei des 19. Jahrhunderts** konnte dagegen gerettet werden und ist heute an seinem angestammten Ort wieder vereint.

Nach einer **Generalsanierung** (1998–2001) feierte man die Wiedereröffnung der altehrwürdigen Hallen. Seitdem dienen sie Meisterwerken des Klassizismus und der Romantik, des deutschen und französischen Impressionismus. Außerdem ist Malerei der Gründerzeit und des Historismus sowie der Sezession und des Symbolismus zu sehen.

Weitere Standorte der Nationalgalerie befinden sich am Kulturforum Potsdamer Platz **108**, am Hamburger Bahnhof **85** sowie am Standort Charlottenburg **130** im Westen der Stadt.

43 Bode-Museum ★★★ 　　[L4]

Im Stil des späten Historismus erhebt sich das Bode-Museum als viertes Bauwerk auf der Museumsinsel. Auf einem dreieckigen Grundriss wurde es mit einer **mächtigen Kuppel** 1897–1904 vom Hofarchitekten Ernst Eberhard von Ihne als „Kaiser-Friedrich-Museum" auf die nördliche Inselspitze gesetzt und nach seiner Rekonstruierung in den 1950er-Jahren nach dem Berliner Museenpapst Bode benannt.

049be Abb.: kj

Arnold Wilhelm Bode (1845–1929) ist einer der Erfinder des modernen wissenschaftlichen Museumswesens. 1872 begann er seine Karriere als Direktorialassistent an den Königlich Preußischen Museen, seit 1890 hatte er in Personalunion die Leitung der Skulpturensammlung und der Gemäldegalerie inne und führte – ab 1905 Generaldirektor der Staatlichen Museen – die Berliner Sammlungen zu Weltruhm.

Nach einer **umfassenden Restaurierung** 2000–2005, die 152 Millionen Euro verschlang, konnte das Bode-Museum im Herbst 2006 wieder eröffnen. Schwelgerisch sind die alten Prunkräume wiedererstanden: 64 Säle, die durch fast 2000 Jahre Kulturgeschichte der Menschheit führen.

Museumsinsel – die Akropolis von Spree-Athen

Hinter der 16 Meter hohen Basilika, die den Innenraum der florentinischen Kirche San Francesco al Monte nachahmt, gruppieren sich labyrinthisch die einzelnen Ausstellungsräume. Sie bergen die **größte Skulpturensammlung Europas**: Bildhauerkunst, Porträtbüsten, Schnitzereien und Retabeln vom europäischen Mittelalter über die frühe Neuzeit bis 1800, darunter so wertvolle Stücke wie die Lindenholzskulpturen von Tilman Riemenschneider, Werke des florentinischen Bildhauers der Frührenaissance Donatello oder die barocke „Tänzerin" von Antonio Canova.

Das ebenfalls im Bode-Museum beheimatete **Museum für Byzantinische Kunst** präsentiert eine erstrangige Sammlung spätantiker weströmischer Kunst sowie byzantinische Werke aus Konstantinopel und dem Byzantinischen Reich vom 4. bis zum 15. Jahrhundert. Die **Münzsammlung** unter dem Dach des Bode-Museums darf sich rühmen, die größte der Welt zu sein.

🅳 Pergamonmuseum ★★★ [L4]

Dem Engagement Bodes ist schließlich auch das fünfte und jüngste Museum auf der Insel zu verdanken. Um die zahlreichen Ausgrabungen deutscher Altertumsforscher aufnehmen zu können, drängte er auf die Errichtung eines weiteren Gebäudes. So entstand mit mehrfachen Unterbrechungen zwischen 1910 und 1930 unter den Architekten Alfred Wessel und Ludwig Hoffmann zwischen Neuem Museum und Bode-Museum das Pergamonmuseum.

Die Dreiflügelanlage vereint unter ihrem Dach das **Vorderasiatische Museum**, das **Museum für Islamische Kunst**

sowie die Architektursäle und den Skulpturentrakt der **Antikensammlung**. Großartigstes Exponat in der Antikensammlung ist der im letzten Drittel des 19. Jh. wieder aufgefundene **Pergamonaltar**. Um 170 v. Chr. unter Eumenes II. im kleinasiatischen Pergamon errichtet, wurden ein Drittel des Altars, die große Freitreppe und die originalen Friesplatten im Maßstab 1:1 in Berlin wieder aufgebaut. Zu den aufsehenerregenden Rekonstruktionen der Antikensammlung zählt außerdem das aus dem 2. Jahrhundert stammende, fast dreißig Meter hohe römische **Markttor von Milet**, das man 1903 bei Grabungen fand und 1925–1929 im Pergamonmuseum wiedererrichtete.

Glanzstücke des Vorderasiatischen Museums sind die prunkvolle **Prozessionsstraße in Babylon** (um 580 v. Chr.) sowie das **Ischtar-Tor** und die **Thronsaalfassade** von König Nebukadnezar II. (604–562 v. Chr.). Im Museum für Islamische Kunst gehört die 33 Meter lange und 5 Meter hohe **Fassade des jordanischen Wüstenschlosses von Mschatta** aus dem 8. Jahrhundert zu den besonderen Höhepunkten.

Noch bis 2019 wird das Pergamonmuseum **abschnittweise saniert** und um eine Archäologische Promenade sowie einen dem Kupfergraben zugewandten, gläsernen vierten Flügel erweitert. Dazu werden zeitweilig einzelne Abteilungen geschlossen. Insgesamt steht das Haus dem Publikum aber weiterhin offen.

▶ *Kaisers Glanz und Gloria: Wilhelminischer Pomp kennzeichnet die Architektur des Berliner Doms*

052be Abb.: kj

Rund um den Schloßplatz

45 Berliner Dom ★ ★ ★   **[L4]**

Der wuchtige, neubarocke Granit- und Sandsteinbau ist das größte evangelische Gotteshaus Deutschlands. Mit seiner Hauptfassade dem Lustgarten und Alten Museum zugewandt, fungierte es sinnbildhaft als Bindeglied zwischen hier Kunst und dort Kaisertum – dem Dom gegenüber am Schloßplatz stand bis zu seiner Sprengung 1950 das gigantische Berliner Stadtschloss.

Ein erster Sakralbau erhob sich bereits Anfang des 14. Jahrhunderts am Platz. Mitte des 18. Jahrhunderts wich er einer Kirche nach Entwürfen König Friedrichs II. mit Unterstützung seines Baumeisters Knobelsdorff. 1816–1821 verlieh

ihr Karl Friedrich Schinkel ein preußisch-klassizistisches Antlitz.

Infolge der Reichsgründung entsprach das Gotteshaus dann nicht mehr dem kaiserlichen Repräsentationsbedürfnis und wurde abgerissen. An seiner Stelle wuchs zwischen 1894 und 1905 im überbordenden Neubarock die von Julius Carl Raschdorff entworfene, 114 Meter hohe, **monumentale Hof- und Grabkirche der Hohenzollern** empor.

Im Zweiten Weltkrieg schwer beschädigt, reduzierte man die Höhe des Sakralbaus bei seiner Rekonstruktion ab 1975 auf bescheidenere 98 Meter. Die ehemals der Nordfassade vorgelagerte, kriegszerstörte Denkmalkirche wurde überhaupt nicht mehr aufgebaut. Dem ungeachtet blieb der Berliner Dom bis heute das **größte evangelische deutsche Gotteshaus**. Und auch der übertriebenen Kunstauffassung von Bauherr „SM", wie die Berliner Seine Majestät Kaiser Wilhelm II. (reg. 1888–1941) gerne abkürzten, kann man im Inneren noch ansichtig werden.

Den Höhepunkt in der vor goldverbrämtem Zierrat glänzenden **Predigtkirche**, der Hauptkirche des Doms, die man durch die Säulenvorhalle betritt, bildet die **74 Meter hohe Kuppel**. Sie ist mit acht eindrucksvollen Mosaiken des Lieblingsmalers Kaiser Wilhelms und Hauptrepräsentanten der wilhelminischen Malerei, Anton von Werner, geschmückt. Zur **wertvollen Innenausstattung** gehören die vergoldete Altarwand mit den 12 Aposteln nach einem Entwurf Karl Friedrich Schinkels, davor der 1850 vom Schinkel-Schüler Friedrich August Stüler geschaffene Altartisch aus weißem Marmor sowie hinter dem Altar verborgen das Marmortaufbecken von Christian Daniel Rauch (1777–1857). Die reich dekorierte Eichenholzkanzel links vom Altarraum wurde nach einem Entwurf Otto Raschdorffs 1907 vollendet.

Gegenüber der **Kaiserempore** mit dem preußischen Königswappen stellt die 1905 eingeweihte **Orgel** des Hoforgelbaumeisters Wilhelm Sauer ein weiteres Prunkstück dar. Mit 7269 Pfeifen und 113 Registern ist sie die größte in Deutschland. Unterhalb der Orgelempore sind die **barocken Prachtsarkophage** des Großen Kurfürsten Friedrich Wilhelm (1620–1688) und seiner zweite Gemahlin Dorothea von Holstein-Glücksburg (1636–1869) ausgestellt.

Unter der Südempore lohnen die von Andreas Schlüter (um 1660–1714) geschaffenen, kostbaren Särge des ersten preußischen Königspaars Friedrich I. (1657–1713) und Sophie Charlotte (1668–1705) einen Blick. Nebenan befindet sich der Eingang zur vergleichsweise schlichten **Tauf- und Traukirche**, deren wertvollstes Stück das Altargemälde Carl Begas' d. Ä. von 1820 darstellt. In ihrer Nachbarschaft steigt das vollständig aus Marmor bestehende **Kaiserliche Treppenhaus** auf. Als Wand- und Deckenschmuck begleiten es dreizehn Temperabilder von Albert Hertel, die aus dem Leben Jesu Christi erzählen.

Für das gemeine Volk ist dagegen die schmucklose „Beamtentreppe" gedacht. Sie führt zum **Dom-Museum**, das anhand von Zeichnungen, Skizzen und Modellen die annähernd hundertjährige Planungs- und Entstehungsgeschichte des Sakralbaus und seiner Vorgänger erzählt. Von dort geht es weitere 267 Stufen auf einer abenteuerlich engen Treppe zum **Kuppelumgang** hinauf, von dem aus man, fünfzig Meter oberhalb des Straßenniveaus, einen **herrlichen Rundumblick** auf die Berliner Dächer genießen kann.

Tief unter dem Straßenniveau sind in der **Hohenzollerngruft**, der Krypta der einstigen Hofkirche, auf 1300 Quadratmeter Fläche über hundert Särge und Sarkophage aufgebahrt, in denen Angehörige, Fürsten und Könige der Hohenzollernfamilie ruhen.

❯ Tel. 20269136, www.berlinerdom.de, S Hackescher Markt, Bus TXL, 100, 200, Mo.–Sa. 9–20 Uhr, So. 12–20 Uhr (Okt.– Ende März bis 19 Uhr), keine Besichtigung zu Gottesdiensten, Konzerten und Veranstaltungen, Erw. 7 €, erm. 4 €, unter 18 Jahre freier Eintritt

46 Stadtschloss – Palast der Republik – Humboldt-Forum ★ [L5]

Wo im Herzen der Spreeinsel von 1973 bis Ende 2008 der Palast der Republik aus DDR-Zeiten stand, erhob sich bis zur Sprengung 1950 das monumentale Berliner Stadtschloss. Über 500 Jahre lang war es das Maß aller Dinge, die Koordinate, an der die Geschicke Berlins zusammenliefen und von wo aus die Spree-Metropole in die Welt ausstrahlte. „Das Stadtschloss bildet den Mittelpunkt für Berlins wichtigste historische und politische Erinnerung", schrieb Robert Springer 1876 in seinem Reiseführer „Berlin. Die deutsche Kaiserstadt" über die symbolträchtige, nun seit mehr als einem halben Jahrhundert heftig umstrittene Fläche im historischen Stadtzentrum. – Über 500 Jahre lang stand das Schloss an der Stelle, wo es jetzt, mit Bauende voraussichtlich 2018, wiedererstehen soll.

Den Grundstein zu der in ihren ersten Tagen „Zwing Cölln" genannten Feste legte 1443 der zweite Hohenzollerngraf über die Mark, Friedrich II. Eisenzahn (1413–1471). Dessen bescheidene Hütte ließ Kurfürst Joachim II. (1505–1571) kaum 100 Jahre später gleich wieder einreißen, um seinem Baumeister Kaspar Theiß ausreichend Platz für die Realisierung eines neuen, prachtvollen Renaissanceschlosses zu verschaffen. Dieses diente dann gewissermaßen als Grundstock für die zahlreichen gewaltigen Erweiterungsbauten, die sich in den folgenden Jahrhunderten anschlossen.

Nach der letzten großen Erweiterung 1708–1723 bedeckte der Hohenzollernpalast eine Fläche von fast 200 Meter Länge und 120 Meter Breite – womit er **zum größten profanen Barockbau nördlich der Alpen** avancierte. Bauherr König Friedrich I. (1657–1713), berühmt für seine Prunk- und Verschwendungssucht, hatte dazu eigens den „Michelangelo des Nordens", **Andreas Schlüter,** 1699 zum Hofbaumeister berufen. Als aber dessen soeben errichteter, 120 Meter hoher Münzturm einzustürzen drohte und wieder abgetragen werden musste, jagte man Schlüter 1706 mit Schimpf und Schande davon.

Nachfolger wurde sein schärfster Konkurrent **Johann Eosander von Göthe,** der den Neigungen seines Königs zu monumentalem Pomp in nichts nachstand. 1708 begannen die Arbeiten am Erweiterungsbau, mit dem sich die Ausmaße des Stadtschlosses annähernd verdoppelten. Den Mittelpunkt bildete fortan das prachtvolle, dem antiken römischen Triumphbogen des Septimus Severus nachempfundene **Eosanderportal** als neuer Schlosseingang. Über eine riesige Säulengalerie sollte der Neubau mit dem älteren Schlüterhof verbunden

053be Abb.: kj

▶ *Grabungen bringen die alten Stadtschlossfundamente zutage (im Hintergrund das Staatsratsgebäude)*

werden; und letztlich ist es nur dem Ableben Seiner Majestät 1713 zu verdanken, dass der Umfang des Schlosses nicht noch weiter ausgriff. Darüber hinaus stand das junge Königreich Preußen, auch infolge des Schlossbaus, vor dem Bankrott und der Nachfolger auf dem Thron, Soldatenkönig Friedrich Wilhelm I., machte sich an die Sanierung der Staatsfinanzen.

Bis 1716 wurde die Lücke geschlossen, die noch zwischen Eosanderportal und Schlüterbau klaffte. Abschließend setzte man 1850 die von Friedrich August Stüler entworfene **Kuppel** auf das Portal an der Westfront und widmete sich fortan, bis zum Ende des Kaiserreichs 1918, nur noch dem prachtvollen Innenausbau.

Im Bombenhagel des Zweiten Weltkriegs wurde die Hohenzollernresidenz fast völlig zerstört. Die Entscheidung, ob die Ruine wieder aufgebaut oder vollends abgerissen werden sollte, fällten nach Gründung der DDR die neuen Machthaber in Ostberlin in dem Sinne, wie es der SED-Generalsekretär Walter Ulbricht 1950 verlautbaren ließ: „Das Zentrum unserer Hauptstadt, der Lustgarten und das Gebiet der jetzigen Schlossruine, müssen zu dem großen Demonstrationsplatz werden, auf dem der Kampfwille und Aufbauwille unseres Volkes Ausdruck findet."

Trotz anhaltender internationaler Proteste wurde das Stadtschloss als Inbegriff des preußischen Militarismus 1950 in monatelanger Arbeit gesprengt. Auf dem nun großen, weiten, öden Geviert baute man anschließend eine gewaltige Tribüne auf, vor der die Volksmassen mit „Winkelementen" aufmarschieren und ihren obersten Einheitsparteigenossen zujubilieren sollten. Ab 1973 entstand dann in nur zwei Jahren Bautätigkeit der **Palast der Republik,** das Sinnbild par excellence für den Aufstieg wie auch den Niedergang der Deutschen Demokratischen Republik: bis 1990 Sitz der DDR-Volkskammer und zugleich multifunktionales Kulturzentrum mit Tanz- und Konzertvergnügen, Gastronomie und zahlreichen weiteren Freizeiteinrichtungen. Im Frühjahr 2006 wurde mit seinem Abriss begonnen, 2008 war der „Rückbau" beendet.

Gemäß dem Bundestagsbeschluss von 2002 wird an seiner Stelle eine Rekonstruktion des alten Berliner Stadtschlosses unter dem Namen **Humboldt-Forum** entstehen. In der weitläufigen Kubatur der untergegangenen Hohenzollernresidenz soll es als **Zentrum für Wissenschaft und Kultur** die Zentral- und Landesbibliothek sowie die wissenschaftliche Sammlung der Humboldt-Universität aufnehmen und außerdem – so nahe bei der Museumsinsel – dem zweiten großen Auftritt der Staatlichen Museen auf der Spreeinsel dienen. Nach Abschluss der Bauarbeiten, dessen Termin allerdings noch in den Sternen steht, sollen die in den Dahlemer Museen versammelten Kunstschätze Asiens und Afrikas einmal ins Humboldt-Forum umziehen.

Kostenpunkt für das **gigantische Bauvorhaben** nach einem Entwurf des Italieners Francesco Stella: 590 Millionen Euro. Den Löwenanteil trägt der Bund mit 480 Millionen Euro, das Land Ber-

▶ *Der Palast der Republik kurz vor Beginn der Abrissarbeiten*

Abschied von Erichs Lampenladen

055be Abb.: kj

„Erichs Lampenladen" nannte man den 180 Meter langen, mit orangefarbenen Glasfronten geschmückten **Palast der Republik** wegen seiner illustren Innenbeleuchtung. Nach der Wiedervereinigung 1990 gingen die Lichter aus und die ästhetisch wie politisch hochgradig symbolgeladene Frage lautete: Dekonstruktion oder Rekonstruktion? Abriss oder Instandsetzung, denn wie so viele 1970er-Jahre-Gebäude war auch der Palast der Republik massiv asbestbelastet.

Im Anschluss an die darum unvermeidliche Sanierung – 720 Tonnen Spritzasbest wurden entfernt – blieb von ihm nicht viel mehr als ein Stahlskelett und rohes Mauerwerk übrig. Und so stand er dann da, als **schaurig-schöne Ruine,** und stieg in dieser Gestalt zum **Kultobjekt** auf.

Während die Köpfe von Architekten und Stadtplanern über Bebauungsplänen und Nutzungskonzepten zu rauchen begannen und der „Förderverein Berliner Schloss" den Palast nach Christo-Manier ringsum in eine Barockfassade aus Plastikbahnen verpackte, bliesen die Gegner des Stadtschloss-Wiederaufbaus zum Sturm. Junge Künstler, Architekten,

Schriftsteller, Film- und Musikschaffende zogen ein und kreierten ein Zwischennutzungskonzept, das den „Palazzo Prozzo" zwischen frei liegenden Stahlträgern und blinden Fensterscheiben zu einer der angesagtesten Off-Stätten für Ausstellungen, Theater, Musik und Performances machte. Für den Erhalt des Palasts der Republik wurde zur Bundestagswahl 2005 sogar eigens eine Partei gegründet.

Doch ihr Engagement für die symbolische Besetzung der Mitte Deutschlands blieb vergebens. Anknüpfend an den Bundestagsbeschluss von 2002 bestätigte im Januar 2006 die große Mehrheit der Parlamentarier, gegen die Stimmen lediglich von Grünen und Linkspartei, die Wiedererstehung der alten Preußenfeste im Retrolook – und damit den **Abriss** der asbestsanierten Palastruine im Herzen Berlins. Das Schicksal von Erichs Lampenladen war besiegelt. Im Frühjahr 2006 begannen die Abrissarbeiten.

Für die Ewigkeit bauen hat sich somit einmal mehr als Trugschluss erwiesen. Kaum eine Stadt verkörpert das deutlicher als die deutsche Hauptstadt Berlin, in der Aufbau, Umbau und Abbruch seit Jahrhunderten an der Tagesordnung sind. Zwischennutzungen sollte man deshalb vielleicht nicht länger nur als Interimslösung verstehen, sondern sie vielmehr zum wahren Kontinuitätsprinzip in der Spree-Metropole erklären. Denn ganz offensichtlich ist nicht das Vollkommene, das Vollendete, sondern – wie zuletzt beim Palast der Republik vor der Demontage – die Zwischennutzung der vitale Zustand, die Lebensader Berlins.

lin steuert 30 Millionen Euro bei und der Förderverein Berliner Schloss, der mit Wilhelm von Boddien an der Spitze schon seit der Wiedervereinigung für den originalgetreuen Wiederaufbau des Stadtschlosses streitet, kündigte vollmundig an, sich mit 80 Millionen Euro Spendengeldern für eine historische Schlossfassade an dem Retro-Bau zu beteiligen. Ob sich eine so gewaltige Summe eintreiben lässt, muss sich noch zeigen. Ebenso ist die originalgetreue Rekonstruktion der Stüler-Kuppel noch nicht ausgemacht. Über 15 Millionen Euro würde sie kosten, mehr als die Hälfte davon müsste aus weiteren Spenden bereitgestellt werden, damit den Monumentalbau am Ende nicht nur ein Miniatur-Kuppelchen krönt.

Im Juni 2010 legte die Bundesregierung ihren Anteil an der Schlossfinanzierung wegen **Geldmangel** vorerst auf Eis. Der geplante Baubeginn verschob sich dadurch von 2011 auf voraussichtlich 2014. Doch die Berliner sind nicht traurig darüber. Laut einer Forsa-Umfrage im Mai 2010 wollten drei Viertel aller Hauptstädter das neue alte Stadtschloss gar nicht. Und so erstreckt sich im Herzen Berlins, dort wo die Stadt einst ihren Anfang nahm, für die nächsten paar Jahre erst einmal Leere.

❭ Bus TXL, 100, 200

㊷ Humboldt-Box ★ [L5]

Bis für das neue alte Stadtschloss die nächste riesenhafte Baustelle entsteht, hat man erst einmal Gras über weite Teile des Schloßplatzes wachsen lassen. Über dem Grün erhebt sich, dem Lustgarten zugewandt, seit Dezember 2010 die Humboldt-Box, die das Baugeschehen

bis zum geplanten Abschluss 2018 begleiten wird. Im ersten Stock des fünfgeschossigen Gebäudewürfels ist ein großes **Modell des unzerstörten Vorkriegsberlin** zu sehen. Hier präsentiert sich auch der Förderverein für den Wiederaufbau des Stadtschlosses. In der zweiten und dritten Etage zeigen die Humboldt-Universität und die Dahlemer Museen ㊴ als künftige Schlossnutzer **kleinere Ausstellungen.** Eine weitere Etage dient für Veranstaltungen und ganz oben, in 21 Meter Höhe, steht ein **Café mit Aussichtsterrasse** zur Verfügung.

Hübsch ist die Box nicht, manche nennen sie sogar einen „Kotzbrocken". Und neuerdings fiebern selbst einige Schlossgegner dem Bauende 2018 entgegen, damit dann wenigstens der unförmige blaue Klotz wieder verschwindet.

❭ Tel. (0180) 5030707, www.humboldt-box. info, Bus TXL, 100, 200, tgl. 10–18, Do. 10–22 Uhr, Erw. 4 €, erm. 2,50 €

㊽ Staatsratsgebäude ★ [L5]

An der Südflanke des Schloßplatzes erhebt sich das ehemalige Staatsratsgebäude der DDR. In das 1964 eingeweihte Haus ist das **Portal IV des Berliner Stadtschlosses eingefügt,** von dem aus **Karl Liebknecht** am 9. November 1918 die sozialistische Republik Deutschland ausrief.

Bis zur Fertigstellung des Neubaus im Tiergarten diente das Staatsratsgebäude als provisorisches Bundeskanzleramt und beherbergte den Bundeskanzler und sein Kabinett. Seit Herbst 2005 ist es Sitz der renommierten European School of Management and Technology.

❭ Bus TXL, 100, 200

Auferstanden aus Ruinen – von der Spreeinsel zum Alexanderplatz

„Auferstanden aus Ruinen und der Zukunft zugewandt" – kaum irgendwo wurde die DDR-Nationalhymne augenfälliger in Szene gesetzt als östlich der Spreeinsel zwischen Karl-Liebknecht-Straße und Karl-Marx-Allee. Im Krieg nahezu vollständig ausgelöscht, entstand hier das neue Berlin – Hauptstadt der DDR.

Anders als die Museumsinsel und die Straße Unter den Linden wurde das Gebiet von der Spree bis zum Alexanderplatz nicht rekonstruiert und blieb auf weiter Fläche sogar unbebaut. Die re**präsentative Leere** umgab man mit modernen Wohnobjekten, welche die neue Zeit verkörperten, und diese wiederum „mit einer großzügigen Verkehrslösung für die Berliner Innenstadt", wie man in der damaligen Planer-Sprache formulierte. De facto bedeutete das vielspurige Asphaltbänder und vielgeschossige Plattenbauten.

Aber auch die romantische Seite sollte nicht zu kurz kommen. Noch kurz vor dem Ende der DDR bereicherte man das Hauptstadtzentrum um ein idyllisches Stückchen Alt-Berlin und ließ an der Spree das alte **Nikolaiviertel** wiedererstehen.

054be Abb.: k)

▶ *Das überlebensgroße Marx-Engels-Bronzedenkmal (siehe* **50** *) wurde 1986 von Ludwig Engelhardt geschaffen*

Vom Marx-Engels-Forum zum Fernsehturm

49 **DomAquarée** ★ [L4]

Unmittelbar hinter dem Berliner Dom, nur durch die Spree getrennt, erhebt sich das 2004 eröffnete DomAquarée. Neben einem vornehmen Hotel, obligatorischen Büroetagen und einer Gastronomie-Galerie birgt der Gebäudekomplex außerdem eine besonders für Kinder spannende Attraktion: Im **AquaDom** heißt es Ab-

Verkehrsanbindung
> S Hackescher Markt und S Alexanderplatz,
  Bus 100, 200, TXL

tauchen auf einer Rundreise durch über dreißig naturgetreue Süß- und Salzwasserbecken, die, bevölkert von Tausenden Fluss- und Meeresbewohnern, den Weg des Wassers von den Spreequellen über den Wannsee und die Elbe bis hin zur Nordsee aufzeigen.

Direkt an der Spree, am Kai vor dem Schiffsanleger, wartet im Haus das **DDR-Museum** auf einen Besuch. Mit über 10.000 Sammlerstücken, die überwiegend ehemalige DDR-Bürger spendeten, lässt es den Alltag in der Deutschen Demokratischen Republik – vom TV-Sandmann, Pionierausweis und FDJ-Winkelement über Trabi und Brigadearbeiterschrank bis zum Campingglück an der Ostsee, von Plaste & Elaste über Intershops bis zum Überwachungsstaat – auf engstem Raum noch einmal auferstehen. 2008 wurde die Ausstellungsstätte für den renommierten European Museum of the Year Award nominiert, der jedes Jahr die besten Museen Europas auszeichnet.

> **AquaDom & Sealife Center,** Eingang Spandauer Str. 3, tgl. 10–19 Uhr, Tickets: Erw. ab 16,95 €, Kinder ab 11,95 €, www.sealifeeurope.com

> **DDR-Museum,** Eingang Karl-Liebknecht-Str. 1 (am Spreeufer im Souterrain vom DomAquarée), tgl. 10–20 Uhr, Sa. 10–22 Uhr, www.ddr-museum.de, Erw. 6 €, erm. 4 €

🔴50 Marx-Engels-Forum ★ [M5]

Erst drei Jahre vor dem DDR-Zusammenbruch, 1986, wurde die Grünanlage am östlichen Spree-Ufer fertiggestellt.

Den Mittelpunkt der sternartig auf einen zentralen Kreis zulaufenden Wege zierten die **Standbilder** der beiden Begründer des wissenschaftlichen Sozialismus und gewissermaßen Urgroßväter der Deutschen Demokratischen Republik, **Karl Marx** (1818–1883) und **Friedrich Engels** (1820–1895). Ihre bronzenen Abbilder (Marx sitzt, Engels steht) waren vorwärts nach Osten gewandt und von jeweils zwei mal zwei Metallstelen mit Motiven aus dem sozialistischen Arbeiterleben umkränzt.

Seit September 2010 wird rund um den Platz nun für die U-Bahn-Linie 55 gebuddelt, die einmal Hauptbahnhof und Alexanderplatz miteinander verbinden soll. Dafür wurden Marx und Engels eigens vom Sockel gehoben und Richtung Karl-Liebknecht-Straße, Ecke Liebknechtbrücke versetzt. Dort blicken die beiden erstmals in ihrer Berliner Denkmal-Geschichte nicht mehr nach Osten, sondern westwärts über die Spree. Im Jahr 2016 oder 2017 kehren sie nach Abschluss der Bauarbeiten an ihren ursprünglichen Standort zurück.

🔴51 Rotes Rathaus ★ [M5]

Östlich der Spandauer Straße eröffnet sich der bis zum Alexanderplatz reichende, allüberall vom Fernsehturm überragte, weitläufige **Platz ohne Namen,** an dem sich rechts zur Seite unübersehbar das Rote Rathaus erhebt. 1861–1869 erbaute man es nach Plänen von Hermann Friedrich Waesemann **im oberitalienischen Neorenaissancestil in rotem Klinkerstein.** Der Name „Rotes Rathaus" ist also keineswegs ideologischer, sondern rein materieller Natur. Von Inbetriebnahme an war es bis zu seiner Zerstörung im Zweiten Weltkrieg Sitz des

Auferstanden aus Ruinen – von der Spreeinsel zum Alexanderplatz

Berliner Magistrats, nach seinem Wiederaufbau 1950–1958 wurde es Wirkungsstätte des Magistrats der Hauptstadt der DDR und ist seit der Wiedervereinigung Sitz des Gesamtberliner Senats, der Berliner Landesregierung.

Sehenswert ist der an den Balkonbrüstungen des Hauptgeschosses entlanglaufende, über 200 Meter lange Relieffries, die „Steinerne Chronik", die mit 36 Terrakottatafeln aus der Geschichte Berlins von der Stadtgründung bis 1871 erzählt. Darüber hinaus besteht zweimal im Jahr im Rahmen der „Langen Nacht der Museen" (s. S. 18) die Möglichkeit, auch die Innenräume genauer unter die Lupe zu nehmen.

Vor der Hauptfront des Roten Rathauses, schon auf dem Platz ohne Namen, stehen rechts und links die 1953/54 von Fritz Cremer entworfenen Bronzestandbilder „Aufbauhelferin" und „Aufbauhelfer", die man 1958 unter dem Titel „Weg mit den Trümmern I und II" hier aufgestellt hat.

🔴52 Neptunbrunnen ★★　　　　[M4]

Vor dem Rathaus plätschert der knapp 70 Jahre ältere Neptunbrunnen von Reinhold Begas (1831–1911). Das im Jahre 1891 vollendete Hauptwerk des Berliner Bildhauers und Rauch-Schülers Begas stand ursprünglich vor dem Stadtschloss am Schloßplatz und wurde erst nach seiner Restaurierung 1969 hierher verbracht. In poliertem Granit spucken Tritonen, Putten und allerlei Meeresgetier Wasserfontänen, über denen dick und bräsig Neptun mit seinem Dreizack thront.

Den Beckenrand um die stolze Gottheit herum flankieren vier ebenso üppig barocke wie knapp bekleidete Damen, die die vier Hauptflüsse des damaligen Deutschen Reiches vorstellen und zwischen denen sich heute im Sommer vor allem kleine Kinder nach den ausufernden Strapazen einer Berliner Besichtigungstour ein erfrischendes kurzes Kneipp-Bad gönnen.

🔴53 St. Marienkirche ★★　　　　[M4]

Die einsam auf weiter Pflasterflur emporragende St. Marienkirche gibt ein sichtachsenbezüglich recht schräges Bild auf dem Platz ab, egal aus welchem Blickwinkel man sie betrachtet. Einst stand der lang gestreckte, dreischiffige gotische Hallenbau inmitten eines dichten Gassengewirrs rund um die in der zweiten Hälfte des 13. Jahrhunderts gegründete Neustadt von Alt-Berlin. Seit den Bombennächten im Zweiten Weltkrieg gibt es diese Neustadt jedoch nicht mehr und stattdessen drei- bis vierspurige Straßenfluchten, die den jungen Platz ohne Namen umziehen – was auch die **verquere, isolierte Stellung** der überkommenen St. Marienkirche erklärt.

Um 1270 wurde mit ihrem Bau begonnen, damit ist sie zusammen mit der nicht weit entfernten Nikolaikirche 🔴55 die **älteste noch erhaltene Kirche Berlins**. 1893–1894 umfassend umgebaut, sind dennoch zahlreiche Stücke ihrer wertvollen Innenausstattung erhalten. So die Marmorkanzel (1702/03) von Andreas Schlüter und im nördlichen Joch der Turmhalle der um 1485 auf die Wand gebrachte **Totentanz**, ein rund 22 Meter langes Fresko, das in 28 Szenen den Sensenmann zeigt, wie er die geistlichen und weltlichen Stände zum tödlichen Reigen bittet.

❯ geöffnet außerhalb von Gottesdiensten und Veranstaltungen tgl. 10–18 Uhr

54 Fernsehturm ★★★ [M4]

Den wortwörtlichen Höhepunkt auf dem namenlosen Platz bildet der Berliner Fernsehturm. Nach vierjähriger Bauarbeit 1969 fertiggestellt, ist er mit 368 Metern das höchste Bauwerk der Stadt und zugleich einer der höchsten Funktürme der Welt.

„Telespargel" oder auch **„Rache des Papstes"** wird er genannt, da bei Sonnenschein über seine gesamte silberglänzende Stahlkugel hinweg ein strahlendes christliches Kreuz erscheint, was der Sozialistischen Einheitspartei zu DDR-Zeiten gar nicht gefiel.

Vom Sockel aus saust der Fahrstuhl zum Café-Restaurant in 200 Meter Höhe hinauf. Das Restaurant dreht sich zweimal pro Stunde um seine eigene Achse, sodass man sich in 30 Minuten – ohne einen einzigen Schritt laufen zu müssen – einen hervorragenden Überblick über die Millionenstadt verschaffen kann. Im Stockwerk unter dem Restaurant befindet sich eine **Aussichtsplattform**, die sich bei klarem Wetter absolut lohnt: Die Sicht reicht dann beinahe 40 Kilometer weit.

> **Fernsehturm**, März–Okt. tgl. 9–0 Uhr, Nov.–Feb. 10–0 Uhr, http://tv-turm.de, Erw. 11 €, erm. 7 €
> **Restaurant** tgl. 10–0 Uhr

Alt-Berlin um St. Nikolai

Vom Nikolaiviertel kann man sich gegenwärtig nur noch mit viel Fantasie vorstellen, dass das kleine Karree zwischen Spree, Rotem Rathaus und Molkenmarkt bis Mitte der 1980er-Jahre eine öde Trümmerwüste war. Das von Berlinern wie Touristen gleichermaßen für putzig befundene, aus nur fünf Kopfsteinpflas- *tergassen bestehende Viertelchen gab es bis zu diesem Zeitpunkt nicht – wenngleich es heute hier oder da aussieht, als trüge es bald ein halbes Jahrtausend auf dem Buckel.*

Die größtenteils im 18. Jahrhundert für gut situierte Bürger erbauten Wohnhäuser rund um die Poststraße und den Nikolaikirchplatz wurden **im Zweiten Weltkrieg völlig zerstört** und erst zur Berliner 750-Jahr-Feier 1987 wiedererrichtet. Man rekonstruierte die schönsten Gebäude originalgetreu, die Lücken dazwischen füllte man mit auf antik getrimmten Plattenbauten aus, pflasterte die Sträßlein und versah sie mit schmiedeeisernen Kandelabern. So stellte sich der Sozialismus Romantik vor und lag damit vollkommen richtig.

In den letzten verbliebenen DDR-Jahren avancierte das Nikolaiviertel rasch zur beliebten **Touristenattraktion** – und blieb es bis heute. Von Antik über Souvenirs ist Kitsch und auch Kunsthandwerklichem wie KPM-Porzellan, Bunzlauer Keramik und Plauener Spitze bieten die Geschäfte eine bunte Auswahl an Mitbringseln an. Die zahlreichen Restaurants und Lokale tischen von Altberliner Küche über Pasta und Pizza bis Neu-International alles auf, was Herz und Magen begehren. Und mit ein bisschen Glück gerät einem sogar ein echter Berliner Traditionsverein vor die Linse, der in historischen Kostümen und mit Pickelhauben bewehrt vor der Nikolaikirche zum Platzkonzert aufspielt.

> S Alexanderplatz, U2, U5, U8 Alexanderplatz, U2 Klosterstraße, Bus 100, 200, TXL, M48

▶ *St. Nikolai war seinerzeit die erste steinerne Kirche Berlins*

Auferstanden aus Ruinen – von der Spreeinsel zum Alexanderplatz

056be Abb.: kj

te viele nicht mehr, aber seine Lieder – wohl die schönsten der evangelischen Kirchenlieddichtung – werden noch immer gesungen: „Nun ruhen alle Wälder", „Befiehl du deine Wege", „Geh aus mein Herz und suche Freud".

Das Gotteshaus als **Abteilung des Stadtmuseums** präsentiert u. a. Paul-Gerhardt-Liedtexte, frühe Berliner Stadtgeschichte und als bedeutendes Baudenkmal vor allem sich selbst: seine 800-jährige Kirchengeschichte und eigene historische Kostbarkeiten, darunter Fragmente des 1876 eingerissenen Hochaltars und das lange Zeit verloren geglaubte **Zinntaufbecken** von 1563.

❯ Nikolaikirchplatz, tgl. 10–18 Uhr,
    Erw. 5 €, erm. 3 €

56 Zum Nußbaum ★   [M5]

An der Nordflanke der Nikolaikirche duckt sich an der Propststraße/Ecke Am Nußbaum das gleichnamige Restaurant. Bis es 1943 im Bombenhagel versank, war der Nußbaum **eine der ältesten Gaststätten Berlins.** Um 1570 ursprünglich in Cölln auf der Fischerinsel errichtet, baute man das Haus 1986/87 im

55 Nikolaikirche ★★★   [M5]

Die 1981–1987 rekonstruierte Nikolaikirche ist der älteste Sakralbau Berlins. Schon vierzehn Jahre bevor die Stadt erstmalig Erwähnung fand, begann man um 1230 an dieser Stelle mit der Errichtung einer spätromanischen Feldsteinbasilika.

Noch im 13. Jahrhundert wurde sie mit himmelstürmenden Pfeilern zu einer **frühgotischen Hallenkirche** umgebaut und hatte um 1380 fast schon die Form erreicht, wie wir sie heute vor Augen haben. Nur die ursprünglich unsymmetrische Einturmfassade wurde im Zuge der Restaurierung 1876–1878 durch eine neugotische Doppelturmfassade ersetzt. In den Jahren 1657 bis 1666 wirkte hier Paul Gerhardt (1607–1667) als Pastor. Seinen Namen kennen heu-

EXTRATIPP

Zille sein Milljöh

Das vom Urenkel des berühmten „Milljöh"-Zeichners **Heinrich Zille** (1858–1929) im Nikolaiviertel unterhaltene Zille-Museum (s. S. 67) zeigt Skizzen, Lithografien und Entwürfe mit Motiven aus den Arbeiterviertel-Hinterhöfen der Kaiserzeit sowie – dem großen Publikum noch weitgehend unbekannt – Zilles dokumentarische Fotoarbeiten. Sie gelten als Meilenstein in der Geschichte der modernen Fotografie.

Nikolaiviertel originalgetreu wieder auf. Seitdem wird im Nußbaum – für die exponierte touristische Lage zu vernünftigen Preisen – Berliner Hausmacherküche serviert.

> Am Nußbaum 3, tgl. ab 12 Uhr

57 Gerichtslaube ★ [M5]

Gegen 1270 an der Spandauer Straße/Ecke Rathausstraße ursprünglich in gotischer Bauart errichtet, erhielt der alte Berliner Schöffenstuhl 1692–1695 nach Plänen von Johann Arnold Nering eine barocke Gestalt. 1861 musste er dem Neubau des Roten Rathauses weichen, er wurde zerlegt und feierte 1871/72 im Potsdamer Schlosspark Babelsberg nach einem stark veränderten Entwurf von Johann Heinrich Strack seine Wiederauferstehung.

In Anlehnung an den Strackschen Entwurf wurde das heutige Gebäude 1985–1987 für das Nikolaiviertel rekonstruiert. Unter dem **Kreuzgewölbe** und auf der Sonnenterrasse unter Kastanien lässt man sich Berliner Spezialitäten schmecken.

> Poststr. 28, tgl. ab 11.30 Uhr

58 Knoblauchhaus ★ [M5]

Rechterhand vom Nikolaikirchportal ist im Knoblauchhaus eine weitere **Abteilung des Stadtmuseums** untergebracht. In der 1759–1761 erbauten Stadtvilla wird die Geschichte der ehemaligen Hausherren, der vornehmen Berliner Familie Knoblauch, erzählt. Ihre **großbürgerlich ausgestatteten Wohnräume** mit Gemälden, Möbeln, Porzellan, Fotografien u. v. m., die Familienmitglieder dem Museum im Knoblauchhaus schenkten, lassen die Atmosphäre des Biedermeier in der ersten Hälfte des 19. Jahrhun-

derts noch einmal aufleben. Ferner sind wechselnde Ausstellungen zur Kulturgeschichte des 19. Jahrhunderts zu sehen.

> Poststr. 23, Do.–So. und Di. 10–18 Uhr, Mi. 12–20 Uhr, Eintritt frei

59 Ephraim-Palais ★ [M5]

Am Spreeufer, an der Ecke zum verkehrsumtosten Mühlendamm, steht das 1762–1766 im zierreichen Rokoko für den Bankier Friedrichs II., Veitel Heine Ephraim, erbaute, sich mit vergoldeten schmiedeeisernen Balkonen schmückende Stadtpalais. Es gilt als **eines der schönsten historischen Bürgerhäuser** in Berlin und wurde deshalb für die Erweiterung des Mühlendamms 1935 auch nicht abgerissen, sondern sorgfältig in seine Einzelteile zerlegt und im Westen der Spree-Metropole eingelagert. In dieser Form überdauerte es den Krieg als eines von wenigen Gebäuden gewissermaßen „original". 1983 wanderten die knapp 2500 Palais-Einzelpäckchen in einer spektakulären Austauschaktion zwischen Westberliner Senat und Ostberliner Magistrat nach langem Streit über die Mauer zurück.

Um etwa 20 Meter versetzt wurde das Haus anschließend am (fast) alten Standort wiedererrichtet. Seine Räumlichkeiten bilden heute den Rahmen für **Wechselausstellungen zur Berliner Kunst- und Kulturgeschichte.**

> Poststr. 16, Do.–So. und Di. 10–18, Mi. 12–20 Uhr, Erw. 5 €, erm. 3 €, jeden 1. Mi. im Monat freier Eintritt

Zwischen Molkenmarkt und Alex

Es ist kaum noch vorstellbar, dass ausgerechnet an der großräumigen Verkehrskreuzung, wo die acht Spuren des

Auferstanden aus Ruinen – von der Spreeinsel zum Alexanderplatz

Mühlendamms mit der sechsspurigen Spandauer Straße zusammenstoßen, die Berliner Geschichte ihren Anfang nahm: Rund um den Molkenmarkt entwickelte sich im 13. Jahrhundert die Stadt.

Weithin sichtbar ragt in der Nachbarschaft der fast 90 Meter hohe Kuppelturm des **Alten Stadthauses** auf. 1902–1911 wurde das Vierflügelgebäude nach Plänen von Ludwig Hoffmann zur Entlastung des Roten Rathauses ausgeführt. Zu DDR-Zeiten beherbergte es den Ministerrat der sozialistischen deutschen Republik, heute dient es der Senatsverwaltung für Inneres.

Nahebei steht in der Kloster-/Ecke Parochialstraße das **Podewilsche Palais**, 1701–1704 von Jean de Bodt errichtet. Es trägt den Namen des Staatsministers Podewil, der den barocken Putzbau 1732 bezog. Zur Grunerstraße hin schließt sich die **Ruine der Franziskaner-Klosterkirche** aus dem 13. Jahrhundert an, bis zur Zerstörung im Zweiten Weltkrieg eines der bedeutendsten mittelalterlichen Bauwerke Berlins. 1574 richtete man in den Klostermauern das erste Gymnasium in der Mark Brandenburg ein. Nach der grauen Tracht der Franziskanermönche wurde es „Gymnasium zum Grauen Kloster" genannt.

Gegenüber erhebt sich in der Littenstraße der 1896–1904 erbaute **Justizpalast**, heute Landgericht und Amtsgericht Mitte. Aufmerksamkeit verdient seine hoch überwölbte Empfangshalle mit prachtvollen, doppelläufigen Jugendstiltreppen.

Um die Ecke sind in der Waisenstraße neben Resten der mittelalterlichen Stadtumwallung einige wenige Häuser der alten inneren Stadtmauerbebauung erhalten, darunter das traditionsreiche

Gasthaus Zur letzten Instanz aus dem Jahr 1621. Im ältesten Restaurant Berlins genießt man herzhafte Kost, vom deftigen „Anwaltsfrühstück" bis hin zur „Zeugenaussage" in Form von Berliner Eisbein mit Sauerkraut und Erbspüree.

❯ S und U2, U5, U8 Alexanderplatz,
   U2 Klosterstraße
❯ **Gasthaus Zur letzten Instanz,**
   Waisenstr. 14, www.zurletzteninstanz.de,
   Mo.–Sa. 12–1 Uhr

⑥⓪ Märkisches Ufer ★   [M5]

Nicht zu verwechseln mit dem Bezirk Neukölln im Süden Berlins, entstand die Gegend um das Märkische Ufer – früher **Neucölln am Wasser** genannt – schon im Mittelalter und unterstand dem Magistrat der Stadt Cölln auf der Spreeinsel. An die einst grachtenartige Bebauung des westlichen Flussarms erinnert eine **Zeile spätbarocker und klassizistischer Häuser** aus dem 18. Jahrhundert, die das Märkische Ufer südlich der Spreeinsel schmückt. Unter dem Motto „Berlin ist aus dem Kahn gebaut" schaukeln dort zahlreiche alte Schiffe im **Historischen Hafen**. Dampf- und Motorschlepper, Maßkähne und Stoßboote legen Zeugnis von 200 Jahren märkischer Binnenschifffahrt ab.

❯ **Historischer Hafen,** Märkisches Ufer/Ecke
   Inselstraße, tgl. Mai–Oktober, Ausstellungskahn Renate-Angelika Di.–So. 11–18 Uhr

Nur wenige Flussmeter entfernt schaut am Köllnischen Park der rote Backsteinturm des **Märkischen Museums** (s. S. 63) in den Himmel hinauf. Halb malerische Raubritterburg, halb altehrwürdiger Sakralbau, sind Ähnlichkeiten des 1901–1907 von Ludwig Hoffmann im Stil norddeutscher Backsteingotik errichteten Gebäudes mit anderen Bauwerken in der Mark Brandenburg beabsichtigt. Der Bergfried der Wittstocker Bischofsburg diente als Vorbild für den Turm. Für die gotischen Maßwerkgiebel stand die Katharinenkirche in Brandenburg/Stadt Pate. Unter dem riesigen Walmdach sind umfangreiche Sammlungen zur Stadtgeschichte untergebracht.

❭ **Märkisches Museum**, Am Köllnischen Park 5, Di.–So. 10–18 Uhr, Erw. 5 €, erm. 3 €, jeden 1. Mi. im Monat Eintritt frei
❭ U2 Märkisches Museum

🄌 Alexanderplatz ★★★ [M4]

Der Alexanderplatz ist eine Legende – zuerst Viehmarkt und Exerzierplatz, dann Verkehrsknotenpunkt, Weltstadtplatz, schließlich Zentrum der Hauptstadt der DDR. Das SED-Regime ließ mit seiner Architektur die Überlegenheit des Sozialismus für die Ewigkeit in Beton gießen – und wurde auf eben diesem Platz am 4. November 1989 mit der größten Demonstration, die die DDR je gesehen hatte, kurzerhand weggefegt.

Seit seinem Bestehen ist der Alexanderplatz ein sperriges, schwierig handhabbares Gebilde, das sich bislang jedem Versuch mit Erfolg widersetzte, es repräsentativ aufzuhübschen. „Ochsenplatz" hieß der von Manufakturen und planlos errichteten Häusern umgebene Viehmarkt bis zum Jahr 1805, als er anlässlich einer Visite von Zar Alexander I. beim Preußenkönig Friedrich Wilhelm III. in „Alexanderplatz" umgetauft wurde. Anfang der 1870er-Jahre schüttete man den alten Festungsgraben zu und errichtete das Viadukt, auf dem fortan die Berliner Stadtbahn fahren sollte. Diese

wurde 1882 zusammen mit dem Bahnhof Alexanderplatz eingeweiht. Schnell entwickelte sich der „Alex" zum herausragenden **Verkehrsknotenpunkt** für den Osten der Stadt. Fernbahnen und S-Bahnen, Omnibusse sowie die „Elektrische" mit zahlreichen Linien kreuzten die Wege. Von 1904 bis 1911 wuchs das Warenhaus Tietz aus dem Boden empor, mit der auf 250 Metern damals längsten Kaufhausfassade der Welt. Zwei Jahre später ging unterirdisch die U-Bahn-Linie A in Betrieb, bis 1928 kamen weitere Untergrundbahnen hinzu.

Es entstand eine abgründige, irrgartige, flirrend-verwirrend über- und untereinander geschichtete Szenerie mit treppauf, treppab verborgenen Schmuddelecken hinter blasskühl gekachelten Fluchten, durch die sich die Menschenmassen hektisch von Bahnhof zu Umsteigebahnhof drängten, so wie sie der Berliner Armenarzt und Schriftsteller Alfred Döblin (1878–1957) in seinem Roman „Berlin Alexanderplatz" von 1929 beschrieb. Eine glücklose, halbseidene Welt. Endstation für Gestrandete, zwischen Hurenwinkeln, Jazzrhythmen und Schlachthausgeruch in den fadenscheinigen Glanz Tausender Großstadtlichter getaucht. Umgürtet von den Wohnvierteln der Armen und Ärmsten und ständig dem drohenden Verkehrsinfarkt ausgesetzt. Weshalb man den alten Alex zum Ausklang der 1920er-Jahre durch eine „radikale Abwrackung" wegräumte.

▶ *Berlin-Alexanderplatz: Das ehemalige Zentrum der sozialistischen Hauptstadt ist heute Shoppingmeile*

Auferstanden aus Ruinen – von der Spreeinsel zum Alexanderplatz

Streng nach den Vorgaben des Stadtbaurats Martin Wagner, die für den Alexanderplatz ein **weltstädtisches Rondell** mit sternenförmig einmündenden Straßen und rundum Einheitsbebauung vorsahen, wurde ein Architekturwettbewerb ausgeschrieben, aus dem der Entwurf von Peter Behrens (1868–1940) erfolgreich hervorging. Bereits Anfang der 1930er-Jahre waren das **Alexanderhaus und Berolinahaus** fertiggestellt – die beiden einzigen Gebäude aus jener Zeit, die bis heute noch stehen.

Nach dem Krieg und dessen Zerstörungen wagte man abermals einen radikalen Neuanfang, nun buchstabengetreu nach den „Grundsätzen für die Neugestaltung der Berliner Innenstadt", dem sogenannten „Aufbaugesetz" aus dem Jahr 1950. Unter Einbeziehung des alten Behrens-Plans entstand hufeisenförmig, nach Osten geöffnet, unter Federführung verschiedener Architektenkollektive zwischen 1964 und 1971 der neue DDR-Alexanderplatz, mit 80.000 Quadratmetern Fläche viermal so groß wie der Vorkriegsplatz.

1969 öffneten sich die Türen des **Centrum-Warenhauses** (heute Kaufhof), damals der größte Konsumtempel der DDR. Im selben Jahr übergab man auf dem Platz außerdem Erich Johns (geb. 1932) **Urania-Weltzeituhr** der Öffentlichkeit. Das 16 Tonnen schwere, insgesamt gut 10 Meter hohe Bauwerk „ersetzt den Stundenzeiger durch einen Stundenring, der die Stunden, gekennzeichnet durch die Farben des Goetheschen Farbkreises, durch die 24 Zeitzonen wandern lässt", wie John sein rätselhaftes

Riesen-Chronometer selbst beschreibt. „Die Tafeln der Zeitzonen ermöglichen die schriftliche Darstellung von mehr als 150 Orten im Erdkreis. Das darüber kreisende Planetensystem lässt unseren Zeitbezug zu dem Geschehen im Weltraum deutlich werden, fungiert hier mit dem durch einen Ring gekennzeichneten Saturn aber als Minutenzeitgeber. Eine Umdrehung – eine Minute."

Ebenfalls 1969 wurde Walter Womackas (geb. 1925) **Brunnen der Völkerfreundschaft** eingeweiht, der dank seiner aus Kupfer, Keramik und Emaille bestehenden Aufbauten bei den Berlinern liebevoll „Nuttenbrosche" heißt. Vom Künstler Womacka, einem der bedeutendsten Vertreter des sozialistischen Realismus, stammt auch der meterhohe Bilderfries, der das **Haus des Lehrers** – 1964 nach Plänen Hermann Henselmanns östlich des Alex realisiert – auf 125 Metern umläuft und Szenen aus dem DDR-Gesellschaftsleben darstellt.

Mit der Einweihung des 120 Meter hohen **Interhotel Stadt Berlin** (heute Hotel Park Inn) 1970 und dem Haus der Elektroindustrie 1971 nördlich vom Platz (heute Sitz des Bundesumweltministeriums) war der neue Alex vollendet.

Ab 2005 wurde der Platz abermals aufgewühlt. Denn einen „Vorposten der Mongolei", wie nach der Wiedervereinigung der führende Stadtplaner Dieter Hoffmann-Axthelm konstatierte, oder gar eine „mongolische Steppe" (Zeit-Redakteur Klaus Hartung) wollte man in der neuen Hauptstadt natürlich nicht sehen. Die Pläne von Kollhoff & Timmermann, die aus einem Bauwettbewerb 1993 siegreich hervorgingen und 13 Wolkenkratzer in „klarer strenger Ordnung" vorsahen, waren wegen Finanzmangel bei reichlich leer stehenden Büroflächen lange Zeit auf Eis gelegt. Stattdessen entstanden umso mehr Einkaufsflächen, darunter 2004–2007 das betonschwere, altrosafarbene Shoppingmonument „Alexa".

Doch nun hat man aufgrund zwischenzeitlich zunehmenden Wohnflächenmangels die **Hochhaus-Pläne** wieder aus den Schubladen gezogen. Zehn Wohntürme werden am Alex eine „Stadtkrone" bilden, mit dem 150 Meter hohen Hines-Wohnturm im Mittelpunkt, dem nach dem Fernsehturm und dem Funkturm dann höchsten Gebäude Berlins.

❯ S und U2, U5, U8 Alexanderplatz

Südlich der Linden – die Friedrichstadt

Zwischen Gendarmenmarkt, Checkpoint Charlie und Berliner Abgeordnetenhaus pulsiert der Großstadtbetrieb. Die Friedrichstraße als zentrale Lebensader der Friedrichstadt zeigt sich weltläufig mit Nachwende-Architektur, Läden, Boutiquen und täglichem Verkehrsinfarkt.

Gegen Ende des 17. Jahrhunderts ließ Kurfürst Friedrich III., der spätere Preußenkönig Friedrich I., südlich der Straße Unter den Linden die Friedrichstadt anlegen. Die **Schachbrettmusterstadt** war die dritte fürstliche Neugründung vor den alten Bastionen Berlin-Cöllns.

Unter seinem Sohn, dem Soldatenkönig Friedrich Wilhelm I., erfolgte ihre Erweiterung dergestalt, dass sie teils weit über das bis dato bebaute Gebiet hinaus mit einer **Akzisemauer** umzogen wurde. Hinein in die Stadt füllten sich dank der Zolleinkünfte, die an den Toren erhoben wurden, schnell die Schatztruhen des Königs, und hinaus aus der Stadt verhinderte die sechs Meter hohe Mauer das Ausbüxen manches kriegsmüden Soldaten.

Von den drei neuen großen Plätzen, die bei den wichtigsten Toren entstanden, nimmt man an, dass sie der Soldatenkönig wahrscheinlich als Aufmarschplätze für seine Regimenter geplant hatte: neben dem „Quarré" (Pariser Platz) am Brandenburger Tor südlich davon das achteckige „Oktogon" (Leipziger Platz) sowie das wegen seiner runden Aufmachung sogenannte „Rondell" (Mehringplatz) am Südende der Friedrichstraße. Als 1740 Friedrich II. den Thron bestieg, war die in eine stattliche Anzahl beinahe gleich großer Karrees (die heutigen „Quartiere") eingeteilte Stadt so gut wie fertiggestellt und man konnte sich ihrem Ausbau und ihrer Verschönerung widmen.

Den größten Bauboom erlebte die Friedrichstadt im letzten Drittel des 19. Jahrhunderts. Der nach dem Deutsch-Französischen Krieg auf das just gegründete Deutsche Reich niedergehende Milliardenregen löste vor allem südlich der Linden ein **hektisches Gründerfieber** aus. Von ihrer ursprünglichen Anlage her eine Wohnstadt, wandelte sich die Friedrichstadt innerhalb weniger Jahre zum wichtigsten Berliner Geschäftszentrum. Rund um die Behrenstraße ließ sich in repräsentativen Bank- und Kontorhäusern die Großfinanz nieder, in der Leipziger Straße wuchsen Konsumtempel, Ladenpassagen und Galerien aus dem Boden, in der Friedrichstraße schillerten Vergnügnungsetablissements in Nachbarschaft zu halbseidenen Kaschemmen und westlich davon siedelten sich in der Wilhelmstraße am Tiergartenrand Diplomatie und Ministerien an, sodass ein Regierungsviertel entstand.

Beinahe alles wurde im Zweiten Weltkrieg zerstört. Von der Leipziger Straße existierte nichts mehr, weshalb man für die Neubebauung mit gewaltigen Wohntürmen 1969–1975 zwischen Charlottenstraße [K5] und Spittelmarkt [L6] wahrlich nichts abreißen musste. Wo sich in der Wilhelmstraße die Barockpalais der verschiedenen Ministerien befanden, bezogen nun getreue SED-Kader ihre im postmodernen Plattenbaustil errichteten Privilegiertenwohnungen – exklusiv mit Blick auf Mauer, Sperranlagen und hinüber in das feindliche Ausland.

Der **Gendarmenmarkt**, damals in „Platz der Akademie" umbenannt, wurde dagegen ab Mitte der 1970er-Jahre sorgfältig rekonstruiert. So blieb Berlin eine seiner schönsten klassizistischen Perlen erhalten, viele sagen sogar die schönste im gesamten ehemaligen Preußen.

62 Gendarmenmarkt ★★★ [K5]

Von den schlanken Kuppeln des Französischen und des Deutschen Doms überragt und inmitten dem Schinkelschen Schauspielhaus, ist er fraglos einer der schönsten Plätze Berlins. Currybuden wird man rundum nicht finden, dafür umso mehr Spitzenrestaurants. Der ursprünglich Ende des 17. Jahrhunderts nach Plänen von Johann Arnold Nehring angelegte Platz zählt zu den vornehmsten Adressen der Hauptstadt.

In den 30er-Jahren des 18. Jahrhunderts beschloss der Soldatenkönig, hier am Markt das preußische Kürassierregiment unterzubringen, die *gens d'armes*, die 1736 Quartier bezogen und 1799

Wo Lukullus in Berlin abstieg

Der Gendarmenmarkt ist ein ebenso feines wie teures Pflaster, wo neben Apollo, dem Gott der Künste, auch immer Lukullus, der Patron der feinen Küche, regiert. Rundum haben sich **zahlreiche der besten Berliner Restaurants** *niedergelassen – fast jedes davon eine Sehenswürdigkeit für sich. Nördlich vom Platz bereitet* **Fischers Fritz** *im Prunkhotel Regent (Charlottenstraße 49, s. S. 31) Gaumenkitzel so königlich zu, dass sie der Michelin mit zwei Sternen krönte.*

Um die Ecke lädt in der Französischen Straße 47 **Borchardt** *(s. S. 33) zwischen Marmorsäulen zu ausgewählten Tafelfreuden ein. Wenige Schritte entfernt in der Französischen Straße 25 serviert das* **Aigner** *in original Jugendstileinrichtung deutsch-österreichische Deluxe-Küche. Nahebei, in der Jägerstraße 54/55, verwöhnt in klassisch-modernem Ambiente das* **VAU** *(s. S. 32) anspruchsvolle Gaumen.*

An der Westseite vom Gendarmenmarkt schlemmt man im Traditionslokal **Lutter & Wegner** *(s. S. 33). Die 1811 eröffnete Weinstube des königlichen Hoflieferanten, in der sich der Dichter E. T. A. Hoffmann und der Hofschauspieler Ludwig Devrient zusammen betranken, ist nach 40 Jahren Westberliner Exil fast an ihren angestammten Platz zurückgekehrt. Am Haus ist eine Gedenktafel für den Schriftsteller E. T. A. Hoffmann angebracht, der hier von 1815 bis zu seinem Tod 1822 lebte.*

dem Geviert ihren Namen verliehen. 1950 in „Platz der Akademie" umgetauft, erhielt der Gendarmenmarkt nach der Wiedervereinigung 1991 seinen angestammten Namen zurück.

❯ U6 Französische Straße und Stadtmitte

❻❸ Französischer Dom ★ ★ ★ [K5]

Das 1701–1705 für die aus Frankreich geflohenen Hugenotten erbaute Gotteshaus heißt eigentlich **Französische Friedrichstadtkirche** und ist gar kein Dom. 80 Jahre lang war sie „barhäuptig" und bekam erst zwischen 1780 und 1785 – wie auch der Deutsche Dom gegenüber – einen **Turmbau mit goldverzierter Kuppel** (franz. *dôme*). Daraufhin avancierten beide Gemeindekirchen im Berliner Volksmund flugs zu „Domen".

Zum 200-jährigen Jubiläum 1905 innen prunklos neubarock umgestaltet, im Zweiten Weltkrieg zerstört und ab 1977 wiedererrichtet, teilen sich den Französischen Dom heute die deutschsprachige Hugenottengemeinde, die französischsprachige *Communauté protestante francophone* und die Evangelische Kirchengemeinde in der Friedrichstadt. Das **Hugenottenmuseum** zeigt Wissenswertes zur Geschichte der französischen Glaubensflüchtlinge und des Französischen Doms. Von der Aussichtsballustrade unterhalb der Turmkuppel aus genießt man einen schönen Blick auf die Mitte Berlins.

❯ **Französische Friedrichstadtkirche,** Eingang über Charlottenstraße, Di.–So. 12–17 Uhr; Turmkuppel und Museum, Eingang über

▶ *Der Gendarmenmarkt gilt als der schönste Platz Berlins, hier im Bild das Konzerthaus und der Französische Dom*

058be Abb.: kj

Gendarmenmarkt; Turmkuppel im Sommerhalbjahr tgl. 10–19 Uhr, im Winter tgl. 10.30–18 Uhr; Museum Di.–Sa. 12–17 Uhr, So. 11–17 Uhr

64 Deutscher Dom ★★★ [K5]

Auf der Südseite am Platz erhielten die deutschen Calvinisten ihre Kirche. 1708 wurde sie nach siebenjähriger Bauzeit eingeweiht und 1780–1785 wie ihr Zwilling, der Französische Dom, um eine **Turmkuppel** nach einem Entwurf Carl von Gontards bereichert. Nach dem Zweiten Weltkrieg Ruine, ab 1977 rekonstruiert und nach der Wiedervereinigung umfangreich restauriert, öffneten sich 1996 erneut die Portale. Gegenwärtig ist die Ausstellung des deutschen Bundestags „Wege – Irrwege – Umwege. Die Entwicklung der parlamentarischen Demokratie in Deutschland" zu sehen.

❯ Deutscher Dom, Mai–Sept. Di.–So. 10–19 Uhr, Okt.–April Di.–So. 10–18 Uhr

65 Konzerthaus Berlin/Schinkelsches Schauspielhaus ★★★ [K5]

Deutscher und Französischer Dom prägen zusammen mit dem klassizistischen Schinkelschen Schauspielhaus, heute Konzerthaus Berlin, die Silhouette des Platzes. Der von Carl Gotthard Langhans errichtete Vorgängerbau, der das Deutsche Nationaltheater unter Leitung des großen Iffland beheimatete, wurde 1817 ein Raub der Flammen. An seiner Stelle entstand zwischen 1819 und 1821 nach einem Entwurf Karl Friedrich Schinkels der neue **prunkvolle Theaterbau mit ionischer Säulenhalle**, repräsentativer Freitreppe und einem von Christian Daniel Rauch geschaffenen Apollo auf einem Greifengespann zum krönenden Abschluss.

Hier wurde **Theatergeschichte** geschrieben. 1919–1930 führte Leopold Jeßner (1878–1945) die Bühne zu Weltruhm. Nach seiner Emigration 1933

Spaziergang 3: Die Friedrichstraße hinab

*Nachwendische Bürobauten-Architektur, Edelshopping-Boutiquen und urbane Blechkarawanenmusik sind die ständigen Begleiter auf einem Spaziergang die Friedrichstraße hinunter. Start ist der **S-Bahnhof Friedrichstraße*** **76**, *wo U-Bahn und zahlreiche S-Bahnlinien kreuzen. An der Nordflanke des Bahnhofsgebäudes, der Spree zugewandt, erhebt sich vor dem Fluss ein 2009 fertiggestelltes braunes Hochhaus, das die ZDF-Sendung Aspekte zum „hässlichsten Neubau Berlins" kürte. Eine „Attraktion" der besonderen Art, die darüber hinaus leider die wahre Sehenswürdigkeit an Platz überschattet: den kleinen **Tränenpalast***, *in dem zur Berliner Teilungszeit die Grenzabfertigung von „hüben" nach „drüben" stattfand.*

*Gegenüber sticht auf der östlichen Straßenseite zwischen den Neubauten die Art-déco-Fassade des **Admiralspalasts*** **77** *hervor. Und ein weiteres Hochhaus fällt in den Blick: Nach der Unterquerung der Stadtbahntrasse ragt linker Hand, leicht in den Hintergrund gerückt, das 1976–1978 erbaute **Internationale Handelszentrum** in den Himmel hinauf.*

Weiter geht es die Straßenschlucht hinunter. Unter den Linden wird gekreuzt, rechts mit Blick auf das Brandenburger Tor **1**, *links auf den Fernsehturm* **54** *und auf der Südseite der Linden/Ecke Friedrichstraße das Hotel Westin Grant und das Lindencorso mit Nobelautosalons.*

*__Shops, Boutiquen und edle Restaurants__ wechseln sich fortan ab. Ecke Französische Straße [K5] links eingebogen, wo die abgerundete Glasfassade der Galeries Lafayette als Wegmarke dient, ist der **Gendarmenmarkt** **62** in wenigen Schritten erreicht. Mit seinem Ensemble aus Französischem Dom* **63**, *Schinkelschem Schauspielhaus* **65** *und Deutschem*

Dom **64** *zählt er zu den schönsten Plätzen Berlins. Im Anschluss an seine Umrundung empfiehlt sich, zurück an der Französischen Straße, ein Bummel durch die Konsumtempel der **Quartiere 207–205** **67**, *die beginnend mit den Galeries Lafayette durch die Friedrichstadtpassagen unterirdisch verbunden sind.*

*Erreicht man die Kreuzung Französische/Friedrichstraße, geht es links weiter die Friedrichstraße hinab und bald darauf ist man am **Checkpoint Charlie** **68** angelangt. Wer diesem großen touristischen Rummelplatz mit Mauermuseum, Souvenirshops und fliegenden Händlern entfliehen und selbst einmal in die Luft gehen möchte, dem bietet sich, rechts in die Zimmerstraße eingeschwenkt, Ecke Wilhelmstraße die Möglichkeit, mit dem Fesselballon HiFlyer (s. S. 329) aufzusteigen.*

*Schräg gegenüber vom „Flugfeld" liegen über die Wilhelmstraße (s. S. 178) hinweg das Ausstellungsgelände **Topographie des Terrors** **70**, *dahinter der für spektakuläre Ausstellungen berühmte **Martin-Gropius-Bau** **72** und diesem gegenüber das **Berliner Abgeordnetenhaus** **73**.*

*Vom Checkpoint Charlie aus den letzten Abschnitt die Friedrichstraße hinunter, spaziert man an der nächsten Straßenkreuzung (Ecke Rudi-Dutschke-Straße [K6]) vom Bezirk Mitte **nach Kreuzberg hinein.** Plötzlich wechselt die Szenerie. Die Konsumtempel weichen Sozialbauten, Kreuzbergs Nordwesten zählt zu den ärmsten Regionen Berlins. Hier endet die Friedrichstraße am kreisrunden **Mehringplatz** [K7], dessen Anlage dem historischen „Rondell" nachempfunden ist. Vom U-Bahnhof Hallesches Tor aus gelangt man in alle vier Himmelsrichtungen, wahlweise Ost-West (U-Bahnlinie 1) oder Nord-Süd (U-Bahnlinie 6).*

14 [K5] Straße Unter den Linden S. 128

15 [K5] Unter den Linden/Ecke Friedrichstraße S. 130

62 [K5] Gendarmenmarkt S. 167

63 [K5] Französischer Dom S. 168

64 [K5] Deutscher Dom S. 169

65 [K5] Konzerthaus Berlin/Schinkelsches Schauspielhaus S. 169

66 [K6] Friedrichstraße S. 172

67 [K5] Quartier 207–205/ Friedrichstadtpassagen S. 172

68 [K6] Checkpoint Charlie S. 173

70 [K6] Topographie des Terrors S. 175

71 [K6] Berliner Mauer S. 176

72 [J6] Martin-Gropius-Bau S. 176

73 [J6] Berliner Abgeordnetenhaus/ Preußischer Landtag S. 177

100 [J6] Daimler-City S. 201

Alle weiteren Karteneinträge s. S. 376.

übernahm „Mephisto" Gustaf Gründgens (1899–1963) unter den Nationalsozialisten die Leitung und führte das Haus, bis es im Zweiten Weltkrieg in Schutt und Asche versank. In den 1970er-Jahren wieder aufgebaut, kehrte das 1935 von den Nazis entfernte **Schillerdenkmal** von Reinhold Begas 1987 an den Platz vor dem Konzerthaus zurück.

❯ www.konzerthaus.de,
  Konzertaufführungen s. S. 48

66 Friedrichstraße ★★ [K6]

„Für jedes anständig empfindende Gemüt hatte dieses lärmend brandende Treiben in der Friedrichstraße etwas ungemein Abstoßendes", entrüstete sich 1919 ein Herr namens Isidor Kastan angesichts des Amüsierbetriebs, der die Straßenschlucht insbesondere in den „Goldenen Zwanzigern" zur Legende machte. „Die unverhüllte Schamlosigkeit, die nackte Rohheit machten sich hier breit, ohne auch nur eine leise Beimischung von versöhnendem Humor."

Tatsächlich wogten in der Vergnügungsmeile zwischen Oranienburger Tor und Halleschem Tor die Menschenmassen in todschicken Hotels ebenso wie in dunklen Hinterzimmerspelunken. Das Leben pulsierte in erstklassigen Restaurants wie in Boulettenbratereien. Gefeierte Künstler gaben in Kabaretts und Varietés ihre Couplets, Sottisen und akrobatische Nummern zum Besten. Und wem der Schritt auf die große Bühne nicht gelang, der verdingte sich als Charge oder ging nachts einer fragwürdigen Tätigkeit nach.

Zweimal hüllte sich die Friedrichstraße in dieses fiebrige, zerstreuungssüchtige Kleid – vor dem Ersten Weltkrieg in üppigen Goldbrokat und zwischen den Kriegen in flüchtiges Talmi, wie es am besten Klaus Mann beschreibt: „Millionen von unterernährten, korrumpierten, verzweifelten, geilen, wütend vergnügungssüchtigen Männern und Frauen torkeln und taumeln dahin im Jazz-Delirium ... Man tanzt Foxtrott, Shimmy, Tango, den altertümlichen Walzer und den schicken Veitstanz. Man tanzt Hunger und Hysterie, Angst und Gier, Panik und Entsetzen."

Dass sich solches nicht wiederholen kann, dafür sorgte die für den jüngsten Wiederaufbau der Friedrichstraße verantwortlich zeichnende Stararchitektenriege im Sinne einer **„historisch-kritischen Rekonstruktion".** Vergnügungspaläste, Tanztempel oder Straßencafés waren in ihrer Planung nicht vorgesehen und existieren deshalb heute auch nicht. Die postmodernen Gebäude, die die DDR noch kurz vor der Wende in den 1980er-Jahren errichtete, wurden nach der Wiedervereinigung wieder abgerissen. Sie wichen **zeitgemäßen Büro- und Geschäftshäusern,** von denen einige auch recht spektakulär gerieten. Gleichwohl haben in der ebenso unpoetisch wirkenden Mehrwertarchitektur Kreativität und Fantasie wenig Platz. Sollen sie auch nicht. Die neuen Bauwerke sind für den anspruchsvollen Konsumenten gedacht.

❯ U2 Stadtmitte, U6 Stadtmitte und
  Französische Straße

67 Quartier 207–205/ Friedrichstadtpassagen ★★ [K5]

Die meisten neuen Büro- und Geschäftsgebäude dehnen sich zwischen Französischer Straße und Mohrenstraße aus. Über drei Karrees hinweg und unterirdisch über die Friedrichstadtpassagen miteinander verbunden, entstanden 1996/97 die Quartiere 207, 206 und 205. Das nach Plänen von Jean Nouvel errichtete **Quartier 207**, das das französische Kaufhaus **Galeries Lafayette** beherbergt, ist unschwer an seiner durchgehend gläsernen Fassade zu erkennen. Die Pointe im Inneren sind die riesigen trichterförmigen, lichtbrechenden Glaskegel, um die herum sich die Geschosse mit den Verkaufsflächen gruppieren.

Würfelmuster in Beige und Braun zieren das mit scherenschnittartig hervortretenden Brüstungen versehene **Quartier 206** zwischen Jägerstraße und Taubenstraße, dessen Lichthof mit Marmormosaiken in Form edel designter Art-déco-Anmutungen bestickt. Die Nobelboutiquen präsentieren dem Stil angemessen das vornehme Nichts, ein paar wenige stehen sogar immer noch leer. Eine besondere Augenweide im Quartier 206 ist der Departmentstore. Auf 2000 Quadratmetern sind Haute Couture, Classics, Design und viele andere schöne Dinge des schönen Lebens zu einer ästhetischen Sinfonie arrangiert. Man darf auch einfach nur gucken und muss nicht unbedingt kaufen.

Zu guter Letzt gelangt man in das **Quartier 205**, das die Mohrenstraße südlich beschließt. Der bauhausartige, quadratisch-praktische Gebäudekomplex bietet ein Dach für die üblichen Bekleidungsketten, womit er gewissermaßen den Proletarier der drei Friedrichstadtpassagenquartiere darstellt.

Die Friedrichstraße entlang

Auf dem Weg Richtung Checkpoint Charlie ragen am Ende der verkehrserschütterten Leipziger Straßenschlucht westlich als Fluchtpunkte die Hochhäu-

ser am Potsdamer Platz **99** in den Himmel hinauf. Östlich kratzen Anfang der 1970er-Jahre hochgezogene Wohnplattenbauten die Wolken. Unmittelbar vor dem ehemaligen Grenzkontrollpunkt Checkpoint Charlie ist seit Mitte der 1990er-Jahre über fünf Quartiere hinweg das Checkpoint Charlie Business Center aus dem Boden geschossen, darunter das im spitzen Winkel an der Friedrich-/Mauerstraße zulaufende **Quartier 106** von Architektur-Altmeister Philip Cortelyou Johnson.

An der Bezirksgrenze von Mitte nach Kreuzberg erinnert der Name **Mauerstraße** noch an die Akzisemauer des Soldatenkönigs, die von hier zum Rondell hin verlief. Dass genau an dieser Stelle am 13. August 1961 erneut eine Mauer errichtet wurde, diesmal als tödliche Demarkationslinie, betrachten viele als Ironie der Geschichte. Doch hat dies ursächlich mit der Grenzziehung durch die Alliierten zu tun, die ihren Sektorenverlauf selbstverständlich auch an historischen Gegebenheiten orientierten.

🔴68 Checkpoint Charlie ★★   [K6]

Am Checkpoint Charlie („Charlie" für „C"; „B" wie „Bravo" für den Kontrollpunkt Dreilinden nach Westberlin, vor der Transitstrecke durch die DDR Richtung Westberlin in Helmstedt damals der Checkpoint „Alpha") passierten während der Berliner Teilungszeit die alliierten Streitkräfte, Ausländer, Diplomaten und Botschaftsangehörige die hermetisch abgeriegelte Grenze. Die Westberliner mussten über einen anderen Übergang in die DDR einreisen, Westdeutsche hatten abermals einen anderen Kontrollpunkt zu benutzen. Am 28. Oktober 1961 standen sich am Checkpoint Charlie amerikanische und sowjetische Panzer gegenüber – und beinahe wäre ein neuer Weltkrieg ausgelöst worden.

Heute erinnern nur noch wenige originale Accessoires an die fast 30 Jahre währenden grotesken Verhältnisse: die alte **dreisprachige Warntafel** *„You are leaving the American sector"* und eine kleine **alliierte Kontrollbaracke**, die der Betreiber des Mauermuseums im Jahr 2000 mitten auf der Kreuzberger Seite der Friedrichstraße aufstellen ließ. Den ehemaligen Mauerverlauf vergegenwärtigt nur noch eine doppelläufige Pflastersteinreihe im Straßenbelag, weshalb sich – um sich ein Bild vom absurden Ausmaß dieser tödlichen Grenzanlagen zu machen – ein Besuch im **Mauermuseum am Checkpoint Charlie** anbietet.

› **Mauermuseum am Checkpoint Charlie,**
  Friedrichstr. 43–45, tgl. 9–22 Uhr

69 Jüdisches Museum ★★★ [L7]

Es liegt bereits auf der Kreuzberger, also der ehemals Westberliner Seite der Friedrichstadt. In Nachbarschaft zu dem sonnengelben kleinen Barockbau von 1735, der als Haupteingang dient, erhebt sich der **silberne Museumsneubau nach Plänen von Daniel Libeskind** in Form eines zerborstenen Davidsterns. Das gefeierte Bauwerk gehört zu den beliebtesten Berliner Museen. Neben zahllosen Menschen, die sich für die jüdische Geschichte und Kultur in Deutschland interessieren, zieht es außerdem Architekturfreunde aus aller Welt an.

Heute zeigt das Jüdische Museum eine Vielzahl von Exponaten, historische Dokumente, Bilder und Texte, Kunst- und Gebrauchsgegenstände, die in chronologischer Abfolge die jüdische und

059be Abb.: kj

deutsch-jüdische Geschichte erzählen, jüdische Kultur in Deutschland sowie die religiösen Traditionen des Judentums vorstellen.

Gegenüber auf der anderen Straßenseite wird die **ehemalige Blumengroßmarkthalle** die **Akademie des Jüdischen Museums** aufnehmen. Ebenfalls nach Libeskind-Plänen umhüllt die 1965 errichtete Hallenkonstruktionen nach der Art eines Haus-im-Haus-Prinzips drei geneigte Kuben sowie einen „Garten der Diaspora" und bietet Platz für Seminarräume, Archive und weitere Ausstellungsflächen. Eröffnung ist voraussichtlich Mitte 2012.
› **Jüdisches Museum**, Lindenstr. 9–14, U1, U6 Hallesches Tor, Bus M29, M41, 248, Tel. 25993300, www.juedisches-museum-berlin. de, Mo. 10–22 Uhr, Di.–So. 10–20 Uhr, Erw. 5 €, erm. 2,50 €, unter 6 Jahre Eintritt frei

⑦⓪ Topographie des Terrors ★★ **[K6]**

Auf dem Areal zwischen Anhalterstraße, Wilhelmstraße und Niederkirchnerstraße dehnt sich das ehemalige „Prinz-Heinrich-Gelände" aus. Dort befanden sich 1933–1945 die **mächtigsten Einrichtungen des nationalsozialistischen Terrorapparats**: der Sicherheitsdienst der SS und die Geheime Staatspolizei (Gestapo), ab 1939 mit der Reichskriminalpolizei zum Reichssicherheitshauptamt zusammengefasst, sowie die Reichsführung SS. Verfolgung und Völkermord wurden von hier aus stabsmäßig organisiert

◀ *Checkpoint Charlie: früher tödliche deutsch-deutsche Grenze, heute Spaß für Touristen*

KLEINE PAUSE

Garten im Jüdischen Museum
Eine grüne Oase im Großstadtbetrieb. Auf Bierbänken im Kies, an Bistrotischen unter Platanen oder einfach in Liegestühlen im Gras lässt es sich mit Blick auf den spektakulären Museumsbau herrlich Sonne tanken, entspannen, durchatmen. Kleine Snacks und Erfrischungen bietet das Café-Restaurant Liebermanns an (nicht koscher), man muss aber nicht zwangsweise konsumieren, sondern kann einfach auch nur den schönen Garten genießen.

Der Besuch ist nicht abhängig vom Erwerb eines Tickets für das Museum. Die Sicherheitsschleuse muss man aber trotzdem passieren.

---

und Regimegegner im Gestapo-Gefängnis zu Tode gefoltert. Heute nimmt die Topographie des Terrors mit **Freilichtausstellungen** und einem **Museumsgebäude** im Zentrum der betont schmucklosen Anlage die weite Fläche ein.

Dem vorausgegangen waren ein mehr als 20-jähriges Provisorium und ein noch längerer Streit über den Umgang mit dem kriegszerstörten, geschichtlich so schwer belasteten Areal. Nach dem Mauerbau verkam es zur Brache und eine in den 1980er-Jahren gegründete Bürgerinitiative wurde nicht müde, immer wieder auf die historische Bedeutung des Orts hinzuweisen. „Inmitten der Stadt/ klaffende Erde/Reste gekachelter Keller/Folterwerkstätten/zur Erzeugung/ von Heimatkunde", wie ihn Günter Kunert in seinem Gedicht „Prinz-Albrecht-Straße" beschrieb.

1987 eröffnete zur Westberliner 750-Jahr-Feier eine erste Dokumentation des NS-Terrors auf dem Gelände.

1993 ging der Schweizer Peter Zumthor aus einem internationalen Architektenwettbewerb für ein Museumsgebäude als Sieger hervor. Sein spektakulärer Entwurf scheiterte jedoch an den explodierenden Kosten und technischen Realisierungsproblemen. Der Bau blieb ein Torso und wurde wieder abgerissen.

Den zweiten Anlauf gewann 2005 die Berliner Architektin Ursula Wilms. Ihr eingeschossiger, in eine nackte graue Metallfassade gehüllter Museumsneubau bietet seit seiner Einweihung am 6. Mai 2010 Raum für die Dokumentation der NS-Terrorgeschichte sowie die Rolle der Täter bis 1945. Ferner ist im Gebäude die wissenschaftliche Abteilung des NS-Dokumentationszentrums mit Forschungszentrum, Bibliothek und Archiven untergebracht.

Entlang **freigelegter Fundamente der NS-Schreckenseinrichtungen** zeigt der Ausstellungsgraben an der Niederkirchnerstraße open air die Geschichte des Geländes auf, von dem der Nazi-Terror 1933 seinen Ausgang nahm. Weitere Freilichtstationen dokumentieren die Ausstrahlung der einstigen SS- und Gestapo-Schaltstelle auf die Stadt. Denn „es ist kein Zufall", wie der Direktor der Stiftung Topographie des Terrors, Andreas Nachama, anlässlich der feierlichen Einweihung im Mai 2010 formulierte, „dass die SS hier Quartier genommen hat, inmitten des Regierungsviertels. Der Terror war öffentlich, war Teil des Systems."

❯ Niederkirchnerstr. 8, S1, S2 Anhalter Bahnhof oder Potsdamer Platz, U2 Potsdamer Platz, U6 Kochstraße, Bus M29, M41, Außengelände tgl. ab 10 Uhr bis Einbruch der Dunkelheit (spätestens 20 Uhr), Dokumentationsgebäude tgl. 10–20 Uhr, Eintritt frei

🕖 **Berliner Mauer** ★★ [K6]

Zwar ziemlich zerklopft, aber authentisch, blieb eines der **letzten originalen Mauerstücke** auf etwa 200 Meter Länge an der Niederkirchnerstraße erhalten. Dass es im Freudentaumel der Wiedervereinigung nicht wie die restlichen 155 Kilometer, die Westberlin 1961–1989 umzingelten, abgerissen wurde, ist dem Einsatz zahlreicher internationaler Initiativen zu verdanken. Vor arglosen Mauerspechten, die das Mahnmal für einen kleinen Souvenirbrocken weiter abpickeln könnten, wird es mit einem Metallzaun geschützt.

❯ S und U2 Potsdamer Platz, U6 Kochstraße, Bus M29, M41

🕗 **Martin-Gropius-Bau** ★★ [J6]

1877–1881 wurde das Gebäude von Martin Gropius und Heino Schmieden **im Stil italienischer Renaissancepalazzi** als Kunstgewerbemuseum errichtet. Nach seiner Restaurierung diente es ab 1981 als Domizil der Berlinischen Galerie, des Werkbund-Archivs und der Jüdischen Abteilung des Berlin-Museums – und genau vor seinem Eingangsportal verlief bis 1989 die Mauer.

1999 öffnete der Gropius-Bau nach einer erneuten umfangreichen Sanierung wieder seine Tore und präsentiert seitdem **spektakuläre Wechselausstellungen.**

❯ Niederkirchnerstraße 7, S und U2 Potsdamer Platz, Bus M41, Tel. 254860, www.gropiusbau.de, Mi.–Mo. 10–20 Uhr

▶ *Der Martin-Gropius-Bau lockt mit herausragenden Ausstellungen*

❼❸ Berliner Abgeordnetenhaus/ Preußischer Landtag ★ [J6]

Das Gebäude, in dem ab 1919 die Preußische Landesversammlung zusammentrat, entstand 1892–1899 nach Plänen von Friedrich Schulze. Im Anschluss an den Wiederaufbau ab 1947 fungierte es, unmittelbar an der Sektorengrenze, unter dem Vorsitzenden des DDR-Ministerrats Otto Grotewohl als Regierungssitz. Seit 1993 tagt in seinen Mauern das Berliner Abgeordnetenhaus, das Landesparlament des Bundeslands Berlin.

❯ Niederkirchnerstraße 5,
   S und U2 Potsdamer Platz, Bus M41

❼❹ Deutscher Bundesrat/ Preußisches Herrenhaus ★ [J6]

Prachtvoller noch als der Preußische Landtag fiel Friedrich Schulzes 1899–1903 erbautes, neubarockes Preußisches Herrenhaus aus. Es schließt nördlich an das Abgeordnetenhaus an und öffnet sich mit seiner Hauptfront zur Leipziger Straße.

Bis 1918 versammelte sich in seinen Räumlichkeiten die erste Kammer des Preußischen Landtags. Zu ihr zählten die volljährigen Hohenzollernprinzen, Vertreter des Hochadels und Großgrundbesitzes sowie weitere vom preußischen König, in Personalunion Kaiser des Deutschen Reichs, berufene Mitglieder. In der Nazizeit war das Haus Teil des Reichsluftministeriums, ab 1950 residierte dort die Akademie der Wissenschaften der DDR. Im Herbst 2000 schließlich zog der deutsche Bundesrat in das herrschaftliche Gebäude ein.

❯ Leipziger Straße 3, S und U2 Potsdamer
   Platz, Bus M48, 200, 347

061 be Abb.: kj

❼❺ Anhalter Bahnhof ★ [J7]

Südwestlich des untergegangenen Regierungsviertels des Deutschen Reichs erhebt sich am Askanischen Platz mit den **Kriegstrümmern des Anhalter Bahnhofs** ein weiterer historischer Überrest und erzählt sein „Es war einmal": Ab Eröffnung 1880 menschenverstopfter Bahnhof nach Süden, einzigartige Hoteldichte rundum, rastloser Verkehr, 1945 schwere Kriegsschäden, 1952 Stilllegung, 1959 bis auf die **Portalruine** geschleift – heute ein **Denkmal**.

❯ S1, S2 Anhalter Bahnhof

Geschichtsmeile Wilhelmstraße

Von postmodernen Plattenbauten flankiert, verläuft die Wilhelmstraße [K6/7] nahe dem Brandenburger Tor schnurgerade nach Süden. Bereits Anfang des 18. Jahrhunderts ließ der Adel in dieser hervorragenden Lage seine Stadtpalais erbauen. Und bis zum Untergang des Dritten Reichs ballte sich hier die **deutsche Regierungsgewalt.** *Ab Anfang des 19. Jahrhunderts zogen zunächst preußische Ministerien in die Adelspalais ein, nach der Reichsgründung 1871 Kanzlei, Ministerien und Behörden des Deutschen Reichs und 1933–1945 zahlreiche Ministerien und Parteidienststellen Nazi-Deutschlands. Die „Wilhelmstraße“ war wie die Londoner Downing Street, der Kreml oder der Elysée-Palast ein* **Synonym für Regierungspolitik.** *In den Bombennächten des Zweiten Weltkriegs wurde sie ausgelöscht. Fast nichts ist aus der Vorkriegszeit übrig geblieben – statt dessen stehen dort rund 30 gläsernen Informationstafeln, die auf der Geschichtsmeile Wilhelmstraße am Ort der untergegangenen Gebäude über deren Geschichte informieren.*

So befand sich unter der alten Anschrift Wilhelmstraße 68 (heute Nr. 60), wenige Schritte vom Pariser Platz entfernt, im 1901 im Stil des italienischen Frühbarock errichteten Gebäude zunächst das **Preußische Kultusministerium.** *Unter den Nazis war dort das Reichsministerium für Wissenschaft, Erziehung und Volksbildung untergebracht, später quartierte sich das DDR-Ministerium für Volksbildung unter Margot Honecker ein. Nach der Wiedervereinigung sind in das Gebäude Büros des Deutschen Bundestags eingezogen.*

Das heutige Ministerium für Ernährung, Landwirtschaft und Verbraucherschutz (Nr. 54), das damals unter der Hausnummer 64 firmierte, beherbergte nach seiner Errichtung 1900–1918 das Geheime Zivilkabinett Wilhelms II. und diente in der Weimarer Republik als Wohnung und **Amtssitz des preußischen Ministerpräsidenten.** *1932/33 lebte Konrad Adenauer als Präsident des Preußischen Staatsrates hier. In der Nazizeit war das Haus Amtssitz von Hitler-Stellvertreter Rudolf Hess bzw. ab 1941 von dessen Nachfolger Bormann. 1970–1990 befand sich in seinen Räumen der Staatsverlag der DDR.*

Gegenüber erhob sich auf der Westseite der Wilhelmstraße unter der Nummer 73 das 1735–1737 erbaute, spätere **Reichspräsidentenpalais.** *Das dreiflügelige Barockgebäude fungierte von 1919 bis 1933 als Residenz des Reichspräsidenten und in der Nazi-Zeit als Präsidialkanzlei Hitlers.*

Im benachbarten, 1799 errichteten Palais mit der Hausnummer 74 (heute auf Höhe Nr. 84) befand sich bis zum Ende des Kaiserreichs das Reichsamt des Inneren. Anschließend übernahm das Auswärtige Amt, das bereits in den Hausnummern 75 und 76 arbeitete. Nr. 76 wurde ab 1862 zudem von Reichskanzler Otto von Bismarck und seiner Familie bewohnt, bis sie 1878 in die benachbarte, prachtvolle **Reichskanzlei** *in der Wilhelmstraße 77 umzogen. Im 1930 fertiggestellten Erweiterungsbau ließ sich anschließend Adolf Hitler Wohn- und Büroräume einrichten.*

Heute erblickt man Ecke Wilhelmstraße/An der Kolonnade anstelle der alten

Reichskanzlei als stählernes „Denkzeichen" - schemenhaft und in der Dunkelheit strahlend - die 17 m hohe Silhouette von **Georg Elser** (1903-1945). Auf den Tag 72 Jahre nach dessen missglücktem Attentat auf Hitler im Münchner Bürgerbräukeller am 8. November 1939 wurde dem Widerstandskämpfer mit der Einweihung des Denkmal von Ulrich Klages diese späte Ehrung zuteil.

Voßstraße 1-19 lautete die Postadresse der nach Entwürfen Albert Speers über eine Straßenfront von 420 Meter bis 1939 errichteten **Neuen Reichskanzlei** Ecke Wilhelmstraße/Voßstraße. Von Anbeginn teils mit Luftschutzbunkern unterkellert, legte man 1943 einen zusätzlichen unterirdischen Luftschutzraum mit direkter Verbindung zu Hitlers Privaträumen in der alten Reichskanzlei an - der Führerbunker, in dem der millionenfache Massenmörder 1945 seinen kläglichen Selbstmord beging.

Sämtliche Gebäude an der westlichen Wilhelmstraße wurden im Krieg schwer beschädigt und zwischen 1949 und 1951 abgerissen. Teilweise erhalten blieb der am früheren Wilhelmplatz von der Straße zurückgesetzte **Gebäudekomplex des berüchtigten Reichsministeriums für Volksaufklärung und Propaganda** (Nr. 8-9, nach aktueller Zählweise Nr. 49). Vor 1933 arbeitete an dieser Stelle in einem kleinen Palais die Pressestelle des Auswärtigen Amts. Nachdem Joseph Goebbels das Haus übernommen hatte, musste infolge der immens wachsenden Mitarbeiterzahl - 1939 waren es 2000 Bedienstete - ständig angebaut werden, bis das Gebäude schließlich das gesamte Karree bis zur Mauerstraße verschlang. Das Palais brannte 1945 aus, die Erweiterungsbauten bestehen dagegen größtenteils noch. Das Bundesministerium für Arbeit und Soziales hat dort das schwierige Erbe angetreten.

Südlich der Kreuzung mit der Leipziger Straße nimmt unübersehbar ein weiterer im Nationalsozialismus entstandener, gigantischer Koloss die gesamten 250 Meter Straßenlänge bis zur Niederkirchnerstraße ein (ehemals Nr. 81-85). Nach Plänen von Ernst Sagebiel 1936 nach nur zweijähriger Bautätigkeit fertiggestellt, zog das **Reichsluftfahrtministerium** unter Hermann Göring in das Ungetüm ein. Doch auch der Widerstand gegen das Nazi-Regime hatte hier eine Zelle. Bis zur Enttarnung wirkten im Haus Mitglieder der Widerstandsgruppe „Rote Kapelle". Eine kleine Gedenkstätte im Eingangsbereich erinnert heute daran.

Im Festsaal des mit 112.000 Quadratmeter Bruttogeschossfläche wahrlich riesenhaften Gebäudes wurde nach dem Krieg am 7. Oktober 1949 die DDR gegründet. Anschließend diente das Haus dem Ministerrat und anderen maßgeblichen DDR-Behörden, weshalb es den Namen **„Haus der Ministerien"** erhielt.

Nach der Wiedervereinigung beherbergte es 1991-1995 die Treuhandanstalt und trägt bereits seit 1992, in Erinnerung an die Ermordung ihres ersten Präsidenten, den Namen **Detlev-Rohwedder-Haus.** Seit dem Umzug der Bundesregierung vom Rhein an die Spree 1999 bieten die über 2000 Büroräume und beinahe sieben Kilometer Flure, die der fünf- bis siebengeschossige Stahlbetonskelettbau sein eigen nennt, Unterkunft für den **Bundesfinanzminister** und seine Behörde.

Nördlich der Linden – Friedrich-Wilhelm-Stadt

Kunst und Wissenschaft prägen das **Viertel** zwischen nördlicher Friedrichstraße und Humboldthafen. 1726 ließ Soldatenkönig Friedrich Wilhelm I. ein Pesthaus vor den Toren Berlins zur Lehr- und Forschungsstätte ausbauen und nannte sie „Charité". Ferdinand Sauerbruch und Rudolf Virchow wirkten dort, wo heute weithin sichtbar auf dem Universitätscampus das Charité-Hochhaus in den Himmel aufragt. 1738 erteilte Friedrich Wilhelm I. den Schiffbauern die Genehmigung, westlich der Weidendammbrücke ihre Werkstätten einzurichten; und seit Anfang des 20. Jahrhunderts strahlt der **Ruf der Friedrich-Wilhelm-Stadt als Theaterschmiede** mit dem Berliner Ensemble am Schiffbauerdamm oder dem Deutschen Theater weit über die Grenzen Berlins hinaus. Die Namen Max Reinhardt, Helene Weigel und Bertolt Brecht sind unwiderruflich mit dem Stadtteil verbunden.

Der Name Friedrich-Wilhelm-Stadt geht jedoch nicht auf den Soldatenkönig zurück, sondern auf Friedrich Wilhelm III. (1770–1840), in dessen Regierungszeit man ab 1827 mit der planmäßigen Bebauung begann.

76 Bahnhof Friedrichstraße/ Tränenpalast ★★ [K4]

Der Bahnhof Friedrichstraße ist **für viele Menschen mit dunklen DDR-Stunden verbunden.** Bis zum Mauerbau am 13. August 1961 liefen an diesem zentralen innerstädtischen Verkehrsknotenpunkt die Gleise von Fernbahn, S- und U-Bahnen zusammen. Danach war hier Endstation. Quasi über Nacht wurde aus dem Durchgangs- ein in zwei Teile zerschnittener Sackbahnhof: ein Teil davon der streng bewachte Westbereich für Reisen von und nach Westberlin und nach Westdeutschland, Bahnsteig A für Fernzüge, Bahnsteig B für die S-Bahn. Hermetisch abgeriegelt, konnte diese West-Enklave von DDR-Bürgern unterhalb des Rentenalters nicht betreten werden. Die Einwohner der Hauptstadt der DDR benutzten den anderen Teil des Bahnhofs, der nur von Osten her zugänglich war.

Im Untergrund ratterten die Züge der U-Bahn-Linie 6, die auf ihrer Strecke zwischen Wedding und Kreuzberg verrammelte Geisterbahnhöfe passierte – mit einem einzigen Zwischenstopp am U-Bahnhof Friedrichstraße. Dort konnten die Valuta-Wessis ohne Grenzkontrollen die Waggons zum Umsteigen verlassen, um auf ihrem Weg zur S-Bahn Richtung Bahnhof Zoo in einem Intershop entlang der verschmuddelten labyrinthischen Schleusengänge verbilligt Rauchwaren und Alkoholika zu erstehen und (illegal) nach Westberlin zu schmuggeln.

Oberirdisch im S- und Fernbahnhofbereich hielten derweil die Soldaten der Grenztruppen der DDR, in zehn Meter Höhe an den Stirnseiten der Glaskuppel

▶ *Mit dem Bahnhof Friedrichstraße in Sichtweite säumen Restaurants das Ufer der Spree am Schiffbauerdamm*

postiert, breitbeinig ihre Kalaschnikows im Anschlag. Bis wenige Minuten vor Abfahrt wurden die Züge durchsucht und Hunde unter ihnen hindurchgejagt, nicht um den Klassenfeind zu verschrecken, sondern um sozialistische Mitbürger an der Republikflucht zu hindern.

Für die Einreise in die Hauptstadt der DDR wurden die Westberliner wiederum in eine 1962 gebaute, gesonderte Grenzabfertigungshalle geschleust, in der es mit Ablaufen der Einreiseerlaubnis erbarmungslos Punkt 0 Uhr Abschied von den Freunden und Verwandten von „drüben" zu nehmen galt. Unzählige Tränen wurden dabei vergossen, weshalb der trapezförmige Pavillon zwischen Bahnhof und Spreeufer den Namen **Tränenpalast** trägt.

Pünktlich zum 50. Jahrestag des Berliner Mauerbaus eröffnete 2011 dort am historischen Ort die **Ausstellung „Grenz-Erfahrung. Alltag der deutschen Tei-**lung". Von der Stiftung „Haus der Geschichte der Bundesrepublik" wurden dafür zahlreiche Originaldokumente und Zeitzeugen-Interviews zur Verfügung gestellt. Zwei authentische Grenzkabinen können besichtigt werden und auch das grässliche Türschlossschnarren – manch einer erinnert sich noch mit Schaudern daran – ist wieder zu hören.

❯ Reichstagsufer 17, Tel. 467777911, www.hdg.de, S und U6 Friedrichstraße, Di.–Fr. 9–19, Sa./So. 10–18 Uhr

⑰ Admiralspalast ★ [K4]

Als Relikt aus den 1920er-Jahren hat er den Zeiten getrotzt. Im letzten Drittel des 19. Jahrhunderts zunächst als Admiralsgartenbad über einer Solequelle erbaut, zog in den **Amüsiertempel** 1910 eine Eislaufarena mit Orchester ein. Es folgten Café, Kino, Tanzsaal, Bar, Restaurant, Luxusbad, 1922 ein Revuetheater und Anfang der 1930er-Jahre ein Operettenbetrieb. 1946 tagte im Admiralspalast der Vereinigungsparteitag von KPD und SPD zur Sozialistischen Einheitspartei, 1955 zog das Metropol-Theater in die altehrwürdigen Mauern ein. Bereits zwei Jahre zuvor hatte sich das **politisch-satirische Kabarett Distel** gegründet, das bis heute an seiner traditionsreichen Stätte gegen den Berliner Politbetrieb stichelt. Nach mehrfachem Eigentümerwechsel seit der Wiedervereinigung und einem glücklosen Spielbetrieb konnte der Admiralspalast im Sommer 2006 frisch restauriert als Veranstaltungsort wieder eröffnen.

❯ Friedrichstr. 101, S und U6
Friedrichstraße, Tram M1, 12,
Tel. 47997499, www.admiralspalast.de

ⓐ Berliner Ensemble ★ [K4]

1892 eröffnete die Spielstätte mit dem komischen „Hut" obenauf am Schiffbauerdamm und seitdem wird dort **Theatergeschichte geschrieben**. Soeben erst eingeweiht, sorgte das „Neue Theater am Schiffbauerdamm" gleich 1893 mit der Uraufführung von Gerhart Hauptmanns „Die Weber" für einen handfesten Theaterskandal.

1903 übernahm der große Regisseur **Max Reinhardt** (1873–1943) das Haus. Unter seiner Leitung bis 1905 wurden der Orchesterraum und die Drehbühne eingebaut und es fanden weltweit Aufsehen erregende Inszenierungen statt. Trotz Reinhardts Weggang an das Deutsche Theater kam es in der Folgezeit zu nicht weniger spektakulären Ereignissen, u. a. wurde hier 1928 Bertolt Brechts und Kurt Weills „Dreigroschenoper" welturaufgeführt.

Nach der Rückkehr **Bertolt Brechts** (1898–1956) und **Helene Weigels** (1900–1971) 1949 aus dem Exil riefen die Eheleute das Berliner Ensemble ins Leben, 1954 bezog die Truppe das Haus am Schiffbauerdamm. Nach Brechts Tod zwei Jahre später führte die Weigel das BE bis zu ihrem Lebensende weiter und auch im Anschluss – nun unter einem höchst streitbaren Intendantenkollektiv – blieb man der **Tradition des politischen Theaters** treu. Heute wird das Haus von Claus Peymann geleitet.

❯ Bertolt-Brecht-Platz 1, S und U6 Friedrichstraße, Tram M1, 12, Tel. 28408155,
www.berliner-ensemble.de

ⓑ Deutsches Theater ★ [J4]

1883 ging in der Schumannstraße 13a erstmals der Vorhang auf, ab 1905 feierte das Theater unter Max Reinhardt bis zu dessen Emigration 1933 glänzende Erfolge und wurde zum **Inbegriff für Regie- und Schauspielkunst**. Mit Thomas Langhoff als Chef wurde das Haus nach 1991 zweimal zum Theater des Jahres gewählt. Seit Herbst 2009 steht ihm Ulrich Khuon als Intendant vor.

❯ Schumannstraße 13a, U6 Oranienburger
Tor, Bus 147, www.deutschestheater.de,
Tel. 28441225

ⓒ Friedrichstadt-Palast ★ [K4]

Hinter dem Berliner Ensemble stand Am Zirkus 1 zwischen Bertolt-Brecht-Platz und Reinhardtstraße bis 1985 der nicht weniger berühmte Friedrichstadtpalast. Die von Hans Poelzig für Max Reinhardt zum „Großen Schauspielhaus" umgestaltete Markthalle musste geschlossen und abgerissen werden, da im morastigen Un-

KLEINE PAUSE

Schlemmertreff Schiffbauerdamm

Rund um den Kulturgenuss laden am Schiffbauerdamm [J/K4] drinnen und draußen am Spreeuferkai Restaurants zum Mittagstisch und abends zu Tafelfreuden ein: elegant das Restaurant „Ganymed" und „Brechts Restaurant", deftig-berlinisch mit 18 verschiedenen Fassbieren die „Berliner Republik" sowie mit traditionell rheinischer, aber auch Berliner und internationaler Küche die „Ständige Vertretung", seinerzeit im Gefolge des Regierungsumzugs vom Rhein an die Spree gewechselt.

Ca. 150 m um die Ecke in die Albrechtstraße hinein serviert das **„Boccondivino"** göttliche italienische Gerichte (s. S. 36). Das Ristorante ist bei Promis, Politikern und Berlinern gleichermaßen beliebt. Der Mittagstisch ist vorzüglich, abends sollte man besser reservieren.

tergrund die Gründungspfähle verfault waren. Dennoch sollte Ostberlin nicht auf ein Revuetheater verzichten. Schon 1984 eröffnete nur einen Steinwurf entfernt an der Einmündung der Reinhardtstraße in die Friedrichstraße der neue Friedrichstadt-Palast, eine **orientalisch anmutende Betonorgie**, der deshalb sogleich der Spitzname „Aserbaidschanischer Hauptbahnhof" verpasst wurde. In Europas größtem Revuetheater brilliert inmitten einer farbenfrohen Ausstattung mit schillernden Kostümen besonders die **famose Girlreihe**, die einen Abend im Friedrichstadt-Palast zum unvergesslichen Augenschmaus macht.

❯ Friedrichstraße 107, U6 Oranienburger Tor, www.friedrichstadtpalast.de, Tel. 23262326

⓼⓵ Charité ★   [J3]

Von herausragender Bedeutung für die Entwicklung der Friedrich-Wilhelm-Stadt wie für die Wissenschaft erwies sich die **Gründung eines Pestkrankenhauses** 1710 außerhalb der damaligen Stadtumwallung – in der Mark Brandenburg wütete in jenen Jahren der Schwarze Tod. Aus der Gründung ging noch im 18. Jahrhundert die Charité hervor. In dem berühmtesten deutschen Universitätsklinikum und Krankenhauskomplex wirkten **bahnbrechende Medizinpioniere** wie Christoph Martin Hufeland (1762–1836), Rudolf Virchow (1821–1902), Robert Koch (1843–1910) und Ferdinand Sauerbruch (1875–1951). Die Charité nimmt ein gutes Drittel der gesamten Friedrich-Wilhelm-Stadt ein, überragt vom 1981/82 errichteten Charité-Neubau als weithin sichtbares „Wahrzeichen" der Friedrich-Wilhelm-Stadt.

❯ Charitéplatz 1, S Hauptbahnhof, Bus 147, www.charite.de

⓼⓶ Französischer und Dorotheenstädtischer Friedhof ★★   [K3]

Seit dem späten 18. Jahrhundert lagen vor dem Oranienburger Tor mehrere Gottesacker im freien Gelände. Davon erhalten blieben die 1762 angelegten Friedhöfe der Dorotheenstädtischen und Friedrichswerderschen Gemeinde sowie der ihnen zur Chausseestraße hin vorgelagerte Friedhof der französischen reformierten Gemeinde.

Bert Brecht und Helene Weigel, Heiner Müller und der große Mime Bernhard Minetti (1905–1998) liegen auf dem Dorotheenstädtischen Friedhof begraben, nur einen kleinen Spaziergang von ihren letzten Wirkungsstätten entfernt. In ihrer Nachbarschaft finden sich die **mit wundervollen Grabmälern geschmückten Ruhestätten zahlreicher bedeutender Persönlichkeiten:** die Bildhauer Johann Gottfried Schadow und Christian Daniel Rauch, der gefeierte Baumeister Karl Friedrich Schinkel, die Philosophen Fichte und Hegel, die Schriftsteller Heinrich Mann, Anna Seghers, Johannes R. Becher und Arnold Zweig, die Komponisten Hanns Eisler und Paul Dessau und viele bedeutende Persönlichkeiten des deutschen Kultur- und Geisteslebens mehr.

Auf dem kleineren, 1780 für die Berliner Hugenotten eingeweihten Französischen Friedhof liegen der Zeichner und Kupferstecher Daniel Chodowiecki (1726–1801) und der berühmte Hofschauspieler Ludwig Devrient (1784–1832).

❯ Chausseestraße 126, U6 Oranienburger Tor oder Naturkundemuseum, Tram M6, 12, http://stiftung-historische-friedhoefe.de, tgl. 8 Uhr bis März/Okt. 18 Uhr, April/Sept. 19 Uhr, Mai–Aug. 20 Uhr, Dez./Jan. 16 Uhr

❽❸ Brecht-Weigel-Gedenkstätte ★ [K3]

Bertolt Brecht und Helene Weigel konnten von ihrer Wohnung den Blick unmittelbar über die Gräber der großen Dichter und Denker auf den Französischen und Dorotheenstädtischen Friedhof schweifen lassen. Das Ehepaar lebte ab 1953 im Haus direkt nebenan. Brecht wohnte bis zu seinem Tod 1956 im 1. Stock im Seitenflügel der Chausseestraße 125. Helene Weigels Zuhause war zunächst der 2. Stock, dann bis zu ihrem Lebensende 1971 das Parterre im Seitenflügel. 1978 eröffnete im Haus die Brecht-Wei-

gel-Gedenkstätte. Jeweils drei **im Originalzustand bewahrte Räume** in den Wohnungen von Brecht und von Weigel können mit Führung (maximal acht Personen) besichtigt werden.

❯ Chausseestraße 125, U6 Oranienburger Tor oder Naturkundemuseum, Tram M6, 12, Tel. 200571844, www.adk.de, halbstündliche Führungen Di.–Fr. 10–11.30 Uhr, Sa. 10–15.30 sowie Di. 14–15.30 Uhr und Do. 17–18.30, stündliche Führungen So. 11–18 Uhr, Erw. 5 €, erm. 2,50 €, Schüler 1,50 €

Direkt gegenüber der Brecht-Weigel-Gedenkstätte firmiert unter der Adresse Chausseestraße 13 das mit einer historisierenden Sandsteinfassade verzierte ehemalige **Verwaltungsgebäude der Firma Borsig.** August Borsig (1804–1854) liegt ebenfalls auf dem Dorotheenstädtischen Friedhof begraben. 1837 gründete er unmittelbar vor dem Oranienburger Tor die Maschinenbauanstalt, aus der die größte Lokomotivfabrik Europas hervorging. An der Chausseestraße und auf dem Gebiet östlich davon eröffneten im 19. Jahrhundert ferner die Unternehmer Egells, Wöhlert und Schwartzkopff ihre Fabriken, womit **Berlins Aufstieg zur Industriemetropole** begann.

❽❹ Museum für Naturkunde ★★ [J3]

Das 1889 eröffnete Haus zählt zu den fünf bedeutendsten Naturkundemuseen der Welt. Die bereits 1810 begründete und mittlerweile 30 Millionen Objekte umfassende Sammlung ist die größte in

▶ *Der Hamburger Bahnhof - Tempel für zeitgenössische Kunst*

Deutschland. Neben umfangreichen mineralogischen, geologischen, paläontologischen und zoologischen Kollektionen sind im Lichthof unter der hohen Glaskuppel sieben Dinosaurierskelette zu sehen, unter ihnen das Glanzstück des Naturkundemuseums: der viel bestaunte *Brachiosaurus brancai*. 1905 wurden die Überreste dieses Vorzeitgiganten, der vor 150 Millionen Jahren durch das Jura stapfte, im Süden Tansanias entdeckt. Mit über 15 Meter Länge und exakt 13,27 Meter Höhe ist es das **weltweit größte Dino-Skelett**, das je Platz in einem Museum fand.

> Invalidenstr. 43, U6 Naturkundemuseum,
> www.naturkundemuseum-berlin.de,
> Tel. 20938550, Di.–Fr. 9.30–18 Uhr,
> Sa./So. 10–18 Uhr, Erw. 6 €, erm. 3,50 €

In Nachbarschaft zum Naturkundemuseum ist an der Ostecke zum **Invalidenpark** [J3] in der 1875–1878 errichteten Geo-

logischen Landesanstalt und Bergakademie, später dem DDR-Ministerium für Geologie, in einem Neubau das **Bundesministerium für Verkehr, Bau und Stadtentwicklung** angesiedelt.

An der Südwestecke des Parks ist das **Bundesministerium für Wirtschaft und Technologie** in das mit einem Anbau vergrößerte Ensemble von „Kaiser-Wilhelm-Akademie für das militärische Bildungswesen" und mit einem Seitenflügel erhaltene, 1747–1748 errichtete **Invalidenhaus** eingezogen.

⑧⑤ Hamburger Bahnhof – Museum für Gegenwart ★★ [J3]

Jenseits der Brücke über den Berlin-Spandauer-Schifffahrtskanal liegt kurz vor dem gläsernen neuen Hauptbahnhof der 1846 eröffnete Hamburger Bahnhof. Er diente als Endstation für die Berlin-Hamburger-Eisenbahn, die 1903 bereits

wieder stillgelegt wurde. Heute ist in den Hallen auf rund 10.000 Quadratmetern Ausstellungsfläche das Museum für Gegenwart untergebracht. Es präsentiert **Kunst von der 2. Hälfte des 20. Jahrhunderts bis in die Gegenwart:** Werke von Beuys, Kiefer, Lichtenstein, Rauschenberg, Twombly und Warhol, von Malern der italienischen Transavanguardia und Vertretern der Minimal Art.

Als **Mekka für Gegenwartskunst** beherbergt der Hamburger Bahnhof darüber hinaus die **namhafte Sammlung Marx** sowie zeitgenössische Malerei und Bildhauerei, Raum- und Lichtinstallationen, Grafik, Foto, Video und Multimedia. Seit 2004 ist im ehemaligen Bahnhofsgebäude und in den benachbarten Rieck-Hallen ferner die umstrittene **Flick Collection** zu sehen, die umfangreiche Privatsammlung von Kunst des 20. und 21. Jahrhunderts des NS-Großindustriellen-Erben Friedrich Christian Flick.

❯ Invalidenstraße 50–51, S Hauptbahnhof oder U6 Naturkundemuseum, Tel. 39783439, www.hamburgerbahnhof.de, Di.–Fr. 10–18 Uhr, Sa. 11–20 Uhr, So. 11–18, Erw. 12 €, erm. 6 €

86 Gedenkstätte Berliner Mauer ★★   [K2]

Wie kaum ein anderer Ort an der alten Berliner Sektorengrenze wurde die **Bernauer Straße zum Inbegriff aller persönlichen Mauerdramen:** Fenstersprünge aus den oberen Stockwerken im August 1961, während die DDR-Grenztruppen im Erdgeschoss bereits die Fenster vermauerten; von Hand gegrabene Tunnel unter Mauer und Todesstreifen hindurch 1962 und 1964, die rund 100 Menschen zur Flucht in den westlichen

Wedding verhalfen; schließlich das berühmte Foto mit dem Volksarmeesoldat Conrad Schumann, der am 15. August 1961 an der Bernauer Straße über den Stacheldraht in den Westen sprang – Bilder, die um die Welt gingen.

Fast überall wurde das Betonungetüm, das die Stadt fast vier Jahrzehnte lang teilte, nach der Wiedervereinigung abgeräumt. In der Bernauer Straße aber blieb ein gut **200 Meter langer Mauerabschnitt mit sämtlichen Sperranlagen original erhalten.** Wo also könnte ein geeigneterer Ort für eine Gedenkstätte sein? 1998 eingeweiht, wird sie seit 2008 auf 1,5 km Länge zwischen dem S-Bahnhof Nordbahnhof (westlich) und dem Mauerpark (östlich) zur zentralen Gedenkstätte Berliner Mauer ausgebaut.

Direkt am Nordbahnhof eröffnete 2009 das **Besucherzentrum** und präsentiert seitdem neben Infoflyern, Büchern und anderen Medien einen Dokumentarfilm zur Geschichte der Berliner Mauer. Gegenüber auf der anderen Straßenseite zeichnet eine lose gesteckte Reihe rostiger Stahlstelen, die sich mit originalen Mauerteilen abwechselt, den alten Grenzverlauf nach. Auf dem ehemaligen Todesstreifen dahinter erinnert ein **Freilichtparcours** mit zahlreichen Stationen an die Ereignisse, an die Flüchtlinge und an die Opfer.

Etwa auf Höhe des Sophienfriedhofs schließt sich ein **authentischer Mauerrest** an, dessen letzter Abschnitt mit erhaltenem Wachturm der **Ackerstraße als Denkmal gestaltet** ist. Meterhohe Stahlwände verstellen den Einblick in die einst tödliche Anlage, die sich deshalb am besten vom Aussichtsturm gegenüber in Augenschein nehmen lässt – heute jedoch nicht einmal mehr ansatzweise vermitteln kann, welcher Schrecken bis 1989 von ihr ausging.

Der Aussichtsturm gehört zum **Dokumentationszentrum** an der Bernauer Straße. 1965 wurde das Gebäude auf Westberliner Seite als neues Gemeindehaus für die Versöhnungsgemeinde errichtet. Seit 1998 steht es mit Ausstellungen, Foto- und Filmdokumenten zur Berliner Mauer den Besuchern offen.

Bereits im Jahr 1995 erhielt die Gemeinde – deren unermüdlichem Engagement der Erhalt des Mauerstücks an der Bernauer Straße ebenso wie die Errichtung der Erinnerungsstätte wesentlich zu verdanken ist – ihr altes Grundstück im ehemaligen Todesstreifen zurück. Dort hatten DDR-Grenztruppen 1985 die alte Versöhnungskirche gesprengt. Auf ihren Fundamenten steht heute, von Holzlamellen ummantelt und aus Stampflehm erbaut, die kleine **Versöhnungskapelle.** Im ovalen Inneren birgt sie den geretteten Altar aus der alten Versöhnungskirche.

Wenige Meter östlich erhebt sich an der Kreuzung Bernauer und Strelitzer Straße eine fast zwölf Meter hohe **stählerne Stelenkonstruktion,** die an einen 1990 dort abgerissenen **DDR-Grenzturm** erinnern soll. Der folgende Abschnitt der Gedenkstätte, der bis zur Drei-Stadtteile-Ecke zwischen Wedding, Mitte und Prenzlauer Berg am Mauerpark reicht, wird voraussichtlich 2013 fertiggestellt sein.

❯ Besucherzentrum: Bernauer Str. 119, Dokumentationszentrum: Bernauer Str. 111, beide April–Okt. tgl. 9.30–19 Uhr, Nov.–März tgl. 9.30–18 Uhr, www.berliner-mauer-gedenkstaette.de. Die Außenanlagen sind Tag und Nacht zugänglich, der Eintritt ist frei.

❯ S1, S2, S86 Nordbahnhof, U8 Bernauer Straße, Tram M10

Nordöstlich der Linden – Spandauer Vorstadt

Weithin sichtbar strahlen die goldenen Kuppeln der Neuen Synagoge über der Spandauer Vorstadt, die im 18. Jh. im Gebiet nördlich Alt-Berlins zwischen Spree und Oranienburger Straße, Rosenthaler Straße und Schönhauser Tor entstand. Die ersten Siedler auf dem sumpfigen Boden waren Bauern und Tagelöhner, später Dienstboten und kleine Handwerker, gefolgt von Arbeitern, die sich in den Textilmanufakturen verdingten.

1820 wurden vor den Toren bereits die ersten berüchtigten **Berliner Mietskasernen** mit ihren engen, dunklen, dicht hintereinander gedrängten Hinterhöfen hochgezogen – und sie füllten sich schnell, sehr schnell. Mit einsetzender Industrialisierung und schließlich in der Gründerzeit errichtete man für die aus der Provinz in die Reichshauptstadt strömenden Menschen solche Wohnhäuser im Großmaßstab. In den lichtlosen feuchten Ein-Raum-Küche-Klo-auf-halber-Treppe-Ritzen im dritten oder vierten Hinterhof drängelten sich häufig zehnköpfige Proletarierfamilien. Oft war Schmalhans Küchenmeister in dem Stadtviertel, das die in der glänzenden Residenzstadt Ungelittenen aufnahm: Minderbemittelte, Arme, Kranke, Katholiken und Juden.

Verkehrsanbindung
❯ S Hackescher Markt oder OranienburgerStraße
❯ U6 Oranienburger Tor
❯ U8 Weinmeisterstraße
❯ Tram M1, M6

064be Abb.: kj

Häuschen und schmalen Gassen des **Scheunenviertels** ein. Auf ihrer Flucht in die USA oder in das Gelobte Land stranden viele in diesem Berliner Viertel, das seinen Namen einer Feuerordnung von 1672 verdankt: Zur Eindämmung der Brandgefahr mussten seinerzeit sämtliche Scheunen und Lagerschuppen mit brennbaren Materialien vor die Stadttore verlegt werden.

Mit anbrechendem 20. Jahrhundert vernahm man im Scheunenviertel dann überwiegend Jiddisch, gemischt mit dem Rotwelsch der ballonmützenbeschirmten Hehler, Schieber und Kleingauner und dem deftigen berlinischen Platt aus dem Mund der Zuhälter und Huren. Im zwielichtigen Schummer der Rotlichtlokale waren die Münz- und die Mulackstraße die Zentren der käuflichen Liebe. Charlotte von Mahlsdorf (1928–2002) beschrieb sie folgendermaßen: „Hier war Armut, hier war Enge, aber auch Schönheit, Menschlichkeit und ein Hauch von Poesie. Hier trug das Leben keine Schminke (...). Das Leben trieb – vorwärts, rückwärts, kreuzte und staute sich, schwirrte und hetzte, stolperte und taumelte, trottete gemächlich: Die Menschen schwatzten, beteten, hurten, tranken, lästerten, balgten, juchzten, atmeten." In dieser Art gibt es das Scheunenviertel heute freilich nicht mehr. Die engen, niedrigen Häuschen sind alle längst abgerissen und wichen größtenteils bereits Ende der 1920er-Jahre neuen, größeren, höheren Gebäuden.

Armut war das Charakteristikum im **Sophienviertel** rund um die Sophienkirche [L4], wo viele hauptsächlich jüdische Wohlfahrtseinrichtungen entstanden, Armenhäuser und Suppenküchen, Schulen und Hospitäler. Eine Ausnahme bildete die Oranienburger Straße, die Anfang des 19. Jahrhunderts zu einer vornehmen Adresse ausgebaut wurde.

Östlich der Rosenthaler Straße wanderten im Kiez zwischen Tor- und Karl-Liebknecht-Straße [M3/4] nach den Judenpogromen in Ost- und Südosteuropa Anfang des 20. Jahrhunderts bis in die 1920er-Jahre Zehntausende meist bitterarme orthodoxe Juden in die niedrigen

◀ *Stadtleben in der Neuen Schönhauser Straße [M4]*

Eine der verbliebenen Attraktionen am Rosa-Luxemburg-Platz und mittlerweile wieder in aller Munde ist die 1913/14 nach einem Plan von Oskar Kaufmann errichtete **Volksbühne** (s. S. 56), das erste moderne Theater Berlins. Dank der an den Theaterkassen entrichteten Obolusse und der Spargroschen der Mitglieder des Volksbühnenvereins (ein als Zweig der Arbeiterbildungsvereine gegründeter Theaterbesuchsverein) konnte die Spielstätte 1914 eröffnen. Zehn Jahre später stand ihr bis 1927 ebenso kurz wie umstritten der legendäre Erwin Piscator (1893–1966) vor, an dessen quasidokumentarischen, politisch kontroversen Stil der von der Kulturprominenz bejubelte Intendant Frank Castorf heute wieder anknüpft.

Anders als zahlreiche andere Quartiere blieb die Spandauer Vorstadt von den Bomben **im Zweiten Weltkrieg weitgehend verschont**, zählte aber bis zum Ende der DDR zu den vernachlässigten Innenstadtvierteln. Nach der Wiedervereinigung konnte es – über Jahrzehnte dem Verfall preisgegeben – dank der Billig- oder Garnicht-Mieten kurzzeitig zum „Wilden Osten" aufblühen, wo in ehemaligen Läden, Kaufhauskellern und Kriegsbunkern eine schillernde kreative Kunst-Klub-Kultur-Kommune sehr viel kiffte, rauschende Feste feierte und gelegentlich ein paar Kupferrohre zu einem Kunstwerk zusammenschweißte. Auch das gibt es schon lange nicht mehr.

Bei einer in etwa gleich gebliebenen Einwohnerzahl fand von Sanierungsbeginn im Jahr 1993 bis heute ein **annähernd kompletter Bevölkerungsaustausch** statt. Der Trash ist einer Szene aus sachlich-kühlen Lokalen gewichen, in denen sich eine Gesellschaft grooven-

der VIPs, Hipsters, Yuppies, Kultis und Touris trifft. Rund 1,2 Milliarden Euro flossen in die Sanierung der Spandauer Vorstadt und haben sie zu **einem der attraktivsten und teuersten Berliner Innenstadtwohnpflaster** gemacht. Auf den Häusern in dieser herausragenden Wohnlage lastet ein enormer finanzieller Verwertungsdruck, weshalb man kaum noch Lebensmittelgeschäfte und dafür umso mehr zahlungskräftige Nobelkanzleien und Consultantbüros sowie **zahlreiche Bars und Restaurants** findet. Rein rechnerisch verfügt jeder der etwa 8000 Einwohner der Spandauer Vorstadt über seinen eigenen Thekenplatz.

Sophienviertel

In den Straßen rund um den Hackeschen Markt [L4] pulsiert das Leben. Shoppen, Bummeln oder sich in einem Café auf dem gepflasterten Markt vor den S-Bahn-Bogen niederlassen sind angesagt. Immer samstags 10–18 Uhr findet inmitten der Labelläden- und Gastronomieszenerie ein **Wochenmarkt** statt, auf dem man sogar echte Lebensmittel – Wurst, Fleisch, Fisch, Käse, Obst und Gemüse – erwerben kann.

🟥87 Hackesche Höfe ★★　　　　　　　[L4]

Den einen gilt die Sanierung von Deutschlands größtem geschlossenen Hofareal als Sündenfall der „Schickimickisierung" der Spandauer Vorstadt, für die anderen ist sie eine Erfolgsstory. 1997 waren die umfangreichen Restaurierungs- und Modernisierungsarbeiten in den Hackeschen Höfen beendet und sie stiegen mit Kino, Theater, Gastronomie neben Wohnungen, Galerien und Ateliers zum **neuen Touristenmagnet** auf.

Bereits bei ihrem Erstbezug Anfang des 20. Jahrhunderts waren die acht Wohn-, Geschäfts- und Gewerbehöfe eine kleine Sensation. Zwar folgte die 9200 Quadratmeter umfassende Gewerbe-, Fabriketagen- und Wohnhofanlage der seinerzeit üblichen Berliner Mischung aus Wohnen und Arbeiten unter einem Dach. Doch neu an den Hackeschen Höfen war, dass man die Arbeiterfamilien nicht länger in dunkle enge Hinterhofbutzen pferchte, sondern 80 beheizbare Wohnungen mit Innentoiletten für sie baute. Darüber hinaus standen den Menschen im Viertel im ersten Hof Festsäle für Vereins- und Familienfeiern zur Verfügung.

Der Haupteingang befindet sich nur wenige Schritte vom S-Bahnhof Hackescher Markt entfernt in der Rosenthaler Straße 40/41. Hinter der großen Tordurchfahrt begrüßt einen gleich im ersten Hof eine von farbigen Glasursteinen geschmückte Fassade mit Anklängen an Jugendstil und Art déco. Das Chamäleon-Varieté spielt hier auf und das **Oxymoron** (s. S. 42), tagsüber Café/Restaurant, verwandelt sich nachts in einen nobelszenigen Klub. In den weiteren Höfen sind **Kino, Boutiquen, Buch- und Schmuckläden** untergebracht. **Galerien und Cafés** laden zum Verweilen ein und sind die acht Höfe durchwandert, ist die Sophienstraße erreicht.

> Hackesche Höfe, Rosenthaler Str. 40/41

🔴88 Haus Schwarzenberg ★ [L4]

In direkter Nachbarschaft bietet das selbst verwaltete Haus das Kontrastprogramm zu den Hackeschen Höfen. Als **eines der letzten unsanierten Relikte** zeigt es mit seinen Höfen, wie die Spandauer Vorstadt bis Mitte der 1990er-Jahre einmal insgesamt aussah: kleinteilig parzelliert, mit schmaler Tordurchfahrt durch das Vorderhaus hindurch zu weiteren verwinkelten Höfen mit Wohn- und Fabrikgebäuden. Das für Berlin typische Nebeneinander von Wohnen und dichter Gewerbeüberbauung zeigt sich im Haus Schwarzenberg noch in seiner mittlerweile selten gewordenen authentischen Form, seit 1995 ergänzt um eine Vielzahl von alternativen Kultur- und Freizeiteinrichtungen.

Ob es in dieser Form erhalten bleiben würde, war lange Zeit ungewiss. Da sich die Grundstückseigner nicht einigen konnten, stand die Zwangsversteigerung an, nach der das Haus Schwarzenberg voraussichtlich den Weg vieler anderer Immobilien in der Spandauer Vorstadt gegangen wäre: erst die Sanierung, dann die Kommerzialisierung. Im Sommer 2004 erwarben schließlich eine Berliner Wohnungsbaugesellschaft und die Stiftung Deutsche Klassenlotterie den Gebäudekomplex, um in Zusammenarbeit mit den Bewohnern seinen Fortbestand als alternatives Kulturzentrum sicherzustellen.

065be Abb.: kj

Nordöstlich der Linden – Spandauer Vorstadt

Neben Galerien und Ateliers haben hier ein Programmkino und die Bar-Klub-Institution Eschloraque Rümschrümp (s. S. 42) ihr Zuhause, mittags ab 14 Uhr mit „Kaffeekaschemme" für lecker Kaffee und Kuchen. Das **Anne Frank Zentrum**, Partnerorganisation des Anne Frank Hauses in Amsterdam, widmet sich mit einer Ausstellung dem Leben von Anne Frank. Das **Museum Blindenwerkstatt Otto Weidt** zeichnet in den Originalräumlichkeiten das mutige Engagement des Kleinfabrikanten Otto Weidt nach, der im Nationalsozialismus jüdische und nichtjüdische Gehörlose und Blinde vor der Deportation rettete.

> Haus Schwarzenberg, Rosenthaler Str. 39
> Anne Frank Zentrum, www.annefrank.de, Di.–So. 10–18 Uhr, Erw. 5 €, erm. 2,50 €
> Museum Blindenwerkstatt Otto Weidt, www.museum-blindenwerkstatt.de, tgl. 10–20 Uhr, freier Eintritt

🔴89 Sophienstraße ★   [L3]

Die Sophienstraße entstand ab 1712 in Verbindung mit dem Bau der Sophienkirche. Ihre **Wohnhäuser aus dem 18. und 19. Jahrhundert** wurden mit Blick auf die Berliner 750-Jahr-Feier Teil des großen Sanierungsprogramms, das die DDR-Regierung bis 1987 für die Hauptstadt auflegte, und unter dem Motto „Kunst, Handwerk, Tradition" auf hübsche altmodische Art wieder hergestellt.

In den **Sophiensälen** (Haus Nr. 18), heute international renommierte Stätte für zeitgenössischen Tanz und Theater, sprachen 1918 Karl Liebknecht und Wilhelm Pieck. Das historische Gemäuer war der Versammlungsort des 1844 gegründeten Handwerkervereins, einer Keimzelle der Berliner Arbeiterbewegung.

Unter der Hausnummer 21 firmiert der Eingang zu den Ende des 19. Jahrhunderts erbauten **Sophie-Gips-Höfen**, wo das Kunstsammlerehepaar Hoffmann seit 1995 seine in vier Jahrzehnten erworbene Kollektion der Gegenwartskunst präsentiert: die **Sammlung Hoffmann** mit Werken von Nan Goldin, Frank Stella, Andy Warhol und vielen weiteren namhaften Künstlern.

> Sammlung Hoffmann, Sophie-Gips-Höfe, Aufgang C, Sophienstr. 21, Führungen samstags zwischen 11 und 16 Uhr nach Voranmeldung, www.sammlung-hoffmann.de, Tel. 28499120, Eintritt 8 €

🔴90 Sophienkirche ★   [L4]

1712 wurde das Gotteshaus zwischen Sophienstraße und Großer Hamburger Straße von Königin Sophie Luise für die Spandauer Vorstadt gestiftet, 1713 geweiht. Die Besonderheit des Gebäudes, der **berlinweit einzig verbliebene Barockturm**, kam 1732 hinzu. Das Innere der Sophienkirche zeigt sich vergleichsweise schlicht, so wie es sich für eine protestantische Kirche gehört. Auf dem kleinen, der Sophienstraße zugewandten Kirchhof liegen der Komponist und Leiter der Berliner Singakademie Carl Friedrich Zelter (1758–1832) und der Historiker Leopold von Ranke (1795–1886) begraben.

◄ *Hof-Labyrinth mit Kultstatus - die Hackeschen Höfe zählen zu den bekanntesten Sehenswürdigkeiten Berlins*

Spaziergang 4: Kreuz und quer durch die Spandauer Vorstadt

*Auf den Spuren von Downtown-Kulties und Mitte-Hipstern führt der Spaziergang einmal kreuz und quer durch die coolste Stadt des Planeten: die Spandauer Vorstadt. Ausgangspunkt ist der S-Bahnhof Hackescher Markt [L4], den man in Richtung Rosenthaler Straße verlässt und auf den **Hackeschen Markt** hinaustritt. Immer samstags verwandelt sich der von Lokalen gesäumte Platz tatsächlich in einen kleinen Markt. Zwischen den Obst- und Gemüseständen kann man dann sogar ein paar echten Berlinern begegnen.*

*Wenige Meter sind es von dort bis zu den **Hackeschen Höfen** 87, Berlins berühmtestem Hofareal, das man durch die Tordurchfahrt gleich am Anfang der Rosenthaler Straße betritt. Mode- und Schmuckdesign, Kunst- und Konzeptläden bilden über acht Höfe hinweg den Auftakt zum typischen Mitte-Mix aus schick shoppen und spannendem Sightseeing-Programm. Die Spandauer Vorstadt ist ein Einkaufsbummelparadies. Anders aber als beispielsweise am Kurfürstendamm oder in der Friedrichstraße, die mit großflächigen Ladengeschäften aufwarten, lädt die Spandauer Vorstadt mit vielen kleinen Shops und Labels zum Suchen und Entdecken ein, durchaus auch im hochpreisigen Bereich.*

*Direkt neben den Hackeschen Höfen erinnert das **Haus Schwarzenberg** 88 in der Rosenthaler Straße daran, wie das ganze Viertel vor der Sanierung einmal ausgesehen hat. Wenige Schritte später geht es links in die **Sophienstraße** 89 hinein. „Whiskey & Cigars" und andere kleine feine Spezialitätengeschäfte säumen*

*das Pflaster. Zu den historischen Sehenswürdigkeiten zählen die Sophiensäle und die Sophienkirche 87, die man - selten in Berlin - an ihrem barocken Kirchturm ausmachen kann. In den Sophie-Gips-Höfen lässt sich im zweiten Hof sehr schön in **Barcomi's Deli** (s. S. 42) auf einen Kaffee mit Kuchen einkehren.*

*Wo die Sophienstraße in die **Große Hamburger Straße** 91 mündet, steht direkt vor Kopf, mit rotem Klinker geschmückt, das St. Hedwigskrankenhaus. Dort links in die Große Hamburger eingebogen, folgen das Jüdische Gymnasium (s. S. 195), daneben der nicht mehr existierende älteste **Jüdische Friedhof Berlins** 92 und ihm gegenüber **The Missing House** 93. Noch einen Katzensprung von dort das Trottoir hinunter hat man kurz darauf die Oranienburger Straße [L4] erreicht.*

*Recht in die Oranienburger eingebogen fällt der Blick, kurz nachdem sich die Straße geweitet hat, auf den **Monbijoupark** [L4] als kleine grüne Lunge der Spandauer Vorstadt und im Hintergrund die berühmten Bauten auf der Museumsinsel. Weiter geht der Spaziergang zur **Neuen Synagoge** 95 mit ihrer weithin sichtbaren goldenen Kuppel, gefolgt von den **Heckmannhöfen** 96 und dem **Postfuhramt** 97, bis man kurz vor Ende der Oranienburger Straße links auf die legendäre **Künstlerruine Tacheles** 98 stößt. Zwei Jahrzehnte lang war das Tacheles als prominente Off-Kultur-Einrichtung zugleich ein Touristenmagnet. Jetzt ist das Areal an einen solventen Investor veräußert, geräumt und umzäunt.*

Spaziergang 4: Kreuz und quer durch die Spandauer Vorstadt

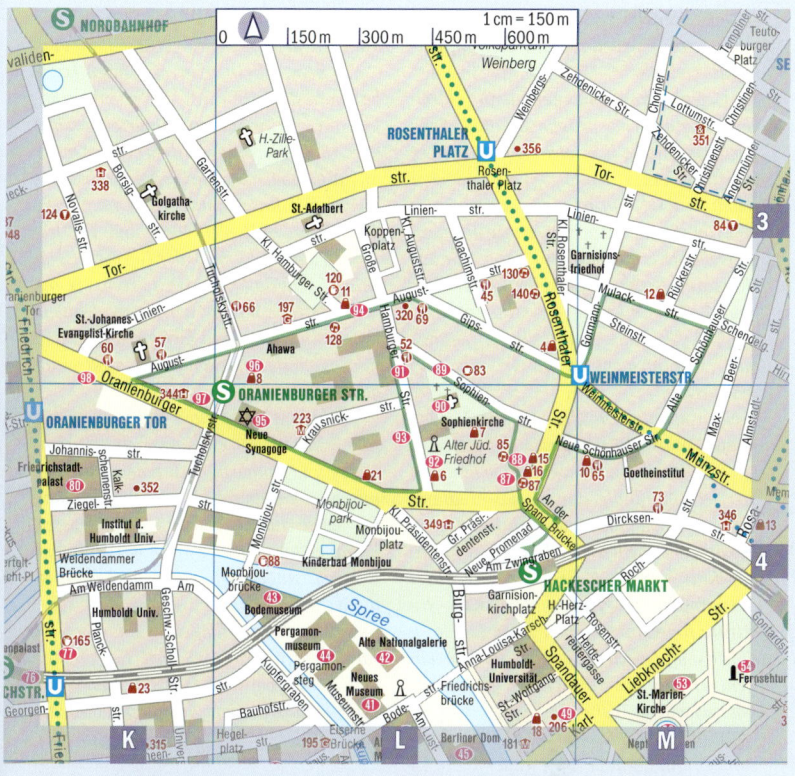

41 [L4] Neues Museum S. 147

42 [L4] Alte Nationalgalerie S. 148

43 [L4] Bode-Museum S. 149

44 [L4] Pergamonmuseum S. 150

49 [L4] DomAquarée S. 157

53 [M4] St. Marienkirche S. 159

54 [M4] Fernsehturm S. 160

77 [K4] Admiralspalast S. 181

80 [K4] Friedrichstadt-Palast S. 182

87 [L4] Hackesche Höfe S. 189

88 [L4] Haus Schwarzenberg S. 190

89 [L3] Sophienstraße S. 191

90 [L4] Sophienkirche S. 191

91 [L3] Große Hamburger Straße S. 195

92 [L4] Jüdischer Friedhof S. 195

93 [L4] The Missing House S. 195

94 [L3] Augustraße S. 196

95 [L4] Neue Synagoge und
Centrum Judaicum S. 197

96 [L3] Heckmannhöfe S. 198

97 [K4] Postfuhramt S. 199

98 [K3] Künstlerruine Tacheles S. 200

Alle weiteren Karteneinträge s. S. 376.

Vom Tacheles aus führt der Spaziergang schräg gegenüber in die **Auguststraße** 94 hinein. Man könnte sie ebenso „Galerie-Straße" nennen, denn zahlreiche Kunstgalerien prägen ihr Bild. Ecke Tucholskystraße [L3] springt rechts, efeuumrankt, eines der letzten unsanierten Gebäude weit und breit ins Auge. Dank eines moderaten Pachtvertrags über ein Vierteljahrhundert hinweg kann sich das Haus mit der Konzertkneipe „Zosch" bis heute halten und weiterhin muntere Sprüche wie „Spekulieren auf eigene Gefahr" oder „Gewinnsucht ist heilbar!" über die Tür hängen.

Nach der Kreuzung weiter die Auguststraße entlang folgt sogleich auf der rechten Straßenseite der rückwärtige Eingang der Heckmannhöfe, danach das Areal mit der ehemaligen **jüdischen Mädchenschule** und dem ehemaligen **Jüdischen Krankenhaus** (s. S. 196). Gegenüber residiert die rennomierte **Kunstgalerie KW – Institute for Contemporary Art** (s. S. 69), die die Auguststraße alle zwei Jahre in ein Zentrum der Berlin Biennale für zeitgenössische Kunst verwandelt.

Die nächste Wegmarke, ebenfalls unsaniert und deshalb recht augenfällig, ist **Clärchens Ballhaus** (s. S. 47), im Sommer mit nettem Biergarten. Auf der anderen Straßenseite in die Sackgasse zum Sportplatz hinein kann man sich im **Strandbad Mitte** (s. S. 42) zum Latte die Sonne auf den Pelz brennen lassen. An der nächsten Straßenecke mündet die Gipsstraße ein. In diese rechts eingeschwenkt (auf Höhe Joachimsstraße, leicht zu übersehen, liegt der rückwärtige Eingang zu den Sophie-Gips-Höfen) spaziert man sie bis zur Rosenthaler Straße hinab, quert dort die Kreuzung und biegt danach links am Platz in die Gormannstraße [M3] ein.

Mit dem Schritt über die Rosenthaler hat man die historische Grenze vom Sophienviertel ins **Scheunenviertel** passiert (s. S. 188). Allerdings erinnert nichts mehr an die Ganovenhochburg, die das Scheunviertel mit Kaschemmen und halbseidenen Läden in den 1920er- und 1930er-Jahren war. Folgt man der Gormannstraße und geht dann die zweite rechts in die Mulackstraße hinein, wird man vielmehr feststellen, dass das Viertel heute zu den führenden internationalen Modeadressen gehört.

Von der Mulackstraße rechts in die die Alte Schönhauser gebogen, schließt sich, Läden und Lokale bunt durcheinander gemischt, ein weiterer hübscher – und auch wieder erschwinglicherer – Schaufensterbummel an. Am U-Bahnhof Weinmeisterstraße angelangt geht es geradeaus in die Neue Schönhauser Straße, durch diese hindurch anschließend links über die Rosenthaler Straße zu den Hackeschen Höfen und von dort zum S-Bahnhof Hackescher Markt, dem Ausgangspunkt, zurück.

91 Große Hamburger Straße ★★ [L3]

Die Straße, in der bis zum Beginn der nationalsozialistischen Herrschaft jüdische, katholische und protestantische Einrichtungen einträchtig beieinander lagen, wurde deshalb früher auch „**Toleranzstraße**" genannt. Nach der evangelischen Sophienkirche aus dem 18. Jahrhundert, deren Portal leicht zurückgesetzt zwischen zwei neubarocken Häusern zu sehen ist, öffnete 1854 das katholische **St.-Hedwigs-Krankenhaus** (Hausnummer 5–11) seine Tore. Der rote Klinkerbau nimmt einen großen Teil der nördlichen Großen Hamburger Straße ein. Der Jüdische Friedhof, der sich südlich erstreckt, wurde sogar schon 1672 geweiht.

1863 zog die knapp hundert Jahre vorher gegründete jüdische Freyschule in die Große Hamburger Straße um. 1905/06 erhielt die Knabenschule ein neues Gebäude, so wie es heute noch steht. An der Fassade des seit 1993 wieder bestehenden **Jüdischen Gymnasiums** (Hausnummer 27) ist eine Gedenktafel für den Philosophen, Aufklärer und Begründer der ersten jüdischen Schule Berlins, Moses Mendelssohn (1729–1786), angebracht. „Nach Wahrheit forschen, die Schönheit lieben, Gutes wollen, das Beste tun" lautet die Inschrift.

Dem räumlichen Miteinander der drei Bekenntnisse setzte die Nazizeit ein jähes Ende. Im Frühjahr 1942 wurde die Schule geschlossen und zusammen mit dem benachbarten, 1945 zerstörten Jüdischen Altenheim zur Sammelstelle für den Abtransport der jüdischen Berliner in die Vernichtungslager gemacht. 55.000 Menschen wurden von der Großen Hamburger Straße zum Bahnhof Grunewald transportiert, dort in Viehwagen gesperrt und in die Todeslager nach Theresienstadt oder Auschwitz deportiert.

92 Jüdischer Friedhof ★ [L4]

Bereits 1672 geweiht, ist der Jüdische Friedhof in der Großen Hamburger Straße der **älteste jüdische Gottesacker Berlins**. 1943 schändete und zerstörte die Gestapo die Anlage, zwei Jahre später wurde sie zum Massengrab für die im wütenden Kampf um Berlin gefallenen Soldaten und Zivilisten. Anschließend wuchs Gras über den Friedhof. Und was an alten jüdischen Grabsteinen noch erhalten geblieben war, räumte das Ostberliner Stadtgartenamt zusammen mit den Holzkreuzen für die Kriegsopfer in den 1970er-Jahren ab.

Von den einmal fast 2800 jüdischen Grabstätten und den vermutlich 3000 Kriegstoten bleibt nur die Erinnerung. Für den großen Philosophen und Aufklärer des 18. Jahrhunderts, **Moses Mendelssohn**, der 1786 auf dem alten Gottesacker beigesetzt worden war, errichtete man ein schlichtes Gedenkgrab. Außerdem mahnen **ein aus zerstörten Grabsteinen geformter Sarkophag** und vor dem Friedhof eine von Will Lammert 1957 geschaffene **Figurengruppe** die furchtbaren Geschehnisse an.

93 The Missing House ★ [L4]

Zwischen den Gebäuden mit der Adresse Große Hamburger Straße 15 und 16 klafft anstelle des Vorderhauses eine Lücke. Auf den an sie angrenzenden Brandmauern prangen Metalltafeln mit den Namen der ehemaligen Bewohner: Der Sprengmeister Feldhaus, die Direktrice Thomas, der Amtsrat Jordan und viele andere lebten im Vorderhaus, bis es im Februar 1945 in Schutt und Asche versank. Die Installation „The Missing House" stammt von Christian Boltanski und wurde, **um das Verschwundene sichtbar zu machen**, 1990 am Haus angebracht.

94 Auguststraße ★ [L3]

Zahlreiche Galerien und Kunsthandwerker haben sich in der Auguststraße niedergelassen, darunter das **KW – Institute for Contemporary Art** (s. S. 69), das mit spannenden Wechselausstellungen der Gegenwartskunst Aufmerksamkeit auf sich zieht.

Gleich gegenüber befinden sich weitere stumme Zeugen der Vernichtung jüdischen Lebens während der Nazizeit. Unter der Hausnummer 11–13 firmiert die ehemalige **jüdische Mädchenschule**. Noch 1930, drei Jahre vor der nationalsozialistischen Machtergreifung, wurde das mit dunklem Klinkerstein verblendete Gebäude errichtet.

In der Nachbarschaft steht das 1856–1861 zeitgleich mit der Neuen Synagoge von den Architekten Knoblauch und Hähnel erbaute ehemalige **Jüdische Krankenhaus** (Nr. 14–16). Ende des Ersten Weltkriegs wurde dort ein Kinderheim eingerichtet, die **Ahawah**, hebräisch für „Liebe". Nach der Machtergreifung der Nationalsozialisten gelang es der Leiterin, einem Teil der Kinder die Flucht nach Palästina zu ermöglichen, wo die Ahawa als Einrichtung noch heute besteht. 1941 machte die Gestapo aus dem Haus ein Sammellager für alte und kranke Menschen. 15.000 jüdische Männer und Frauen, im Nazijargon sogenannte „Alterstransporte", wurden von hier aus in die Vernichtungslager verschleppt. Zu DDR-Zeiten war in der Ahawa eine Schule untergebracht.

Nach langem Leerstand im Zuge einer fast 20-jährigen juristischen Auseinandersetzung mit der Jewish Claim Conference erhielt die Jüdische Gemeinde zu Berlin das insgesamt 8500 m² große Gelände in der Auguststraße 11–16 im Jahr 2009 zurück. Und zumindest in die Mauern der ehemalige jüdische Mädchenschule zieht wieder Leben ein. Irgendwann nach Abschluss der Sanierung 2012 werden dort Galerien, ein Buchladen und ein Restaurant eröffnen.

Oranienburger Straße

Lange Zeit war die Querverbindung von der nördlichen Friedrichstraße zum Hackeschen Markt als beliebteste Berliner Wirtschafts-Parade absolut angesagt. Nach Leerstand und Verfall zu DDR-Zeiten kam nach der Wiedervereinigung zuerst ein bunter Mix von Künstlern und Studenten, der sich in der preisgünstigen Morbidität niederließ. In ihrem Gefolge öffneten Kneipen, denen immer mehr Lebensmittelgeschäfte und Bäckereien wichen, bis schließlich ein schillerndes buntes Ausgehviertel entstanden war. So aufgewertet und viel besucht, in bester Lage nur einen Steinwurf von der Museumsinsel entfernt, folgte ein Tross von Investoren und Immobilienentwicklern und mit ihnen die Vermarktung der bald darauf aufwendig sanierten Gebäude. Die Szeneklubs und Alternativkneipen mussten Flagship-Stores, Restaurantket-

Verkehrsanbindung

❯ S1, S2 Oranienburger Straße,
  U6 Oranienburger Tor
❯ S Hackescher Markt

ten und schließlich Flatrate-Trinkeinrichtungen weichen. Die legendäre Alternativmeile im Herzen Berlins, die nach der Wende entstanden war, ist heute abends leider ihr „Ballermann". Der Straße treu geblieben sind dagegen die Bordsteinschwalben, die zwischen Restaurantbesuchern und Partygängern auf dem Trottoir traditionell ihre sexuellen Dienste anbieten.

🅖🅢 Neue Synagoge und Centrum Judaicum ★★   [L4]

Schon von Weitem sind die **maurisch geschwungenen Goldkuppeln** der Neuen Synagoge in der Oranienburger Straße zu sehen. Ab 1859 wurde das prachtvolle Gotteshaus von Eduard Knoblauch erbaut und nach dessen Erkrankung 1862 von Friedrich August Stüler bis 1866 vollendet. Eine erste Planung beabsichtigte zunächst, das Bauwerk etwa 90 Meter hinter der Straße frei stehend zu errichten, doch die Gemeinde wollte keine Synagoge im Hinterhof, weshalb Knoblauch zusätzlich zu der prunkvollen Hauptsynagoge eine mit Eingangshalle, Herrenvestibül und Trausaal versehene, **repräsentative Vorsynagoge** an der Straßenfront schuf. 1943 wurde das Gotteshaus durch Bomben stark beschädigt, 1958 sprengte man die Hauptsynagoge. Nur die unmittelbar an der Straße gelegenen Gebäudeteile blieben als Ruine bestehen.

1988 begann nach der Gründung der Stiftung „Neue Synagoge Berlin – Cent-

▶ *Die goldglänzenden Kuppeln der Neuen Synagoge an der Oranienburger Straße sind weithin sichtbar*

KLEINE PAUSE

Pause im Viertel

Nahebei kann man sich im **Strandbad Mitte** (s. S. 42) bei Kaffee oder kühlem Gerstensaft im Strandkorb aalen oder in **Clärchens Ballhaus** (s. S. 47) zu Tango, Standard und Latein das Tanzbein schwingen. Nicht weit entfernt lädt August-/Ecke Tucholskystraße die orthodoxe israelische Synagogengemeinde Adass Jisroel im **Beth-Café** (s. S. 36) zu koscheren Speisen ein.

rum Judaicum" der Wiederaufbau der Vorsynagoge. Eine vollständige Rekonstruktion war nicht vorgesehen, die Hauptsynagoge wurde nicht wieder aufgebaut. An ihrer Stelle klafft heute eine mit weißem Kies gestaltete leere Fläche, hinter der sich im Halbrund, dort, wo einst der Thoraschrein stand, schlichte Marmorstelen erheben. Am 7. Mai 1995 erfolgte die feierliche Eröffnung des Centrum Judaicum, das in den Räumen der Vorsynagoge mit einer **ständigen Ausstellung** die Geschichte des Hauses und das mit ihm verbundene jüdische Leben in Berlin nachzeichnet. Im Obergeschoss befinden sich der Repräsentantensaal, die Jüdische Galerie und Räumlichkeiten für Wechselausstellungen.

❭ Oranienburger Straße 28–30, Tel. 88028300, www.cjudaicum.de, April–Sept. So./Mo. 10–20, Di.–Do. 10–18, Fr. 10–17 Uhr, März und Okt. So./Mo. 10–20, Di.–Do. 10–18, Fr. 10–14 Uhr, Nov.–Feb. So.–Do. 10–18, Fr. 10–14 Uhr, Erw. 3,50 €, erm. 3 €

Punk in the City

1974 gegründet, die Songs extrem schnell, laut, simpel, werden die 2002 in die Rock and Roll Hall of Fame aufgenommenen **Ramones** als Pioniere des Punkrock gefeiert. Im weltweit ersten und einzigen Ramones Museum in der Krausnickstraße werden über 300 Erinnerungsstücke der legendären US-Kultpunkband gezeigt.

🚇 **223** [L4] **Ramones Museum,** Krausnickstr. 23, S1, S2 Oranienburger Straße, U6 Oranienburger Tor, Tel. 75528890, www.ramonesmuseum.com, tgl. 12–22 Uhr, Eintritt 3,50 €

96 Heckmannhöfe ★ [L3]

Sie sind ein weiteres schönes Beispiel für die **typische Berliner Hofarchitektur** der Gründerjahre. Nur wenige Schritte von der Neuen Synagoge entfernt, bieten die Heckmannhöfe **Gastronomie, Ateliers und Boutiquen,** darunter das Modegeschäft „Sterling Gold" (s. S. 27), in dem Fans von traumhaften Secondhand-Ballkleidern die Augen übergehen. Die **Bonbonmacherei** gleich im ersten Hof im Kellergeschoss ist mit ihrer verführeri-

Die mutigen Frauen in der Rosenstraße

Es gibt keinen Grund mehr, von der Rosenstraße [M4] zu sprechen. Sie ist ein unscheinbares Stückchen Innenstadt, eingeklemmt zwischen den zur DDR-Zeit in Plattenbauweise errichteten Häuserschluchten, von wo aus die Läden an der Karl-Liebknecht-Straße beliefert werden, und neuen Hotelbauten.

*Aber es gibt viele Gründe, sich an die Rosenstraße zu erinnern. Auf der kleinen Grünfläche, dort wo sich einst eine Synagoge befand, steht heute ein **Denkmal aus Stein**, mehrteilig und zur Hälfte Skulptur, zur anderen Relief, das berührt. Von Ingeborg Hunzinger geschaffen und 1993 zum 50. Jahrestag der Ereignisse der Öffentlichkeit übergeben, erinnert es an die sogenannte „Fabrikaktion" am 27./28. Februar 1943, mit der die SS-Schergen die deutsche Hauptstadt endgültig „judenfrei" machen wollten. Die Deportationen aus Berlin in die Konzentrationslager hatten bereits im Oktober 1941 begonnen und schon im Januar 1942 war auf der berüchtigten „Wannseekonferenz" die*

schen Auswahl besonders für Kinder ein Spaß. Denn in der Küche darf man beim Bonbonmachen zuschauen.

❭ Oranienburger Str. 32

❭ **Bonbonmacherei,** www.bonbonmacherei.de, Mi.-Sa. 12-20 Uhr, die Süßigkeiten werden gegen 14, 16 und 18 Uhr gemacht (Juli/Aug. Sommerpause)

97 Postfuhramt ★ [K4]

Ecke Tucholskystraße wartet das ehemalige Hauptpostfuhramt mit einer für einen Behördenbau ebenso zierreichen wie kuriosen Formgebung auf. Dank seiner achteckigen Tambourkuppel und reich geschmückten Fassade wirkt der 1875-1881 errichtete Klinkerpalast wie eine **steingewordene wilhelminische Hutschachtel.**

Im Innenhof des ehemaligen Hauptpostfuhramts waren in den Stallungen einst über 200 Postkutschenpferde untergebracht, erst 1995 gab die Post das Gebäude auf. Zehn Jahre Zwischennut-

„Endlösung der Judenfrage" organisiert worden. Insgesamt 55.000 jüdische Berlinerinnen und Berliner wurden in den Lagern ermordet.

*Doch gab es noch die Juden aus den „privilegierten Mischehen", so der Nazijargon, die „nur" zur Zwangsarbeit verpflichtet wurden. Aber auch damit war es im Februar 1943 vorbei. Es begann die Zeit der großen Razzien, während derer die Menschen direkt aus den Betrieben geholt und bis zu ihrem Abtransport in die Vernichtungslager eingesperrt wurden. So auch in der Rosenstraße im Gebäude der Sozialverwaltung, vor dessen Tür dann jedoch etwas für diese Zeit sehr Ungewöhnliches geschah: **Auf der Straße protestierten die christlichen Ehefrauen und Mütter** tagelang lauthals gegen die Internierung ihrer Männer und Söhne.*

„Wir wurden in das Lager Rosenstraße gebracht", ist in den Erinnerungen von Ernst Gross (Berlin 1905-1984 Jerusalem) nachzulesen, „dort waren wir eine Woche und niemand wusste, was mit uns werden würde. Sie wollten uns offenbar auch abtransportieren. Aber damals haben die Frauen gemeutert. Das ist wohl das einzige Mal, dass sowas vorgekommen ist. Da

haben die christlichen Frauen tagelang vor dem Gebäude der Rosenstraße Skandal gemacht, und schließlich haben sie es erreicht, und sie haben uns wieder freigegeben."

Weshalb die Nazis nichts gegen den Straßenprotest unternahmen, bleibt den Historikern ein Rätsel. Vielleicht hatte es mit Stalingrad zu tun, das einen Monat vorher „verloren" gegangen war, und wahrscheinlich mit den verheerenden alliierten Bombardierungen Berlins, die am 1. März einsetzten. Beides ließ die Moral der Bevölkerung unter den Nullpunkt sinken. Am 6. März 1943 notierte Propagandaminister Goebbels in sein Tagebuch, dass man die Unruhe in der Rosenstraße momentan nicht gebrauchen könnte und deshalb die Deportation der Gefangenen verschoben hätte.

Die Erinnerungen eines Opfers und die Tagebuchnotiz eines Massenmörders und Verbrechers gegen die Menschlichkeit - bis zu Ingeborg Hunzingers Denkmal war es das einzige, was an die mutigen Frauen in der Rosenstraße erinnerte. 2003 wurde ihre Geschichte unter dem Titel „Rosenstraße" von Margarethe von Trotta schließlich verfilmt.

zung für Partys, Kunst und Kultur und 2005 der Verkauf an einen Investor schlossen sich an. Nach einer kurzen Phase des Leerstands folgte im Sommer 2006 die Eröffnung der **Galerie C/O Berlin,** die mit Schauen u. a. zu Annie Leibowitz, Magnum oder Roger Melis binnen kürzester Zeit zu einem **international renommierten Ausstellungsort** für aktuelle Architektur, Design und Fotokunst aufstieg. Nach einem abermaligen Eigentümerwechsel mussten die C/O-Macher die „Hutschachtel" verlassen und werden ihre neue Galerie voraussichtlich im Herbst 2012 um die Ecke im Atelierhaus im Monbijoupark eröffnen. Im ehemaligen Hauptpostfuhramt entstehen derweil einmal mehr – wenig originell – ein Hotel, Büros und Läden.

❯ Oranienstr. 35/36, Tel. 284441661, www.co-berlin.info, tgl. 11–20 Uhr

98 Künstlerruine Tacheles ★★ [K3]

Auf der anderen Straßenseite, zur Friedrichstraße hin, thront die allenthalben bekannte Künstlerruine Tacheles. Das 1908/09 von Franz Ahrens gebaute Passagen-Kaufhaus blickt auf eine **wechselvolle Geschichte** zurück. Mit 14 Eingängen, 9 Höfen und 10 Treppenhäusern nahm es einst das gesamte Karree Oranienburger Straße 53–57/Friedrichstraße 110–112 ein. Ab 1928 diente es der AEG als „Haus der Technik", im Dritten Reich quartierten sich NS-Dienststellen im Gebäudekomplex ein, Ende der 1930er-Jahre wurde von hier die erste Fernsehübertragung der Welt ausgestrahlt.

Im Bombenhagel des Zweiten Weltkriegs fiel der Komplex in Schutt und Asche und überdauerte die DDR-Jahre als Ruine. Dass diese nach der Wen-de nicht gesprengt wurde, verhinderten 1990 Besetzer zu einem Zeitpunkt, als schon die Bäumchen aus dem Mauerwerk hervorwuchsen. Sie richteten in den zugigen, damals teils wand- oder deckenlosen Räumlichkeiten das **alternative Kulturprojekt „Tacheles"** (jiddisch „Klartext") ein. Mit dem neuen Besitzer, der Kölner Fundus-Gruppe, die dort in bester Citylage Wohn- und Bürogebäude errichten wollte, einigten sich 1998 die Künstler im Haus nach jahrelangem Streit über eine weitere Nutzung. So blieb ihnen die Kulturruine bei einer symbolischen Monatsmiete von 50 Cent erhalten. 30 Künstlerateliers, ein Programmkino, die trashige Bier- und Konzertlokalität „Zapata" und im Hof ein Skulpturengarten trugen dem Tacheles einen weithin bekannten Ruf in der Off-Szene ein.

Doch der „Kampf zwischen Kunst und Immobilienmarkt, zwischen Hinterhauskreativität und globalisiertem Kapital, zwischen David und Goliath", wie die taz im Januar 2010 formulierte, war noch lange nicht ausgefochten. 2008 übernahm die Gläubigerbank das wertvolle Grundstück von der Fundus-Gruppe und beantragte die Zwangsversteigerung. Ende 2008 wurde den Tacheles-Mietern gekündigt.

Hernach waren sie wieder Hausbesetzer – nicht ohne dass ihnen die Gläubigerbank, soeben erst selbst mit Milliarden Steuergeldern vor der Pleite gerettet, für 2009 rund 108.000 € als ausstehende „Nutzungsentschädigung" in Rechnung stellte. Das Tacheles musste Insolvenz anmelden. Seit 2011 läuft die Räumung.

❯ S1, S2 Oranienburger Straße, U6 Oranienburger Tor

Tiergarten – Potsdamer Platz und Kulturforum

Spektakulär war der Potsdamer Platz schon immer: in den 1920er-Jahren der verkehrsreichste Platz Europas, während der Berliner Teilung das wohl am meisten besichtigte Niemandsland, nach der Wiedervereinigung die größte Baustelle des Kontinents und heute eine der beliebtesten Attraktionen des Neuen Berlin. Das benachbarte Kulturforum mit seinen berühmten Museen und der weltbekannten Philharmonie gehört zu den kulturellen Highlights der Stadt.

🟢99 Potsdamer Platz ★ ★ ★   [J6]

„Ich kann den Potsdamer Platz nicht finden!", hörte man lange Zeit nicht nur den alten Mann in Wim Wenders Film „Der Himmel über Berlin" jammern. Auf der Suche nach einem verlorenen Platz wanderte man bis 1989 durch ödes Brachland immer an der Mauer entlang. Später dehnten sich vor den Augen am südöstlichen Tiergartenrand die Gruben der **größten innerstädtischen Baustelle Europas** aus und schließlich wuchs ein Kranwald in den Himmel hinauf.

Spätestens seit der Eröffnung der Daimler-City Anfang Oktober 1998 sind markante Wegweiser gesetzt. Schon aus der Ferne ist der grün leuchtende Würfel auf dem debis-Hochhaus am Reichpietschufer auszumachen. Am Sony Center erheben sich unübersehbar der 103 Meter hohe, verglaste Büroturm, nördlich davon die weißen Bauten des Beisheim Centers und südlich das klinkergeschmückte Hochhaus des Star-Architekten Hans Kollhoff. So ist der Potsdamer Platz gar nicht zu verfehlen – oder zumindest das Areal, das man gemeinhin so

nennt: die Daimler-City, das Sony Center, das Beisheim Center und die Park Kolonnaden. Denn was man vor der Zerstörung im Zweiten Weltkrieg als Potsdamer Platz bezeichnete, war nicht mehr und nicht weniger als eine imposante Straßenkreuzung vor dem Leipziger Platz.
❯ S1, S2 und U2 Potsdamer Platz

🔴100 Daimler-City ★ ★ ★   [J6]

68.000 Quadratmeter oder knapp zehn Fußballfelder groß ist die 19 Gebäude, zehn Straßen und zwei Plätze umfassende Privatstadt, die den Namen eines bekannten Autokonzerns trägt. Als die damalige Daimler-Benz AG das Gelände vom Westberliner Senat im Frühjahr 1989 für ein Handgeld erwarb, rechnete kaum jemand damit, dass die Mauer so bald fallen würde. Kurz darauf begann ein internationales **Architektenteam unter der Federführung von Renzo Piano** mit der Planung der neuen Ministadt. 1994 war Grundsteinlegung, 1998 wurde sie mit zwei Filmtheatern, einem Musicaltheater, der größten deutschen Spielbank, Luxushotels, Luxuswohnungen, Cafés und Restaurants sowie der Shoppingmall **Potsdamer Platz Arkaden** eingeweiht. Das einzige aus alter Zeit noch verbliebene Gebäude, das **Weinhaus Huth**, das dank seiner Stahlbetonskelettbauweise den Zweiten Weltkrieg überdauerte, wurde saniert und in die neue Stadt integriert.

Orientierungspunkte bilden Pianos sienafarbenes **debis-Hochhaus** am Reichpietschufer und Hans Kollhoffs mit weinrotem Klinker geschmückter Büroturm an der nordöstlichen Cityspitze, nach seinem Architekt **Kollhoff-Hochhaus** genannt. Im 25. Stock des Gebäudes bieten **Panorama-Café und Sonnenterrasse** einen luftigen Überblick über das Areal und fast ganz Berlin. Zur fantastischen Aussicht trägt einen der **schnellste Fahrstuhl Europas** mit Tempo 30 in 20 Sekunden hinauf.

> **Panorama-Café und Sonnenterrasse** im Kollhoff-Hochhaus, Potsdamer Platz 1, www.panoramapunkt.de, tgl. 10–20 Uhr, im Sommer bei herrlichem Sonnenuntergang auch einmal länger, im Winter 10–18 Uhr, Erw. 5,50 €, erm. 4,50 €, bis 5 Jahre frei

101 Sony Center ★★★   [J6]

Unverkennbar durch den 103 Meter hohen gläsernen **Sony-Turm** schließt es sich nördlich der Daimler-City zum Tiergarten hin an. Das aus sieben Bauwerken bestehende Ensemble aus Stahl und Glas nach einem Entwurf des deutschamerikanischen Architekten Helmut Jahn umfasst Büros, Geschäfte, Gastronomie, Eigentumswohnungen, Kinos u. v. m. Im Zentrum des Super-Centers wölbt sich über den 40 Meter hohen gläsernen Fassaden eine **Zeltdachkonstruktion** aus 24 Membranbahnen. Sie überspannt ein 4000 Quadratmeter großes **Forum** und ermöglicht den Besuchern, unabhängig von Wetter und Jahreszeit imaginär open air an ihrem Cappuccino zu nippen.

Nach der ersten Berlinale im Februar 2000 im Sony Center zogen im Spätherbst des Jahres die „Freunde der Deutschen Kinemathek" in den Glaspalast ein und eröffneten die **Deutsche Kinemathek – Museum für Film und Fernsehen** (s. S. 64). 100 Jahre deutsche Filmgeschichte in Kulissen, Dokumenten und Objekten werden gezeigt, dazu rund 1000 Filme, der Nachlass von Fritz Lang,

Mythos Potsdamer Platz

*Wo in der Stille des Todesstreifens hinter der Mauer einst Jeeps oder höchstens einmal ein einsamer Panzer den Boden durchpflügten, bebt heute wieder die Erde rund um den Potsdamer Platz. Ein ohrenbetäubender Verkehrslärm erschüttert Häuser und Menschen und verschlägt selbst den Tiergartener Karnickel den Atem. Fast so wie damals in den 1920er-Jahren, als der Potsdamer Platz der **verkehrsreichste Verkehrsknotenpunkt ganz Europas** war. 1924 knatterte die für das damalige Kfz-Aufkommen aberwitzige Zahl von 2700 Fahrzeugen stündlich über die riesige Kreuzung, weshalb man dort noch im Oktober jenen Jahres **eine der ersten Ampelanlagen** Europas installierte. Dazu kamen unterirdisch die U-Bahn und überirdisch 26 Straßenbahn- und 5 Buslinien.*

*Sie beförderten zahllose Gäste und Angestellte ringsum in die Hotels, Restaurants und Vergnügungsbetriebe, von denen manch eines schon zu Lebzeiten Legende war. Das „Haus Vaterland" beispielsweise, mit Ungarischer Weinstube, „Cowboytänzen und Neger-Jazzbands" in der Wild-West-Bar und den berühmten „Rheinterrassen", die eine Rheinlandschaft imaginierten - mit echtem Gewitter mit Blitz, Donner und Regen einmal pro Stunde. Stattliche 9 Stockwerke mit jederzeit veränderbarer Innenraumaufteilung zählte das von Erich Mendelsohn 1931/32 erbaute **Columbushaus** am Platz.*

*Den Zweiten Weltkrieg und die nachfolgenden Abrissorgien überdauerten nur zwei Zeitzeugen: das in die Daimler-City integrierte **Weinhaus Huth** aus dem Jahr*

1912, in dessen Vorgänger schon Theodor Fontane becherte, und die in das Sony Center einbezogene, restaurierte Ruine des einst hochherrschaftlichen Hotels „Esplanade". Von 1961 bis 1989 ragte neben diesen beiden einzig verbliebenen Oldtimern im öden Gestrüpp rund um den Potsdamer Platz im Schatten der Mauer nur gelegentlich eine Aussichtsplattform mit Blick in den Osten hinauf - bis die DDR im November 1989 plötzlich ihre Grenzübergänge öffnete.

Nur wenige Jahre später tanzten am Potsdamer Platz schon die Kräne. Für eine unterirdische Verbindung zwischen U-Bahnhof und Einkaufspassage bekam das Weinhaus Huth vier Meter unter seinem alten Fundament ein neues verpasst, den „Kaisersaal" der Esplanade-Ruine hob man auf eine Rollkonstruktion und verschob ihn um 75 Meter. Die Spree wurde aus ihrem Flussbett geholt und umgeleitet, Baggerseen und Schuttgebirge entstanden. Binnen kürzester Zeit hatte sich die trostlose Brache vor der Mauer im ehemaligen Niemandsland in die größte innerstädtische Baustelle Europas verwandelt, aus der schrittweise ein neuer Stadtraum emporwuchs.

Am 4. Oktober 1998 strömten über eine halbe Million Neugierige zur Eröffnung der Daimler-City auf den Marlene-Dietrich-Platz und in die Potsdamer Platz Arkaden. Im benachbarten Sony Center fanden im Februar 2000 erstmals die Internationalen Berliner Filmfestspiele statt und die Schönen, Reichen und Berühmten ebenso wie Cineasten aus aller Welt kamen in Scharen.

Richtungsweisend, zukunftsorientiert? Längst räumen auch die Skeptiker ein, dass trotz der in der Tat offensichtlichen Künstlichkeit dieser am Reißbrett entwickelten Ministädte das Leben an den Potsdamer Platz zurückgekehrt ist - wobei der Verkehrslärm nur eine unter den vielen bemerkenswerten Erscheinungen ist.

▲ *Das rot geklinkerte Kollhoff-Hochhaus und der gläserne Sony-Turm sind zwei markante Wegmarken am Potsdamer Platz*

Heinz Rühmann und – als besondere Attraktion – von Marlene Dietrich. Darüber hinaus präsentiert die „Ausstellung Fernsehen" die Sternstunden der deutschen TV-Geschichte. Nicht zu vergessen das große Defilee der Stars während der **Internationalen Filmfestspiele**, die alljährlich im Februar schwerpunktmäßig im Sony Center stattfinden.

Großes Aufsehen erregte 1996 die **Verschiebung des prächtigen wilhelminischen Kaisersaals**, den man heute an der Nordseite des Forums im Sony Center findet. An seinem ursprünglichen Ort stand der denkmalgeschützte Speisesaal in der Kriegsruine des Hotels Esplanade dem Straßenbau nach der Wende im Weg. In einer ingenieurtechnisch einmaligen Aktion wurde der Gebäudetrakt deshalb komplett angehoben, auf eine luftkissenartige Rollkonstruktion gesetzt und um 75 Meter verrückt.

Der alte **Esplanade-Frühstückssaal** musste ebenfalls seinen Platz räumen. Er wurde in 500 Teile zerlegt, in Kisten gepackt und zur Restaurierung nach Gotha gebracht. Zwei Wände des neubarocken Prunksaals verblieben am Ursprungsort und sind nun an der nördlichen Außenfassade des Sony Centers hinter Glas zu bewundern. Der Rest wurde nach Abschluss der Restaurierung neben dem Kaisersaal wiederaufgebaut und findet sich mit dem ebenfalls aus dem alten Esplanade-Hotel herrührenden Palmenhof und Silbersaal nordöstlich im Forum vitrinenartig ausgestellt. In die kronleuchterschweren Säle ist eine gehobene Gastronomie eingezogen.

Die Kleinen werden im Sony Center vor allem im **Legoland Discovery Center** (s. S. 75) auf ihre Kosten kommen. Berliner Sehenswürdigkeiten, eine Dschun-gelexpedition, ein Feenschloss und anderes mehr sind dort mit Millionen von Legosteinen nachgebaut.

102 Beisheim Center ★ **[J6]**

Als jüngstes Ensemble am Potsdamer Platz erheben sich nordöstlich vom Sony Center die beiden weißen Hochhäuser des Beisheim Centers. Im Auftrag des Metro-Gründers Otto Beisheim eröffnete hier Anfang 2004 das elegante **Quartier im Stil der amerikanischen Frühmoderne** mit Hotels, Büros und Luxusapartments. Für das Fünfsternehotel **Ritz-Carlton** und die darüber gelegenen Wohnungen sowie für das Bürogebäude an der Auguste-Hauschner-Straße zeichnet das Architektenteam Hilmer & Sattler und Albrecht verantwortlich, das auch den städtebaulichen Masterplan für den Potsdamer Platz entwickelte. Mit dem

EXTRATIPP

Boulevard der Stars

Nach dem Vorbild von Hollywoods *Walk of Fame* baut sich Berlin seinen eigenen „Weg des Ruhms". Auf dem Mittelstreifen der Potsdamer Straße zwischen Daimler-City und Sony Center werden deutsche Filmschauspieler und Regisseure mit Sternen geehrt. Die fünfzackigen Messingplatten sind in einen roten Asphaltteppich eingelassen und geben mit Name, Beruf, Lebensdaten und Autogramm Auskunft über den Filmstar. Den Anfang machte Marlene Dietrich, ihr Stern wurde zur 60. Berlinale 2010 enthüllt. Im September selben Jahres auf 40 Sterne komplettiert, folgen jedes Jahr zehn weitere. Wer als Star auf dem Boulevard Einzug halten darf, entscheidet eine Jury.

Tiergarten – Potsdamer Platz und Kulturforum

Entwurf für das benachbarte Mariott Hotel wurde der Berliner Professor Bernd Albers betraut, das Bürohaus an der Ebertstraße stammt aus der Feder von Modersohn & Freiersleben. Die schicken Parkside Apartments am Tiergartenrand entwarf der Londoner Stararchitekt David Chipperfield.

Bei so vielen erstaunlichen Glanzleistungen sind die **Park Kolonnaden** östlich der Daimler-City ein wenig aus dem Blickfeld gerückt. Der 180 Meter lange Gebäudekomplex wurde nach Plänen des Architekten Giorgio Grassi errichtet und umfasst noch mehr Büros, Geschäfte und Restaurants.

🔴103 **Kulturforum** ★★   **[I6]**

Auch wenn das Kulturforum zwischen Landwehrkanal und Potsdamer Platz in seiner Gesamtheit eher einer städtebaulichen Ödnis als einem Tempelbezirk für die Musen gleicht, zählt es von der Neuen Nationalgalerie über die Staatsbibliothek und die Gemäldegalerie bis hin zur Philharmonie zu den **weltbedeutenden Standorten der schönen Künste**. Hunderttausende Menschen pilgern alljährlich hierher, nicht nur um die ikonenhaften Bauwerke von Mies van der Rohe über Hans Scharoun bis Hillmer & Sattler aus der Westberliner Mauer-

Staatliche Museen am Kulturforum

> **Gemäldegalerie**, Matthäikirchplatz 4/6, Di.–So. 10–18 Uhr, Do. 10–22 Uhr, Erw. 8 €, erm. 4 €. Weltbedeutende Sammlungen europäischer Malerei vom 13. bis 18. Jh.

> **Kunstbibliothek**, Matthäikirchplatz 8, Di.–So. 10–18 Uhr, Eintritt frei. Rund 400.000 Schriften zur bildenden Kunst und Architektur von der Spätantike bis in die Gegenwart.

> **Kunstgewerbemuseum**, Matthäikirchplatz 4/6, Erw. 8 €, erm. 4 €. Europäisches Kunsthandwerk aller nachantiken Stilepochen. **2012** wegen Sanierungs- und Umbauarbeiten **geschlossen.**

> **Kupferstichkabinett**, Matthäikirchplatz 8, Di.–Fr. 10–18 Uhr, Sa./So. 11–18 Uhr, Erw. 6 €, erm. 3 €. Über 110.000 Zeichnungen, Aquarelle, Pastelle, Ölskizzen und nicht weniger als 500.000 Druckgrafiken von Botticelli und Dürer über Picasso bis Andy Warhol.

> **Musikinstrumenten-Museum**, Ben-Gurion-Str. (gegenüber vom Sony Center), Di./Mi./

Fr. 9–17 Uhr, Do. 9–22 Uhr, Sa./So. 10–17 Uhr, Erw. 4 €, erm. 2 €

> **Neue Nationalgalerie**, Potsdamer Str. 50, Di./Mi./Fr. 10–18, Do. 10–22, Sa./So. 11–18 Uhr, bei stark frequentierten Wechselausstellungen erweiterte Öffnungszeiten, Erw. 8 €, erm. 4 €. Kostbare Werke der klassischen Moderne sowie Aufsehen erregende Wechselausstellungen.

Außerdem gehört noch zum Standort:

> **Hamburger Bahnhof – Museum für Gegenwart** 🔴85 : zeitgenössische Kunst

> **Informationen:** Besucherservice-Tel. 266424242 (Mo.–Fr. 9–16 Uhr), www.smb.museum

> Für den Besuch mehrerer Museen am Standort am selben Tag lohnt sich der Kauf einer **Bereichskarte:** Erw. 12 €, erm. 6 €. Für Menschen unter 18 Jahre, Sozialgeld- und ALG-II-Bezieher ist der Eintritt kostenlos.

zeit in Augenschein zu nehmen, sondern noch viel mehr, um in den Gebäuden Musik zu genießen, zu lesen oder Kunst zu betrachten. Einzig verbliebenes Zeugnis der Vorkriegszeit auf dem Gelände ist die 1844–1846 nach Plänen Friedrich August Stülers erbaute **St. Matthäuskirche** am Matthäikirchplatz. Das kriegszerstörte neoromanische Gotteshaus wurde zwischen 1956 und 1960 wieder aufgebaut, anschließend begannen beiderseits der Potsdamer Straße die Arbeiten an dem Westberliner Kulturforum.

Es sollte nach einer von Hans Scharoun (1893–1973) entwickelten Konzeption als ein **Pendant zur Museumsinsel** in Mitte, damals Hauptstadt der DDR und unerreichbar für Westberliner, entstehen: Philharmonie und Kammermusiksaal, Staatsbibliothek und Neue Nationalgalerie, die als Solitäre am Rande Westberlins vor der Mauer emporwuch-

sen, würden im Fall einer Wiedervereinigung als Kulturband von West nach Ost die Stadt wieder miteinander verbinden. So lautete die Idee, die mit der Errichtung von Philharmonie und Kammermusiksaal ab Anfang der 1960er-Jahre allmählich Gestalt annahm und 1998 mit der Eröffnung der Gemäldegalerie ihren Abschluss fand.

❯ S1, S2 und U2 Potsdamer Platz, Bus M48 Kulturforum, Bus 200, 347 Philharmonie

104 Philharmonie und Kammermusiksaal ★★ [I6]

Die 1960–1963 von Hans Scharoun erbaute Philharmonie ist das älteste Bauwerk am Kulturforum. Von außen zeichnet es sich keineswegs durch reine Schönheit aus. Im Inneren triumphiert das Gebäude dafür umso mehr mit seiner Gestalt gewordenen Idee einer „**Musik im Mittelpunkt**": Die Zuhörerplätze

068be Abb.: kj

steigen terrassenförmig um ein Musikpodium herum an und bieten somit von jedem Punkt des Konzertsaals aus eine **meisterhafte Akustik.** Scharouns Philharmonie wurde zum Vorbild vieler anderer Konzerthäuser auf der Welt.

Der mit der Philharmonie verbundene Kammermusiksaal entstand ab 1984 unter seinem Schüler Edgar Wisniewski und konnte zur 750-Jahr-Feier Berlins 1987 eingeweiht werden.

> Herbert-von-Karajan-Str. 1, Tel. 25488999, www.berliner-philharmoniker.de

105 Musikinstrumenten-Museum ★★　　　　　[I6]

Edgar Wisniewski war es auch, der 1979–1984 das ebenfalls an die Philharmonie grenzende Musikinstrumenten-Museum nach einem Scharoun-Entwurf realisierte. **3500 Musikinstrumente und Objekte** aus dem 16. bis 20. Jahrhundert können unter seinem Dach bewundert werden, darunter eine **Mighty-Wurlitzer-Kinoorgel** der 1920er-Jahre, die immer samstags um 12 Uhr im Rahmen einer Führung erklingt.

106 Staatsbibliothek ★　　　　　[I6]

Mit einer Ausdehnung von 19.400 Quadratmetern erreicht die 1967–1978 nach Plänen von Hans Scharoun (1893–1972) errichtete Staatsbibliothek gut drei Viertel der Fläche des gesamten Sony Centers. **Eine Stadt nur für Bücher.** Etwa acht Millionen Titel finden in dem vielgliedrigen Bauwerk Platz. Nach der Wiedervereinigung wurden sie mit den Beständen der Staatsbibliothek Un-

ter den Linden 19 zusammengelegt und bilden seitdem die größte wissenschaftliche Universalbibliothek Deutschlands.

> Potsdamer Str. 33, Tel. 2660, http://staatsbibliothek-berlin.de, Mo.–Fr. 9–21 Uhr, Sa. 9–19 Uhr, Führungen jeden 3. Sa. im Monat um 10.30 Uhr

107 Neue Nationalgalerie ★★★　　　　　[I6]

Nach Philharmonie und Staatsbibliothek gesellte sich als Dritter im Bunde am damals kriegsverödeten Ort vor der Mauer unmittelbar am Landwehrkanal 1965–1968 die Neue Nationalgalerie hinzu. Die **grazile, nahezu schwebende Stahl-Glas-Konstruktion** mit stützenfreier, lichtdurchfluteter Haupthalle war das letzte Bauwerk, das **Ludwig Mies van der Rohe** (1886–1969) verwirklichte, und das einzige, das er nach seiner Emigration 1938 vor den Nazis in die USA jemals noch für Deutschland entwarf. Im Oktober 1968 eröffnete es mit einer Piet-Mondrian-Ausstellung und bietet seitdem **Raum für die Kunst des 20. Jahrhunderts** sowie herausragende Wechselausstellungen.

108 Kulturforum ★★　　　　　[I6]

Als jüngster Musentempel am Platz entstand ein Kulturforum im engeren Sinne. Der Plan von vier eigenständigen, durch eine gemeinsame Eingangshalle miteinander verbundenen Museen datierte bereits auf das Jahr 1968 und stammte aus der Feder von Rolf Gutbrod. 1978 war Baubeginn, 1985 konnte das **Kunstgewerbemuseum** als erstes der Gebäude eingeweiht werden. Bereits im Jahr zuvor, 1984, hatten die Architekten Heinz Hilmer und Christoph Sattler die Planung übernommen. Unter ihrer Federführung eröffneten im Jahr 1993 das

◀ *St. Matthäuskirche am Kulturforum*

069be Abb.: kj

Vom Bendlerblock aus plante eine Gruppe von Offizieren um Claus Schenk Graf von Stauffenberg das missglückte Attentat auf Hitler am 20. Juli 1944. Noch in derselben Nacht wurden Stauffenberg, Werner von Haeften, Albrecht Ritter Mertz von Quirnheim und Friedrich Olbricht im Innenhof des Gebäudes erschossen. Am historischen Ort erinnert die **Gedenkstätte Deutscher Widerstand** daran.

❯ **Gedenkstätte Deutscher Widerstand**, Stauffenbergstraße 13–14, S1, S2 und U2 Potsdamer Platz, U1 Kurfürstenstraße, Bus M29, M48, Mo.–Mi./Fr. 9–18 Uhr, Do. 9–20 Uhr, Sa./So. 10–18 Uhr, Führungen Sa./So. 15 Uhr, freier Eintritt

Kupferstichkabinett und die **Kunstbibliothek** sowie im Juni 1998 die von Architekturkritikern wie Kunstliebhabern gleichermaßen gefeierte **Gemäldegalerie.**

Unter ihrem Dach wird auf rund 7000 Quadratmetern auf einem fast zwei Kilometer langen Rundgang in 72 Sälen und Kabinetten eine der weltweit bedeutendsten Sammlungen **europäischer Malerei vom 13. bis zum 18. Jahrhundert** gezeigt, darunter Werke von Pieter Brueghel d. Ä. und d. J., Caravaggio, Canaletto, Dürer, van Eyck, Gainsborough, Pesne, Raffael, Rubens, Rembrandt, Tizian, Vermeer und Watteau.

🔴109 Bendlerblock ★ [I6]

Nur wenige Minuten von der Gemäldegalerie entfernt, erhebt sich hinter dem in fröhlichen hellblau und roséfarbenen Streifen angemalten Wissenschaftszentrum am Reichpietschufer der geschichtsträchtige Bendlerblock. Der mächtige Gebäudekomplex, seit 1993 **Dienstsitz des Bundesverteidigungsministeriums,** wurde 1911–1914 errichtet und anschließend von verschiedenen militärischen Einrichtungen genutzt. Im Nationalsozialismus waren dort Abteilungen des Oberkommandos des Heeres, der Wehrmacht und der Kriegsmarine untergebracht.

🔴110 Bauhaus-Archiv/ Museum für Gestaltung ★ [H6]

Am Reichpietschufer ziehen die markanten Sheddächer des Museums für Gestaltung die Blicke auf sich. Nach umgearbeiteten Entwürfen von Walter Gropius 1976–1978 errichtet, birgt es eine **umfangreiche Sammlung zur Bauhaus-Geschichte,** darunter Werke und Dokumente der Bauhaus-Gruppe von 1919–1933 und einen Teil des Gropius-Nachlasses.

❯ Klingelhöferstr. 14, Bus M29, 100, 106, 187, Tel. 2540020, www.bauhaus.de, Mi.–Mo. 10–17 Uhr, Erw. Mi.–Fr. 6 €, Sa.–Mo. 7 €, erm. Mi.–Fr. 3 €, Sa.–Mo. 4 €

◀ *Die Gemäldegalerie am Kulturforum birgt herausragende Sammlungen europäischer Malerei*

Spaziergang 5: Vom Potsdamer Platz durch den Tiergarten zum Zoo

*Der Spaziergang beginnt am **Potsdamer Platz** 99, wo ein morgendlicher Frühstückstermin unter dem Zeltdach im Sony Center 101, eine Fahrt mit dem schnellsten Fahrstuhl Europas hinauf auf das Kollhoff-Hochhaus oder ein kleiner Sightseeing-Bummel durch die wenigen schmalen Straßen der Daimler-City 100 den Auftakt für einen Tag mitten in der Stadt im Grünen bilden.*

*Für Kunstliebhaber bietet sich an, anschließend über die breite Potsdamer Straße zum **Kulturforum** 103 weiterzuziehen, um sich in der Gemäldegalerie oder der Neuen Nationalgalerie 107 der Betrachtung alter oder moderner Meisterwerke zu widmen. Hans Scharouns Philharmonie 104 samt Kammermusiksaal und Staatsbibliothek 106 dort am Platz lohnen ebenfalls einen längeren Blick.*

*Nach so viel Kunst und Kultur geht es am Kemperplatz [16], wo der Tiergartentunnel wieder ans Tageslicht kommt, in den grünen **Tiergarten** 111 hinein. Schnurgerade führt die Bellevueallee die Fußgänger durch den Park zur **Straße des 17. Juni**, der vielspurigen Ost-West-Achse, die den Tiergarten in eine Nord- und eine Südhälfte teilt. In den 17. Juni links eingebogen fällt bereits - das Brandenburger Tor im Rücken - der **Große Stern mit der Siegessäule** 112 in den Blick. Möchte man, bevor man die „Goldelse" erklimmt, noch einen Abstecher zum **Schloss Bellevue** 113 machen, dem Sitz des Bundespräsidenten, folgt man einfach der Bellevueallee über die Straße des 17. Juni hinweg bis zu ihrem Ende kurz vor dem Schloss. Links und rechts der kleinen*

Fußgängerallee ist in der schönen Jahreszeit Multikulti-Grillen angesagt. Berliner Familien aus allen Ländern der Welt verwandeln den Park vor dem Schloss in eine riesige Bratwurstwolke. Deshalb erließ der Bezirk Mitte 2011, sehr zur Empörung der Hauptstädter, ein Grillverbot. Doch ob es sich durchsetzen lässt, wird sich erst zeigen.

*Zurück an der Siegessäule eröffnet sich von ihrer schmalen Aussichtsplattform eine herrliche Panoramasicht. Wieder zu ebener Erde ist keine zehn Spazierminuten später am Ufer des Neuen Sees 115 das **Café am Neuen See** (s. S. 46) erreicht. Mit Biergarten und Ruderbootverleih lädt es zur Siesta ein (im Sommer täglich, im Winter nur Sa./So.) und so ausgeruht lässt sich die Etappe zum Zoologischen Garten gut bewältigen.*

*Der Weg führt weiter über die Lichtensteinbrücke mit dem **Rosa-Luxemburg-Denkmal** 114 auf das Südufer des Landwehrkanals. Von dort folgt man, rechts eingeschwenkt, der Umzäunung des **Zoologischen Gartens** 117, bis man auf den Schleusenkrug stößt. An der Schleuseninsel, wo die **Tiergartenschleuse** den Ausflugsschiffen ihre weitere Passage ermöglicht, besteht im **Schleusenkrug** (s. S. 46) mit großem Biergarten eine letzte Einkehrmöglichkeit, bevor es am Bahndamm entlang hinunter zum Hardenbergplatz [F6] geht. Am großen Platz vor dem **Bahnhof Zoo** 118 haben zahlreiche Buslinien Endstation. Gegenüber am Löwentor als einem der beiden Haupteingänge in den Zoologischen Garten geht es in Deutschlands ältesten Tierpark hinein.*

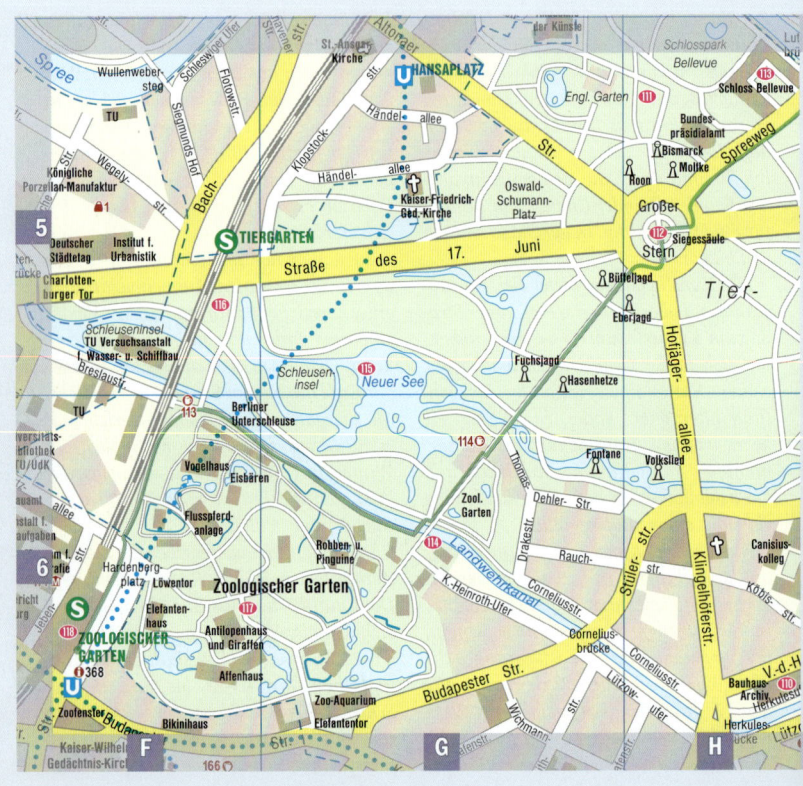

8 [J5] Sowjetisches Ehrenmal S. 123

99 [J6] Potsdamer Platz S. 201

100 [J6] Daimler-City S. 201

101 [J6] Sony Center S. 202

102 [J6] Beisheim Center S. 204

103 [I6] Kulturforum S. 205

104 [I6] Philharmonie und Kammermusiksaal S. 206

105 [I6] Musikinstrumenten-Museum S. 207

106 [I6] Staatsbibliothek S. 207

107 [I6] Neue Nationalgalerie S. 207

108 [I6] Kulturforum S. 207

109 [I6] Bendlerblock S. 208

110 [H6] Bauhaus-Archiv/Museum für Gestaltung S. 208

⓫ [H5] Tiergarten S. 212

⓬ [H5] Siegessäule S. 214

⓭ [H5] Schloss Bellevue S. 214

⓮ [G6] Rosa-Luxemburg-Denkmal S. 215

⓯ [G5] Neuer See S. 216

⓰ [F5] Laternenwald S. 216

⓱ [F6] Zoo/Zoologischer Garten S. 216

⓲ [F6] Bahnhof Zoo S. 217   Alle weiteren Karteneinträge s. S. 376.

070be Abb.: kj

Vom Tiergarten in die West-City

Kurfürstendamm, Europa-Center, Kaiser-Wilhelm-Gedächtnis-Kirche. Seit der Wiedervereinigung sind die Attraktionen im alten Westen Berlins ein wenig ins Hintertreffen geraten. Gleichwohl sieht die Zukunft des ehemaligen „Schaufensters des Westens" rosig aus. Viele Tausende Spaziergänger flanieren stündlich an den Kaufhäusern und Boutiquen in der Tauentzienstraße vorbei, die nach wie vor die Nr. 1 unter den Bummelmeilen in der Spree-Metropole darstellt.

▲ *Schöner Wohnen in bester City-Lage, zum Beispiel in der Tiergarten-Idylle am Landwehrkanal*

🌀 Tiergarten ★★   [H5]

Von Spree und Landwehrkanal umzogen, erstreckt sich das grüne Herz der Stadt zwischen Zoologischem Garten und Brandenburger Tor. Mit Hotelmeile und Diplomatenviertel zeigt sich der Tiergarten mal blasiert und herausgeputzt, dann wieder hochambitioniert wie am Kulturforum, american-styled wie am Potsdamer Platz oder auch staatstragend wie zwischen Reichstag und Bundeskanzleramt und gleich nebenan plötzlich als Wildnis im Miniaturformat.

Als „wiesenwachs bey der Lützen gelegen" wird er 1540 in der „Preußisch Brandenburgischen Repositura" genannt. Zu jener Zeit befand sich der

dichte, wildreiche Spreeauenwald vor den Stadtmauern Cöllns bereits im dreizehnten Jahr im Besitz der brandenburgischen Kurfürsten. Sie hatten ihn dem Rat der Stadt Cölln Stück für Stück abgeluchst, um in den Spreeauen ungestört auf die Pirsch gehen zu können.

Zum erfolgreichen Halali ließ Kurfürst Johann Sigismund 1611 Hasen aussetzen und den Tiergarten einhegen, damit der Braten nicht stiften gehe. Eine Tradition, die der Große Kurfürst Friedrich Wilhelm weiterführte, indem er Mitte des 17. Jahrhunderts Geflügel und Wild ansiedelte, ausgesuchte Bäume anpflanzte und die ganze Anlage mit Staketenzäunen umziehen ließ.

Die erste große Narbe wurde dem Tiergarten anschließend unter dem ersten Preußenkönig geschlagen. Um vom Stadtschloss 🆔 aus das 1695–1699 erbaute Lustschloss bei der Feldmark Lietzow (Charlottenburg 🆔) bequemen Fußes erreichen zu können, ließ Friedrich I. eine breite Schneise durch den Wald schlagen und die Straße Unter den Linden in westlicher Richtung weiterführen.

Friedrich der Große öffnete den Tiergarten nach seinem Regierungsantritt 1740 für das Volk, ließ die Zäune niederreißen und den „wiesenwachs" durch **Georg Wenzeslaus Knobelsdorff** in einen Park im damaligen Barockgeschmack umwandeln. 1833–1840 gestaltete ihn der Gartenbaumeister **Peter Joseph Lenné** als **Landschaftspark nach englischem Vorbild.**

Am südlichen Tiergartenrand erbauten derweil begüterte Berliner Bürger **hochherrschaftliche Stadtvillen**, später auch vornehme Mietshäuser, sodass zwischen Tiergartenstraße und Landwehrkanal allmählich ein exklusives Wohnviertel entstand. „Der Thiergarten gehört vorzugsweise den höheren Ständen", berichtet Robert Kaisers Cicerone 1876. „Eine steife Scheere des Anstandes und der Controlle hält das Volk zurück ... Dagegen fühlen sich die Reichen und Vornehmen hier ganz behaglich."

Das gemeine Volk drängte sich unterdessen in engen dunklen Mietskasernen, die jenseits der Spree in **Moabit** aus dem Boden schossen. Seinen Namen erhielt der Ortsteil mit großer Wahrscheinlichkeit von den aus Frankreich geflohenen Hugenotten, die König Friedrich Wilhelm I. zu Beginn des 18. Jahrhunderts nördlich der Spreebögen ansiedelte. Die ungestrafte Ausübung ihres religiösen Bekenntnisses muss ihnen wohl wie ein Leben im biblischen Moabiter Land erschienen sein. In der zweiten Hälfte des 19. Jahrhunderts setzte dort eine stürmische Industrialisierung ein. Brauereien, Häfen und Bahnhöfe wurden gebaut. Borsig eröffnete das Moabiter Eisenwalzwerk, der Landwehrkanal wurde schiffbar gemacht und der Reichstag entstand.

1873 weihte man auf dem Königsplatz (Platz der Republik) vor dem Reichstag mit ordentlich preußischem Tschingderrassabumm die **Siegessäule** ein. Zahllose weitere Denkmäler wurden im Tiergarten aufgestellt, darunter die 1898–1901 unter herzlichem internationalen Gelächter aufgezogene Siegesallee. Sie führte über reichlich einen halben Kilometer vom Reichstag südwärts zum Kemperplatz und präsentierte alle naselang einen lebensgroßen, marmorierten preußischen Recken, Halbgott oder Vorvater von „SM" Wilhelm II. Die Berliner nannten die Siegesallee die „Puppenallee", wenn sie, oft von weit her kommend, hier zum Spaß „bis in die Puppen" spazierten.

Zwischen den beiden Weltkriegen ließen sich in den vornehmen Villen am südlichen Tiergartenrand mehr und mehr Auslandsvertretungen nieder, sodass zwischen Klingelhöfer- und Hildebrandstraße [H6] schließlich ein **Diplomatenviertel** entstand. Bis auf die im Dritten Reich errichtete Italienische und Japanische Botschaft versank es wie das Regierungsviertel nebenan in der Wilhelmstraße im Bombenhagel des Zweiten Weltkriegs – und ist seit Mitte der 1990er-Jahre als neues Botschaftsviertel wiedererstanden.

Einen maßgeblichen Eingriff ins Tiergartengrün nahmen die Nationalsozialisten 1937 vor, als sie im Zuge ihrer Umbaupläne Berlins zur Welthauptstadt „Germania" die **große Ost-West-Achse**, die den Tiergarten in eine Nord- und eine Südhälfte teilt, von 27 auf 53 Meter verbreiterten. Zur Erinnerung an den Volksaufstand in der DDR am 17. Juni 1953 trägt sie den Namen **„Straße des 17. Juni"**.

In den bitterkalten Wintern nach dem Zweiten Weltkrieg wurde der Park von den Berlinern komplett abgeholzt und verheizt, konnte dank der Baumspenden zahlreicher Städte aber schon bald darauf wieder aufgeforstet werden und stieg zwischen 1961 und 1989 zum wichtigen Naherholungsgebiet der eingemauerten Westberliner auf.

Nach der Wiedervereinigung nagten die neuen Regierungsbauten an seinen grünen Rändern. Durch den Bau des **Tiergartentunnels** 1995–2006 zwischen Potsdamer Platz und Hauptbahnhof, der eine asphaltierte Nord-Süd-Verbindung durch das Areal überflüssig machte, erhielt der Park jedoch auch ein altes Stück Grün zurück.

112 Siegessäule ★★★ **[H5]**

„Goldelse" wird die von Friedrich Drake geschaffene Siegesgöttin Viktoria von den Berlinern genannt. 1873 wurde sie als **Nationaldenkmal der Einigungskriege** auf dem Königsplatz (heute Platz der Republik) vor dem Reichstag **9** feierlich eingeweiht und 1938/39 im Rahmen des Hauptstadtumbaus durch die Nationalsozialisten an den auf 200 Meter Durchmesser verbreiterten Großen Stern im Herzen des Tiergartens verpflanzt. Seitdem hält Madame ihren Lorbeerkranz über dem autolärmenden, fünfstrahligen Kreisverkehr in den Himmel über Berlin.

Ihre **üppigen Maße** können sich sehen lassen: 8,3 Meter hoch und 35 Tonnen schwer ist die vergoldete Bronzeplastik, knapp 2000 Quadratmeter Sandsteinoberfläche umfassen Sockel und Säule. Man kann der Goldelse unter den Rock klettern, 285 Stufen führen zur schmalen **Aussichtsplattform** hinauf, die einen herrlichen Blick weit über die Stadt bietet. Mittels einer Fußgängerunterführung unter dem Kreisverkehr ist die insgesamt 69 Meter hohe Siegessäule gefahrlos zu erreichen.

❯ Bus 100, 106, 187
❯ Siegessäule am Großen Stern, April–Okt. Mo.–Fr. 9.30–18.30 Uhr, Sa./So. 9.30–19 Uhr, Nov.–März Mo.–Do. 10–17 Uhr, Fr.–So. 10–17.30 Uhr, Erw. 3 €, erm. 2,50 €

113 Schloss Bellevue ★ **[H5]**

Nördlich der Siegessäule erhebt sich das dreiflügelige, mit einer strahlend weißen, frühklassizistischen Fassade gezierte Schloss Bellevue. 1785 für den jüngsten Bruder König Friedrichs II. als **Sommerpalais** erbaut und nach seiner Zerstörung im Zweiten Weltkrieg wieder-

errichtet, diente es dem Bundespräsidenten bis zu seinem Umzug vom Rhein an die Spree als repräsentativer Amtssitz während der Berlin-Aufenthalte. Seit 1994 ist der „Spreeweg 1" nun die feste erste Wohn- und Arbeitsadresse des bundesrepublikanischen Staatsoberhaupts. Es kann deshalb nicht besichtigt werden.
❯ Bus 100, 187

🔴114 Rosa-Luxemburg-Denkmal ★ [G6]

Südlich der Siegessäule haben sich im Tiergarteneck zwischen Klingelhöferstraße, Stülerstraße und Landwehrkanal die Nordischen Botschaften und die CDU-Parteizentrale niedergelassen, in deren Nachbarschaft an der Lichtensteinbrücke über den Landwehrkanal das kleine Rosa-Luxemburg-Denkmal steht.

Die Sozialdemokratin und Anführerin des Spartakusbundes Rosa Luxemburg (1870–1919) wurde in der Nacht zum 15. Januar 1919 nach einem peinvollen Verhör im damaligen Hotel Eden in der Budapester Straße auf der Straße erschossen und ihre Leiche in den Landwehrkanal geworfen. Das Denkmal in Form einer schräg ins Wasser stürzenden, **gusseisernen Platte** mit Rosa Luxemburgs Namenszug sowie eine **Gedenktafel** an der Mauer zum Tiergarten-Pumpwerk erinnern an sie und auch ihren Mitstreiter Karl Liebknecht (1871–1919), den man nach der Folter im Eden-Hotel in jener Nacht am Neuen See im Tiergarten umbrachte.
❯ Bus 200 Corneliusbrücke

071.be Abb.: kj

▶ *Von den Berlinern wird die geflügelte Siegesgöttin Viktoria auf der Siegessäule einfach nur „Goldelse" genannt*

⑮ Neuer See ★ [G5]

Den südwestlichen Tiergartenzipfel zwischen der Straße des 17. Juni, der Hofjägerallee und der Hotelmeile an der Budapester Straße nimmt der Neue See **mit romantischen Uferwegen** um seine weitverzweigten Gewässer ein. An der Lichtensteinallee verleiht das **Café am Neuen See** Ruderboote und lädt mit großem Biergarten und Terrasse über dem Wasser zum Verweilen ein (s. S. 46). Ist im Winter der See zugefroren, steht für die Schlittschuhläufer eine Eisbar bereit.

Ein weiteres beliebtes Einkehr- und Ausgucklokal ist der **Schleusenkrug** (s. S. 46) an der **Tiergarten-Schleuse.** Obwohl die Schifffahrt heute keine große Bedeutung auf dem Kanal mehr hat, ziehen immer noch genügend Ausflugsdampfer vorbei, denen man von der Terrasse des Ausflugslokals aus während der Schleusenpassage zuschauen kann.

Vereinzelt haben Hausboote am Ufer festgemacht, hinter denen sich auf der Kanalinsel die gewaltigen rosa und lila Röhren der **Versuchsanstalt für Wasserbau und Schiffbau** winden, die in direkter Nachbarschaft zur Technischen Universität in diesem größten Wasserumlauftank der Welt die Hydrodynamik von Schiffsmodellen testet.

❯ S und U2, U9 Zoologischer Garten, Bus 100, 200

⑯ Laternenwald ★ [F5]

Nahebei wartet zwischen Tiergarten-Schleuse und S-Bahnhof Tiergarten ein Park der besonderen Art auf seine Besichtigung: ein kleiner Laternenwald, in dem zahlreiche mit Schildern beschriftete **historische Gaslaternen** von den verschiedenen Städten erzählen, in denen sie einst die Straßen beleuchteten.

Westlich der S-Bahn-Brücke findet an der Straße des 17. Juni jeden Samstag und Sonntag 10–17 Uhr ein großer **Trödel- und Kunstmarkt** statt.

❯ S Tiergarten

⑰ Zoo/ Zoologischer Garten ★★ [F6]

Der Ausflug in den Zoo Berlin, besser unter dem berühmten Namen „Zoologischer Garten" bekannt, beginnt für die meisten Besucher in der Budapester Straße am Eingang **Elefantentor,** dem 1899 errichteten markanten Wahrzeichen. Das reich mit ostasiatischen Malereien und Schnitzereien verzierte, von zwei vier Meter hohen Elefanten aus Elbsandstein getragene Eingangsportal wurde nach seiner Zerstörung im Zweiten Weltkrieg 1984 originalgetreu rekonstruiert. Seitdem empfängt es wieder die Besucher, die den knapp 14.000 Tieren (bei 1500 Tierarten) im Zoo Hallo sagen möchten.

Der Vorgänger des Zoos, der Ende des 18. Jahrhunderts auf der Pfaueninsel eröffnet wurde, zählte bereits 850 Tiere, die zweimal pro Woche besichtigt werden konnten. Zusammen mit der im Tiergarten gelegenen Fasanerie schenkte König Friedrich Wilhelm IV. die Tiere der Berliner Bevölkerung, woraufhin der Zoo in den Südwesten des Tiergartens in Stadtnähe verlegt wurde. Am 1. August 1844 öffnete er seine Tore, damit ist er der **älteste Tierpark Deutschlands** und zugleich der neuntälteste der Welt. 2007 sorgte er mit dem niedlichen **Eisbärbaby Knut**, das mit der Flasche aufgezogen wurde, für großes Aufsehen. Nur vier Jahre später starb Deutschlands Lieblingseisbär unverhofft an einer Virusinfektion. Ein Bronzedenkmal erinnert an ihn.

Dem Zoo angeschlossen ist das **Aquarium**, wo auf drei weitläufigen Etagen vom farbenprächtigen Traumkaiserfisch bis hin zum Hai über 5000 Fischarten bestaunt werden können, außerdem Amphibien, Reptilien sowie in der Krokodilhalle die urtümlichen grünen Panzerechsen. Neben dem Elefantentor befindet sich ein zweiter, weniger frequentierter Eingang in den Zoo direkt am Hardenbergplatz am Bahnhof Zoologischer Garten.

❯ **Zoo Berlin,** Hardenbergplatz 8 (Eingang Löwentor) und Budapester Str. 32–36 (Eingang Elefantentor), www.zoo-berlin.de, Tel. 254010, Mitte März–Sept. tgl. 9–19 Uhr, im Winterhalbjahr tgl. 9–17 Uhr, Erw. 13 € (mit Aquarium 20 €), Schüler/Studenten 10 €, (mit Aquarium 15 €), bis 15 Jahre und ALG-II-Bezieher 6,50 € (mit Aquarium 10 €)

❯ S und U2, U9 Zoologischer Garten (Eingang Löwentor) bzw. Bus 200 (Eingang Elefantentor)

⓲ Bahnhof Zoo ★   [F6]

Der Name ist Legende. 1884 eröffnet, versinnbildlichte er in den 1920er-/1930er-Jahren den Mythos der Großstadtmoderne. Am Bahnhof Zoo hielten die fortschrittlichsten Schnelltriebwagen, sensationelle drei Stunden Reisezeit brauchte man nur bis nach Hamburg. Nach dem Mauerbau 1961 stieg der „Zoo" zum zentralen Ankunfts- und Abfahrtsort für Westberliner Bahnreisende auf. Er wurde zum **heimlichen Hauptbahnhof** in der eingemauerten Teilstadt. Am Bahnhof Zoo war Endstation – im wörtlichen wie auch im bildhaften Sinne. Drogenhandel, Beschaffungskriminalität und Babystrich rund um eine vor Dreck

strotzende, düstere Halle, von deren Wänden die zerborstenen Kacheln fielen, zählten für viele zu den schockierenden Erlebnissen, die das erste Mal auf dem Schienenweg nach Westberlin kamen. Spätestens mit dem autobiografischen Junkie-Roman von Christiane F., „Wir Kinder vom Bahnhof Zoo" (1978), gelangte die Gleisstation zu traurigem Ruhm.

Das Schmuddelimage verlor der Bahnhof mit seiner Sanierung Mitte der 1990er-Jahre. Vom Mythos entkleidet, frisch angemalt und mit Schnellbäckerei, Imbiss und Boutiquen versehen, ist er heute ein Bahnhof wie jeder andere. Mit der Eröffnung des neuen Hauptbahnhofs am nördlichen Tiergartenrand 2006 wurde der „Zoo" – sehr zur Empörung der Westberliner – sogar zum Regionalbahnhof degradiert.

❯ S und U2, U9 Zoologischer Garten, Bus 100, 200 und zahlreiche weitere Buslinien

Zoofenster

Schräg gegenüber vom Bahnhof Zoo ⓲ erhebt sich auf dem Dreieck Hardenberg-, Kant- und Joachimstaler Straße [F6] das Zoofenster als **eines der größten Hochhäuser Berlins.** 2009 war Grundsteinlegung für den Wolkenkratzer nach einem Entwurf des Frankfurter Architekten Christoph Mäckler. 2012 fertiggestellt, verfügt es auf 118 m Höhe über 32 Etagen, von denen einen Teil das vornehme Hotel Waldorf Astoria einnimmt.

In direkter Nachbarschaft wächst ab 2012 der **Atlas Tower** als eine Art Zwillingsturm in den Himmel Berlins. Mit 119 m geringfügig höher als das Zoofenster, wird er voraussichtlich 2015 eingeweiht werden.

West-City und Charlottenburg

Seit der Wiedervereinigung sind die früheren Touristenmagneten in der West-City, wie man das alte Westberliner Stadtzentrum nennt, etwas ins Hintertreffen geraten, und auch die klassischen Postkartenansichten sind ein wenig aus dem Blickfeld gerückt: das Europa-Center mit der Ruine der Kaiser-Wilhelm-Gedächtnis-Kirche, das Kaufhaus des Westens (KaDeWe) am Wittenbergplatz, der platanengesäumte Kurfürstendamm mit seinen Straßencafés, Schaufenstern, Vitrinen und schicken Boutiquen, der Funkturm auf dem Messegelände. Nichtsdestotrotz gibt es im alten Westen nach wie vor viel zu entdecken. Die Großstadt, die sich zwischen Ku'damm und Schloss Charlottenburg erstreckt, ist garantiert mehr als einen Bummel wert.

Sie entwickelte sich aus dem winzigen Flecken Lietzow am grünen Strand der Spree, wo ab 1695 für Kurfürstin Sophie Charlotte die Lietzenburg, das spätere **Schloss Charlottenburg**, entstand. Damals konnte das kurfürstliche Residenzdörfchen Lietzow auf gerade mal 100 Einwohner verweisen, 200 Jahre später zählte die Stadt Charlottenburg über 100.000, Anfang des 20. Jahrhunderts mehr als 300.000 Bürgerinnen und Bürger. Mietskasernen wuchsen empor, in denen die armen Leute hausten, so wie sie der „Milljöh"-Zeichner Heinrich Zille porträtierte und damit ihrem Elend Ausdruck verlieh.

Derweil rückte von Osten her die aus allen Nähten platzende Reichshauptstadt Berlin an die Charlottenburger

072be Abb.: kj

Stadtgrenzen heran. Unter der Devise „go West" entflohen vornehmlich begüterte Herrschaften der lärmenden Metropole und ließen sich ihre Domizile stadtnah im Grünen errichten.

„Im Grunewald ist Holzauktion ... links um die Ecke rum, rechts um die Ecke rum, überall ist große Holzauktion." Diesen von Otto Teich in Wort und Weise ausgeheckten Gassenhauer sangen die Berliner, wenn sie am Wochenende vom Bahnhof Grunewald aus zur Landpartie ins „Jrüne" zogen, während der Wald östlich des Bahnhofs gerade „plattjemacht" wurde. Rund um den Königs- und den Dianasee wich er einer Wohngegend für „bessere Kreise", der **Villenkolonie Grunewald** im Neuen Westen, die ab 1889 auf Anregung des Reichskanzlers Bismarck Gestalt annahm.

Drei Jahre vorher hatte man auf Bismarcks Vorschlag bereits mit dem **Ausbau des Kurfürstendamms** ⓬ zu einem repräsentativen Boulevard begonnen. In den 1920er-Jahren – Charlottenburg gehörte mit Inkrafttreten des „Gesetzes über die Bildung einer neuen Stadtgemeinde Berlin" seit 1920 zur deutschen Hauptstadt – stand der Kurfürstendamm

mit Kabaretts, Restaurants und Kaffeehäusern, vornehmen Hotels und zweifelhaften Kaschemmen der Friedrichstraße nicht nach. Bis auf einen ebenso kleinen wie feinen Unterschied: Er war stets ein Fünkchen mondäner, einen Touch mehr unkonventionell und allzeit „très chic".

Im Bombenhagel des Zweiten Weltkriegs wurde Charlottenburg, der Stadtmitte gleich, nahezu vollständig in Trümmer gelegt, aber anders als die bedeutenden friderizianisch-preußischen Bauten in der späteren Hauptstadt der DDR nur teilweise wieder aufgebaut. Im Gegenteil, Westberlin wurde als **„Schaufenster des Westens"** im Stil modernster Wirtschaftswundermanier ostentativ ausstaffiert. Schließlich war die eingemauerte Insel im Roten Meer stets „eine Reise wert" und musste deshalb auch Wertvolles bieten. Selbst in den 1980er-Jahren lag noch der Kitzel der Frontstadt in der Luft. Er mischte sich insbesondere rund um den Ku'damm im Herzen des ungewollt neuen Stadtzentrums Berlin-West mit einer Prise *élégance parisienne* und verdichtete sich so zu dem einzigartigen Berlin-Flair, das man nach wie vor schnuppern kann.

⑲ Tauentzienstraße ★★ [F7]

Gleich drei Westberliner Wahrzeichen – KaDeWe, Europa-Center und Kaiser-Wilhelm-Gedächtnis-Kirche – sowie eine Fülle an Einkaufsgelegenheiten geben der östlichen Ku'damm-Verlängerung ihr Gepräge. Der „Tauentzien" mit seinen zahlreichen Warenhäusern ist das **vitale Herzstück der West-City**.

1902 wurde der **Bahnhof Wittenbergplatz** eingeweiht, der an der ersten U-Bahn-Linie zwischen Warschauer Brücke

◀ *Heerstraße, Kaiserdamm, Bismarckstraße, Straße des 17. Juni – immer schnurgeradeaus führt das breite Asphaltband von der westlichen Berliner Landesgrenze bis zum Brandenburger Tor* ❶ und dem heutigen Ernst-Reuter-Platz lag und somit die Großstadt mit dem Neuen Westen verband. Die vornehme Anwohnerschaft hatte vorher dafür gesorgt, dass die Hochbahnlinie westlich vom Nollendorfplatz in den Untergrund geführt werden musste, damit ihre empfindsamen Seelen nicht unter dem „unästhetischen" Anblick dieses proletarischen Massenverkehrsmittels litten.

❯ S und U2, U9 Zoologischer Garten, U1, U2, U3 Wittenbergplatz

⑫⓪ Kaufhaus des Westens (KaDeWe) ★★ [G7]

Auf acht Etagen bietet der 1907 eröffnete, **größte Konsumtempel Europas** (beinahe) alles zum Kaufen an, was man sich nur vorstellen kann. Die legendäre „Fressetage", wie die Berliner sagen, im sechsten Geschoss präsentiert die **größte Schlemmer- und Feinkostabteilung** des Kontinents. Von der Futtertheke zur Feinschmecker-Lounge lassen sich (fast) alle Köstlichkeiten der Welt kosten. Großer Beliebtheit erfreuen sich dort auch die Champagnerbars als samstägliche Kontaktanbahnungstheken der gehobenen Gesellschaft. 2007 feierte das Westberliner Wahrzeichen seinen 100. Geburtstag.

❯ U1, U2, U3 Wittenbergplatz

❯ www.kadewe.de, Mo.–Do. 10–20 Uhr, Fr. 10–21 Uhr, Sa. 9.30–20 Uhr

⑫① Europa-Center ★★ [F7]

Nahebei, wo sich von der Kaiserzeit bis zum Zweiten Weltkrieg im berühmten „Romanischen Café" Berliner Künstler und Literaten trafen, erhebt sich 22 Stockwerke hoch das Europa-Center als ein weiteres Westberliner Wahrzeichen. Mit seinem Eröffnungsjahr 1965 ist es **eine der ältesten Shoppingmalls Deutschlands** und deshalb nicht nur zum Einkaufen, sondern auch architekturhistorisch interessant. Ebenfalls seit 1965 spielt im Europa-Center das Urgestein unter den Westberliner politischen Kabaretts auf: die 1949 gegründeten „Stachelschweine" (s. S. 57).

Dem Hochhaus zu Füßen gurgelt am Breitscheidplatz der „Wasserklops", wie Joachim Schmettaus 1983 geschaffener **Weltkugelbrunnen** auf Berlinisch heißt.

❯ S und U2, U9 Zoologischer Garten, U1, U2, U3 Wittenbergplatz

❯ www.europa-center-berlin.de, das Europa-Center selbst ist rund um die Uhr geöffnet, die einzelnen Shops haben unterschiedliche Öffnungszeiten

⑫② Kaiser-Wilhelm-Gedächtnis-Kirche ★★★ [F6]

Ihre markante Turmruine wurde nach dem Zweiten Weltkrieg zum Mahnmal und zum herausragenden Wahrzeichen Westberlins.

1895 eingeweiht, fiel der neoromanisch-wilhelminische Sakralbau nach Plänen von Franz Schwechten 1943 im Bombenhagel bis auf den Kirchturmstumpf in Schutt und Asche. Bald nach dem Krieg setzte eine über zehnjährige Debatte um seine Wiedererrichtung ein, bis man sich 1956 schließlich auf einen Neubau einigte. Den Architektenwettbewerb gewann Egon Eiermann mit seinem Entwurf eines **gläsernen Achtecks**, so wie es heute auch steht. Der verbliebene Vorkriegsturm sollte dagegen abgerissen werden – woraufhin sich ein gewaltiger Proteststurm erhob. So blieb der **„Hohle Zahn"** den Berlinern als Ruine erhalten, nun als **Mahnmal gegen Krieg und Zerstörung.**

In der Eingangshalle, seit 1987 Gedenkhalle, erzählen Schaubilder von der Geschichte des Gotteshauses. Außerdem ist das **Nagelkreuz von Coventry** ausgestellt, das man 1987 von England nach Westberlin überbrachte – aus Nägeln geformt, die man in der Asche der beim deutschen Bombenangriff 1941 zerstörten Kathedrale von Coventry fand.

❯ S und U2, U9 Zoologischer Garten,
U1, U2, U3 Wittenbergplatz
❯ www.gedaechtniskirche-berlin.de,
tgl. 9–19 Uhr

⓼ Kranzler-Eck ★   **[F7]**
Der traditionelle Bummeleinstieg am Übergang vom Tauentzien zum Kurfürstendamm ist nach dem weithin bekannten **Café Kranzler** benannt. Nach dem Umbau des denkmalgeschützten 1950er-Jahre-Gebäudes musste die Torten-Institution Ende 2000 von ebener Erde mit Straßencafé ins Obergeschoss umziehen und büßte ihren Kultstatus ein. Seit 2001 wird das kleine Haus mit der Rotunde obenauf überschattet vom 60 Meter hohen Neuen Kranzler-Eck, einer Stahl-Glas-Konstruktion des Chicagoer Stararchitekten Helmut Jahn, der auch für das Sony Center am Potsdamer Platz verantwortlich zeichnete.

❯ U1, U9 Kurfürstendamm

⓽ Kurfürstendamm ★★   **[E7]**

Am Kranzler-Eck beginnt der Kurfürstendamm, der platanengesäumte, von zahlreichen Gründerzeitstadtvillen begleitete Westberliner Prachtboulevard.

Seine Geschichte beginnt als Reitweg der Kurfürsten zu ihrem Jagdschloss im Grunewald. 1886 wurde er auf Geheiß des Reichskanzlers Otto von Bismarck

vornehm ausgebaut und wetteiferte in den Jahren der Weimarer Republik mit der berühmten Friedrichstraße darum, die noch eleganteren Hotels, noch besseren Restaurants, beliebteren Kaffeehäuser und frequentierteren Amüsierbetriebe zu haben. Nach der Zerstörung im Zweiten Weltkrieg im zeitgenössischen Wirtschaftswunderstil als **„Schaufenster des Westens"** wieder aufgebaut, stieg der Boulevard zu Mauerzeiten in dieser Gestalt zur ersten Westberliner Geschäftsadresse und beliebtesten Flaniermeile auf.

Die Dame von Welt shoppt am Ku'damm zwischen Bleibtreustraße und Olivaer Platz und seinen Nebenstraßen mit edlen Boutiquen, fashionablen Stylisten, hochkarätigen Juwelieren, Antiquitätenläden und Galerien neben den exklusiven Häusern von Escada, Versace, Gaultier, Laura Biagiotti u. a. Breite Trottoirs laden zum Flanieren und Müßiggang ein. Sehen und mit tausend Tüten Gesehenwerden lautet die Devise, wenn auch die Zeiten, in denen man Samstagabend um 23 Uhr auf der Straße im Stau stand, lange vorbei sind. So viele Male wurde Westberlins Nobelmeile seit der Wiedervereinigung totgesagt und dennoch ist sie noch längst nicht passé. Im Gegenteil: Am Ku'damm und in den Seitenstraßen sind rund 4000 Geschäfte ansässig – viermal so viel wie in Berlins neuer Mitte. Die Immobilienpreise bewegen sich ebenfalls auf Spitzenniveau und die Ladenmieten übertreffen bei Weitem die in der Friedrichstraße. Eine Glasvitrine auf dem Trottoir, in der maximal acht Designerschuhpaare platziert werden können, kostet etwa die Monatsmiete einer Vierzimmerwohnung im Wedding.

Im Jahr 2011 feierte der Kurfürstendamm sein 125-jähriges Jubiläum.

Spaziergang 6: Über Ku'damm und Tauentzien

- 117 [F6] Zoo/Zoologischer Garten S. 216
- 118 [F6] Bahnhof Zoo S. 217
- 119 [F7] Tauentzienstraße S. 219
- 120 [G7] Kaufhaus des Westens (KaDeWe) S. 220
- 121 [F7] Europa-Center S. 220
- 122 [F6] Kaiser-Wilhelm-Gedächtnis-Kirche S. 220
- 123 [F7] Kranzler-Eck S. 221
- 124 [E7] Kurfürstendamm S. 221
- 125 [E7] Fasanenstraße S. 225

Alle weiteren Karteneinträge s. S. 376.

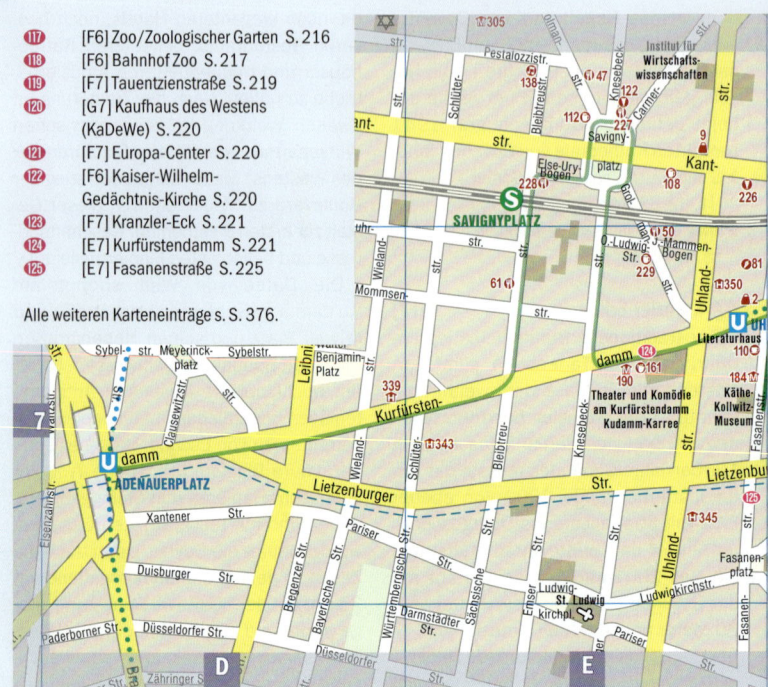

Startpunkt für den Bummel ist der U-Bahnhof Wittenbergplatz [G7], wo man sich in der berühmten Schlemmeretage im **KaDeWe** 120 für den anstehenden Shop-Marathon von Veggie über Weißwürste und kulinarische Spezialitäten aus aller Welt bis zum kleinen Sektfrühstück erst einmal ausgiebig stärken kann. Über 100 Köche, mehr als drei Dutzend Bäcker und Konditoren stehen in der „Fressetage", wie der Berliner lapidar sagt, dafür zur Verfügung. Darüber hinaus warten im KaDeWe gut 380.000 verschieden Artikel darauf, bestaunt und gekauft zu werden. Und wer angesichts dieser Überfülle nicht beschließt, seinen Tagesausflug einfach auf die sechs Kaufhaus-des-Westens-Etagen zu beschränken, der folge dem Motto „go west" aus der Warenhaustür hinaus und die weitere Kaufhausparade an der **Tauentzienstraße** 119 entlang.

Als Wegmarke dient das weithin sichtbare Europa-Center 121, das keine 500 m weiter den Breitscheidplatz östlich abschließt. Ihm gegenüber am Platz fällt der Blick auf die Turmruine der **Kaiser-Wil-**

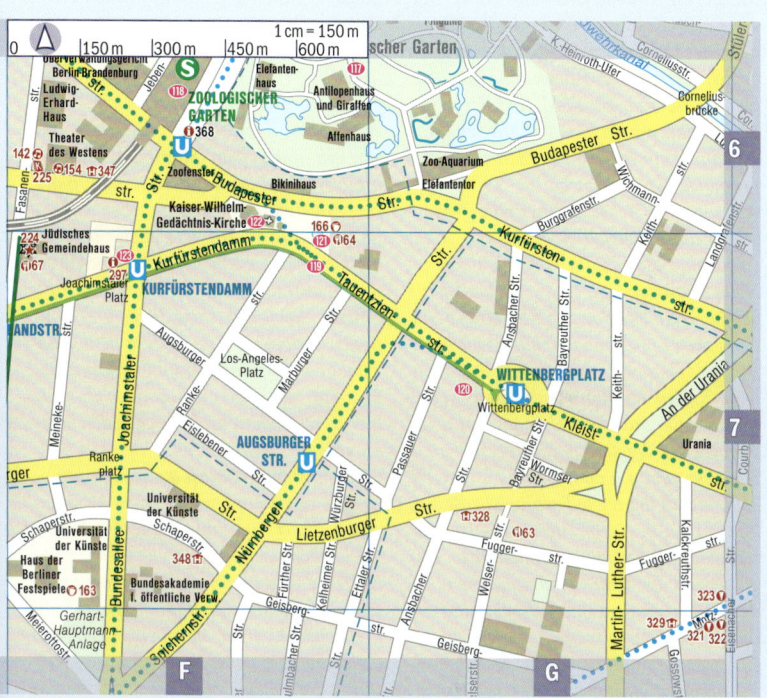

helm-Gedächtnis-Kirche 🄱 *und nördlich, über die Budapester Straße hinweg,
auf das* **Bikini-Haus.** *Der in den 1950er-
Jahren erbaute Gebäuderiegel trägt diesen lustigen Namen, weil sich inmitten
seiner Etagen ein Luftgeschoss mit Durch-
blick zum Zoologischen Garten* 🄱 *befand.
1978 wurde die Sicht geschlossen und soll
jetzt wieder geöffnet werden. Wer dagegen den Zoo nicht nur kurz sehen, sondern ausgiebig erleben möchte, geht vom
Bikini-Haus wenige Schritte die Budapester Straße ostwärts und steht sogleich*

*vor dem Elefantentor, dem markanten
Haupteinlass zum Zoologischen Garten.*

*Seit 2011 wird die Kaiser-Wilhelm-
Gedächtnis-Kirche auf dem Breitscheidplatz, die wie kein anderes Wahrzeichen
die Westberliner Nachkriegsgeschichte
symbolisiert, vom* **Zoofenster-Hochhaus**
*(s. S. 217) in den Schatten gestellt. Und bis
2015 wird, mit einer ähnlichen Höhe, in
der Nachbarschaft der Atlas Tower emporwachsen.*

Nächster Stopp auf dem Bummel ist das
Kranzler-Eck 🄱 *an der verkehrsumtos-*

ten Kreuzung Ecke Joachimsthaler Straße, wo die Tauentzienstraße endet und der Kurfürstendamm **124** beginnt. Daran, dass hier nicht erst seit heute der Verkehr braust, erinnert das denkmalgeschützte kleine Ensemble mit Kiosk und Verkehrskanzel südwestlich am Platz. In der Kanzel konnte ein Polizist bei Bedarf die Ampelanlage per Hand schalten. 1955 eröffnet, ging sie sieben Jahre später schon wieder außer Betrieb.

Sichtmarke gegenüber ist das gläserne **Neue Kranzler-Eck**, in dessen kopfsteingepflasterter Passage zur Kantstraße hin sich neben Büros und Geschäften auch ein Berlin-Infostore touristischen Belangen widmet. Von dort kann man bereits in der Kantstraße das türmchengeschmückte **Theater des Westens** (s. S. 53) erspähen.

Weiter den Ku'damm entlang kreuzt bald darauf die noble **Fasanenstraße 125**, links hinab mit dem Literaturhaus, dem Käthe-Kollwitz-Museum und daran anschließend der Villa Grisebach, einem bedeutenden Kunstauktionshaus, und in dessen Gefolge ausgesuchten Kunstgalerien und Antiquitätenläden. Rechts vom Ku'damm befindet sich in der Fasanenstraße das Jüdische Gemeindehaus (s. S. 225).

Ein paar Bummelminuten weiter den Ku'damm hinab dürfen am Ku'damm/Ecke Uhlandstraße das **Maison de France** und in der Nachbarschaft das **Ku'damm Karree** nicht unerwähnt bleiben. Architektonisch sind beide zwar unscheinbar und das Ku'damm Karree wird demnächst sogar abgerissen, doch sind sie nicht ohne Bedeutung für die Westberliner Nachkriegsgeschichte (s. S. 225).

Westlich der Uhlandstraße wird es auf dem Kurfürstendamm dann auf einmal mondän. Fortan begleiten einen Armani, Bulgari, Escada & Co. in exquisiten Vitrinen und Schaufensterauslagen. Der mittlere Ku'damm ist die **Luxusmeile** der Berliner West-City. Wem nun der Sinn nach einem leckeren Mittagstisch steht, biegt rechts in die Knesebeckstraße [E7] ein und erreicht unter dem Stadtbahn-Viadukt hindurch bald darauf den **Savignyplatz** [E6] mit rundum einer stattlichen Anzahl an Lokalen (s. S. 226). Anschließend durch die kleine Gasse am Else-Ury-Bogen hindurch, geht es links in die Bleibtreustraße hinein. Neben hübschen Shops und Boutiquen bietet sich eine weitere nette Auswahl an Cafés, Kneipen und Restaurants. Es lohnt sich aber auch einfach nur so, hier zu schlendern und zwischen den herrschaftlichen Gründerzeitbauten dieschen entspannte Charlottenburger Atmosphäre zu schnuppern. Wenige Minuten später ist der Ku'damm wieder erreicht.

Die nächsten 500 m bis zur Leibnizstraße [D7] flaniert man auf elegantem Pflaster unter Platanen an Schaufenstern ohne Preisschilder vorbei. Mit ein bisschen Fantasie und Yves Saint Laurent sowie Louis Vuitton als Begleitung wird das breite Trottoir zum persönlichen Laufsteg. Die letzen 500 m von der Leibnizstraße bis zum U-Bahnhof Adenauerplatz geschlendert, lohnt abschließend noch ein kurzer Blick auf das **Handtuchhaus** (Kurfürstendamm 70) - einen Glaspalast wie das Sony Center oder auch das Neue Kranzler-Eck am Anfang vom Kurfürstendamm. Und in der Tat, auch das Handtuchhaus stammt aus der Feder des Architekten Helmut Jahn. 50 m hoch, aber schmal wie ein Handtuch, nämlich nur 2,50 m tief, ist es das schmalste Bürogebäude Berlins.

(125) Fasanenstraße ★ [E7]

Schon bald nach dem Kranzler-Eck kreuzt die elegante Fasanenstraße den Kurfürstendamm. Zahlreiche **prachtvolle Stadtvillen der Gründerzeit** säumen ihr Pflaster, darunter südlich vom Ku'damm das 1889 erbaute **Literaturhaus Berlin.** Seit 1986 fungiert es als renommierte Stätte vielfältiger Autorenlesungen, literarischer Symposien und Veranstaltungen von internationalem Rang. Ihm angeschlossen sind eine Buchhandlung und das **Café Wintergarten im Literaturhaus** (s. S. 45), das seine Gäste mit Wiener-Kaffeehaus-Charme und einer kleinen Gartenidylle begrüßt.

In der Nachbarschaft ist in dem schön restaurierten, ältesten Gebäude der Fasanenstraße das **Käthe-Kollwitz-Museum** (s. S. 65) untergebracht. Es präsentiert Leben und Werk der Wahlberlinerin, Pazifistin und großen Künstlerin Käthe Kollwitz (1867–1945).

❯ U1 Uhlandstraße, U1, U9 Kurfürstendamm

❯ **Literaturhaus Berlin,** Fasanenstr. 23, Tel. 8872860, www.literaturhaus-berlin.de

In der Straßenhälfte nördlich vom Ku'damm firmiert unter der Hausnummer 79 das **Jüdische Gemeindehaus.** Die Räumlichkeiten beherbergen die Jüdische Volkshochschule Berlin, die Gemeindebibliothek und das koschere Restaurant Gabriel's (s. S. 36). In die ansons-

ten schlichte Hausfassade wurde das alte Eingangsportal der in der Reichspogromnacht 1938 zerstörten Synagoge integriert.

Das Gemeindehaus wird überragt von einem von Joseph Kleihues entworfenen Bürogebäude, das seit seiner Fertigstellung 1995 ein riesiges „Windsegel" auf dem Dach trägt. Vier Stockwerke hoch ist das Aluminiumdreieck, das bestimmt noch viele Generationen mit der Frage beschäftigen wird, wozu es eigentlich gut sein soll.

★ **224** [F7] **Jüdisches Gemeindehaus,** Fasanenstr. 79, Tel. 880280, www.jg-berlin.org

❯ S und U2, U9 Zoologischer Garten, S Savignyplatz, Bus M49

Ku'damm/Ecke Uhlandstraße [E7]

Die Schritte weiter nach Westen gewandt, wartet kurz darauf am Ku'damm/Ecke Uhlandstraße mit dem **Maison de France** eine weitere Westberliner Institution auf ihre Würdigung. Bereits fünf Jahre nach Ende des Zweiten Weltkriegs öffnete die deutsch-französische Kultur- und Begegnungsstätte ihre Tore. 1984 folgte im Ostteil der Stadt das Centre Culturel Français als einziges westliches

▶ *Glasvitrinen für schöne Dinge unter Platanen sind die Insignien des Kurfürstendamms*

Kulturzentrum in der DDR überhaupt. Nach der Wende wurde es aufgegeben, sodass heute das Maison de France mit Kino, Bücherei und zahlreichen Veranstaltungen die französische Kultur in die gesamte Spree-Metropole trägt.

> **Maison de France,** Kurfürstendamm 211, Tel. 8859020, www.institutfrancais.de

In der Nachbarschaft geben in der Nachkriegsbausünde **Ku'damm Karree Theater und Komödie am Kurfürstendamm** (s. S. 55) vergnügliches Boulevardtheater zum Besten. Bereits 1921 an dieser Stelle von Max Reinhardt gegründet, wurde die Spielstätte 1971–1974 vom Betonkloß Ku'damm Karree ummantelt. In dieser Gestalt stiegen Komödie und Theater zu Thalias ersten Westberliner Adresse auf, wurden zur Heimspielstätte von Winfried Glatzeder, Herbert Herrmann und – unvergessen – Brigitte Mira und Harald Juhnke.

Doch ist im Gefolge der Wiedervereinigung auch im alten Westberlin vieles in Bewegung geraten. Nach dem Verkauf der Immobilie an eine Tochtergesellschaft der Deutschen Bank, dann an einen Private-Equity-Fonds, neudeutsch auch „Heuschrecke" genannt, und schließlich einen Projektentwickler, standen Theater und Komödie 2008 auf einmal ohne Mietvertrag da. Die Theaterleute waren quasi über Nacht zu Hausbesetzern geworden. Aktuell plant man, mit der Unterstützung zahlloser Berliner, unerschrocken bereits die Spielzeit 2012/13. Denn dank langer und zäher Verhandlungen scheint die Perspektive gesichert. Nach Abriss des alten Ku'damm Karrees und anschließendem Neubau einer Shoppingmall nach Plänen des Stararchitekten David Chip-

perfield soll das Boulevardtheater eine neue Bühne auf dem Dach des Neubaus erhalten.

> U1 Uhlandstraße

Vom Zoo zum Savignyplatz

Quasi um die Ecke vom Bahnhof Zoo verläuft die Kantstraße [D–F6] als Ost-West-Magistrale. Dort fällt unmittelbar nach der Eisenbahnbrücke das 1896 erbaute, mit Zuckergusstürmchen geschmückte **Theater des Westens** (s. S. 53) ins Auge. Unter der künstlerischen Leitung von Helmut Baumann (*1939) avancierte es zwischen 1980 und 1990 zu einer der erfolgreichsten deutschen Musicalbühnen. In seiner Nachbarschaft schlägt das altehrwürdige **Delphi-Kino** die Cineasten seit Jahrzehnten in Bann. Und der Jazzkeller „Quasimodo" nebenan (s. S. 50) ist eine nicht minder gerühmte alteingespielte Einrichtung.

225 [F6] **Delphi-Kino,** Kantstr. 12a, Tel. 3121026, www.delphi-filmpalast.de

Lokale am Savignyplatz [E6]

In der Kantstraße trifft man auf dem Weg zum Savignyplatz auf Lokale, die seit Jahrzehnten aus dem **Bar- und Kneipenleben des guten alten Westens** nicht wegzudenken sind. Nicht weit entfernt vom Theater des Westens liegt die **Paris Bar,** Treff von Stars aus Film, Funk und Fernsehen, deren Anblick man sich ein bisschen kosten lassen muss. Wenige Schritte weiter Richtung Savignyplatz lockt das **Schwarze Café** (s. S. 44). Im stuckverzierten, denkmalgeschützten Gründerzeitbau herrscht 24 Stunden am Tag Ausgehbetrieb.

Rund um den Savignyplatz **und in den Seitenstraßen** reiht sich schließlich ein

Lokal an das andere – im Sommer mit Tischen und Stühlen vor der Tür –, von denen zahlreiche seit langer Zeit prominente Westberliner Adressen sind: zwischen Carmer Straße und Grolmanstraße mit kleinem Biergarten und spanischer Küche das **Mar y Sol**, um die Ecke Anfang Knesebeckstraße trifft sich in der kleinen Bar **Gainsbourg** (s. S. 47) ein entspanntes Publikum aus Kunst und Kultur. Ebenso schick geht es bei fränkischer Küche zwischen den Filmstars und Produzenten im **Florian** (s. S. 33) zu, während am Eck an der Grollmannstraße mit dem Zwiebelfisch (s. S. 45) eine echte Charlottenburger Kneipenlegende aufwartet. Am südlichen Savignyplatz produziert im S-Bahn-Bogen das **XII Apostel** wagenradgroße Pizzen, die viele als die besten Berlins rühmen.

In der südlichen Grolmanstraße am S-Bahn-Bogen serviert in der legendären Künstler- und Studentenkneipe **Terzo Mondo** der Lindenstraßen-Wirt Kostas Papanastasiou rustikale griechische Küche. Gegenüber sollte man sich auf keinen Fall von der Tattersall-Schmuddelfassade abhalten lassen, im Berliner Urgewächs **Diener** (s. S. 34) wird seit über 100 Jahren prima Hausmannskost auf den Tisch gebracht.

> S und U2, U9 Zoologischer Garten,
  S Savignyplatz, Bus M49

۵226 [E6] **Paris Bar**, Kantstr. 152,
  www.parisbar.net, tgl. 12–2 Uhr

۵227 [E6] **Mar y Sol**, Savignyplatz 5,
  www.marysol-berlin.de, tgl. 11–1 Uhr

۵228 [E6] **XII Apostel**, Bleibtreustr. 49
  (Savigny-Passage), www.12-apostel.de,
  tgl. 8–1 Uhr

۵229 [E7] **Terzo Mondo**, Grolmanstr. 28,
  www.terzomondo.de, tgl. ab 18 Uhr

Vom Zoo zum Schloss Charlottenburg

Ernst-Reuter-Platz [E5]

Viele Wege führen zum Schloss Charlottenburg, dem „deutschen Versailles". Einer von ihnen beginnt am Bahnhof Zoologischer Garten und geht über die Hardenbergstraße – rechter Hand nach der Fasanenstraße die **Universität der Künste** – zunächst zum nachkriegsgestalteten, mit nüchternen Gebäuden der Technischen Universität umgebenen Ernst-Reuter-Platz. Bis 1954 nannte man den heute gewaltigen Verkehrskreisel schlicht **„Knie"**, da man hier, auf der schnurgeraden Charlottenburger Chaussee (heute Straße des 17. Juni) von der Stadtmitte her, zum Schloss Charlottenburg hin einen Knick nach rechts machen musste, um von dort über die Otto-Suhr-Allee mit dem 1899–1905 in einem Mix aus Neugotik und Jugendstil erbauten, turmgekrönten **Rathaus Charlottenburg** zum Luisenplatz vor dem Schloss zu gelangen.

126 Schillertheater ★ [E5]

Bühnenbegeisterte bevorzugen vielleicht den Weg über die Bismarckstraße. Dort steht, nur wenige Schritte westlich vom Ernst-Reuter-Platz, das auf einem kriegszerstörten Vorgänger 1950/51 von Rudolf Grosse und Heinz Völker erbaute Schillertheater. Gustav Gründgens, Samuel Beckett, Fritz Kortner, Hans Neuenfels oder Peter Zadek, Martin Held, Bernhard Minetti, Sabine Sinjen oder Katharina Thalbach lauten die illustren Namen, die als Regisseure bzw. Schauspieler große Auftritte am Schillertheater hatten. Bis weit in die 1980er-Jahre zählte es zu den führenden deutschen Sprechbühnen.

Nachdem sich im Zuge der Wiedervereinigung der Brennpunkt des Berliner Theatergeschehens in die neue alte Mitte verlagert hatte, wurde die einstige Vorzeigebühne in der Bismarckstraße 1993 aus Kostengründen geschlossen. Es folgten zwei Jahre Nachspiel als Musicalbühne, anschließend verwaiste das Haus und erlebt nun, nach einjährigem Umbau und Modernisierung, als Musiktheater seine **Renaissance.** Von Herbst 2010 bis 2013 dient es als Ersatzstandort für die in Sanierung befindliche Staatsoper Unter den Linden. Und auch danach werden weiter Opern erklingen, denn ab 2014 soll übergangsweise die Komische Oper (s. S. 51) das Schillertheater beziehen.

❯ U2 Ernst-Reuter-Platz
❯ Bismarckstr. 110, Tel. 20354555,
  www.schillertheater-berlin.de

116be Abb.: kj

127 Deutsche Oper ★   [D5]

Bis in die Jahre, als Charlottenburg noch eine selbstständige Stadt war, reicht die Geschichte der Deutschen Oper zurück. 1912 hob sich erstmals der Vorhang vor einem selbstbewussten Charlottenburger Publikum, das zum Musikgenuss nun nicht länger in die Hauptstadt in die königliche Hofoper (heute Staatsoper Unter den Linden) fahren musste. Im Anschluss an die Bildung der neuen Stadtgemeinde Groß-Berlin 1920 und damit der Einverleibung Charlottenburgs in die Spree-Metropole wurde das Haus 1925 eine städtische Berliner Opernbühne. Im Dritten Reich unterstand es als **renommierte Wagner-Spielstätte** direkt dem Reichspropagandaminister Joseph Goebbels.

Im Jahre 1943 bei einem Bombenangriff zerstört, folgte der Neuanfang nach dem Krieg im nicht weit entfernten Theater des Westens (s. S. 53). 1961 feierte man nach fünfjähriger Bauzeit im neuen Haus an der Bismarckstraße Premiere. Die von Fritz Bornemann errichtete Deutsche Oper gehört mit knapp 2000 Sitzplätzen zu den **größten deutschen Musikbühnen.** Außen nüchtern und funktional, ordnet sie sich im Inneren in Perfektion der räumlichen Klangfülle unter.

❯ U2 Deutsche Oper
❯ Bismarckstr. 35, Tel. 34384343,
  www.deutscheoperberlin.de

128 Schloss Charlottenburg ★★★   [C4]

Neben der Museumsinsel zählt das wahrhaftig majestätische Schloss Charlottenburg zu den größten Besuchermagneten in der Spree-Metropole.

Seine Ursprünge gehen auf das Jahr 1695 zurück, als man im Weiler Lietzow westlich der Residenzstadt Berlin zum ersten Spatenstich für die barocke **Sommerresidenz der Kurfürstin Sophie Charlotte** ansetzte. Die Gemahlin des prunksüchtigen Friedrich III., der sich 1701 als Friedrich I. eigenhändig zum ersten „König in Preußen" krönte, sollte ihre eigenen vier Wände bekommen. So entstand die neue Hohenzollernresidenz in nur vierjähriger Bautätigkeit bis 1699 nach Entwürfen von Johann Arnold Nehring.

Schon bald nach der Königskrönung 1701 zeigte sich das kleine barocke Schloss Lietzenburg den zunehmend repräsentativen Aufgaben nicht mehr gewachsen. Unter der Leitung des schwedischen Baumeisters Eosander von Göthe begannen die Ausbauarbeiten. Der zentrale Mittelbau wurde durch Seitenflügel

▲ *Preußisches Versailles –
das Schloss Charlottenburg*

ergänzt, sodass eine prachtvolle Dreiflügelanlage mit Ehrenhof **nach dem Vorbild Versailles'** entstand.

1709 bis 1712 folgten unter der Federführung Eosander von Göthes der **markante Kuppelturm** über dem Mittelbau des **Alten Schlosses** sowie westlich die an die Dreiflügelanlage angeschlossene Kapelle und die **Große Orangerie.** Diese zweite Erweiterung erlebte Sophie Charlotte nicht mehr. Die schöngeistige, hochgebildete Königin, die in ihrer Sommerresidenz einen Kreis der herausragenden Dichter und Denker ihrer Zeit um sich versammelte, verstarb bereits 1705 im Alter von 36 Jahren an einer Lungenentzündung. Noch im selben Jahr wurde die Lietzenburg ihr zu Ehren in Schloss Charlottenburg umbenannt.

Unter Friedrich dem Großen wurde die Bautätigkeit erneut aufgenommen. Unmittelbar nach seinem Regierungsantritt 1740 begannen die Arbeiten am **Neuen Flügel.** Der östlich ans Alte Schloss grenzende Flügel, nach seinem Baumeister Georg Wenzeslaus von Knobelsdorff auch „Knobelsdorffflügel" genannt, stellte gewissermaßen das Gegenstück zum älteren Westflügel mit der Orangerie dar. Mit seiner Vollendung 1746 war die Gesamtsymmetrie der Schlossanlage wiederhergestellt.

Insgesamt dauerten die Erweiterungsarbeiten bis zum Ende des 18. Jh., ständig wurde unter der Leitung von Knobelsdorff und anschließend Carl Gotthard Langhans geklopft und gehämmert. Als letzter Baukörper kam als Verlängerung der Orangerie das von Langhans entworfene **Schlosstheater** hinzu. 1791 konnte der „Langhansbau" eingeweiht werden. Nach einer fast hundertjährigen Bauzeit war die **Schlossfront nun über 500 Meter** lang – weshalb Napoleon, als er 1806 mit seinem Heer in Berlin einmarschierte, entzückt ausrufen konnte: „Hier finde ich mein Versailles wieder!"

Nach der Zerstörung im Zweiten Weltkrieg wurde Schloss Charlottenburg originalgetreu wiederaufgebaut. Auch das **Reiterstandbild des Großen Kurfürsten,** das 1698 Andreas Schlüter schuf, ist längst restauriert. Allerdings steht es nicht mehr an seinem ursprünglichen Ort. 1943 wurde es vom Sockel vor dem Berliner Stadtschloss geholt und vor den Bomben der Alliierten in Sicherheit gebracht. Auf seinem Rücktransport drei Jahre später versank es im Tegeler See und konnte 1950 wieder aus dem Wasser gefischt werden. Seitdem schmückt es den Ehrenhof vor dem Schloss.

Innen birgt das heute größte Hohenzollerndomizil in Berlin-Brandenburg einen prunkvollen Rausch königlicher Repräsentationsräume, darunter im Alten Schloss die Gemächer Friedrichs I. und Sophie Charlottes, die Kapelle, Silberkammer, Kronkabinett und das berühmte **Porzellankabinett** sowie im Neuen Flügel das von Schinkel gestaltete Schlafzimmer der Königin Luise, die Erste Wohnung und die Zweite Wohnung Friedrichs des Großen, die Wohnungen Friedrich Wilhelms II. und Friedrich Wilhelms III. sowie als Höhepunkt jeder Schlossbesichtigung den **Thron- und Speisesaal Friedrichs des Großen** und die **42 Meter lange Goldene Galerie,** die zu den prachtvollsten Rokokosälen in Deutschland zählt.

❯ **Schloss Charlottenburg,** Spandauer Damm 20–24, Besichtigung nur mit Führung, Altes Schloss April–Okt. Di.–So. 10–18 Uhr, Nov.–März Di.–So. 10–17 Uhr, Erw. 12 €, erm. 8 €; Neuer Flügel April–Okt. Mi.–Mo.

10–18 Uhr, Nov.–März Mi.–Mo. 10–17 Uhr, Erw. 6 €, erm. 5 €

> S41, S42 Westend, U2 Sophie-Charlotte-Platz, U7 Richard-Wagner-Platz, Bus M45, 109, 309

> **Mausoleum:** April–Okt. Di.–So. 10–18 Uhr, Eintritt frei

> **Neuer Pavillon:** April–Okt. Di.–So. 10–18 Uhr, Nov.–März Di.–So. 10–17 Uhr, Erw. 4 €, erm. 3 €

⑫⑨ Schlosspark ★★★ [C4]

Hinter dem Schloss schließt sich, von der Spree eingerahmt, auf 55 Hektar der Schlosspark an. In seinem ältesten, ursprünglich von 1697 stammenden Teil zeigt er sich **streng symmetrisch im Stil des französischen Barock,** so wie er einst für Königin Sophie Charlotte angelegt wurde. Die übrige Fläche der Anlage folgt der Umgestaltung von Peter Joseph Lenné 1816 in einen **Landschaftspark nach englischer Art,** heute im Norden bereichert durch Liegewiesen und Kinderspielplätze.

Nordöstlich ist im **Belvedere,** dem 1788 von Baumeister Langhans errichteten ehemaligen Teehaus, eine Fülle an kostbaren Werken aus Berliner Porzellanmanufakturen ausgestellt. Im klassizistischen **Neuen Pavillon** vermitteln Möbel, Gemälde und Skulpturen einen Eindruck vom blaublütigen Lebensstil im frühen 19. Jahrhundert. Das von Karl Friedrich Schinkel 1824 im östlichen Parkzipfel erbaute Haus diente König Friedrich Wilhelm III. als Sommervilla.

Einem dorischen Tempel nachempfunden ist das 1810–1812 errichtete **Mausoleum,** in dem neben König Friedrich Wilhelm III., Kaiser Wilhelm I. und seiner Gemahlin Augusta die von Volk wie Adel gleichermaßen geliebte Königin Luise ruht. Ihr marmorner Sarkophag stammt vom Bildhauer Christian Daniel Rauch.

> **Belvedere:** April–Okt. Di.–So. 10–18 Uhr, Nov.–März Di.–So. 12–16 Uhr, Erw. 3 €, erm. 2,50 €

⑬⓪ Museen am Standort Charlottenburg ★★ [C4]

Der Straßenfront von Schloss Charlottenburg zugewandt zieren zwei 1851–1859 errichtete, identisch erscheinende Palais die Ecken zum Spandauer Damm. Sie stammen aus der Hand des Schinkel-Schülers August Stüler, der die Zwillingsbauten als Unterkünfte für die Offiziere der königlichen Leibgarde entwarf.

Im **westlichen Stülerbau** hat die gefeierte **Sammlung Berggruen,** „Picasso und seine Zeit", ihr adäquates Zuhause. Sie umfasst **hochkarätige Werke der Klas-**

KLEINE PAUSE

Zur Weißen Kastanie

Die angestammte Charlottenburger Gastwirtschaft mit kleinem Biergarten, nur etwa 500 Meter südlich vom Schloss gelegen, ist garantiert busgruppenfrei. Neben Frühstück und wechselnden Tagesgerichten verzeichnet die Karte leckere kleine Speisen wie Weißwürste, Leberkäse, Spätzle und Quiche. Auf dem Mittelstreifen der Schloßstraße wird schon seit den 1960er-Jahren Boule gespielt. So lässt sich drinnen und draußen in der „Kastanie" ebenso wie davor auf der Straße eine gemütliche Kugel schieben.

🚇**230** [C5] **Zur Weißen Kastanie,** Schloßstr. 22, U2 Sophie-Charlotte-Platz, www.kastanie-berlin.de, Tel. 3215034, tgl. 10–2 Uhr

Messe Berlin

Wo heute Reisebusse aus aller Welt stoppen, stand auf dem Gelände des Zentralen Omnibusbahnhofes (ZOB) bereits 1914 eine kleine Messehalle. Anlässlich einer Autoausstellung Anfang der 1920er-Jahre folgten weitere und auch die **erste Rennstrecke Deutschlands** *wurde gebaut. Auf knapp 20 km Länge verband die* **AVUS** *(Automobil-, Verkehrs- und Übungsstrecke, heute A115) die Nordkurve am Messegelände mit der Südkurve bei Nikolassee zu einem Rundkurs. Bei ihrer Einweihung im September 1921 erreichte der Rennwagen von Fritz von Opel mit 128,8 km/h die höchste Durchschnittsgeschwindigkeit aller Automobile im Wettbewerb. An der Nordkurve - bis zu ihrer Entschärfung 1967 eine der berüchtigtsten Schikanen auf deutschen Rennstrecken - blieb eine Zuschauertribüne erhalten.*

Heute umfasst das Messegelände 26 Hallen mit insgesamt 160.000 m² Ausstellungfläche. Die ältesten noch erhaltenen Hallen stammen aus den 1930er-Jahren, ebenso wie das elegante **Palais am Funkturm** *am Messeeingang Masurenallee. Östlich davon erhebt sich direkt am Autobahnkreuz, durch einen Brückenübergang mit dem Messegelände verbunden, das* **Internationale Kongresszentrum (ICC)**. *Von 1973 bis 1979 wurde der silberglänzende Koloss nach einem Entwurf der Berliner Architekten Ralf Schüler und Ursulina Schüler-Witte erbaut.*

❯ *S41, S42 Messe Nord, U2 Kaiserdamm*

sischen Moderne, darunter rund 60 Bilder Paul Klees, über 20 Werke von Henri Matisse sowie 165 Picasso-Arbeiten, die der 2007 verstorbene bedeutende Kunstsammler und Mäzen Heinz Berggruen der Stiftung Preußischer Kulturbesitz übereignete.

Im **östlichen Stülerbau** ist das **Museum Scharf-Gerstenberg** mit herausragenden **Gemälden und Skulpturen des Surrealismus** von Piranesi, Goya und Redon bis zu Dalí, Magritte und Max Ernst untergebracht.

Kurz vor der Einmündung der Schloßstraße in den Spandauer Damm wartet das **Bröhan-Museum** auf einen Besuch. Es stellt kostbare Sammlungen des Jugendstils, Art déco und Funktionalismus aus.

❯ S41, S42 Westend, U2 Sophie-Charlotte-Platz, U7 Richard-Wagner-Platz, Bus M45, 109, 309

❯ **Museum Berggruen,** Schloßstr. 1, wegen Umbau- und Erweiterungsarbeiten **bis Sommer 2012 geschlossen,** Infos unter Tel. 266424242 und www.smb.museum

❯ **Museum Scharf-Gerstenberg,** Schloßstr. 70, www.smb.museum, Di.-So. 10-18 Uhr, Erw. 6 €, erm. 3 €, freier Eintritt unter 18 Jahren

❯ **Bröhan-Museum,** Schloßstr. 1a, www.broehan-museum.de, Di.-So. 10-18 Uhr, Do. 10-20 Uhr, Erw. 6 €, erm. 4 €, jeden 1. Mi. im Monat kostenlos, bis 18 Jahre freier Eintritt

131 Funkturm auf dem Messegelände ★★   [A6]

Bereits seit 1926 ragt der „Lange Lulatsch" als Wegmarke auf dem Messegelände 150 Meter hoch in den Himmel hinauf. 1924 begann man den **kleinen**

Bruder des Eiffelturms nach Plänen von Heinrich Straumer aufzubauen, 1929 wurden von seinem Turmmast die ersten, damals noch tonlosen TV-Bilder in den Äther ausgestrahlt. Vorwiegend diente die Stahlgitterkonstruktion jedoch den Berliner Radiosendern.

Seit der Einstellung des Funkbetriebs 1963 erfüllt sie nun touristische Zwecke. Von der **Aussichtsplattform** in 124 Metern Höhe genießt man einen atemberaubenden Panoramablick über das steinerne Berliner Häusermeer und im Westen das blaue Band der Havelseen. In exakt 51,5 Metern ü.N.N. bietet das Funkturm-Restaurant kulinarische Leckereien.

❭ Hammerskjöldplatz 1 an der Masurenallee, S41, S42 Messe Nord, U2 Kaiserdamm, Aussichtsplattform: Mo. 10–20 Uhr, Di.–So. 10–23 Uhr, Erw. 4,50 €, erm. 2,50 €; Funkturm-Restaurant: Di. 18–23 Uhr, Mi.–So. 11.30–23 Uhr

🄬 **Haus des Rundfunks** ★　　[A6]

Gegenüber vom Palais am Funkturm bietet das Haus des Rundfunks an der Masurenallee ein schönes Beispiel für den **kühlen, sachlichen und doch ausdrucksstarken Stil,** in dem die fortschrittlichsten Architekten der 1920er- und 1930er-Jahre ihre Gebäude entwarfen. Der Sitz des ehemaligen Senders Freies Berlin und heutige Hauptstadtstandort des RBB (Rundfunk Berlin-Brandenburg) stammt aus der Feder von Hans Poelzig und wurde 1929–1931 als erstes deutsches Rundfunkhaus errichtet. Mit einer Bauzeit von 1961 bis 1971 kam zusätzlich für den Fernsehbetrieb ein Hochhaus am Theodor-Heuss-Platz hinzu.

❭ S41, S42 Messe Nord, U2 Kaiserdamm

🄭 **Olympiagelände** ★★

Vom Theodor-Heuss-Platz sind es nur zwei U-Bahn-Stationen zum Olympiagelände, dem einzigen heute insgesamt erhaltenen Zeugnis nationalsozialistischer Architektur in Berlin. Für die **Olympischen Spiele 1936** entstanden auf dem 131 Hektar großen „Reichssportfeld"-Areal innerhalb von zwei Jahren Olympiastadion, Eishockey- und Reitstadion, Schwimmhalle, Tennisplätze, das Maifeld mit Tribüne, Sportforum und Waldbühne. Die Entwürfe stammten ursprünglich von Werner March. Hitler und sein Architekt Speer wandelten sie jedoch ins Monumentale ab, um ihrer wahnwitzigen Vorstellung von einer „unbezwingbaren Kraft der deutschen Rasse" Ausdruck zu verleihen.

Olympiastadion

Im Zentrum der sportlichen Wettkämpfe stand und steht immer noch das Olympiastadion mit seinem aus zwei 35 Meter hohen Türmen bestehenden, die fünf olympischen Ringe tragenden **Olympischen Tor.** Nach mehrfachen Umbauten (1966 die Installation einer Flutlichtanlage, 1974 eine Teilüberdachung) wurde die Sportarena bei laufendem Spielbetrieb zuletzt 2000–2004 nach Plänen der Hamburger Architekten Gerkan, Marg und Partner für die Fußball-WM 2006 denkmalgerecht saniert, modernisiert und mit einem neuen Dach – eine Stahlkonstruktion mit lichtdurchlässiger Membran – versehen.

Das Stadion dient als Austragungsort für Sportwettkämpfe und andere Großveranstaltungen und ist darüber hinaus die Heimspielstätte des Berliner Fußballklubs Hertha BSC.

075be Abb.: kj

Maifeld und Waldbühne

Westlich vom Olympiastadion dehnt sich die riesige Rasenfläche des **Maifelds** aus. 1935/36 als Aufmarschgelände für Propagandamassenveranstaltungen geplant, war es nach dem Zweiten Weltkrieg britisches militärisches Sperrgebiet, auf dem man Polo-Turniere austrug und die alljährliche Geburtstagsparade zu Ehren der Queen abhielt. Im Westen wird das Maifeld vom 78 Meter hohen **Glockenturm** überragt, ehemals „Führerturm", der eine schöne Aussicht auf das Olympiagelände und die nahe gelegene Waldbühne bietet.

Als Arena für die olympischen Turn- und Boxwettkämpfe 1936 wurde die **Waldbühne** in Form eines Amphitheaters ins Grüne gebettet. Seit mehr als 50 Jahren finden nun in der schönen Jahreszeit auf ihrer Bühne Open-Air-Konzerte statt – darunter der legendäre Auftritt der Rolling Stones 1965, deren Songs das Publikum derart in Begeisterung versetzten, dass es das gesamte Waldbühnen-Mobiliar auseinandernahm.

Geschichtspfad auf dem Olympiagelände

Vom östlichen Olympiator über Stadion und Maifeld sowie Glockenturm bis zur Waldbühne erstreckt sich ein historischer Pfad, der mit 45 Tafeln über die bewegte Geschichte und Architektur des ehemaligen „Reichssportfelds" informiert. Darüber hinaus erläutern sie das heroische Skulpturenprogramm der Nazi-Bildhauer Wackerle, Thorak und Arno Breker, deren Werke „Staffelläufer", „Faust- und Zehnkämpfer" und die zwei „Rosseführer" rund um das Olympiastadion stehen.

❯ S5, S75 und U2 Olympiastadion, Bus M49, 218, 104

> Eingang und Kasse am Besucherzentrum Osttor, Olympischer Platz 3, Tel. 25002322, www.olympiastadion-berlin.de, Juni–Mitte Sept. tgl. 9–20 Uhr, 20. März–31. Mai und Mitte Sept.–Okt. tgl. 9–19 Uhr, 1. Nov.–19. März tgl. 9–16 Uhr (nicht an Spiel- und Veranstaltungstagen), Eintritt inkl. Glockenturm Erw. 7 €, erm. 5 €

Prenzlauer Berg

Zugereiste, Neuankömmlinge und Gäste werden von den „Prenzl'bergern" daran erkannt, dass sie zumeist „am Prenzlauer Berg" oder gar „auf dem Prenzlauer Berg" sagen, wo es doch – wie benachbart im Wedding – korrekt „im Prenzlauer Berg" heißt, zumal es überhaupt keinen Berg gibt. Die sanfte Steigung, die vom Berliner Urstromtal, in dem Mitte liegt, auf die Barnim-Hochfläche mit dem Prenzl'berg führt, ist diese Bezeichnung zumindest nicht wert.

Also: Im Prenzlauer Berg, heute Stadtteil des Bezirks Pankow, gibt es vergleichsweise wenig kunst- oder kulturhistorisch herausragende Sehenswürdigkeiten. Der Bezirk entwickelte sich wie die anderen Arbeiterviertel, die nach der Reichsgründung im letzten Drittel des 19. Jahrhunderts entstanden und einen Gürtel von trostlosen Mietskasernen um die damalige Reichshauptstadt legten. Wie im Nachbarbezirk, dem „Roten Wedding", wurde auch im Prenzl'berg traditionell links gewählt.

◀ *Über 74.000 Zuschauer fasst das Olympiastadion. Ein jährlicher sportlicher Höhepunkt ist das DFB-Pokalspiel der Fußball-Herren.*

Zu DDR-Zeiten befand sich hier mit Schwerpunkt rund um die Gethsemane-Kirche nahe U- und S-Bahnhof Schönhauser Allee eines der wesentlichen **Zentren der künstlerisch-intellektuellen Opposition**. In den zerbröckelnden Gründerzeitbauten mit Schimmelpilz-Außentoilette auf halber Treppe lebte und wirkte die Avantgarde der sozialistischen deutschen Republik. Jurek Becker und Manfred Krug, Heiner Müller, Christa Wolf, Stephan Hermlin und viele weitere namhafte Schauspieler, Kunst- und Literaturschaffende der DDR hatten im Prenzlauer Berg ihr Zuhause. An ihren Mythos knüpfte **nach der Wende eine alternative junge Kulturszene** an. Sie ließ sich in den heruntergekommenen Wohnungen nieder, schweißte schräge Skulpturen zusammen, malte schrullige Bilder, machte Musik, verfasste Gedichte und trug so zum neuen, postwendisch schillernden Image des Prenzl'bergs bei.

Unterdessen hat sich das kreative Geschehen überwiegend nach Mitte bzw. zurück nach Kreuzberg verlagert und auch die schummrigen Bierschwemmen, rauchwabernden Eckkneipen oder revolutionären Trash-Lokalitäten, die dem Bezirk einst den Ruf des „Kreuzbergs des Ostens" eintrugen, gibt es nicht mehr. In den 1990er-Jahren wurde der Prenzlauer Berg zum **größten Flächensanierungsgebiet Berlins,** wobei die Faustregel galt: Aus jedem sanierten Haus fliegt die Eckkneipe raus und eine Gastronomie mit gehobener Küche zieht ein.

So ist Prenzl'berg heute zur **beliebtesten Wohnadresse der „Bobos"** *(Bourgeois Bohemiens)* geworden. Einst konsumorientiert und partyverzückt, schicken sie sich als erfolgreiche Thirtysomethings nun an, das demografische

076be Abb.: kj

Stärkung am Wasserturm

231 [N2] **Gagarin,** Knaackstr. 22, Tel. 4428807, tgl. ab 10 Uhr. Russische Küche von Frühstück bis nachts über Blinis und Borschtsch bis Pelmenis, dazu Moskwa-Flaschbier, Moskovskaya und sowjetische Heldenmalerei.

232 [N2] **Pasternak,** Knaackstr. 22/24, Tel. 4413399. Restaurantkneipencafé mit russischer Küche, tgl. ab 9 Uhr.

233 [N2] **Anita Wronski,** Knaackstr. 26, Tel. 4428483. Zweites Wohnzimmer von morgens Brunch bis Hochgeistiges nachts, auch herrlich zum Draußensitzen, da mit der längsten Sonnenbestrahlung von allen Kneipen am Wasserturm, tgl. 9–2 Uhr.

Loch zu stopfen. Seit der Jahrtausendwende ist die Geburtenrate um ein Viertel gestiegen, weshalb die Prenzl'berger heute berlinweit nicht nur mit zu den wohlhabendsten, sondern auch zu den fleißigsten Existenzgründern gehören. Der Buggy löst den Cabrio als Statussymbol ab und wo noch vor Kurzem sorgfältig gekleidete „Dinks" *(Double Income no Kids)* das Straßenbild dominierten, sitzen jetzt trendy Eltern mit ihren tauffrischen Erben in den Cafés. Mittlerweile zählt mancher Kiez im Prenzlauer Berg zu den teuersten innerstädtischen Wohnquartieren.

Beliebteste Tummelplätze für die Flaneure und Szenegänger, Frühstücker, Leckermäuler und Bar-Hocker sind die Kastanienallee [M2] und Oderberger Straße [M1] bis hin zum Mauerpark. In lässiger Gediegenheit zeigt sich das Publikum am schicken Kollwitzplatz und in der Nachbarschaft dem Kiez am Wasserturmplatz.

134 Rund um den Kollwitzplatz ★ [N2]

Am schicken Kollwitzplatz gibt es eigentlich gar nichts zu sehen, aber dafür Atmosphäre zu schnuppern. Im Haus Knaackstraße/Ecke Kollwitzstraße lebte bis zur Zerstörung 1943 im Zweiten Weltkrieg die Bildhauerin **Käthe Kollwitz** mit ihrem Mann, der als Armenarzt tätig war. Denn so fein wie heute war der Kiez damals nicht. In wild wuchernden Mietskasernen drängelten sich die Arbeiter mit ihren Familien. Rund 30.000 Einwohner auf einem Quadratkilometer wurden in den 1920er-Jahren gezählt – das war Weltrekord.

Seit 1961 ziert eine Käthe-Kollwitz-Plastik den Platz, den Restaurants und Lokale umgeben. Nördlich mündet die **Husemannstraße** ein, die bereits zur 750-Jahr-Feier Berlins 1987 hübsch restauriert wurde. Eine stuckverzierte Bilderbuchidylle entstand mit nostalgischen Kramläden, Antiktrödeln und aufpolierten Gaslaternen.

Südlich erhebt sich am **Wasserturmplatz** der „Dicke Hermann", Berlins ältester Wasserturm von 1877, der dem Platz seinen Namen gab. Dort auf der Sonnenseite an der Knaackstraße finden sich weitere schöne Restaurants und Frühstückscafés.

> U2 Senefelder Platz

⑬⑤ Synagoge ★★ [N2]

Um die Ecke befindet sich am Anfang der Rykestraße **Deutschlands größte Synagoge.** 1904 wurde das von Johann Hoeniger entworfene, damals 2000 Gläubige aufnehmende Gotteshaus eingeweiht. In der Reichspogromnacht 1938 demolierten Nazis den Synagogenraum, schändeten die Thorarollen und verhafteten Rabbiner und Gemeindemitglieder. Dank der Lage, zurückgesetzt in einer Seitenstraße, blieb das Haus jedoch vor der völligen Zerstörung bewahrt. 1940 fand der letzte Gottesdienst statt, anschließend zog die Heeresstandortverwaltung ein.

Im August 1953 wurde die Synagoge für die Jüdische Gemeinde Ostberlin feierlich neu geweiht. Nach Jahren der Renovierung ist sie mit dem Einzug der Thorarollen am 1. September 2007

◄ *Bildnis der Käthe Kollwitz*
am Kollwitzplatz

abermals wieder geöffnet. Nun fasst das Gotteshaus der liberal-konservativen Betergemeinschaft „nur" noch 1200 Gläubige und ist damit immer noch die größte Synagoge in Deutschland.

> Rykestr. 53, U2 Senefelder Platz, Tram M2 Knaackstraße. Die Synagoge ist nicht zu besichtigen.

⑬⑥ Jüdischer Friedhof ★★ [M2]

Der Maler Max Liebermann, der Verlagsgründer Leopold Ullstein, der Komponist Giacomo Meyerbeer und viele weitere **bedeutende Persönlichkeiten** sind auf dem 1827 eingeweihten Friedhof an der Schönhauser Allee begraben. Von den Nazis geschändet und von den Bomben im Zweiten Weltkrieg schwer beschädigt, begannen 1990 umfangreiche Restaurierungsarbeiten. Die 150-jährigen Kastanien und Platanen wurden vom Wildwuchs befreit, die Wege gerichtet und die umgestürzten Grabmale, Stelen und Obelisken wieder aufgestellt. Da man jedoch nicht mehr alle zuordnen konnte, hat man am Eingang zum denkmalgeschützten Gottesacker ein **Lapidarium** eingerichtet, einen würdigen „Ort der Bewahrung".

> Eingang Schönhauser Allee 22, U2 Senefelder Platz, April–Sept. Mo.–Do. 8–17, Fr. 7.30–14.30 Uhr, Okt.–März Mo.–Do. 8–16, Fr. 7.30–14.30 Uhr

⑬⑦ Kulturbrauerei ★ [M1]

Über das gesamte Areal zwischen Schönhauser Allee, Sredzki-, Knaack- und Danziger Straße erstreckt sich das Gelände der Mitte des 19. Jahrhunderts erbauten, **ehemaligen Schultheiß-Brauerei.** Bier gebraut wird dort bereits seit 1967 nicht

Gentrifizierung eines Stadtviertels

Am „Kolle" ist der „Osten" wohl am intensivsten verschwunden. Früher, als es die DDR noch gab, wohnte und wirkte in den Gründerzeitaltbauten mit Schimmelpilz-Klo auf halber Treppe die künstlerische Avantgarde der sozialistischen deutschen Republik. Jurek Becker, Manfred Krug, Heiner Müller, Christa Wolf, Stefan Hermlin und viele weitere namhafte Kunst- und Kulturschaffende hatten hier ihr Zuhause. Das „Zinnober", das erste freie Theater der DDR, spielte am Kollwitzplatz auf, in den Eckkneipen waberten zu intensiven Debatten die Rauchschwaden, in den Mädchenkammern der Altbauwohnungen waren Fotolabore und Hektografierstätten eingerichtet und sogar einen Fuhrmann mit echten Pferden gab es am Kolle.

Nach der Wiedervereinigung zogen junge Menschen von überall her bevorzugt in den Prenzlauer Berg, vor allem weil die dortige, frisch aus der Taufe gehobene Wohnungsbaugesellschaft so überfordert war, dass man eine leer stehende Wohnung einfach nur „knacken" musste. Den Mietvertrag zum Spottpreis gab es dann wenig später. So entstand kurzzeitig der „Wilde Osten", den

ein Großteil der alteingesessenen Mieter - sprachlos wegen der neuen Sitten und schlaflos durch die Tag und Nacht quer durch die Höfe wummernden Techno-Bässe - in den kommenden Jahren verließ. Gleichzeitig wurde der Prenzlauer Berg zum größten Flächensanierungsgebiet Berlins. Im Anschluss ließen sich in den schön sanierten Altbauten zahlungskräftige junge „Dinks" („double income, no kids") nieder, die den Prenzlauer Berg in einen außerordentlich wohlhabenden und bald darauf auch einen der kinderreichsten Plätze Deutschlands verwandelten. Neben Bio-Märkten und schadstoffarmen Cabriolets prägt heute der ergodynamische Buggy das Straßenbild.

„Gentrifizierung" nennt die Stadtsoziologie diese Entwicklung: den sozialen Umstrukturierungsprozess kompletter Stadtteile, wie er im alten Arbeiterbezirk Prenzlauer Berg und dort insbesondere rund um den Kollwitzplatz je nach Standpunkt berühmt oder berüchtigt geriet. Allemal handelt es sich um eine materielle Aufwertung des Wohngebiets. Um den Preis, dass viele Menschen ihre angestammte Heimat verlassen mussten, um Platz zu machen für eine neue urbane Mittelschicht.

mehr und bis zur Wende waren in den Gebäuden und Höfen ein Möbelhaus, ein Sportkasino und seit 1970 der legendäre „Franz-Klub" untergebracht, der mit Rock-, Pop- und Tanzmusik bald in der gesamten DDR von sich reden machte.

Nach der Sanierung 1998–2001 zog neben einem Kino und einem Discounter auch wieder das kulturelle Leben in die Kulturbrauerei ein. Eine Bierterrasse für Prenzl'berg-Hipster, Kleinkunstbühnen und eine Konzerthalle im alten Kesselhaus, dazu zwei der fashionabelsten Tanzklubs Berlins, der Soda Club und die Alte Kantine (s. S. 47), machen die alte Brauerei zu einem der angesagtesten Veranstaltungsorte Berlins.

❯ U2 Eberswalder Straße

Zwischen Schönhauser Straße, Kastanienallee und Mauerpark

„Berlin – Ecke Schönhauser". Gerhard Kleins DEFA-Film von 1957 über eine Gruppe Jugendlicher und ihren täglich Treff unter der Hochbahn Ecke Schönhauser Allee erreichte schnell Kultstatus und machte die große Straßenkreuzung im Prenzlauer Berg [M1] weit über die Grenzen der DDR hinaus bekannt. Nur drei Jahre nach der Filmpremiere eröffnete Max Konnopke am selben Ort seinen Holzkiosk unter der Hochbahn. Seitdem brutzelt in **Konnopkes Imbiss** (s. S. 40) **Berlins berühmteste Currywurst** und empfiehlt sich als herzhafte Grundlage für eine Kneipenpirsch. Denn zahlreiche Cafés, Gastwirtschaften und kleine Läden säumen die quirlige Oderberger Straße ebenso wie die **Kastanienallee** [M2], Letztere *die* Szenemeile im Prenzlauer Berg und wegen ihrer In-Lokale, Nachwuchsdesigner-Labels, Off-Galerien und alternativen Filmproduktionsbuden auch „Castingallee" genannt.

Biergartenatmosphäre verströmt, wenige Schritte in die Kastanienallee hinein, der 1852 als erster Bierausschank damals weit vor den Toren der Stadt eröffnete **Prater** (s. S. 46). 1867 wurde eine Konzession für die „Aufführung von Lustbarkeiten" erteilt und heute ist die Freiluftinstitution unter Kastanien in der Kastanienallee mit gut 600 Sitzplätzen der größte Berliner Biergarten.

Gegenüber lässt sich vom Szenecafé An einem Sonntag im August (s. S. 44) aus das Treiben auf der Kreuzung Ecke Schönhauser vortrefflich beobachten, während man sich am beliebten, preisgünstigen Frühstücksbüfett gütlich tut und im Tagesverlauf allmählich zu Cocktails und kühlem Blonden übergeht. Das Schwarz-Sauer (s. S. 44), zwei, drei Spazierminuten entfernt, bietet als weitere legendäre Volkskaffeekneipeneinrichtung in der Kastanienallee erst Frühstück, dann später Gerstensaft bis tief in die Nacht.

Die **Oderberger Straße** [M1] säumen weitere kleine Läden, Frühstückscafés und Kneipen, an ihrem nördlichen Ende erreicht man die Bernauer Straße. Unübersehbar ragen dort die Flutlichtmasten im **Friedrich-Ludwig-Jahn-Sportpark** empor. Bereits seit 1904 befindet sich an diesem Ort eine Sportstätte. 1912/13 wurde sie erstmals erweitert, aus Anlass der Weltjugendfestspiele 1951 ein großes Stadion angefügt und die Anlage ein Jahr später zum 100. Todestag von „Turnvater" Jahn umbenannt.

Westlich schließt sich im ehemaligen Todesstreifen zwischen den Stadtteilen Wedding (Alt-Westberlin) und Prenzlauer Berg (Alt-Ostberlin) der **Mauerpark** [L1] an. Der schmale Rasenstreifen gehört zu den wenigen Grünflächen im näheren Umkreis und ist bei Freizeitkickern, Jongleuren und Hobbymusikern, Jugendlichen, Familien und Rentnern, Radlern, Boulespielern und Sonnenanbetern, kurz bei den Prenzl'bergern, ungeheuer beliebt. Immer sonntags bei schönem Wetter verwandelt er sich mit einem Trödel-Angebot von Krempel bis Kunsthandwerk in den **Flohmarkt am Mauerpark** (s. S. 28), zu dessen kultigem Höhepunkt das Open-Air-Karaoke im Mauerpark-Amphitheater zählt. Dazu kredenzt das Kaffeehäuschen und Biergarten Mauersegler (s. S. 46) stilecht in Laubenpieperatmosphäre für Menschen von 0 bis 100 Jahre Latte und Kuchen, BBQ, Frischgezapftes und WLAN für Worcaholics. (Zur Mauergedenkstätte s. S. 186.)

Spaziergang 7: Prenzl'berg – zwischen Lifestyle, Kult und Mauerweg

Start für den Spaziergang ist der U-Bahnhof Senefelder Platz [M3]. Den Fernsehturm 54 *im Rücken und die Segenskirche im Blick, liegt wenige Schritte die Schönhauser Allee hinauf rechts der* **Jüdische Friedhof** 136. *Mit seinen altehrwürdigen, efeuumrankten Grabmalen ist er einen ausgedehnten Abstecher wert. Anschließend geht es von der Schönhauser Allee die nächste rechts in die Wörther Straße hinein und dort, wo diese auf den* **Kollwitzplatz** 134 *stößt, noch einmal rechts in die Knaackstraße [N2].*

Wo zu DDR-Zeiten die subversive Ostberliner Kulturszene wirkte, wo sich nach der Wende mit Kneipen, Klubs und Off-Galerien ein Epizentrum der Berliner Subkultur entwickelte, dehnt sich heute rund um den Kollwitzplatz **eines der teuersten innerstädtischen Wohnviertel** *aus. Luxussanierte Altbauwohnungen und exklusive Neubauten säumen die Pflaster.*

Rechts also in die Knaackstraße eingeschwenkt, drängt sich im Hintergrund bereits der „Dicke Herrmann" am **Wasserturmplatz** *(s. S. 237) in die Sicht. Vorher aber sollte man seine Aufmerksamkeit noch auf die Kollwitzstraße 56a lenken. Dort Ecke Knaakstraße lebte die* **Bildhauerin Käthe Kollwitz** *bis zur Zerstörung des Hauses 1943 im Krieg. Folgt man der Knaackstraße weiter Richtung Wasserturm, laden eine Reihe Cafés und Restaurants zur kleinen Pause ein. Danach um die Ecke gebogen steht gleich am Anfang der Rykestraße Deutschlands größte* **Synagoge** 135, *die allerdings nicht besichtigt werden kann. Ein weiteres Mal links eingeschwenkt, gelangt man über die Wör-*

therstraße wenige Schritte später wieder zum Kollwitzplatz.

Weiter geht der Spaziergang über die **Husemannstraße** *[N2] und die nächste links eingebogen die Sredzkistraße zur* **Kulturbrauerei** 137. *Hat man das backsteinerne Areal mit seinen sechs Höfen durchwandert und ist an der Knaack-, Ecke Danziger Straße wieder hinausgelangt, geht es links in Richtung U-Bahnhof Eberswalder Straße. Das Hochbahn-Viadukt Ecke Schönhauser ist bereits auszumachen und dort angelangt kann man sich unter der Hochbahn, mitten im tosenden Kreuzungsverkehr, bei Berlins berühmter* **Currywurstbude Konnopkes Imbiss** *(s. S. 40) eine „Curry mit" oder „ohne" einverleiben.*

Schräg gegenüber mündet die **Kastanienallee** *[M2] ein. Auch hier wird umgebaut, aufgewertet und luxussaniert, doch ein wenig quirlige Prenzl'berg-Atmosphäre lässt sich immer noch spüren. Die* **Oderberger Straße** *[M1], nach etwa 300 m die Kastanienallee hinab rechts eingebogen, steht dem an Flair nicht nach. Ihre sehr breiten Trottoirs, auf denen Gaststätten Tisch und Stuhl zum Spazierensitzen anbieten und kleine Läden ihre Sortimente ausladen, machen die „Oderberger" in der schönen Jahreszeit zum zweiten Wohnzimmer. Folgt man ihr, ist bald darauf die Bernauer Straße erreicht.*

Dort dehnt sich links neben den Flutlichtmasten des Ludwig-Jahn-Stadions, schmal wie ein Handtuch, der **Mauerpark** *(s. S. 239) aus. Hier hat man die Wahl: sich im Kultpark die Sonne auf den Pelz brennen lassen? Oder in die Bernauer*

Spaziergang 7: Prenzl'berg – zwischen Lifestyle, Kult und Mauerweg

Straße einschwenken und dem **Berliner Mauerweg** folgen? Bis 1989 ging der brutale Schnitt zwischen Ost- und Westberlin mitten durch die Bernauer Straße. Heute gehören die 1,5 km Bernauer Straße zwischen östlich dem Mauerpark und westlich dem Nordbahnhof mit ihren Installationen, Bauwerken und Mauerresten zur **Gedenkstätte Berliner Mauer 86** .

134 [N2] Rund um den Kollwitzplatz S. 236

135 [N2] Synagoge S. 237

136 [M2] Jüdischer Friedhof S. 237

137 [M1] Kulturbrauerei S. 237

138 [M2] Zionskirche S. 242

Alle weiteren Karteneinträge s. S. 376.

138 Zionskirche ★ [M2]

Nicht weit entfernt erhebt sich seit 1873 am Zionskirchplatz die neoromanische Zionskirche. 1931 wurde dort **Dietrich Bonhoeffer Gemeindevikar** und die Arbeit im damaligen Arme-Leute-Bezirk prägte den Theologen der Bekennenden Kirche und Widerstandskämpfer gegen das NS-Regime nachdrücklich. Ab Anfang der 1980er-Jahre entwickelte sich die Zionskirche – zusammen mit der Gethsemanekirche weiter nördlich nahe S- und U-Bahnhof Schönhauser Allee – im Zuge der Auseinandersetzungen um die Umweltbibliothek zum **Zentrum der DDR-Opposition.**

❯ U2 Senefelderplatz, U8 Bernauer Straße, Tram M1, 12

139 Jüdischer Friedhof Weissensee ★★ [R1]

Ganz im Nordosten vom Prenzlauer Berg dehnt sich an der Grenze zum Stadtteil Weissensee der **größte jüdische Friedhof Europas** aus. Vor dem Holocaust lebte fast ein Drittel der deutschen Juden in Berlin. 1880 wurde der über 40 Hektar umspannende Gottesacker geweiht, rund 115.000 Grabstätten werden in seiner Umfriedung gezählt. Unter ihnen befinden sich die Gräber der Verleger Samuel Fischer und Rudolf Mosse, der Begründerin der Volksküchenbewegung Lina Morgenstern, des Komponisten Louis Lewandowski, des KaDeWe-Gründers Adolf Jandorf, des Gastronom Berthold Kempinski und zahlreicher weiterer Persönlichkeiten des Berliner Geistes-, Kultur- und Gesellschaftslebens.

Bis 2012 wird der Friedhof **aufwändig restauriert**, um dann, so der Wunsch der Jüdischen Gemeinde zu Berlin, Eingang in die Liste der Weltkulturerbestätten der UNESCO zu finden.

❯ Herbert-Baum-Str. 45, Tram M4, M13, 12 Antonplatz, April–Sept. Mo.–So. 7.30–17, Fr. 7.30–14.30, So. 8–17 Uhr, Okt.– März Mo.–Do. 7.30–16, Fr. 7.30–14, So. 8–16 Uhr

077be Abb.: KJ

◀ *Von Efeu umkränzt: der Jüdische Friedhof an der Schönhauser Allee*

▶ *Die beiden Turmkuppelhäuser am Frankfurter Tor bilden den Auftakt zur Karl-Marx-Allee, der „ersten sozialistischen Straße auf deutschem Boden"*

Friedrichshain-Kreuzberg

Multikulti, kunterbunt – Menschen aus aller Welt leben in Friedrichshain-Kreuzberg. 2001 wurde der Ost-West-Bezirk aus hüben Friedrichshain und drüben Kreuzberg zusammengeschweißt und ist durch die türmchengekrönte Oberbaumbrücke über die Spree miteinander vereint.

🔴140 Karl-Marx-Allee ★   [P5]

Auf dem gut zwei Kilometer langen Straßenabschnitt zwischen Strausberger Platz und Frankfurter Tor erhebt sich **Deutschlands monumentalste Nachkriegsbebauung**. Im stalinistisch-klassizistischen Zuckerbäckerstil wuchsen die Gebäude nach sowjetischem Vorbild 1952–1960 an der 90 Meter breiten Magistrale aus den Kriegstrümmern empor. Für die Planung verantwortlich zeichnete ein Architektenkollektiv, dem u. a. die DDR-Stararchitekten Hermann Henselmann und Richard Paulick angehörten.

Das westliche Entree der Bebauung bildet der kreisrunde **Strausberger Platz** [05], der 1952–1955 entstand. Am 16. Juni 1953 traten hier wegen einer Erhöhung der Arbeitsnorm die Bauarbeiter in den Ausstand. In rasantem Tempo wuchs sich der Streik zum DDR-weiten Volksaufstand aus, den sowjetische Panzer am 17. Juni niederkämpften. Das als europäisches Kulturdenkmal geschützte Rondell wird von den beiden 13-geschossigen Hochhäusern „Haus Berlin" und „Haus des Kindes" überragt.

Bereits im Dezember 1949 hatte man die alte Frankfurter Allee in Stalinallee umgetauft. Von September 1951 bis Januar 1952 folgte in nur 121 Tagen Bautätigkeit Henselmanns neungeschos-

078be Abb.: kj

siges **Hochhaus an der Weberwiese** (Marchlewskistraße 25 [P5]), das erste Wohnhochhaus der DDR, mit dem sein Erbauer ein programmatisches wie ästhetisches Zeichen für den Wiederaufbau rund um die Stalinallee setzte. Zentralheizung, fließend Warmwasser, Fahrstuhl und Müllschlucker machten es zu einem Vorzeigeobjekt. Und in der Tat mussten sich die Mieter verpflichten, ein Jahr lang ihre Wohnungen Neugierigen aus aller Welt offen zu halten.

1952 begann im Rahmen des „Nationalen Aufbauprogramms Hauptstadt Berlin" die Enttrümmerung der Gegend und der Bau der sieben- bis neungeschossigen, kachelverkleideten Wohnhäuser im Großmaßstab. Das **„Schaufenster des Ostens"** wurde von sogenannten „Aufbauhelfern" errichtet – Frauen sowie zahlreiche Werktätige, die nach der Arbeit noch drei „Aufbaustunden" dranhängten. Schon im Dezember 1952 konnten die ersten 148 von insgesamt

5000 Wohnungen bezogen werden, fast die Hälfte davon wurde unter den verdientesten Helfern verlost.

Dass die Bebauung der Magistrale auch ganz anders hätte aussehen können – so wie sie Hans Scharoun 1949 für eine „Wohnzelle Friedrichshain" im Stil einer locker bebauten, funktionalistischen Stadt im Sinn hatte – demonstrieren die beiden **Laubenganghäuser** von Ludmilla Herzenstein (Karl-Marx-Straße 102/104 auf Höhe U-Bahnhof Weberwiese und Hausnummer 126/128 kurz vor dem Frankfurter Tor). Da im April 1950 aber eine SED-Delegation zu Studienzwecken in die UdSSR gereist war, blieben sie gemäß den von dort importierten „Sechzehn Grundsätzen des Städtebaus" singulär und wurden fortan als „kosmopolitischer Ausdruck westlichen Bauens" diffamiert.

Von Hermann Henselmann stammen ferner die beiden weithin sichtbaren, 1960 fertiggestellten **Turmkuppelhäuser**

am **Frankfurter Tor** [Q5], die die Monu-
mentalbebauung im Osten abschließen.
Ende 1961 wurde die Stalin-Allee in Karl-
Marx-Allee umbenannt.

❯ U5 Strausberger Platz, Weberwiese und
　Frankfurter Tor

141 Volkspark Friedrichshain ★ [O3]

Nicht weit nördlich von der Karl-Marx-Allee stellt der Volkspark Friedrichshain,
historisch betrachtet, den **Gegenentwurf zum vornehmen Tiergarten** dar.
1840 kam die Berliner Gemeindeverwal-
tung anlässlich des hundertjährigen Ju-
biläums der Thronbesteigung Friedrichs
des Großen überein, auf einer Brachflä-
che östlich vom Alexanderplatz eigens
für die Stadtbevölkerung einen Park einzurichten. Nicht nur zum Anschauen und
Promenieren sollte er dienen, sondern
vor allem benutzbar sein. Mit dem Projekt betraute man den Lenné-Schüler
und späteren Berliner Stadtgartendirek-
tor Gustav Meyer (1816–1877), der daraufhin auf 40 Hektar den Friedrichshain
anlegte – den ersten und damit ältesten
der zahlreichen Berliner Volksparks.
　Seit seiner Eröffnung 1846 steht der
Großvater unter den Volksparks Groß
und Klein zur Erholung oder aktiven Frei-
zeitgestaltung zur Verfügung. 1913 gesellte sich zum ursprünglichen Park-
Meublement der von Ludwig Hoffmann

◀ *Der Osthafen mit der Metallgroßskulptur „Molecule Man" und im Hintergrund die Oberbaumbrücke – Wahrzeichen von Friedrichshain-Kreuzberg*

KLEINE PAUSE

Volksparkpause
Für Speis und Trank im Volkspark sorgt das
Café Schönbrunn mit wechselnder Tageskarte, Abendkarte und Biergarten mit Blick
auf die Entchen im Großen Teich.
🚇**234** [O3] **Café Schönbrunn,**
　im Volkspark Friedrichshain, Tel.
　453056525, www.schoenbrunn.net,
　tgl. 10–1 Uhr

am Eingang Königstor erbaute **Märchen-
brunnen** hinzu – ein Entree mit fontänen-
spuckenden Froschkönigen und anderen
Tierfiguren und Szenen aus den Märchen
der Brüder Grimm. Um die Aussicht auf
die Dächer Berlins zu genießen, geht es
auf den 78 Meter hohen **Großen Bunkerberg** hinauf, der wie sein kleiner Bruder, der **Kleine Bunkerberg** im Nordosten
des Parks, keine natürliche Erhebung ist,
sondern aus Trümmermassen des Zweiten Weltkriegs über einem gesprengten
Bunker aufgetürmt wurde.

Szene im „Hain"

Südöstlich der Karl-Marx-Allee dehnt sich
im Altbaukiez zwischen Warschauer Straße [P7/Q6], Bahngleisen und Oberbaumbrücke **143** einer der Shootingstars der
Berliner Gastwirtschaftswelt aus. Rund
um den **Boxhagener Platz** [Q6], in der
Grünberger, Krossener und Gabriel-Max-
Straße sowie allen voran in der **Simon-
Dach-Straße** [Q6] drängeln sich Haus
an Haus Cafés, Pubs, Bars, Restaurants
– laut, lustig und von Heerscharen junger Leute bevölkert, die gefühlt „endlos"
viele Kneipen durchziehen. Wo man vor
Kurzem in manchem noch unsanierten
Gründerzeitdomizil Anderthalbzimmer-

wohnungen für 300 Euro Miete fand (mit Ofenheizung, versteht sich), zog es vor allem Studenten hin.

Rund um den Boxhagener Platz ist also Friedl'hain oder kurz einfach „der Hain", wie die angehenden Akademiker ihr Viertel nennen. Hier ist der Tante-Emma-Laden ein „Kiezladen" und vertreibt bis spät in die Nacht vornehmlich Hochgeistiges, dazu gibt's neben Pizza und Pasta

Global Food von Arabisch bis Yogi-Snack. Hübsche Boutiquen sorgen fürs Outfit, Tortillas und Empanadas konkurrieren mit Thai-Küche, russischen Plinsen und italienischem Eis.

Inmitten des Gastronomie-Defilees wartet in der Simon-Dach-Straße die Astro-Bar (s. S. 43) mit kosmischem Diedschäjing auf, daneben lädt mit Ausguck-Balkon im ersten Stock die Dachkammer

Planet x-Berg

Mitte ist out, Kreuzberg in und seine Nächte sind immer noch lang! Neben Werbe- und Veranstaltungsagenturen, Musikunternehmen und Internetfirmen, die zunehmend den Spreegürtel bevölkern, neben Studenten in ihren Buden und gut situierten Altakademikern in großzügigen Dachterrassenwohnungen gibt es auch alle anderen noch: die Freaks und aus der Mode geratenen Alt-68er, die Hippies und Alkis, die Junks und die Punks, die Alten und Armen ebenso wie die zahlreichen Initiativen und Selbsthilfeprojekte, experimentierfreudigen Kooperativen, alternativen Denkfabriken und die türkische Community - bereichert um weitere über 160 Nationen, die dicht an dicht zusammen in Kreuzberg leben.

Die erst mit den Eingemeindungen 1920 aus Teilen der alten Berliner Vorstädte - der südlichen Friedrichstadt, der Luisenstadt und der Tempelhofer Vorstadt - zusammengeschusterte neue Stadt ist immer noch Experimentierbude und Seismograf für Entwicklungen, nicht nur berlin-, sondern auch deutschlandweit. Denn Kreuzberg ist arm. Und wo kein Geld ist, muss eben die Fantasie Brücken bauen.

Zwar wurde die südöstliche Berliner Mitte im Krieg weniger zerstört als andere Gebiete im Zentrum der Spree-Metropole. Doch schnürte sie der Mauerverlauf fortan vom Leben ab, sowohl von Ost- als auch von Westberlin. Kreuzberg, insbesondere sein eingemauerter Nordosten (nach dem 1920-1945 geltenden Postzustellungsbezirk Südost 36 „SO 36" genannt), war buchstäblich Sackgasse, ein Dead End, in dem die amerikanischen Truppen bis in die 1970er-Jahre hinein zwischen Kriegsruinen, Abrissbirnen und öden Baugruben Häuserkampf-Manöver abhielten.

Ganze Viertel waren für eine autogerechte Stadt zum Abriss vorgesehen. Spekulativer Leerstand und „Zwischenvermietungen" ohne Mieterschutz an Einwandererfamilien folgten. Wer seine Wohnung im Kahlschlagsanierungsgebiet nicht freiwillig räumen wollte, dem begegnete im Treppenhaus gelegentlich ein gedungenes Rollkommando. Andere Schikanen durch die überwiegend von „Wessi-Land" aus agierenden Immobilienbesitzer waren die gefürchtete „heiße Entmietung" (Brandstiftung) oder die Zerstörung von Dächern, Dachrinnen, Steig- und Fallrohren, bis das gesamte Haus unter Wasser stand. Dagegen entwickelte sich jene kun-

(s. S. 43) zu Cocktails ein. Dazu dröhnt Simon-Dach-, Ecke Krossener Straße Paule's Metal Eck, die Volckswirtschaft wenige Schritte entfernt serviert Bioschnitzel, Naturkostküche und Best Beer und direkt gegenüber kredenzt Cupcake (s. S. 43) köstliche süße Kuchen.

Konzertiert, gelesen, Theater gespielt oder Party gefeiert wird unmittelbar vor den Ringbahngleisen in der Reva-

terbunte Mischung aus Alt-Kreuzberger Proletariern, muslimischen Immigranten, westdeutschen Autonomen, Studis, Ökos, Hausbesetzern und Alternativlingen, die in den Bossen und Eigentümern einen gemeinsamen Gegner erblickten.

Im Gefolge der Hausbesetzungen, die im letzten Drittel der 1970er-Jahre in Kreuzberg begannen, setzte allmählich ein Umdenken in der Stadtplanung ein. „Sanfte Sanierung" wurde zum Schlagwort der Stunde: Entkernung der Mietskasernen bei gleichzeitigem Erhalt der Kiezstruktur sowie Modernisierung auf einem für die eingesessenen Menschen bezahlbaren Niveau. So lebt man heute zu - noch - bezahlbaren Mieten in schönen Altbauten in verkehrsruhigen Straßen, inmitten einer internationalen Gemeinde.

Bar jeder Sozialromantik verzeichnet Kreuzberg jedoch auch traurige Rekorde: bei der höchsten Bevölkerungsdichte zusammen mit den Bezirken Neukölln und Mitte die größte Arbeitslosigkeit, die meisten Arbeitslosengeld-II- und Sozialhilfebezieher. So kehrte, wer konnte und aufsteigen wollte, dem Stadtteil noch bis Ende der 1990er-Jahre den Rücken - und ist inzwischen wieder zurück. Denn Alternativen, und damit Kreuzberg, sind wieder schick.

ler Straße im **RAW-Tempel** – einst das Gelände der „Königlich Preußischen Eisenbahnwerkstatt", nach Gründung der Deutschen Reichsbahn 1920 Reichsbahnausbesserungswerk, kurz RAW, und 1967 nach dem kommunistischen Reichstagsabgeordneten und Antifaschisten Franz Stenzer (1900–1933) benannt. Die alten Werkhallen und Verwaltungsgebäude zwischen stillgelegten Gleisen bieten Raum für Projekte, Werkstätten, Veranstaltungen sowie einen Kletterturm, eine Skaterhalle und kleine Biergärten.

> S und U1 Warschauer Straße,
  U5 Frankfurter Tor

🚋 **235** [Q6] **Paule's Metal Eck,**
  Simon-Dach-Str. 38, tgl. ab 16 Uhr

🚋 **236** [Q6] **Volckswirtschaft,**
  Krossener Str. 17. tgl. ab 9 Uhr

> **RAW-Tempel,** Revaler Str. 99, tgl. ab 10 Uhr

142 Eastside Gallery ★★★ [P7]

Auf rund 1300 Metern erstreckt sich zwischen Spree und Mühlenstraße das längste noch verbliebene Stück der **Ostberliner Hinterlandmauer.** 1990 wurde sie von Künstlern aus 21 Ländern bemalt und damit zur **längsten Open-Air-Galerie der Welt.** Die mittlerweile stark verblassten, teils abgeblätterten Gemälde – darunter der berühmte „Bruderkuss" von Dmitrij Vrubel – wurden nach der Sanierung des Mauerstücks bis Herbst 2009 von den Künstlern neu aufgetragen.

> S, U1 Warschauer Straße

143 Oberbaumbrücke ★★ [P7]

Seit 1896 verbindet die türmchengekrönte backsteinrote Oberbaumbrücke das östliche und westliche Spreeufer. Ihr

Name erinnert daran, dass sich am Oberbaum **einst eine Zollstation** befand, die den Spreekähnen mit einem abgehängten Baumstamm die Durchfahrt versperrte und damit eine Art Stadttor zu Wasser war. Ab 1902 ratterte im Obergeschoss die U-Bahn über die Gleise. Während der Teilung Berlins, als die Spree zur schwer bewachten Staatsgrenze wurde, ruhte der Zugverkehr. Von DDR-Seite aus ließ man die Brücke verriegeln, nur ein streng kontrollierter Fußgängergrenzübergang blieb zum Passieren.

Seit 1995 rollen die Züge nun wieder und tragen die Fahrgäste zwischen Friedrichshainer und Kreuzberger Ufer hin und her. Auf Rädern und Schusters Rappen gelangt man selbstverständlich ebenfalls über die Oberbaumbrücke, die mit der Zusammenlegung der beiden Stadtteile 2001 zum **Wahrzeichen des neuen Großbezirks Friedrichshain-Kreuzberg** aufstieg.

> S und U1 Warschauer Straße,
> U1 Schlesisches Tor

Szene rund um Osthafen und Oberbaumbrücke

Die Klub- und Musikszene rund um die Oberbaumbrücke groovt. Am Friedrichshainer Ufer residieren im 1929 errichteten **Eierspeicher** Universal Music und in der benachbarten Lagerhalle der Musiksender MTV. Am Kreuzberger Ufer tanzt man bis morgens im Watergate (s. S. 48) über dem Wasser, lässt sich später gleich nebenan zum Gesang der quietschenden Hochbahn im Sonnenschein vor dem San Remo Upflamör (s. S. 43) nieder oder zieht in ein anderes Lokal in der **Falckensteinstraße** [P7/8] weiter – im Sommer ein großes Freiluft-Wohnzimmer.

Trendsetter in der **Schlesischen Straße** [P7/8] sind mit Flaschbier und Fassbier das Mysliwska sowie Heinz Minkis mit lauschigem Biergarten. Sehr beliebt außerdem die **Bootshäuser am Flutgraben,** wo man im Freischwimmer (s. S. 43) oder Club der Visionäre hie von Brunch bis Fondue, da zu Turntables auf Holzstegen über dem Wasser chillt.

Leibhaftiges Schwimmvergnügen im Sommer bietet das **Badeschiff** im Arena-Areal nebenan. Ufernah wurde dazu eigens ein Wasserbecken in die Spree eingelassen. Die **Arena** selbst – mit beliebter großer Konzerthalle – verwandelt sich immer am Wochenende in einen **riesigen Trödelmarkt** (s. S. 28), auf dem man vom alten Alibertschrank über Couchgarnituren, Kleider, Schuhe und Teppiche bis zum Second-Hand-Presslufthammer alles nur Denkbare aufstöbern kann.

Bug voraus geht der Blick auf den 30 Meter hoch mitten im Spreewasser thronenden, ziemlich durchlöcherten **Molecule Man.** Die Metall-Großskulptur des amerikanischen Bildhauers Jonathan Borowski entstand im Auftrag der Allianz-AG, die sich quasi als Trendscout am Osthafen betätigte und dort bereits im Jahr 2000 einen schicken Büroturm als neue Firmenzentrale eröffnete.

> U1 Schlesisches Tor, Bus 265

❼237 [Q8] **Heinz Minkis,** Vor dem Schlesischen Tor 3, www.heinzminki.de, im Sommer tgl. ab 12 Uhr

❽238 [P7] **Mysliwska,** Schlesische Str. 35, tgl. ab 18 Uhr

❾239 [Q8] **Club der Visionäre,** Am Flutgraben 1, www.clubdervisionaere.de, April–Sept. tgl. ab 14 Uhr

❺240 [Q8] **Badeschiff,** Eichenstr. 4, www.arena-berlin.de, Mai–Sept. tgl. ab 8 Uhr mit open end (im Winter Sauna)

Spaziergang 8: Kreuz und quer durch den Kreuzberger Kiez

Der Spaziergang durch das nordöstliche **Kreuzberg 36**, *so nach dem alten Postzustellbezirk „Südost (SO) 36" genannt, beginnt an der S- bzw. U-Bahnstation Warschauer Straße [Q7]. Hat man die S-Bahn für die Anfahrt gewählt, heißt es zunächst die Warschauer Brücke nach links in Richtung Kreuzberg zu überqueren. Hier bietet sich eine Aussicht auf reizlose Zweckbauten inmitten von Gleis- und Industrieanlagen, die zu den weniger attraktiven, aber dennoch nicht unspannenden Berliner Ansichten zählt. Am Brückenende, wo die U-Bahnlinie 1 am Endbahnhof Warschauer Straße ihre Fahrgäste entlässt, kann man „bergab" zur Spree hinab bereits die kuriosen Backsteintürme der* **Oberbaumbrücke** ⑭ *erkennen, Wahrzeichen des Bezirks Friedrichshain-Kreuzberg.*

Noch auf der Friedrichshainer Seite der Spree ist die **East Side Gallery** ⑫ *einen Abstecher wert. Das längste noch erhaltene Berliner Mauerstück verläuft immer am Wasser entlang. Da die nächste Brücke erst nach 2,5 Kilometern kommt, ist es anzuraten, nach einem Gallery-Bummel kurzerhand wieder umzudrehen, um über die Oberbaumbrücke ans Kreuzberger Ufer zu wechseln.*

Auf dem türmgekrönten Brückenbauwerk kann man recht hübsch den Blick schweifen lassen: Flussabwärts funkelt schwer zu übersehen die silberne Kugel des Fernsehturms ㊹, *flussaufwärts öffnet sich der* **Osthafen** *mit seiner rundum groovenden Szene (s. S. 248) - im Hintergrund im Wasser die Metallgroßskulptur* **Molecule Man.**

Am Kreuzberger Ufer angelangt heißt es: Willkommen im Partyland! Nun knickt man nicht mit der Hochbahntrasse ab, sondern läuft geradeaus weiter, unterquert die Hochbahn und auf gehts ins Getümmel. Links die Schlesische Straße [P/Q8] hinunter lohnt sich vor allem im Sommer das **Badeschiff** *(s. S. 248). Oder man spaziert gleich geradeaus weiter in die* **Falckensteinstraße** *[P8] hinein: Partyzone, Futtermeile und Zweites Wohnzimmer zugleich.*

Zahlreiche Lokalitäten später ist am Ende der „Falcke" der **Görlitzer Park** ⑭ *erreicht. „Oh ick wohn ja nu Görli Görli, in German we say 6- an' 30" - die Kreuzberg-Hymne von P. R. Kantate hat den „Görli" deutschlandweit bekannt gemacht. Keine hundert Meter in den Park hinein, geht es rechts auf die asphaltierte Hauptachse und durch das Rondell hindurch, an Grillern und Musikkombos oder auch Schneeballschlachten und Schlittenfahrern vorbei, und hinter dem Sportplatz den nächsten Weg links aus dem Park zur Wiener Straße [O8] hinaus.*

Die „Wiener" hinauf wartet keine 200 Meter später am **Spreewaldplatz** *[O8] die nächsten Bar- und Kneipenparade auf. Das U-Bahn-Viadukt bereits wieder in Sichtweite und auf Höhe des Görlitzer Bahnhofs abermals unterquert, zieht man sodann geradeaus weiter in die* **Oranienstraße** ⑭. *Die Kreuzberger Mischung aus multikulti, autonom und alternativ lässt sich am schönsten in der „O-Straße" zwischen dem Kneipenrondell Heinrichplatz [N7] und der Adalbertstraße erkunden. Dazu passt atmosphä-*

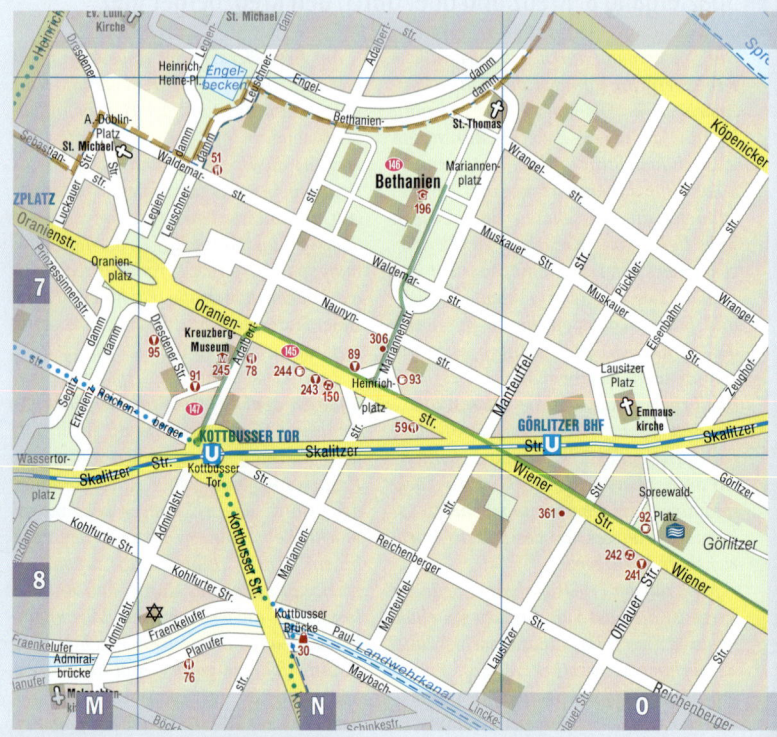

risch, nur einen Steinwurf vom Heinrichplatz entfernt, ein kurzer Schlenker zum *Kunstquartier Bethanien* 146, das unter seinem Dach Kunstateliers, eine kommunale Kunstgalerie und ein soziokulturelles Zentrum beherbergt.

Biegt man von der Oranienstraße schließlich links in die Adalbertstraße ein, wird man schon von Weitem vom Betonbügel des *Neuen Kreuzberger Zentrums (NKZ)* 147 begrüßt. Wieso es zu solch geballter Scheußlichkeit kommen konnte, kann man kurz vor dem NKZ im Kreuz

berg Museum erfahren, bevor man – eine letzte Unterquerung auf diesem Spaziergang – unter dem NKS-Betonbügel hindurch zum U-Bahnhof Kottbusser Tor gelangt.

142 [P7] Eastside Gallery S. 247

143 [P7] Oberbaumbrücke S. 247

144 [O8] Görlitzer Park S. 252

145 [N7] Oranienstraße S. 253

146 [N7] Bethanien S. 253

147 [N7] Neues Kreuzberger
Zentrum S. 253

Alle weiteren Karteneinträge s. S. 376.

079be Abb.: kj

144 Görlitzer Park ★ [08]

Auf drei Seiten vom Wasser des Landwehrkanals und der Spree umzogen, bildet im Herzen der Halbinsel der Görlitzer Park die **Grüne Lunge im Kiez**. Zwischen Kinderbauernhof, Fußball und
Baseball wird in der schönen Jahreszeit
im „Görli" gegrillt, was die Holzkohle her-
gibt. Rechts vom Park laden auf der Sonnenseite der Görlitzer Straße Cafés zum
Draußensitzen mit Servicebetrieb ein,
linkerhand dehnt sich am **Spreewaldplatz** eines der Epizentren des örtlichen
Wirtschafts-Lebens aus. Bei beständigen
Zuwachsraten an Lokalitäten von Bar
über Imbiss und Kneipe bis Restaurant
verzeichnen dort auch die alteingesessenen Institutionen noch regen Zulauf: die
Absturz-Legende Madonna (250 Whisky-
sorten), nebenan die Rock'n'Roll-, Indie-,

Punk-Bude Wild at Heart und gegenüber
die Morena-Bar (s. S. 43) mit Frühstück
bis spät in die Nacht.

❯ U1 Görlitzer Park, Bus M29

🕔**241** [08] **Madonna,** Wiener Str. 22,
tgl. ab 15 Uhr

🕔**242** [08] **Wild at Heart,** Wiener Str. 20,
www.wildatheartberlin.de, tgl. ab 20 Uhr

🔺 *„Görli, Görli", cool und sonnig – so
wie die Sommerhymne von P. R. Kantate
den Görlitzer Park besingt*

▶ *Ursprünglich einmal ein Krankenhaus, hat schon so manche Künstler-
karriere in den Atelierräumen des
Bethanien ihren Anfang genommen*

145 Oranienstraße ★   **[N7]**

Nördlich vom Bahn-Viadukt wartet die Oranienstraße mit einer **schillernden Alternativshop-Parade** auf. Secondhand- und Prêt-à-porter-Boutiquen für korrektes Kreuzberg-Outfit, Buch-, Platten-, Bio-, Gemüse- und mediterrane Feinkostläden wechseln sich mit Kuruyemis-Theken, Brutzelbuden von Döner bis Sushi, Restaurants, Cafés, Bars und Kneipen ab.

Am Kneipenrondell Heinrichplatz [N7] drängelt man sich drinnen und draußen bevorzugt im Bateau Ivre (s. S. 43) oder der Roten Harfe (s. S. 43), Letztere zugleich bester Ausguck auf die alljährlich rund um den Heinrichplatz stattfindende 1.-Mai-Keilerei. Die Konzert-Kultstätte SO 36 (s. S. 51) bietet Musikalisches von Elektro über Indie bis Punk, in der Nachbarschaft schwul das Roses und 1950er-Jahre-gemütlich der Bierhimmel.

❯ U1 Görlitzer Park oder Kottbusser Tor, Bus M29

🕓 243 [N7] **Roses**, Oranienstr. 187, tgl. 22–6 Uhr

🕓 244 [N7] **Bierhimmel**, Oranienstr. 183, tgl. ab 13 Uhr

146 Bethanien ★   **[N7]**

Um die Ecke erstreckt sich am Mariannenplatz der **Komplex des ehemaligen Diakonissenkrankenhauses Bethanien**. 1845–1847 wurden die Gebäude nach Plänen des Schinkel-Schülers und Baumeisters von König Friedrich Wilhelm IV., Ludwig Persius, errichtet. Nach der Stilllegung des Krankenhausbetriebs 1970 wurde im Jahr darauf ein Schwesternwohnheim auf dem Gelände besetzt, in **Georg-von-Rauch-Haus** umbenannt und durch den gleichnamigen Song der Band Ton Steine Scherben deutschlandweit bekannt. Die Apotheke im Haupthaus, in der 1848/49 Theodor Fontane arbeitete, blieb original erhalten.

Heute teilen sich die Anlage kulturelle und nachbarschaftlich organisierte Projekte mit Ateliers, Musikschule, Theater- und Tanzinstitutionen sowie dem **Kunstraum Kreuzberg/Bethanien** (s. S. 69), der als nicht-kommerzielle kommunale Galerie Ausstellungen zeitgenössischer Kunst von internationalem Rang präsentiert.

❯ U1 Görlitzer Park oder Kottbusser Tor, Bus M29

147 Neues Kreuzberger Zentrum ★   **[N7]**

Am Kottbusser Tor erhebt sich mit dem gewaltigen Betonriegel, kurz „NKZ" genannt, eine **Sehenswürdigkeit der anderen Art**. Das Ungetüm, in den Zeiten der Kahlschlagsanierung 1969–1974 zwölf Stockwerke hoch mit 370 Wohnungen, 70 Läden und zwei Parkhäusern erbaut, ist heute ein sozialer Brennpunkt Berlins und außerdem Gegenstand zahlreicher stadtsoziologischer Sightseeingtouren. In seinem Schatten informiert das **Kreuzberg-Museum** über die Geschichte des Stadtteils, insbesondere über die Hausbesetzer-Bewegung und die daran anschließende sanfte Stadtsanierung.

> U1 Kottbusser Tor

🏛 **245** [N7] **Kreuzberg-Museum,** Adalbertstraße 95a, www.kreuzbergmuseum.de, Tel. 50585233, Mi.–So. 12–18 Uhr, Eintritt frei

148 Kreuzberg 61 ★   [K9]

Nach den alten Postzustellbezirken wird Kreuzberg nördlich vom Landwehrkanal „SO 36" und südlich der künstlichen Wasserstraße „61" genannt. Vom 66 Meter hohen Kreuzberg im **Viktoriapark** [J9] aus kann man sich einen schönen Überblick über den Stadtteil verschaffen. Seit 1821 krönt ihn das Schinkelsche Nationaldenkmal mit einem Eisernen Kreuz obenauf, das zunächst dem Berg und schließlich dem ganzen Stadtteil seinen Namen gab.

Nahebei steht der **Bergmannkiez** zwischen Bergmannstraße, Marheineke- und Chamissoplatz an Café-, Bier-, Bar- und Alternativshop-Kultur der Oranienstraße 145 nicht nach. Auf den **Friedhöfen am Mehringdamm** [K8] unweit vom Halleschen Tor ruhen die Dichter Adalbert von Chamisso und E. T. A. Hoffmann, der Komponist Felix Mendelssohn Bartholdy, der Baumeister Georg Wenzeslaus von Knobelsdorff, die Industriellen Ernst Schering und Carl von Siemens und viele weitere bedeutende Persönlichkeiten der deutschen Geschichte.

Südlich dehnt sich im Drei-Bezirke-Eck Kreuzberg/Neukölln/Tempelhof der **Flughafen Tempelhof** [L11] mit dem

nach dem Pentagon größten zusammenhängenden Gebäudekomplex der Erde aus. 1923 eröffnete der erste Berliner Zentralflughafen, bis 2008 dauerte mit wenigen Unterbrechungen der Flugbetrieb. Davor erinnert am Platz der Luftbrücke das **Luftbrückendenkmal** – von den Berlinern „Hungerkralle" genannt – an die Blockade Westberlins 1948/49, als amerikanische „Rosinenbomber" die Bevölkerung aus der Luft mit Lebensmitteln versorgten. Das umzäunte Flugfeld steht seit Mai 2010 als größte innerstädtische Freifläche für den Publikumsverkehr offen (s. S. 108).

> U6 Mehringdamm und Platz der Luftbrücke, U7 Mehringdamm und Gneisenaustraße

149 Deutsches Technikmuseum ★★★   [J8]

Eine der legendären Douglas C 47 Skytrains, ein „**Rosinenbomber**" aus den Tagen der Luftbrücke, schwebt heute original vor der gläsernen Hauptfassade der **einzigartigen Technik-Museumsstadt.** Auf dem Gelände des alten Anhalter Güterbahnhofs, nicht weit entfernt vom Potsdamer Platz 99, öffnete sie 1982 ihre Tore und zeigt seitdem beeindruckende Sammlungen alter Automobile, Dampfmaschinen, Bahnwaggons und Lokomotiven, Schiffsmodelle, Flugzeuge, Roboter und vieles mehr. Im Museumspark warten u. a. Lokschuppen sowie ein Windpark mit alter Hammerschmiede, Windmühlen und Windrädern auf ihre Besichtigung.

> **Deutsches Technikmuseum,** Trebbiner Str. 9, U1, U2 Gleisdreieck, Tel. 902540, www.sdtb.de, Di.–Fr. 9–17.30 Uhr, Sa./So. 10–18 Uhr, Erw. 6 €, erm. 3 €, ab 15 Uhr bis unter 18 Jahre freier Eintritt

Schöneberg

In Schöneberg gibt es nicht viel zu sehen, aber es lebt sich sehr angenehm. Die „Beautyberger" Einwohnerschaft zeigt sich entspannt. Man hat es ein bisschen zu etwas gebracht, doch seine Studentenzeit noch nicht ganz vergessen und lebt häufig schon seit drei Jahrzehnten in seiner geräumigen, stuckverzierten Altbauwohnung.

Unmittelbar am **Nollendorfplatz** [H7] erhebt sich das 1905/06 erbaute **Metropol**. Wie sein Namensvetter, das Metropol-Theater, das in der Friedrichstraße im Admiralspalast seine Heimat hatte, schrieb auch das Metropol am Nollendorfplatz Bühnengeschichte. 1927/28 war das damalige „Neue Schauspielhaus" Spielstätte für Erwin Piscators (1893–1966) Proletarisches Theater. In der Nachkriegszeit beherbergte das Metropol lange Zeit ein Kino, anschließend eine Diskothek und seit Anfang des dritten Jahrtausends wechselnde gastronomische Einrichtungen.

Wenige Schritte südlich geht es immer mittwochs und samstags zum Leckereien- und Blumeneinkaufen auf den **Winterfeldtmarkt** am Winterfeldtplatz (s. S. 29). Nach dem Viktualien-Cruising lässt man sich rituell in einem der zahlreichen Cafés nieder, die den belebten Platz rund um die St.-Matthias-Kirche säumen, darunter das Slumberland, der Oldtimer unter den Schöneberger Lokalitäten und, damit man stets weich vom Barhocker fällt, seit mittlerweile drei Jahrzehnten mit Sandboden unter den Füßen.

❯ U1, U2, U3 Nollendorfplatz
⊙**246** [H8] **Slumberland**, Goltzstr. 24, So.–Fr. ab 18 Uhr, Sa. ab 14 Uhr

🔵 Heinrich-von-Kleist-Park ★ [H8]

Am meist kurz „Kleistpark" genannten Areal südlich vom Nollendorfplatz an der Potsdamer Straße befand sich Berlins erster Botanischer Garten, den man 1897 jedoch, als die Stadt sich ausdehnte, nach Dahlem verlegte. Die 1777–1780 von Carl von Gontard für die Königsbrücke am Alexanderplatz geschaffenen **Königskolonnaden** versetzte man 1910 in den nun verkleinerten Kleistpark, auf dessen Gelände bereits seit 1909 bis abschließend 1913 das neobarocke **Preußische Kammergericht** entstand.

Von August 1944 bis Januar 1945 tagte in seinen Räumlichkeiten der berüchtigte **Volksgerichtshof unter Roland Freisler**. Nach Kriegsende 1945 zog der Alliierte Kontrollrat ein, um vom Kleistpark aus die Geschicke in den vier Berliner Besatzungszonen zu lenken. 1971 wurde im Kontrollratsgebäude das Viermächteabkommen über Berlin unterzeichnet. Heute ist es Sitz des Berliner Verfassungsgerichts.

❯ U7 Kleistpark

🔵 Rathaus Schöneberg ★ [G10]

Nicht weniger geschichtsträchtig ist das Rathaus Schöneberg am John-F.-Kennedy-Platz. Nach seiner Einweihung 1914 sollte der Sandsteinbau noch sechs Jahre lang der höchste Verwaltungssitz der 75.000 Einwohner zählenden Stadt Schöneberg sein, bis diese 1920 nach Groß-Berlin eingemeindet wurde. Von 1949 bis zur Wiedervereinigung war das Rathaus Westberliner Regierungssitz,

Amtssitz des Regierenden Bürgermeisters, der alliierten Verbindungsoffiziere sowie Versammlungsort des Abgeordnetenhauses und damit **politisches Epizentrum von Westberlin.**

Die Worte „Isch binn ain Bälinä" des US-Präsidenten John F. Kennedy auf dem Platz vor dem Rathaus bewegten 1963 die Einwohner der eingemauerten westlichen Stadthälfte. Und die bereits 1950 nach dem Vorbild der „Liberty Bell" in Philadelphia gegossene **„Freiheitsglocke"** im 70 Meter hohen Rathausturm wurde zum klingenden Zeichen für die Freiheit der Welt. Seit 2001 dienen die holzgetäfelten Räumlichkeiten als Sitz des Bezirksbürgermeisters und der Bezirksverordnetenversammlung von Tempelhof-Schöneberg.
❯ U4 Rathaus Schöneberg

Berliner Außenbezirke

007be Abb.: kj

Dahlem

Der Ortsteil des Bezirks Steglitz-Zehlendorf im Südwesten Berlins ist von Villen, kleinen Parks und Zehntausenden von Studenten geprägt. In Dahlem erstreckt sich der zentrale Campus der Freien Universität Berlin. Daneben wartet es mit einem herausragenden Standort der Staatlichen Museen auf sowie dem Botanischen Garten als einem der bedeutendsten seiner Art auf der Welt.

Vom Mittelalter bis in die Neuzeit ein Rittergut und 1841 an den preußischen Domänenfiskus verkauft, wurde die königliche Domäne Dahlem ab 1912 zum vornehmen Villenvorort mit angegliedertem Wissenschaftsquartier ausgebaut, zum „deutschen Oxford", wie man seinerzeit sagte. Zahlreiche Forschungsgebäude für die Institute der Kaiser-Wilhelm-Gesellschaft entstanden, die nach dem Zweiten Weltkrieg die Max-Planck-Gesellschaft und die Freie Universität übernahmen.

Die Gründung der Freien Universität Berlin 1948 war die Antwort auf die zunehmend marxistisch-leninistische Ausrichtung der Berliner Universität (ab 1949 Humboldt-Universität **㉑**) im sowjetischen Sektor.

㊲ Jagdschloss Grunewald ★★

1542/1543 wurde das Renaissanceschloss im Grunewald am Südostufer des Grunewaldsees wahrscheinlich nach einem Entwurf von Caspar Theiss erbaut. Kurfürst Joachim II. Hector hatte es in Auftrag gegeben, um für sich und seine Gesellschaften über ein **standesgemäßes Quartier während der Jagd** zu verfügen, und nannte es „Zum grünen Wald"

– wonach der gesamte Grunewald seinen Namen erhielt.

Eine barocke Erweiterung unter König Friedrich I. wurde 1705–1708 ausgeführt. Aus jener Zeit stammen auch die kleineren Hofgebäude, die hufeisenförmig an das Schlossgebäude anschließen. Unter seinem Dach beherbergt es den **Cranach-Bestand** der Stiftung Preußische Schlösser und Gärten mit berühmten Werken von Lucas Cranach dem Älteren, Lucas Cranach dem Jüngeren und ihrer Werkstatt.

❯ Hüttenweg 100 (am Grunewaldsee), 14193 (Dahlem), www.spsg.de, April–Okt. Di.–So. 10–18 Uhr, Nov.–März Sa./So. 10–16 Uhr, mit Führung Erw. 5 €, erm. 4 €, ohne Führung Erw. 4 €, erm. 3 €

❯ Bus 115, X10, X83 Clayallee/Ecke Königin-Luise-Straße, von dort ca. 15 Minuten Fußweg durch den Grunewald

㊳ Domäne Dahlem ★ **[B12]**

Die Domäne erinnert noch heute daran, dass Dahlem bis zur Eingemeindung nach Groß-Berlin 1920 ein kleiner märkischer Flecken war. Wenige Schritte westlich vom U-Bahnhof Dahlem-Dorf dehnt sich das Gelände aus. **Im Mittelalter ein ritterliches Lehnsgut**, von 1841–1945 preußische Domäne und danach Teil der Berliner Stadtgüter, ist es mittlerweile ein Bioland-Hof und zugleich höchst lebendiges **Freilichtmuseum**. Die Ausstellung im **Herrenhaus** von 1560 sowie in den 1830 errichteten Pferdeställen zeigt Sammlungen **rund um die Themen Landwirtschaft und Ernährung**, von Gemälden und Skulptu-

◀ *Vorseite: Schloss Köpenick auf der Schlossinsel (siehe* **㊸***)*

ren über Kunsthandwerkliches und Dinge des täglichen Gebrauchs bis hin zu landwirtschaftlichen Geräten und Maschinen aus den vergangenen 300 Jahren, einen Kaufmannsladen aus den 1920er-Jahren, eine historische Fleischerei u. v. m.

Auf dem Freilichtgelände gehen auf zwölf Hektar Betriebsfläche traditionelle Bewirtschaftung und modernste Technik Hand in Hand. In den Ställen sind **gefährdete alte Tierrassen** untergebracht: rauwollige Pommersche Landschafe, Thüringer Waldziegen oder Deutsche Sattelschweine.

Aufmerksamkeit verdienen auch der **Eiskeller** von 1709 auf dem Dorfanger, eine **Stellmacherei** aus dem frühen 19. Jahrhundert, eine 1907 gebaute **Remise** und das ehemalige **Wiegehäuschen** aus den Jahren um 1920. Alte Handwerksberufe wie Kunstschmied, Töpfer und Blaudrucker prägen den Hof und ein **Ausschank** stillt bei schönem Wetter Hunger und Durst. Im Hofladen kann man Gemüse, Fleisch, Wurstwaren und zahlreiche weitere Bio-Erzeugnisse der Domänen-Landwirtschaft erstehen.

> ❭ **Freilichtmuseum Domäne Dahlem,**
> Königin-Luise-Straße 49, U3 Dahlem Dorf, Tel. 6663000, www.domaene-dahlem.de; Museum Mi.–Mo. 10–18 Uhr, Erw. 3 €, erm. 1,50 €, bis 18 Jahre Eintritt frei, für alle jeden 1. Mi. im Monat freier Eintritt; Hofladen Mo.–Fr. 10–18, Sa. 8–13 Uhr; Ökomarkt Sa. 8–13 Uhr, Ausschank bei gutem Wetter Mo.–Sa. 11–20 Uhr, So. 10–20 Uhr

🄯 Dahlemer Museen ★ ★ ★ [B12]

Sammlungen von Weltrang aus allen Erdteilen lassen sich am Dahlemer Standort der Staatlichen Museen zu Berlin bestaunen.

Das **Museum Europäischer Kulturen** widmet sich mit rund 275.000 Ausstellungsstücken den europäischen Alltagskulturen vom 18. Jh. bis heute.

Das **Ethnologische Museum** präsentiert Sammlungen außereuropäischer Kunst- und Kulturerzeugnisse von der Vorgeschichte bis in die Gegenwart. 500.000 Objekte aus allen fünf Kontinenten machen es zu einem der weltweit größten und bedeutendsten seiner Art. In einem Teil des Museums haben blinde Menschen die Möglichkeit, die fernen Kulturen zu ertasten. Im **JuniorMuseum** im Ethnologischen Museum geht es für die Kleinen auf große Entdeckungsfahrt.

Das **Museum für Asiatische Kunst** zeigt Kunstsammlungen Süd-, Südost- und Zentralasiens mit Werken des indoasiatischen Kulturraums vom 4. Jahrtausend v. Chr. bis in die Gegenwart und eine ostasiatische Sammlung mit Kunstwerken Chinas, Japans und Koreas.

Nach der Fertigstellung des Humboldt-Forums auf der Spreeinsel in Mitte (s. S. 153) zu einem noch nicht näher bekannten Zeitpunkt sollen die bedeutenden Dahlemer Museen ins Berliner Stadtzentrum umziehen.

> ❭ Eingänge Arnimallee 25 und Lansstr. 8, 14195 (Dahlem), U3 Dahlem-Dorf, Bus X83, M48, 101, www.smb.museum, Tel. 266424242, Di.–Fr. 10–18 Uhr, Sa./So. 11–18 Uhr, Bereichskarte Erw. 6 €, erm. 3 €

🄯 Botanischer Garten und Botanisches Museum ★ ★ ★ [B12]

Ursprünglich ein Kräutergarten am Stadtschloss der preußischen Kurfürsten, wurde die Anbaufläche 1679 zunächst an den heutigen Kleistpark in Schöneberg 🄯 verlegt und diente ab Anfang des 19. Jahrhunderts zunehmend auch botanischen Forschungszwecken. 1809 wurde das **königliche Herbarium** der Universität Berlin unterstellt und zum wissenschaftlichen Botanischen Garten weiterentwickelt. Ende des 19. Jahrhunderts zog es aus Platzgründen schließlich auf einen 43 Hektar großen Kartoffelacker der Domäne Dahlem um.

Zwischen 1897 und 1910 entstand dort nach Plänen des Architekten Alfred Koerner und unter Leitung des Gartendirektors Adolf Engler die neue Anlage. Bäume, Sträucher, Gräser, Blumen aus allen fünf Kontinenten wurden gepflanzt und Gewächshäuser errichtet, darunter 1907 das 25 Meter hohe, 1700 m² umfassende **Große Tropenhaus**, ein herausragendes Beispiel für die Glas-Stahl-Architektur jener Zeit.

Spaziergänge auf dem Freigelände führen einen in Concorde-Geschwindigkeit von der afrikanischen Savanne über die Lüneburger Heide ins Hochgebirge. Dioramen im Botanischen Museum präsentieren die prähistorische Welt und gegenwärtige Pflanzengemeinschaften vom inneren tropischen Regenwald über die Atlantikküste bis hin zur Vegetationszone an einem märkischen See. Insgesamt lassen sich rund 22.000 Pflanzenarten im Botanischen Garten betrachten. Damit zählt er zu den größten und artenreichsten botanischen Gärten der Welt.

❯ Königin-Luise-Str. 6–8, S1 Botanischer Garten, Bus M48, X83, 101, Tel. 83850100, www.botanischer-garten-berlin, tgl. Mai–Juli 9–21 Uhr, April/Aug. 9–20 Uhr, Sept. 9–19 Uhr, März/Okt. 9–18 Uhr, Nov.–Jan. 9–16 Uhr, Feb. 9–17 Uhr; Museum tgl. 10–18 Uhr. Die Gewächshäuser schließen jeweils eine halbe Stunde früher. Erw. 6 €, erm. 3 €.

Spandau

Spandau ist älter als Berlin! Schon 1232 bekam es die Stadtrechte verliehen und verlor erst 1920 mit der Eingemeindung nach Groß-Berlin seine Selbstständigkeit. Nirgends wurde der Protest dagegen energischer formuliert als in Spandau. Und bis heute meinen die gut 218.000 Spandauer, wenn sie davon sprechen, in die Stadt zu fahren, nicht etwa den Kurfürstendamm oder den Alexanderplatz, sondern ihre Altstadt am Zusammenfluss von Havel und Spree.

Im Gegenzug war Spandaus Name für die Berliner lange Zeit mit einer Ermahnung verbunden. „Hüt Er sich, dass Er nicht nach Spandau kömmt!", warnte schon Friedrich der Große manchen aufmüpfigen Untertan – denn **Spandau bedeutete Festungshaft**. „Ab in den Julio!" lautete ein Synonym für das Einsitzen im Juliusturm, wo in „zwei festen Behältnissen" kleine Schellen auf Kleinkriminelle und Ketten auf Schwerverbrecher warteten. So wurde die Spandauer Stadtchronik im Lauf der Jahrhunderte um einige berühmte „Einwohner" bereichert: darunter der im späten Mittelalter gefürchtete Raubritter Dietrich von Quitzow ebenso wie der wegen „demagogischer Umtriebe" arretierte Turnvater Jahn.

1903 wurden die Bollwerke der stark befestigten Stadt geschleift. Von den **Festungsanlagen** blieben neben zwei Schanzen noch das Fort Hahneberg 🔴158

▶ *Von St. Nikolai in Spandau breitete sich im 16. Jahrhundert die Reformation in Berlin-Brandenburg aus*

und die Zitadelle **157** mit dem Juliusturm erhalten, Letztere eines der beeindruckendsten europäischen Festungsbauwerke der Hochrenaissance.

156 Altstadt Spandau ★   [Karte I]

Ein Spaziergang durch die Spandauer Altstadt bedeutet, wenn auch nicht eine Reise in eine andere Zeit, so doch ein Eintauchen in eine von Berlin **gänzlich verschiedene Atmosphäre**. Zur kopfsteingepflasterten Fußgängerzone umgestaltet, laden die Straßen rund um den Markt und St. Nikolai mit Läden und Cafés zum gemütlichen, stressfreien Bummel ein.

Bis Ende des 19. Jahrhunderts ragte, nicht weit vom 1913 eingeweihten **Rathaus Spandau** entfernt, im Karree zwischen der Haupteinkaufsmeile Carl-Schurz-Straße, Charlotten-, Jüden- und Moritzstraße das berüchtigte Spandauer Zuchthaus auf. Sein berühmtester Insasse war der Bonner Kunstgeschichteprofessor **Johann Gottfried Kinkel**, ein zu lebenslanger Haft verurteilter 1848er-Revolutionär, dem mithilfe seines Schülers Carl Schurz und republikanisch gesinnter Spandauer Bürger im November 1850 die Flucht gelang. Der beherzte Carl Schurz wanderte nach Amerika aus und brachte es dort 1877 zum US-Innenminister.

Aus der zweiten Hälfte des 15. Jahrhunderts stammt das **Gotische Haus** in der Breiten Straße 32, das zu den bedeutendsten spätgotischen Baudenkmälern im gesamten Berliner Raum gerechnet wird. Nach erheblichen Umgestaltungen im Lauf der Jahrhunderte wurde es 1987–1993 originalgetreu restauriert. In seinen mittelalterlichen Mauern ist heute die **Spandau-Information** untergebracht.

Bereits auf die erste Hälfte des 15. Jahrhunderts datiert die **dreischiffige Hallenkirche St. Nikolai** am Reformationsplatz. Unter ihrem mächtigen Satteldach ließ sich Kurfürst Joachim II. am 1. November 1539 erstmals das Abendmahl nach evangelisch-lutherischem Ritus reichen, womit, wie damals üblich, zugleich ganz Berlin-Brandenburg zum protestantischen Glaubensbekenntnis übergetreten war. Im Inneren birgt die Reformationskirche als kostbarste Schätze ein bronzenes Taufbecken von 1398, eine Barockkanzel, die um 1700

O8Obe Abb.: kj

ursprünglich für die Potsdamer Schloss-kirche geschaffen worden war, sowie einen im Jahr 1582 vom Festungsbau-meister Rochus Graf zu Lynar (1525–1596) gestifteten, acht Meter hohen Renaissancealtar. Unter dem Altar be-findet sich die Lynarsche Familiengruft, in der auch Baumeister Rochus bestat-tet ist. Von dem Spross eines alten flo-rentinischen Adelsgeschlechts stammen u. a. das Dresdener Zeughaus (das spä-tere Albertinum), die Festung Peitz und die Spandauer Zitadelle. Vom 77 Meter hohen Kirchturm aus genießt man einen herrlichen Panoramablick auf Spandau, Berlin und das Havelland.

Auf der von Mühlgraben und Havel um-flossenen nördlichen Landspitze liegt, durch die vielspurige Straße am Julius-turm von der Altstadt getrennt, **Span-daus ältester Siedlungskern.** Wo sich die Gassen **Kolk und Behnitz** mit niedrigen Fachwerkhäusern schmücken, befand sich schon im 12. Jahrhundert eine sla-wische Siedlung. Die klassizistische **St. Marienkirche** am Behnitz, nach Plänen des Schinkel-Schülers August Soller er-baut, wurde 1848 geweiht. Nach der St.-Hedwigs-Kathedrale in Mitte ist sie das älteste katholische Gotteshaus im Groß-raum Berlin.

❯ U7 Rathaus Spandau und Altstadt Spandau

❶ **250** [Karte I] **Spandau Information**, Breite Str. 32, 13597 (Spandau), Tel. 3339388, www.spandau-tourist-information.de, Mo.–Sa. 10–18 Uhr

★**251** [Karte I] **Kirche St. Nikolai**, Reforma-tionsplatz, www.nikolai-spandau.de, Mo.–Fr. 12–16 Uhr, Sa. 11–15 Uhr, So. 14–16 Uhr, Turmbesteigung (nur mit Führung, Erw. 1 €, erm. 0,50 €) April–Okt. Sa. 12.30 Uhr, So. 14.30 Uhr

157 Zitadelle ★★★ **[Karte I]**

Über die Juliusturmbrücke gelangt man zur Zitadelle, die mit wuchtigen Mauern, Bastionen und von Wassergräben umge-ben in der Havel vor der Spandauer Alt-stadt liegt – eines der bedeutendsten erhaltenen Festungswerke der Hochre-naissance in Europa.

Kurfürst Joachim II. ließ die Zitadelle ab 1559 am Platz einer älteren Burg, un-ter Einbeziehung von deren mittelal-terlichem Palas und des Juliusturms, von den Baumeistern Chiaramelle de Gan-dino und ab 1578 maßgeblich Rochus Graf zu Lynar in einer damals völlig neu-artigen Militärarchitektur errichten: Die Batterietürme wurden durch weit **in den Festungsgraben vortretende, gewalti-ge Bastionen** ersetzt, von denen herab man auf allen Fronten gleichzeitig Feuer-schutz geben konnte. 1594 war der Bau der schier unbezwingbar erscheinenden Zitadelle vollendet.

Tatsächlich wurde sie – 1806 und 1945 kampflos übergeben – nur ein ein-ziges Mal in ihrer Geschichte erobert. Und zwar 1813 von den eigenen Lands-leuten, die im Verbund mit russischen Truppen die napoleonischen Soldaten aus Spandau vertrieben.

Nach dem Krieg gegen Frankreich im Jahre 1871 lagerten 120 Millionen Ta-ler als Teil der französischen Reparati-onszahlung in den bis zu 3,60 Meter di-cken Mauern des **Juliusturms**. Dieses älteste, wahrscheinlich schon um 1200 errichtete Wahrzeichen Spandaus dien-te im Lauf seiner Geschichte zunächst als Wohn- und Wehrturm und später als **Staatsgefängnis**. Von der 30 Meter ho-hen, zinnenbewehrten Aussichtsplatt-form bietet sich ein wunderschöner Blick

Karte I: Spandau

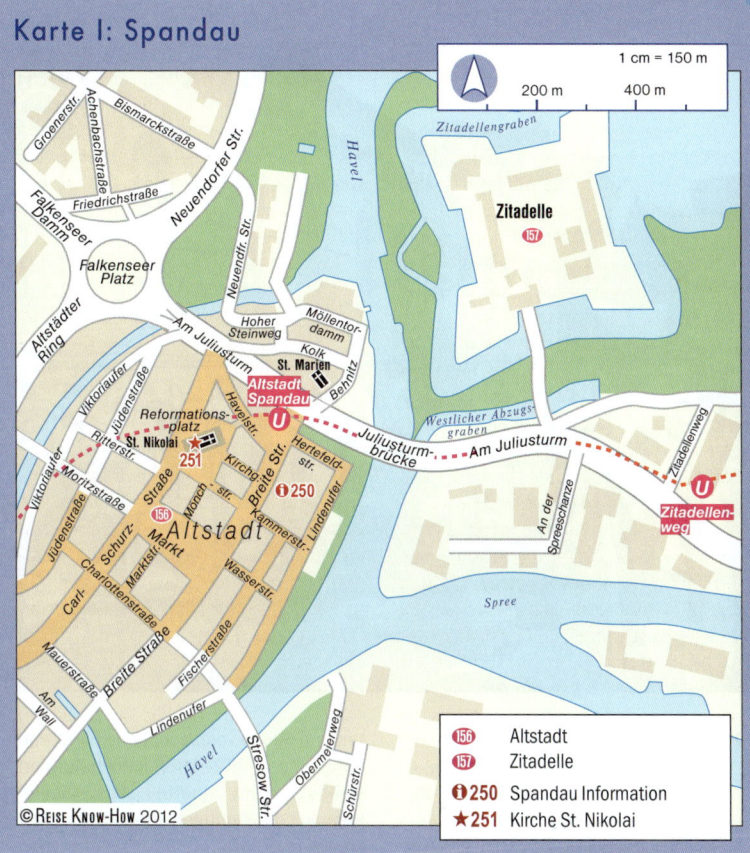

1 cm = 150 m
200 m 400 m

🔴156	Altstadt
🔴157	Zitadelle
❶250	Spandau Information
★251	Kirche St. Nikolai

© REISE KNOW-HOW 2012

über die Altstadt und bei klarer Sicht sogar bis „nach Berlin", wie es in der altehrwürdigen Havelstadt selbstbewusst heißt.

Im **Torhaus** wird anhand zahlreicher Ausstellungsstücke die Geschichte der Zitadelle aufgezeigt, im **Zeughaus** ist das Stadtgeschichtliche Museum Spandau untergebracht. Die Räumlichkeiten im **Palas**, dem Hauptgebäude der Zitadelle, dienen kulturellen Veranstaltungen und im weitflächigen Zitadellenhof finden unter freiem Himmel Musikfestivals, Konzerte und andere große Festivitäten statt.

Ständige Bewohner der Kasematten sind heute die **Fledermäuse**. Um die 10.000 Exemplare der kleinen fliegenden Säugetiere sollen es sein, die in der Zitadelle ihr Winterquartier beziehen. Ein Fledermausschauraum wartet mit Wissenswertem zum Leben der Tiere auf, denen man bei einer Führung auch seine Aufwartung machen kann.

081be Abb.: kj

> **Zitadelle Spandau,** Am Juliusturm,
> S5, S7 Spandau, U7 Zitadelle, Bus X33,
> www.zitadelle-spandau.de, tgl. 10–17 Uhr,
> Erw. 4,50 €, erm. 2,50 €
> **Fledermausführungen,** Berliner Artenschutz-
> team e. V., Haus 4 in der Zitadelle, Termine
> für Führungen und obligatorische Anmeldung
> unter Tel. 3675001, www.bat-ev.de

158 **Fort Hahneberg** ★

Nach dem Deutsch-Französischen Krieg
1870/71 begann Spandaus Ausbau zu
einer der stärksten Festungen Preußens.
Ab 1880 verstärkte man **zur Sicherung
der militärisch veralteten Zitadelle** – und
damit indirekt auch Berlins – die Stadtumwallung und plante vier gegen Wes-

ten und Süden vorgeschobene Forts, von
denen man 1882–1888 jedoch nur Fort
Hahneberg im Stadtteil Weststaaken
kurz vor der heutigen Berliner Landesgrenze realisierte.

Es wurde auch nicht mehr in Dienst gestellt, sondern nur als Kaserne genutzt
und schlief während der Berliner Teilung
auf seinem vorgezogenen Posten südlich
des Grenzkontrollpunkts Heerstraße im
„Schutzstreifen" der Grenztruppen der

▲ *Hunderte Helden der deutschen
Geschichte – Überbleibsel der einstigen
Puppenallee im Tiergarten* **111** *– werden
heute in der Spandauer Zitadelle gelagert*

DDR einen Dornröschenschlaf. Das vollständig erhaltene Zentrum der alten Festung wucherte mit Bäumen und Sträuchern, Dornen und Moosen zu, sodass allmählich eine halb von der Erde verschlungene, gewaltige „Raubritterburg" entstand. Seit 1990 führt immer am Wochenende die „Arbeits- und Schutzgemeinschaft Fort Hahneberg" durch das Gelände.

❯ Hahnebergweg, 13593 (Staaken), Bus M37, M49, X49 ab S9, S75 und U7 Rathaus Spandau, www.forthahneberg.de, Tel. 3664605, 90-minütige Führungen April–Okt. Sa./So. 14 und 16 Uhr, Erw. 5 €, 6–14 Jahre 1 €, unter 6 Jahre frei

Tegel

„Havelabwärts von Oranienburg, schon in der Nähe Spandaus, liegt das Dorf Tegel." So beginnt Theodor Fontanes Beschreibung seines Ausflugs zum **Humboldt-Schlösschen** in Tegel. Das alte Jagdschloss des Großen Kurfürsten gelangte 1765 in den Besitz Alexander Georg von Humboldts. Zwei Jahre später erblickte dessen Sohn Wilhelm, der Sprachwissenschaftler und Begründer der Humboldt-Universität, das Licht der Welt, 1769 folgte Sohn Alexander, der Forscher und Weltreisende. Beide berühmten **Humboldt-Brüder** verbrachten im Schlösschen im Tegeler Schlosspark am Rande des Tegeler Forsts beinahe am Ufer des Tegeler Sees ihre Kindheit. 1820–1824 ließ Wilhelm von Humboldt das Anwesen durch Karl Friedrich Schinkel im klassizistischen Geschmack umbauen. Der letzte märkische Herrensitz in Berlin, der sich noch im Besitz der Nachkommen der früheren Bewohner

befindet (keine Besichtigung möglich), duckt sich im Park und ist von nirgends her einsehbar.

Indessen ist das alte Dorf Tegel **längst der Großstadt gewichen.** Im Jahre 1920 teilte es das Schicksal Spandaus und wurde Groß-Berlin zugeschlagen. Die Stimmen, die danach riefen, es nach den berühmtesten Tegeler Söhnen in „Humboldtstadt" umzubenennen, fanden dagegen kein Gehör. Gottlob, hätte doch der Reim umgeschmiedet werden müssen, den sich die Berliner im 19. Jahrhundert auf ihr beliebtes Ausflugziel machten: „Mit Kind und Kegel raus nach Tegel!"

Am Tegeler See

Mit vier Kilometern Länge und bis zu einem Kilometer Breite ist der Tegeler See nach dem Müggelsee das zweitgrößte Berliner Gewässer. Am Scheitel der Großen Malche, einer Ausbuchtung des Sees, wartet die **Dicke Marie** auf ihre Besichtigung. Ungefähr 26 Meter ist die knorrige Eichendame hoch, ihr Umfang in Brusthöhe beträgt 6,65 Meter und zirka 900 Jahre ist sie inzwischen alt, damit **der älteste bekannte Baum Berlins.**

An der **Greenwichpromenade**, die ihren Namen nach der Tegeler Partnerstadt Greenwich in London trägt, warten am Schiffsanleger von April bis Oktober die **Dampfer der Stern und Kreisschifffahrt** für Ausflugsfahrten kreuz und quer über die Havelseen.

Am westlichen Seeufer nimmt das **Strandbad Tegel** am Rande des Tegeler Forsts etwa 300 Meter ein, gut 200 davon sind Sandstrand pur, 80 bis 100 Meter breit und mit einer kleinen Strandkorbparade geschmückt. Vorne am Wasser geht

Karte II: Tegel

© Reise Know-How 2012

1 cm = 350 m

500 m   1000 m

Schwarzer Weg
**Dicke
Marie** ★
A. d. Malche
Mühlenweg
Humboldt-
Park
**Humboldt-
Schlösschen** ★
Waidmannsluster Damm
Karolinenstr.

Konradshöher Straße

Berliner

Malche
Gabrielenstraße

*Großer
Malchsee*

Am
Tegeler Hafen
Gorkistr.

Forst

Schwarzer Weg

Alt-Tegel Ⓤ
Ⓢ **Tegel**

Tegel

**Schiffs-
anleger**

Greenwichpromenade

Veitstraße

Waidkreuzstraße

Hasselwerder

© Reise Know-How 2012

Berlinerstraße

Borsigdamm

TEGELER SEE

Ⓢ **Strandbad
252 Tegel**

Namslaustraße

Neheimer Str.

Lindwerder

Bernauer Straße

Scharfenberg

Bernauer Straße

Reiswerder

J U N G F E R N H E I D E

*Flughafen-
see*

Baumwerder

der Blick über den Sand auf das grüne östliche Havelufer und davor die **Insel Scharfenberg** und das Eiland Lindwerder. Auf Scharfenberg, der größten der sieben Inseln im Tegeler See, gründete der Reformpädagoge Wilhelm Blume 1922 die Schulfarm Scharfenberg, heute Internat und Gymnasium, das spätestens seit der Fernsehserie „Unser Leh-

rer Doktor Specht" auch über die Tegeler Seeufer hinaus Bekanntheit erlangte.

❱ U6 Alt-Tegel

Ⓢ 252 [Karte II] **Strandbad Tegel,** Schwarzer Weg, 13505 (Konradshöhe), Tel. 4341078, www.strandbad-tegel.de, U Alt-Tegel, Bus 222 bis Falkenplatz, danach noch etwa 1200 Meter zu Fuß, Mitte Mai–Mitte Sept. tgl. 9–19 Uhr

Pankow

🄬 Schloss Schönhausen ★★

Im Herzen des Pankower Stadtteils Niederschönhausen erhebt sich, vom Grün des kleinen Schlossparks umgeben, die ehemalige Sommerresidenz der Preußenkönigin Elisabeth Christine von Braunschweig-Wolfenbüttel-Bevern (1715–1797). Das im Kern bereits auf Mitte des 17. Jh. zurückgehende, u. a. von den Baumeistern Johann Arnold Nering, Eosander von Göthe und Johann Boumann d. Ä. gestaltete Barockschloss ist ein **bemerkenswertes Zeugnis friderizianischer Architektur**. Ursprünglich für die Gräfin Sophie Dorothea zu Dohna errichtet, ließ es Kurfürst Friedrich III. gegen 1690 komplett erneuern und bereitete von hier aus seine Krönung 1701 zum ersten preußischen König vor. Zwei Generationen später bezog im Krönungsjahr Friedrichs des Großen 1740 dessen ungeliebte Gemahlin Elisabeth Christine die Räumlichkeiten und verbrachte hier die Sommermonate bis zu ihrem Tod im Jahr 1797. Danach wurde Schloss Schönhausen nur noch sporadisch genutzt.

Die Nationalsozialisten bedienten sich seiner Mauern als Depot für die sogenannte „Entartete Kunst". Ab 1949 fungierte das Schloss als **Hauptsitz des ersten und einzigen DDR-Präsidenten Wilhelm Pieck,** schließlich von 1964 bis 1990 als **DDR-Staatsgästehaus.** Indira Gandhi und Ho Chi Minh, Fidel Castro, Michail Gorbatschow, François Mitterrand und zuletzt die niederländische Königin Beatrix weilten hier. Nach dem Zusammenbruch der DDR fanden in Schloss Schönhausen die Sitzungen des Zentralen Runden Tischs sowie die „Zwei-plus-Vier-Gespräche" über die deutsche Einheit statt.

Nach fünfjähriger aufwendiger Restaurierung steht das Schloss seit Dezember 2009 dem Publikum wieder offen. **Zwei Ausstellungen** erinnern an seine wechselhafte Geschichte: Räumlichkeiten mit Originalmobiliar, Kunstwerken und anderen Objekten aus dem Besitz Elisabeth Christines widmen sich dem Leben der preußischen Königin Elisabeth Christine, auch den prächtigen Rokokosaal aus dem Jahr 1764 kann man in Augenschein nehmen. Die jüngere Schlossgeschichte von 1949 bis 1989 bleibt durch das authentische Arbeitszimmer von Wilhelm Pieck sowie ein Gästeapartment des DDR-Staatsgästehauses gegenwärtig.

❭ Tschaikowskistr. 1, 13156 (Niederschönhausen), S2 und U2 Pankow, Bus 150, 250, Tram M1, Tel. 4039492622, www.spsg.de, April–Okt. Di.–So. 10–18 Uhr, Nov.–März Sa./So. 10–17 Uhr, Erw. 6 €, erm. 5 €

Lichtenberg

🄰 Forschungs- und Gedenkstätte Normannenstraße ★

Alleine beim Anblick dieses schier endlos wirkenden, grauen Gebäudetrakts überkommt einen das Gefühl der Trostlosigkeit. Seit dem Untergang der DDR wird in der **ehemaligen Kommandozentrale der Staatssicherheit** geforscht und dokumentiert. Im **Stasi-Museum** im Haus 1 werden die original erhaltene Mielke-Etage sowie Ausstellungen zur Arbeit der Staatssicherheit und über die DDR-Opposition gezeigt.

❯ Ruschestr. 103, 10365 (Lichtenberg),
U5 Magdalenenstraße, Tel. 5536854,
www.stasi-museum.de, Mo.–Fr. 11–18 Uhr,
Sa./So. 14–18 Uhr, Erw. 5 €, erm. 4 €

161 Zentralfriedhof Friedrichsfelde ★★

Nordöstlich vom Bahnhof Lichtenberg dehnt sich der Zentralfriedhof Friedrichsfelde aus. Auf dem 1881 eröffneten, damals noch vor den Toren Berlins gelegenen Gottesacker ist **viel Prominenz des 20. Jahrhunderts** bestattet: die Künstler Käthe Kollwitz und Otto Nagel, die Schriftsteller Bruno Apitz, Irmtraud Morgner und Erich Weinert, die Wissenschaftler Friedrich Archenhold, Hermann Dunker und zahlreiche bedeutende Persönlichkeiten mehr.

Legendär war die Beisetzung des Sozialdemokraten Wilhelm Liebknecht im August 1900, die rund 150.000 Menschen begleiteten. Die Beerdigung von Liebknechts Sohn Karl und auch von Rosa Luxemburg folgte im Jahr 1919. Für die beiden Sozialistenführer und weitere Ermordete des Spartakus-Aufstands entwarf Ludwig Mies van der Rohe das Denkmal für Karl Liebknecht und Rosa Luxemburg, kurz „Revolutionsdenkmal" genannt. Es wurde 1926 enthüllt und im zweiten Jahr nach der NS-Machtergreifung 1935 abgerissen.

1951 weihte man statt seiner im Friedhofseingangsbereich die **Gedenkstätte der Sozialisten** ein. Dort befinden sich, von einer halbkreisförmigen Klinkermauer umrahmt, die Grab- und Gedenksteine der Arbeiterführer Karl Liebknecht, Rosa Luxemburg, Ernst Thälmann, Franz Mehring, John Scheer und Franz Künstler, der Sozialdemokraten

Rudolf Breitscheid, Paul Singer, Hugo Haase und Theodor Leipart, der DDR-Staats- und Parteiführer Wilhelm Pieck, Otto Grotewohl, Walter Ulbricht sowie vieler weiterer Politiker, Gewerkschafter und Widerstandkämpfer gegen das NS-Regime.

❯ Gudrunstr. 20, 10365 (Lichtenberg),
S5, S75 und U5 Lichtenberg, Bus 193, tgl.
ab 8 Uhr bis zum Einbruch der Dämmerung

162 Tierpark ★★

Südöstlich im Bezirk Lichtenberg erstreckt sich der 1955 eröffnete Tierpark. Fast 8000 Tiere, die annähernd 900 Arten repräsentieren, haben auf dem weitläufigen Gelände ihr Zuhause. 160 Hektar ist der Zoo groß und **zählt zu Europas größten und schönsten Landschaftstierparks**. Zu den besonderen Highlights gehören das Dickhäuterhaus – dort stellt sich bei den Elefanten mittlerweile bald jedes Jahr Nachwuchs ein – und auch die Affen- und Bärenanlagen, die Giraffen und Pinguine, Lemuren, Krokodile und andere Tiere mehr lassen die Herzen der Besucher höherschlagen.

Im Nordwestwinkel der Anlage erhebt sich das gegen Ende des 17. Jahrhunderts vermutlich nach Plänen Johann Arnold Nehrings erbaute, frühklassizistische **Schloss Friedrichsfelde**. In seinen Sälen und Räumlichkeiten wird anhand von Mobiliar und Dekorationsgegenständen die Geschichte einer vornehmen märkischen Residenz des 18. Jahrhunderts wieder lebendig.

❯ Tierpark Berlin, Am Tierpark 5, 10319 (Lichtenberg), U5 Tierpark, Tel. 515310, www.tierpark-berlin.de, Mitte März–Mitte Sept. tgl. 9–18 Uhr, Mitte Sept.–Mitte Okt. tgl. 9–17 Uhr, im Winter tgl. 9–16 Uhr, Erw.

12 €, Schüler/Studenten 9 €, bis 15 Jahre
und ALG-II-Bezieher 6 €

> **Schloss Friedrichsfelde**, Di./Do./Sa./So.
11–17 Uhr. Der Tierparkeintritt gilt auch für
den Besuch von Schloss Friedrichsfelde.

Köpenick

*Im Südosten Berlins dehnt sich mit vier
Kilometern Länge und einer Breite von
gut zwei Kilometern der Große Müggelsee aus, die „größte Badewanne Berlins". Das relativ seichte Gewässer –
sein tiefster Punkt ist bei elf Metern erreicht – wurde in frühen Urkunden zuerst
als „Miggel" erwähnt, worin das slawische Wort „mgla" für Nebel anklingt und
an die slawische Besiedlung der Region
durch die Sprewanen ab dem 8. Jahrhundert erinnert.*

Der sprewanische Stammesfürst residierte in einer wohl schon um 825 erbauten Burg auf der Schlossinsel Köpenick.
Nach der Eroberung der Region 1157
durch Albrecht den Bären wird „Copenic"
1210 erstmals urkundlich erwähnt.

Den **Spitznamen „Waschküche Berlins"** verdankt die Stadt am Zusammenfluss von Dahme und Spree den rund
4000 Wäschereien, die an der Wende
zum 20. Jahrhundert am Spreeufer standen. Fabriken und Großbetriebe siedelten sich von Rummelsburg spreeauf-
wärts an Fluss und Kanälen an, sodass
Köpenick zu einem wichtigen Industrie-
standort wurde. 1920 nach Groß-Berlin eingemeindet, blieb die Stadt jedoch
weiterhin die **grüne Lunge im Osten**. Das
verdankt sie vor allem dem Müggelsee,
der laut Fontane „mit zu den größten
und schönsten unter den märkischen
Seen zählt."

Karte III: Köpenick

© REISE KNOW-HOW 2012

1 cm = 200 m
200 m   400 m

   Altstadt
175   Kunstgewerbemuseum
    Schloss Köpenick
253   Touristeninformation

082be Abb.: kj

Welt zum Lachen über die obrigkeitshörigen Preußen brachte. Im Rathaus erzählt eine kleine Hauptmann-Ausstellung seine Geschichte (siehe Exkurs).

Nur einen Steinwurf entfernt thront auf der Schlossinsel, durch einen Wassergraben von der Altstadtinsel getrennt, das 1677–1690 im Barockstil erbaute **Schloss Köpenick**. Nach zehnjähriger Restaurierung konnte es 2004 als **Kunstgewerbemuseum** wiedereröffnen und ermöglicht seitdem Einblicke in die bürgerlichen und höfischen Wohnmoden vom 16. bis zum 18. Jahrhundert. Neben kostbaren Tapisserien, Porzellanen und Silberbüfetts versetzen den Betrachter prachtvolle holzvertäfelte Salons, Deckengemälde, Stuckaturen sowie das Spiegelkabinett aus Schloss Wiesentheid und ein Turiner Chinesenzimmer in Erstaunen.

In nördlicher Richtung konnte sich kurz vor der Altstadt-Inselbrücke am Platz des 23. April das **Mahnmal Köpenicker Blutwoche** aus der sozialistischen in die neue Zeit hinüberretten. Von Walter Sutkowski entworfen und 1969 enthüllt, erinnert es an die Ereignisse im Juni 1933, als Rollkommandos der SA 500 Sozialdemokraten, Gewerkschafter und Kommunisten verhafteten, folterten und zum Teil ermordeten.

> S3 Köpenick, Bus 164, 167,
> Tram 27, 60, 61, 62, 67

163 **Altstadt Köpenick** ★ **[Karte III]**

Auf drei Seiten von Wasser umflossen, liegt die Altstadt von Köpenick auf einem Landzipfel zwischen Dahme und Müggelspree. Die roten Ziegeltürme der 1838–1841 erbauten **St. Laurentiuskirche** und des 1901–1904 in märkischer Backsteingotik errichteten **Rathauses** prägen die Silhouette.

Vor dem Rathauseingang begrüßt einen gleich rechts, in Bronze gegossen, der **Hauptmann von Köpenick**, der 1906 mit seiner „Köpenickiade" die ganze

◀ *Der markante rote Rathausturm dominiert die Altstadt von Köpenick*

Der Hauptmann von Köpenick

1906 trug sich die Geschichte zu, die Köpenick weit über Preußen hinaus bekannt machte. Der Schuster Wilhelm Voigt, nach über 30 Jahren aus dem Gefängnis entlassen, stand arbeits- und obdachlos, vorbestraft und ohne Pass auf der Straße. Um ein Dach über dem Kopf zu finden, war Arbeit nötig, um Arbeit zu finden, brauchte man einen Pass, und ohne Pass wiederum wurde man nirgends eingestellt. Also entsann Schuster Voigt, um dem Teufelskreis zu entkommen, eine Hochstapelei. In einer ausrangierten Offiziersuniform rekrutierte er eine Hand-

voll Soldaten, zog mit ihnen ins Rathaus Köpenick ein, verhaftete den Bürgermeister und ließ sich die Stadtschatulle aushändigen. Einen Pass, den der falsche „Hauptmann von Köpenick" sich erhoffte, bekam er dagegen nicht. Denn den stellten nur Landratsämter aus und Köpenick hatte keins. Kurze Zeit später saß Schuster Voigt wieder ein, nun allerdings als Berühmtheit. Denn überall auf der Welt lachte man über die obrigkeitshörigen Preußen, die vor lauter Respekt vor einer Uniform einem armen Schelm auf den Leim gegangen waren.

ℹ **253** [Karte III] **Touristeninformation,** Alt Köpenick 31–33 (am Schlossplatz), 12555 (Köpenick), Tel. 6557550, www.berlin-tourismus-online.de, Mai–Sept. Mo.–Fr. 9–18.30, Sa. 10–16 Uhr, Okt.–April Mo.–Fr. 9–18.30, Sa. 10–13 Uhr

❭ **Hauptmann-von-Köpenick-Ausstellung,** im Rathaus, geöffnet zu den üblichen Bürodienstzeiten, freier Eintritt

❭ **Kunstgewerbemuseum Schloss Köpenick** (s. S. 62), Schlossinsel, Sa./So. 10–18 Uhr

Friedrichshagen

Der Stadtteil von Köpenick wurde 1753 von Friedrich dem Großen als Spinnerei- und Besenbinderdorf für böhmische und Pfälzer Glaubensflüchtlinge gegründet. Seit Ende des 19. Jahrhunderts ist er eine **beliebte Berliner Sommerfrische** und lockt mit Badestellen, Restaurants, Biergärten und einer Dampferanlegestelle auf der äußersten nordwestlichen Müggelsee-Landnase kurz vor

dem Austritt der Müggelspree aus dem Müggelsee.

Unter dem Wasser hindurch führt seit 1926 der 120 Meter lange **Spreetun-**

KLEINE PAUSE

Schrörs Biergarten

Im Biergarten am Ausfluss der Müggelspree aus dem Müggelsee gibts bei Schrörs Deftiges wie Schmalzstulle, Spießbraten und Spanferkel. Anschließend kann man vom benachbarten Schiffsanleger mit Ausflugsdampfern zu Kreuzfahrten über den Müggelsee aufbrechen oder zu Fuß durch den Spreetunnel unter dem Wasser hindurch das Ufer wechseln und zur Halbtageswanderung rund um den südlichen Müggelsee starten.

🕑 **254** [Karte IV] **Schrörs,** Josef-Nawrocki-Straße 16, Tram 60, 61 ab S3 Friedrichshagen, Tel. 64095880, www.schroers-online.de, tgl. ab 11 Uhr, im Winter montags Ruhetag

Karte IV: Am Müggelsee

1 cm = 180 m

200 m   400 m   600 m

Friedrichshagen Ⓢ

Schöneicher Str.

Stillerzeile

Fürstenwalder Damm

Fürstenwalder Damm

Lindenallee

Am Goldmannpark

Werkseestr.

P.-Hille-Str.

Wille-Str.

Bölschestr.

Aßmannstr.

Rahnsdorfer Str.

164 🏛 255

Müggelspree

Müggelseedamm

Spreetunnel (Fußgänger)   254   ● Schiffsanleger

FRIEDRICHSHAGEN

GROSSER MÜGGELSEE

Müggelschlößchenweg

Müggelheimer Damm

Straße zum Müggelturm

Schiffsanleger
🏛 256   ● Schiffsanleger

Müggelheimer Damm

Straße zum Müggelturm

Teufels-see

Str. zum Müggelhort

★ 257

MÜGGELHEIM

© Reise Know-How 2012

164	Strandbad Müggelsee
Ⓒ254	Schrörs
🏛255	Museum im Wasserwerk
Ⓒ256	Müggelsee Terrassen Rübezahl
★257	Müggelturm

nel zum westlichen Seeufer. In die entgegengesetzte Richtung wartet das **Museum im Wasserwerk** am Nordufer des Müggelsees auf interessierte Besucher. Es ist in einem der Schöpfmaschinenhäuser der zwischen 1890 und 1893 errichteten, backsteinneugotischen Anlage untergebracht und zeigt die Geschichte der Berliner Wasserversorgung und Abwasserentsorgung.

❭ S3 Friedrichshagen, Tram 60

🚇 **255** [Karte IV] **Museum im Wasserwerk,** Müggelseedamm 307, Tel. 88447695, www.museum-im-wasserwerk.de, So.–Do. 10–16 Uhr, Erw. 2,50 €, erm. 1,50 €

🔴164 Strandbad Müggelsee ⭐　　　　[Karte IV]

Beinahe zwölf Hektar umfasst die **Berliner „Volksbadewanne"** bei Rahnsdorf am nordöstlichen Müggelseeufer. Und ebenso wie sein Pendant an der Havel, das Strandbad Wannsee, gilt es als wegweisend in der Geschichte der modernen Architektur. Nachdem ein 1912 eröffneter Vorgängerbau abgebrannt war, entstand 1929/30 nach einem Entwurf Martin Wagners – die Britzer Hufeisensiedlung, die Wagner zusammen mit Bruno Traut schuf, ist seit 2008 Weltkulturerbe – das kurvenförmige, zweigeschossige **Servicegebäude im Stil Neuer Sachlichkeit.** Eine Freitreppe führt von dort zum Seeufer mit einem ebenso breiten wie langen Sandstrand hinunter.

❭ Fürstenwalder Damm 838, 12589 (Rahnsdorf), S3 Friedrichshagen, Bus 161, Tram 61, Mai–Sept. tgl. 9–20 Uhr, bei schönem Wetter Fr./Sa. bis 21.30 Uhr, freier Eintritt

🔻 *Müggelsee: Sonne, Sand und das blaue Müggelseeband, am Horizont geschmückt von den Müggelbergen*

Südliches Müggelseeufer

Am südlichen Seeufer warten die **Müggelsee Terrassen Rübezahl** mit großem Biergarten, Marina und Bootsverleih auf einen Besuch. Keine fünfzehn Spazierminuten südlich davon durch den Wald bilden die 115 Meter hohen **Müggelberge** zwischen Müggelsee und Langem See die höchste natürliche Erhebung im Land Berlin.

Jedem, der einmal einen wahrhaftig weiten Rundumblick über die Millionenmetropole und ihr Umland genießen möchte, sei empfohlen, die 126 Stufen auf den knapp 30 Meter hohen **Müggelturm** hinauf zu erklimmen.

Bereits in den 1880er-Jahren ließ der Köpenicker Wäschereibesitzer und Industrielle Carl Spindler am Ort einen ersten Müggelturm errichten. 1890 wich dieser, ebenfalls auf Spindlers Initiative hin, einem pagodenförmigen Turm, welcher 1958 Opfer einer Feuersbrunst wurde. Dank zahlreicher Spenden konnte schon drei Jahre später der neue Müggelturm eingeweiht werden.

Das benachbarte verfallende Ausflugslokal soll restauriert und in näherer Zukunft wieder in Betrieb genommen werden. Bis es soweit ist, sorgt ein Imbiss am Müggelturm für die Wegzehrung und verwahrt außerdem den Müggelturmschlüssel zur schönen Aussicht.

> Bus X69

> ⊖256 [Karte IV] **Müggelsee Terrassen Rübezahl**, Müggelheimer Damm 143, Tel. 6566168811, www.mueggelseeterrassen. de, Mai–August täglich 12–20 Uhr, Sept.– April täglich 12–18 Uhr

> ★257 [Karte IV] **Müggelturm**, Straße zum Müggelturm, im Sommerhalbjahr täglich 10–18 Uhr, Erw. 1 €, erm. 0,50 €

An der Havel entlang zur Glienicker Brücke

Die Havel fließt von Norden her ins Stadtgebiet ein und erweitert sich sogleich zu herrlichen Seen. Nachdem sie bei Spandau die Spree geschluckt hat, begleitet sie ein ganzes Stück weit der Grunewald, durch den stets in Ufernähe auf zehn Kilometer Länge die Havelchaussee führt. Die schönste, längste und kurvenreichste Uferstraße Berlins ist gleichermaßen bei Fußgängern, Radlern und Skatern beliebt. Sie teilen sich das Tempo-30-Asphaltband mit Ausflugsbussen und Sonnenanbetern, die es an die Strände bei der Lieper Bucht, am Grunewaldturm oder im viel besungenen Strandbad Wannsee zieht.

⑯ Grunewaldturm ★

Weithin sichtbar ragt der backsteinrote Turm auf dem Karlsberg über dem Havelufer empor. 1897 begann man aus Anlass des 100-jährigen Geburtstags von Kaiser Wilhelm I. (1797–1888) mit seiner Errichtung, 1899 war der Bau nach einem Entwurf von Franz Schwechten fertiggestellt. Seitdem bietet der 55 Meter hohe neugotische Turm eine **fantastische Aussicht** über Wasser und Land. 204 Stufen führen hinauf.

Vom grünen Grunewald eingerahmt, breitet sich wenig nordwestlich vom Grunewaldturm unterhalb an der Havel ein feinsandiger kleiner Badestrand aus.

> Havelchaussee 61, Bus 218

▶ *Der Grunewaldturm bietet einen grandiosen Panoramablick*

□ Karte Seite 276

KLEINE PAUSE

Tafeln im Grunewald

Zu Füßen des Grundewaldturms serviert das Restaurant am Grunewaldturm elegante deutsch-internationale Gerichte. Gegenüber kommen im gutbürgerlichen Ausflugsrestaurant Waldhaus drinnen und draußen im Schatten der Bäume herzhafte Wildspezialitäten auf den Tisch.

☎258 **Restaurant am Grunewaldturm,** Havelchaussee 61, Grunewald, Tel. 41720001, www.restaurant-grunewaldturm.de, tgl. ab 10 Uhr

☎259 **Ausflugsrestaurant Waldhaus,** Havelchaussee 66, 14193 (Grunewald), Tel. 3040595, tgl. 9.30–22 Uhr

084be Abb.: kj

🔴 **Strandbad Wannsee** ★★   **[Karte V]**

„Pack die Badehose ein!" heißt es nicht erst, seit die kleine Conny Froboess 1951 den Ohrwurm schmetterte und den Großen Wannsee damit in ganz Deutschland bekannt machte. Schon seit 1907, jenem Jahr, in dem der Berliner Freibäderverein das Strandbad Wannsee gründete, taucht man im Südwesten Berlins in die Fluten.

Noch Anfang des 20. Jahrhunderts pflegte berittene Polizei die Wannseegestade nach „verdorbenen Naturen" abzusuchen, die es wagten, unsittliche Bäder im Freien abzuhalten. Nachdem die Behörden auf Druck der Bevölkerung schließlich 200 Meter Sandstrand zum Baden freigeben mussten, öffnete das Strandbad in Form einer Damen- und einer Herrenbadeanstalt seine Tore. Ende der 1920er-Jahre, nachdem die S-Bahn mit Anschluss Wannsee in Betrieb gegangen war, drohte das Bad vor lauter Badegästen aus allen Nähten zu platzen. Also wurde 1929/30 eine neue Anstalt nach Plänen von Richard Ermisch und Martin Wagner in den Uferhang gebaut: vier zweigeschossige Pavillons, die ein vorgelagerter Wandelgang miteinander verbindet und deren Dächer als Sonnendecks nutzbar sind. Der **im Stil der Neuen Sachlichkeit** errichtete, durch Treppen zum Strand hin gegliederte Gebäudekomplex steht heute ebenso unter Denkmalschutz wie oberhalb das Gebäude im Eingangsbereich.

Im Jahr 2007 feierte das **größte Binnenseebad Europas** seinen 100. Geburtstag – und das ist beileibe nicht der einzige Superlativ. 130.000 Quadratme-

An der Havel entlang zur Glienicker Brücke

Karte V: Vom Wannsee zur Glienicker Brücke

© REISE KNOW-HOW 2012

⚠ 363

Kälberwerder

Havel

★ Meierei

Parschen-Kessel

★ Luisentempel

Pfaueninsel

Kavalierhaus ★ 169

Sacrower See

Kladower Straße

260 ★

SACROW

261 ○

Krampnitzer Str.

Fährstr.

194 *Havel*

P

Sacrower Heilandskirche

Krughorn

170 ✕ Blockhaus Nikolskoe und
P St.-Peter-und-Paul-Kirche

Pfaueninselchaussee

B E R L I N E R

★ Jägerhof 262 ○

P

Jungfer-see

★ Teufels-
brücke

**Park
Klein-
Glienicke**

Nikolskoer Weg

WANNSEE

Maschinenhaus

★ Gärtnerhaus

Casino ★ ★ Klosterhof

Potsdam Schloss
171 Glienicke

173 ★ ★ ★ Stibadium

Glienicker
Brücke

Löwenfontäne
Kl. Neugierde
Gr. Neugierde

172 Jagdschloss
Glienicke

*Glienicker
Lake*

Königstraße

**KLEIN
GLIENICKE**

Friedenstr.

Chausseestr.

Kohlhasenbrücker Str.

*Stölpchen
See*

195

**Park
Babelsberg**

Karl-Marx-Str.

F O R S T

166	Strandbad Wannsee	170	Blockhaus Nikolskoe und
167	Liebermann-Villa		St.-Peter-und-Paul-Kirche
168	Haus der Wannseekonferenz	171	Schloss und Park Glienicke
169	Pfaueninsel	172	Jagdschloss Glienicke

🔴**173**	Glienicker Brücke	🔴**261**	Wirtshaus zur Pfaueninsel
🔴**194**	Sacrow	🔴**262**	Wirtshaus Moorlake
🔴**195**	Park und Schloss Babelsberg	🔴**359**	DJH-Jugendgästehaus am Wannsee
★**260**	Schloss	△**363**	Campingplatz Kladow

ter Wasserfläche, 225.000 Quadratmeter Land, davon fast 1,3 Kilometer lang und zwischen 50 und 80 Meter breit der herrliche Sandstrand, haben das Wannseebad zur Legende gemacht.

❯ **Strandbad Wannsee**, Wannseebadweg 25, www.strandbadwannsee.de, S1, S7 Nikolassee, Bus 218, Mai–Mitte Juli Mo.–Fr. 10–19, Sa./So. 8–20 Uhr, Mitte Juli–Ende Aug. Mo.–Fr. 9–20, Sa./So. 8–21 Uhr, Sept. tgl. 10–19 Uhr, Erw. 4 €, erm. 2,50 €

167 Liebermann-Villa ★ [Karte V]

Garten und Villa des Berliner Malers und bis 1933 Präsident der Akademie der Künste, Max Liebermann (1847–1935), werden als „**Gesamtkunstwerk aus Malerei, Architektur und Gartenkunst**" gerühmt. Die Villa selbst ist Museum und thematisiert Leben und Werk des von den Nazis verfemten Meisters des Impressionismus.

❯ Colomierstr. 3, Bus 114 ab S-Bahnhof Wannsee, Tel. 80585900, www.liebermann-villa.de, April–Sept. Mi.–Mo. 10–18 Uhr, Do. bis 20 Uhr, Okt.–März Mi.–Mo. 10–17 Uhr, Erw. 6 €, erm. 4 €, bis 14 Jahre freier Eintritt

168 Haus der Wannsee-konferenz ★★ [Karte V]

In der prächtigen Villa am Wannseeufer wurde im Januar 1942 auf der berüchtigten Wannseekonferenz die organisatorische Durchführung der sogenannten „**Endlösung der Judenfrage**" verhandelt. Das Haus ist heute **Gedenkstätte** und

widmet sich mit Ausstellungen der Bedeutung der Konferenz sowie den an der Organisation und Ausführung des Völkermords beteiligten Ämtern und Personen.

❯ **Gedenkstätte Haus der Wannseekonferenz**, Am Großen Wannsee 56–58, 14109 (Zehlendorf), Bus 114 ab S-Bahnhof Wannsee, Tel. 8050010, www.ghwk.de, tgl. 10–18 Uhr (außer an gesetzlichen Feiertagen), freier Eintritt

169 Pfaueninsel ★★★ [Karte V]

Eine „Oase, ein Blumenteppich inmitten der Mark" nannte Fontane schwärmerisch die vom Havelwasser umspülte Pfaueninsel.

▶ *Königliches Liebesnest anno 1800 – die romantische Schlossruine an der Südspitze der Pfaueninsel*

1793 erwarb König Friedrich Wilhelm II. das anderthalb Kilometer lange und 500 Meter breite Eiland für sich und seine Geliebte und ließ auf dem südwestlichen Zipfel 1794–1797 ein **schneeweißes Schloss** in der damals modischen Form einer romantischen Ruine errichten. Die Inneneinrichtung ist original erhalten, vom Hammerklavier bis zum echten, in jenen Tagen von den Dienern je nach Bedürfnis durch die Burg getragenen Königs-WC.

Unter König Friedrich Wilhelm III. verwandelte Gartenbaumeister Peter Joseph Lenné die Pfaueninsel ab 1822 in einen **märchenhaften Landschaftspark.** Eine Menagerie wurde eingerichtet und

mit 850 Tieren bevölkert, die sich im Lauf der Zeit als Geschenke befreundeter Herrscherhäuser an die Hohenzollern angesammelt hatten. Zweimal pro Woche durften sie sogar vom gemeinen Volk bestaunt und besichtigt werden, bis Friedrich Wilhelm IV. 1842 die Menagerie auflöste und die Tiere der Residenzstadt Berlin übereignete – der Grundstock für den Zoologischen Garten ⑰ am Tiergartenrand.

Bildschönes Überbleibsel der ehemaligen Menagerie sind **zahlreiche frei stolzierende Pfauen.** In der Inselmitte liegt das von Karl Friedrich Schinkel umgestaltete **Kavalierhaus,** am nördlichen Ende der Insel schnattern auf einem

kleinen Bauernhof nicht weit entfernt von der 1795 im Stil einer gotischen Kirche errichteten **Meierei** Gänse und Enten. Östlich davon erhebt sich der kleine **Luisentempel** zum Andenken an die jung verstorbene Gemahlin Friedrich Wilhelms III., die von Volk wie Hochadel gleichermaßen geliebte Königin Luise.

Zusammen mit den Potsdamer Schlössern und Parks sowie Schloss und Park Glienicke gehört die Pfaueninsel seit 1990 zum **Weltkulturerbe.** Eine Personenfähre pendelt kontinuierlich zwischen Eiland und Festland, wo das **Wirtshaus zur Pfaueninsel** mit schönem Biergarten hinter dem Schilf zur zünftigen Einkehr einlädt.

> Bus 218 ab S1, S7 Wannsee
> **Fähre:** Mai–Aug. tgl. 8–21 Uhr, März/Okt. tgl. 9–18 Uhr, April/Sept. tgl. 9–19 Uhr, Nov.–Feb. tgl. 10–16 Uhr, Erw. 3 €, erm. 2,50 €
> ★ 260 [Karte V] **Schloss,** Besichtigung nur mit Führung, April–Okt. Di.–So. 10–17.30 Uhr, Erw. 3 €, erm. 2,50 €
> **Parkgebäude und Meierei,** Mai–Okt. tgl. 10–17 Uhr
> 261 [Karte V] **Wirtshaus zur Pfaueninsel,** Pfaueninselchaussee 100, Tel. 8052225, www.pfaueninsel.de, Mi.–Mo. ab 10 Uhr

170 Blockhaus Nikolskoe und St.-Peter-und-Paul-Kirche ★ [Karte V]

Nicht weit südlich der Pfaueninsel mag sich manch einer wundern, weshalb mitten in der preußischen Mark ein **Blockhaus im russischen Stil** und in der Nachbarschaft ein **zwiebelturmgeschmücktes russisches Gotteshaus** das baumgekrönte Steilufer zieren. Die Geschichte hat eine Erklärung dafür: Prinzessin Char-

KLEINE PAUSE

Wirtshaus Moorlake

Das nach Plänen von Ludwig Persius (1803–1845) im oberbayerischen Stil erbaute Landhaus – König Friedrich Wilhelm IV. war seit 1823 mit einer bayerischen Prinzessin verheiratet – diente den Hohenzollern bei ihren Jagdausflügen als Unterkunft. 1896 verpachtete das preußische Königshaus das Gebäude und seit jenem Jahr wird es bereits als Gastwirtschaft genutzt. Heute werden drinnen im rustikalen Ambiente und draußen im großen Biergarten unmittelbar an der romantischen Moorlake regionale Spezialitäten und Herzhaftes aufgetischt.

262 [Karte V] **Wirtshaus Moorlake,** Moorlakeweg 6, Bus 218, 316 ab S-Bahnhof Wannsee, Tel. 8055809, www.moorlake.de, im Sommer tgl. 10–21 Uhr, im Winter tgl. 10–18 Uhr (von der Bushaltestelle etwa 30 Minuten Fußweg)

lotte von Hohenzollern vermählte sich 1817 mit dem späteren russischen Zar Nikolaus. Ein Jahr nach der Hochzeit besuchte sie ihr Vater, König Friedrich Wilhelm III., in St. Petersburg und hielt sich dort u. a. in einem der für die Region typischen Holzblockhäuser auf. Es muss ihm wohl so gut gefallen haben, dass er zurück in Berlin den Auftrag zum Bau eines solchen Blockhauses hoch über dem Havelufer erteilte. 1819 war es rechtzeitig zum Gegenbesuch von Tochter Charlotte mit Schwiegersohn fertiggestellt und erhielt diesem zu Ehren den Namen „Nikolskoe", zu deutsch „dem Nikolaus eigen". 1834–1837 folgte der Bau der St.-Peter-und-Paul-Kirche ebenfalls im russischen Stil. Im Blockhaus und draußen auf der großen Aussichtsterrasse lässt es sich mit tollem Blick über die Havel herzhaft speisen.

› **Blockhaus Nikolskoe,** Nikolskoer Weg 15, Bus 218 ab S-Bahnhof Wannsee, Tel. 8052914, www.blockhaus-nikolskoe.de, im Sommer tgl. 11–23 Uhr, im Winter tgl. 12–18 Uhr (von der Bushaltestelle etwa 10–15 Minuten Fußweg)

171 Schloss und Park Glienicke ★★★   [Karte V]

Die Landspitze Krughorn, die sich westlich der Moorlake in die Havel schiebt, markiert den nördlichen Anfang des Schlossparks Klein-Glienicke. 1814 erwarb der preußische Staatskanzler Karl August Fürst von Hardenberg das damalige Gut und beauftragte den **Gartenkünstler Peter Joseph Lenné** mit seiner

OBBbe Abb.: kj

Gestaltung. Ein „Pleasureground", eine Art als Sommerwohnung unter freiem Himmel dienender Gartenbereich nach englischem Vorbild entstand – Lennés erstes seiner zahlreichen Werke im Potsdamer Raum.

Nach Hardenbergs Tod erwarb der Bruder des künftigen Königs Friedrich Wilhelm IV., Prinz Carl von Preußen, 1824 das Anwesen. Im Jahr zuvor war der Prinz begeistert von einer Italienreise zurückgekehrt und beschloss daraufhin, seinen **italienischen Traum daheim an der Havel** Wirklichkeit werden zu lassen. Dazu bestellte er Karl Friedrich Schinkel, Ludwig Persius und Ferdinand von Arnim als Architekten ein. Für die Gestaltung der Grünanlagen wurde abermals Lenné verpflichtet, nach dessen Plänen allmählich ein ausgedehnter Landschaftspark entstand.

Ein bereits vorhandenes Gutshaus wurde 1825–1829 von Schinkel zum dreiflügeligen **Schloss Glienicke** im klassizistischen römischen Landhausstil umgeformt. Auch die Innengestaltung entspringt von der Farbgebung bis hin zum kostbaren Mobiliar den Entwürfen des großen preußischen Baumeisters, darunter der Festsaal oder die Gemächer des Prinzen Carl und seiner Gemahlin, die man besichtigen kann. Im Westflügel präsentiert das **Hofgärtnermuseum** die Geschichte der preußischen Gartenkunst.

◀ *Die Schinkelsche Löwenfontäne, vom Baumeister nach einem römischen Vorbild entworfen, bildet ein standesgemäßes Entree zu Schloss und Park Glienicke*

Die Schlossfront zur Königsstraße hin schmückte Schinkel 1838 mit der **Löwenfontäne**. 1825/26 erfolgte dort außerdem der Umbau eines alten Gartenhäuschens zur **Kleinen Neugierde**, einem Teepavillon, von dem aus man die zwischen Berlin und Potsdam auf der Königstraße pendelnden königlichen Kutschen vortrefflich beobachten konnte. Die Errichtung der **Großen Neugierde**, des größeren Aussichtspavillons fast bei der Glienicker Brücke, wurde 1835 in Angriff genommen.

Bereits 1824/25 verwandelte Schinkel am Havelufer ein älteres Billardhaus in ein von weinumrankten Pergolen umstandenes **Casino**, das fortan als königliches Gästehaus diente. Den **Jägerhof** im Norden des Parks, der mit seinen Zinnen und Tudorbögen Stilformen der englischen Gotik zitiert, ließ der Baumeister 1828 errichten.

Ein weiterer großer Name, der mit Schloss und Park Glienicke verbunden ist, ist der des Schinkel-Schülers Ludwig Persius. Nach seinen Plänen entstanden 1838/39 das **Hofgärtnerhaus** und das **Maschinenhaus**, mit dessen Hilfe Wasser für die Brunnen und künstlichen Seen im Park aus der Havel gepumpt wurde, 1839 die **Orangerie** sowie 1840 das **Stibadium**, das als erhobener Sitzplatz unter dem zeltartigen, auf kleinen dorischen Säulen ruhenden Holzdach gute Aussicht bot.

1850 folgte zwischen Casino und Schloss abschließend der romantische **Klosterhof**, den viele als das **schönste Bauwerk der gesamten kunstvollen Anlage** bezeichnen. Ob Prinz Carl persön-

lich den Entwurf skizzierte und vom Persius-Schüler Ferdinand von Arnim ausführen ließ oder ob nicht vielmehr König Friedrich Wilhelm IV. seinem Architekten Stüler diesen Auftrag erteilte, lässt sich nicht mehr mit Sicherheit sagen. Gewiss ist jedoch, dass die Mauern des Klosterhofs Stein für Stein aus originalen Architekturteilen eines römisch-byzantinischen, 1840 abgerissenen Kartäuserklosters bei Venedig stammen.

An weiterer Parkausstattung sei noch die **Teufelsbrücke** genannt, die Persius 1838 über eine künstliche Schlucht spannte. Zusammen mit dem gotisierenden Jägerhof, den Havelsteilufern und einem wildromantisch zu Tal stürzenden Wasserfall stellte der nördliche Parkteil das kühlere „Deutschland" vor, während der Süden der Anlage mit ihren Bauten nach der Idee der Architekten „Italien", das Land der Sehnsucht, symbolisierte.

Seit 1990 zählen Schloss und Park Glienicke als Bestandteil des bau-, kunst- und kulturgeschichtlichen Ensembles der Potsdamer Schlösser und Gärten zum **Weltkulturerbe** der Menschheit.

Im **Restaurant Goldener Greif** in der Remise von Schloss Glienicke werden sowohl in den eleganten Sälen als auch auf der Sonnenterrasse und im Innenhof Kreationen der Spitzenkochkunst serviert.

❯ Bus 316 ab S-Bahnhof Wannsee, Tram 93 ab Potsdam HBF

❯ **Schloss Glienicke,** Königstr. 36, April–Okt. Di.–So. 10–18 Uhr, Nov.–März Sa./So. 10–17 Uhr, im Winter Besichtigung nur mit Führung, Erw. 4 €, erm. 3 €, mit Führung jeweils 1 € mehr

❯ **Hofgärtnermuseum,** April–Okt. Di.–So. 10–18 Uhr, Nov.–März Sa./So. 10–17 Uhr

❯ **Restaurant Goldener Greif,** Tel. 8054000, www.schloss-glienicke.de, Mi.–So. 12–22 Uhr

172 Jagdschloss Glienicke ★   [Karte V]

Das Schloss auf der Südseite der Königsstraße wurde 1682–1693 von Charles Philipe Dieussart im Auftrag des Großen Kurfürsten erbaut und unter König Friedrich I. 1701 barock erweitert. Anschließend war es jedoch schon wieder vorbei mit der Karriere als Adelssitz. Soldatenkönig Friedrich Wilhelm I. richtete in den Mauern ein Lazarett für sein Garderegiment ein, unter Friedrich dem Großen wurden im Haus ab 1763 Wachstuchtapeten fabriziert. Ab 1832 Waisenhaus, erwarb 1859 Prinz Carl von Preußen das Schloss und ließ es für seinen Sohn vom Hofarchitekten Ferdinand von Arnim im barockisierenden Stil umgestalten. 1889 kam noch ein Turm hinzu, mit dem Ende des Ersten Weltkriegs begann der Verfall.

Nach dem Zweiten Weltkrieg engagierte sich der Berliner Oberbürgermeister Ernst Reuter für die Sanierung des Jagdschlosses unmittelbar an der Zonengrenze. 1963/64 folgte ein Umbau durch Max Taut zur Jugendbegegnungsstätte und in dieser Funktion wurde das Schloss bis 2003 genutzt. Der Südflügel, der 2003 einem Brand zum Opfer fiel, wurde seit 2005 wieder aufgebaut. Heute dient das Jagdschloss Glienicke

◀ *Malerische Sitzgelegenheit: das Stibadium im Schlosspark Glienicke*

086be Abb.: kj

dem Sozialpädagogischen Fortbildungsinstitut Berlin-Brandenburg. Wie gegenüber Schloss Glienicke zählt es zum **Weltkulturerbe.**

> **Jagdschloss Glienicke**, Königstr. 36b,
> Bus 316 ab S-Bahnhof Wannsee, Tram 93
> ab Potsdam HBF, Tel. 484810

173 Glienicker Brücke ★ [Karte V]

Durch die Glienicker Brücke sind Berlin und die brandenburgische Landeshauptstadt Potsdam über eine Havelenge hinweg miteinander verbunden. Dass die 1907/08 erbaute, vergleichsweise schlichte Brücke Weltbekanntheit erlangte, rührt aus den Zeiten der deutschen Teilung her, als die feindlichen Militärblöcke zwischen ihren schmiedeeisernen Brückenköpfen in spektakulären Aktionen **Spione und politische Häftlinge austauschten.**

Heute bietet sich die Glienicker Brücke vor allem als **schöner Aussichtspunkt** auf die Potsdamer Schlösser- und Gartenlandschaft an: im Süden auf Park und Schloss Babelsberg 195, im Westen auf die Ausläufer des Neuen Gartens 191, im Norden bis zur Sacrower Heilandskirche (s. S. 303) und in Berlin auf Schloss und Park Glienicke 171.

> Bus 316 ab S-Bahnhof Wannsee,
> Tram 93 ab Potsdam HBF

▲ *Auf der Glienicker Brücke wurden zuletzt 1986 Spione zwischen den Militärblöcken ausgetauscht. Heute herrscht freie Bahn zwischen Berlin und Potsdam.*

Potsdam entdecken

006be Abb.: kj

Potsdam – Perle der Mark

Eingebettet in ein märchenhaftes Mosaik aus Wasser und Land, zählt die brandenburgische Landeshauptstadt zu den schönsten Städten in Deutschland. Brandenburgische Kurfürsten, preußische Könige und deutsche Kaiser ließen in der Havel-Metropole prunkvolle Schlösser errichten.

Bereits der Große Kurfürst Friedrich Wilhelm (1620–1688) entdeckte das winzige, erstmals 993 als slawische Ansiedlung erwähnte Fischer- und Bauernnest – „jottwehdeh" (janz weit draußen) – und machte es **zur zweiten Hohenzollernresidenz** neben Berlin.

„Sans souci" – ohne Sorge – nannte König Friedrich der Große sein verspieltes Rokokoschloss, das ab 1745 auf einem terrassierten Weinberg vor Potsdams Stadttoren entstand und den Grundstock bildete für den mit einem atemberaubenden Park-Meublement aus Tempeln, Galerien, Belvederes und weiteren Schlössern ausgestatteten **Park Sanssouci** ⑰. Fast jeder preußische Monarch hinterließ seine Spuren in dieser berühmtesten aller Potsdamer Anlagen. Ein „preußisches Arkadien" entstand, dessen Schlösser- und Gartenlandschaft – darunter neben Sanssouci der Neue Garten ⑲ und der Park Babelsberg ⑮ – seit 1990 zum **Weltkulturerbe der Menschheit** gehört.

Kaum weniger eindrucksvoll zeigen sich die barocke und klassizistische **historische Innenstadt** sowie das **Viertel der Einwanderer:** der Hugenotten, Holländer und Böhmen, die seit dem Toleranzedikt von Potsdam 1685 als protestantische Glaubensflüchtlinge in die Preußenresidenz kamen. Das Holländische Viertel, die Webersiedlung Alt Nowawes oder auch die russische Kolonie Alexandrowka erzählen die Erfolgsgeschichte der Havel-Metropole als Einwandererstadt.

Und noch in einer anderen Hinsicht schrieb Potsdam Geschichte, namentlich **Filmgeschichte.** Im Stadtteil Babelsberg lernten Anfang des 20. Jahrhunderts die Bilder laufen und entwickelte sich das seinerzeit größte Filmstudio in Europa.

Mit dem Studio Babelsberg als bedeutender internationaler Filmproduktionsstätte sowie der Hochschule für Film und Fernsehen ist die brandenburgische Landeshauptstadt heute ein **wichtiger Film- und Medienstandort.** Universität, Fachhochschule sowie bald drei Dutzend Institute und Forschungseinrichtungen machen sie zu einem international renommierten Wissenschaftsstandort. Darüber hinaus lockt ein **reiches Kulturangebot,** und Mäzene wie der Fernsehstar Jauch, Versandhauskönig Otto, Modedesigner Joop oder der Softwaremogul Plattner tragen mit großzügigen Spenden zur Veredelung des schönen Stadtbilds bei. **Potsdam wächst,** wirtschaftlich und – selten in Ostdeutschland – sogar demografisch, von knapp 140.000 Einwohnern 1992 auf rund 154.000 im Jahr 2011.

◀ *Vorseite: Kuppelensemble am Alten Markt* ⑭

▶ *Kleine Läden und Lokale in barocken oder klassizistischen Bürgerhäusern sind typisch für die Potsdamer City*

Spaziergang durch die historische Innenstadt

Den Bummel beginnt man am besten am **Hauptbahnhof.** Busse und Straßenbahnen starten von hier in alle Himmelsrichtungen: östlich zum Park und Schloss Babelsberg ⑲, nördlich durch die Innenstadt zum Neuen Garten ⑪ mit dem Marmorpalais und Schloss Cecilienhof oder westlich zum Park und Schloss Sanssouci ⑰.

089be Abb.: kj

Nur einen Katzensprung entfernt spannt sich die **Lange Brücke** [en] über die Havel, der zu Füßen am Hochhaushotel Mercure sich der **Anleger der Weißen Flotte** befindet. Die Ausflugsschiffe legen zu Dampferpartien über die Havelseen ab, beispielsweise zur Schlösserrundfahrt vom Neuen Garten über den Schlosspark Sacrow zur Pfauenin-

Potsdam mit Bus und Tram

Die Havel-Metropole lässt sich hervorragend mit öffentlichen Verkehrsmitteln entdecken. Eigens für die Besucher der Stadt sind mehrere Bus- und Tramlinien, ausgehend vom Hauptbahnhof, so eingerichtet, dass sie die größten touristischen Sehenswürdigkeiten unkompliziert miteinander verbinden.

Die rot gekennzeichnete **Schlösserlinie** (Bus 606 und 695) führt einmal quer durch die Altstadt über Schloss Sanssouci zum Neuen Palais. Die dunkelblau markierte **Krongutlinie** (Tram 92) chauffiert ihre Fahrgäste durch die Altstadt am Holländischen Viertel und der Siedlung Alexandrowka vorbei Richtung Ruinenberg und Krongut Bornstedt. Die gelbe **Cecilienhoflinie** (Bus 603 ab Platz der Einheit) verknüpft die Altstadt mit Schloss Cecilienhof im Neuen

Garten. Die orangefarbene **Kulturlinie** (Tram 93) fährt durch die Berliner Vorstadt zur Glienicker Brücke und die graue **Filmstadtlinie** (Bus 690 und 694) steuert über Park und Schloss Babelsberg den Filmpark Babelsberg an.

Der Einzelfahrschein mit 60 Minuten Gültigkeit kostet 1,80 € (erm. 1,30 €), die Tageskarte ist bereits für 3,90 € (erm. 2,90 €) zu haben. Tickets erhält man an Automaten in Tram und Bus sowie im Hauptbahnhof im **Kundenzentrum der ViP** (Verkehrsbetriebe Potsdam), das darüber hinaus über das Liniennetz und vieles Weitere informiert.

❶265 [fn] **ViP-Kundenzentrum,** im Hauptbahnhof Potsdam, Tel. 0331 6614275, www.vip-potsdam.de, Mo.–Fr. 7–19, Sa. 9–14.30 Uhr

sel oder südlich über den Templiner See zum kurfürstlichen Schloss in Caputh und weiter zur Baumblütenstadt Werder.

174 Alter Markt ★★ [em]

Bereits vom Hauptbahnhof aus ist die 77 Meter hohe Tambourkuppel der **St. Nikolaikirche** kaum zu übersehen. Der zwischen 1830 und 1850 in mehreren Etappen von Ludwig Persius und Friedrich August Stüler errichtete Sakralbau zählt zu den Meisterwerken des preußischen Klassizismus. Die Pläne dazu stammen von Karl Friedrich Schinkel, der sich vom Pariser Pantheon und der Londoner St.-Pauls-Kathedrale für St. Nikolai inspirieren ließ. Ende des Zweiten Weltkriegs schwer beschädigt, dauerte der Wiederaufbau des protestantischen Gotteshauses viele Jahre, erst 1981 konnte es wieder eingeweiht werden. Der außen quadratische Kirchenbau folgt im Inneren der Form eines griechischen Kreuzes. Die Ausmalung der Apsis folgt einer Schinkel-Skizze. Ein weiteres Schinkel-Werk, das die Zerstörungen 1945 überdauerte, ist die Kanzel im Chorraum.

Die majestätische Nikolaikirche begrenzt als weithin sichtbares Potsdamer Wahrzeichen nördlich den Alten Markt, das historische Herz der ehemaligen Residenzstadt. Östlich erheben sich am Platz das **Alte Rathaus**, 1753–1755 durch Jan Bouman errichtet und von einer vergoldeten Atlas-Figur gekrönt, und benachbart das **Knobelsdorffhaus** von 1750, das den Namen seines Baumeisters Knobelsdorff trägt. Nach Kriegszerstörung und Wiederaufbau diente das durch einen Zwischentrakt miteinander verbundene Gebäudeensemble ab 1965 als kommunales Veranstaltungsforum.

Nach Umbau und Sanierung wird dort voraussichtlich im Sommer 2012 das **Potsdam Museum – Forum für Kunst und Geschichte** teileröffnen. Mit dem Einzug einer stadtgeschichtlichen Dauerausstellung gegen Mitte 2013 wird dann der Umzug des Museums zurück an den Ort seiner Gründung vor mehr als 100 Jahren abgeschlossen sein.

❯ St. Nikolaikirche, www.nikolaipotsdam.de, im Sommerhalbjahr Mo.–Sa. 9–19 Uhr, So. 12–17 Uhr, im Winterhalbjahr Mo.–Sa. 10–17 Uhr, So. 12–17 Uhr, Kuppelaufstieg Juni–Sept. 9–21 Uhr, April/Mai/Okt. 9–19 Uhr, Jan.–März und Nov./Dez. 7–17 Uhr, 5 €

❯ Altes Rathaus – Potsdam Forum, Am Alten Markt, Di.–So. 10–18 Uhr

175 Potdamer Stadtschloss ★★ [em]

Zwischen Nikolaikirche und Havelufer wächst zurzeit das neu entstehende historische Potsdamer Stadtschloss empor.

Die bei einem alliierten Bombenangriff im April 1945 in Flammen aufgegangene alte Hohenzollernresidenz wurde 1959/60 gesprengt. 40 Jahre später unternahmen die Stadtväter den ersten Spatenstich zum Wiederaufbau des **Fortunaportals**, der festlichen Hauptzufahrt des untergegangenen Stadtschlosses. Der Wahlpotsdamer Günther Jauch spendierte die Rekonstruktion aus seiner Privatschatulle, gewissermaßen als Initialzündung für die Wiedererrichtung der gesamten prächtigen Residenz.

Diese ließ der Große Kurfürst Friedrich Wilhelm 1662–1669 anstelle einer frühen Befestigungsanlage errichten. In der Regierungszeit seines Sohns, des ersten Preußen-Königs Friedrich I., wurde sie kontinuierlich umgebaut und erweitert, wobei als herausragende Leistung des hugenottischen Baumeisters Jean de Bodt 1701 das Fortunaportal entstand. Ihre endgültige Form erhielt die Anlage 1744–1751 im Auftrag Friedrichs des Großen durch seinen Freund, den Architekten Knobelsdorff.

Nach der Wiedervereinigung debattierten die Potsdamer fast zwei Jahrzehnte lang über den Wiederaufbau ihres Stadtschlosses, und 2005 wurde schließlich entschieden: Es sollte in der vierflügeligen barocken Knobelsdorff-Kubatur wieder Gestalt annehmen. 135 Millionen Euro kostet das stolze Projekt, für dessen Entwurf der Dresdener Architekt Peter Kulka verantwortlich zeichnet: außen barock und innen zeitgenössisch. 2013 zieht der **Brandenburgische Landtag** in die neue alte Preußenresidenz ein.

⑯ Neuer Markt ★★   **[em]**

Wenige Schritte westlich erstreckt sich jenseits der Friedrich-Ebert-Straße der Neue Markt. Bis ins 18. Jahrhundert hinein wurden hier Pferde geschirrt, danach entwickelte sich der Platz zur vornehmen Adresse. Als einziger im historischen Stadtkern hat er den Krieg nahezu unversehrt überstanden. Die Platzmitte nimmt die **ehemalige städtische Ratswaage** von 1875 ein, heute ein Restaurant. Im **Kabinettshaus**, Am Neuen Markt 1, erblickte 1770 der spätere König Friedrich Wilhelm III. das Licht der Welt. Die Westseite am Platz flankiert der ehemalige königliche Kutschstall. Ab 1787 in dreijähriger Bauzeit durch Andreas Ludwig Krüger errichtet, beherbergt er heute das **Haus der Brandenburgisch-Preußischen Geschichte**, das mit Ausstellungen 900 Jahre Landesgeschichte aufzeigt.

〉 **Haus der Brandenburgisch-Preußischen Geschichte**, Am Neuen Markt 9, Tel. 0331 6208550, www.hbpg.de, Di.–Do. 10–17, Fr. 10–19, Sa./So. 10–18 Uhr, Erw. 4,50 €, erm. 3,50 €, bis 18 Jahre Eintritt frei

Rund um den Neuen Markt

Nördlich grenzt die Yorckstraße mit einem rekonstruierten Teilstück des bis 1965 zugeschütteten **Stadtkanals** an. Der Soldatenkönig Friedrich Wilhelm I. hatte ihn ab 1722 nach dem Vorbild holländischer Grachten ausheben lassen. Auf anderthalb Kilometern durchzog er die Innenstadt und war mit geschwungenen Brücken und schmiedeeisernen Geländern geschmückt. Bis 2016 soll der gesamte Kanal wieder hergestellt sein.

Südlich vom Neuen Markt erstreckt sich am Anfang der Breiten Straße der 1685 von Johann Arnold Nehring errichtete barocke **Marstall**. Das einzige noch original erhaltene Gebäude des ehemaligen Stadtschlosses diente zunächst als Orangerie und ab 1715 als Pferdestall. 1746 verlieh ihm Baumeister Knobelsdorff seine heutige Gestalt. Seit 1981 beherbergt der Marstall das **Filmmuseum Potsdam**, das anhand von Fotos, Drehbüchern, Kostümen und vielem mehr die hundertjährige Geschichte der Filmstudios in Babelsberg zeigt.

An der Breiten Straße, Ecke Dortustraße fällt der Blick auf einen **Gewölbebogen**, der sich als Solitär vor einer Baugrube erhebt. Es handelt sich um ein rekonstruiertes Bauteil der zerstörten **Garnisonkirche** – einst vom Soldatenkönig Friedrich Wilhelm I. in Auftrag gegeben, 1732 geweiht, im Zweiten Weltkrieg ausgebrannt und 1968 gesprengt. Ein Förderverein mit viel Prominenz setzt

sich unter Federführung der evangelischen Kirche für den Wiederaufbau des alten Potsdamer Wahrzeichens ein. Der Grundstein dafür wurde 2005 am Originalstandort unter strengen Sicherheitsvorkehrungen gelegt. Denn wie kaum ein anderes Bauvorhaben – Begräbniskirche des Soldatenkönigs und Friedrichs des Großen, 1933 als Traditionsort preußischer Geschichte von Adolf Hitler zu Propagandazwecken missbraucht – ist es symbolhaft mit der preußischen und deutschen Geschichte verknüpft und spaltet die Potsdamer in engagierte Befürworter und entschiedene Gegner. Eine Ausstellung des Fördervereins in einem Provisorium hinter der Baugrube zeichnet die Geschichte der Garnisonkirche nach. In der Grünanlage zwischen Dortu- und Yorckstraße erklingt seit 1991 außerdem eine Nachbildung des **Glockenspiels.**

Nahebei ist in der Breiten Straße 13 im Ständehaus der Zauche, 1770 nach Plänen von Gottfried Christian Unger erbaut, das **Naturkundemuseum** untergebracht. Und spaziert man von dort die Breite Straße weiter hinunter, wartet kurz vor deren Ende eine kuriose Erscheinung. Am Ufer der Neustädter Havelbucht steht eine 1841–1843 von Ludwig Persius erbaute „Moschee" – die tatsächlich ein **Dampfmaschinenhaus** ist, Pumpwerk für die Fontänen im nahen Park Sanssouci. „Nach Art der türkischen Moscheen mit einem Minarett als Schornstein" wollte es Auftraggeber Friedrich Wilhelm IV. errichtet wissen. Bereits im Oktober

▲ *Im ehemaligen Marstall der preußischen Könige ist heute das Potsdamer Filmmuseum untergebracht*

1842 wurde die Dampfmaschine erstmals in Gang gesetzt und ließ die große Fontäne vor dem Schloss Sanssouci auf fast vierzig Meter Höhe aufsteigen.

🏛 **266** [em] **Filmmuseum Potsdam**, Breite Straße 1a, www.filmmuseum-potsdam.de, Tel. 0331 271810, Di.–So. 10–18 Uhr, Erw. 4,50 €, erm. 3,50 €, bis 10 Jahre frei

🏛 **267** [dm] **Ausstellung Garnisonkirche**, Breite Str. 7, www.garnisonkirche-potsdam. org, tgl. 10–18 Uhr

🏛 **268** [dm] **Naturkundemuseum Potsdam**, Breite Str. 13, Tel. 0331 2896701, www. naturkundemuseum-potsdam.de, Di.–So. 9–17 Uhr, Erw. 3 €, erm. 2 €, unter 12 Jahre 1 €, unter 6 Jahre frei

★ **269** [dm] **Dampfmaschinenhaus**, Breite Str. 28, www.spsg.de, Mai–Okt. Sa./So. 10–18 Uhr, Besichtigung nur mit Führung, Erw. 2 €, erm. 1,50 €

Zwischen Brandenburger Tor und Nauener Tor

Im Zuge der beiden Stadterweiterungen durch Friedrich Wilhelm I. im ersten Drittel des 18. Jahrhunderts wuchs die kleine Residenz Potsdam nach Norden und nach Westen über den Stadtkanal hinaus und verdoppelte sich nahezu. Dementsprechend wurde die Stadtmauer versetzt und verlief nun zwischen dem Nauener Tor, dem Jägertor und dem Brandenburger Tor.

Mit seinem Vollendungsjahr 1770 ist das **Brandenburger Tor** [dm] am Luisenplatz älter als der bekannte Berliner Namensvetter. Auch darf sich das nach Art der römischen Triumphbögen geschaffene Tor gleich zweier Baumeister rühmen: Die stadtwärtige Seite stammt von Karl von Gontard, die üppig verzierte Feldseite von dessen Schüler Georg Christian

Unger. Bereits 1744 wurde vor dem Tor der Luisenplatz angelegt. Von dort gelangt man in wenigen Minuten zum Grünen Gitter, einem der Eingänge in den Park Sanssouci.

Auf seiner anderen Seite bildet das Brandenburger Tor den Abschluss der **Brandenburger Straße**, die sich als Magistrale über 750 Meter ostwärts bis zur Probsteikirche St. Peter und Paul erstreckt. Die **Fußgängerzone und Potsdamer Bummelmeile** schmückt sich mit hübsch restaurierten historischen Häusern und hält zwischen Läden und Boutiquen, Restaurants und Straßencafés in der Brandenburger Straße 3 in der **Touristeninformation** außerdem zahlreiche Auskünfte, Tipps, Informationen und Publikationen für Potsdam-Besucher bereit.

Am östlichen Ende der Brandenburger Straße ragt am Bassinplatz der 64 Meter hohe Kirchturm von **St. Peter und Paul** in den Himmel. 1867–1870 wurde das Gotteshaus für die katholische Gemeinde nach Plänen von Friedrich August Stüler und Wilhelm Salzenberg im bunten Mix aus byzantinischen und romanischen Stilelementen erbaut. Als Vorbild für den Glockenturm diente der Campanile der Basilika San Zeno Maggiore in Verona. Wertvolle Exponate der Innenausstattung sind drei Gemälde von Antoine Pesne.

Südöstlich am Bassinplatz/Ecke Charlottenstraße steht der kleine ovale Kuppelbau der **Französischen Kirche**. Baumeister Knobelsdorff schuf das ovale Gotteshaus 1751–1753 für die französisch-reformierte Gemeinde. Das Innere wurde 1833 von Karl Friedrich Schinkel neu gestaltet, die restaurierte Grüneberg-Orgel geht auf das Jahr 1783 zurück.

Spaziergang durch die historische Innenstadt

Tortenkunst für Leckerschlecker
Am Platz vor dem Nauener Tor wartet das traditionsreiche Café Heider auf Schleckermäuler. Im 1731 von einem holländischen Tischlermeister erbauten Haus befindet sich bereits seit 1903 eine Konditorei. In den 1960er-Jahren übernahm sie Karl Heider und machte das Café dank seiner Tortenbäckerkunst weit bekannt. 1991 wechselte es zwar seinen Besitzer, doch ist es mit seiner riesigen Tortenauswahl, leichter märkischer Küche und internationalen Gerichten immer noch eine Sünde wert.
○**274** [el] **Café Heider**, Friedrich-Ebert-Str. 29, Tel. 0331 2705596, www.cafeheider.de, Mo.–Fr. ab 8, Sa. ab 9, So. ab 10 Uhr

Von dort aus ist das **Holländische Viertel** als nächstes architektonisches Kleinod schnell erreicht. **134 rote Giebelhäuschen** im typisch holländischen Stil ordnen sich nördlich vom Bassinplatz in vier Karrees an Benkert- und Mittelstraße [el]. Weiße Fugen und weißgrüne Fensterläden schmücken die unverputzten Backsteinfassaden, so wie sie von 1734 bis 1742 unter der Leitung des Amsterdamer Jan Bouman Gestalt annahmen. Sie sollten viele tüchtige niederländische Handwerker aufnehmen, von denen sich König Friedrich Wilhelm I. Wirtschaftswachstum und Wohlstand versprach. Doch trotz vieler Privilegien kamen die Einwanderer nicht so zahlreich wie gewünscht, weshalb das Viertel letztendlich mit Soldaten bevölkert wurde. Zu DDR-Zeiten völlig heruntergekommen, ist es unterdessen sorgfältig restauriert und lädt mit Lokalen, Kunsthandwerks-,

Mode- und Designerläden zum kleinen Bummel ein.

Das **Jan Bouman Haus** vermittelt im Vorderhaus, Hof, Hofgebäude und Garten viel Atmosphäre der Zeit um 1735 und zeigt außerdem eine Ausstellung über die Geschichte der Immigranten. Um die Ecke zeigt das **Potsdam-Museum** in einem historischen Holländerhaus als „Schaustelle" den Fortgang der Baumaßnahmen im Alten Rathaus am Alten Markt ⓲. Wenn diese 2013 beendet sein werden, wird das Potsdam-Museum mit neuer stadtgeschichtlicher Ausstellung dort seine Pforten öffen.

In unmittelbarer Nähe zum Holländischen Viertel thront an der Friedrich-Ebert-Straße das **Nauener Tor** [el]. Es ist das dritte Tor dieses Namens: Ein erstes wurde 1722 im Zuge der ersten Stadterweiterung an der Kreuzung Charlottenstraße/Friedrich-Ebert-Straße gebaut, ein zweites 1733 und 1754/55 schließlich das Tor im neugotischen Stil – eines der frühesten Beispiele neugotischer Architektur in Europa – wie es gegenwärtig noch steht.

★**270** [em] **Probsteikirche St. Peter und Paul**, Bassinplatz 2, www.peter-paul-kirche.de, Di.–Sa. 10–18 Uhr, So. 12–16 Uhr.

★**271** [em] **Französische Kirche**, Gutenbergstr. 77, www.reformiert-potsdam.de, März–Okt. tgl. 13.30–17 Uhr

🏛**272** [el] **Jan Bouman Haus**, Mittelstr. 8, www.jan-bouman-haus.de, Mo.–Fr. 13–18 Uhr, Sa./So. 11–18 Uhr

🏛**273** [el] **Potsdam-Museum**, Benkertstr. 3, Do.–So. 13-17 Uhr, voraussichtlich ab Mai 2012 mit Teilausstellungen im Alten Rathaus

▶ *Der Park Sanssouci zählt zu den größten Besuchermagneten in Potsdam*

112be Abb. : sk

⑰ **Park Sanssouci** ★★★ **[bl]**

Zu den Höhepunkten jeder Potsdam-Erkundung zählt der Besuch des Parks Sanssouci mit seinen Schlössern sowie von Schloss Sanssouci selbst, das dem Park seinen Namen gab. Seit 1990 gehört die fast 300 Hektar große Anlage mit ihren zahlreichen Bauwerken zum UNESCO-Weltkulturerbe.

❯ Der **Eintritt** in den Park Sanssouci ist kostenlos. Informationen zu den Eintrittspreisen für die einzelnen Schlösser finden sich am jeweiligen Abschnitt.

❯ Weitere **Inforamtionen** zu den einzelnen Sehenswürdigkeiten, Ausstellungen und Veranstaltungen unter Tel. 0331 9694200 oder www.spsg.de und in den Besucherzentren (siehe ⑱)

⑱ **Schloss Sanssouci** ★★★ **[cl]**

Sanssouci, Schloss Sorgenfrei. – Im Sommer 1743, drei Jahre nach seinem Regierungsantritt, entwirft König Friedrich II. sein künftiges Sommerdomizil. 1745 folgt der erste Spatenstich auf dem „Wüsten Berg" im Nordwesten von Potsdam und unter der Leitung des **Baumeisters Knobelsdorff** nimmt die **Perle des Rokoko** Formen an: eingeschossig, gut 100 Meter lang auf einem Terrassenhang, im Zentrum von einer Kuppel gekrönt.

Am 1. Mai 1747 wird Friedrichs Sommerresidenz eingeweiht, in der er, wenn er nicht reisen muss, vom Frühjahr bis in den späten Herbst seine royalen Tage verbringt. In Schloss Sanssouci sammelt der König Gefährten um sich, darunter Voltaire, den Dichter und Philosophen der Aufklärung. Es wird **Zuflucht in schwierigen Zeiten** und zuletzt Friedrichs Sterbeort. In einer Gruft auf der obersten Weinbergterrasse wollte der König neben seinen Hunden die letzte Ruhestatt finden. Erst 1991 ging dieser Wunsch mit der Überführung seiner sterblichen Überreste vom schwäbischen Hohenzollernschloss Hechingen nach Potsdam in Erfüllung.

Im Rahmen einer Führung kann man die original erhaltenen **Schlossräumlichkeiten** besichtigen – Glanzpunkte der Ausstattungskunst des 18. Jahrhunderts – und dabei eintauchen ins friderizianische Rokoko.

❯ Schloss Sanssouci, nur mit Führung, April–Okt. Di.–So. 10–18 Uhr, Erw. 12 €, erm. 8 €; Nov.–März Di.–So. 10–17 Uhr, Erw. 8 €, erm. 5 €. Der Andrang, vor allem im Sommerhalbjahr, ist groß. Es empfiehlt sich deshalb, die Eintrittskarte möglichst früh am Tag zu erwerben, am besten gleich bei Öffnung der Kasse um 10 Uhr, auch wenn man anschließend womöglich noch einmal weggehen muss und erst an einer Führung beispielsweise um 13 Uhr teilnehmen kann. Der Damenflügel (Erw. 2 €, erm. 1 €) steht Besuchern Mai–Okt. Sa./So. 10–18 Uhr offen, Schlossküche und Weinkeller (Erw. 3 €, erm. 2,50 €) öffnen April–Okt. Di.–So. 10–18 Uhr.

⑲ Bildergalerie ★★★ [cl]

Schloss Sanssouci wird östlich von der Bildergalerie und westlich von den Neuen Kammern flankiert. Die 1755–1764 von Johann Gottfried Büring erbaute Bildergalerie, von außen vergleichsweise schlicht, entfaltet innen mit **Marmorböden, barocken Skulpturen und Goldornamentik** eine umso größere Pracht. Zu den Höhepunkten der Gemäldesammlung, deren Grundstock einst Friedrich der Große legte, zählt **Malerei des italienischen und niederländischen Barock**, darunter Werke von Peter Paul Rubens, Anton van Dycks „Pfingsten" und Caravaggios „Ungläubiger Thomas".

❯ Mai–Okt. Di.–So. 10–18 Uhr, Erw. 3 €, erm. 2,50 €

⑱ Neue Kammern ★★★ [cl]

Die 1747 nach Knobelsdorff-Plänen errichteten Neuen Kammern westlich von Schloss Sanssouci dienten ursprünglich als Orangerie. 1771–1774 erfolgte ihr Umbau unter der Leitung von Georg Christian Unger zum königlichen Gästehaus. Das Innere schmücken im reichen Rokoko ausgestattete Gemächer und Festsäle, unter denen der mit edlen Steinen ausgeschmückte **Jaspissaal** oder die **Ovidgalerie** zu den prunkvollsten zählen.

❯ April–Okt. Mi.–Mo. 10–18 Uhr, Nov.–März Mi.–Mo. 10–17 Uhr, Erw. 4 €, erm. 3 €

⑱ Historische Mühle, Besucherzentrum ★ [cl]

Hinter den Neuen Kammern fällt die Historische Mühle ins Auge. 1887/91 ließ sie Friedrich Wilhelm II. anstelle einer älteren Bockwindmühle errichten. Jene war im 18. Jahrhundert weit über die Grenzen Preußens hinaus zu Berühmtheit gelangt – denn ihr Klappern störte den König. Man versuchte es im Guten, man drohte dem Müller, man bot ihm Geld, vergeblich, weshalb Friedrich der

Große schließlich einen Prozess gegen seinen Untertan anstrengte – und verlor. Beispiellos im Zeitalter des Absolutismus. Bei der Mühle in ihrer heutigen Gestalt handelt es sich um eine Rekonstruktion der unter Friedrich Wilhelm II. errichteten, im Zweiten Weltkrieg ausgebrannten Holländermühle. Eine **Mühlenausstellung mit Mahlwerk** lädt zur Besichtigung ein. Von der umlaufenden Galerie eröffnet sich eine schöne Sicht auf die Potsdamer Parklandschaft.

In direkter Nachbarschaft zur Historischen Mühle befindet sich das **Besucherzentrum,** das mit umfassenden Informationen zu allen Potsdamer Schlössern und Gärten aufwartet.

❭ **Historische Mühle,** April–Okt. tgl. 10–18 Uhr, Nov.–März Sa./So. 10–16 Uhr (Dez. geschlossen), Erw. 2,50 €, erm. 2 €, unter 14 Jahre 1,50 €

❭ **Besucherzentrum** an der Historischen Mühle, An der Orangerie 1, 14469 Potsdam (Postanschrift: Postfach 601462, 14414 Potsdam), Tel. 0331 9694200, www.spsg. de, April–Okt. tgl. 8.30–18 Uhr, Nov.–März tgl. 8.30–17 Uhr

182 **Obeliskportal und Friedenskirche** ★★★ **[cl]**

Schloss Sanssouci und seine Nachbarbauwerke bilden den Ursprung der **fast 300 Hektar großen Anlage.** Gut 70 Kilometer Gesamtlänge zählen die Wege, auf denen man an Fontänen, Lauben, Skulpturen, Pagoden, Tempeln vorbei den Park durchschreiten kann. Zur Orientierung dient dabei die **„Hauptallee",** die schnurgerade über zweieinhalb Kilometer als Ost-West-Magistrale verläuft.

Nicht weit entfernt vom 1747 erbauten **Obeliskportal** am östlichen Parkeingang

geht der Blick rechterhand zur 1751–1757 nach einem Knobelsdorff-Entwurf ausgeführten **Neptungrotte,** die der von zwei Najaden flankierte Wassergott Neptun krönt.

Linkerhand erhebt sich die **Friedenskirche.** Anlässlich des 100. Geburtstags von Sanssouci wurde 1845 der Grundstein zu der dreischiffigen Säulenbasilika gelegt. Auf Grundlage von Entwürfen Königs Friedrich Wilhelm IV., des tief religiösen „Romantikers auf dem Thron", entwickelte sie Hofarchitekt Ludwig Persius mit frei stehendem Glockenturm, Kreuzgang und Säulenhof nach dem Vorbild des frühchristlichen Gotteshauses San Clemente in Rom. Nach Persius' Tod 1848 wurde die Friedenskirche bis 1854 durch Friedrich August Stüler und Ludwig Ferdinand Hesse vollendet. Ihre Apsis ziert ein wertvolles Originalmosaik aus dem 13. Jahrhundert, das sich ursprünglich im Gotteshaus San Cipriano in Venedig befand. In einer Kirchengruft sind Friedrich Wilhelm IV. und seine Gemahlin zur letzten Ruhe gebettet. Im 1888–1890 hinzugefügten **Mausoleum** stehen die Sarkophage des „99-Tage-Kaisers" Friedrich III. und seiner Gattin Victoria sowie seit seiner Überführung 1991 von der schwäbischen Hohenzollernburg nach Potsdam außerdem der Sarkophag des Soldatenkönigs Friedrich Wilhelm I.

❭ **Friedenskirche,** Mai–Okt. Mo.–Sa. 10–18, So. 10–12 Uhr, Nov.–April Mo.–Sa. 11–16, So. 12–16 Uhr

183 **Orangerie** ★★★ **[bl]**

Wenige Spazierminuten westlich der Neuen Kammern wurde zwischen 1851 und 1864 die Orangerie erbaut. Wie die

111be Abb.: sk

Friedenskirche ist sie der Italiensehnsucht Friedrich Wilhelms IV. geschuldet. Und ebenso wie das Gotteshaus wurde sie nach Skizzen des kunstsinnigen Königs von Persius, Stüler und Hesse realisiert. Die Entwürfe für das über 300 Meter lange Bauwerk mit Pflanzenhallen und zentralem Orangerieschloss orientierten sich am **Vorbild italienischer Renaissancevillen**.

Der beeindruckende **Raffael-Saal** im Zentrum des Mittelbaus, der zahlreiche Kopien von Gemälden des italienischen Meisters präsentiert, erscheint wie die Sala Regia (Königssaal) im römischen Vatikan. Vom **Orangerieaussichtsturm** aus genießt man einen sehr schönen Blick auf den Park.

> **Orangerie** und Aussichtsturm, April Sa./So. 10–18 Uhr, Mai–Okt. Di.–So. 10–18 Uhr, Turm 2 €, Orangerie nur mit Führung zu besichtigen: Erw. 4 €, erm. 3 €

184 Drachenhaus und Belvedere ★   [al]

Von der oberen Terrasse der Orangerie führt eine Lindenallee über das 1770 erbaute Drachenhaus zum Belvedere auf dem Klausberg. Karl von Gontard entwarf das **Drachenhaus** im Geschmack der damaligen Chinamode **in Form einer Pagode** als Quartier zunächst für den Winzer seiner Majestät und – nach einer miserablen Weinlese – ab 1771 für den Reviergärtner. Heute serviert das Restaurant & Café Drachenhaus im historischen Ambiente neben Kaffee und Kuchen verfeinerte saisonale Küche von regionalen Produkten.

Im selben Jahr 1770 erfolgte auch die Grundsteinlegung für das nahe **Belvedere auf dem Klausberg**. Binnen Zweijahresfrist war Georg Christian Ungers zweigeschossiger, mit zwei Altanen versehener graziler Rundbau fertiggestellt, der – nomen est omen – eine herrliche Aussicht auf Potsdams Schlösser und Gärten verspricht.

> **Restaurant & Café Drachenhaus,** www.drachenhaus.de, tgl. ab 11 Uhr
> **Belvedere auf dem Klausberg,** Mai–Okt. Sa./So. 10–18 Uhr, 2 €

⑱⑤ Neues Palais ★★★   [al]

Unterhalb thront am westlichen Ende der Hauptallee das imposanteste Schloss im Park, das Neue Palais. Im Auftrag Friedrichs II. wurde das **seinerzeit kostspieligste europäische Bauwerk** von 1763 bis 1769 nach Plänen mehrerer Baumeister errichtet: Johann Gottfried Büring, Heinrich Ludwig Langer, J. L. Legeay sowie Carl von Gontard machten den dreiflügeligen Prunkbau mit mächtiger Tambourkuppel möglich. Unter seinen über 300 Räumen stechen der zwei Stockwerke hohe **Marmorsaal** und die **Marmorgalerie**, ein Rokokotheater mit 300 Plätzen und schließlich der **kuriose Grottensaal** hervor. Letzterer war ursprünglich mit Glasschlacken, Muscheln und Korallen ausgelegt, im 19. Jahrhundert wurden diese durch wertvolle Steine, Mineralien und Fossilien ersetzt. Bauherr Friedrich der Große bewohnte das Neue Palais so gut wie nie und erst der letzte deutsche Kaiser Wilhelm II. wählte es bis zu seiner Abdankung 1918 zum bevorzugten Aufenthaltsort.

◀ *Die Orangerie zählt zu den beeindruckenden Bauwerken, die im Auftrag König Friedrich Wilhelms IV. entstanden, des „Romantikers auf dem Thron"*

Hinter dem Schloss liegen die **Communs**, 1769 nach dreijähriger Bautätigkeit fertiggestellt. Die an Prachtentfaltung dem Neuen Palais kaum nachstehenden Wirtschaftsgebäude werden heute von der Universität Potsdam genutzt.

> **Neues Palais,** bis April 2012 geschlossen, anschließend bis Ende Okt. die **Ausstellung „FRIEDERISIKO"** zum 300. Geburtstag Friedrichs II., Mi./Do./So./Mo. 10–19 Uhr, Fr./Sa. 10–20 Uhr, die Eintrittspreise standen bei Drucklegung dieses Reiseführers noch nicht fest, Nov./Dez. 2012 geschlossen

⑱⑥ Schloss und Park Charlottenhof ★★★   [bm]

1825 erwarb König Friedrich Wilhelm III. ein südwestlich an den Park Sanssouci grenzendes Gelände mit barockem Gutshaus und schenkte es seinem Sohn und Thronerben Friedrich Wilhelm IV. Dieser ließ das Haus 1826–1829 von **Karl Friedrich Schinkel** in ein von römischen Villen inspiriertes **klassizistisches Traumschlösschen** umbauen. Für viele zählt das kleine Schloss Charlottenhof mit den ebenfalls von Schinkel entworfenen Innenräumen und Möbeln zu den schönsten Werken des preußischen Baumeisters. Den es umgebenden Landschaftspark als südlichen Teil des Gesamtkunstwerks Sanssouci schuf der Gartenbauarchitekt Peter Joseph Lenné.

Eingebettet in den lennéschen Park spiegeln sich nahebei die **Römischen Bäder** im Wasser des künstlichen Maschinenteichs. Erste Entwürfe für das südlichheiter wirkende Gebäudeensemble aus Landhaus, griechischem Tempel, Arkadenhalle und Baderaum stammen bereits von 1826 aus der Feder von Schinkel und Persius. 1829 begannen die Bauarbeiten,

1840 war das von lauschigen Ruheplätzen umgebene, mit mediterranen Pflanzen dekorierte „Mini-Italien" im Auftrag Friedrich Wilhelms IV. fertiggestellt.

Von den Römischen Bädern gelangt man schnell zum **Chinesischen Haus**, einem der bedeutendsten Beispiele für die im 18. Jahrhundert in Europa herrschende China-Liebhaberei. 1754–1764 entstand der zierliche, auf kleeblattförmigem Grundriss mit Palmsäulen und ver-

goldeten Figurengruppen geschmückte Tambourkuppelbau nach Plänen von Johann Gottfried Büring. Im Inneren ist Porzellan des 18. Jahrhunderts ausgestellt.

❯ **Schloss Charlottenhof,** seit 2011 geschlossen, Informationen zur Wiedereröffnung unter Tel. (0331) 9694200, www. spsg.de
❯ **Römische Bäder,** Mai–Okt. Di.–So. 10–18 Uhr, Erw. 3 €, erm. 2,50 €
❯ **Chinesisches Haus,** Mai–Okt. Di.–So. 10–18 Uhr, Eintritt 2 €

Vom Krongut Bornstedt zur Russischen Kolonie Alexandrowka

⑱ Krongut Bornstedt ⭐ [bk]

Nicht weit nördlich von Sanssouci liegt das Krongut Bornstedt am Bornstedter See. Beim Anblick des **Ensembles klassizistischer Gebäude** rief der italophile König Friedrich Wilhelm IV. Mitte des 19. Jahrhunderts aus: „Nun habe ich endlich mein italienisches Dörfchen!" 1664 gelangte das Gut in den Besitz des Großen Kurfürsten, schon seit 1689 wird im Gebäude neben dem Herrenhaus ein „vortreffliches Braunbier" gebraut, später noch komplettiert um eine Brennerei.

Der schöne **Rosengarten**, den Kronprinzessin Victoria nach 1867 anlegte, ist mittlerweile rekonstruiert. Ebenso erstrahlen die Gebäude des zum **UNESCO-Weltkulturerbe** zählenden Kronguts nach umfassender Restaurierung 1999–2002 wieder im überlieferten Glanz. Traditionelle Kunsthandwerke sind eingezogen, die Weinscheune, die Hofbäckerei, ein Café und das „Brauhaus" sorgen für das leibliche Wohl, und wer Miniaturen liebt, dem werden im **Potsdamer Zinn-**

figuren Museum die Augen übergehen. Rund 17.000 historische Zinnfiguren in über 150 Dioramen sind in verschiedenen Räumlichkeiten des Kronguts zu sehen.

Die **Bornstedter Kirche** gegenüber, mit frei stehendem Campanile, entstand 1842/43 einmal mehr nach einem Persius-Entwurf. Auf dem angeschlossenen **Bornstedter Friedhof** – dort auf dem privaten Friedhof der Familie Sello – liegen die großen Baumeister und Lieblingsarchitekten von König Friedrich Wilhelm IV., Friedrich Ludwig Persius, Ferdinand von Arnim und der berühmte Landschaftsplaner Peter Joseph Lenné, begraben.

❯ **Krongut Bornstedt,** Ribbeckstraße 6/7, Tel. 0331 550650, www.krongut-bornstedt.de, Gelände frei zugänglich, Shops tgl. 10–19 Uhr, Restaurant „Brau- und Brennhaus" tgl. ab 11 Uhr
❯ **Zinnfiguren Museum** tgl. 12–19 Uhr, Erw. 2 €, erm. 1 €

Vom Krongut Bornstedt zur Russischen Kolonie Alexandrowka

188 🔴 Ruinenberg ⭐   [ck]

Nahebei erhebt sich der Ruinenberg, eine Anhöhe, auf der 1748 zur Bewässerung der Fontänen im Park Sanssouci ein **Wasserreservoir in Gestalt einer antiken Theaterruine** entstand. Dieser sollte ein Jahrhundert später nach Persius-Plänen ein zinnenbewehrter **Normannischer Turm** hinzugefügt werden. Nach dem frühen Tod des Baumeisters 1845 erfolgte der Bau 1846 unter Leitung von Ferdinand von Arnim. Die knapp 23 Me-

▲ Typisches Holzblockhaus in der Russischen Kolonie Alexandrowka

ter Turmhöhe kann man immer samstags und sonntags erklimmen und über die Zinnen hinweg rundum seinen Blick weit über Potsdams Schlösser- und Gartenlandschaft schweifen lassen.

❯ Mai–Okt. Sa./So. 10–18 Uhr, Eintritt 2 €

189 🔴 Russische Kolonie Alexandrowka ⭐   [ek]

Über den „antiken" Ruinenberg mit „normannischem" Turm gelangt man vom „italienischen Dorf" Bornstedt zur Russischen Kolonie Alexandrowka. König Friedrich Wilhelm III. ließ die **zwölf mit kunstvollen Schnitzereien verzierten Holzblockhäuser** 1825/26 nach russischer Art errichten. Er liebte die russische Volksmusik und hoffte, die zwölf Sänger eines russischen Soldatenchors auf diese Weise am preußischen Hof halten zu können. Damit sie sich wie zu Hause fühlten, ließ er sogar die zwiebeltürmchengekrönte russisch-orthodoxe **Alexander-Newski-Kapelle** auf dem Kapellenberg bauen.

Die Blockhäuser werden privat bewohnt. Russische Kolonie Nr. 2 beherbergt ein **Privatmuseum**, das sich der Geschichte der Alexandrowka von ihrer Entstehung bis heute widmet. Unter dem Dach von Russische Kolonie Nr. 1 ist ein Restaurant untergebracht, das zu russischen Klängen Spezialitäten wie Borschtsch oder Plinsen und dazu geistige Getränke aus den Ländern der ehemaligen Sowjetunion auftischt. Insgesamt ein einzigartig erhaltenes Beispiel „romantischer russischer Bauernhäuser", befand die UNESCO und setzte die Kolonie Alexandrowka 1999 auf die **Weltkulturerbe-Liste.**

❭ **Museum Alexandrowka,** Russische Kolonie 2, www.alexandrowka.de, Di.–So. 12-18, im Winter 12-16 Uhr, Erw. 3,50 €, erm. 3 €, unter 14 Jahre freier Eintritt

190 **Belvedere auf dem Pfingstberg** ★★★ [ej]

Hinter dem Kapellenberg steigt der Pfingstberg an. Am 1743 geweihten Jüdischen Friedhof und dem kleinen **Pomonatempel** vorbei – Erstlingswerk 1801 des damals 19-jährigen Karl Friedrich Schinkel – erhebt sich kurz darauf die **bildschöne Doppelturmanlage** des Belvedere auf dem Pfingstberg, heute ebenfalls **UNESCO-Weltkulturerbe.** Mitte des 19. Jahrhunderts schufen die Baumeister Persius, Stüler und Hesse die im Stil italienischer Renaissancevillen auf dem Pfingstberg thronende „Schöne Aussicht".

Von 1945 bis 1993 war das gesamte Areal unzugänglich, denn es lag in direkter Nachbarschaft zur „Verbotenen Stadt", der Deutschlandzentrale des KGB, und hätte darüber hinaus eine Sicht weit über die DDR-Grenzanlagen hinweg nach Westberlin möglich gemacht. Dass man diesen fantastischen Blick seit 2001 wieder genießen kann, ist vor allem der Arbeit des Fördervereins Pfingstberg e. V. zu verdanken. Unermüdlich setzte er sich für die Sanierung des in DDR-Zeiten verfallenen Bauwerks ein. 2005 war die Sanierung abgeschlossen. Und der Aufstieg lohnt! Der **Panoramablick weit über Potsdam und das Havelland hinweg** ist atemberaubend. Immer im Juli dient das Belvedere außerdem als romantische **Kulisse für Konzert- und Theateraufführungen.**

❭ Pomonatempel, Tel. 0331 20057930, www.pfingstberg.de, Ostern–Okt. Sa./So. 15–18 Uhr, Erw. 3,50 €, erm. 2,50 €

❭ Belvedere auf dem Pfingstberg, Tel. 0331 20057930, www.pfingstberg.de, April/Mai und Sept./Okt. tgl. 10–18 Uhr, Juni-Aug. tgl. 10–20 Uhr, März und Nov. Sa./So. 10–16 Uhr, Erw. 3,50 €, erm. 2,50 €

▶ *Der im Stil englischer Landschaftsgärten angelegte Neue Garten vermag immer wieder durch neue Sichtachsen zu bezaubern, hier der Blick auf das Marmorpalais*

Vom Neuen Garten bis zum Filmpark Babelsberg

191 Neuer Garten ★★★   [fj]

Östlich vom Pfingstberg dehnt sich, umrahmt vom Jungfernsee und dem Heiligen See, der Neue Garten aus. Der Wörtlitzer Gartenarchitekt Johann August Eyserbeck legte den über 100 Hektar großen Park ab 1787 im Auftrag von König Friedrich Wilhelm II. an. Es war der erste an englischen Gärten orientierte Landschaftspark der preußischen Herrscher und darin gewissermaßen der **Kontrapunkt zur im Kern barocken Anlage von Sanssouci.**

1816 wurde der Neue Garten von **Peter Joseph Lenné** grundlegend überarbeitet. Dabei legte der Gartenbaukünstler unter anderem Blickverbindungen zu den in jener Zeit im Entstehen begriffe-

nen Schlössern und Parks an den gegenüberliegenden Seeufern in Sacrow, Babelsberg und auf der Berliner Seite in Glienicke an.

192 Marmorpalais ★★★   [fk]

Zeitgleich zum Park nahmen auch seine Bauwerke Gestalt an. Als königliche Sommerresidenz entstand am Ufer des Heiligen Sees nach Entwürfen von Karl von Gontard und Karl Gotthard Langhans 1787–1793 das frühklassizistische Marmorpalais. Seine prunkvollen königlichen Wohnräume, Konzertsaal und Grottensaal machen es zu einem besonderen **Juwel unter den Potsdamer Schlössern.** Von 1881 bis zur Fertigstellung von Schloss Cecilienhof 1917 fungierte es als sommerliches Domizil für

Bierausschank in der Meierei

Wer es zünftig mag, ist keine 200 Meter entfernt in der Meierei am Ufer des Jungfernsees richtig. Im 1790–1792 errichteten, 1844 von Ludwig Persius erweiterten Gebäude wurde einst gebuttert und gekäst. Später beliebtes Ausflugslokal und zu DDR-Zeiten verfallen, wurde es Anfang des dritten Jahrtausends umfangreich restauriert. Seit der Wiedereröffnung 2004 als Gasthausbrauerei fließt drinnen wie draußen im Biergarten direkt am Wasser hausgebrauter Gerstensaft in allen möglichen Typen und Variationen. Dazu wird eine Auswahl feiner Speisen oder auch Deftiges serviert.

◷**275** [fi] **Meierei im Neuen Garten,** Im Neuen Garten 10, Tel. 0331 7043211, www.meierei-potsdam.de, im Sommer Mo.–Sa. 10–23, So. 10–22 Uhr, im Winter Di.–Sa. 12–22, So. 10–20 Uhr

das Kaiserpaar Wilhelm II. und Auguste Viktoria.

Die zum Marmorpalais gehörenden Zweckbauten wurden nach dem damals bevorzugten Geschmack exotisch gestaltet. So erscheint die **Schlossküche** als eine halb vom Erdreich verschüttete antike Tempelruine. Die **Gotische Bibliothek,** ein Pavillon am südlichen Parkende, diente der Büchersammlung Friedrichs Wilhelm II. Der **Eiskeller** zur Kühlung der Lebensmittel gleicht einer Pyramide und die **Orangerie** schmückt sich mit einem von einer Sphinx bewachten Ägyptischen Portal. Aus jenen Jahren stammt ferner auch die **Crystall- und Muschelgrotte** im Norden des Parks am Jungfernsee. Nach

einem Entwurf des Oberhofbaurats Andreas Ludwig Krüger geschaffen, diente der Grottenbau, innen mit drei Kabinetten, als Aufenthaltsort für sommerliche Abendvergnügen.

〉 **Marmorpalais,** Mai–Okt. Di.–So. 10–18 Uhr, Nov.–März Sa./So. 10–16 Uhr (im Winter nur mit Führung), Erw. 5 €, erm. 4 €

〉 **Cystall- und Muschelgrotte** wegen Restaurierung zurzeit geschlossen.

⑲ Schloss Cecilienhof ★★   [fj]

Krönender Abschluss und zugleich jüngstes Bauwerk im Neuen Garten ist Schloss Cecilienhof nahe dem Jungfernsee. 1913–1917 hatte Kaiser Wilhelm II. das romantische **Fachwerkschloss im englischen Landhausstil** für seinen Sohn, Kronprinz Wilhelm, und dessen Ehefrau Cecilie in Auftrag gegeben, noch bis Kriegsende 1945 war es von den Hohenzollern bewohnt.

Nur wenige Wochen später geriet es als Tagungsort der **Potsdamer Konferenz** in den Blick der Weltöffentlichkeit. Vom 17. Juli bis zum 2. August 1945 handelten die alliierten Staats- und Regierungschefs Truman (USA), Stalin (UdSSR) und Churchill bzw. Attlee (Großbritannien) auf Schloss Cecilienhof die Weltnachkriegsordnung aus. Ihre Beschlüsse, darunter Entnazifizierung, Entmilitarisierung und die Abtretung deutscher Grenzregionen, die Aufteilung Deutschlands in Besatzungszonen und Berlins in Sektoren, gingen als „Potsdamer Abkommen" in die Geschichte ein. Die **historischen Konferenzräume** sind heute Museum und auch **die Privaträume des Kronprinzenpaars** können im Rahmen einer Führung besichtigt werden. Außerdem ist im Schloss ein exklusives Hotel samt Restaurant untergebracht.

❯ April-Okt. Di.-So. 10-18 Uhr, Nov.-März
Di.-So. 10-17 Uhr, Erw. 6 €, erm. 5 €;
die Privaträume des Kronprinzenpaares
mit Führung Di.-So. 10, 12, 14 und 16 Uhr,
Erw. 4 €, erm. 3 €

194 Sacrow ★★   [hi]

Auf der schmalen Landbrücke zwischen
Jungfernsee und Sacrower See liegt das
kleine Schloss Sacrow im Sacrower Garten. Ursprünglich 1773 im Barockstil erbaut, erwarb es König Friedrich Wilhelm
IV. unmittelbar nach seiner Thronbesteigung 1840 und ließ es von Ludwig Persius erweitern und umgestalten. Die Neugestaltung der gut 26 Hektar großen
Grünanlage erfolgte durch Peter Joseph
Lenné.

Direkt am Seeufer erhebt sich die klassizistische **Sacrower Heilandskirche,**
die 1840-1844 nach einem Persius-Entwurf Gestalt annahm. Von der Wasserseite her wirkt der nach der Art frühchristlicher Basiliken errichtete Saalbau mit frei stehendem Campanile wie
ein vor Anker liegendes Schiff. Von der
Landseite aus erblickt man gegenüber
am östlichen Ufer des Jungfernsees die
Glienicker Schlossanlagen 171, die Glienicker Brücke 173 und den Park Babelsberg 195 sowie westlich den Neuen Garten 191. Damit schließt sich in Sacrow am
nördlichen Ufersaum der Reigen der im
19. Jahrhundert entstandenen Potsdamer Schlösser- und Gartenlandschaften
rund um den Jungfernsee. Und wie die
benachbarten Ensembles zählt auch der
Sacrower Garten mit seinen Bauwerken
zum **Weltkulturerbe.**

Nach dem Mauerbau 1961 befand
sich die Anlage plötzlich **im unmittelbaren Grenzbereich.** Das Schloss bezogen
Grenzsoldaten der Nationalen Volksarmee und ab 1973 der DDR-Zoll, in der
Grünanlage baute man Trainingseinrichtungen für die Zollhunde auf. Die Heilandskirche stand, von Grenzanlagen
umzingelt, hinter dem Mauerstreifen im
Niemandsland und waren dem Verfall
preisgegeben.

Die viele Jahre dauernde Kirchenrestaurierung konnte im Juni 2009 mit der
Einweihung der neuen Orgel vollendet
werden. Das Innere ziert im Chor ein monumentales Fresko von Adolf Eybel mit
einer Darstellung Christi und der Apostel.
Schloss Sacrow ist heute im Rahmen von
Sonderausstellungen geöffnet.

❯ **Schloss Sacrow,** Infos zu Sonderausstellungen unter Tel. 0331 5053700, www.spsg.de

❯ **Sacrower Heilandskirche,** Fährstr.,
Potsdam-Sacrow, Tel. 0331 2704925,
www.heilandskirche-sacrow.de, Mai-Aug.
Di.-So. 11-18 Uhr, März/April Di.-So. 11-17 Uhr, Sept./Okt. Di.-So. 11-17.30 Uhr,
Nov.-Feb. Sa./So. 11-16.30 Uhr

195 Park und
Schloss Babelsberg ★★★   [hl]

*Der Park Babelsberg am Ostufer des Tiefen Sees ist der vergleichsweise unspektakulärste Park in der Potsdamer Schlösser- und Gärtenlandschaft. Weder in
Sanssouci, wo bereits morgens vor Öffnung der Schlösser die ersten Reisebusse ankommen, noch im Neuen Garten
am Heiligen See wird man so ungestört
lustwandeln können.*

Die Gestaltung der fast 120 Hektar
großen Anlage rund um den 78 Meter hohen Babelsberg begann 1833 unter Lenné. Im selben Jahr fand auch die Grundsteinlegung zu **Schloss Babelsberg** statt,
der Sommerresidenz Wilhelms I. und sei-

ner Gemahlin Augusta, die in einem ersten Bauabschnitt bis 1835 entstand. Ab 1840 wurde das mit zahlreichen Erkern und Türmen geschmückte Schloss im **neugotisch-englischen Geschmack** zunächst von Karl Friedrich Schinkel, nach dessen Tod 1841 von Ludwig Persius und 1845 bis 1849 von Johann Heinrich Strack umgebaut und erweitert. Mit zauberhaftem Blick auf die Glienicker Lanke ist es seitdem das Herzstück des Babelsberger Landschaftsparks. Seine großenteils ursprünglich erhaltenen Innenräume mit historischem Mobiliar kann man besichtigen.

Ab 1843 wurden die Gartenbauarbeiten wieder aufgenommen, die zehn Jahre vorher begonnen hatten. Unter der Hand des Landschaftsarchitekten und legendären Lebemanns Fürst Hermann von Pückler-Muskau entstanden bis 1867 zahlreiche neue Pflanzungen, Terrassen, Spazierwege und andere Gartenkleinode. Unweit vom Havelufer hatte Baumeister Persius bereits 1841/42 ein schlichtes Gartenhaus zum sogenannten **Kleinen Schloss** umgestaltet. Das weiße Gebäude in englischer Tudor-Gotik bewohnte zunächst Preußenprinz Friedrich Wilhelm, später diente es als Gästehaus, heute ist dort ein Restaurant untergebracht.

Ebenfalls von Ludwig Persius stammt das **Dampfmaschinenhaus**, das 1845 am nördlichen Parkende fertiggestellt wurde. Zum Park Babelsberg gehören außerdem das mit hohen gotischen Gie-

▲ *Vom Flatowturm im Schlosspark Babelsberg aus bietet sich ein herrlicher Blick über die Potsdamer Schlösser- und Gärtenlandschaft*

beln versehene **Matrosenhaus** (1842) und die backsteinrote **Gerichtslaube** auf der Lennéhöhe, 1871 unter Einbeziehung von Originalteilen der Berliner Gerichtslaube aus dem 13. Jahrhundert vollendet. Die Pläne für beide Gebäude lieferte Johann Heinrich Strack.

Baumeister Strack war es auch, der dem Park Babelsberg seinen baulichen Höhepunkt schenkte. Ab 1853 wurde nach seinen Plänen auf einem Hügel der 46 Meter hohe, weithin sichtbare **Flatowturm** errichtet. Als Vorbild diente der mittelalterliche Turm des Eschenheimer Tors in Frankfurt am Main, 1856 war der Wohnturm mit Wehrgang und Spitzhelm vollendet. Seine Räumlichkeiten sind teils noch original ausgestattet. Von der Aussichtsplattform bietet sich ein **wunderbarer Panoramablick** auf die Dächer von Potsdam, die Havelseen und die umliegende Parklandschaft.

❯ **Schloss Babelsberg,** bis voraussichtlich 2014 wegen Sanierung **geschlossen**

❯ **Flatowturm,** Mai–Okt. Sa./So. 10–18 Uhr, Eintritt 2 €

🔴196 Filmpark Babelsberg ★

Weltweit wird der Name Babelsberg mit Filmkunst verbunden. Auf dem Gelände des **Studios Babelsberg** wurde Filmgeschichte geschrieben. Im Februar 1912 fiel hier die erste Klappe zum Asta-Nielsen-Streifen „Der Totentanz", mit dem der Aufstieg zum größten europäischen Filmstudio begann. Bis 1945 unter UFA- und zu DDR-Zeiten unter DEFA-Regie, ist die Produktionsstätte mit insgesamt 16 Studios und Außenkulissen auf über 156.000 Quadratmetern heute noch der **größte zusammenhängende Studiokomplex in Europa.** Fernsehserien wie auch große internationale Kinoproduktionen werden in den Hallen realisiert.

Während einer Studiotour durch den Filmpark Babelsberg erhält man zwar weniger Einblick in die Filmherstellung, bekommt dafür aber umso mehr Abenteuer, Fantasy, Liveshow und Action geboten.

❯ Besuchereingang: Großbeerenstraße, Potsdam-Babelsberg, Tel. 0331 7212738, www.filmpark.de, April–Okt. tgl. 10–18 Uhr (im Sept. Mo. geschlossen), Erw. 21 €, erm. 17 €, bis 14 Jahre 14 €, unter 4 Jahre freier Eintritt

Praktische Infos zu Potsdam

Info

🔴**276** [dm] **Touristeninformation am Brandenburger Tor,** Brandenburger Str. 3, 14467 Potsdam, Bus 606, 612, 614, 692 ab Potsdam Hauptbahnhof, Tel. 0331 27558899, www.potsdamtourismus.de, April–Okt. Mo.–Sa. 9.30–18, So. 9.30–16 Uhr, Nov.–März Mo.–Fr. 10–18, Sa./So. 10–16 Uhr

🔴**277** [fn] **Touristeninformation im Hauptbahnhof,** Bahnhofspassagen (neben Gleis 6), Ende Mai–Okt. Mo.–Sa. 9.30–20, So. 10–16 Uhr, Nov.–April Mo.–Sa. 9.30–18, So. 10–16 Uhr

Unterkunft

🏨**278** [dm] **Hotel am Luisenplatz,** Luisenplatz 5, 14471 Potsdam, Tel. 0331 971900, www.hotel-luisenplatz.de, DZ ab 130 €. Klassisch-elegante 4-Sterne-Unterkunft in einem Stadtpalais von 1726 im Herzen Potsdams.

🏠**279** [hn] **Jugendherberge Potsdam,** Schulstr. 9, 14482 Potsdam, Tel. 0331 5813100, www.jh-potsdam.de, Ü/F ab 15 €. 16 Doppel- und 27 Vierbettzimmer, alle mit Dusche/WC ausgestattet, 4 Zimmer rollstuhlgerecht.

⚠️**280** [bn] **Campingpark Sanssouci,** An der Pirschheide 41, 14471 Potsdam, Tel. 0331 9510988, www.camping-potsdam.de, geöffnet April–Anfang Nov. Herrliche Lage in der Pirschheide am Templiner See, fünf Kilometer südwestlich vom Stadtzentrum. Die Sanitäranlagen teils behindertengerecht, große Badewiese, Restaurant, SB-Laden, Internetcafé, Fahrrad- und Kanuverleih. Hunde erlaubt.

Essen und Trinken

🍴**281** [bn] **Restaurant Friedrich Wilhelm im Hotel Bayrisches Haus** €€€€, Im Wildpark/ Elisenweg 2, 14471 Potsdam, Tel. 0331 55050, www.bayrisches-haus.de, Di.–Sa. ab 18 Uhr. Herrschaftlich tafeln im historischen Landhaus der Königin Elisabeth von Preußen. Im Restaurant des heutigen Spitzenhotels verleiht Chefkoch Alexander Dressel exquisiten regionalen Kompositionen eine mediterrane Note. Der Michelin gab einen Stern, der Gault Millau 16 Punkte.

🍴**282** [dl] **Speckers Landhaus** €€€€, Jägerallee 13, 14469 Potsdam, Tel. 0331 2804311, www.speckers.de, Di.–Sa. 12–14 Uhr und 18–22 Uhr. Raffiniertes aus regionalen und saisonalen Produkten. Gault Millau zeichnete den Feinschmeckertempel im ehemaligen Garde-Ulanen-Gasthaus mit 15 Punkten aus.

Stadttouren

❯ **Dreistündige Schlösserrundfahrt** mit dem Potsdammobil „Alter Fritz", Abfahrt ab Hauptbahnhof/Ausgang Babelsberger Str., tgl. 10.30, 11 und 14 Uhr, Tel. 0331 974376, www.schloesserrundfahrten.de

❯ **Altstadt- und Sanssouci-Rundfahrt:** Ebenfalls beliebt sind die Rundfahrten durch die Potsdamer Altstadt und den Park Sanssouci mit dem Elektrobähnlein „Potsdam-Schlosspark-Express". Gestartet wird am Kutscherhaus unterhalb der Historischen Mühle (hinter dem Besucherzentrum Sanssouci direkt am Parkplatz), Mitte März–Ostern und Okt./Nov. stdl. 11–15 Uhr, Mai–Sept. 10.30/11/12/12.30/13.30/14/15 und 16 Uhr, Info-Tel. 0331 5053542, www.potsdam-schlosspark-express.de.

❯ **Potsdam per Pedales:** Leihräder und geführte Radtouren durch Potsdam und das Havelland, im Hauptbahnhof, Tel. 0331 7480057, www.potsdam-per-pedales.de, Mai–Okt. tgl. 9.30–19 Uhr

❯ **Weiße Flotte und Potsdamer Wassertaxi:** Ausgangspunkt für Schlösserrundfahrten, Havelseenkreuzfahrten sowie Tagesfahrten bis Brandenburg oder Berlin mit den Schiffen der Weißen Flotte ist der Hafen Potsdam an der Langen Brücke. Im Linienbetrieb verkehren die Wassertaxis und verbinden Potsdams berühmteste Sehenswürdigkeiten mit 13 Haltestellen vom Wasser aus. Lange Brücke 6, 14467 Potsdam, Tel. 0331 2759210, www.schifffahrt-in-potsdam.de und www.potsdamer-wassertaxi.de.

Praktische Reisetipps

009be Abb.: kj

An- und Rückreise

Mit dem Auto

Alle Autobahnen führen auf den **Berliner Ring (A 10)**, der Berlin und Potsdam nahezu kreisförmig umschließt. Abzweigungen leiten von dort weiter in die Innenstadt und die Bezirke. Die Ausschilderung ist gut. Von West nach Ost münden im Uhrzeigersinn ein:

> **A 2:** Oberhausen–Hannover–
> Magdeburg–Berlin
> **A 24:** Hamburg–Schwerin–Berlin
> **A 11:** Szczecin (Stettin)–Berlin
> **A 12:** Frankfurt (Oder)–Berlin
> **A 113/13:** Dresden–Berlin
> **A 9:** München–Nürnberg–Hof–Leipzig–Berlin

Sofern man nicht nachts fahren möchte, gibt es keine günstigste **Reisezeit**. Ob der Berliner Ring und insbesondere die Einfallstraßen stadteinwärts gerade verstopft sind oder nicht, ist Glück oder Pech und hängt vom Wetter, Baustellen und anderen wenig kalkulierbaren Dingen ab. Dagegen gibt es Zeiten, die man möglichst meiden sollte: den **Berufsverkehr** morgens ca. 7–9 Uhr und nachmittags 15–17.30 Uhr, außerdem den Wochenendverkehr von Donnerstag bis Sonntagabend.

In der Berliner City zwischen Kurfürstendamm, Potsdamer Platz, Regierungsviertel und Alexanderplatz, wo sich die meisten und interessantesten Sehenswürdigkeiten befinden, sind die **Parkplätze teuer und knapp.** Eine Stunde seinen Wagen abstellen kostet je nach Parkzone zwischen ein und drei Euro.

Zentral gelegene große **Parkhäuser** befinden sich am Hauptbahnhof, am Alexanderplatz beim Einkaufszentrum Alexa

Stinker müssen draußen bleiben!

*Zum Schutz vor gesundheitsschädlichem Feinstaub und Stickoxiden – etwa 170.000 Tote jährlich werden in der Bundesrepublik durch zu hohe Feinstaubbelastung gezählt – dürfen gemäß der EU-Feinstaubrichtlinie bestimmte Grenzwerte an nicht mehr als 35 Tagen im Jahr überschritten werden. Um diese Grenzwerte auch nur annähernd einhalten zu können, ist seit dem 1. Januar 2008 die **gesamte Berliner Innenstadt Umweltzone.** Das bedeutet: Im Gebiet innerhalb des S-Bahn-Rings herrscht ein generelles Fahrverbot für Pkws, Busse und Lkws ohne Umweltplakette, und zwar gleichermaßen für Berliner wie für die Besucher der Stadt.*

*Hinein darf, wer eine **grüne Umweltplakette** erworben und sie gut sichtbar auf die Frontscheibe geklebt hat. Maßgeblich für den Erwerb ist die Emissionsschlüsselnummer im Fahrzeugschein, der zufolge Pkws der Schadstoffgruppe 4 (Euro-Abgasnorm 4) die Plakette erhalten. Hierunter fallen Benziner mit geregeltem Katalysator und Dieselfahrzeuge mit Erstzulassung ab 1. Januar 2006. Diesel älteren Datums müssen für eine grüne Plakette entsprechend mit einem Partikelfilter nachgerüstet werden.*

Nicht nachrüstbare Fahrzeuge, für die es keine Partikelfilter gibt, dürfen ausnahmsweise mit einer gelben Plakette in der Umweltzone fahren. Voraussetzung dafür ist, dass neben der gelben Plakette eine von einer Technischen Prüfstelle ausgestellte Bescheinigung über die Nicht-

nachrüstbarkeit sichtbar im Wagen angebracht ist. Weitere Ausnahmen gelten für Autos von Schwerbehinderten und für Oldtimer (mit H-Kennzeichen).

Die Plaketten sind gegen Vorlage des Kfz-Scheins bundesweit beim TÜV, der DEKRA, den Zulassungsstellen und in allen großen Werkstätten erhältlich, die Abgasuntersuchungen durchführen. Ebenso unkompliziert lassen sie sich online bestellen. Sie kosten je nach Anbieter und Ausgabestelle 5 bis 20 Euro.

Wer ohne Plakette in der Umweltzone erwischt wird, muss **40 € Bußgeld** bezahlen und bekommt zusätzlich einen Punkt in der Flensburger Verkehrssünderkartei.

Weitere Auskünfte sowie Möglichkeiten zur Onlinebestellung von Plaketten findet man unter:

› www.berlin.de/umweltzone
› www.umwelt-plakette.de
› www.dekra.de

BERLIN, UMWELTZONE

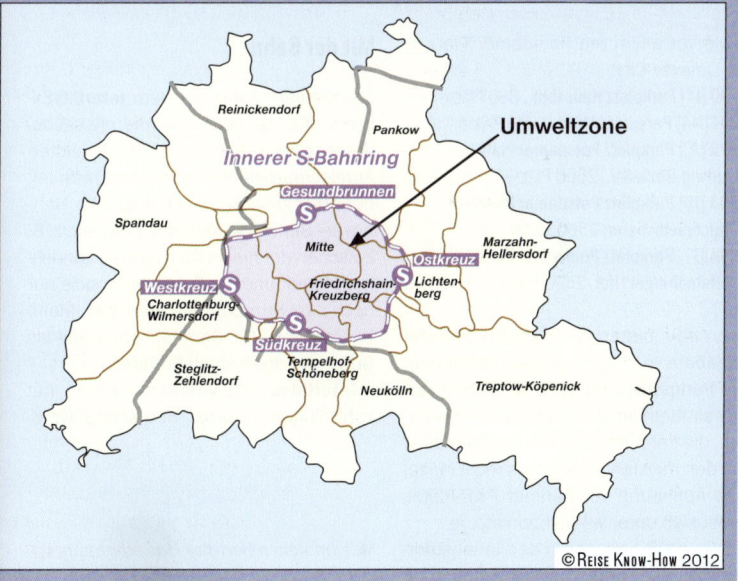

097be Abb.: kj

sowie vor allem am Potsdamer Platz in der Daimler-City:

🅿290 [I4] **Parkplatz Hauptbhf.**, 860 Plätze
🅿291 [N4] **Parkplatz Alexa**, 1600 Plätze
🅿292 [J6] **Parkplatz Potsdamer Platz/ Ludwig-Beck-Str.**, 2500 Plätze
🅿293 [J6] **Parkplatz Potsdamer Platz/ Reichpietschufer**, 2500 Plätze
🅿294 [J7] **Parkplatz Potsdamer Platz/ Schöneberger Ufer**, 2500 Plätze

Alternativ bieten sich **Park-and-Ride-Angebote** in der Peripherie Berlins an. Alle Parkpätze sind mit öffentlichen Verkehrsmitteln an die Innenstadt angebunden, die Fahrt ins Zentrum dauert jedoch von den meisten Plätzen aus recht lange. Eine Auflistung der Berliner P&R-Plätze findet sich unter www.vbbonline.de.

Seit 2008 herrscht in den Innenstadtbezirken ein **Fahrverbot für Autos ohne Umweltplakette** (s. Exkurs).

Mit der Bahn

Die reguläre Fahrt mit dem **InterCityExpress (ICE)** ist zwar nicht die preisgünstigste, aber doch eine der schnellsten Anreisemöglichkeiten. Seit der Eröffnung der Hochgeschwindigkeitsstrecke Hannover–Berlin beträgt die Fahrzeit z. B. zwischen der niedersächsischen Landeshauptstadt und der Spree-Metropole nur noch zwei Stunden, von Frankfurt (Main) benötigt der „ICE-Sprinter" ohne Halt bis Berlin nur dreieinhalb Stunden.

InterCitys (IC) verbinden Berlin mit zahlreichen anderen deutschen Groß-

▲ *Im neuen Berliner Hauptbahnhof* ⓭ *verteilt sich der Zugverkehr auf mehrere Ebenen*

städten überwiegend im Stundentakt. Die Züge des **RegionalExpress (RE)** verkehren im Radius zwischen 200 und 250 Kilometer von und nach Berlin.

Wann man zu welchen Konditionen und Buchungsfristen das preisgünstigste Ticket für seine Zugreise nach Berlin erwirbt, hängt seit der Tarifreform der Deutschen Bahn von den unterschiedlichsten, oft variierenden Faktoren ab. Grundsätzlich aber gilt: **Kinder** von 6 bis einschließlich 14 Jahre reisen in Begleitung ihrer Eltern oder Großeltern kostenlos mit, wenn sie vor Reiseantritt auf der Erwachsenen-Fahrkarte eingetragen worden sind bzw. bei einer Onlinebuchung mit angegeben werden. Kinder unter 6 Jahre fahren stets gratis und ohne Ticket mit.

Neben zahlreichen Aktionspreisen, die stets zeitlich befristet und meist ziemlich schnell ausverkauft sind, bietet die Bahn darüber hinaus im Standardprogramm die miteinander kombinierbaren Sparmöglichkeiten BahnCard und Sparpreis. Die **BahnCard 25** (59 €/2. Klasse bzw. 119 €/1. Klasse) ermöglicht 25 Prozent Rabatt auf den Normalpreis. Mit der Jugend-BahnCard 25 (10 €) erhalten Kinder und Jugendliche von 6 bis einschließlich 18 Jahre die Möglichkeit einer eigenen BahnCard. Sie bietet wie die Erwachsenen-BahnCard 25 Prozent Nachlass auf den regulären Preis. Voraussetzung für den Erwerb: Mindestens ein Elternteil muss im Besitz einer Bahn-Card 25 sein.

Die **BahnCard 50** (240 €/2. Klasse bzw. 482 €/1. Klasse) bietet 50 Prozent Rabatt. Ehe- oder Lebenspartner im gleichen Haushalt, Kinder (6 bis einschließlich 17 Jahre), Schüler, Azubis und Studenten bis einschließlich 26 Jahre, Senioren ab 60 Jahre, Erwerbsunfä-

higkeitsrentner und Schwerbehinderte erhalten die BahnCard 50 zum halben Preis.

Mit dem **Sparpreis der Bahn** kann man die einfache Fahrt durch ganz Deutschland ab 29 €/2.Klasse bzw. 49 €/1. Klasse antreten, auf Strecken bis 250 Kilometer Entfernung sogar ab 19 €/2. Klasse. Zwei Personen gehen für die einfache Fahrt ab 49 €/2. Klasse auf die Reise. Ein dritter, vierter oder fünfter Mitfahrer zahlt pro Kopf ab 20 €. Bei einer Vorkaufsfrist von frühestens drei Monaten und spätestes drei Tagen sind die Tickets (solange der Vorrat reicht) am DB-Automaten oder im Internet unter www.bahn.de buchbar. Am Schalter werden sie gegen 5 € Aufpreis ausgestellt.

Wer nicht allzu weit entfernt von Berlin wohnt und nur einen Wochenendtrip in die Spreemetropole plant, für den könnte auch das **Schöne-Wochenende-Ticket** eine preisgünstige Alternative sein. Einzelreisende und Gruppen bis zu fünf Personen sowie Familien (bis zwei Erwachsene, beliebig viele eigene Kinder oder Enkel) fahren damit deutschlandweit in allen Nahverkehrszügen der Deutschen Bahn (RE, RB, IRE) sowie in zahlreichen Verkehrsverbünden einen Tag lang, so viel sie wollen. Das Ticket kostet 40 €/2. Klasse im Internet/am Automaten bzw. 42 € am Fahrkartenschalter und gilt samstags oder sonntags jeweils von Mitternacht bis 3 Uhr des Folgetags für beliebig viele Fahrten.

Fahrplanauskünfte erhält man in den örtlichen DB-Reisezentren, über die kostenlose automatische Fahrplanauskunft der Deutschen Bahn, Tel. 0800 1507090, den Reise-Service der Deutschen Bahn, Tel. 0180 5996633, und im Internet unter www.bahn.de.

Bus

Mehrere Linienbus-Gesellschaften unterhalten Verbindungen von zahlreichen Städten und Ortschaften nach Berlin. Die **Fernlinienbusse** sind sehr gut ausgestattet, der Service ist perfekt und die Freundlichkeit der Busbegleiter kann kaum überboten werden. Vor Reiseantritt ist in der Regel der Fahrkartenkauf über ein Reisebüro oder eine Internetbuchung erforderlich, ebenso eine Platzreservierung. Die Tickets sind wesentlich günstiger als die regulären Fahrkarten der DB, dafür dauert die Fahrt ein wenig länger.

Start- und Zielbahnhof der Fernlinienbusse in Berlin ist der **Zentrale Omnibusbahnhof (ZOB)** am Messegelände unter dem Funkturm, Masurenallee 4, 14057 (Charlottenburg), www.iob-berlin.de. Verkehrsanbindung: mehrere S-Bahn-Linien ab Messe Nord/Internationales Kongresszentrum (ICC), U-Bahn-Linie 2 ca. 300 Meter nördlich am Kaiserdamm, verschiedene Buslinien ab Messedamm/ZOB/ICC.

Ein Streckennetz mit über 350 Zielorten unterhält:

> **BerlinLinienBus,** Mannheimer Str. 33/34, 10713 (Wilmersdorf), Tel. 030 86096211 und 0180 1546436, www.berlinlinienbus.de

Mit dem Flugzeug

Viele deutsche und internationale Fluggesellschaften steuern die beiden Berliner Airports **Schönefeld (SXF,** ab Juni 2012 **BER)** und **Tegel (TXL)** an, darunter auch eine Reihe von Billigfliegern. Berlinflüge zu Spottpreisen (bei früher Vorabbuchung) bieten an:

> **Air Berlin,** www.airberlin.com
> **Germanwings,** www.germanwings.de
> **Lufthansa/LTUR,** www.ltur.com
> **Tui Fly,** www.tuifly.com

Berlin-Schönefeld im Südosten der Stadt wurde im laufenden Betrieb zum neuen **Großflughafen Berlin-Brandenburg Willy Brandt (BER)** ausgebaut. Voraussichtlicher Einweihungstermin des BER ist Anfang Juni 2012. Der Flughafen Tegel wird zu diesem Zeitpunkt geschlossen.

Zu den Berliner Flughäfen findet man Flugplanauskünfte, Service und Informationen unter der gemeinsamen Telefonnummer 0180 5000186 sowie im Netz unter

> www.berlin-airport.de.

Verkehrsanbindung Flughafen Schönefeld (SXF)

> **Airport-Express** (Regionalzüge der Linien RE7, RB14 und RB22) ab Bahnhof Flughafen Berlin-Schönefeld täglich zwischen 4.30 Uhr und 23 Uhr im 30-Minuten-Takt nach Berlin-Charlottenburg, über Ostbahnhof, Alexanderplatz, Friedrichstraße, Hauptbahnhof, Bahnhof Zoo.

> **S-Bahn:** S9 zwischen 4 Uhr morgens und 1 Uhr nachts in die Innenstadt, S45 zwischen 4.30 und 23.50 Uhr Richtung Fernbahnhof Südkreuz, beide Linien im 20-Minuten-Takt ab Bahnhof Flughafen Berlin-Schönefeld.

> Unmittelbar vor dem Terminal starten die **Buslinien:** Expressbus X7 via Rudow zur U-Bahn-Linie 7, Bus 162 Richtung S-Bahnhof Adlershof, Bus 163 über S-Bahnhöfe Grünau und Adlershof nach Schöneweide, Bus 171 über U-Bahnhof Rudow und S-Bahnhof Sonnenallee Richtung Hermannplatz (Umsteigemöglichkeiten in die U-Bahn-Linie 7), der Expressbus SXF1 fährt zum Fernbahnhof Südkreuz.

> Ebenfalls vor dem Terminal starten die **Nachtbuslinien:** Bus N7 über Rudow, Neukölln, Kreuzberg, Schöneberg, Charlottenburg nach Berlin-Spandau, Bus N60 Richtung S-Bahnhof Adlershof.

Verkehrsanbindung Flughafen Tegel (TXL)

> **JetExpressBus** TXL über Berlin-Hauptbahnhof, Regierungsviertel und Brandenburger Tor bis Alexanderplatz, **Expressbus** Linie X9 und **Bus** Linie 109 bis Zoologischer Garten, Bus Linie 128 in Richtung U-Bahnhof Osloer Straße.

Mitfahrzentralen

Eine preisgünstige Alternative sind die Mitfahrgelegenheiten, die Mitfahrzentralen gegen eine Gebühr vermitteln. Der Fahrer bezahlt keine Vermittlungsgebühr und erhält von seinen Passagieren eine Benzinkostenbeteiligung, die sich nach der Anzahl der Mitfahrer sowie der Entfernung richtet und einer gesetzlich festgelegten Obergrenze unterliegt.

> **Citynetz Mitfahrzentrale,** www.citynetz-mitfahrzentrale.de und www.mfz-citynetz.de, telefonische Vermittlung Tel. 030 19444, Mo.–Fr. 9–18 Uhr, Sa./So. 10–14 Uhr

Barrierefreies Reisen

Von einer behindertenfreundlichen Stadt kann man bei Berlin eingeschränkt sprechen, behindertengerecht ist sie sicherlich nicht. Doch man macht allmählich mobil. So sind mittlerweile über 90 von insgesamt 173 U-Bahnhöfen und gut 120 der 165 S-Bahnhöfe mit **Aufzügen oder Rampen** versehen, die einen barrierefreien Zugang zu den Bahnsteigen

ermöglichen. Auf 16 von insgesamt 22 Tram-Strecken sind Niederflur-Züge mit absenkbaren Rampen in Betrieb genommen worden, bis Ende 2011 sollen alle Straßenbahnlinien mit Niederflur-Zügen ausgerüstet sein. Die Omnibusse der Berliner Verkehrsbetriebe (BVG) verfügen nahezu vollständig über eine absenkbare Rampe im Mittelzugang.

Im Berliner Hauptbahnhof erleichtern Blindenleitstreifen, Handlaufbeschriftungen und Informationsmonitore an den Aufzügen **blinden und sehbehinderten Fahrgästen** die Orientierung. Der Fernbahnhof Südkreuz sowie die Regionalbahnhöfe Gesundbrunnen, Potsdamer Platz, Lichterfelde-Ost und Jungfernheide sind ähnlich ausgerüstet. Knapp 100 U-Bahnhöfe und etwa 80 S-Bahnhöfe bieten taktile Leitstreifen, die die Bahnsteigkante markieren.

Infos

> Die **Datenbank Mobidat** bietet unter **www.mobidat.net** ausführliche Informationen zu Zugänglichkeiten, Aufzügen, Bewegungsflächen, Sanitärräumen, technischen und Orientierungshilfen in öffentlichen und privaten Einrichtungen, Veranstaltungsorten, Museen und Sehenswürdigkeiten, Tipps zum barrierefreien Shopping, Essen und Trinken, Schlafen, Wohnen, Veranstaltungen u. v. m. Ausführliche telefonische Informationen hält Mobidat von Montag bis Freitag unter Tel. 030 74777115 bereit.

> Die **Berliner Verkehrsbetriebe (BVG)** unterhalten rund um die Uhr einen Informationsservice unter der Telefonnummer 030 19449. Im Internet findet man unter www.bvg.de, Stichwort „Service & Sicherheit/ Barrierefrei durch Berlin", einen Flyer mit detaillierten Informationen zu sämtlichen bar-

rierefreien S-, U-, Bus- und Tramlinien zum Herunterladen.

> Einen **kostenlosen Begleitservice** bietet der Verkehrsverbund Berlin-Brandenburg (VBB) tgl. 7–22 Uhr für das gesamte Stadtgebiet an. Die Begleitung muss spätestens am Vortag gebucht werden unter Tel. 030 34649940 (Mo.–Fr. 9–16 Uhr) bzw. www.vbbonline.de („Fahrpläne/Info für mobilitätseingeschränkte Reisende").

> Ein **Rollstuhl-Pannendienst** steht rund um die Uhr unter der Servicenummer 0177 8335773 zur Verfügung. Er umfasst eine schnelle Vor-Ort-Reparatur und bei Bedarf auch einen Rollstuhlaustausch.

> Für **Sehbehinderte und Blinde** hat der Allgemeine Blinden- und Sehbehindertenverein Berlin (ABSV) reizvolle touristische Ziele und zahlreiche Freizeitangebote im Programm, Infos unter Tel. 030 895880 und www.absv.de.

> Für **Gehörlose** ist der Gehörlosenverband Berlin e. V. ein kompetenter Ansprechpartner in allen Belangen: Tel. 030 2517053, www.deafberlin.de.

> Das **Museumsportal Berlin** bietet Führungen in über 200 Berliner Museen in Gebärdensprache, für Blinde und Sehbehinderte sowie für Rollstuhlfahrer. Programme finden sich unter www.museumsportal-berlin.de, Stichwort „Besucherinfo/Angebote für Menschen mit Handicap".

Diplomatische Vertretungen

Bürger der Republik Österreich und der Schweiz können sich bei Verlust der Personalunterlagen an die Österreichische bzw. Schweizerische Botschaft in Berlin wenden.

Berlin preiswert

*Speisen und Übernachten, Ausgehen, Kunst und Kultur auf internationalem Spitzenniveau sind **nirgends so günstig zu haben** wie in der Spree-Metropole. Keine andere europäische Metropole ist im Vergleich preiswerter als Berlin. Selbst ein teures Pflaster wie den Gendarmenmarkt mit seinen Sterne-Restaurants rundum trennen keine zwei Straßenecken vom nächsten Low-Budget-Lokal. Und wer nicht im Hotel Adlon absteigt, sondern sich mit einem Schlafsaalbett in einem der zahlreichen Hostels zufriedengibt, übernachtet bereits ab 5 €.*

*Sightseeing zum Preis eines Einzelfahrscheins bieten die **Buslinien 100 und 200**, die zwischen Zoologischer Garten und Alexanderplatz an allen wichtigen Sehenswürdigkeiten vorüberziehen (s. S. 78).*

*Zu empfehlen ist außerdem die **WelcomeCard** (s. S. 340), die gegen ein relativ geringes Entgelt an drei bzw. fünf Tagen Berlin-Aufenthalt freie Fahrt mit dem ÖPNV sowie Preisnachlässe bis zu 50 % für Sehenswürdigkeiten, in Museen, bei Festivals und Veranstaltungen, in zahlreichen Restaurants u. v. m. bietet.*

●**295** [I6] **Österreichische Botschaft,** Stauffenbergstr. 1, 10785 (Tiergarten), Tel. 030 26934280, Fax 2290569, www.aussenministerium.at/berlin

●**296** [J4] **Schweizerische Botschaft,** Otto-von-Bismarck-Allee 4a, 10557 (Tiergarten), Tel. 030 3904000, Fax 3911030, www.eda.admin.ch/berlin

Informationsquellen

visitBerlin

Die Service-Agentur **visitBerlin** ist Ansprechpartnerin für fast alle den Berlin-Tourismus betreffenden Belange. Neben allgemeinen touristischen Informationen gibt sie Broschüren und Stadtpläne, ein Hotelverzeichnis und ein Berlin-Magazin sowie zahlreiche Special-Interest-Hefte heraus, unterhält die Touristinformationen, vermittelt Hotels und Pensionen, Gästeführer und Busse, Theater- und Messekarten sowie Tickets für verschiedene Events, organisiert den Berlin-Aufenthalt und vieles andere mehr.

❭ Für allgemeine touristische Informationen sowie die telefonische Ticket- und Hotelzimmerreservierung ist unter Tel. 250025 ein **Info-Callcenter** eingerichtet, dessen kompetente und stets zuvorkommenden Mitarbeiterinnen und Mitarbeiter Mo.–Fr. 9–19, Sa. 10–18, So. 10–14 Uhr erreichbar sind.

❭ Touristische Berlin-Informationen von A bis Z, die Möglichkeit zur Hotelzimmer-Reservierung, Ticketbestellung und vieles mehr gibt es im Internet unter derAdresse **www.visitberlin.de.**

Touristinformationen

In einem Meer von Reklamezettelchen, Flyern, Postkarten, Prospekten, Veranstaltungsbroschüren und Berlinsouvenirs halten die **Infostores von visitBerlin** allgemeine touristische Informationen, Stadtpläne und viele nützliche Tipps und Empfehlungen parat. Wie die visitBerlin-

▼ *Geführte Besichtigungstouren erfreuen sich bei Berlin-Besuchern immer größerer Beliebtheit*

098be Abb.: k)

Zentrale vermitteln sie Zimmer in Hotels und Pensionen, reservieren Karten für Konzerte, Theater, Events, Rundfahrten und vieles andere.

ⓘ 297 [F7] **Infostore Neues Kranzler Eck,** Kurfürstendamm 21 (in der Passage), U1, U9 Kurfürstendamm, Mo.–Sa. 10–20 Uhr, So. 10–18 Uhr, April–Okt. erweiterte Öffnungszeiten

ⓘ 298 [J5] **Infostore im Brandenburger Tor,** Pariser Platz (südliches Torhaus), S1, S2, U55 Brandenburger Tor, tgl. 10–19 Uhr, April–Okt. erweiterte Öffnungszeiten

ⓘ 299 [I4] **Infostore im Hauptbahnhof,** Eingang Europaplatz, im Erdgeschoss, S Hauptbahnhof, tgl. 8–22 Uhr

❯ Welcome-Center, Flughafen Berlin-Brandenburg, Terminal A, Haupthalle, tgl. 7–22 Uhr

In den genannten Infostores, an Automaten und Verkaufsstellen der Berliner Verkehrsbetriebe (BVG) und der S-Bahn sowie in vielen großen Hotels erhalten Berlin-Besucher die **WelcomeCard.** Wahlweise zwei, drei oder fünf Tage bietet sie freie Fahrt mit allen Bussen und Bahnen des Verkehrsverbunds Berlin-Brandenburg (VBB) entweder in den Berliner Innenbezirken (Tarifbereich A/B) oder in ganz Berlin und Potsdam (Tarifbereich A/B/C). Darüber hinaus ermöglicht die Karte Preisnachlässe bis zu 50 % bei rund 200 touristischen und kulturellen Veranstaltungen und Unternehmungen wie Stadtrundfahrten, Führungen, Museen etc., in Potsdam gibt es bis zu 25 % Rabatt.

Im Tarifbereich A/B kostet die WelcomeCard für zwei Tage 17,90 €, für drei Tage 23,90 € und für fünf Tage 30,90 €. Im Tarifbereich A/B/C fallen für zwei Tage 19,90 € an, für drei Tage 25,90 € und für fünf Tage 36 €. Bis zu drei Kinder unter 15 Jahre können auf der WelcomeCard für den Bereich A/B/C kostenlos mitfahren.

Freie Fahrt in den öffentlichen Verkehrsmitteln, bis zu 50 % Preisnachlass bei über 200 Berliner Attraktionen und freien Eintritt in die Museen der Museumsinsel bietet die **WelcomeCard Museumsinsel.** Sie gilt drei Tage lang und kostet für den Tarifbereich A/B 34 €, für A/B/C 36 €.

❯ Alle Kartenvarianten können auch im Internet bestellt werden unter www.berlin-welcomecard.de. Hier findet sich auch eine Auflistung aller Partner, die Preisnachlässe gewähren.

Vorverkaufsstellen

Folgende **Konzert- und Theaterkassen** befinden sich in der Innenstadt:

●300 [M4] **Berliner Theater- und Konzertkassen,** Kaufhof am Alexanderplatz, Alexanderplatz 9, 10178 (Mitte), Tel. 24743327, www.btk-berlin.de

●301 [M5] **Berliner Theater- und Konzertkassen im Nikolaiviertel,** Am Spreeufer 6, Tel. 2412787, beide S und U2, U5, U8 Alexanderplatz, Ticket-Hotline 2414635, www.btk-berlin.de

❯ Showtime, Theaterkasse im Kaufhaus des Westens (KaDeWe) ⑫, Tauentzienstr. 21–24, 10789 (Tiergarten), U1, U2, U3 Wittenbergplatz, www.showtimetickets.de, Tel. 80602929

Fundbüros

●302 [K10] **Zentrales Fundbüro,** Platz der Luftbrücke 6 (im Gebäude des Flughafen Tempelhof), 12101 (Tempelhof), U6 Platz der Luftbrücke, Tel. 902773101, Mo.–Mi. und Fr. 9–14, Do. 13–18 Uhr

●303 [H9] **BVG-Fundbüro**, Potsdamer Str. 182, 10783 (Schöneberg), U7 Kleistpark, Tel. 25623040, Fax 25628020, Callcenter Tel. 19449, Mo.–Do. 9–18 Uhr, Fr. 9–14 Uhr

❭ **Fundbüro der Deutschen Bahn** (zuständig auch für Funde in Berliner S- und Regionalbahnen), Döppersberg 37, 42103 Wuppertal, Callcenter Tel. 0900 1990599, Fax 0202 352317, www.fundservice.bahn.de, Mo.–Sa. 8–20 Uhr, So. 10–20 Uhr

❭ Verlorenes **online** suchen und hoffentlich wiederfinden kann man unter der Adresse: http://fundsuche02.kivbf.de.

Berlin im Internet

❭ Unter **www.visitberlin.de** bietet Berlins offizielle Tourismusorganisation neben einem Hotelverzeichnis und verschiedenen Reiseangeboten die Möglichkeit zum Entdecken der wichtigsten Berliner Sehenswürdigkeiten, das aktuelle Berlin-Programm mit sämtlichen Veranstaltungen, außerdem Tipps für Kids, Teenies, Familien, Senioren, Special-Interest-Touristen auf den Spuren ihrer Geschichte, Schwule und Lesben, Partygänger, Kulturbeflissene u. v. m. Darüber hinaus kann man auf der Website Tickets und Hotelzimmer buchen.

❭ Unter der offiziellen Hauptstadtadresse **www.berlin.de** findet man umfassende Berlin-Informationen, seien es touristische Infos über die Stadt, zu Kultur und Events oder Projekten und aktuellen Veranstaltungen, seien es Texte zur Geschichte der Stadt und virtuelle Spaziergänge zu den interessantesten Sehenswürdigkeiten oder seien es Seiten zu den Bezirken, Behörden und zur Berliner Verwaltung. Außerdem bietet die Website Links zu zahlreichen Unterkunftstipps mit der Möglichkeit zur Onlinebuchung. Ebenfalls direkt gebucht werden können Tickets für Events und Veranstaltungen.

❭ Aktuelles aus der Spree-Metropole berichtet **www.berlinonline.de**, ein Berlin-Guide und Programmservice mit dem Neuesten zu Kino und Konzerten, Kunst und Kultur, Einkaufen und Ausgehen, Klubs und Partys, Klatsch und Tratsch aus der Hauptstadt und viele Dinge mehr.

❭ **www.zitty.de** und **www.tip-berlin.de**: Die Onlineauftritte der wichtigsten Berliner Stadtmagazine umfassen u. a. alle aktuellen Veranstaltungshinweise.

Publikationen und Medien

Unter den Zeitschriften sind „**Zitty**" und „**Tip**" die beiden größten und wichtigsten Berliner Stadtmagazine. Sie erscheinen vierzehntägig und geben in ihren umfangreichen Programmteilen Auskunft über das tagtägliche Veranstaltungsangebot aus Ausstellungen, Bühnen, Galerien, Kind & Kegel, Kino, Kunst, Literatur, Musik u. v. m.

Das „**Berlin Programm**" mit dem Monatsprogramm für Oper, Theater, Konzerte, Ausstellungen sowie Ausflugs-, Kultur-, Restaurant- und Shoppingtipps erscheint jeweils am 15. des Vormonats. Es kann neben dem Ladenverkauf für 2 € online oder telefonisch direkt beim Verlag bestellt werden.

❭ **Rimbach-Verlag**, Karl-Hofer-Str. 11, 14163 Berlin, Tel. 8021071, Fax 8029988, www.berlin-programm.de

Jeden Mittwoch erscheint die von der Berliner Tageszeitung „Tagesspiegel" herausgegebene wöchentliche Veranstaltungsvorschau „Ticket".

In den Touristinformationen, den meisten Hotels und vielen Kneipen liegt stets ein bunter Strauß kostenloser Broschüren, Flyer und Szeneblättchen mit

Meine Literaturtipps

> Arnim, Bettina von: „**Dies Buch ge-
> hört dem König**". *1843 erschienene
> Schilderung der Armut in Berlin, die
> die Schriftstellerin an König Wilhelm
> IV. persönlich richtete.*
> Döblin, Alfred: „**Berlin Alexander-
> platz**". *Wie der kleine Mann Franz
> Biberkopf im Berlin der 1920er-Jah-
> re mit seinem Versuch, „anständig
> zu sein", scheitert und untergeht. Ein
> Berlin-Klassiker der Literatur der Mo-
> derne.*
> Fischer-Fabian, Siegfried: „**Berlin-
> Evergreens**". *Amüsante Porträts
> über Berliner Originale, von Mutter
> Gräbert und Königin Luise bis zu Au-
> gust Borsig und Heinrich Zille.*
> Fontane, Theodor: „**Irrungen,
> Wirrungen**". *Warum der Wasch-
> frau Nimptsch Pflegetochter Lene
> und der junge Baron Botho aus dem
> feinen südlichen Tiergarten im kai-
> serlichen Berlin nicht zusammen-
> kommen können.*
> Kerr, Alfred: „**Wo liegt Berlin?: Brie-
> fe aus der Reichshauptstadt**". *Die
> Berlin-Briefe des 1933 emigrierten
> Schriftstellers und Theaterkritikers.*
> Ostwald, Hans: „**Der Urberliner**".
> *1911 erschienener Klassiker über
> den Berliner Humor.*
> Reimann, Brigitte: „**Franziska Lin-
> kerhand**". *Die Geschichte einer jun-
> gen DDR-Architektin, die an der Er-
> richtung einer Plattenbausiedlung
> beteiligt ist.*

den aktuellen Programmen der Berliner Bühnen bzw. Klub- und Partyevents
aus, darunter für das junge oder jung gebliebene Publikum das Szene-Magazin
„030" mit vielen Programmtipps zu Bühne, Party, Kino und Konzerten mit entsprechenden Guidemaps, in denen zum
besseren Auffinden die einzelnen Locations eingezeichnet sind, außerdem im
Netz stets tagesaktuell unter www.ber-
lin030.de.

Die wichtigsten Berliner Tageszeitungen sind der „**Tagesspiegel**" (www.
tagesspiegel.de), die „**taz**" (www.taz.de),
die „**Berliner Zeitung**" (www.berlinonline.
de) und die „**Berliner Morgenpost**" (www.
morgenpost.de).

Internet

An Hotels und Hostels, Cafés und Kneipen mit **kostenlosem WLAN** besteht in
Berlin kein Mangel. Im Gegenteil darf
man sich glücklich schätzen, hier und da
noch ein paar wenige netzfreie Orte zu
finden. Der seitens des Berliner Senats
initiierte Versuch, ein großräumiges öf-
fentliches WLAN-Netz innerhalb des S-
Bahn-Rings aufzubauen, ist dagegen
vorerst gescheitert. Ein flächendecken-
des Aufstellen der Router beispielsweise
an Ampeln oder Straßenlaternen war aus
technischen und oftmals auch denkmal-
schützerischen Gründen nicht möglich.

Wer sich gerne in die Web-2.0-Schicke-
ria einreihen und Café, Bar oder Kneipe
in seinen Arbeitsplatz umwandeln möchte, muss aber trotzdem nicht verzichten.

▶ *Zum Latte gibts Free-WLAN für
Workaholics und die Web-2.0-Boheme*

> Ein Hotspot-Finder firmiert unter der Adresse **www.hotspot-locations.de.**
> Und wem das noch nicht ausreichen mag, der lädt sich von der Seite www.jiwire.com den globalen WiFi-Finder (kostenlos, für Android und iOS) runter und wird, was offenes WLAN in Berlin betrifft, damit bestimmt fündig werden.

Lesben

Treffpunkt

○**304** [I8] **Begine** €, Potsdamer Str. 139, 10783 (Schöneberg), U1 Kurfürstenstraße, U2 Bülowstraße, U7 Kleistpark, Tel. 2151414, www.begine.de, geöffnet: Mo.–Fr. ab 17 Uhr, Sa. ab 19 Uhr, So. Programm ab 15 Uhr. Women's classic für erste Kontakte, Café und Frauenzentrum zugleich.

Kunst

🏛**305** [E6] **Das Verborgene Museum,** Schlüterstr. 70, 10625 (Charlottenburg), S Savignyplatz, www.dasverborgenemuseum. de, Tel. 3133656, geöffnet: Do./Fr. 15–19 Uhr, Sa./So. 12–16 Uhr. Das Museum erschließt und dokumentiert Kunst von Frauen mit dem Ziel, „die bislang verschollene Kunst der Frauen zu erforschen, ihr Lebenswerk der Öffentlichkeit zugänglich zu machen und den Museen weiterzuvermitteln."

Wellness

●**306** [N7] **Hamam,** Mariannenstr. 6 (im Hinterhaus), 10997 (Kreuzberg), U1 Kottbusser Tor, Tel. 6151464, www.hamamberlin.de, geöffnet: Mo. 15–23 Uhr, Di.–So. 12–23 Uhr. Nur für Frauen ist das türkische Bad Hamam im Kreuzberger Frauenzentrum „Schokofabrik" mitten im Kiez.

099be Abb.: kj

Unterkunft

🏠**307** [D8] **Frauenhotel Artemisia** €€€, Brandenburgische Str. 18, 10707 (Wilmersdorf), U7 Konstanzer Straße, Tel. 8609320, www.frauenhotel-berlin.de. Schönes Mittelklassehotel in Ku'damm-Nähe nur für Frauen, DZ mit Frühstück 60 bis 110 €.

🏠**308** [J6] **Hotel Intermezzo** €€, Gertrud-Kolmar-Str. 5, 10117 (Mitte), S1, S2 und U2 Potsdamer Platz oder U2 Mohrenstraße, Tel. 22489096, www.hotelintermezzo.de. Mitten im Herz der Metropole, die Zimmer behaglich im Landhausstil, männliche Kinder bis 12 Jahre sind erlaubt. DZ mit Bad 90 €, ohne Bad 75 €, Frühstück 6 € pro Person.

Zimmervermittlung

●**309** [H7] **ebab (enjoy bed and breakfast)**, KundInnenfiliale c/o Mann-o-Meter: Bülowstr. 106, 10783 (Schöneberg), U1, U2, U3, U4 Nollendorfplatz, Tel. 23623610, www.ebab.de, Mo.–Fr. 12–21.30, Sa./So. 16.30–21.30 Uhr; Postanschrift: Nollendorfplatz 5, Haus B, 10777 (Schöneberg). Zimmervermittlung für Schwule, Lesben und Freunde.

❯ **Frauenzimmer**, www.frauen-zimmervermittlung.de. Gästezimmervermittlungsbörse von Frauen für Frauen.

Party

❶**310** [K9] **Serene Bar,** Schwiebusser Straße 2, 10965 (Kreuzberg), U6 Platz der Luftbrücke, www.serenebar.de. Samstags ab 22 Uhr Schwof zu R'n'B, Funk, Indie, Classics, Charts, Evergreens.

❶**311** [N1] **Queens,** Pappelallee 65, 10437 (Prenzlauer Berg), S, U2 Schönhauser Allee, www.queens-berlin.de, geöffnet: Restaurant/Café So.–Do. 9–0 Uhr, Fr./Sa. 9 bis open end; Klub Sa. ab 22 Uhr. Freundliches Restaurant und Café auf zwei Etagen, dazu im Keller ein kleiner feiner Klub. Samstags

Party, unter der Woche Quiz, Doko, Ladies' Poker.

Infos, Beratung

❯ **Lesbenberatung**, Kulmer Str. 20a, 10783 (Schöneberg), www.lesbenberatung-berlin.de, Tel. 2152000, Mo./Mi./Fr. 10–17 Uhr, Di./Do. 10–19 Uhr, Do. 16.30–18.30 Uhr offener Treff

❯ **Frauenkrisentelefon**, Beratung unter Tel. 6154243, www.frauenkrisentelefon.de, Mo. und Do. 10–12 Uhr, Di. 15–17 Uhr, Mi. 10–12 und 19–21 Uhr, Fr. 19–21 Uhr, Sa./So. 17–19 Uhr

❯ **Migrantinnenberatung**, telefonische Beratung auf Englisch, Dari, Persisch, Tel. 6157596, www.frauenkrisentelefon.de, Mo. 10–12 Uhr

Zeitschriften

❯ Informationen über die Berliner Szene erhält frau anhand der Zeitschrift „**Siegessäule**", www.siegessaeule.de, die es in zahlreichen Cafés, Kneipen und Klubs, Kinos, Veranstaltungsorten, Buchläden und natürlich Kiosks zu kaufen gibt.

❯ Das Monatsmagazin „**Blattgold**", www.blattgold-berlin.de, berichtet frauenspezifisch über Politik und Kultur und informiert über alle wichtigen Hauptstadttermine für Frauen.

❯ Einmal jährlich erscheint im Jackwerth-Verlag in Kooperation von visitBerlin und der Siegessäule der deutsch-englische Queerguide zu Berlins schwul-lesbischer Szene, „**Out in Berlin**". Er listet Hotels, Bars, Cafés und Restaurants, Shoppingtipps sowie die besten Partys und Gay-Events auf. Der Guide liegt kostenlos in den Touristinformationen und an schwul-lesbischen touristischen Hotspots aus.

❯ Immer die neusten Infos zu Bars und Restaurants, Kieztouren, Kultur, Party und Nachtleben sowie einen Stadtplan für Schwule und Lesben zum Downloaden bietet die Zeitschrift Siegessäule unter **www.out-in-berlin.de**.

Notfälle

Notrufnummern

> Polizei/Notruf: Tel. 110
> Ärztlicher Bereitschaftsdienst: Tel. 310031
> Berliner Krisendienst: Tel. 39063-10 bis -90
> Drogennotruf: Tel. 19237
> Feuerwehr/Rettungsleitstelle: Tel. 112
> Frauenkrisentelefon: Tel. 6154243
> Kindernotdienst: Tel. 610061
> Kreditkarten sperren: Tel. 116116
> Pannenhilfe ADAC: Tel. 0180 2222222
> Pannenhilfe (ACE): Tel. 01802 343536
> Schwules Überfalltelefon: Tel. 2163336
> Zahnärztlicher Notdienst: Tel. 89004333

Kartenverlust

Deutsche Kunden, die ihre **Kreditkarte**, die **Maestro(EC)-Karte** oder ihr **Handy** verloren haben, können sie über die **zentrale Sperrnummer Tel. 116116** blockieren lassen. Für **Österreicher und Schweizer** wird dieser Service vorerst nicht angeboten, deshalb sollten sie sich vor der Reise über die jeweiligen Sperrnummern informieren.

Post

Diese zentralen Postbank-Filialen bieten auch alle Dienstleistungen der Deutschen Post an:

✉ **312** [K5] **Postbank-Filiale**, Friedrichstr. 69 (im Quartier 205), 10117 (Mitte), Mo.–Fr. 9–19, Sa. 9.30–14 Uhr

✉ **313** [M4] **Postbank-Filiale**, Rathausstraße 5, 10178 (Mitte), Mo.–Fr. 8–19 Uhr, Sa./So. 9–16 Uhr

Radfahren

In Anbetracht der schier endlosen Autoschlangen zu manchen Tageszeiten ist das Fahrrad das **ideale Fortbewegungsmittel** in Berlin. Die Stadt verfügt über ein **gut ausgebautes Radwegenetz**. Leider jedoch müssen „Radweg" und „Sicherheit" keineswegs gleichbedeutend sein, weshalb 1998 die generelle Fahrradwege-Benutzungspflicht aufgehoben wurde. Man darf also auch die Straßen beradeln, hat mithin die Wahl je nachdem, wo man sich besser gesehen glaubt.

Darüber hinaus stehen den Radlern auf den Straßen die **Busspuren** zur Verfügung, die sie sich mit Taxis und den Omnibussen des ÖPNV sowie des Reiseverkehrs teilen. Benutzungspflichtig sind nur die eigens mit einem Radwegeschild gekennzeichneten Fahrstreifen, und das sind nicht viele.

ADFC

Ansprechpartner schlechthin für alle Belange rund um das Fahrrad ist auch in Berlin der Allgemeine Deutsche Fahrrad-Club (ADFC). Er veranstaltet geführte Fahrrad-Ausflüge und gibt Touren- und Routenplaner heraus. Sie können über den Buch- und Infoladen des ADFC bezogen werden. Neben einer großen Auswahl an Literatur zum Thema Fahrrad fahren stehen dort die ADFC-Mitarbeiterinnen und -Mitarbeiter den Pedalrittern bei allen Fragen mit Rat und Tat zur Seite.

●**314** [L2] **ADFC**, Brunnenstr. 28, 10119 (Mitte), Tel. 4484724, www.adfc-berlin.de, geöffnet: Mo.–Fr. 12–20 Uhr, Sa. 10–16 Uhr

Radverleih

In Berlin gibt es eine große Anzahl von Radverleihern. Eine aktuelle Liste führt der ADFC unter seiner Adresse www.adfc-berlin.de, Stichwort „Service/Branchenbuch". Ein bewährter Verleiher an zentralen Orten in den Innenbezirken ist außerdem die **Fahrradstation**, die Räder ab 5 € pro Stunde bzw. 15 € pro Tag verleiht. Die Räder sind ausgezeichnet in Schuss, da jährlich fabrikneu.

❯ Alle Fahrradstation-Läden sind Mo.–Fr. 10–19.30 Uhr und Sa. 10–18 Uhr geöffnet, die Fahrradstation am Bahnhof Friedrichstraße März–Okt. zusätzlich So. 10–16 Uhr. Von April bis Oktober werden darüber hinaus täglich geführte **Fahrrad-Sightseeingtouren** angeboten. Infos/Reservierungen telefonisch und unter **www.fahrradstation.com.**

●**315** [K4] **Fahrradstation Bahnhof Friedrichstraße**, Eingang Dorotheenstr. 30, 10117 (Mitte), S und U6 Friedrichstraße, Tel. 28384848

●**316** [D6] **Fahrradstation Charlottenburg**, Goethestr. 46, 10625 (Charlottenburg), U2, U7 Bismarckstraße, Tel. 93952757

Berliner Mauerweg

Auf den Spuren der ehemaligen DDR-Grenzanlagen führt ein rund 160 Kilometer langer, **ausgeschilderter Radweg** um die einstige Halbstadt Westberlin herum. Die Strecke ist in 14 Etappen zwischen 7 und 21 Kilometer Länge gegliedert und mit **über 40 Info-Stationen** bestückt, die jeweils am Ort des Geschehens von der Teilung Deutschlands und Berlins berichten. Anfangs- und Endpunkte aller Etappen lassen sich bequem mit S- und U-Bahn ansteuern (Fahrradmitnahme möglich).

❯ **Infos** beim ADFC Berlin, www.adfc-berlin.de, und unter www.berlin.de/mauer/mauerweg/index/index.de.php

●**317** [N2] **Fahrradstation am Kollwitzplatz**, Kollwitzstr. 77, 10435 (Prenzlauer Berg), U2 Eberswalder Straße, Tram M2, M10, Tel. 93958130

●**318** [K9] **Fahrradstation Kreuzberg**, Bergmannstr. 9, 10961 (Kreuzberg), U7 Gneisenaustraße, Tel. 2151566

●**319** [L6] **Fahrradstation Trek Pro-Shop**, Leipziger Str. 56, 10117 (Mitte), U2 Hausvogteiplatz, Tel. 66649180

●**320** [L3] **Ortliebstation**, Auguststr. 29a, 10119 (Mitte), U8 Weinmeisterstraße oder Rosenthaler Platz, Tel. 22508070

100be Abb.: kj

◀ *Auch Fahrrad-Parkplätze werden in Berlin allmählich knapp*

Schwule

Berlin ist **eine der größten Schwulenmetropolen Europas.** Das Kultur- und Freizeitangebot ist umfassend und man lebt vergleichsweise unbehelligt. Dennoch gibt es auch hier Diskriminierung, Neidattacken und leider manchmal auch Angriffe. Lieber meiden sollten sichtlich homosexuell auftretende Männer die Gegend östlich der Vertikale S-Bahnhof Greifswalder Straße – S-Bahnhof Ostkreuz. Zu entdecken gäbe es dort ohnehin nicht viel.

Die spannenden Kieze sind traditionell das Viertel rund um die Kreuzberger **Oranienstraße** mit dem „SO 36" im Zentrum, der Kiez zwischen den U-Bahnhöfen **Eberswalder Straße und Schönhauser Allee** im Prenzlauer Berg sowie insbesondere das „**Rosa Dreieck**" in Schöneberg zwischen Nollendorfplatz, Fuggerstraße, Motzstraße und dem Kleistpark.

Legendär in der **Motzstraße** [G8]: „Toms Bar", direkt nebenan die Bar „Hafen" und rechts gegenüber das historische „Eldorado", heute schwul-lesbische Musik-Bar, das als Herrenlokal bereits in den 1920er-Jahren beliebter Treffpunkt von homo- und bisexuellen Künstlern, Bohemiens und anderen schillernden Nachtschwärmern war. Marlene Dietrich, Claire Waldoff und Wilhelm Bendow feierten hier, bis das Lokal sofort nach der Machtergreifung durch die Nationalsozialisten geschlossen wurde. Im **Schöneberger Kiez** wurde 1919 der erste Aufklärungsfilm zum Thema Homosexualität gedreht, an dem der Nestor der Schwulenbewegung, der Sexualwissenschaftler Magnus Hirschfeld, entscheidend beteiligt war. In der Nollendorfstraße 17 lebte in einer Pension ab 1929 der englische Schriftsteller Christopher Isherwood, der 1933 Deutschland wieder verließ und seine Erinnerungen in „Goodbye to Berlin" niederschrieb, das später zur Vorlage für den Musical-Welterfolg „Cabaret" wurde.

🛈**321** [G8] **Toms Bar**, Motzstr. 19,
U1, U2, U3, U4 Nollendorfplatz,
www.tomsbar.de, tgl. 22–6 Uhr

🛈**322** [G8] **Hafen**, Motzstr.19,
www.hafen-berlin.de, tgl. ab 20 Uhr

🛈**323** [G7] **Eldorado**, Motzstr.19,
www.eldoradoberlin.de, Mo.–Do. 10–6 Uhr,
Fr. 10 Uhr bis Mo. 6 Uhr nonstop

Seit über 30 Jahren gehört das Kreuzberger **„SchwuZ"** von Podiumsdiskussionen über Shows bis Partys zum queeren Berliner Leben. In den Räumen des SchwuZ sind viele homosexuelle Projekte aus der Taufe gehoben worden, so das Stadtmagazin „Siegessäule", der schwule Buchladen „Prinz Eisenherz" oder der erste Berliner Christopher Street Day 1979.

🛈**324** [K9] **SchwuZ**, Mehringdamm 61,
10961 (Kreuzberg), U6, U7 Mehringdamm,
Tel. 6290880, www.schwuz.de. Immer mittwochs, freitags und samstags ab 22.30/23 Uhr Tanzvergnügen, darunter jeden 1. Mittwoch im Monat die Trashparty „Dænsgedøns" und jeden 1. Freitag die schwul-lesbische Indie-Institution „London Calling", außerdem viel Dancefloor, Elektro, Queer-Hiphop und anderes mehr.

Fast schon als einen „Opi-Laden", weil bereits 1977 eröffnet und immer noch führend, könnte man das Café **„Neues Ufer"** (ehemals „Anderes Ufer") bezeichnen. Berühmt wurde es einst als „zweites Wohnzimmer" von Rio Reiser und David Bowie. Letzterer lebte in seinen fiebrigen Berliner Jahren, in denen die Alben „Low" und „Heroes" entstanden, zusammen mit Iggy Pop und dessen Freundin zwei Häuser weiter in der Hauptstraße 155 in Schöneberg.

◯**325** [H9] **Neues Ufer,** Hauptstr. 157, 10827 (Schöneberg), U7 Kleistpark, Bus M48, 187, Tel. 78957900, geöffnet: tgl. 11–2 Uhr. Hier wird neben Kaffee, Bier und Cocktails damals wie heute hausgebackener Käsekuchen serviert.

Infos

●**326** [H7] **Mann-o-Meter,** Bülowstr. 106, 10783 (Schöneberg), U1, U2, U3, U4 Nollendorfplatz, Tel. 2168008, www.mann-o-meter.de, Di.–Fr. 17–22 Uhr, Sa./So. 16–20 Uhr. Erste Adresse und zentrale Anlaufstelle, Info- und Kontaktladen mit vielen Tipps, Info-Datenbank und Gay-Switchboard.

Museum

Das **Schwule Museum** in Kreuzberg widmet sich mit vielen Tausend Exponaten der Erforschung und öffentlichen Darstellung schwulen Lebens und der Geschichte der Homosexuellen in Deutschland.

🏛**327** [K9] **Schwules Museum,** Mehringdamm 61, 10961 (Kreuzberg), U6, U7 Mehringdamm, www.schwulesmuseum.de, Tel. 69599050, geöffnet: tgl. außer Di. 14–18, Sa. 14–19 Uhr

Unterkunft

🏛**328** [G7] **Axel Hotel Berlin** €€€, Lietzenburger Str. 13/15, 10789 (Schöneberg), U1, U2, U3 Wittenbergplatz, Tel. 21002893, www.axelhotels.com. Großes 4-Sterne-Gayhotel, hetero-freundlich, in schwarz und gold zeitgenössisch edeldesigned, mit Spa, Restaurant, eleganter Bar sowie einer Sky Bar auf der Dachterrasse für warme Sommernächte, fünf Spazierminuten zum KaDeWe, zehn Mi-

nuten in den Schöneberger Kiez, DZ ab 90 € (Frühstück extra).

🏛**329** [G8] **Gay Hostel,** Motzstr. 28, 10777 (Schöneberg), U1, U2, U3, U4 Nollendorfplatz, Tel. 21005709, www.gay-hostel.de. Gründerzeitbau im Herzen der Gay-Szene rund um den Nollendorfplatz, Men only, die Zimmer funktional eingerichtet. DZ 56 €, Bett im Vierbettzimmer 25 €, im Sechsbettzimmer 23 €, im Achtbettzimmer 22 € (alle ohne Frühstück).

❯ **ebab (enjoy bed & breakfast),** s. S. 320. Zimmervermittlung.

Zeitschriften

❯ Berlins schwul-lesbisches Stadtmagazin „Siegessäule", www.siegessaeule.de, erscheint monatlich und bietet neben vielen Programmadressen und Ausgehtipps einen umfassenden Überblick über die schwulen und schwul-lesbischen Veranstaltungen des Monats.

❯ Im Jackwerth-Verlag erscheint in Kooperation von visitBerlin und der Siegessäule der deutsch-englische Queerguide zu Berlins schwul-lesbischer Szene: „Out in Berlin". Er listet Hotels, Bars, Cafés und Restaurants, Shoppingtipps sowie die besten Partys und Gay-Events auf und liegt kostenlos in den Touristinformationen und an schwul-lesbischen touristischen Hotspots aus.

❯ Immer die neusten Infos zu Bars und Restaurants, Kieztouren, Kultur, Party und Nachtleben sowie einen Stadtplan für Schwule und Lesben zum Downloaden bietet die Zeitschrift Siegessäule unter **www.out-in-berlin.de.**

Sicherheit

Berlin ist **vergleichsweise sicher.** In der polizeilichen Kriminalstatistik 2011 rangierte die Bundeshauptstadt hinter

Frankfurt a. M. und Hannover erst auf Platz drei im Straftaten-Ranking, und dies bei einer insgesamt sinkenden Anzahl von Straftaten (in Berlin 2010 die niedrigste seit der Wiedervereinigung). Sogar beim Massendelikt „Beförderungserschleichung" (Schwarzfahren) konnte ein 15-prozentiger Rückgang verzeichnet werden. Zugenommen haben dagegen Mundraub, Laden- und Fahrraddiebstähle sowie Sachbeschädigung durch Graffiti an Hausfassaden, auf Wegen, Straßen und Plätzen.

Für die persönliche Sicherheit gilt, wie überall auf der Welt, auch in der Spree-Metropole, seine Papiere und Wertgegenstände weder im Wagen liegen zu lassen noch sie offensichtlich spazieren zu führen. Gelegenheit macht Diebe! Geldbörsen, Ausweise, Kreditkarten etc. gehören nicht in die hintere Hosentasche und nicht auf dem Rücken in den Rucksack ins griffnahe Reißverschlussfach, sondern sie sollten eng am Körper getragen werden.

Explizite No-Go-Areas gibt es in Berlin keine. Allerdings sollten offensichtlich homosexuell auftretende Paare und Menschen mit dunkler Hautfarbe die Gegend rund um die Weitlingstraße im Bezirk Lichtenberg wegen rechtsradikaler Schläger lieber meiden.

Stadttouren

Stadtrundfahrten mit dem Bus

Bus-Stadtrundfahrten im 15- bis 30-Minuten-Takt mit Fremdenführer im klassischen Sightseeing-Sinn bieten verschiedene Unternehmen an. Sie dauern in der Regel zwei Stunden und kosten um die 20 € für Erwachsene und 10 € für Kinder bis 13 Jahre.

Sind sie mit dem „City-Circle-Tour"-Logo gekennzeichnet, bedeutet dies, dass an allen angefahrenen Sehenswürdigkeiten die Möglichkeit zum Aussteigen, Verweilen und späteren Wiederzusteigen besteht, und zwar mit einem Ticket insgesamt 24 Stunden lang.

> **BBS Berliner Bären Stadtrundfahrt,** tgl. 10–18 Uhr im 15-Minuten-Takt ab Kurfürstendamm/Ecke Rankestr. (nahe Kaiser-Wilhelm-Gedächtnis-Kirche), S und U2, U9 Zoologischer Garten oder U1, U9 Kurfürstendamm, und ab Alexanderplatz/Ecke Karl-Liebknechtstraße (gegenüber Hotel Park Inn), S und U2, U5, U8 Alexanderplatz, Tel. 35195270, www.sightseeing.de

> **BVB-Stadtrundfahrten,** im Sommerhalbjahr tgl. 10–18 Uhr im 15-Minuten-Takt, im Winterhalbjahr tgl. 10–17 Uhr im 30-Minuten-Takt ab Kurfürstendamm 225/Kranzler-Eck, U1, U9 Kurfürstendamm, Tel. 6838910, www.bvb.net

> **Severin + Kühn,** April–Okt. tgl. 10–18 Uhr im 10-Minuten-Takt, im Winterhalbjahr tgl. 10–17 Uhr im 15-Minuten-Takt ab Kurfürstendamm 216/Ecke Fasanenstraße, U1 Uhlandstraße, und ab DomAquarré (gegenüber vom Berliner Dom), S Alexanderplatz oder Hackescher Markt, Bus TXL, 100, 200, Tel. 8804190, www.severin-kuehn-berlin.de

Linien 100 und 200

Eine der an Aussicht reichsten Möglichkeiten, sich einen ersten Überblick über Berlin zu verschaffen, ist eine Sightseeing-Partie mit den Doppeldeckerbussen der Linien 100 und 200 der Berliner Verkehrsbetriebe (BVG). Die Spree-Metropole für Einsteiger sozusagen, denn die Busse fahren im 5-Minuten-Takt an zahlreichen Sehenswürdigkeiten vorbei. Dabei ist aussteigen, sich umschauen und mit dem nächsten 100er oder 200er weiterfahren jederzeit möglich, mit einem Einzelfahrschein bis zu zwei Stunden lang und unbegrenzt mit einer Tageskarte, 7-Tage-Karte, Gruppenkarte, CityTourCard oder auch einer Welcome-Card (s. S. 340).

Einer kurze Tourenbeschreibung findet sich im Exkurs „Sightseeing mit den Buslinien 100 und 200" (s. S. 78).

Zille-Bus

Fünfzig Minuten zuckelt der nostalgische Zille-Bus mit Stadtbilderklärer wie zu Großvaters Zeiten durch das Berliner Zentrum: Unter den Linden entlang, am Gendarmenmarkt vorbei durch das Brandenburger Tor zur Siegessäule, dem Schloss Bellevue und vielen Sehenswürdigkeiten mehr. Die Fahrkarte erhält man im Bus beim Fahrer.

> **Zille-Bus,** April–Okt. Fr.–So. 10.30, 11.45, 13, 14.15, 15.30 und 17 Uhr ab Brandenburger Tor/Ecke Ebertstraße, S1, S2, U55 Brandenburger Tor, Ticket Erw. 8 €, Kinder 5 €, unter 6 Jahre frei, Tel. 25625566, www.bvg.de

Mit dem Trabi

Auf Trabi-Safari mit 26 PS durch die Großstadt knattern ... Nach Auswahl des Lieblingsmodells aus der Fahrzeugflotte – Standard-Stinkerchen, fetziges Cabriolet oder auch Stretch-Trabi – und kurzer Einweisung in die Viergang-Revolver-Handschaltung geht es bei bis zu 30 km/h Spitze, mit dem Gästeführer im ersten Kult-Autochen vorneweg, im Konvoi auf einstündige Stadtrundfahrt. Während der Tour erläutert der Guide die Sehenswürdigkeiten über Funkverbindung, die man kopfhörerfrei aus den Stereolautsprechern in den einzelnen Wagen empfängt.

> **Trabi-Safari,** drei Touren zur Auswahl: „Berlin Classic" und „Berlin Wild East", jeweils einstündige Tagesfahrten 10–18 Uhr, pro Mitfahrer 30 € bei vier Personen im Trabi, 35 € bei drei Personen, 40 € bei zwei Personen, 60 € alleine im Trabi, sowie „The Wall Ride", zweistündige Tour zu den Brennpunkten des Kalten Kriegs, ab 79 € pro Person, Nachtfahrten auf Anfrage. Alle Touren ab Ballon-Garten am HiFlyer (s. S. 329), Wilhelm-/Ecke Zimmerstraße nahe Checkpoint Charlie (S1, S2 und U2 Potsdamer Platz, U6 Kochstraße). Voranmeldung erforderlich, Tel. 27592273, www.trabi-safari.de.

Mit dem Fahrrad

In der warmen Jahreszeit lässt sich Berlin besonders schön mit dem Drahtesel erkunden. Die Stadtführer der Fahrradstation lenken ihre Gäste abseits der ausgetretenen Pfade zu den Highlights im Großstadtdschungel an allen Verkehrsstaus vorbei. Unter der Webadresse der Fahrradstation findet man außerdem ein großes Angebot an thematischen Radführungen von „Berliner Highlights" über „Gen Osten!" bis hin zur „Mauertour".

> **Berlin by Bike,** Fahrradstation Bhf. Friedrichstraße (s. S. 322), www.fahrradstation.de, April–Sept. täglich, März und Okt. Fr.–So., Kostenpunkt: 15 € inkl. Leihrad

▶ *Unterwegs mit der „Rennpappe" auf Trabi-Safari*

101be Abb.: kj

Mit dem Schiff

Viele Hunderte von Wasserstraßenkilo-
metern führen durch Berlin. Drei Wasser-
fahrgebiete sind touristisch äußerst se-
hens- und erlebenswert: die Innenstadt
aus der Spree- und Landwehrkanal-Per-
spektive sowie die Müggelspree und die
Havel mit ihren jeweiligen Seen.

Stern und Kreisschifffahrt

Über 30 Schiffe zählt die Flotte der
traditionsreichen Stern und Kreisschifffahrt. Sämtliche Innenstadtfahrten starten von März bis Oktober. (Die angegebenen Fahrzeiten variieren saisonal und
dienen lediglich der Orientierung.)

› **Stern und Kreis Schifffahrt,** Puschkinallee
15, 12435 (Treptow), Tel. 5363600,
www.sternundkreis.de (inkl. komplettem
Programm und Fahrplänen)

› **Historische Stadtrundfahrten:** eine Stunde
durch die Mitte Berlins, tgl. 10.30–19 Uhr
im Halbstundentakt ab Anleger Nikolaiviertel
nahe dem Schlossplatz, Bus TXL, 100, 200,
M48; tgl. 10–19 Uhr ab Friedrichstraße/
Weidendamm, S und U6 Friedrichstraße;
tgl. 10.40–19.10 Uhr ab Kanzleramt/Haus
der Kulturen der Welt, S Hauptbahnhof, U55,
Bus 100; tgl. 10.45–19.45 ab Berliner Dom,
S Hackescher Markt, Bus 100, 200, TXL;
Fahrpreis 9 bzw. 9,50 €

› **Brückenfahrten:** knapp vier Stunden durch
die Innenstadt über Spree und Landwehrkanal, tgl. ab 10 Uhr im 30- bis 45-minüti-
gen Takt ab den Anlegern Jannowitzbrücke
(S und U8 Jannowitzbrücke), Schlossbrücke
Charlottenburg (U7 Mierendorffplatz, Bus
M45, 109) und Friedrichstraße/Ecke Reichstagsufer (S und U6 Friedrichstraße), Fahr-
preise: einfache Fahrt 13,50 €, Rundfahrt
18,50 €

102be Abb.: kj

> **Havelfahrten:** Auf der Havel kann man ebenfalls viele schöne Kreuzfahrten unternehmen. Havelfahrten führen z. B. ab Spandau/Lindenufer über den Grunewaldturm nach Wannsee, ab Wannsee nach Potsdam, ab Tegel/Greenwichpromenade in die Innenstadt oder zum Müggelsee.

Reederei Riedel

Mit zwölf Schiffen kreuzt auf Spree und Landwehrkanal von Mitte März bis Oktober zudem die Reederei Riedel. (Die angegebenen Fahrzeiten variieren saisonal und dienen lediglich der Orientierung.)

> **Reederei Riedel,** Planufer 78, 10967 (Kreuzberg), Tel. 6934646, www.reederei-riedel.de

> **Stadtkernfahrten:** 1 bzw. 1½ Stunden durch die Mitte der Spreemetropole, Mitte März–Ende Okt. tgl. ab 10 Uhr im 30- bis 60-Minuten-Takt ab Anleger Moltkebrücke/Ludwig-Ehrhard-Ufer nahe Bundeskanzleramt (S und U55 Hauptbahnhof, Bus M41), Anfang April–Ende Okt. tgl. ab 9.30 Uhr im Zweistundentakt ab Anleger am Haus der Kulturen der Welt, John-Foster-Dulles-Allee im Tiergarten nahe dem Kanzleramt (S Hauptbahnhof, Bus 100). Fahrpreis: Erwachsene 8,50/9 €, Kinder bis 14 Jahre 4,50/5 € für die einstündige/anderthalbstündige Fahrt.

> **Brückenfahrten:** dreieinhalb Stunden oder 23 Wasserkilometer über Spree und Landwehrkanal durch die Berliner Innenstadt, Mitte März–Ende Okt. tgl. 10.30, 14.30 und 19 Uhr sowie April–Okt. zusätzlich Fr.–So. 11.15 und 15.15 Uhr ab Anleger Märkisches Ufer (S und U8 Jannowitzbrücke, U2 Märkisches Museum), Mai–Anfang Okt. tgl. 10.20 und 14.20 Uhr ab Anleger Hallesches Tor/Waterlooufer in Kreuzberg (U1, U6 Hallesches Tor), Mai–Anfang Okt. tgl. 10.30 und 14.30 Uhr ab Anleger Kottbusser Brücke/Maybachufer in Kreuzberg (U1 Kottbusser

Tor, U8 Kottbusser Tor oder Schönleinstraße), April–Ende Okt. tgl. 10.30 und 14.30 Uhr ab Anleger Corneliusbrücke/Lützowufer in Tiergarten (U1, U2 Wittenbergplatz, Bus M29, 100, 200), Mai–Anfang Okt. tgl. 10.35 und 14.35 Uhr ab Anleger Potsdamer Brücke/Schöneberger Ufer nahe Potsdamer Platz (S1, S2 und U2 Potsdamer Platz, U1 Kurfürstenstraße, Bus M29, M48), April–Anfang Okt. tgl. 12 und 16.30 Uhr ab Haus der Kulturen der Welt (S und U55 Hauptbahnhof, Bus 100) und April–Ende Okt. tgl. 10 und 14.30 Uhr ab Anleger Hansabrücke in Moabit (U9 Hansaplatz). Fahrpreis Erwachsene 19 €, Kinder bis 14 Jahre 9,50 €.

> **Spreefahrten:** anderthalb bis drei Stunden über die Spree durch Berlin, April–Okt. tgl. ab Anleger o2 World 10, 14, 18 Uhr (U1 Schlesisches Tor oder Warschauer Straße), ab Hansabrücke 12 und 16 Uhr (U9 Hansaplatz). Fahrpreis einfache Fahrt (1,5 Std.) Erwachsene 9,50 €, Kinder bis 14 Jahre 5 €, hin und zurück (3 Std.) Erwachsene 16 €, Kinder bis 14 Jahre 6 €.

Berliner Wassertaxi

Täglich fast jede halbe Stunde zwischen 10 und 17 Uhr legen die Schiffe von den Anlegestellen an der Schloßbrücke am Zeughaus (Straße Unter den Linden) und der Karl-Liebknecht-Brücke gegenüber vom Berliner Dom ab (S Hackescher Markt, Bus 100, 200, TXL). Während der Schiffspartie durch die Mitte Berlins werden die Sehenswürdigkeiten live und bei guter Laune auch recht amüsant erläutert. Deshalb sind die

In der Innenstadt herrscht rund um die Spreeinsel reger Schiffsverkehr

Fahrten besonders bei Kindern beliebt. Fahrpreis: Erwachsene 9 €, ermäßigt 7 €, Kinder unter 12 Jahre 3 €.

> **Berliner Wassertaxi**, Wendenschlossstr. 30, 12559 (Köpenick), Tel. 65880203, www.berlinerwassertaxi.de

Thematische Stadtführungen

Themenspezifische Stadtrundgänge und Rundfahrten mit S- und U-Bahn, mit dem Fahrrad oder zu Fuß veranstalten **StattReisen** und das **Kulturbüro**, beispielsweise auf den Spuren von Brecht und Fontane, Spaziergänge am alten Mauerstreifen entlang, Touren für Kinder, Wege in das jüdische Berlin, Führungen zu Kunst und Kultur, Architektur, Gegenwart und Geschichte in Berlin und vieles andere mehr.

> **Kultur Büro Berlin – Zeit für Kunst e. V.**, Malmöer Str. 6, 10439 (Prenzlauer Berg), Tel. 4400936, www.stadtverfuehrung.de
> **StattReisen Berlin e. V.**, Malplaquetstr. 5, 13347 (Wedding), www.stattreisenberlin.de, Tel. 4553028

Über den Wolken

Nahe Checkpoint Charlie steigt der Berlin HiFlyer, einer der weltweit größten Heliumballons, 150 Meter hoch in die Lüfte und verharrt dort, mit mächtigen Stahlseilen im Boden verankert, für einen ausgiebigen Rundumblick auf die Dächer Berlins.

> ●**330** [K6] **Berlin HiFlyer**, Air Service Berlin, Tel. 53215321, Wilhelmstraße/Ecke Zimmerstraße in Mitte, S1, S2 und U2 Potsdamer Platz, U6 Kochstraße, www.air-service-berlin.de, April–Okt. tgl. 10–22 Uhr, Nov.–März tgl. 11–18 Uhr, Preis: Erwachsene 19 €, erm. 13 €, Kinder 3–6 Jahre 3 €

Unter der Erde

Abenteuerliche Führungen in den Berliner Untergrund zu vergessenen Tunneln, Verkehrsanlagen, Gewölben und Bunkern unternimmt der Verein **Berliner Unterwelten e. V.** Für die in der Regel 90- oder 120-minütigen Touren werden festes Schuhwerk und auch im Sommer wärmende Kleidung empfohlen. Der Preis beläuft sich je nach Tour auf 6 bis 18 €, für Kinder sind die Erkundungen nicht so gut geeignet.

Der Ticketverkauf für die einzelnen Touren erfolgt, wenn nicht anders erwähnt, jeweils 30 Minuten vor Beginn an der Kasse in der südlichen Vorhalle des U-Bahnhofs Gesundbrunnen, Brunnenstr. 105, 13355 (Wedding), S und U8 Gesundbrunnen. Die Termine der verschiedenen Touren kann man telefonisch unter Tel. 49910518 erfragen oder erfährt sie im Internet unter www.berliner-unterwelten.de.

Spannende Untergrund-Sichten versprechen beispielsweise:

> **Tour 1:** Bunkeranlage am Weddinger U-Bahnhof Gesundbrunnen und Unterwelten-Museum, Treffpunkt: Brunnenstr. 105 (südliche Vorhalle U-Bahnhof Gesundbrunnen, Ausgang Humboldthain/Brunnenstraße), S und U8 Gesundbrunnen
> **Tour 2:** Flakturmruine am Volkspark Humboldthain, April–Okt. Do.–So. 11, 13, 15 Uhr. Treffpunkt: untere Plattform der Bunkerruine am Volkspark Humboldthain, S und U8 Gesundbrunnen
> **Tour 3:** Zivilschutzanlage unter dem Blochplatz sowie eine moderne Schutzanlage, die 1977 für den „Ernstfall" errichtet wurde, Treffpunkt: Bad-/Ecke Hochstraße (gegenüber Gesundbrunnencenter), S und U8 Gesundbrunnen
> **Tour M:** auf den Spuren der spektakulärsten Fluchttunnel aus der Zeit der Berliner Mauer, Treffpunkt: Bad-/Ecke Hochstraße, S und U8 Gesundbrunnen
> **Tour D:** Berlins älteste U-Bahn-Linie U8 mit Geisterbahnhöfen, Bunkern und Schutzräumen. Festes Schuhwerk, warme Kleidung, Taschenlampe mitbringen, für einen Teil der Strecke werden Gummistiefel Größe 37–48 bereitgehalten, größere oder kleinere Füße müssen sie selbst mitbringen. Treffpunkt und Kartenverkauf im Zwischengeschoss U-Bahnhof Moritzplatz (U8), Menschen unter 18 Jahre nur in Begleitung eines Erwachsenen, nicht für Kinder unter 14 Jahren.

Unterkunft

Großstädte sind nirgends ein billiges Pflaster. Bedenkt man aber, dass Berlin Deutschlands Reiseziel Nr. 1 und mit der Zahl registrierter Übernachtungen pro Jahr zusammen mit London und Paris zu den Top-3-Städten Europas zählt, noch vor Rom, Wien, Madrid und Prag, ist die Spree-Metropole mit Preisen von 70 bis 100 € für ein attraktives Doppelzimmer pro Nacht mit allem Komfort in zentraler Lage sogar **relativ günstig.** Zurzeit verfügt die Stadt über ein Übernachtungsangebot von rund 125.000 Hotelbetten – und es werden jedes Jahr mehr.

Eine große Anzahl von Hotels, Pensionen und Hostels kann über die Berliner Tourismus-Agentur **visitBerlin** (s. S. 315) gebucht werden, deren Touristinformationen auch Zimmer vermitteln. Um die Unterkünfte nicht als ungeprüft mieten zu müssen, hält visitBerlin auf ihren Internetseiten eine enorme Auswahl jeweils mit Foto, Adresse und Informationen zur Ausstattung parat (leider ohne

Preisangaben), sodass man die Herberge online betrachten und gegebenenfalls sofort reservieren kann.

Informationen und Reservierung per Telefon sind über das Callcenter von visitBerlin natürlich ebenfalls möglich, und zwar Mo.–Fr. 9–19, Sa. 10–18, So. 10–14 Uhr.

❯ Callcenter: Tel. 250025, www.visitberlin.de

1998 wurde der Berliner Herbergshimmel um viele Sternchen bereichert. Mancher Hotelier trat beim Deutschen Hotel- und Gaststättenverband (Dehoga) zur freiwilligen **Sterneklassifizierung** in den fünf Kategorien Tourist (1 Stern), Standard (2 Sterne), Komfort (3 Sterne), First Class (4 Sterne) und Luxus (5 Sterne) an, wobei jedoch nicht etwa ein Dehoga-Mitarbeiter undercover die betreffende Räumlichkeit inspizierte. Nein, ein Fragebogen, den die Hoteliers zugesandt bekamen, wurde vom Computer ausgewertet. Der punktet, wenn z. B. ein Bad vorhanden ist, aber berücksichtigt nicht, ob sich die Nasszelle in einem blitzsauberen oder verschimmelten Zustand befindet. So regnete es viele, viele Sterne auf die Berliner Hotellandschaft nieder. Lassen Sie sich nicht davon irritieren.

Viel hilfreicher ist die **Orientierung am Preis,** wobei wie überall auf der Welt die Faustregel gilt: je teurer, desto besser. Günstige Herbergen gibt es in Berlin natürlich auch.

Unterkunftstipps

Die aufgeführten Unterkünfte (außer Campingplätze, Jugendherbergen und Jugendgästehäuser) befinden sich alle in zentraler Innenstadtlage. Die angegebenen Hotelpreiskategorien dienen zur Orientierung und gelten für eine Übernachtung von zwei Personen im Doppelzimmer mit Dusche/WC und Frühstück in den Hochreisezeiten, d. h. sie spiegeln überwiegend den Höchstpreis und dienen lediglich einem ersten Überblick.

Unter **Hochreisezeiten** versteht sich in Berlin nicht die übliche touristische Sommerhochsaison. Sie verteilen sich vielmehr über das ganze Jahr je nach Event, internationalem Messetermin oder Massenveranstaltung, wie beispielsweise „Grüne Woche" (zehn Tage im Januar), Internationale Filmfestspiele (zwei Wochen im Februar), Internationale Tourismusbörse (fünf Tage im März), Karneval der Kulturen (Pfingsten), Christopher Street Day (Juni-Wochenende), Berlin-Marathon (im September) und vieles andere mehr.

Außerhalb dieser stark frequentierten Termine gewähren die Hotels die unterschiedlichsten Preisnachlässe, Arrangements und Wochenendangebote, weshalb es sich immer lohnt, einen Preisvergleich anzustellen. Wer auf der Suche nach der Unterkunft seiner Wahl bei visitBerlin (s. o.) noch nicht fündig geworden ist, für den halten die offiziellen Seiten der Hauptstadt zahlreiche weitere Angebote zum Anschauen, Vergleichen und Reservieren parat:

❯ **www.berlin.de**

(Stichwort „Tourismus/Hotels")

Luxus

Himmlische Preise ab 300 € bis in schwindelerregende Höhen lassen bei den meisten nicht einmal die Quartiernahme in einer dortigen Besenkammer in den Bereich der Vorstellung treten. Macht nichts! Folgende atemberaubend elegante Hotels sind Sehenswürdigkeiten für sich und lohnen zum Schauen und Atmosphäreschnuppern mindestens auf einen ausgedehnten Espresso in der Hotellobby.

🏨**331** [J5] **Hotel Adlon** €€€€, Unter den Linden 77, 10117 (Mitte), S1, S2, U55 Brandenburger Tor, Tel. 22610, www.hotel-adlon.de. High Society im nach alten Plänen wiedererbauten 5-Sterne-Hotel am Brandenburger Tor. 2005 wurde das Adlon von der Hotelvereinigung „The Leading Hotels of the World" zum besten Hotel in Europa gewählt.

🏨**332** [L5] **Hotel de Rome** €€€€, Behrenstr. 37, 10117 (Mitte), Bus TXL, 100, 200, Tel. 4606090, www.hotelderome.de. Mit dem im Oktober 2006 vom Tophotelier Sir Rocco Forte am Bebelplatz eröffneten 5-Sterne-Palast stieg Berlin in die Spitzenliga der europäischen Hotellerie auf. Das 1889 errichtete, denkmalgeschützte Gebäude, das bis 1945 als Dresdner-Bank-Zentrale fungierte, verbindet stilvolles Understatement und klassische Eleganz mit dem zeitgenössischen Design von Tommaso Ziffer. Es ist eines der wenigen Berliner Luxushotels, das kein Neubau ist, entsprechend gediegen die Atmosphäre.

🏨**333** [J6] **Hotel Grand Hyatt** €€€€, Marlene-Dietrich-Platz 2, 10785 (Tiergarten), S und U2 Potsdamer Platz, Tel. 25531234, www.berlin.grand.hyatt.com. Am Potsdamer Platz trifft sich die sachlich-kühle Noblesse aus aller Welt.

🏨**334** [J6] **Hotel Ritz-Carlton** €€€€, Potsdamer Platz 3, 10785 (Tiergarten), S und U2 Potsdamer Platz, Tel. 337777, www.ritzcarlton.com. Im Nobelhochhaus des Beisheim Centers am Potsdamer Platz steigen alljährlich zur Berlinale die Hollywoodstars ab. Auch sonst herrscht hier hoher Promi-Betrieb.

🏨**335** [K5] **Regent Hotel** €€€€, Charlottenstr. 49, 10117 (Mitte), U6 Französische Straße, Tel. 20338, www.regenthotels.com. Prachtvoll-verführerisch am Gendarmenmarkt gelegen. Logieren wie zur Zeit Louis' XIV.

Oberklasse

🏨**336** [N3] **ackselhaus/bluehome** €€€, Belforter Str. 21, 10405 (Prenzlauer Berg), U2 Senefelder Platz, Tel. 44337633, www.ackselhaus.de. Im „ackselhaus" und dem zugehörigen „bluehome" zwei Häuser weiter gehen Gründerzeit, Kolonialstil und elegante zeitgenössische Linie eine Synthese ein, wenige Schritte vom schicken Kollwitzplatz entfernt.

🏨**337** [J4] **Arte Luise Kunsthotel** €€€, Luisenstr. 19, 10117 (Mitte), S und U6 Friedrichstraße, Tel. 284480, www.luise-berlin.com. Klassizistisches Stadtpalais von 1825 mit Erweiterungsbau aus dem Jahr 2003 in Sichtweite von Reichstag und Spree, jedes Zimmer von einem namhaften Künstler gestaltet. In der Mansarde mit Dusche/WC auf dem Gang sind die Zimmer günstiger: 79–110 €, Frühstück geht extra.

Preiskategorien

€€€€	über 220 €
€€€	120–220 €
€€	80–120 €
€	unter 80 €

(Preis pro Nacht für zwei Personen im DZ inkl. Frühstück)

▶ *Das Adlon – 5-Sterne-Hotel am Brandenburger Tor*

338 [K3] **Honigmond** €€€, Tieckstr. 12, 10115 (Mitte), S1, S2 Nordbahnhof, U6 Naturkundemuseum, Tel. 2844550, www.honigmond-berlin.de. Die Zimmer in dem denkmalgeschützten Haus von 1845, wenige Schritte nördlich vom Oranienburger Tor, sind mit Stuck und Holzböden in einem aparten Mix aus zeitgenössisch-klarem Design, Sammlerstücken und Antiquitäten individuell ausgestattet. Die Dependance „Garden Hotel" mit lauschigem Garten liegt ca. 250 m entfernt in der Invalidenstr. 11.

339 [D7] **Hotel Askanischer Hof** €€€, Kurfürstendamm 53, 10707 (Charlottenburg), U7 Adenauerplatz, Bus M29, Tel. 8818033, www.askanischer-hof.de. Altmodisch vornehm und exklusiv, ohne WLAN, dafür Stilmöbel und etwas plüschig. Wenn er in Berlin weilt, logiert David Bowie inmitten der ausgesuchten Antiquitäten.

340 [H7] **Hotel Residenz Begaswinkel** €€€, Genthiner Str. 30a, 10785 (Tiergarten), U1 Kurfürstenstraße, www.residenz-begaswinkel.de, Tel. 85621400. Nicht ganz einfach zu finden, doch die Suche lohnt! Zwischen dem Dänischen Bettenlager und der Seniorenresidenz in der Genthiner Straße führt eine kleine Privatstraße zum grünen Begaswinkel, wo sich das Hotel-Kleinod verbirgt. Die denkmalgeschützte spätklassizistische Stadtvilla bietet 19 erlesen ausgestattete Zimmer. Zehn Minuten Fußweg zum Tiergarten, fünfzehn Minuten zum Potsdamer Platz.

Mittelpreisig

341 [N6] **Hotel Alameda** €€, Michaelkirchstr. 15, 10179 (Mitte), U8 Heinrich-Heine-Straße, www.hotel-alameda-berlin.de, Tel. 30868330. Freundliches kleines Hotel im Dachgeschoss, die geschmackvoll ausgestatteten Zimmer mit Blick über die Dächer Berlins verfügen zum Teil über schmale Balkone. Die zentrale Lage (20 Minuten Fußweg zur Museumsinsel oder zum Alexan-

derplatz) zwischen modernisierter Platte und Gewerbearchitektur an der Spree, an der Nahtstelle zwischen Kreuzberg und Mitte, ist zwar keine erste Adresse, dafür aber authentisch berlinerisch und deshalb von ganz besonderem Reiz.

🏠 **342** [D7] **Hotel Art Nouveau** €€, Leibnizstr. 59, 10629 (Charlottenburg), S Savignyplatz, U7 Adenauerplatz, Bus M29, 101, www. hotelartnouveau.de, Tel. 3277440. Schöne Zusammenfügung von Alt (Stuckdecken und Antiquitäten) und Neu (sachliche Eleganz und luftige Farben). Die individuell ausgestatteten Zimmer sind großzügig bemessen.

🏠 **343** [E7] **Hotel Bogota** €€, Schlüterstr. 45, 10707 (Charlottenburg), U2 Uhlandstraße, U7 Adenauerplatz, Bus M29, Tel. 8815001, www.bogota.de. Gediegene Eleganz mit nostalgischem Grandhotel-Flair, wenige Minuten vom Ku'damm entfernt.

🏠 **344** [K4] **Hotel am Scheunenviertel** €€, Oranienburger Str. 38, 10117 (Mitte), S Hackescher Markt, www.hotelamscheunenviertel. de, Tel. 2822125. Freundliche Mittelklasse im modernisierten Altbau mittendrin im Geschehen, nahe Dom und Museumsinsel reiht sich hier ein Lokal ans andere.

🏠 **345** [E7] **Hotel Seifert** €€, Uhlandstr. 162, 10719 (Wilmersdorf), U1 Uhlandstraße, Tel. 8841910, www.hotel-seifert.de. Komfortzimmer im repräsentativen historischen Gebäude der Jahrhundertwende im Herzen der West-City in Ku'dammnähe.

🏠 **346** [M4] **Motel One Berlin-Alexanderplatz** €€, Dircksenstr. 36, 10179 (Mitte), S und U2, U5, U8 Alexanderplatz, Tel. 20054080, www.motel-one.de. Konsequent in sachlichem Schick, bietet die Hotelkette besten Service in einer Toplage zu vernünftigen Preisen.

🏠 **347** [F6] **Motel One Berlin-Ku'damm** €€, Kantstr. 7–11a, 10623 (Charlottenburg), S und U2, U9 Zoologischer Garten, Tel.

31517360, www.motel-one.de. Inmitten einer der ersten Berliner Bummelmeilen gelegen. Die Zimmer sind wie bei allen Hotels dieser Kette im stilvollen zeitgenössischen Design gehalten.

Preiswert

🏠 **348** [F7] **Hotel Metropolitan Hansa** €, Schaperstr. 36, 10719 (Wilmersdorf), U3 Augsburger Straße oder U9 Spichernstraße, Tel. 23607470, www.metropolitanberlin.com. Komfortables 3-Sterne-Hotel zum erstaunlichen Preis, in einem Gründerzeithaus fünf Minuten Fußweg vom Kurfürstendamm entfernt in einer ruhigen Seitenstraße gelegen.

🏠 **349** [L4] **Hotel Taunus** €, Monbijouplatz 1, 10719 (Mitte), S Hackescher Markt, Tel. 2835254, www.hoteltaunus.com. Direkt hinter dem Hackeschen Markt zählt die Lage und nichts als die Lage. Kleine ordentliche Zimmer mit Duschbad, Telefon und TV im Klinkersteinaltbau, gefrühstückt wird in einem der vielen Cafés in der Umgebung.

🏠 **350** [E7] **Pension Eden am Zoo** €, Uhlandstr. 184, 10623 (Charlottenburg), U1 Uhlandstraße, www.berlinhotelsonline.de, Tel. 8815900. Gutbürgerliche Gründerzeitherberge im Zentrum der West-City. Die Zimmer sind ohne TV und Internetzugang ausgestattet und verteilen sich auf zwei Etagen, ohne Fahrstuhl.

🏠 **351** [M3] **Pension Mädchenkammer** €, Lottumstr. 20, 10119 (Mitte), U2 Rosa-Luxemburg-Platz oder U8 Rosenthaler Platz, www.maedchenkammer.de, Tel. 0171 3167825. Altbau in ruhiger Kopfsteinpflasterstraße im Kultkiez an der Grenze von Mitte zum Prenzlauer Berg, die Zimmer zweckmäßig modern und geschmackvoll, überwiegend mit Blick in den grünen Hinterhof, freies WLAN, kein Radio/TV. Keine Rezeption, man trifft sich bei Ankunft zur Schlüsselübergabe und zahlt sofort. Frühstück gibts in den zahlreichen Cafés rundum, Tee, Kaffee und Wasserkocher stehen aber bereit.

Hostels

● **352** [K4] **Baxpax Downtown Hostel**, Ziegelstr. 28, 10117 (Mitte), U6 Oranienburger Tor, Tel. 27874880, www.baxpax.de. Angenehmer Standard zum guten Preis in zentraler Lage, Rund-um-die-Uhr-Rezeption, Frühstücksbuffet, Dachterrasse mit tollem Blick über die Stadt. Bett ab 8 €, 4-Bett-Zimmer mit Dusche/WC 16–40 €, DZ 27–66 €, Frühstück geht extra.

● **353** [M2] **East Seven Berlin Hostel**, Schwedter Str. 7, 10119 (Prenzlauer Berg), U2 Senefelder Platz, Tel. 93622240, www.eastseven.de. Vergleichsweise kleines Haus, sehr gepflegt im sanierten Altbau, mit schönem Garten im Hof, nahe der Prenzl'berger Kneipenmeile zwei U-Bahn-Stationen vom Alex. DZ 26 € p. P., Vierbettzimmer 20 € p. P., Achtbettzimmer 18 € p. P., ohne Frühstück.

● **354** [P6] **Ostel DDR-Design-Hostel**, Wriezener Karree 5, 10234 (Friedrichshain), S Ostbahnhof, Tel. 25768660, www.ostel-berlin.de. In einer Platte unverfälscht ostig am Ostbahnhof, innen vom Plaste-Eierbecher über „Honni"-Porträt und Stasi-Suite bis hin zum echten Ost-Toilettenpapier original DDR-Kitsch vom Feinsten. Pionierlager bis 6 Personen ab 15 € p. P., DZ ab 54 €, Frühstück geht extra.

● **355** [M3] **Pfefferbett Hostel**, Christinenstr. 18–19 (am Pfefferberg, Hof 4/Haus 6), 10119 (Mitte), U2 Senefelderplatz, Tel. 93935858, www.pfefferbett.de. Genau an der Nahtstelle zwischen Mitte und Prenzlauer Berg im historischen Industriebau auf dem Gelände der ehemaligen Pfefferbergbrauerei liegt dieses Hostel. Schickes modernes Innendesign unter hohen Kappendecken und

Ziegelstein. Sechs- bis Achtbettzimmer ab 9 € p. P., Vier- bis Sechsbettzimmer ab 15 p. P., DZ mit Dusche/WC ab 19,50 € p. P., Frühstück geht extra.

● **356** [L3] **The Circus Hostel**, Weinbergsweg 1a, 10119 (Mitte), U8 Rosenthaler Platz, Tel. 20003939, www.circus-berlin.de. Modernisiert und frisch renoviert im Frühjahr 2010 am alten Ort im Szenekiez wiedereröffnet. Achtbettzimmer 19 € p. P., Vier- bis Fünfbettzimmer 23 € p. P., DZ mit Bad 70 €, Frühstück geht extra.

Jugendherbergen und -gästehäuser

Die drei Häuser des Deutschen Jugendherbergswerk (DJH) in Berlin, von denen eines im Zentrum, die beiden anderen am Stadtrand im Grünen liegen, betreibt der DJH-Landesverband Berlin-Brandenburg e. V. Sie sind sehr beliebt und deshalb meistens belegt, weshalb sich eine frühzeitige Reservierung empfiehlt. Voraussetzung für die Übernachtung ist die Mitgliedschaft im DJH, die beantragt werden kann beim

❯ **DJH Mitgliederservice**, Bismarckstraße 8, 32754 Detmold, Tel. 05231 74010, www.jugendherberge.de.

☎ **357** [I7] **DJH-Jugendherberge Berlin International**, Kluckstr. 3, 10785 (Tiergarten), U1 Kurfürstenstraße, Bus M29, Tel. 747687910, www.jh-berlin-international. de. Mitten in der Stadt nahe Potsdamer Platz, ab 15 € p. P.

☎ **358 DJH-Jugendherberge Ernst Reuter**, Hermsdorfer Damm 48, 13467 (Hermsdorf), U5 Alt Tegel, weiter mit dem Bus 125, Tel. 4041610, www.jh-ernst-reuter.de. Am Rande des Tegeler Forsts nahe der nördlichen Stadtgrenze, mit Bus und U-Bahn ca. eine Stunde in die Innenstadt. 111 Betten in Sechsbettzimmern, ab 19 € p. P.

🏨 **359** [Karte V] **DJH-Jugendgästehaus am Wannsee,** Badeweg 1, 14129 (Zehlendorf), S1, S7 Nikolassee, www.jh-wannsee.de, Tel. 8032034. Unmittelbar am Großen Wannsee im Südwesten Berlins, knapp eine Stunde mit der S-Bahn in die Innenstadt, ab 23 € p. P.

🏨 **360** [H7] **CVJM-Jugendgästehaus City,** Einemstr. 10, 10787 (Schöneberg), U1, U2, U3, U4 Nollendorfplatz, Tel. 26491088, www.cvjm-jugendgaestehaus.de. Großes Haus des Christlichen Vereins junger Männer (CVJM) in zentraler Lage am Nollendorfplatz. Preis pro Person im DZ 30,50 €, im EZ 38,50 €, im Mehrbettzimmer 23,50 €, Frühstück inklusive.

Mitwohnzentralen

Mitwohnzentralen vermitteln gegen eine Gebühr Gästezimmer, Apartments oder Wohnungen für die Nacht, ein Wochenende, mehrere Wochen und auch für längere Zeit.

❯ **fine+mine Internationale Mitwohnagentur,** Tel. 2355120, www.fineandmine.de, Mo.–Fr. 9–20 Uhr, Sa. 10–18 Uhr

● **361** [O8] **freiraum Wohn-Agentur,** Wiener Str. 14, 10999 (Kreuzberg), U1 Görlitzer Bahnhof, Tel. 6182008, www.freiraum-berlin.com, Mo.–Fr. 10–19, Sa. 10–14 Uhr

Campingplätze

Die Campingplätze des Deutschen Campingclubs (DCC) in Berlin befinden sich in attraktiver Lage im Grünen, aber auch recht abgelegen. Die Fahrt in die Innenstadt dauert 1–1 ½ Stunden.

⚠ **362** **Campingplatz Gatow,** Kladower Damm 207–213, 14089 (Gatow), Tel. 3654340, www.dccberlin.de/campingplatzgatow.htm, ganzjährig geöffnet. Ver-/Entsorgung für Wohnmobile, im Sommer mit Imbiss und Minimarkt. Im Westen Berlins am Waldrand nahe der Havel gelegen.

⚠ **363** [Karte V] **Campingplatz Kladow,** Krampnitzer Weg 111–117, 14089 (Kladow), www.dccberlin.de/campingplatzkladow.htm, Tel. 3652797, ganzjährig geöffnet. Mit Lebensmittelladen und Restaurant. Schöner Waldplatz im Südwesten der Stadt am Sacrower See.

Der Berliner Campingclub (BCC) unterhält zwei Plätze in schöner Lage im Westen Berlins in Spandau direkt an der Havel.

⚠ **364** **Campingplatz Bürgerablage,** Niederneuendorfer Allee 60/Papenberger Weg, 13587 (Spandau), Tel. 3354584, www.berliner-camping-club.de, geöffnet: April–Ende Sept. Waldcampingplatz mit Kiosk und Gaststätte, Spielplatz und kleinem Badestrand.

⚠ **365** **Campingplatz Breitehorn,** Breitehornweg 24, 14089 (Spandau), Tel. 3653408, www.berliner-camping-club.de, geöffnet: April–Ende Sept. Mit Gaststätte, Spielplatz und kleinem Badestrand.

⚠ **366** **Campingplatz Am Krossinsee,** Wernsdorfer Str. 38, 12527 (Schmöckwitzwerder), Tel. 6758687, www.campingplatz-berlin.de, ganzjährig geöffnet. Mit Gaststätte sowie April–Okt. zusätzlich mit Imbiss und Minimarkt. Ver-/Entsorgung für Wohnmobile. An der südöstlichen Stadtgrenze in schöner Kiefernheide direkt am Seeufer.

Wohnmobilhafen

● **367** [J2] **Internationale Reisemobilstation Berlin-Mitte,** Chausseestr. 82, 13353 (Wedding), www.reisemobilstation.com, Tel. 46797549. Der Womo-Hafen liegt zentral an der Grenze der Stadtteile Wedding und Mitte auf Höhe des ehemaligen Mauerstreifens, nur vier U-Bahn-Stationen bis S und U Friedrichstraße. Strom, Wasserver-/-entsorgung, Dusche/WC.

Verkehrsmittel

Auto

Das Auto ist die **teuerste und oft auch die langsamste aller Fortbewegungsmöglichkeiten** durch Berlin. Während in der Rushhour die Fußgänger auf dem Bürgersteig lächelnd an der Blechlawine vorüberziehen, braucht der eingekeilte Automobilist Nerven wie Stahlseile. An der Tagesordnung sind Umleitungen, Be- und Entladen in zweiter Spur, Hupkonzerte auf verstopften Straßenkreuzungen sowie Schneiden, Ausbremsen und Stinkefingerzeigen, gelegentlich auch eine Beule im Blech.

Allgegenwärtig sind auch die knöllchenschreibenden Damen und Herren vom Ordnungsamt. Wo der **knappe Parkraum** im Innenstadtbereich nicht bewirtschaftet wird, ist Parken in der Regel verboten. Die Parkgebühr beträgt je nach Lage 25 bis 50 Cent pro angefangene Viertelstunde, in viel frequentierten Zonen wie dem Potsdamer Platz sogar 75 Cent alle fünfzehn Minuten.

Taxi

Berliner Motordroschken dürfen die eigens für Radfahrer und den öffentlichen Personennahverkehr eingerichteten Busspuren mitbenutzen. Insofern gelangen sie zu Stoßzeiten besser durch die Stadt als der motorisierte Privatverkehr.

An Taxen herrscht in Berlin **kein Mangel.** Bis auf wenige Ausnahmen wie Großveranstaltungen, die Silvesternacht oder außergewöhnliche Fahrzeiten ist es im Innenstadtbereich deshalb nicht nötig, ein Taxi vorzubestellen oder zu einem Taxistand zu laufen, Herbeiwinken genügt.

Auf Distanzen bis zwei Kilometer ist ein pauschaler **Kurzstreckentarif** von 4 € möglich, vorausgesetzt man sagt dem Taxifahrer vorher Bescheid, dass man eine Kurzstreckenfahrt wünscht.

❯ Die **aktuellen Tarife** findet man unter www.taxi-in-berlin.de.

Über die **Funkzentralen** können Tag und Nacht Taxis gerufen werden.

❯ **Funk Taxi Berlin,** Tel. 261026, www.funktaxi-berlin.de

> **TaxiFunk,** Tel. 443322,
> www.taxi443322.de
> **Würfelfunk,** Tel. 210101,
> http://wuerfelfunk.de

Fahrradtaxi

„Mobilität dank Muskelkraft" lautet eine Attraktion unter den Berliner Personenbeförderungsdienstleistungen. Alljährlich von März bis Oktober täglich 10–19 Uhr radeln **Fahrrad-Rikschas** Einheimische und Berlin-Besucher durch die Stadt. Die flotten Umweltflitzer winkt man wie die gewöhnlichen Taxis einfach herbei. Route und Preis werden vor Fahrantritt mit dem Radchauffeur ausgehandelt. Als empfohlene Richtpreise gelten 18 € für 30 Minuten bzw. 36 € für eine Stunde. Maximal zwei Erwachsene und ein Kind bis 6 Jahre können in einem Radtaxi Platz nehmen.

Die besten Möglichkeiten, ohne Vorbestellung eine leere Rikscha anzuhalten, bestehen rund um die zentralen Berliner Sehenswürdigkeiten:

> Brandenburger Tor
> Fernsehturm
> Berliner Dom
> Potsdamer Platz
> Breitscheid Platz (Europa-Center, Kaiser-Wilhelm-Gedächtnis-Kirche)
> KaDeWe

Darüber hinaus lassen sich **individuelle Stadtführungen** zwischen ein bis drei Stunden buchen: Tel. 93958346, www.bike-taxi.de (dort finden sich auch weitere Informationen).

▶ *Slow motion - in der Fahrrad-Rikscha lassen sich die Berliner Sehenswürdigkeiten ganz entspannt genießen*

Öffentlicher Personennahverkehr

Verkehrsverbund Berlin-Brandenburg (VBB)

Das Netz des Öffentlichen Personennahverkehrs in und um Berlin herum ist **deutschlandweit einzigartig feinmaschig und vergleichsweise günstig.** Es besteht ein gemeinsamer Tarif für Berlin und Umland, den die Berliner Verkehrsbetriebe (BVG), die S-Bahn Berlin GmbH, die Deutsche Bahn (DB), der Verkehrsbetrieb Potsdam (ViP) und zahlreiche weitere Verkehrsgesellschaften im Verkehrsverbund Berlin-Brandenburg (VBB) miteinander ausgehandelt haben.

Die **Tarifbereiche** im Großraum Berlin sind in **drei Zonen** aufgeteilt:

> **A:** Innerer S-Bahn-Ring, der die Innenstadtbezirke umschließt.
> **B:** Äußerer S-Bahn-Ring, der der Berliner Landesgrenze folgt.
> **C:** Brandenburger Umland einschließlich Potsdam.

Das Verkehrsnetz ist feinmaschig, die Zeitintervalle kurz . **S-Bahnen** (Schnellbahnen) fahren im Allgemeinen im 10-Minuten-Takt von morgens 4 Uhr bis nachts 1 Uhr, sonn- und feiertags im 20-Minuten-Takt.

U-Bahnen fahren ebenfalls zwischen 4 Uhr morgens und 1 Uhr nachts, in den Hauptverkehrszeiten meist alle dreieinhalb Minuten, sonn- und feiertags alle fünf Minuten. Darüber hinaus sind sie in den Wochenendnächten von Freitag auf Samstag und Samstag auf Sonntag im 15-Minuten-Takt unterwegs (außer U4 und U55).

Wochentags nachts zwischen 1 und 4 Uhr verkehren anstelle der U-Bahn-Linien 1 bis 9 die **Nachtbusse** N1 bis N9

105be Abb.: kj

weitgehend entlang der entsprechenden U-Bahn-Strecken.

Auf wichtigen Verkehrsverbindungen, auf denen es keine S- oder U-Bahn gibt, sind die **Metrolinien von Bus und Tram** unterwegs. Die mit einem „M" und einer zweistelligen Ziffer gekennzeichneten Linien fahren täglich mindestens 20 Stunden im 10-Minuten-Takt, häufig auch öfter.

Die schnellen **ExpressBus-Linien**, die an weniger Haltestellen als üblich stoppen, tragen die Kennzeichnung „X". Der JetExpressBus TXL befördert die Fahrgäste in zwanzig bis vierzig Minuten je nach Verkehrsdichte vom Alexanderplatz zum Flughafen Tegel, der Expressbus SXF1 fährt zügig vom Flughafen Schönefeld zum Fernbahnhof Südkreuz. Die noch verbliebenen Lücken füllen zahlreiche weitere **Busse** und **Straßenbahnen**. Über die Flüsse und Seen setzen **BVG-Fähren** über.

Fahrkarten

Fahrkarten werden entweder am **Automaten** in den S- und U-Bahnhöfen oder der Tram gezogen, in den **Kundenzentren** der BVG und der S-Bahn erworben oder beim **Schaffner** gelöst (Bus, Fähre). Münzgeld parat zu halten ist in jedem Fall besser, als sich seine Banknote von einer Maschine auffressen zu lassen oder gar einen Busfahrer zu ärgern. Vor Fahrtantritt müssen die Fahrkarten an einem **Stempelautomaten entwertet** werden.

Neben verschiedenen Angeboten für Wochen-, Monats-, Jahres- und Abonnementkarten gelten folgende allgemeine Fahrausweise (in der Regel werden die Preise alle ein bis zwei Jahre leicht erhöht):

› **Einzelfahrausweis für die Kurzstrecke:**
1,40 €, ermäßigt 1,10 €, für drei S- bzw. U-Bahn-Stationen oder sechs Bus- bzw. Straßenbahnhaltestellen

106be Abb.: k)

❯ **Einzelfahrausweis:** 2,30 € (erm. 1,40 €) für den Tarifbereich A/B, 2,70 € (erm. 1,80 €) für den Bereich B/C und 3 € (erm. 2,10 €) für den Tarifbereich A/B/C. Das Ticket berechtigt zu einer maximal zwei Stunden langen Fahrt mit beliebigem Umsteigen in Richtung Fahrziel. Innerhalb der Gültigkeitsdauer sind Fahrtunterbrechungen erlaubt, Rundfahrten oder auch Rückfahrten dagegen nicht.

❯ **Tageskarte:** Sie kann nach der Entwertung bis 3 Uhr des Folgetags für eine beliebige Anzahl von Fahrten genutzt werden und kostet für den Tarifbereich A/B 6,30 € (erm. 4,50 €), für B/C 6,60 € (erm. 4,90 €) und für A/B/C 6,80 € (erm. 5,10 €). Kinder unter 6 Jahre, Kinderwagen und auch ein Hund fahren umsonst auf dem Ticket mit.

❯ **7-Tage-Karte VBB-Umweltkarte:** Sie gilt ab dem Tag der Entwertung für sieben aufeinanderfolgende Kalendertage, ihre Gültigkeit endet am siebten Tag um 24 Uhr. Sie beinhaltet die Mitnahme von einem Erwachsenen und bis zu drei Kindern vom vollendeten 6. bis zum vollendeten 14. Lebensjahr werktags ab 20 Uhr, samstags und sonntags ganztägig. Kinder unter 6 Jahre, Kinderwagen und ein Hund fahren stets gebührenfrei mit. Die Karte ist auf andere Personen übertragbar. Preise: Tarifbereich A/B 27,20 €, B/C 28 € und A/B/C 33,50 €.

❯ **Kleingruppenkarte:** Gruppen von drei bis fünf Personen können mit diesem Fahrausweis ab Entwertung bis zum Folgetag 3 Uhr neben S- und U-Bahnen, Bussen, Straßenbahnen und Fähren auch Regionalbahnen und Regionalexpresszüge benutzen. Kinder bis zum vollendeten sechsten Lebensjahr, Kinderwagen und ein Hund fahren unentgeltlich mit. Kostenpunkt: Tarifbereich A/B 15 €, B/C 15,30 €, A/B/C 15,50 €.

❯ **WelcomeCard:** Zwei, drei bzw. fünf Tage freie Fahrt mit allen öffentlichen Verkehrsmitteln des VBB inklusive Regionalbahnen und Regionalexpresszügen. Zusätzlich ermöglicht die WelcomeCard Preisnachlässe bis zu 50 % für Stadtrundfahrten, Museen, Bühnen, Ausstellungen, Veranstaltungen und vieles mehr. Im Tarifbereich A/B kostet sie für zwei Tage 17,90 €, für drei Tage 23,90 €, für fünf Tage 30,90 €. Im Tarifbereich A/B/C fallen für zwei Tage 19,90 € an, für drei Tage 25,90 €, für fünf Tage 36 €. Bis zu drei Kin-

◀ *Das Berliner S- und U-Bahn-Netz ist gut ausgebaut*

der unter 15 Jahre können auf der Welcome-Card für den Bereich A/B/C kostenlos mitfahren. Sie ist erhältlich in den Verkaufsstellen der Verkehrsbetriebe, in zahlreichen großen Hotels und in den Touristinformationen (s. S. 315). Infos und Kartenbestellung außerdem unter www.berlin-welcomecard.de.

> Auf den **Fährlinien** der BVG gelten die normalen BVG-Tarife. Auf den **Omnibus-Ausflugslinien** der BVG gilt für Fahrgäste ohne Zeitkarte ein Sondertarif.

Sämtliche **Preisangaben** entsprechen dem Stand im Dezember 2011. Leichte Aufwärtsbewegungen sind jederzeit möglich, da die Verkehrsbetriebe die Tarife in der Regel alle ein bis zwei Jahre erhöhen.

Infostellen

Fahrplan- und Tarifauskünfte rund um die Uhr erhält man unter Tel. 19449 und online unter **www.bvg.de**.

Verkaufs- und Informationsschalter der Berliner Verkehrsbetriebe (BVG) befinden sich in der Regel in den großen U-Bahn-Umsteigebahnhöfen, dort außerdem in den Reisemärkten und gelegentlich Bahnsteigkiosken. Service-Punkte für weiterführende Informationen, Fahrplan- und Tarifauskünfte betreibt die BVG in zentraler Lage:

ℹ **368** [F6] **BVG-Pavillon Zoo**, vor der Bahnhofshalle am Hardenbergplatz, S und U2, U9 Zoologischer Garten, Mo.–Fr. 6.30–21, Sa. 8–21, So. 9–19 Uhr

> **Bahnhof Alexanderplatz**, in der Vorhalle Richtung Weltzeituhr, S und U2, U5, U8 Alexanderplatz, Mo.–Fr. 7–21, Sa./So. 9–20 Uhr

ℹ **369** [N5] **BVG-Kundenzentrum**, Holzmarktstr. 15, 10179 (Mitte), S und U8 Jannowitzbrücke, Mo.–Mi. 9.30–17 Uhr, Do. 9.30–17.45 Uhr, Fr. 9.30–14 Uhr

EXTRAINFO

Tickets entwerten!

Achtung! Grundsätzlich müssen alle Ticket-Variationen vor Antritt der ersten Fahrt am Stempelautomaten entwertet werden. Die Entwerter befinden sich üblicherweise am Anfang und am Ende der Bahnsteige sowie in Tram und Bussen neben den Türen. Die Kontrolleure sind unerbittlich, sie betrachten eine nicht gestempelte Karte als ungültig und werten diesen Umstand als Schwarzfahren (Bußgeld 60 €).

Fahrplan- und Tarifauskünfte zur **S-Bahn** erteilt die S-Bahn-Kundenhotline:

> Tel. 29743333,
  www.s-bahn-berlin.de

Verkaufs- und Informationsschalter der S-Bahn Berlin findet man in der Regel bei den großen Umsteigebahnhöfen. Darüber hinaus befinden sich Kundenzentren in zentraler Lage in folgenden Bahnhöfen:

> **Alexanderplatz** ⑥, S und U2, U5, U8 Alexanderplatz, Mo.–Fr. 6.30–21 Uhr, Sa./So. 8–21 Uhr

> **Friedrichstraße** ⑥⑥, S und U6 Friedrichstraße, Mo.–Fr. 5.30–22 Uhr, Sa./So. 10–20 Uhr

> **Hauptbahnhof** ⑬ (im 1. OG neben dem Treppenaufgang zu den Gleisen 15 und 16), S Hauptbahnhof, U55, Mo.–Fr. 6–22 Uhr, Sa./So. 7–22 Uhr

> **Ostbahnhof** [O6], S Ostbahnhof, Mo.–Fr. 6–21 Uhr, Sa./So. 7–21 Uhr

> **Zoologischer Garten** [F6], S und U2, U9 Zoologischer Garten, Mo.–Fr. 6–21 Uhr, Sa./So. 8–21 Uhr

Wetter und Reisezeit

Im Berliner Raum herrscht ein **kontinental beeinflusstes, recht trockenes Klima** vor. So kann sich die Luft bei allgemein schöner Großwetterlage im Sommer sehr stark erwärmen. Heiße Tage, an denen das Thermometer im Schatten bis zur 30-Grad-Marke hinaufklettert, sind keine Seltenheit. Die Antwort ein halbes Jahr später können klirrend kalte Wintermonate mit Temperaturen bis gelegentlich –10 °C sein.

Berlin hat **zwölf Monate im Jahr Saison,** d.h. es gibt keine günstige oder ungünstige Reisezeit. Durchschnittlich 800.000 Touristen im Monat besuchen die Stadt. Relativ voll ist es also eigentlich immer, wozu auch die zahlreichen Festivals und Großevents beitragen. Dazu kommen bedeutende kulturelle Veranstaltungen, Aufsehen erregende Ausstellungen, außerdem Messen und Kongresse sowie nicht zu vergessen die angesagte Klub- und Pubszene und das politische Berlin mit seinen zahlreichen internationalen Konferenzen.

So richtet sich denn auch der Status „Hochsaison" oder „Nullsaison" nicht nach den vier Jahreszeiten, sondern nach dem aktuellen Veranstaltungskalender. Hochsaison, Tiefsaison oder Nullsaison können von Tag zu Tag wechseln.

Anhang

008be Abb.: kj

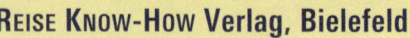

Register

A

Adlon (Hotel) 116
Admiralspalast 181
Ägyptisches Museum 148
Akademie der Künste 117
Akzisemauer 90, 173
Albrecht der Bär 85
Alexanderhaus 165
Alexander-Newski-
  Kapelle 300
Alexanderplatz 164
Alliierten-Museum 63
Alt-Berlin 160
Alte Bibliothek 134
Alte Nationalgalerie 148
Alter Markt 288
Altes Museum 146
Altes Palais 131
Altes Rathaus (Potsdam) 288
Altes Stadthaus 163
Altstadt Köpenick 270
Altstadt Spandau 261
Amerikanische
  Botschaft 117
Anhalter Bahnhof 177
Anne Frank Zentrum 191
Anreise 308
Antikensammlung 147, 150
Arbeitslosigkeit 104
Arbeit und Soziales 103
Archäologische
  Promenade 146
Architektur 71
Arzt 321
Aufklärung 88
Auguststraße 196
Ausgehviertel 41
Außerparlamentarische
  Opposition 96
Auswärtiges Amt 140
Autofahren 308

B

Bahn 310
Bahnhof Friedrichstraße 180
Bahnhof Zoo 217
Barrierefreiheit 313
Bars 46
Bär (Wappen) 103
Bauhaus-Archiv 208
Behnisch, Günter 117
Beisheim Center 204
Belvedere
  auf dem Pfingstberg 300
Belvedere (Sanssouci) 296
Bendlerblock 208
Bergmannkiez 254
Berlinale 18, 204
Berlin Biennale 19
Berlin-Blockade 95
Berliner (Bewohner) 101
Berliner
  Abgeordnetenhaus 177
Berliner Dialekt 106
Berliner Dom 151
Berliner Ensemble 182
Berliner Philharmoniker 48
Berliner Universität 91
Berlin Hi-Flyer 329
Berlinische Galerie 63
Berlin-Ultimatum 96
Berolinahaus 165
Besucherzentrum
  Sanssouci 294
Bethanien 253
Bevölkerungsaustausch
  189, 238
Bevölkerungsentwicklung 101
Bevölkerungsstruktur 101
Bezirke 82
Biergärten 46
Bildergalerie (Sanssouci) 294
Bismarck, Otto von 93

Blockhaus Nikolskoe 280
Bode, Arnold Wilhelm 149
Bode-Museum 149
Bonhoeffer, Dietrich 242
Bornstedter Kirche 298
Botanischer Garten und
  Botanisches Museum 259
Botschaft der
  Russischen Föderation 129
Botschaften 314
Boulevard der Stars 204
Brandenburger Tor 113
Brandenburger Tor
  (Potsdam) 291
Brecht, Bertolt 53, 182, 184
Brecht-Weigel-
  Gedenkstätte 184
Bröhan-Museum 232
Brücke-Museum 64
Brunnen der
  Völkerfreundschaft 166
Bücherverbrennung 134
Bummeln 22
Bundeskanzleramt 126
Bundespräsident 215
Bürgermeister,
  Regierender 102
Bus 312, 339
Buslinien 100 und 200 78
Büste der Königin
  Nofretete 148

C

Café Kranzler 221
Cafés 42
Campingplätze 336
Centrum Judaicum 197
Centrum-Warenhaus 165
Charakter der Stadt 80
Charité 183
Charlottenburg 218

Checkpoint Charlie 173
Chipperfield, David 148
Christopher-Street-Day-
Parade 19
Classic Open Air 19
Cölln 85
Columbushaus 202
Currywurst 38

D
Dahlem 258
Daimler-City 201
Dalí-Museum 64
Dampfmaschinenhaus 290
Dancefloor 47
DDR-Museum 64, 158
DDR-Opposition 242
DDR-Staatsgästehaus 267
debis-Hochhaus 201
Delphi-Kino 226
Denkmal für die ermordeten
Juden Europas 121
Detlev-Rohwedder-Haus 179
Deutsche Demokratische
Republik 96
Deutsche Guggenheim
Berlin 130
Deutsche Kaiser 93
Deutsche Kinemathek –
Museum für Film
und Fernsehen 64
Deutsche Oper 228
Deutscher Bundesrat 177
Deutscher Dom 169
Deutsches Currywurst
Museum 39
Deutsches Historisches
Museum 142
Deutsches Reich 93
Deutsches Symphonie-
Orchester Berlin (DSO) 49

Deutsches
Technikmuseum 254
Deutsches Theater 182
Deutschlandfest 20
Devotionalien 28
Dicke Marie 265
Dienstleistungssektor 105
Diplomatenviertel 214
Diplomatische
Vertretungen 314
Discos 47
Domäne Dahlem 258
DomAquarée 157
Dom, Berliner 151
Dönerkebab 38
Dorotheenstädtischer
Friedhof 183
Drachenhaus
(Sanssouci) 296
Drittes Reich 94
DZ-Bank 117

E
Eastside Gallery 247
Edikt von Potsdam 87
Einkaufen 23
Einkaufsmeilen 23
Einwanderungen 101
Einwohner 81
Electro 50
Elser, Georg 179
Entspannen 72
Eosanderportal 153
Ephraim-Palais 162
Erholungspark Marzahn 73
erlin-Blockade 108
Ernst-Reuter-Platz 227
Erster Weltkrieg 94
Essen und Trinken 29
Ethnologisches Museum 259
Europa-Center 24, 220

Events 18
Experimentelle Musik 50

F
Fahrkarten 339
Fahrradtaxi 338
Fall der Berliner Mauer 97
Fasanenstraße 225
Fernsehturm 160
Festivals 18
Fête de la Musique 19
Filmmuseum Potsdam, 289
Filmpark Babelsberg 305
Flächenbombardierung 95
Flanieren 22
Flatowturm (Babelsberg) 305
Fliegen 312
Flughafen Schönefeld 312
Flughafen Tegel 312
Flughafen Tempelhof
108, 254
Flüsse 83
Folk 50
Forschungs- und Gedenkstätte
Normannenstraße 267
Fort Hahneberg 264
Fortunaportal 288
Forum Fridericianum 90, 131
Foster, Norman 123
Frankfurter Tor 245
Franziskaner-
Klosterkirche 163
Französische Kirche 291
Französischer Dom 168
Französischer Friedhof 183
Freiheitsglocke 256
Freilichtmuseum 258
Friedenskirche
(Sanssouci) 295
Friedrich II.
(der Große) 88, 293

Register

Friedrich II., „Eisenzahn"
   (Kurfürst) 86
Friedrich I. (König) 87
Friedrich I. (Kurfürst) 86
Friedrichshagen 271
Friedrichshain 243
Friedrichstadt 166
Friedrichstadt-Palast 182
Friedrichstadtpassagen 172
Friedrichstraße 25, 172
Friedrichswerdersche
   Kirche 140
Friedrich Wilhelm I.
   (Soldatenkönig) 87
Friedrich Wilhelm (Kurfürst) 87
Friedrich-Wilhelm-Stadt 180
Fundbüros 316
Funkturm 232
Fußball-WM 2006 100

G
Galerie C/O Berlin 200
Garnisonkirche 289
Gastronomie 29
Gastronomie (Potsdam) 306
Gedenkstätte
   Berliner Mauer 186
Gedenkstätte Berlin-
   Hohenschönhausen 68
Gedenkstätte Deutscher
   Widerstand 68, 208
Gedenkstätten 67
Gedenkstätte Plötzensee 68
Gedenkstätte und Museum
   Sachsenhausen 68
Gehry, Frank 117
Gemäldegalerie
   (Kulturforum) 60, 208
Gendarmenmarkt 167
Gentrifizierung 189, 238
Geografisches 81

Georg-von-Rauch-Haus 253
Gerichtslaube 162
Geschichte 84
Geschichtsmeile
   Wilhelmstraße 178
Geschichtspfad
   (Olympiagelände) 234
Gipsformerei 62
Glienicker Brücke 284
Glockenturm
   (Olympiagelände) 234
Görlitzer Park 252
Gotisches Haus
   (Spandau) 261
Gouverneurshaus 131
Große Hamburger Straße 195
Großflughafen Berlin-Branden-
   burg International 108
Großflughafen Berlin-Branden-
   burg Willy Brandt 312
Grünanlagen 72
Grunewaldturm 274

H
Hackesche Höfe 189
Hackescher Markt 189
Hamburger Bahnhof –
   Museum für Gegenwart 185
Hauptbahnhof 127
Hauptbahnhof Potsdam 287
Hauptmann
   von Köpenick 271
Haus der Brandenburgisch-
   Preußischen
   Geschichte 289
Haus der Kulturen
   der Welt 126
Haus der Schweiz 130
Haus der
   Wannseekonferenz 278
Haus des Lehrers 166

Haus des Rundfunks 233
Haus Liebermann 121
Haus Pietsch 130
Haus Schwarzenberg 190
Haus Sommer 121
Haus Vaterland 202
Havel 274
Havelseenkreuzfahrten 306
Heckmannhöfe 198
Heinrich-von-Kleist-Park 255
Hip-Hop 50
Historische Mühle
   (Sanssouci) 294
Historischer Hafen 65, 163
Hochhaus an der
   Weberwiese 244
Hohenzollerngruft 152
Holländisches Viertel
   (Potsdam) 292
Holocaust 95
Holocaust-Mahnmal 121
Hostels 335
Hotel Adlon 116
Hotel de Rome 138
Hotel „Esplanade" 203
Hotels 331
Hotels (Potsdam) 305
Humboldt, Alexander von 265
Humboldt,
   Wilhelm von 132, 265
Humboldt-Box 156
Humboldt-Forum 153
Humboldt-Schlösschen 265
Humboldt-Universität 132

I
Iffland, August Wilhelm 53
Informationsquellen 315
Informationsstellen 315
Infostores 315
Innenstadt Potsdam 287

Insel Scharfenberg 266
Internationale Filmfestspiele
  Berlin 18, 204
Internationale
  Funkausstellung (IFA) 20
Internationale
  Grüne Woche 18
Internet 318
Internettipps 317
Invalidenpark 185
Ischtar-Tor 150

J

Jagdschloss Glienicke 283
Jagdschloss Grunewald 258
Jakob-Kaiser-Haus 126
James-Simon-Galerie 146
Jan Bouman Hau 292
Jazz (Musik) 50
JazzFest Berlin 20
Jazzkeller 48
Joachim II. 86
Judenemanzipation 91
Jüdische Kulturtage 20
Jüdischer Friedhof (Schön-
  hauser Allee) 195, 237
Jüdischer Friedhof
  Weissensee 242
Jüdisches Gemeindehaus 225
Jüdisches Gymnasium 195
Jüdisches Museum 174
Jugendherbergen 335
Juliusturm 262
JuniorMuseum 259
Justizpalast 163

K

Kabarett 56
Kabarett Distel 182
Kabinettshaus
  (Potsdam) 289

Kaiser-Wilhelm-
  Gedächtnis-Kirche 220
Kammermusiksaal 206
Karl-Marx-Allee 243
Karneval der Kulturen 19
Kartenverlust 321
Kastanienallee 239
Käthe-Kollwitz-Museum 65
Kaufhaus des Westens
  (KaDeWe) 24, 220
Kavalierhaus 279
Kennedy, John F. 256
Kennedy-Museum 121
Kiez 83
Kinder 74
Kinderattraktionen 75
Kindermuseum Labyrinth 65
Kindertheater 77
Kirche St. Peter und Paul 291
Klassische Musik 48
Kleinkunst 56
Klima 342
Klubs 47
Kneipen 42
Kneipen (Friedrichshain) 245
Kneipen (West-City) 226
Knobelsdorff, Georg
  Wenzeslaus von 213, 293
Knobelsdorffhaus 288
Knoblauchhaus 162
Knut (Eisbär) 216
Kollwitz, Käthe 140, 236
Kollwitzplatz 236
Komische Oper 51
Komödie am
  Kurfürstendamm 226
Königskolonnaden 255
Konnopkes Imbiss 40
Konzerthallen 48
Konzerthaus Berlin 169
Konzerthausorchester 49

Köpenick 269
Kranzler-Eck 221
Kreuzberg 243, 246
Kreuzberg 61 254
Kreuzberg-Museum 254
Kriminalität 324
Kritische Rekonstruktion 72
Krongut Bornstedt 298
Kronprinzenpalais 139
Küche, Berliner 29
Kulturbrauerei 237
Kulturforum 205
Kunst 57
Kunstbibliothek 61, 208
Kunstgalerien 69
Kunstgewerbemuseum 61
Kunstgewerbemuseum
  Schloss Köpenick 62
Künstlerruine Tacheles 200
Kupferstichkabinett 61, 208
Kuppel (Reichstag) 123
Kurfürsten,
  Brandenburgische 86
Kurfürstendamm 24, 221

L

Lange Brücke 287
Lange Nacht der Museen 18
Lange Nacht
  der Opern und Theater 18
Laternenwald 216
Laubenganghäuser 244
Lenné, Peter Joseph 91, 213,
  279, 281, 301
Lesben 319
Libeskind, Daniel 174
Liebermann-Villa 278
Liebknecht, Karl 94, 156, 215
Lindencorso 130
Literaturfestival,
  Internationales 20

Literaturhaus Berlin 225
Literaturtipps 318
Lokale 31
Lokale (Friedrichshain) 245
Lokale (West-City) 226
Lounges 42
Love-Parade 97
Luftbrückendenkmal 254
Lustgarten 147
Luxemburg, Rosa 215
Luxushotel Westin Grand 130

M
Machmit!
   Museum für Kinder 66
MaerzMusik 18
Mahnmal
   Köpenicker Blutwoche 270
Maifeld 234
Maison de France 225
Marathon 20
Marie-Elisabeth-
   Lüders-Haus 126
Marionettentheater 77
Märkisches Museum 63
Märkisches Ufer 163
Märkte 28
Markttor von Milet 150
Marmorpalais
   (Neuer Garten) 301
Marstall 289
Martin-Gropius-Bau 176
Marx-Engels-Forum 158
Massendeportationen 95
Mauerbau 96
Mauer, Berliner 98, 176,
   186, 247
Mauermuseum am
   Checkpoint Charlie 66, 174
Mauerpark 239
Mauerweg 322

Maxim-Gorki-Theater 140
Medienstandort 105
Mendelssohn, Moses 195
Messegelände 232
Metropol 255
Mies van der Rohe,
   Ludwig 207, 268
Mietskasernen 187
Mitfahrzentralen 313
Mitwohnzentralen 336
Mode 27
Müggelberge 274
Müggelsee 273
Müggelturm 274
Mundart 106
Münzsammlung 150
Museen 57
Museum Alexandrowka 300
Museum Blindenwerkstatt
   Otto Weidt 191
Museum
   Europäischer Kulturen 259
Museum
   für Asiatische Kunst 259
Museum
   für Byzantinische Kunst 150
Museum für Fotografie –
   Helmut Newton Stiftung 62
Museum für Gestaltung 208
Museum
   für Islamische Kunst 150
Museum
   für Kommunikation 66
Museum für Naturkunde 66,
   184
Museum für Vor-
   und Frühgeschichte 148
Museum im Wasserwerk 273
Museum
   Scharf-Gerstenberg 232
Museumsinsel 59, 144

Musicals 52
Musikfest Berlin 20
Musikhallen 48
Musikinstrumenten-
   Museum 207
Musiktheater 51

N
Nachtbusse 338
Nachtleben 41
Nagelkreuz von Coventry 221
Napoleon Bonaparte 91
Nationalsozialistische
   Herrschaft 94
Nationalsozialistische
   Terrorapparat 175
Natur 83
Naturkundemuseum 66
Naturkundemuseum
   Potsdam 290
Nauener Tor (Potsdam) 292
Neptunbrunnen 159
Neue Kammern
   (Sanssouci) 294
Neue Nationalgalerie 207
Neue Reichskanzlei 179
Neuer Garten 301
Neuer Markt 289
Neuer See 216
Neues Kreuzberger
   Zentrum 253
Neues Museum 147
Neues Palais (Sanssouci) 297
Neue Synagoge 197
Neue Wache 140
Nightlife 41
Nikolaikirche 161
Nikolaiviertel 160
Nofretete (Büste) 148
Nollendorfplatz 255
Notfälle 321

Notrufnummern 321
Novemberrevolution 94

0

Obeliskportal (Sanssouci) 295
Oberbaumbrücke 247
Olympiastadion 233
Olympische Spiele 1936 233
Oper 51
Operncafé 139
Opernpalais 138
ÖPNV 338
ÖPNV Potsdam 287
Orangerie (Sanssouci) 295
Oranienburger Straße 196
Oranienstraße 26, 253
Ostberlin 96
Osthafen 248

P

Palais
   am Festungsgraben 141
Palais am Pariser Platz 121
Palast der Republik 153, 155
Pankow 267
Pariser Platz 115
Park and Ride 310
Park Babelsberg 303
Park Charlottenhof 297
Parken 308
Park Glienicke 281
Parks 72
Park Sanssouci 293
Parlamentsgebäude 126
Paul-Löbe-Haus 126
Pei, Ieoh Ming 143
Pergamonaltar 150
Pergamonmuseum 150
Pfaueninsel 278
Philharmonie Berlin 206
Piano, Renzo 201

Piscator, Erwin 53
Podewilsches Palais 163
Politisches 102
Polizei 321
Pomonatempel 300
Pop (Musik) 50
Porzellankabinett 230
Post 321
Postfuhramt 199
Potsdamer Konferenz 95
Potsdamer Platz 201
Potsdamer Platz Arkaden 25
Potsdamer Wassertaxi 306
Potsdam-Museum 292
Prenzlauer Berg 235
Preußische Könige 87
Preußischer Landtag 177
Preußisches Herrenhaus 177
Preußisches
   Kammergericht 255
Prinzessinnenpalais 138
Prinz-Heinrich-Palais 132
Publikationen 317
Puppentheater 77
Puppentheater-Museum 66

Q

Quadriga 113
Quarré 115
Quartier 207–205 172

R

Radfahren 321
Radverleih 322
Ramones Museum 198
Rathaus Charlottenburg 227
Rathaus Schöneberg 255
Rathaus Spandau 261
Rauch, Christian Daniel 133
Rauchen 30
Reformen 91

Reformsiedlungen 72
Regierungsumzug 97
Regierungsviertel 112
Reichsluftfahrt-
   ministerium 179
Reichspräsidentenpalais 178
Reichstag 123, 124
Reichstagsbrand 124
Reichstagskuppel 126
Reinhardt, Max 53, 182
Reisezeit 342
Reiterstandbild
   Friedrichs des Großen 133
Restaurants 31
Restaurants (Potsdam) 306
Restaurationspolitik 91
Revolutionen 92
Revolutionsdenkmal 268
Friedrich-Ludwig-Jahn-
   Sportpark 239
Rock (Musik) 50
Rosa-Luxemburg-
   Denkmal 215
Rosenstraße 198
Rosinenbomber 254
Rotes Rathaus 158
Ruinenberg 299
Russische Kolonie
   Alexandrowka 299

S

Sacrow 303
Sacrower Heilandskirche 303
Sammlung Berggruen 231
Sammlung Hoffmann 191
Sanssouci 293
Savignyplatz 226
S-Bahn 338
Scharoun, Hans 206
Scheunenviertel 25, 188
Schiffbauerdamm 183

Register

Schiffsrundfahrten 327
Schillerdenkmal 172
Schillertheater 227
Schinkel,
   Karl Friedrich 91, 140, 297
Schinkelsche
   Bauakademie 139
Schinkelsches
   Schauspielhaus 169
Schloss Babelsberg 303
Schloss Bellevue 214
Schloßbrücke 143
Schloss Cecilienhof 302
Schloss Charlottenburg 229
Schloss Charlottenhof 297
Schloss Friedrichsfelde 268
Schloss Glienicke 281
Schloss Köpenick 270
Schlosspark
   Charlottenburg 231
Schloss Sacrow 303
Schloss Sanssouci 293
Schloss Schönhausen 267
Schlüter, Andreas 153
Schöneberg 255
Schulden 104
Schwule 323
Seen 84
Shoppen 23
Sicherheit 324
Siebenjähriger Krieg 90
Siegessäule 214
Sightseeing 78
Simon-Dach-Straße 245
Skulpturensammlung 150
Sony Center 202
Sophie Charlotte
   (Kurfürstin) 229
Sophienkirche 191
Sophienviertel 189
Souvenirs 27

Sowjetisches
   Ehrenmal 123
Spandau 260
Spandauer Vorstadt 187
Spartipps 314
Sprechtheater 53
Spree 83
Staatliche
   Museen zu Berlin 58
Staatsbibliothek 131, 207
Staatskapelle Berlin 49
Staatsoper
   Unter den Linden 138
Staatsratsgebäude 156
Stadtkanal (Potsdam) 289
Stadtkommandantur 139
Stadtmagazine 317
Stadtrundfahrten 325
Stadtschloss 153
Stadtschloss,
   Potsdamer 288
Stadtspaziergang
   118, 135, 170, 192, 209,
   222, 240, 249
Stadtteil Mitte 112
Stadttouren 325
Stadttouren (Potsdam) 306
Stasi-Museum 267
St.-Hedwigs-Kathedrale 138
St.-Hedwigs-
   Krankenhaus 195
Stiftungen 58
St. Laurentiuskirche
   (Köpenick) 270
St. Marienkirche 159, 262
St. Matthäuskirche 206
St. Nikolaikirche
   (Potsdam) 288
St. Nikolai (Spandau) 261
St.-Peter-und-Paul-Kirche
   280

Strandbad Müggelsee 273
Strandbad Tegel 265
Strandbad Wannsee 275
Strandbars 46
Straße des 17. Juni 214
Strausberger Platz 243
Studio Babelsberg 305
Stüler, Friedrich August 147
Synagoge
   (Prenzlauer Berg) 237

T
Tagestrip 10
Tageszeitungen 318
Tanz im August 20
Tauentzienstraße 219
Taxi 337
Techno (Musik) 50
Tegel 265
Tempelhofer Feld 108
Termine 18
Theater 53
Theatertreffen Berlin 19
The Missing House 195
The Story of Berlin 66
Tiergarten 212
Tierpark 268
Topographie des Terrors 175
Totentanz-Fresko 159
Touristeninformation
   (Potsdam) 305
Touristinformationen 315
Trabi-Safari 326
Tram 339
Transmediale 18
Trödelmärkte 28

U
U-Bahn 338
Umweltplakette 308
Umweltzone 308

Universität der Künste 227
Universitätsklinikum 183
Unter den Linden 128
Unterkunft 330
Unterkunft (Potsdam) 305
Unterkunftstipps 331
Urania-Weltzeituhr 165

V

Varieté 52, 56
Vegetarische Küche 40
Veranstaltungen 18
Verkehrsmittel 337
Verkehrsmittel Potsdam 287
Versunkene Bibliothek 134
Viermächteabkommen 97
Viktoria 114, 214
Viktoriapark 254
visitBerlin 315
Völkerwanderung 84
Volkspark Friedrichshain 245
Vorderasiatisches
   Museum 150
Vorverkaufsstellen 316

W

Waldbühne 234
Wannsee 275
Wannseekonferenz 278
Wassertaxi 329
Wasserturmplatz 237
Weigel, Helene 182, 184
Weiße Flotte 306
WelcomeCard 316, 340
Weltküche 35
Weltzeituhr 165
Westberlin 96
West-City 218
Wetter 342
Wiedervereinigung 97
Wilhelminismus 93

Wilhelmstraße 178
Wirtschaft 103
Wissenschaftsstandort 105
WLAN-Hotspots 318
Wochenendtrip 13
Wochenmärkte 28
Wohnmobil 336

Y, Z

Young.euro.classic 20
Zahnärztlicher Notdienst 321
Zaubertheater 77
Zeitschriften 317
Zentraler
   Omnibusbahnhof 312
Zentralfriedhof
   Friedrichsfelde 268
Zeughaus 142
Zille-Bus 326
Zille, Heinrich 161
Zille-Museum 67
Zinnfiguren Museum 298
Zionskirche 242
Zitadelle Spandau 262
Zollernhof 130
Zoo 216
Zoofenster 217
Zoologischer Garten 216
Zug 310
Zukunftsprojekte 100
Zum Nußbaum 161
Zur letzten
   Instanz (Gasthaus) 163
Zwanzigerjahre 94
Zweiter Weltkrieg 95

Die Autorin

Kristine Jaath, Jahrgang 1962, ist Berlinerin aus Leidenschaft. 1981 zog sie in den damals noch eingemauerten Westteil der Stadt und lebt seitdem bis auf einen Studienaufenthalt in Rom ununterbrochen am grünen Strand der Spree. Sie studierte Germanistik, Religionswissenschaft und Italienisch in Rom und Berlin, arbeitete anschließend mehrere Jahre beim bekannten Radiosender RIAS Berlin (seit 1990 DeutschlandRadio) und widmete sich danach ausschließlich der Reiseschriftstellerei. Sie schrieb Texte für zahlreiche Fotobildbände sowie Reiseführer über Deutschland, Italien und Polen. Im REISE KNOW-HOW Verlag sind von ihr außerdem die Reiseführer „City-Trip Berlin", „Polen – Ostseeküste und Pommersche Seenplatte" und „Polen – Masuren, Ermland, Danziger Bucht" erschienen.

Schreiben Sie uns

Dieser CityGuide-Band ist gespickt mit Adressen, Preisen, Tipps und Infos. Unsere Autoren sind zwar stetig unterwegs und erstellen alle zwei Jahre eine komplette Aktualisierung, aber auf die Mithilfe von Reisenden können sie nicht verzichten.

Darum: Schreiben Sie uns, was sich geändert hat, was besser sein könnte, was gestrichen bzw. ergänzt werden soll. Gut verwertbare Informationen belohnt der Verlag mit einem Sprechführer Ihrer Wahl aus der über 220 Bände umfassenden Reihe „Kauderwelsch".

Bitte schreiben Sie an:
REISE KNOW-HOW Verlag Peter Rump GmbH, Postfach 140666, D-33626 Bielefeld, oder per E-Mail an: info@reise-know-how.de

Danke!

Latest News
Unter **www.reise-know-how.de** werden regelmäßig aktuelle Ergänzungen und Änderungen der Autoren und Leser zum vorliegenden Buch bereitgestellt. Sie sind auf der Produktseite dieses CityGuide-Titels abrufbar.

Cityatlas

O1Obe Abb.: kj

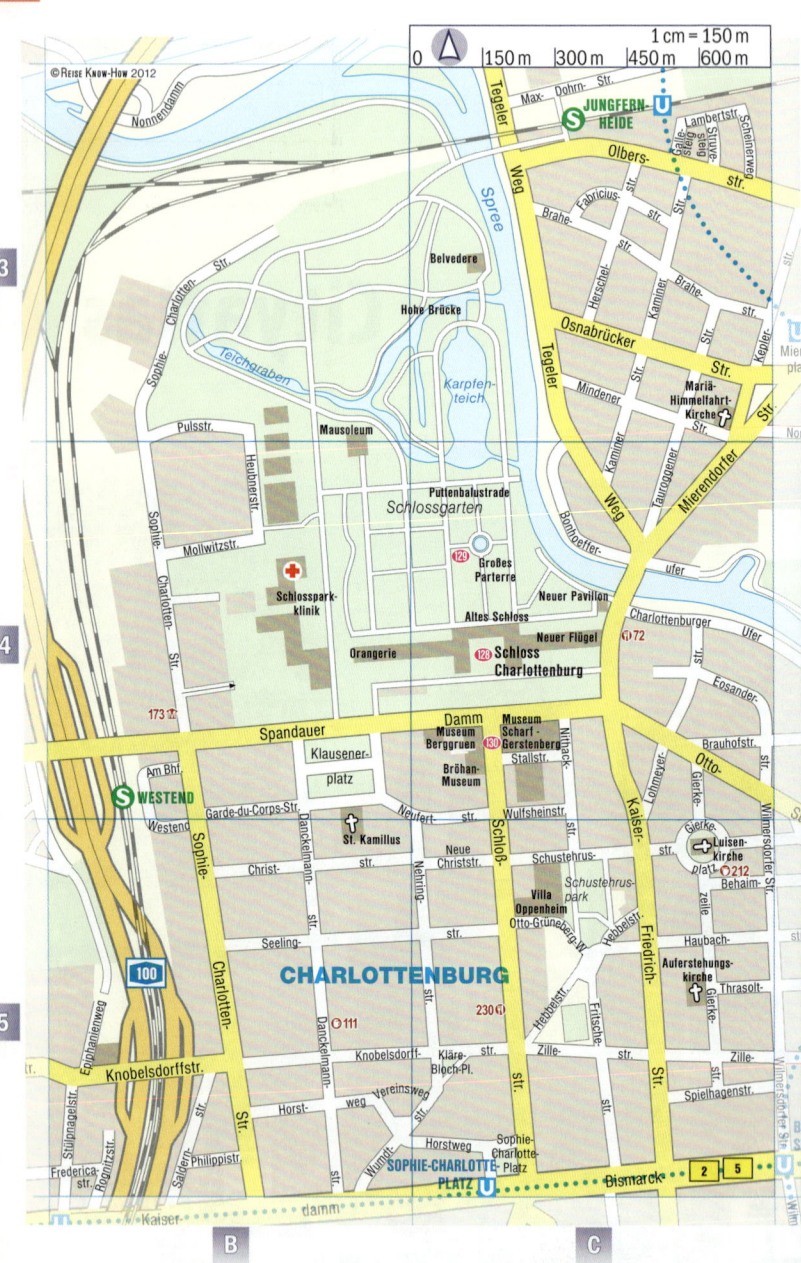

© REISE KNOW-HOW 2012

1 cm = 150 m

0   150 m   300 m   450 m   600 m

Nonnendamm

Spree

Tegeler Weg

Max-Dohrn-Str.

S JUNGFERN-HEIDE U

Olbers-

Lambertstr.

Scheinerweg

str.

Fabricius-

Brahe

Heischelstr.

Kamlah

Brahe

str.

str.

Kepler-

Belvedere

Hohe Brücke

Osnabrücker

Str.

Teichgraben

Karpfen-teich

Tegeler

Mindener

Kamlah

Mariä-Himmelfahrt-Kirche

Str.

Str.

3

Pulsstr.

Mausoleum

Heubnerstr.

Sophie-

Mierendorfer

Weg

Tauroggener

Mollwitzstr.

Schlossgarten

Püttenbalustrade

Bonhoeffer-

ufer

Charlotten-

Schlosspark-klinik

129 Großes Parterre

Neuer Pavillon

Charlottenburger Ufer

4

Altes Schloss

Neuer Flügel

72

Str.

Orangerie

128 Schloss Charlottenburg

Eosander-

173

Spandauer

Damm

Museum Berggruen

Museum Scharf-Gerstenberg

130

Stallstr.

Nithack-

Otto-

Gierke-

Brauhofstr.

str.

Am Bhf.

Klausener-

platz

Bröhan-Museum

Wulfsheinstr.

Kaiser-

Lohmeyer-

Wilmersdorfer

S WESTEND

Garde-du-Corps-Str.

Westend

Sophie-

Danckelmann-

Neufert-

str.

Schloß-

Neue Christstr.

Schusterhus-

Gierke-

Luisen-kirche

platz

212

Behaim-

St. Kamillus

Christ-

str.

Nehring-

Villa Oppenheim

Schusterhus-park

zelle

Haubach-

Auferstehungs-kirche

Gierke-

Thrasolt-

Seeling-

Otto-Grüneberg-Weg

Hebbelstr.

str.

100

CHARLOTTENBURG

Friedrich-

111

230

Zille-

Fritsche-

Zille-

Charlotten-

Danckelmann-

Knobelsdorff-

Kläre-Bloch-Pl.

Vereinsweg

weg

Str.

Haubach-

Spielhagenstr.

Knobelsdorffstr.

Str.

Horst-

Wundt-

Horstweg

Sophie-Charlotte-Platz

Str.

Str.

Wilmersdorfer Str.

Stülpnagelstr.

Rognitzstr.

Frederica-str.

Soldern

Philippistr.

SOPHIE-CHARLOTTE-PLATZ U

Bismarck-

damm

Kaiser-

2   5

B

C

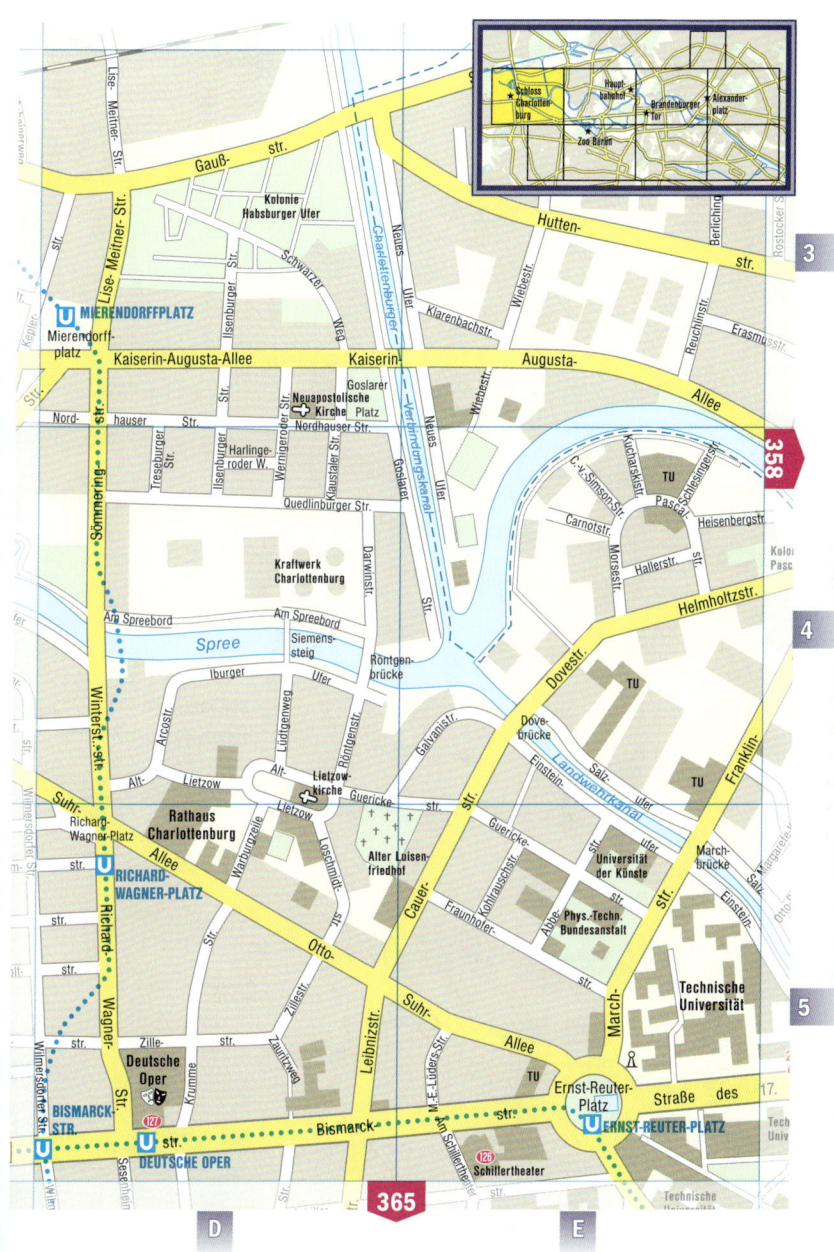

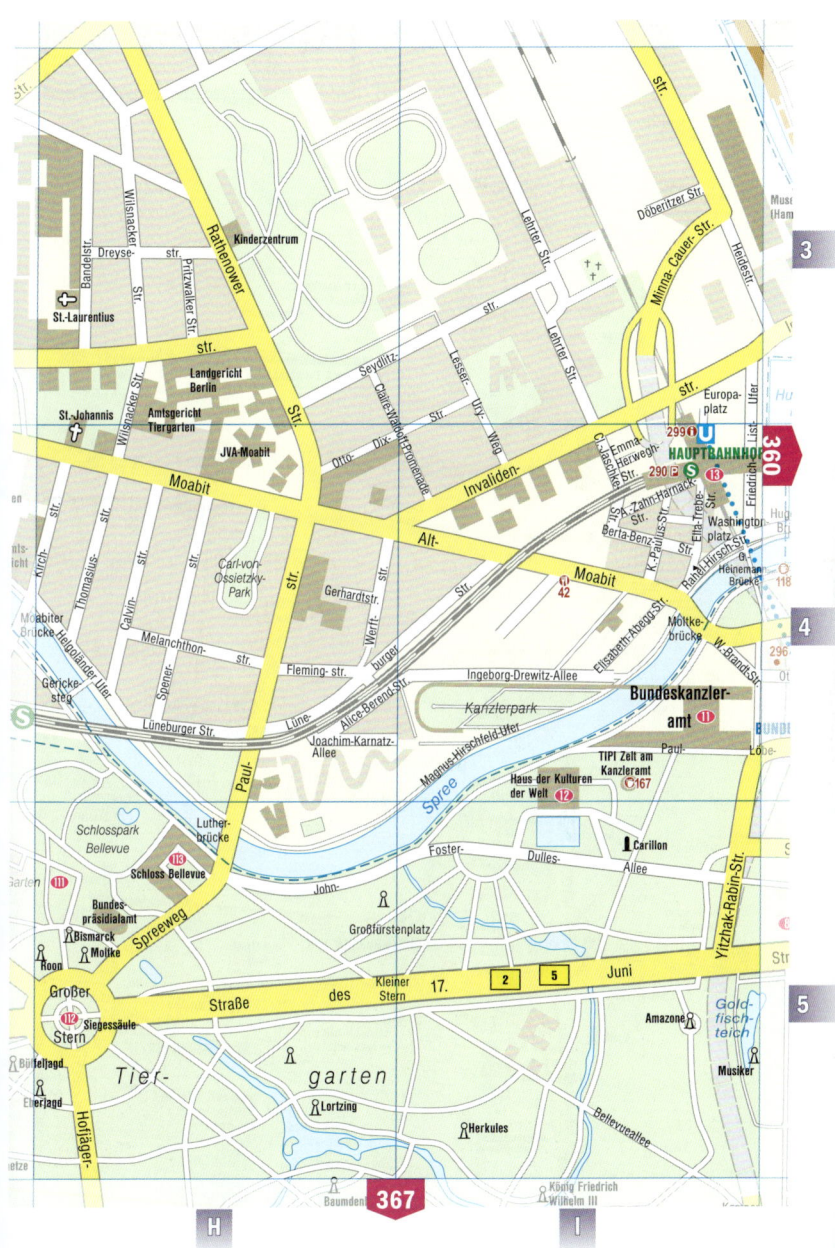

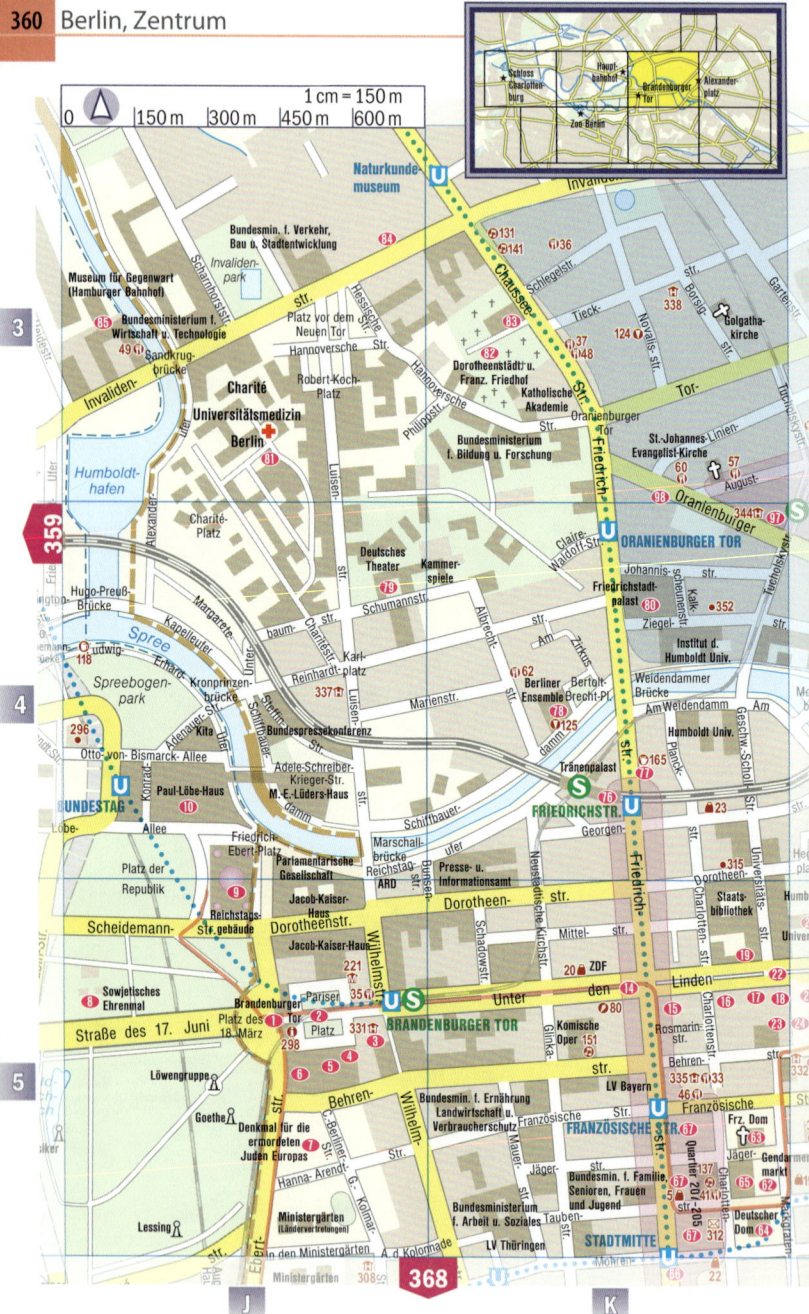

364

SENEFELDER PLATZ
Teutoburger Platz
Senefelder platz
355
99
Templiner
Zehdenicker Str.
Lottumstr.
Christinenstr.
351

ROSENTHALER PLATZ
356
Volkspark am Weinberg
86
Rosenthaler Platz
H.-Zille-Park
St.-Adalbert
Torstr.
84
ROSA LUXEMBURG-PL
Koppenplatz
Garnisonfriedhof
Mulack
12
162
Volksbühne

120
11
197
66
94
320 69
128
52
Ahawa
91
89
83
90
3

ORANIENBURGER STR.
96
8
95
223
Neue Synagoge
Sophienkirche
Alter Jüd. Friedhof
85
93
92
6
21
WEINMEISTERSTR.
Neue Schönhauser Str.
15
88
16
87
10 65
Goetheinstitut
73
Münzstr.
346
13
362

Bundesministerium f. Umwelt, Naturschutz u. Reaktorsicherheit

Monbijoupark
Monbijouplatz
349
Kinderbad Monbijou
88
Monbijoubrücke
Spree
HACKESCHER MARKT
Garnisonkirchplatz
300
ALEXANDERPLATZ
Alexanderplatz
4

43
Bodemuseum
Pergamonmuseum
Alte Nationalgalerie
Pergamonsteg
Neues Museum
41
Humboldt-Universität
Friedrichsbrücke
St.-Marien-Kirche
64
Fernsehturm
53
313
b
Kon

Hegelplatz
195
Eiserne Brücke
39
Berliner Dom
181
49
18 206
Karl-
52
Neptunbrunnen
35
222
Humboldt-Universität
21
Neue Wache
37
27
Lustgarten
Schlossplatz
Liebknechtbrücke
50
Marx-Engels-Forum
301
Rotes Rathaus
51
Landgericht
Klosterkirche
Amtsgericht
5

20
Staatsoper unt. d. Linden
29
30
38
Schlossbrücke
46
Ehemaliger Palast der Republik
Schlossplatz
57
53
55
Zillemuseum
Nikolaikirche
58
Nikolaikirchplatz
KLOSTERSTR.
Parochialkirche
Senatsverw. f. Inneres
24
Bebelplatz
332
25
32
Schinkelplatz
Schleusenbrücke
Werderscher Markt
Marstall
Knoblauchhaus
Zentral- u. Landesbibl.
Ephraimpalais
MITTE
Senatsverwaltung f. Finanzen
38
19
HAUSVOGTEIPLATZ
Hausvogteiplatz
Jungfernbrücke
Petriplatz
Gertraudenstr.
Mühlendammschleuse
Fischerinsel
183
Roßstraßenbrücke
60
MÄRKISCHES
Märkischer Platz
176
Märkisches Museum
Köln. Park

BM der Justiz

369

L   M

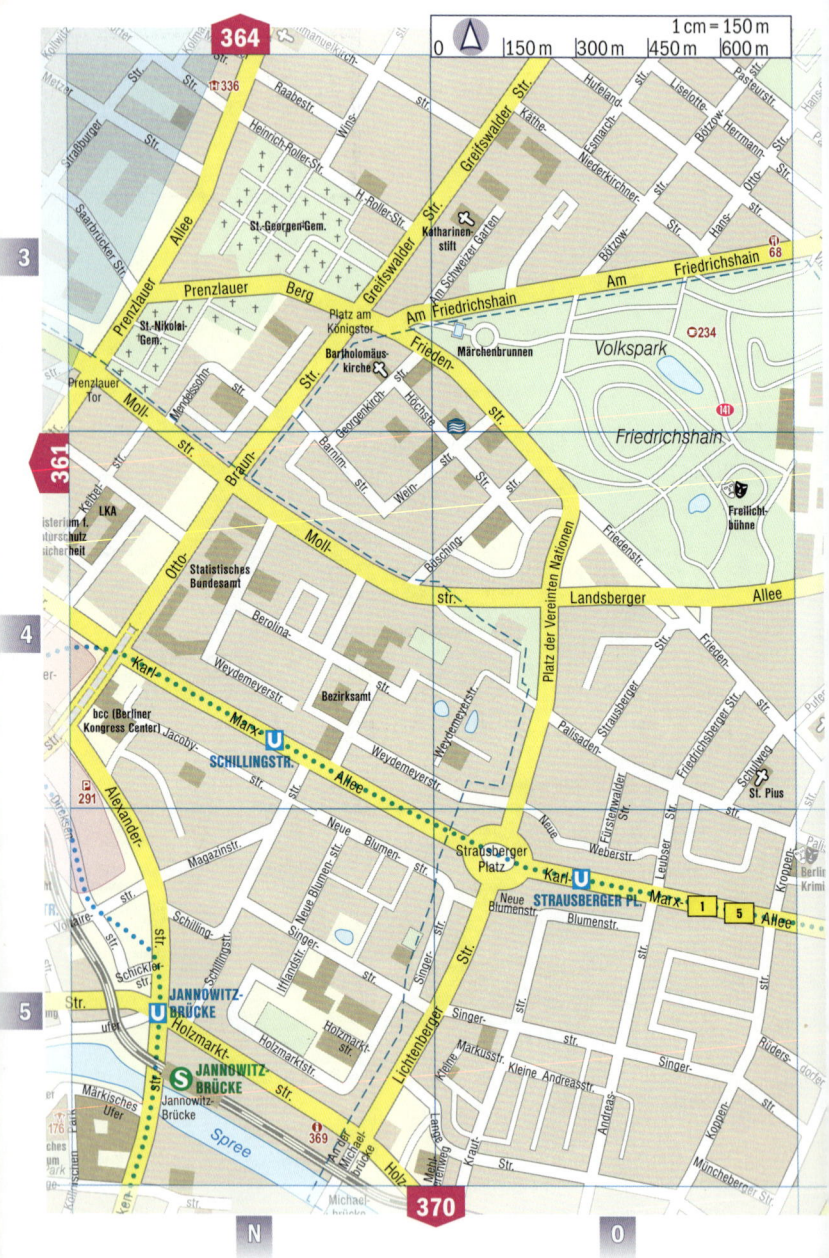

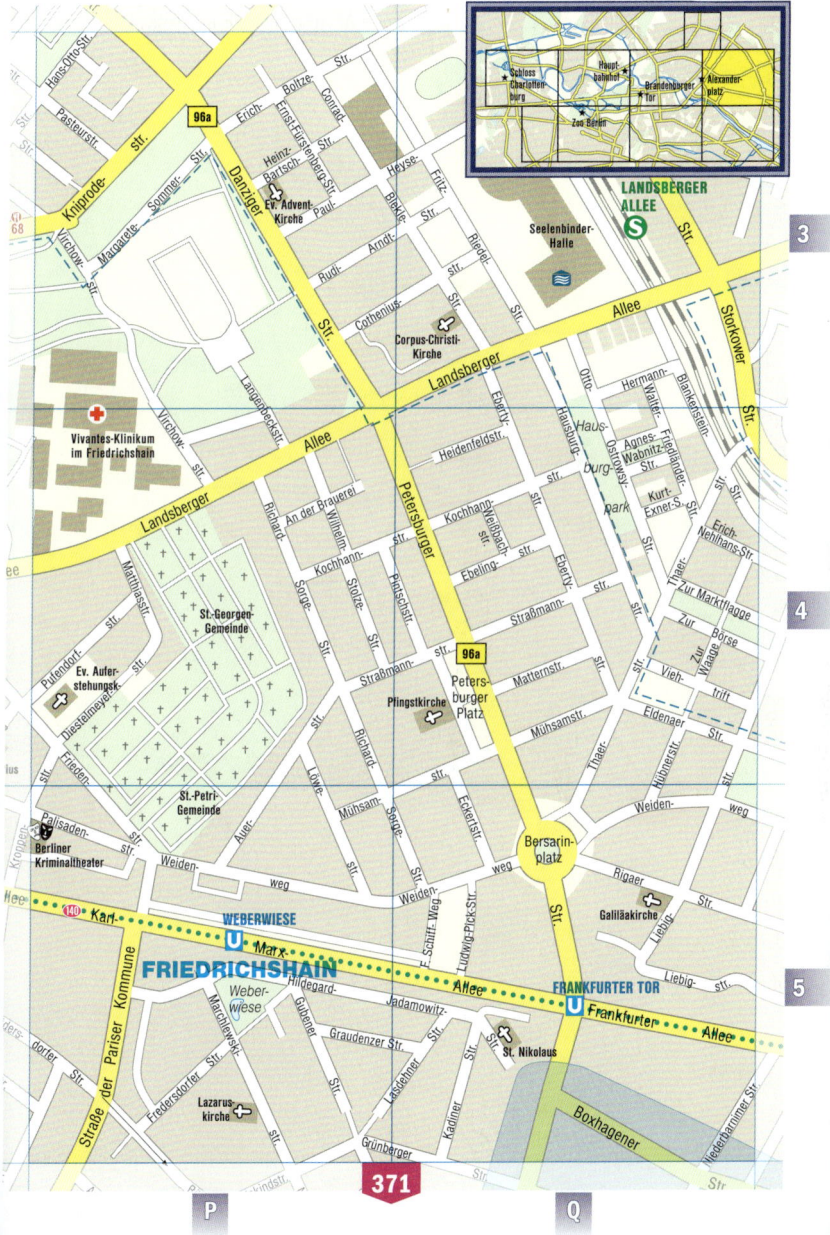

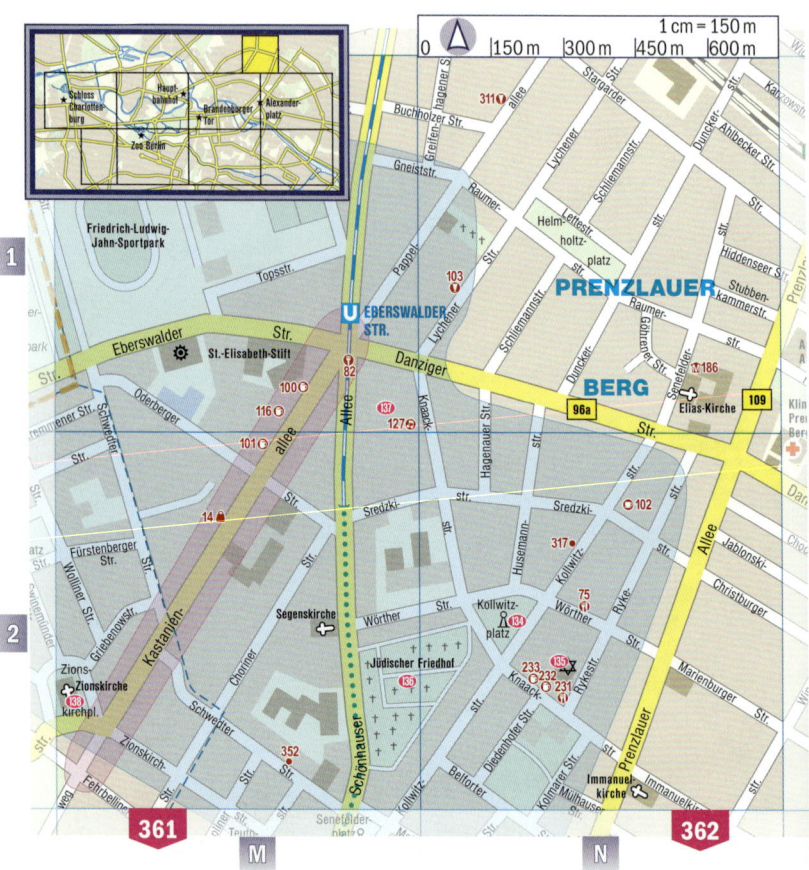

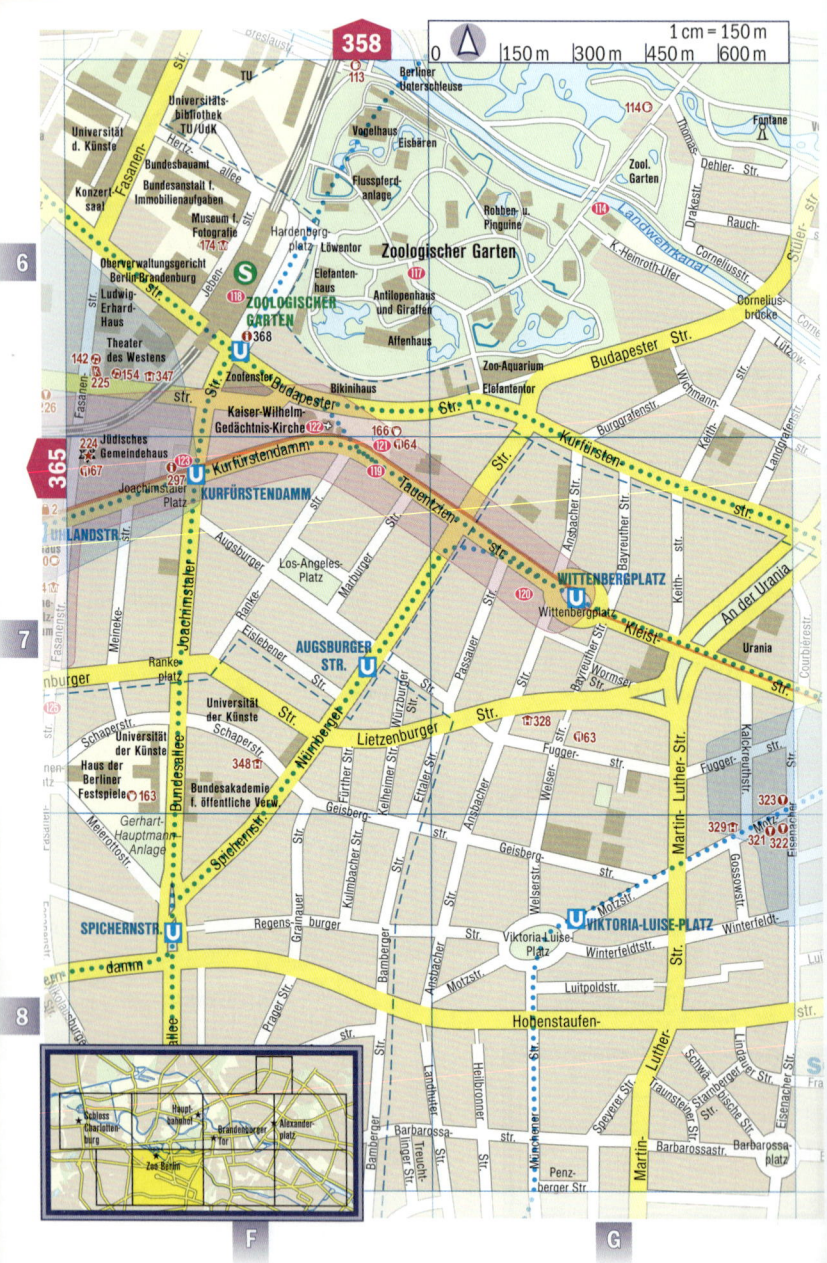

359

368

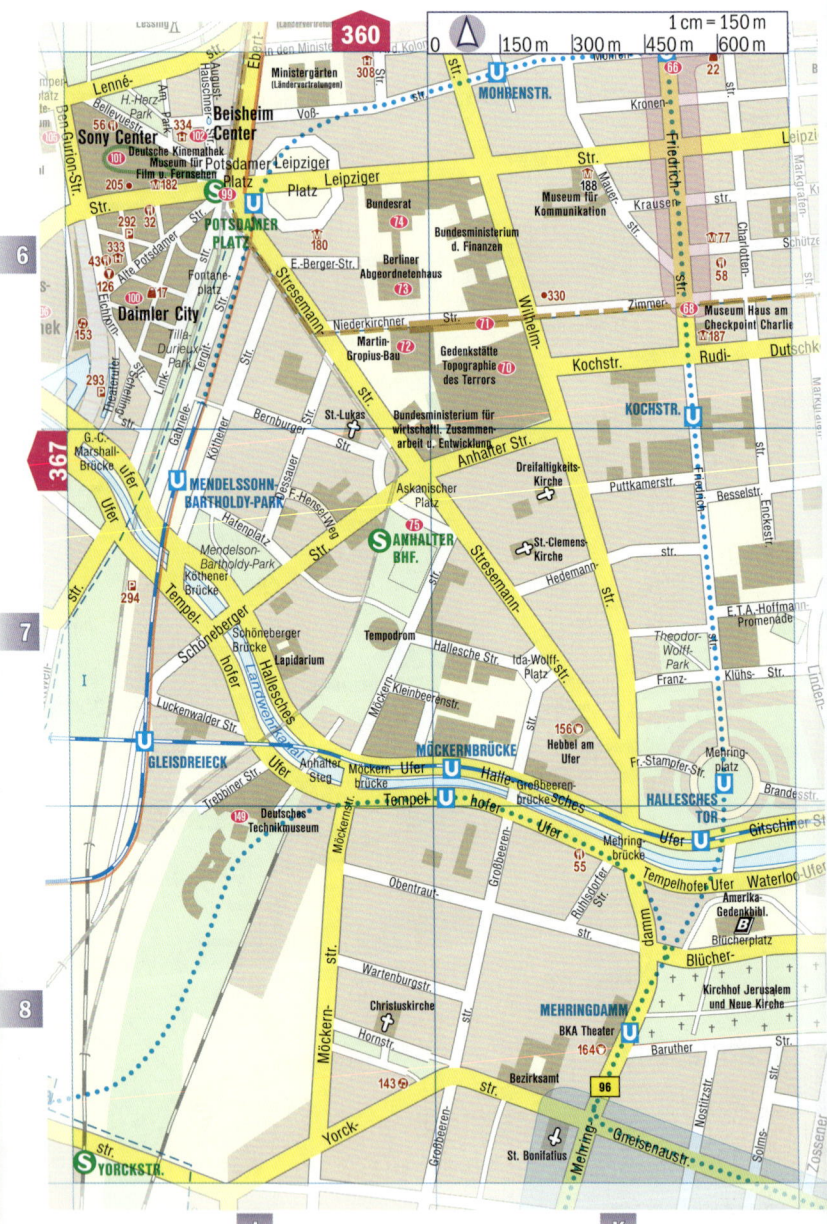

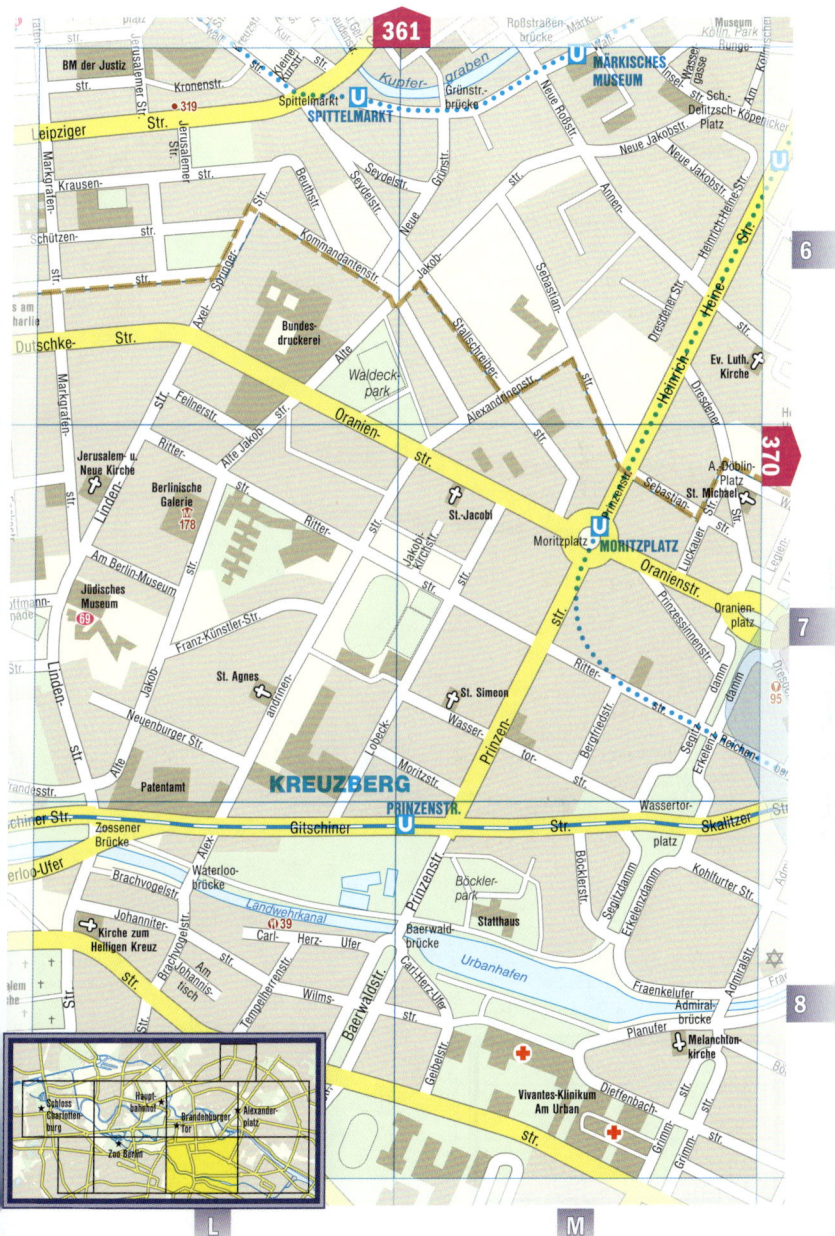

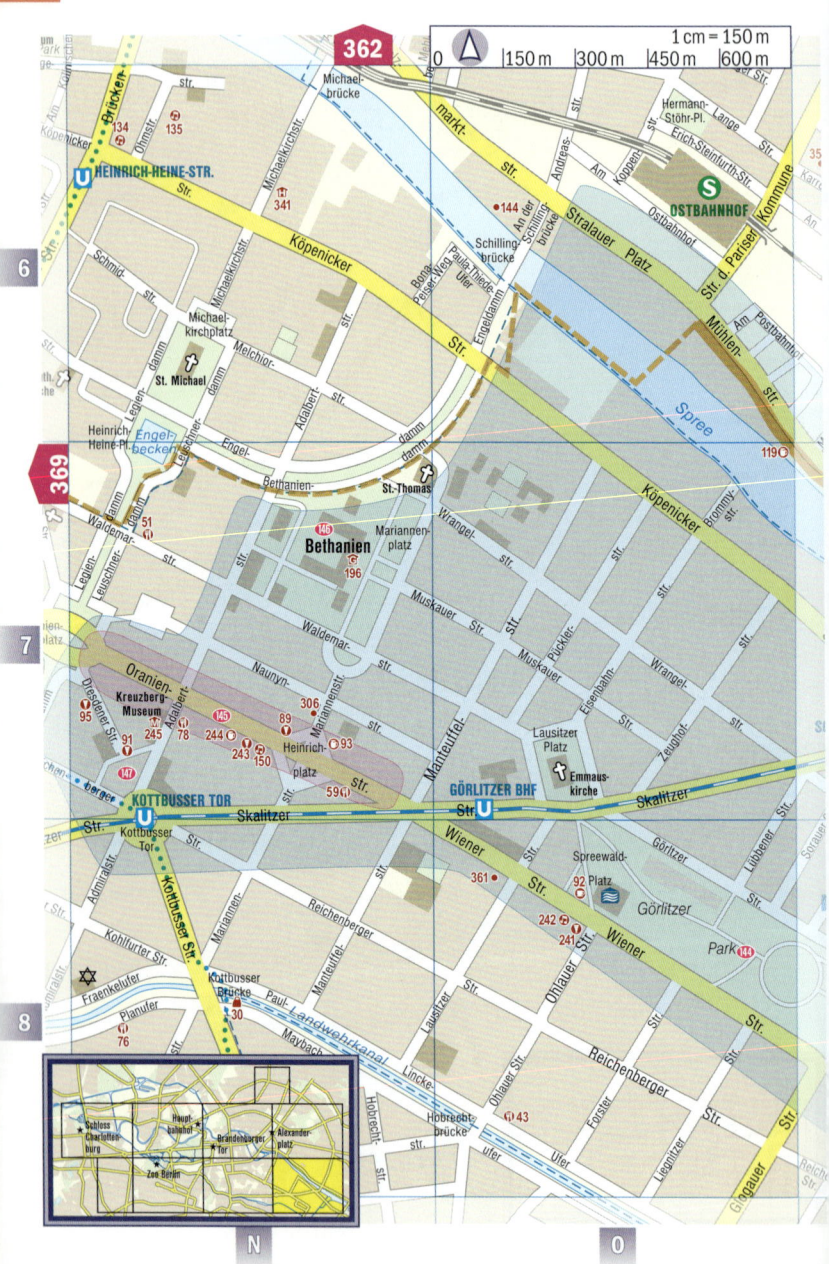

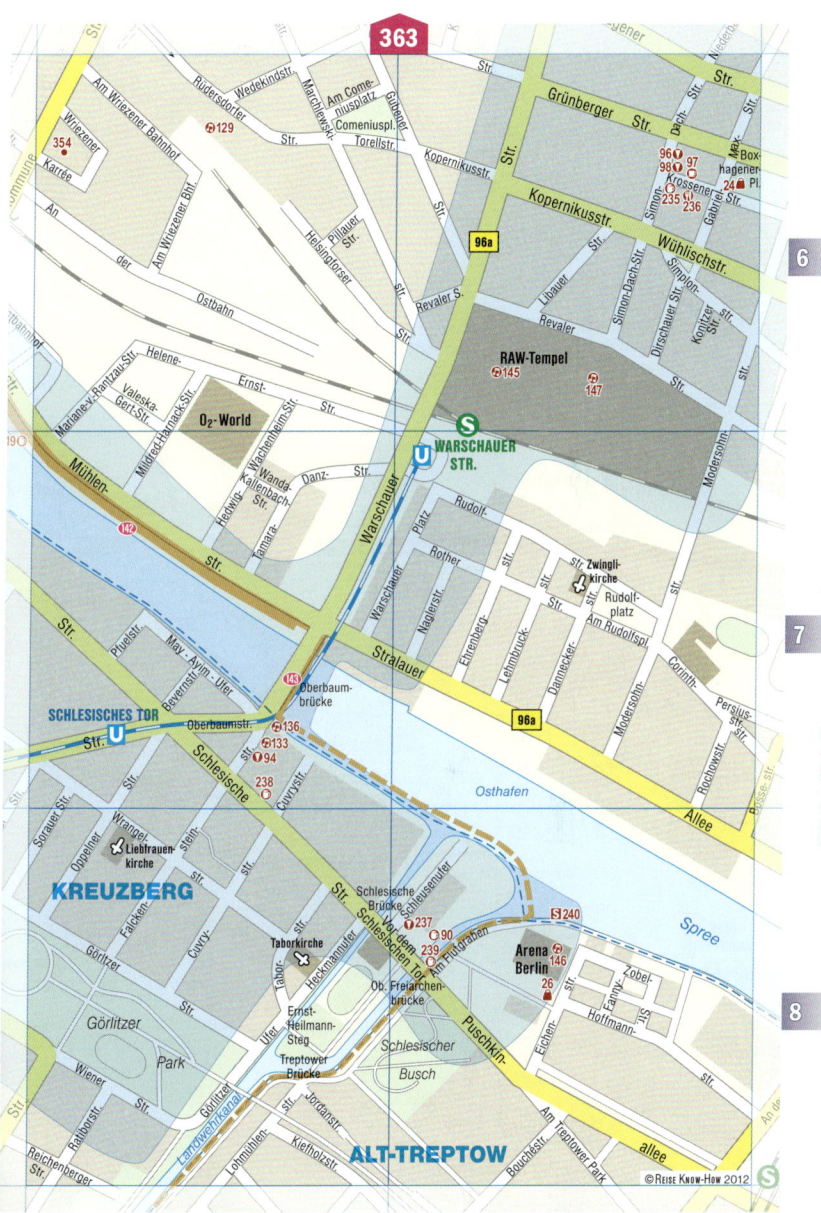

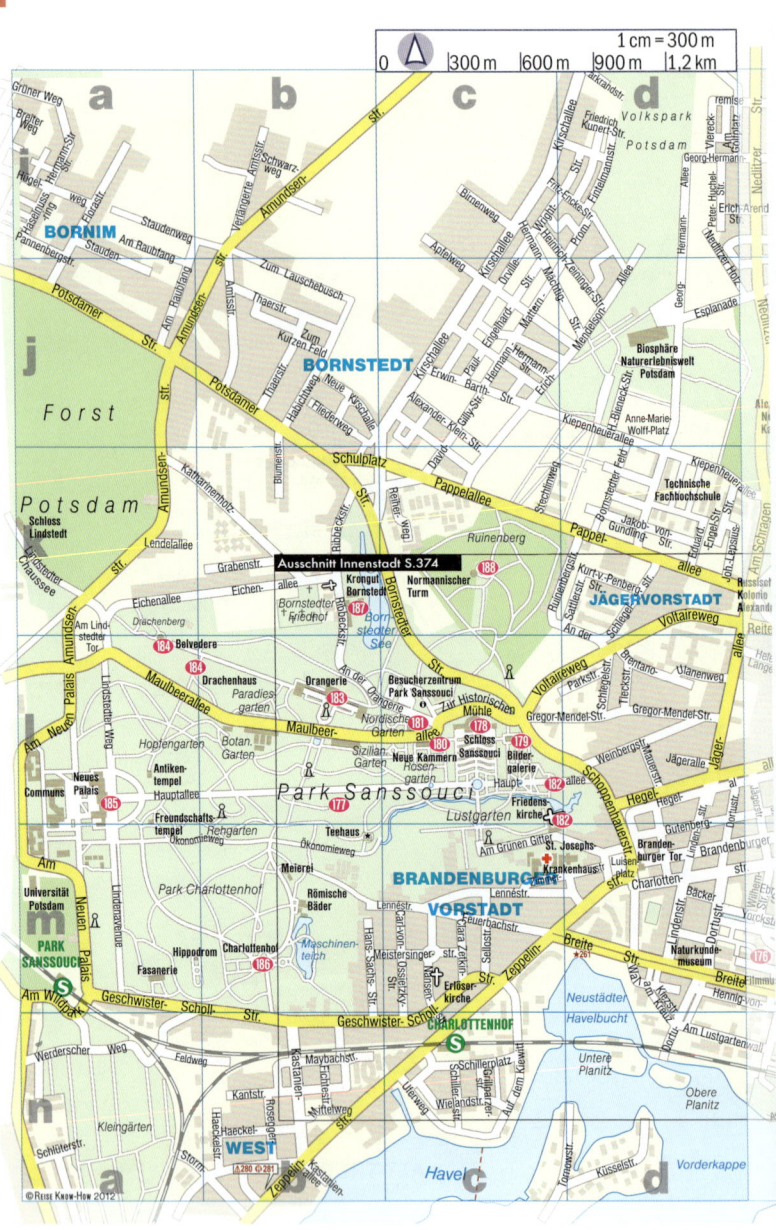

Ausschnitt Innenstadt S.374

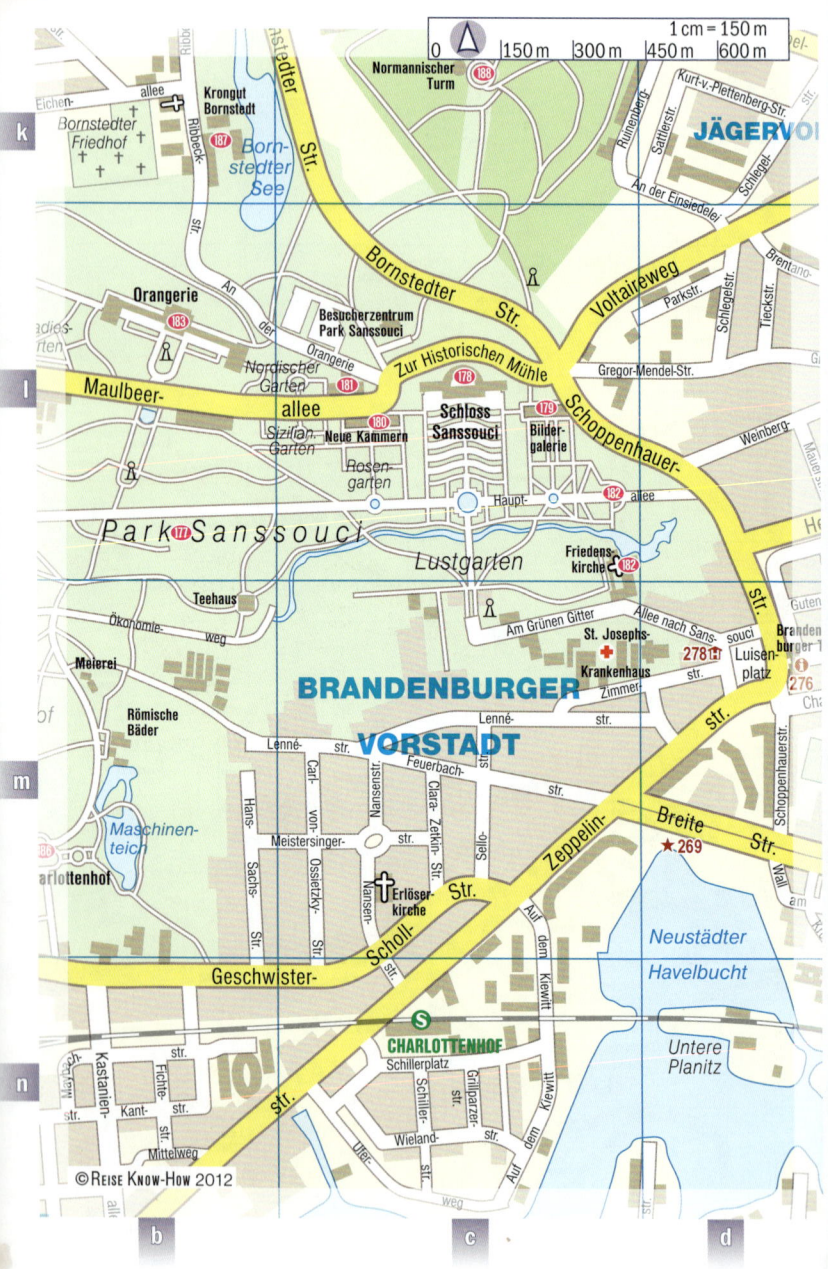

1 cm = 150 m

0 150 m 300 m 450 m 600 m

Normannischer Turm 188

JÄGERVO

Eichen-
allee
Krongut
Bornstedt
Kurt-v.-Plettenberg-Str.
Sattlerstr.
Schlegelst.

Bornstedter
Friedhof
187
Ribbeck
str.

Bornstedter
See
An der Einsiedelei

Bornstedter Str.
Voltaireweg
Ruinenberg
Parkstr.
Schlegelstr.
Tieckstr.
Brentano-

Orangerie
183
An der
Orangerie
Besucherzentrum
Park Sanssouci
Zur Historischen Mühle
178
Gregor-Mendel-Str.

Maulbeer-
allee
181
Nordischer
Garten
Schoppenhauer-
179
Weinberg-

Sizilian.
Garten
Neue Kammern
180
Schloss
Sanssouci
Bilder-
galerie

Rosen-
garten
Haupt-
182
allee

Park 177 Sanssouci
Lustgarten
Friedens-
kirche 182

Teehaus
Allee nach Sans. souci
Branden-
burger
Str.
Guten

Ökonomie-
weg
Am Grünen Gitter
St. Josephs-
278
Luisen-
platz
276

Meierei
Krankenhaus
Zimmer-
str.
Cha

Römische
Bäder
Lenné-
str.
Str.

Lenné-
str.
Carl-
von-
Nansenstr.
Clara-Zetkin-Str.
Sello-
Feuerbach-
str.

BRANDENBURGER
VORSTADT

Hans-
Sachs-
Str.
Meistersinger-
Ossietzky-
Nansen-
Zeppelin-
Breite Str.

Maschinen-
teich
186
harlottenhof
Erlöser-
kirche
Scholl-
Str.
Auf dem Kiewitt
★269

Geschwister-
Neustädter
Havelbucht

S
CHARLOTTENHOF
Schillerplatz

Kastanien-
Fichte-
Kant-
Schiller-
str.
Grillparzer
str.
Wieland-
str.
Untere
Planitz

Mittelweg
© Reise Know-How 2012

b c d
k l m n

k

Neuer Garten

rappel-

189

allee

**Russische
Kolonie
Alexandrowka**

Allee-

str.

Am Sch

Puschkin

Birkenstr.

str.

191

RVORSTADT

Voltaireweg

Am

Reiterweg

Ebert-

Eisenhart-

von-Suttner-Str.

**Gotische
Bibliothek**

Mangerstr.

Otto-N

l

Helene-Lange-Str.

Bertha-

str.

Behlert-

282

Ulanenweg

Jäger-

allee

Brentano-weg

Heckstr.

berg

Gregor-Mendel-Str.

str.

Mauerstr.

Jägerallee

Hegel-

allee

Hegel-

Hermann-

berg

Guten-

Eilenb.

Brandenburger Tor

276

Charlotten-

str.

Charlotten-

Friedrich-

**Palais
Lichtenau**

Hebbel-

Behlert-

str.

Hans-Thoma-

str.

Str.

Nuth

Str.

**Kurfürsten-
allee**

**Potsdam-
Museum**

273

Nauener Tor

274

Mittel-

272

Benkert-

Gutenberg-

**Holländisches
Viertel**

Leibl-

str.

str.

Str.

Hebbelstr.

str.

str.

**Bassin-
platz**

270

St. Peter
u. Paul

Bassin

Französ.
Kirche

271

**Klinikum
Ernst-von-Bergmann**

Holzmarktstr.

Gr. Fischerstr.

m

Linden-

Dortu-

str.

Franzözische

str.

Posthofstr.

Berliner

Am

Kanal

Türk-

str.

Heilig-Geist-

Burg- str.

Bäckerstr.

Wilhelm-Staab-Str.

Ebraerstr.

Friedrich-

**Platz
der
Einheit**

Im Französ.
Quartier

str.

str.

Am Kanal

Alte

Fahrt

**Freundschafts-
insel**

Linden-

Spornstr.

Dortu-

Yorck-

Yorck-

str.

**Naturkunde
museum**

268

267

Seelenbinder-str.

Werner-

175

A. Mauter-

Schwert-

Schwertfegerstr.

Markt

B

**Nikolai
kirche**

174

Markt

Neue

Fahrt

n

266

Filmmuseum

Breite

Str.

175

**Stadtschloss-
baustelle**

Lange Brücke

Dortu-

Kreuz-str.

Hentzau-

Hennig-von-Tresckow-Str.

Am Lustgartenwall

Lustgarten

Am Hinzenberg

Babelsberger

Str.

Hauptbahnhof

DB

265

277

Friedrich-

List-

**Obere
Planitz**

Str.

Friedrich-

d

e

f

Liste der Karteneinträge

① [J5] Brandenburger Tor S. 113
② [J5] Pariser Platz S. 115
③ [J5] Hotel Adlon S. 116
④ [J5] Akademie der Künste S. 117
⑤ [J5] DZ-Bank S. 117
⑥ [J5] Amerikanische Botschaft S. 117
⑦ [J5] Denkmal für die ermordeten Juden Europas S. 121
⑧ [J5] Sowjetisches Ehrenmal S. 123
⑨ [J5] Reichstag S. 123
⑩ [J4] Parlamentsgebäude S. 126
⑪ [I4] Bundeskanzleramt S. 126
⑫ [I4] Haus der Kulturen der Welt S. 126
⑬ [I4] Hauptbahnhof S. 127
⑭ [K5] Preußens Paradestraße – Unter den Linden S. 128
⑮ [K5] Unter den Linden/Ecke Friedrichstraße S. 130
⑯ [K5] Deutsche Guggenheim Berlin S. 130
⑰ [K5] Gouverneurshaus S. 131
⑱ [K5] Altes Palais S. 131
⑲ [K5] Staatsbibliothek S. 131
⑳ [L5] Forum Fridericianum S. 131
㉑ [L5] Humboldt-Universität – Prinz-Heinrich-Palais S. 132
㉒ [K5] Reiterstandbild Friedrichs des Großen S. 133
㉓ [K5] Alte Bibliothek S. 134
㉔ [L5] Versunkene Bibliothek S. 134
㉕ [L5] Hotel de Rome S. 138
㉖ [L5] St.-Hedwigs-Kathedrale S. 138
㉗ [L5] Staatsoper Unter den Linden S. 138
㉘ [L5] Opernpalais S. 138
㉙ [L5] Kronprinzenpalais S. 139
㉚ [L5] Stadtkommandantur S. 139
㉛ [L5] Schinkelsche Bauakademie S. 139
㉜ [L5] Friedrichswerdersche Kirche S. 140
㉝ [L5] Auswärtiges Amt S. 140
㉞ [L5] Neue Wache S. 140
㉟ [L5] Maxim-Gorki-Theater S. 140
㊱ [L5] Palais am Festungsgraben S. 141
㊲ [L5] Zeughaus/Deutsches Historisches Museum S. 142
㊳ [L5] Schloßbrücke S. 143
㊴ [L4] Altes Museum S. 146
㊵ [L5] Lustgarten S. 147
㊶ [L4] Neues Museum S. 147
㊷ [L4] Alte Nationalgalerie S. 148
㊸ [L4] Bode-Museum S. 149
㊹ [L4] Pergamonmuseum S. 150
㊺ [L4] Berliner Dom S. 151
㊻ [L5] Stadtschloss – Palast der Republik – Humboldt-Forum S. 153
㊼ [L5] Humboldt-Box S. 156
㊽ [L5] Staatsratsgebäude S. 156
㊾ [L4] DomAquarée S. 157
㊿ [M5] Marx-Engels-Forum S. 158
(51) [M5] Rotes Rathaus S. 158
(52) [M4] Neptunbrunnen S. 159
(53) [M4] St. Marienkirche S. 159
(54) [M4] Fernsehturm S. 160
(55) [M5] Nikolaikirche S. 161
(56) [M5] Zum Nußbaum S. 161
(57) [M5] Gerichtslaube S. 162
(58) [M5] Knoblauchhaus S. 162
(59) [M5] Ephraim-Palais S. 162
(60) [M5] Märkisches Ufer S. 163
(61) [M4] Alexanderplatz S. 164
(62) [K5] Gendarmenmarkt S. 167
(63) [K5] Französischer Dom S. 168
(64) [K5] Deutscher Dom S. 169
(65) [K5] Konzerthaus Berlin/Schinkelsches Schauspielhaus S. 169
(66) [K6] Friedrichstraße S. 172
(67) [K5] Quartier 207–205/ Friedrichstadtpassagen S. 172
(68) [K6] Checkpoint Charlie S. 173

69 [L7] Jüdisches Museum S. 174

70 [K6] Topographie des Terrors S. 175

71 [K6] Berliner Mauer S. 176

72 [J6] Martin-Gropius-Bau S. 176

73 [J6] Berliner Abgeordnetenhaus/
Preußischer Landtag S. 177

74 [J6] Deutscher Bundesrat/
Preußisches Herrenhaus S. 177

75 [J7] Anhalter Bahnhof S. 177

76 [K4] Bahnhof Friedrichstraße/
Tränenpalast S. 180

77 [K4] Admiralspalast S. 181

78 [K4] Berliner Ensemble S. 182

79 [J4] Deutsches Theater S. 182

80 [K4] Friedrichstadt-Palast S. 182

81 [J3] Charité S. 183

82 [K3] Französischer und
Dorotheenstädtischer Friedhof S. 183

83 [K3] Brecht-Weigel-
Gedenkstätte S. 184

84 [J3] Museum für Naturkunde S. 184

85 [J3] Hamburger Bahnhof –
Museum für Gegenwart S. 185

86 [K2] Gedenkstätte Berliner
Mauer S. 186

87 [L4] Hackesche Höfe S. 189

88 [L4] Haus Schwarzenberg S. 190

89 [L3] Sophienstraße S. 191

90 [L4] Sophienkirche S. 191

91 [L3] Große Hamburger Straße S. 195

92 [L4] Jüdischer Friedhof S. 195

93 [L4] The Missing House S. 195

94 [L3] Auguststraße S. 196

95 [L4] Neue Synagoge und Centrum
Judaicum S. 197

96 [L3] Heckmannhöfe S. 198

97 [K4] Postfuhramt S. 199

98 [K3] Künstlerruine Tacheles S. 200

99 [J6] Potsdamer Platz S. 201

100 [J6] Daimler-City S. 201

101 [J6] Sony Center S. 202

102 [J6] Beisheim Center S. 204

103 [I6] Kulturforum S. 205

104 [I6] Philharmonie und
Kammermusiksaal S. 206

105 [I6] Musikinstrumenten-
Museum S. 207

106 [I6] Staatsbibliothek S. 207

107 [I6] Neue Nationalgalerie S. 207

108 [I6] Kulturforum S. 207

109 [I6] Bendlerblock S. 208

110 [H6] Bauhaus-Archiv/
Museum für Gestaltung S. 208

111 [H5] Tiergarten S. 212

112 [H5] Siegessäule S. 214

113 [H5] Schloss Bellevue S. 214

114 [G6] Rosa-Luxemburg-Denkmal S. 215

115 [G5] Neuer See S. 216

116 [F5] Laternenwald S. 216

117 [F6] Zoo/Zoologischer Garten S. 216

118 [F6] Bahnhof Zoo S. 217

119 [F7] Tauentzienstraße S. 219

120 [G7] Kaufhaus des Westens
(KaDeWe) S. 220

121 [F7] Europa-Center S. 220

122 [F6] Kaiser-Wilhelm-Gedächtnis-
Kirche S. 220

123 [F7] Kranzler-Eck S. 221

124 [E7] Kurfürstendamm S. 221

125 [E7] Fasanenstraße S. 225

126 [E5] Schillertheater S. 227

127 [D5] Deutsche Oper S. 228

128 [C4] Schloss Charlottenburg S. 229

129 [C4] Schlosspark S. 231

130 [C4] Museen am Standort
Charlottenburg S. 231

131 [A6] Funkturm auf dem
Messegelände S. 232

132 [A6] Haus des Rundfunks S. 233

134 [N2] Rund um den Kollwitzplatz S. 236

135 [N2] Synagoge S. 237

136 [M2] Jüdischer Friedhof S. 237

137 [M1] Kulturbrauerei S. 237

138 [M2] Zionskirche S. 242

139 [R1] Jüdischer Friedhof
Weissensee S. 242

Liste der Karteneinträge

140 [P5] Karl-Marx-Allee S. 243

141 [O3] Volkspark Friedrichshain S. 245

142 [P7] Eastside Gallery S. 247

143 [P7] Oberbaumbrücke S. 247

144 [O8] Görlitzer Park S. 252

145 [N7] Oranienstraße S. 253

146 [N7] Bethanien S. 253

147 [N7] Neues Kreuzberger Zentrum S. 253

148 [K9] Kreuzberg 61 S. 254

149 [J8] Deutsches Technikmuseum S. 254

150 [H8] Heinrich-von-Kleist-Park S. 255

151 [G10] Rathaus Schöneberg S. 255

153 [B12] Domäne Dahlem S. 258

154 [B12] Dahlemer Museen S. 259

155 [B12] Botanischer Garten und Botanisches Museum S. 259

156 [Karte I] Altstadt Spandau S. 261

157 [Karte I] Zitadelle S. 262

163 [Karte III] Altstadt Köpenick S. 270

164 [Karte IV] Strandbad Müggelsee S. 273

166 [Karte V] Strandbad Wannsee S. 275

167 [Karte V] Liebermann-Villa S. 278

168 [Karte V] Haus der Wannseekonferenz S. 278

169 [Karte V] Pfaueninsel S. 278

170 [Karte V] Blockhaus Nikolskoe und St.-Peter-und-Paul-Kirche S. 280

171 [Karte V] Schloss und Park Glienicke S. 281

172 [Karte V] Jagdschloss Glienicke S. 283

173 [Karte V] Glienicker Brücke S. 284

174 [em] Alter Markt S. 288

175 [em] Potdamer Stadtschloss S. 288

176 [em] Neuer Markt S. 289

177 [bl] Park Sanssouci S. 293

178 [cl] Schloss Sanssouci S. 293

179 [cl] Bildergalerie S. 294

180 [cl] Neue Kammern S. 294

181 [cl] Historische Mühle, Besucherzentrum S. 294

182 [cl] Obeliskportal und Friedenskirche S. 295

183 [bl] Orangerie S. 295

184 [al] Drachenhaus und Belvedere S. 296

185 [al] Neues Palais S. 297

186 [bm] Schloss und Park Charlottenhof S. 297

187 [bk] Krongut Bornstedt S. 298

188 [ck] Ruinenberg S. 299

189 [ek] Russische Kolonie Alexandrowka S. 299

190 [ej] Belvedere auf dem Pfingstberg S. 300

191 [fj] Neuer Garten S. 301

192 [fk] Marmorpalais S. 301

193 [fj] Schloss Cecilienhof S. 302

194 [hi] Sacrow S. 303

195 [hl] Park und Schloss Babelsberg S. 303

1 [F5] KPM Manufakturverkauf S. 26

2 [E7] KPM Manufakturverkauf S. 26

3 [D8] Erich Hamann Schokoladen S. 26

4 [L3] Calypso Shoestore S. 26

5 [K5] Departmentstore S. 26

6 [L4] Hutgalerie Fiona Bennett S. 27

7 [L4] promobo S. 27

8 [L3] Sterling Gold S. 27

9 [E6] Stilwerk S. 27

10 [M4] 14 Oz S. 27

11 [L3] Konk S. 27

12 [M3] Lala Berlin S. 27

13 [M4] Mykita S. 27

14 [M2] Thatchers Berlin Fashion S. 27

15 [L4] Thatchers Berlin Fashion S. 27

16 [L4] Ampelmann Shop S. 27

17 [J6] Ampelmann Shop S. 27

18 [L4] Ampelmann Shop S. 27

19 [L5] Ampelmann Shop S. 27

20 [K5] Berlin Story S. 27

21 [L4] Edelramsch S. 28

22 [K6] Schokoladenhaus Fassbender & Rausch S. 28

23 [K4] Berliner Antikmarkt S. 28

24 [Q6] Flohmarkt am Boxhagener Platz S. 28

25 [L1] Flohmarkt am Mauerpark S. 28

26 [Q8] Hallentrödelmarkt Treptow S. 28

27 [L5] Kunst- und Nostalgiemarkt S. 28

28 [I7] Ave Maria S. 28

29 [F5] Trödel- und Kunstmarkt S. 29

30 [N8] Türkischer Markt S. 29

31 [H8] Winterfeldtmarkt S. 29

32 [J6] Facil S. 31

33 [K5] Fischers Fritz S. 31

34 [M9] Hartmanns Restaurant S. 31

35 [J5] Margaux S. 31

36 [K3] Reinstoff S. 31

37 [K3] Rutz S. 31

38 [L5] VAU S. 32

39 [L8] Altes Zollhaus S. 32

41 [K5] Lutter & Wegner S. 33

42 [I4] Paris Moskau S. 33

43 [O8] Restaurant Volt S. 33

44 [J6] Vox Bar S. 33

45 [L3] Al Contadino Sotto le Stelle S. 33

46 [K5] Borchardt S. 33

47 [E6] Florian S. 33

48 [K3] Sarah Wieners Speisezimmer S. 34

49 [J3] Sarah Wiener im Hamburger Bahnhof S. 34

50 [E7] Diener S. 34

51 [N7] Henne S. 34

52 [L3] Schank- und Speisewirtschaft Sophieneck S. 34

53 [M5] Zum Nußbaum S. 34

54 [D7] Juleps New York S. 35

55 [K8] Blue Nile S. 35

56 [J6] Corroboree S. 35

57 [K3] Café Nord-Sud S. 35

58 [K6] Entrecôte S. 35

59 [N7] Amrit S. 36

60 [K3] Amrit S. 36

61 [E7] Kalkutta S. 36

62 [K4] Boccondivino S. 36

63 [G7] Trattoria à Muntagnola S. 36

64 [F7] Daitokai S. 36

65 [M4] Goko S. 36

66 [L3] Beth-Café S. 36

67 [F7] Gabriel's S. 36

68 [O3] Qadmous S. 37

69 [L3] Kasbah S. 37

70 [L9] Joe Peñas Cantina y Bar S. 37

71 [L9] Austria S. 37

72 [C4] Samowar S. 37

73 [M4] Atame S. 37

75 [N2] Mao Thai S. 37

76 [N8] Defne S. 37

77 [K6] Deutsches Currywurst Museum S. 39

78 [N7] Hasir S. 40

79 [E8] Lang Nuong S. 40

80 [K5] Cookies Cream S. 40

81 [E7] La Mano Verde S. 40

82 [M1] Konnopkes Imbiss S. 40

83 [L3] Barcomi's Deli S. 42

84 [M3] Café Burger S. 42

85 [L4] Eschloraque Rümschrümp S. 42

86 [L3] Nola's am Weinberg S. 42

87 [L4] Oxymoron S. 42

88 [L4] Strandbad Mitte S. 42

89 [N7] Bateau Ivre S. 43

90 [Q8] Freischwimmer S. 43

91 [N7] Möbel Olfe S. 43

92 [O8] Morena-Bar S. 43

93 [N7] Rote Harfe S. 43

94 [P7] San Remo Upflamör S. 43

95 [N7] Würgeengel S. 43

96 [Q6] Astro-Bar S. 43

97 [Q6] Cupcake S. 43

98 [Q6] Dachkammer S. 43

99 [M3] 8mm Bar S. 43

100 [M1] An einem Sonntag im August S. 44

101 [M2] Schwarz-Sauer S. 44

102 [N2] Sowohlalsauch S. 44

103 [N1] Zu mir oder zu dir S. 44

104 [H7] Café Einstein S. 44

105 [H8] Café M S. 44

Liste der Karteneinträge

⊕106 [I8] Ex'n'Pop S. 44
⊙107 [I7] Kumpelnest 3000 S. 44
⊙108 [E6] Schwarzes Café S. 44
⊙109 [I8] Leydicke S. 45
⊙110 [E7] Café Wintergarten im
Literaturhaus S. 45
⊙111 [B5] Dicker Wirt S. 45
⊙112 [E6] Zwiebelfisch S. 45
⊙113 [F6] Schleusenkrug S. 46
⊙114 [G6] Café am Neuen See S. 46
⊙115 [L1] Mauersegler S. 46
⊙116 [M1] Prater S. 46
⊙118 [J4] Capital Beach S. 46
⊙119 [O7] Oststrand S. 46
⊙120 [L3] Strandbar Mitte S. 46
⊙121 [H7] Bar am Lützowplatz S. 46
⊙122 [E6] Gainsbourg S. 47
⊙123 [H6] Harry's New York Bar S. 47
⊙124 [K3] Reingold S. 47
⊙125 [K4] Van Gogh S. 47
⊙126 [J6] Vox Bar S. 47
⊕127 [M1] Alte Kantine S. 47
⊕128 [L3] Clärchens Ballhaus S. 47
⊕129 [P6] Berghain S. 47
⊕130 [L3] Delicious Doughnuts S. 47
⊕131 [K3] Hafenbar S. 47
⊕132 [H9] Havanna S. 47
⊕133 [P7] Magnet Club S. 48
⊕134 [N6] Sage Club S. 48
⊕135 [N6] Tresor S. 48
⊕136 [P7] Watergate S. 48
⊕137 [K5] Deutsches Symphonie-Orchester
Berlin (DSO) S. 49
⊕138 [E6] A-Trane S. 50
⊕139 [F9] Badenscher Hof S. 50
⊕140 [L3] b-flat S. 50
⊕141 [K3] Kunstfabrik Schlot S. 50
⊕142 [F6] Quasimodo S. 50
⊕143 [J8] Yorckschlösschen S. 50
•144 [O6] Radialsystem S. 50
⊕145 [Q6] Astra S. 51
⊕146 [Q8] Arena S. 51
⊕147 [Q6] Cassiopeia S. 51

⊕148 [K10] Columbiahalle S. 51
⊕149 [K9] Junction-Bar S. 51
⊕150 [N7] SO 36 S. 51
⊕151 [K5] Komische Oper S. 51
⊕152 [P11] Neuköllner Oper S. 51
⊕153 [J6] Musicaltheater am
Potsdamer Platz S. 53
⊕154 [F6] Theater des Westens S. 53
⊙155 [G4] Grips Theater S. 54
⊙156 [K7] Hebbel am Ufer (HAU) S. 54
⊙157 [E6] Renaissance-Theater S. 55
⊙158 [P1] Die Schaubude Berlin S. 55
⊙159 [C7] Schaubühne am
Lehniner Platz S. 55
⊙161 [E7] Theater und Komödie am
Kurfürstendamm S. 55
⊙162 [M3] Volksbühne am
Rosa-Luxemburg-Platz S. 56
⊙163 [F7] Bar jeder Vernunft S. 56
⊙164 [K8] Berliner Kabarett Anstalt
(BKA) S. 57
⊙165 [K4] Die Distel S. 57
⊙166 [F6] Die Stachelschweine S. 57
⊙167 [I4] TIPI am Kanzleramt S. 57
🏛169 [I6] Gemäldegalerie S. 60
🏛170 [I6] Kunstbibliothek S. 61
🏛171 [I6] Kunstgewerbemuseum S. 61
🏛172 [I6] Kupferstichkabinett S. 61
🏛173 [B4] Gipsformerei S. 62
🏛174 [F6] Museum für Fotografie
Helmut Newton Stiftung S. 62
🏛175 [Karte III] Kunstgewerbemuseum
Schloss Köpenick S. 62
🏛176 [M5] Märkisches Museum S. 63
🏛178 [L7] Berlinische Galerie
Landesmuseum für Moderne Kunst,
Architektur und Fotografie S. 63
🏛180 [J6] Dalí-Museum S. 64
🏛181 [L4] DDR-Museum S. 64
🏛182 [J6] Deutsche Kinemathek –
Museum für Film und Fernsehen S. 64
🏛183 [M5] Historischer Hafen S. 65
🏛184 [E7] Käthe-Kollwitz-Museum S. 65

186 [N1] Machmit! Museum für Kinder S. 66
187 [K6] Mauermuseum am Checkpoint Charlie S. 66
188 [K6] Museum für Kommunikation Berlin S. 66
189 [P11] Puppentheater-Museum S. 66
190 [E7] The Story of Berlin S. 66
191 [M5] Zille-Museum S. 67
193 [E1] Gedenkstätte Plötzensee S. 68
195 [L4] Contemporary Fine Arts (CFA) S. 69
196 [N7] Kunstraum Kreuzberg/ Bethanien S. 69
197 [L3] KW Institute for Contemporary Art S. 69
205 [J6] Legoland Discovery Center Berlin S. 75
206 [L4] AquaDom & Sea Life Berlin S. 76
208 [C7] Theater & Restaurant Charlottchen S. 76
210 [L2] Theater Mirakulum S. 77
211 [H8] Hans Wurst Nachfahren S. 77
212 [C5] Puppentheater Berlin S. 77
213 [C7] Zaubertheater Igor Jedlin S. 77
220 [L11] Flughafengelände Tempelhof S. 110
221 [J5] Kennedy-Museum S. 121
222 [L5] Tadschikische Teestube S. 142
223 [L4] Ramones Museum S. 198
224 [F7] Jüdisches Gemeindehaus S. 225
225 [F6] Delphi-Kino S. 226
226 [E6] Paris Bar S. 227
227 [E6] Mar y Sol S. 227
228 [E6] XII Apostel S. 227
229 [E7] Terzo Mondo S. 227
230 [C5] Zur Weißen Kastanie S. 231
231 [N2] Gagarin S. 236
232 [N2] Pasternak S. 236
233 [N2] Anita Wronski S. 236
234 [O3] Café Schönbrunn S. 245
235 [Q6] Paule's Metal Eck S. 247
236 [Q6] Volckswirtschaft S. 247

237 [Q8] Heinz Minkis S. 248
238 [P7] Mysliwska S. 248
239 [Q8] Club der Visionäre S. 248
240 [Q8] Badeschiff S. 248
241 [O8] Madonna S. 252
242 [O8] Wild at Heart S. 252
243 [N7] Roses S. 253
244 [N7] Bierhimmel S. 253
245 [N7] Kreuzberg-Museum S. 254
246 [H8] Slumberland S. 255
250 [Karte I] Spandau Information S. 262
251 [Karte I] Kirche St. Nikolai S. 262
252 [Karte II] Strandbad Tegel S. 266
253 [Karte III] Touristeninformation S. 271
254 [Karte IV] Schrörs S. 271
255 [Karte IV] Museum im Wasserwerk S. 273
256 [Karte IV] Müggelsee Terrassen Rübezahl S. 274
257 [Karte IV] Müggelturm S. 274
260 [Karte V] Schloss S. 280
261 [Karte V] Wirtshaus zur Pfaueninsel S. 280
262 [Karte V] Wirtshaus Moorlake S. 280
265 [fn] ViP-Kundenzentrum S. 287
266 [em] Filmmuseum Potsdam S. 291
267 [dm] Ausstellung Garnisonkirche S. 291
268 [dm] Naturkundemuseum Potsdam S. 291
269 [dm] Dampfmaschinenhaus S. 291
270 [em] Probsteikirche St. Peter und Paul S. 292
271 [em] Französische Kirche S. 292
272 [el] Jan Bouman Haus S. 292
273 [el] Potsdam-Museum S. 292
274 [el] Café Heider S. 292
275 [fi] Meierei im Neuen Garten S. 302
276 [dm] Touristeninformation am Brandenburger Tor S. 305
277 [fn] Touristeninformation im Hauptbahnhof S. 305
278 [dm] Hotel am Luisenplatz S. 305

Liste der Karteneinträge

🏠279 [hn] Jugendherberge Potsdam S. 306

⚠280 [bn] Campingpark Sanssouci S. 306

🍴281 [bn] Restaurant Friedrich Wilhelm im Hotel Bayrisches Haus S. 306

🍴282 [dl] Speckers Landhaus S. 306

🅿290 [I4] Parkplatz Hauptbhf. S. 310

🅿291 [N4] Parkplatz Alexa S. 310

🅿292 [J6] Parkplatz Potsdamer Platz/Ludwig-Beck-Str. S. 310

🅿293 [J6] Parkplatz Potsdamer Platz/Reichpietschufer S. 310

🅿294 [J7] Parkplatz Potsdamer Platz/Schöneberger Ufer S. 310

●295 [I6] Österreichische Botschaft S. 314

●296 [J4] Schweizerische Botschaft S. 314

❶297 [F7] Infostore Neues Kranzler Eck S. 316

❶298 [J5] Infostore im Brandenburger Tor S. 316

❶299 [I4] Infostore im Hauptbahnhof S. 316

●300 [M4] Berliner Theater- und Konzertkassen S. 316

●301 [M5] Berliner Theater- und Konzertkassen im Nikolaiviertel S. 316

●302 [K10] Zentrales Fundbüro S. 316

●303 [H9] BVG-Fundbüro S. 317

●304 [I8] Begine S. 319

🏛305 [E6] Das Verborgene Museum S. 319

●306 [N7] Hamam S. 319

🏠307 [D8] Frauenhotel Artemisia S. 320

🏠308 [J6] Hotel Intermezzo S. 320

●309 [H7] ebab (enjoy bed and breakfast) S. 320

❼310 [K9] Serene Bar S. 320

❼311 [N1] Queens S. 320

✉312 [K5] Postbank-Filiale S. 321

✉313 [M4] Postbank-Filiale S. 321

●314 [L2] ADFC S. 322

●315 [K4] Fahrradstation Bahnhof Friedrichstraße S. 322

●316 [D6] Fahrradstation Charlottenburg S. 322

●317 [N2] Fahrradstation am Kollwitzplatz S. 322

●318 [K9] Fahrradstation Kreuzberg S. 322

●319 [L6] Fahrradstation Trek Pro-Shop S. 322

●320 [L3] Ortliebstation S. 322

❼321 [G8] Toms Bar S. 323

❼322 [G8] Hafen S. 323

❼323 [G7] Eldorado S. 323

❼324 [K9] SchwuZ S. 323

❷325 [H9] Neues Ufer S. 324

●326 [H7] Mann-o-Meter S. 324

🏛327 [K9] Schwules Museum S. 324

🏠328 [G7] Axel Hotel Berlin S. 324

🏠329 [G8] Gay Hostel S. 324

●330 [K6] Berlin HiFlyer S. 329

🏠331 [J5] Hotel Adlon S. 332

🏠332 [L5] Hotel de Rome S. 332

🏠333 [J6] Hotel Grand Hyatt S. 332

🏠334 [J6] Hotel Ritz-Carlton S. 332

🏠335 [K5] Regent Hotel S. 332

🏠336 [N3] ackselhaus/bluehome S. 332

🏠337 [J4] Arte Luise Kunsthotel S. 332

🏠338 [K3] Honigmond S. 333

🏠339 [D7] Hotel Askanischer Hof S. 333

🏠340 [H7] Hotel Residenz Begaswinkel S. 333

🏠341 [N6] Hotel Alameda S. 333

🏠342 [D7] Hotel Art Nouveau S. 334

🏠343 [E7] Hotel Bogota S. 334

🏠344 [K4] Hotel am Scheunenviertel S. 334

🏠345 [E7] Hotel Seifert S. 334

🏠346 [M4] Motel One Berlin-Alexanderplatz S. 334

🏠347 [F6] Motel One Berlin-Ku'damm S. 334

🏠348 [F7] Hotel Metropolitan Hansa S. 334

🏠349 [L4] Hotel Taunus S. 334

🏠350 [E7] Pension Eden am Zoo S. 334

☎351 [M3] Pension Mädchenkammer S. 334

●352 [K4] Baxpax Downtown Hostel S. 335

●353 [M2] East Seven Berlin Hostel S. 335

●354 [P6] Ostel DDR-Design-Hostel S. 335

●355 [M3] Pfefferbett Hostel S. 335

●**356** [L3] The Circus Hostel S. 335

🛏**357** [I7] DJH-Jugendherberge Berlin International S. 335

🛏**359** [Karte V] DJH-Jugendgästehaus am Wannsee S. 336

🛏**360** [H7] CVJM-Jugendgästehaus City S. 336

●**361** [O8] freiraum Wohn-Agentur S. 336

⚠**363** [Karte V] Campingplatz Kladow S. 336

●**367** [J2] Internationale Reisemobilstation Berlin-Mitte S. 336

🅞**368** [F6] BVG-Pavillon Zoo S. 341

🅞**369** [N5] BVG-Kundenzentrum S. 341

Mit Laptop, Navi, iPhone & Co.

Als **kostenlosen Begleitservice** für unsere Kunden stellen wir unter **www.reise-know-how.de** auf der Produktseite dieses Titels folgende Daten und Anwendungen bereit.

★**Alle Ortsmarken des Buches unter Google Maps™:** Springen Sie im Internet direkt aus unseren thematischen Listen an den genauen Punkt auf der Karte. Luftbildansichten, Fotos und die Streetview-Funktion zeigen ein genaues Bild des Objektes und seiner Umgebung. Weitere Funktionen wie Routenplaner und Verkehrsplan erleichtern die Orientierung vor Ort. Nutzbar auf allen Geräten mit Internetbrowser und permanentem Internetzugang.

★**Faltplan als PDF mit Geodaten:** Nach dem Speichern auch mobil nutzbar auf allen Geräten mit PDF-Reader. Der aktuelle Acrobat Reader™ stellt Zusatzfunktionen für die Geodaten bereit. Für iPhone/iPad empfiehlt sich die App „PDF Maps" von Avenza™.

★**GPS-Daten aller Ortsmarken:** Die Listen in verschiedenen Dateiformaten erleichtern die Eingabe/das Importieren in GPS-Geräte, Navis und Geosoftware auf PCs und mobilen Geräten.

★**Kapitel „Praktische Reisetipps" als PDF:** Nach dem Speichern auch mobil nutzbar auf allen Geräten mit PDF-Reader.

Darüber hinaus kann das Buch insgesamt oder eine persönliche **Auswahl einzelner Seiten als PDF käuflich erworben** werden. Nach dem Speichern auch mobil nutzbar auf allen Geräten mit PDF-Reader.

Aktuelle Tipps unter www.reise-know-how.de

Hier nicht aufgeführte Nummern liegen außerhalb der abgebildeten Karten. Ihre Lage kann aber wie bei allen Ortsmarken im Buch mithilfe unserer Kartenansichten unter Google Maps™ gefunden werden (siehe rechts).

BERLIN, ÜBERSICHT UND BLATTSCHNITT

© REISE KNOW-HOW 2012

193

CHARLOTTENBURG-NORD

Siemensdamm

Westhafenkanal

Westhafenkanal

SIEMENS-STADT

100

356

358

MOABIT

Spree

Turmstr.

Fürstenbrunner

Alt-Moabit

Tegeler Weg

Altonaer Str.

Hansa-Viertel

Schloss Charlotten-burg

Weg

100

Spree

Spree

WESTEND

Otto-Suhr-

Richard-Wagner-Str.

Spandauer Damm

Bachstr.

CHARLOTTENBURG

Allee

Straße des 17. Juni

Bismarckstr.

2

3

365

366

Leibnizstr.

Landwehrkanal

Haus d. Rundfunks

132

Zoo Berlin

Kantstr.

Kantstr.

Hardenberg- str.

Funkturm a. d. Messegelände

131

Europa-Center

Kurfürstenstr.

115

HALENSEE

Joachimstaler

AVUS

208

213

Holtzendorffstr.

Kurfürstendamm

Uhlandstr.

Halenseestr.

Kurfürstendamm

159

Leibnizstr.

Hubertusallee

100

Bundesallee

Hohenstaufentstr.

Hohenzollerndamm

GRUNEWALD

Berliner Str.

WILMERSDORF

Martin-Luther-St

100

Uhlandstr.

Grunewald

Hohenzollerndamm

139

Rathaus Schöneberg

151

SCHMARGENDORF

Mecklenburgische Str.

100

100

FRIEDENAU

103

DAHLEM

153 154 155